Das Buch

Karl Ferdinand Werner blickt zurück auf die Geschichte des Raumes, der – seiner sechseckigen Gestalt wegen auch »Hexagon« genannt – heute Frankreich bildet, auf eine Zeit, als es noch keine »Franzosen« gab: auf erdgeschichtliche Voraussetzungen und erste Besiedelung, auf die Zeit der Kelten, Römer, Franken bis zum Beginn der kapetingischen Dynastie. In europäischem Zusammenhang wurden damals bereits die Grundlagen für Kultur, Lebensformen sowie politische Strukturen des späteren Frankreichs gelegt. Die französische Nation ist das Ergebnis einer Entwicklung, deren hier behandelte Anfänge mit der Frühzeit der deutschen Geschichte in enger Wechselwirkung stehen.

Der Autor

Karl Ferdinand Werner, geboren 1924, war nach Lehrtätigkeit in Heidelberg, Münster und Mannheim Direktor des Deutschen Historischen Instituts in Paris (1968–89). Er ist Membre de l'Institut (Académie des Inscriptions et Belles-Lettres) und Ehrendoktor der Sorbonne. Veröffentlichungen u. a.: »Untersuchungen zur Frühzeit des französischen Fürstentums« (1960), »Das NS-Geschichtsbild und die deutsche Geschichtswissenschaft« (1967), »Structures politiques du monde franc« (1979), »Vom Frankenreich zur Entfaltung Deutschlands und Frankreichs« (1984), »Volk-Nation-Masse (Mittelalter)« in: »Geschichtliche Grundbegriffe«, hrsg. v. R. Koselleck, 7 (1992). In Arbeit: »Rang und Macht. Die Entstehung des Adels in Europa«, und eine Biographie Karls des Großen.

Karl Ferdinand Werner:
Die Ursprünge Frankreichs bis zum Jahr 1000

Aus dem Französischen übertragen
von Cornelia und Ulf Dirlmeier

Deutscher
Taschenbuch
Verlag

Das vorliegende Buch ist der erste Band der sechsbändigen »*Histoire de France*«, herausgegeben von Jean Favier (Paris 1984–88), die von der Deutschen Verlags-Anstalt, Stuttgart, in der deutschsprachigen Ausgabe vorgelegt wurde.

Der Taschenbuchausgabe wurde vom Autor ein neues Vorwort und eine umfangreiche bibliographische Ergänzung beigegeben; ansonsten entspricht die Textanordnung derjenigen der deutschen Erstausgabe.

Juni 1995
Deutscher Taschenbuch Verlag GmbH & Co. KG., München
© 1984 Fayard, Paris
Titel der Originalausgabe: Les Origines (avant l'an mil)
© 1989 der deutschsprachigen Ausgabe: Deutsche Verlags-Anstalt GmbH, Stuttgart
(ISBN 3-421-06451-2)
Umschlaggestaltung: Dieter Brumshagen
Umschlagbild: »Die Taufe Chlodwigs«
Altartafel (© AKG Berlin 1994)
Satz: Wilhelm Röck, Weinsberg
Druck und Bindung: C. H. Beck'sche Buchdruckerei, Nördlingen
Printed in Germany · ISBN 3-423-4653-8

INHALTSÜBERSICHT

Vorwort   3
Einleitung   5
Bibliographische Nachträge   10

Kapitel I   Historische Ursprünge und geschichtliches
Bewußtsein   27

Kapitel II   Das Hexagon   57

Kapitel III   Vom Auftreten des Menschen zu den frühesten
Kulturen   82

Kapitel IV   Von der »Neolithischen Revolution« zum Ende
der Vorgeschichte   103

Kapitel V   Die Kelten   133

Kapitel VI   Gallien   164

Kapitel VII   Die Pax Romana   192

Kapitel VIII   Die Germanen und das christianisierte
Imperium   220

Kapitel IX   Gallien im christlichen Imperium   242

Provinzen 254 f.

Kapitel X   Von Konstantin zu Aëtius   269

Arianismus 287

Kapitel XI   Chlodwig   296

Kapitel XII   Die Merowinger   329

Ausbreitung Katholizismus 335

Kapitel XIII   Das Zeitalter der Hausmeier   355

Kapitel XIV   Von Pippin zu Karl dem Großen   385

Kapitel XV   Die Entstehung eines westfränkischen
Königtums 814–898   421

Kapitel XVI   Die ersten Prinzipate 897–936   459

Kapitel XVII   Restitution und Ende der Karolinger 936–999 . . .   492

Schluß   528

Zeittafel   532
Bibliographische Hinweise   539
Inhaltsverzeichnis   621
Personenregister   626
Ortsregister   646

VORWORT

Dieses Buch entstand im Rahmen der von Jean Favier herausgegebenen »*Histoire de France*« in sechs Bänden (Paris, Fayard, 1984–1988). Ohne die Einladung des Herausgebers an den deutschen Kollegen in Paris, die Geschichte des Raumes vor dem Jahre 1000, also vor der Herausbildung Frankreichs unter den Kapetingern, zu behandeln, wäre es, zumindest in dieser Form, nicht geschrieben worden. So durfte ich mich in französischer Sprache direkt an den französischen Leser wenden. Mein Dank gilt um so mehr dem Freunde Jean Favier, als dieser die mühevolle Durchsicht des französischen Textes auf stilistische und grammatische Fehler persönlich übernommen hat.

Die Deutsche Verlags-Anstalt hatte den Mut, alle Bände dieser »*Geschichte Frankreichs*« (Stuttgart 1989–1995) den deutschen Lesern zugänglich zu machen, mit dem Ziel, die Geschichte des Nachbarlandes in ihrem Reichtum, aber auch (vom Jahr 1000 an) in der historischen Sicht dieses Nachbarn nahe zu bringen – geht es doch darum, dessen Selbstverständnis kennen und respektieren zu lernen.

Zum Dank an die genannten Verlage und an die Gestalter der deutschen Fassung, Frau Cornelia Dirlmeier und mein Siegener Kollege Professor Dr. Ulf Dirlmeier, der wertvolle Hinweise beisteuerte, tritt mein Dank an den Deutschen Taschenbuch Verlag für das Zustandekommen dieser durchgesehenen und bibliographisch ergänzten Neuauflage des ersten Bandes und deren sorgfältige Betreuung durch Frau Beatrice Heiber.

Karl Ferdinand Werner

EINLEITUNG

Dieses Buch soll zum Verständnis der Ursprünge Frankreichs hinführen. Damit ist ihm die Aufgabe gestellt, der Entwicklung der geographischen, bevölkerungsgeschichtlichen, religiösen, kulturellen, wirtschaftlichen und besonders auch der politischen Grundlagen dieses Landes nachzugehen, und zwar für den Zeitraum vor der Konstituierung als eigenständiges Staatswesen. Dabei bilden allgemeine und europäische Geschichte den Rahmen, denn die Geschichte Frankreichs wird nicht nur von über fünfzig Millionen Franzosen als rechtmäßiges Eigentum betrachtet, sie gehört auch der ganzen Menschheit: Sie hat Einflüsse von außen aufgenommen und ihrerseits auf ganz Europa und die Welt eingewirkt. Die Geschichte Frankreichs hat umfassende Bedeutung für die Geschicke unseres Erdkreises.

Wie hat das gegenwärtige Gebiet der französischen Nation seinen auffallenden Umriß erhalten, der als »Hexagon« bezeichnet worden ist? Wie sind die geographischen Verbindungen dieses Sechsecks zu seiner Umwelt gestaltet, wie steht es mit den klimatischen und geographischen Voraussetzungen, von denen die Völkerschaften abhängig waren, die in diesem Gebiet aufeinander folgten? Wie waren Lebensbedingungen und Daseinswirklichkeit der Menschen von ihrem ersten Auftreten im heutigen Hexagon bis zu dem Zeitpunkt, an dem wir die Namen der Völker und Kulturen erfahren, beschaffen? Oder anders ausgedrückt: Wie steht es mit dem vorkeltischen Erbe? Wenn diese Vorfragen soweit wie möglich geklärt sind, soll ein Bild von der Entstehung Galliens und seiner keltischen Kultur entworfen werden, danach folgt eine Darstellung der römischen Eroberung und der Geschichte der gallo-römischen Welt. Was ist »gallisches« und was »lateinisches« Erbe auf der historischen Landkarte und in der Geschichte Frankreichs?

Besonderes Gewicht erhält dabei das römische Gallien der Spätantike, denn in diesen Zeitraum fällt die Einführung des Christentums, aber auch die Niederlassung von Germanenvölkern, voran der Franken, innerhalb des Hexagons. Es ist zu zeigen, wie die Franken durch ihren Übertritt zum katholischen Glauben politische, institutionelle und gesellschaftliche Entwicklungen einleiten konnten, die ohne Bruch zu dem Frankreich führten, das ihnen seinen Namen verdankt. Die politischen Ereignisse müssen berücksichtigt werden, die dem fränkischen Gallien unter den Merowingern und nachfolgend unter den Karolingern eine führende Rolle im Abendland ermöglichten. Daneben soll ein differenziertes Bild gegeben werden von der durch Ausgrabungen zunehmend besser belegten sogenannten merowingischen Kultur, ebenso von der Kultur der Karolingerzeit in Gallien, die grundlegend wurde für die weitere Entwicklung in Europa. Bei der Darstellung von Karls des Großen Reich ist zu untersuchen, welchen Einflüssen Gallien offenstand aufgrund seiner Zugehörigkeit zu einem Komplex, der weit über seine Grenzen hinausreichte. Welche Bedeutung haben die politische Organisation des Frankenreiches und die karolingischen Reichsteilungen für die Ausbildung der Grenzen des künftigen Frankreich und seiner großen Regionen? Und schließlich: Wie konnte in dem von Historikern oft vernachlässigten und doch so wichtigen 10. Jahrhundert der Aufstieg einer neuen Dynastie vorbereitet werden, die viel später als »Kapetinger« bezeichnet wurde, und wie die Durchsetzung einer neuen Gesellschaftsform, der »Feudalgesellschaft«? Was steckt tatsächlich hinter diesem modernen, halb wissenschaftlichen und halb politischen Terminus? Was waren die ersten Anzeichen eines gemeinsamen Eigenbewußtseins im Westfrankenreich – angedeutet durch Begriffe wie *Francia, Regnum Francorum, Franci, Franceis* –, einer Vorstufe zur Entstehung des französischen Nationalgefühls?

Die bloße Fragenreihe veranschaulicht bereits Umfang und Schwierigkeit der dem Verfasser gestellten Aufgabe. Es dürfte aufgefallen sein, daß hier vermieden wird, vor der keltischen Besitzergreifung des Hexagons von »Gallien« zu sprechen oder von »Frankreich« vor der Gründung des Frankenreichs, außer in einem rein geographischen Sinn ohne historischen Bezug. Damit bleibt der nachfolgenden Entwicklung die Klärung eines dornigen Problems überlassen: Wann beginnt die Geschichte Frankreichs? Beginnt sie mit Chlodwig und der Kontinuität von den *reges Francorum*, das heißt den Königen der Franken, zu den Königen von Frankreich? Oder beginnt sie mit dem Vertrag von Verdun im Jahr 843 nach dem Zwischenspiel des Karolingerreichs, dessen Auflösung die

Grenzen Frankreichs auf Jahrhunderte bestimmte? Oder beginnt sie erst mit Hugo Capet, als das Land endgültig die Welt der Karolinger hinter sich ließ und Abstand gewann vom Reich der Ottonen, das im Osten die Nachfolge der karolingischen Politik angetreten hatte? Wie dem auch sei, selbst im allgemeinen Sprachgebrauch vertraute Bezeichnungen dürfen nur mit größtmöglicher Präzision verwendet werden, wenn sie geschichtlich so bedeutungsschwer wurden, wie das bei »Gallien« und »Frankreich« der Fall ist.

Das erste Kapitel soll zumindest skizzenhaft darstellen, was die Bewohner des Hexagons in den jeweiligen Epochen über ihre eigene Herkunft gedacht haben. Dabei wird sich Unterschiedlichkeit, oft Widersprüchlichkeit der Vorstellungen ergeben: Die einen unterstreichen den »fränkischen« Charakter, die anderen den »gallischen« Ursprung der Bevölkerung, die sich dank regelrechter »Schöpfungsmythen« zu einem geschlossenen Volk entwickelt habe. Es geht natürlich nicht darum, die »Irrtümer der Vergangenheit« mit Hilfe einer modernen Geschichtswissenschaft aufzuspüren, die glaubt, im alleinigen Besitz der Wahrheit zu sein. Ziel ist vielmehr, die Menschen eines bestimmten Zeitalters mit Hilfe ihrer eigenen Weltsicht zu verstehen, die ja immer ein Bild von den Ursprüngen mit der Zukunftsprojektion dieses Bilds verbindet: Der menschliche Geist liebt es, eine Wechselbeziehung zwischen Ursprung und Ziel der Geschichte herzustellen.

So wird zum Beispiel die Aufgabe der Franken in der katholischen Welt – eine Aufgabe, die unmittelbar dem Willen Gottes entspreche – als Glaubenssendung erklärt. Diese Deutung beruht auf der tatsächlichen Lage des Christentums in Gallien zum Zeitpunkt der Germaneneinfälle und auf seiner Gefährdung durch die Irrlehre des Arianismus. Solche Ideen waren wirkungsmächtig und entscheidend in der Geschichte der französischen Nation und für ihre Vorstellungen vom eigenen Auftrag. Wer die geschichtlichen Ursprünge Frankreichs verstehen möchte, muß sich möglichst frei machen vom Klischee des »barbarischen Zeitalters«. Deswegen erscheint dieses erste Kapitel unverzichtbar, in dem eine »Geologie«, besser, eine »Stratigraphie« der politischen Auffassungen gegeben wird, die bei den Einwohnern des Hexagons über Gallien, Frankreich und die eigene Identität aufeinander gefolgt sind. Es wäre abwegig, der Geschichte von Menschen nachzugehen, ohne eine Vorstellung davon zu haben, was sie glaubten und was sie aufgrund dieses Glaubens sein und tun wollten. Je besser der Leser die Meinungen, die sich in früheren Jahrhunderten und bis in die Gegenwart hinein über die Ursprünge Frankreichs herausgebildet haben, kennenlernt, um so eher wird er bereit sein, ruhig und ohne Vorurteil die Geschichtsdarstellung zu beurteilen, die ihm dieses Buch anbietet.

Die üblichen Geschichtsbilder repräsentieren sehr häufig zwei sich gegenseitig ausschließende Sichtweisen. Die eine beruht auf der Geringschätzung der fernen Vergangenheit und ihrer Menschen, die von uns Zeitgenossen von oben herab beurteilt werden, weil wir allzu sicher sind, in der Welt von heute selber den Gipfel der Vollkommenheit erreicht zu haben. Die andere Konzeption vollzieht eine romantische Identifizierung mit der Vergangenheit und deren Menschen, denen man sich ganz nahe fühlt, die man, wenngleich nur oberflächlich informiert, sogar bewundert.

Im ersten Fall erscheinen die Menschen unserer geschichtlichen Anfänge bald wie Ungeheuer, bald wie kleine Kinder. Man bemerkt das sofort, wenn man einen Blick auf bestimmte Comics wirft oder auf einschlägige Äußerungen in der Presse achtet, die sogar von intelligenten und gebildeten Autoren kommen können. Dabei legen doch die archäologischen Ausgrabungen seit langem erstaunliche Beweise vor für die Fähigkeiten, die Geschicklichkeit und den Erfindergeist unserer Vorfahren, die sich mit beschränkten Mitteln unter viel schwierigeren Lebensbedingungen als den unseren zu behaupten hatten.

Im zweiten Fall nähert man sich den Menschen der Vergangenheit subjektiv und vermeintlich ganz natürlich, etwa so, als seien wir letztlich über alle Zeiten die gleichen Menschen gewesen, Angehörige der gleichen Rasse, der gleichen Nation. Welcher Irrtum! Die Urahnen der heutigen Franzosen waren sehr verschieden von ihren Nachkommen. Sie müssen von vornherein unergründlich bleiben, wenn die eigenen Normen und Wertbegriffe der Gegenwart auf sie angewendet werden. Vielmehr muß man versuchen, *ihre* Normen und Wertvorstellungen zu erkennen, ehe man sich ein Urteil bildet.

Das weit Entfernte sehr nahe zu rücken und andererseits manches für uralt zu halten, was eher auf Vorstellungen des 19. Jahrhunderts beruht, sind also beides falsche Perspektiven. Dagegen gibt es nur ein Rezept: Sowohl Ideen wie Ereignisse müssen mit größter zeitlicher Präzision historisch eingeordnet werden, bevor man versucht, sie menschlich zu verstehen. Denn ohne diese Voraussetzung bliebe dieser Versuch eine bloße Gedankenspielerei, eine Verfälschung der Begegnung mit unserer wahren Geschichte.

Das Buch richtet sich darum an alle, denen an dieser Begegnung mit der Geschichte Westeuropas liegt: an die Eliten aller Berufe und diejenigen, die zu ihnen stoßen wollen, an die Studenten der Geschichte und anderer Disziplinen, endlich an die in- und ausländischen Kollegen! Dies muß betont werden, da manche (deutsche) Rezensenten der Erstauflage den Hinweis, es sei kein »ouvrage d'érudition« – (also nicht *nur* für Spezialisten bestimmt) so deuteten: es wende sich »ausdrücklich nicht an einen gelehrten Leserkreis«! Sind Synthesen nur für »Laien« und Studenten der Erstsemester gut? Lesen Historiker nur noch Spezialliteratur zum eigenen Interessenfeld? Positive Aufnahme durch das »Publikum« und Anerkennung der Fachgenossen sollten hohes Ziel des Historikers sein, der – ausgehend von eigener Forschung und Verwertung der Arbeiten anderer – versucht, Zusammenhänge und langfristige Entwicklungen zu erkennen und seinen Lesern zu vermitteln.

Die Bibliographie der deutschen Erstausgabe hatte mit ihren 80 Seiten über das vom Autor ebenfalls angesprochene akademische »Zielpublikum« kaum Zweifel gelassen – sie wird im Text selbst und auf den folgenden Seiten durch eine Auswahl von Literatur von 1989–1995 ergänzt.

BIBLIOGRAPHISCHE NACHTRÄGE
(zu u. S. 540–620)

Generell sei verwiesen auf Francia. Forschungen zur westeuropäischen Geschichte (s. S. 551), nebst: Register der Bde. 11–20 (1984–94) hrsg. M. HEINZELMANN u. a., Sigmaringen 1994, u. die Artikel zu Regionen, Städten, Bistümern im Lexikon des Mittelalters (S. 547), bis »Samson«

I. EUROPA-FRANKENREICH-FRANKREICH / DEUTSCHLAND BIS 1000 (540f.)

G. ALTHOFF (Hrsg.), Die Deutschen und ihr Mittelalter, Darmstadt 1992

A. ANGENENDT, Das Frühmittelalter, Stuttgart 1990

F. BRAUDEL, Europa. Bausteine seiner Geschichte, Frankfurt 1989

F. BRAUDEL, Frankreich, 3 Bde., Stuttgart 1990 (dt. Ausg. v. L'identité de la France, Paris 1986–87)

J. H. BURNS (Hrsg.), The Cambridge History of Medieval Political Thought, Cambridge 1988

F. DELOUCHE (Hrsg.), Histoire de l'Europe, Paris 1992; dt.: Geschichte Europas, hrsg. v. D. TIEMANN, Stuttgart 1992 (für Schulen; gute Karten, Abbild.)

J.-B. DUROSELLE, Europa. Eine Geschichte seiner Völker, München 1990

J. FAVIER, Les Grandes découvertes d'Alexandre à Magellan, Paris 1991 (mit Karten)

J. FRIED, Die Formierung Europas 840–1046, München 1991

J. FRIED, Der Weg in die Geschichte. Die Ursprünge Deutschlands bis 1024 (Prop. Gesch. Deutschl., Bd. I, Berlin 1994)

F. GABRIELI, Die Bedeutung des Islam für das westliche Europa, in: Mohammed (s. u., X.), S. 173–206 (auch zur Bedeut. d. Juden)

W. HARTMANN (Hrsg.), Mittelalter. Annäherungen an eine fremde Zeit, Regensburg 1993

S. LEBECQ, Les origines franques, V^e–IXe siècles, Paris 1990

M. MOLLAT DU JOURDIN, L'Europe et la Mer, 1993, dt. München 1993

T. REUTER, Germany in the Early Middle Ages, 800–1056, London 1991

R. SCHIEFFER (Hrsg.), Beiträge zur Geschichte des Regnum Francorum, Sigmaringen 1990 (zum 75. Geb. v. Eugen Ewig)

E. SEARLE, Predatory Kinship and the Creation of Norman Power, 840–1066, Berkeley 1988

K. F. WERNER, D'où l'Europe nous vient-elle?, in: G. VINCENT, J.-P. WILLAIME (Hrsg.), Religions et transformations de l'Europe, Straßburg 1993, S. 19–31

II. SAMMELWERKE, HILFSMITTEL, ZEITSCHRIFTEN
(542, 545, 550)

Atlas routier France, 1987 (40 Michelin-Karten 1:200 000 mit Gesamtregister der Ortsnamen)

D. P. BLOK, Ortsnamen, Turnhout 1988 (Typologie des sources 54)

A. BORST, Barbaren, Ketzer und Artisten. Welten des Mittelalters, München 1988, 2. A. 1990 (27 Aufs., z. T. erweitert)

J.-P. BRUNTERC'H, Le Moyen Âge (des origines à l'an mil) Paris 1994 (Archives de la France, 1; Auswahl gut interpretierter Quellen)

Cahiers Marc Bloch, Paris 1994ff.

R. DELORT (Hrsg.), La France de l'an Mil, Paris 1990

Diplomatica. Inventaire des actes originaux du haut Moyen Âge conservés en France, 1, Nancy 1987 (éd. ARTEM, dir. M. PARISSE)

J. FAVIER, Dictionnaire de la France médiévale, Paris 1993

Festschrift für Eduard Hlawitschka z. 65. Geb., Kallmünz 1993

Genèses. Sciences sociales et histoire, Paris 1990ff.

M. T. GIBSON, J. L. NELSON (Hrsg.), Charles the Bald. Court and Kingdom, 2. A. London 1990 (ersetzt die Ausg. v. 1981, s. S. 609)

O. GUYOTJEANNIN (u. a.), Les Cartulaires Paris 1993

D. IOGNA-PRAT, J.-C. PICARD (Hrsg.), Royaume capétien et Lotharingie, Paris 1990

MEDIA IN FRANCIA. Recueil de mélanges offert à K. F. Werner, Maulévrier 1989

Médiévales, Paris/Vincennes 1980ff.

A.-V. MUNAUT, Les cernes de croissance des arbres (La dendrochronologie), Turnhout 1988 (Typologie des sources 53)

M. PARISSE, X. BARRAL I ALTET (Hrsg.), Le Roi de France et son royaume autour de l'an Mil, Paris 1992

(Les)Premiers monuments chrétiens de la France, 1: Sud-Est et Corse, hrsg. v. N. DUVAL, Paris 1995 (zu Gebäuden vor dem 8. Jh.)

A. REY (Hrsg.), Le Robert. Dictionnaire historique de la langue française, 2 Bde., 4 A. 1993 (mit vielen etymolog. Belegen; Lit.)

C. SETTIPANI, La préhistoire des Capétiens, 481–987, I.: Mérovingiens, Carolingiens et Robertiens, Villeneuve d' Ascq 1993 (Genealogie; individ. Belege; reiche Bibliogr.)

M. SOT (Hrsg.), Haut Moyen-Âge: Culture, Éducation et Société. Études offertes à Pierre Riché, La Garenne/Colombes 1990

Topographie chrétienne des cités de la Gaule des origines au milieu du VIIIᵉ s., (bis 1994 Fasc. I–VIII ersch.)

III. GEOGRAPHIE, REGIONAL- UND STADTGESCHICHTE
(587, 551–555)

J. H. PRELL, Graf, Vizegrafen und Adel in Nord-Aquitanien (10. u. 11. Jh. (Poitou, Aunis u. Saintonge), Diss. (Ms.) Mannheim 1991

P. OURLIAC, Les pays de Garonne vers l'an mil. La société et le droit, Toulouse 1993. (Samml. wicht. Aufsätze)

M. ZIMMERMANN, Naissance d'une principauté. Barcelone, in: X. BARRAL, Catalogne, Paris 1991, S. 111–35

R. COLLINS, The Basques, Oxford 1986

R.-H. BAUTIER, La prise en charge du Berry par le roi Philippe Ier et les antécédents de cette politique de Hugues le Grand à Robert le Pieux: MEDIA IN FRANCIA (s. o.), S. 31–60

A. QUERRIEN, Parcellaires antiques et médiévaux du Berry. Journal des Savants 1994, S. 235–363 (m. Karten; zur Kontinuität)

G. CHOUQUER, Entre Bourgogne et Franche-Comté. Histoire d'un paysage de l'époque gallo-romain à nos jours, Paris 1993

W. DAVIES, Charles the Bald and Brittany, in M. T. GIBSON, J. L. NELSON, Charles, 2. A. London 1990, S. 98–114

J. M. H. SMITH, Province and Empire. Brittany and the Carolingians, Cambridge 1992

X. BARRAL I ALTET (u. a. Hrsg.), La Catalogne et la France méridionale autour de l'an Mil, Barcelona 1991

M. ZIMMERMANN, Entre royaume franc et califat, soudain la Catalogne, in: R. DELORT, La France, Paris 1990, S. 75–100

M. PARISSE, La France de l'an Mil en quelques cartes, in: R. DELORT, La France, Paris 1990, S. 324–36

R. LOCATELLI, G. MOYSE, B. de VRÉGILLE, La Franche-Comté entre le Royaume et l'Empire (fin IXe–XIIe s.): Francia 15 (1988)

R. E. BARTH, Der Herzog von Lotharingien im 10. Jahrhundert, Sigmaringen 1990

J.-P. BRUNTERC'H, Maine ou Anjou? Histoire d'un canton entre Loire et Sarthe (VIIe–XIe s.): MEDIA IN FRANCIA (s. o.) S. 61–84

CHR. LAURANSON-ROSAZ, La romanité du Midi de l'an Mil. (Le point sur les sociétés méridionales), in: R. DELORT, La France, Paris 1990, S. 49–74; Id., in: X. BARRAL, Catalogne, Barcelona 1991, S. 45–58

L'Évangélisation de la Normandie, in: »Dossiers de l'Archéologie« n° 144 (Dijon, Januar 1990) (N. GAUTHIER, J. LE MAHO, u. a.)

L. MUSSET, Considérations sur la genèse et le tracé des frontières de la Normandie: MEDIA IN FRANCIA (s. o.) S. 308–18

P. J. GEARY, Die Provence zur Zeit Karl Martells, in: J. JARNUT (Hrsg.), Karl Martell, Sigmaringen 1994, S. 381–92

R. FOSSIER, Le Vermandois au Xᵉ siècle: MEDIA IN FRANCIA (s. o.) S. 177–86

IV. KIRCHE, KIRCHENRECHT, VERFASSUNG, SYNODEN, EPISKOPAT (559)

M. BORGOLTE, Die mittelalterliche Kirche, München 1992

S. ESDERS, Rechtsdenken und Traditionsbewußtsein in der gallischen Kirche zwischen Spätantike und Frühmittelalter: Francia 20/1 (1993) S. 97–125

J. GAUDEMET, Église et Cité. Histoire du droit canonique, Paris 1994

R. W. MATHISEN, Episcopal Hierarchy and Tenure in Office in Late Roman Gaul: Francia 17,1 (1990) S. 125–40

O. PONTAL, Histoire des conciles mérovingiens, Paris 1989; s. Francia 17, 1 (1990) S. 247 f. krit. Vergleich mit der dt. Ausg. 1986 (s. u. S. 563); aber hier 307 ff. Anhang zu den merow. Teilungen

T. REUTER, »Kirchenreform« und »Kirchenpolitik« im Zeitalter Karl Martells. Begriffe u. Wirklichkeit, in: J. JARNUT (Hrsg.), Karl Martell, Sigmaringen 1994, S. 35–58

F. STAAB, *Rudi populo rudis adhuc presul*. Zu den wehrhaften Bischöfen der Zeit Karl Martells, in: J. JARNUT (Hrsg.), Karl Martell, Sigmaringen 1994, S. 249–75

M. WEIDEMANN, Die kirchliche Organisation der Provinzen Belgica und Germania (4.–7. Jh.): Middeleeuwse Studies 6 (1990) S. 285–316.

V. SPIRITUALITÄT, LITURGIE, HAGIOGRAPHIE, MÖNCHTUM (564)

A. ANGENENDT, Heilige und Reliquien. Die Geschichte ihres Kultes vom frühen Christentum bis zur Gegenwart, München 1994

C. CAROZZI, Les Carolingiens dans l'au-delà, in: M. SOT (Hrsg.), Haut Moyen-Âge, 1990, S. 367–76

J. CHÉLINI, L'aube du Moyen Âge. Naissance de la chrétienté occidentale, Paris 1991 (wichtig zu »Kirche u. Laien«)

M. CLAUSSEN, Carolingian Spirituality and the Liber Manualis of Dhuoda: Studies in Church History 27 (1990) S. 43–52

P. DINZELBACHER, »Revelationes«, Turnhout 1991 (Typologie des Sources, 57)

14

A. Dierkens, *Carolus monasteriorum multorum eversor et ecclesiasticarum pecuniarum in usus proprios commutator?* Notes sur la politique monastique du maire du palais Charles Martel, in: J. Jarnut (Hrsg.), Karl Martell, Sigmaringen 1994, S. 277–93

F. Dolbeau, M. Heinzelmann, J.-C. Poulin, Les sources hagiographiques narratives composées avant l'an mil (SHG). Inventaire, examen critique, datation: Francia 15 (1987) S. 701–31

P. J. Geary, *Furta Sacra*: Thefts of Relics in the Central Middle Ages, 2. A. Princeton 1991

P. J. Geary, Phantoms of Remembrance. Memory and Oblivion at the End of the First Millenium, Princeton 1994

P. J. Geary, Living with the Dead in the Middle Ages, Ithaca 1994

O. Guillot, Les saints des peuples et des nations dans l'Occident des VIᵉ–Xᵉ s.: Settimane 36, Spoleto 1989, 1, S. 205–59

T. Head, Hagiography and the Cult of Saints. The Diocese of Orléans, 800–1200, Cambridge 1990

M. Heinzelmann, Le projet »Sources hagiographiques de la Gaule« (SHG), in: W. Paravicini (Hrsg.), Les Ateliers de l'Institut Historique Allemand, DHI Paris 1994, S. 21–30 (bibliogr.)

M. Heinzelmann, Manuscrits hagiographiques et travail des hagiographes, Sigmaringen 1992

D. Iogna-Prat, *Agni immaculati*. Recherches sur les sources hagiographiques relatives à saint Maieul de Cluny (954–994), Paris 1988

D. Iogna-Prat, Entre anges et hommes: les moines »doctrinaires« de l'an Mil, in: R. Delort, La France, Paris 1990, S. 245–63.

D. Iogna-Prat, La croix, le moine et l'empereur. Dévotion à la croix et théologie politique à Cluny autour de l'an mil, in: M. Sot (Hrsg.), Haut Moyen-Âge, 1990, S. 449–75

J. Le Goff, Le rire dans les règles monastiques du Haut Moyen Âge, in: M. Sot, Haut Moyen-Âge, 1990, S. 93–103

A. G. Martimort, Les lectures liturgiques et leurs livres, Turnhout 1992 (Typologie des sources, 64)

M. Metzger, Les sacramentaires, Turnhout 1994 (Typol. des sources, 70)

D. v. der Nahmer, Die lateinische Heiligenvita, Darmstadt 1994 (3.–13. Jh)

J.-P. Poly, Le capétien thaumaturge. Genèse populaire d'un miracle royal, in: R. Delort, La France, Paris 1990, S. 282–308

I. Reznikoff, Le chant des Gaules sous les carolingiens, in: M. Sot, Haut Moyen-Âge 1990, S. 323–42 (liturgie *more gallico*, auch zu Karl dem Großen)

J.-C. Schmitt, Les Revenants. Les vivants et les morts dans la société médiévale, Paris 1994

J. Semmler, Le souverain occidental et les communautés religieuses du IXᵉ
au début du XIᵉ s.: Byzantion 61 (1991) S. 44–70

K. F. Werner, La légende de saint Alexis. Un document sur la religion de la
haute noblesse vers l'an mil, in: M. Sot, Haut Moyen-Âge, 1990, S. 531–46

VI. HERRSCHER, DYNASTIEN, HOF, ADEL, VERWALTUNG, HEER (568)

G. Althoff, Verwandte, Freunde und Getreue. Zum politischen Stellen-
wert der Gruppenbindungen im frühen Mittelalter, Darmstadt 1990

J. Barbier, Le système palatial franc. Genèse et fonctionnement dans le
nord-ouest du *regnum*: Bibl. Éc. Ch. 148 (1990) S. 245–99

J. Barbier, Terres du fisc et palais en Neustrie (VIᵉ-Xᵉ siècles), umfassende
»thèse«, Druck i. Vorb.

R. J. Bartlett, Technique militaire et pouvoir politique, 900–1300:
Annales ESC 1986, S. 1135–59

M. Becher, Eid und Herrschaft. Untersuchungen zum Herrscherethos
Karls des Großen, Sigmaringen 1993

A. Borst, Findung und Spaltung der öffentlichen Persönlichkeit, Neufassung in: A. Borst, Barbaren (s. o.), 2. A. 1990, S. 73–98 (zur *Persona publica*)

C. Bouchard, Family Structure and Family Consciousness among the
Aristocracy in the IXth to XIth Centuries: Francia 14 (1987) S. 639–58

A. Corvisier (Hrsg.), Histoire militaire de la France, I: Des origines à
1715, hrsg. v. P. Contamine, Paris 1992 (Kap. 1–3, von Contamine)

C. Duhamel-Amado, La famille aristocratique languedocienne. Parenté et
patrimoine dans les vicomtés de Béziers et d'Agde (900–1170), 2 Bde., Thèse
Sorbonne 1995 (wicht. Ergebnisse z. Kontinuität öff. Gewalt u. »karol.«
Geschlechter in Süd-Frankreich)

C. Duhamel-Amado, Pouvoirs et noblesse dans la Gothie [Septimanien],
in: X. Barral, Catalogne, Barcelona 1991, S. 160–73

J. Durliat, Les finances publiques de Dioclétien aux Carolingiens,
München 1990 (Beih. Francia; röm. Erbe, Rolle d. Kirche)

J. Durliat, Qu'est-ce qu'un polyptyque? A propos des documents de
Tours (Chla 659): Media in Francia (s. o.) S. 129–38

K. Elmshäuser, A. Hedwig, Studien zum Polyptichon von Saint-
Germain-des-Prés, 4 A. Köln 1993

O. Guillot, Y. Sassier, Pouvoirs et institutions dans la France médiévale.
Des Origines à l'époque féodale, Paris 1994, darin: (S. 7–168) O. Guillot, Les
origines. (5.–10. Jh., röm. Kontinuität)

D. HÄGERMANN (Hrsg.), Das Polyptichon von Saint-Germain-des-Prés. Studienausgabe, 4 A. Köln 1993

A. HOLENSTEIN, Die Huldigung der Untertanen. Rechtskultur und Herrschaftsordnung (800–1800), Stuttgart 1991

W. KIENAST, Die fränkische Vasallität von den Hausmeiern bis zu Ludwig dem Kind und Karl dem Einfältigen, hrsg. v. P. HERDE, Frankfurt 1990

J. LAFAURIE, Le monnayage mérovingien. Témoin de quatre siècles d'histoire, in: M. SOT, Haut Moyen-Âge, 1990, 139–55

E. MAGNOU-NORTIER (Hrsg.), Aux sources de la gestion publique, 1: Enquête lexicographique sur fundus, villa, domus, mansus, Lille 1993

E. MAGNOU-NORTIER, Servus-Servitium. Une enquête à poursuivre: MEDIA IN FRANCIA (s. o.), S. 269–84

E. MAGNOU-NORTIER, Note sur l'expression *Iustitiam facere* dans les capitulaires carolingiens, in: M. SOT, Haut Moyen-Âge, S. 249–64 (Ausbeut. d. Gerichtsgefälle!)

M. MANN, The Sources of Social Power, Cambridge 1986; dt.: Geschichte der Macht, 2 Bde., Frankfurt 1990–91, dort Bd. 2, 1–266 (1.–11./12. Jh.)

O. G. OEXLE, W. PARAVICINI (Hrsg.), Nobilitas. Funktion und Repräsentation des Adels in Alteuropa, 1995 (Koll.-Akten 1994)

J. RICHARD, Aux origines d'un grand lignage. Des Palladii à Renaud de Châtillon: MEDIA IN FRANCIA 1989 (s. o.) S. 409–418

J.-M. SANSTERRE, À propos des titres d'empereur et de roi dans le haut Moyen Âge: Byzantion 61 (1991) 15–43 (Rolle v. »Byzanz«)

K. F. WERNER, Volk, Nation (MA): Geschichtliche Grundbegriffe, hrsg. v. R. KOSELLECK, B. 7, 1992, 171–245. (*gens, regnum, populus; natio, patria*) (Frankenreich, Frankreich, Deutschland)

K. F. WERNER, Royaume et regna. Le Pouvoir en France comme enjeu entre le roi et les Grands, in: E. MAGNOU-NORTIER (Hrsg.), Pouvoirs et libertés au temps des premiers Capétiens, Maulévrier 1992, S. 25–62

K. F. WERNER, L'historien et la notion d'État: Acad. Inscr. et Belles-Lettres, Compt. rend. 1992, S. 709–21 (Prämod. Staat: Symbiose Kirche-Princeps-Adel, heute weitgeh. unverstanden)

K. F. WERNER, Adel – »Mehrzweckelite« vor der Moderne?, in: R. HUDEMANN, G.-H. SOUTOU (Hrsg.), Eliten in Deutschland und Frankreich im 19. und 20. Jahrhundert, München 1994, S. 17–32 (Adelsausbildung am Hof, s. u. M. HEINZELMANN, Studia)

VII. GESELLSCHAFT, WIRTSCHAFT,
» MATERIELLE KULTUR « (574)

L. BENEVOLO, Die Stadt in der europäischen Geschichte, München 1993 (aus d. Ital., 1993)

D. BARTHÉLEMY, La société dans le comté de Vendôme de l'an mil au XIVᵉ s., Paris 1993

G. BOIS, La mutation de l'an mil. Lournand, village mâconnais de l'antiquité au féodalisme, Paris 1989 (s. Le Moyen Âge 96 (1990) (S. 519–37)

P. BONNASSIE, D'une servitude à l'autre (Les paysans du royaume, 987–1031), in: R. DELORT, La France, Paris 1990, S. 125–41

P. BONNASSIE, From Slavery to Feudalism, Cambridge 1991

A.-D. VON DEN BRINCKEN, Kartographische Quellen. Welt-, See- und Regionalkarten, Turnhout 1988 (Typologie des sources, 51)

Campagnes médiévales. L'homme et son espace. Études offertes à Robert Fossier (hrsg. v. E. MORNET), Paris 1995

R. DELORT, Europa und seine Umwelt, München 1995

D. DERVILLE, La seigneurie artésienne (850–1350): Campagnes médiévales, 1995, S. 487–500

C. DUHAMEL-AMADO, L'alleu paysan a-t-il existé en France méridionale autour de l'an Mil?, in: R. DELORT, La France, Pairs 1990, S. 142–61

W. ERZGRÄBER (Hrsg.), Kontinuität und Transformation der Antike im Mittelalter, Sigmaringen 1989

R. FOSSIER, La naissance du village, in: R. DELORT, La France, Paris 1990, S. 162–68

R. FOSSIER, Hommes et villages d'Occident au Moyen Âge, Paris 1992

H.-W. GOETZ, Serfdom and the Beginning of a »Seigneurial System« in the Carolingian Period: Early Med. Eur. 2 (1993) S. 29–51.

R. HODGES, B. HOBLEY (Hrsg.), The Rebirth of Towns in the West AD 700–1050, London 1988

B. JUSSEN, Patenschaft und Adoption im frühen Mittelalter. Künstliche Verwandtschaft als soziale Praxis, Göttingen 1991

R. LE JAN, Entre maîtres et dépendants. Réflexions sur la famille paysanne en Lotharingie (IXᵉ/Xᵉ s.): Campagnes médiévales, 1995, S. 277–96

M. MONTANARI, Der Hunger und der Überfluß. Kulturgeschichte der Ernährung in Europa, München 1993 (aus d. Ital., La fame e l'abbondanza, Rom/Bari 1993)

J.-P. POLY, E. BOURNAZEL, La mutation féodale Xᵉ–XIIᵉ siècles, 2. erw. A. Paris 1991

W. Rösener, Agrarwirtschaft, Agrarverfassung und ländliche Gesellschaft im Mittelalter, München 1992

W. Rösener, Die Bauern in der europäischen Geschichte, München 1993

A. Verhulst, The Decline of Slavery and the Economic Expansion of the Early Middle Ages: Past and Present 133 (1991) S. 195–203

K. F. Werner, Volk als Masse, Unterschicht (MA): Geschichtliche Grundbegriffe Bd. 7, 1992, S. 245–281.

E. Zadora-Rio, Le village des historiens et le village des archéologues: Campagnes médiévales, 1995, S. 145–53

VIII. KULTUR, KUNST, LITERATUR, SPRACHE (580)

M. Banniard, Genèse culturelle de l'Europe, Vᵉ–VIIIᵉ s., Paris 1989

M. Banniard, Genèse linguistique de la France, in: R. Delort, La France, Paris 1990, S. 214–29

M. Banniard, Naissance et conscience de la langue d'oc, 8ᵉ–9ᵉ s. in: X. Barral, Catalogne, Barcelona 1991, S. 351–60

M. Banniard, Seuils et frontières langagières dans la Francia romane du VIIIᵉ s., in: J. Jarnut, (Hrsg.), Karl Martell, Sigmaringen 1994, S. 171–90

X. Barral I Altet, Le paysage architectural de l'an Mil, in: R. Delort, La France, Paris 1990, S. 169–213. Ders., (mit N. Ensergueix) Répertoire des principaux monuments, ebda., S. 337–94

W. Bergmann, W. Schlosser, Gregor von Tours und der »rote Sirius«: Francia 15 (1988) (astron. Kenntnisse in »De cursu stellarum«)

J. J. Contreni, The Tenth Century. The Perspective from the Schools, in: M. Sot, Haut Moyen-Âge, Paris 1990, S. 379–87

H.-W. Goetz, Die Gegenwart der Vergangenheit im früh- u. hochmittelalterlichen Geschichtsbewußtsein: Historische Zeitschrift 255 (1992) S. 61–97

F. Heber-Suffrin, L'œuvre architectural des évêques de Metz autour de l'an mil, in: M. Sot, Haut Moyen-Âge, Paris 1990, S. 409–18

M. Heinzelmann, Studia sanctorum. Éducation, milieu d'instruction et valeurs édicatives dans l'hagiographie en Gaule jusqu'à la fin de l'époque mérovingienne, in: M. Sot, Haut Moyen-Âge, Paris 1990, S. 105–38 (Grundleg. zum Hof als Ausbildungszentrum des geistl. u. weltl. Adels)

D. Iogna-Prat, C. Jeudy, G. Lobrichon (Hrsg.), L'école carolingienne d'Auxerre, de Murethach à Remi, Paris 1991

H. Keller, Vom »heiligen Buch« zur »Buchführung«. Lebensfunktionen der Schrift im Mittelalter: Frühmittelalterliche Studien, 26 (1992) S. 1–31

D. Kelly, The Arts of Poetry and Prose, 1991 (Typologie des sources, 59)

R. McKitterick, The Carolingians and the Written Word, Cambridge 1989

R. McKitterick, The palace school of Charles the Bald, in: M. T. Gibson, J. L. Nelson, Charles, 2. A. London 1990, S. 326–39

R. McKitterick, Nun's Scriptoria in England and Francia in the Eighth Century: Francia 19, 1 (1992)

M. Mostert, The library of Fleury. A provisional list of manuscripts, Hilversum 1989

J. L. Nelson, Ninth-Century Histories. The Annals of St-Bertin, Manchester 1991

W. Paravicini, Die ritterlich-höfische Kultur des Mittelalters, München 1994

M. Richter, »... quisquis scit scribere, nullum potat abere labore.« Zur Laienschriftlichkeit im 8. Jahrhundert, in: J. Jarnut (Hrsg.), Karl Martell, Sigmaringen 1994, S. 393–403

A. Schwarz, Architektur von der Antike bis zum frühen Mittelalter, Leipzig (Lizenzausgabe Holzminden) 1989 [4.–9. Jh.]

J. Szövérffy, Latin Hymns, Turnhout 1985 (Typologie des sources, 55)

J.-Y. Tilliette, Des pouvoirs magiques du langage à l'exploration rationelle du monde, in: R. Delort, La France, Paris 1990, S. 230–44

K. F. Werner, Adel – »Mehrzweck-Elite« vor der Moderne?, in: R. Hudemann, G.-H. Souton (Hrsg.), Eliten in Deutschland und Frankreich, Bd. 1, München 1994, S. 17–32

Ph. Wolff, Quelles langues parlait-on dans le royaume de France vers l'an Mil?, in: X. Barral, Catalogne, Barcelona 1991, S. 335–39

IX. HISTORISCHE URSPRÜNGE IM GESCHICHTLICHEN BEWUSSTSEIN (585)

Chr. Amalvi, X. Barral i Altet, D. Iogna-Prat, La France de l'an Mil au miroir de l'historiographie romantique, in: R. Delort, La France, Paris 1990, S. 311–23

F. Graus, Troja und trojanische Herkunftssage im Mittelalter, in: W. Erzgräber (Hrsg.), Kontinuität (s. X.), Sigmaringen 1989, S. 25–43

A. Lombard-Jourdan, »Montjoie et saint Denis!« Le centre de la Gaule aux origines de Paris et de Saint-Denis, Paris 1989 (z. T. anfechtbar; selbst Qu. zum Paris/S.-Denis-Mythos)

K. F. Werner, Dieu, les rois et l'Histoire, in: R. Delort, La France, Paris 1990, S. 264–81 (Gattung »Historia« = bibl. Geschichtsbild der Könige)

X. VORGESCHICHTE; VORRÖMISCHES UND RÖMISCHES GALLIEN BIS CHLODWIG (589–96)

H. H. ANTON, Trier im Übergang von der römischen zur fränkischen Herrschaft: Francia 12 (1985) S. 1–51

H. H. ANTON, Verfassungsgeschichtliche Kontinuität und Wandlungen von der Spätantike zum hohen Mittelalter. Das Beispiel Trier: Francia 14 (1987) S. 1–25 (spätröm. Wurzel des Comes civitatis und der polit. Dominanz des Episkopats)

B. CUNLIFFE, La Gaule et ses voisins. Le Grand commerce dans l'Antiquité (aus d. Engl.), Paris 1993

A. DEMANDT, Die Spätantike, München 1989

J. DURLIAT, Qu'est-ce que le Bas-Empire?: Francia 16, 1 (1989); 18, 1 (1991)

P.-M. DUVAL, Travaux sur la Gaule (1946–1986), 2 Bde., Rom 1989 (92 Beitr. zu Archäologie u. Gesch. Galliens, 1272 S.)

Y. DUVAL, J.-CH. PICARD (Hrsg.), L'inhumation privilégiée du IV⁰ au VIIIᵉ siècles en Occident, Paris 1986 (Koll.-Akten von 1984)

A. JOCKENHÖVEL, W. KUBACH, Bronzezeit in Deutschland, Stuttgart 1994 (Sonderh. »Archäologie in Deutschland«; zu d. protokelt. Kulturen)

R. KAISER, Das römische Erbe und das Merowingerreich, München 1993

Mohammed und Karl der Große: Die Geburt des Abendlandes, 2. A. Stuttgart/Zürich 1993 (aus d. Ital.: Carlomagno et Maometto, Mailand 1987; bietet Zus. fass. des Buchs v. H. PIRENNE durch J.-H. PIRENNE und Beiträge z. Stand d. Forsch., werden getrennt zit.)

M. KAZANSKI, L'archéologie de l' »empire« hunnique: Francia 20, 1 (1993)

P. PÉRIN, La tombe de Clovis: MEDIA IN FRANCIA (s. o.) S. 363–78

W. POHL, Konfliktverlauf und Konfliktbewältigung. Römer und Barbaren im frühen Mittelalter: Frühmittelalterliche Studien 26 (1992) S. 165–207

F. PRINZ, Formen, Phasen und Regionen des Übergangs von der Spätantike zum Frühmittelalter. Reliktkultur-neue Ethnica-interkulturelle Synthese im Frankenreich, in: F. STAAB, Zur Kontinuität, Sigmaringen 1994, S. 171–92

M. REDDÉ, Mare nostrum. Les infrastructures, le dispositif et l'histoire de la marine sous l'Empire romain, Paris 1986

R. SCHARF, Germanus v. Auxerre. Chronologie seiner Vita: Francia 18,1 (1991)

R. SCHARF, Iovinus. Kaiser in Gallien: Francia 20,1 (1993)

C. SETTIPANI, Ruricius Iᵉʳ évêque de Limoges et ses relations familiales: Francia 18,1 (1991)

F. STAAB (Hrsg.), Zur Kontinuität zwischen Antike und Mittelalter am Oberrhein, Sigmaringen 1994

H. Steuer, Die Kultur der Germanen von Theoderich dem Großen bis zu Karl dem Großen, in: Mohammed (s. o.), Stuttgart/Zürich 1993, S. 207–304

H. Wolfram, Das Reich und die Germanen. Zwischen Antike und Mittelalter, Berlin 1990

H. Wolfram, Origo et religio. Ethnische Traditionen und Literatur in frühmittelalterlichen Quellen, in: W. Hartmann, Mittelalter, Regensburg 1993, S. 27–39

XI. MEROWINGERZEIT, 6.–7. JAHRHUNDERT (601)

M. Becher, Der sogenannte Staatsstreich Grimoalds. Versuch einer Neubewertung, in: J. Jarnut (Hrsg.), Karl Martell, Sigmaringen 1994, 119–46

W. Bleiber, Das Frankenreich der Merowinger, Berlin 1988

F. Cardot, L'Espace et le pouvoir. Étude sur l'Austrasie mérovingienne, Paris 1987

A. Dierkens, Abbayes et chapitres entre Sambre et Meuse (VIIe–XIe siècles). Contributions à l'histoire des campagnes du Haut Moyen Âge, Sigmaringen 1985

E. Ewig, Die Merowinger und das Frankenreich, 2. A. Stuttgart 1993

E. Ewig, Die Namengebung bei den ältesten Frankenkönigen und im merowingischen Königshaus (mit geneal. Tafeln): Francia 18,1 (1991)

J. Favrod, Les sources et la chronologie de Marius d'Avenches: Francia 17,1 (1990)

P. J. Fouracre, Observations on the Outgrowth of Pippinid Influence in the »Regnum Francorum« after the Battle of Tertry (687–715): Medieval Prosopography 5 (1984) 1–31

S. Gäbe, Radegundis: sancta, regina, ancilla. Zum Heiligkeitsideal der Radegundisviten: Francia 16,1 (1989)

H. Godiveau, Peuplement et christianisation, entre pays de France et Beauce: Médiévales 15 (1988), 9–16 (Dynamik Merowingerzeit)

A. Guillou, Byzanz und die Entstehung West-Europas, in: Mohammed (s. o. X.), Stuttgart/Zürich 1993, S. 111–72

M. Heinzelmann, Gregor von Tours, Zehn Bücher Geschichte. Historiographie u. Gesellschaftskonzept im 6. Jahrhundert, Darmstadt 1994

M. Heinzelmann, J.-C. Poulin, Les vies anciennes de sainte Geneviève de Paris, Paris 1986 (Datum; z. Gesch. Childerichs u. Chlodwigs)

J. Jahn, Ducatus Baiuvariorum. Das bairische Herzogtum der Agilolfinger, Stuttgart 1991

J. Jahn, Hausmeier und Herzöge. Bemerkungen zur agilolfingisch-karolingischen Rivalität bis zum Tode Karl Martells, in: J. JARNUT (Hrsg.), Karl Martell, Sigmaringen 1994, 317–43

R. KAISER, Bistumsgründungen im Merowingerreich im 6. Jahrhundert, in: SCHIEFFER, Beitr. z. G. des Regn. Franc. (s. o. I.) 1990

R. W. MATHISEN, Episcopal Hierarchy and Tenure in Office in Late Roman Gaul: Francia 17,1 (1990) S. 125–40

H. MORDEK, Die Hedenen als politische Kraft im austrasischen Frankenreich, in: J. JARNUT (Hrsg.), Karl Martell, Sigmaringen 1994, S. 345–65 (mit Genealogie)

H. MÜLLER, [Bischof] Kunibert von Köln (um 590–663?): Rheinische Lebensbilder, Bd. 12, 1991, S. 7–23

J. M. PICARD (Hrsg.), Ireland and Northern France 600–850, Dublin 1991

J.-P. POLY, Agricola et ejusmodi similes. La noblesse romane et la fin des temps mérovingiens, in: M. SOT, Haut Moyen-Âge, 1990, S. 197–228 (wicht. z. pippinid. Niederwerfung provenz. Widerstände)

F. PRINZ, Das 7. Jahrhundert. Verfallsepoche oder Neubeginn?: Festschrift E. HLAWITSCHKA, Kallmünz 1993, S. 1–10

P. RICHÉ (Hrsg.), La christianisation des pays entre Loire et Rhin (IVe–VIIe s.), 1993 (= Rev. d'histoire de l'Église de France 168, 1976, Neudr. mit Nachträgen)

M. ROUCHE (Hrsg.), Saint-Géry et la christianisation dans le nord de la Gaule, Ve–IXe s.: Revue du Nord 69 (1986) S. 273–563

R. SCHMIDT-WIEGAND, Edictum Chilperici: Reallexikon der Germanischen Altertumskunde 6, 1986, S. 441–46 (wichtig zur kgl. Autorität)

W. STÖRMER, Zu Herkunft und Wirkungskreis der merowingischen zeitlichen »mainfränkischen« Herzöge: Festschrift E. HLAWITSCHKA, Kallmünz 1993, S. 11–21

M. VAN UYTFANGHE, Stilisation biblique et condition humaine dans l'hagiographie mérovingienne (600–750), Brüssel 1987

M. WEIDEMANN, Adelsfamilien im Chlotharreich. Verwandtschaftliche Beziehungen der fränkischen Aristokratie im 1. Drittel des 7. Jh.: Francia 15 (1988), S. 829–51

K. F. WERNER, La place du VIIe siècle dans l'évolution politique et institutionnelle de la Gaule franque: The Seventh Century – Change and Continuity, hrsg. v. J. FONTAINE, J. N. HILLGARTH, London (Warburg Inst.) 1992, S. 173–206 (Bibliogr. 197ff.)

H. WOLFRAM, Die Geburt Mitteleuropas. Geschichte Österreichs vor seiner Entstehung 378–907, Wien 1987 (= Großbaiern im Frankenreich; Agilolfinger; karol. Marken)

I. N. WOOD, The Merovingian North Sea, Ålingsas 1983

XII. KAROLINGERZEIT, 8.–9. JH. (606)

S. AIRLIE, The Political Behaviour of Secular Magnates in Francia, 829–879, Ms., Phil. Diss. Oxford, 1985

M. BECHER, Neue Überlegungen zum Geburtsdatum Karls des Großen: Francia 19,1 (1992) S. 37–60 (über K. F. WERNER, Francia 1 [747 statt 742] hinaus gelingt die Präzisierung: 2.4.748)

C. BOUCHARD, The Bosonids, or Rising to Power in the Late Carolingian Age: French Historical Studies 15 (1988) S. 407–31

S. COUPLAND, Money and Coinage under Louis the Pious: Francia 17,1 (1990)

S. COUPLAND, Charles the Bald and the Defence of the West Frankish Kingdom against the Viking Invasions, 840–877, Diss. Cambridge 1987

P. DEPREUX, Die Kanzlei und das Urkundenwesen Kaiser Ludwigs des Frommen: Francia 20,1 (1993) S. 147–62

A. DIERKENS, Autour de la tombe de Charlemagne. Considérations sur les sépultures et les funérailles des souverains carolingiens et des membres de leur famille: Byzantion 61 (1991) S. 156–80

H. EBLING, Die inneraustrasische Opposition, in: J. JARNUT, Karl Martell, Sigmaringen 1994, 295–304

L. FALKENSTEIN, Charlemagne et Aix-la-Chapelle: Byzantion 61 (1991) S. 231–89

A. Graf FINCK V. FINCKENSTEIN, Rom zwischen Byzanz und den Franken in der 1. Hälfte des 8. Jahrhunderts: Festschrift E. HLAWITSCHKA, Kallmünz 1993, S. 23–36

R. FOLZ, Les trois couronnements de Charles le Chauve: Byzantion 61 (1991) S. 93–111

J. FRIED, Ludwig der Fromme, das Papsttum und die fränkische Kirche, in: Charlemagne's Heir (1990, s. S. 608) S. 231–73 (wichtig)

M. T. GIBSON, J. L. NELSON (Hrsg.), Charles the Bald. Court and Kingdom, London 1990 (2., erweit. Aufl. s. S. 609)

C. GILLMOR, War on the rivers. Viking numbers and mobility on the Seine and Loire, 841–886: Viator 19 (1988) S. 79–109

C. GILLMOR, The logistics of fortified bridge building on the Seine under Charles the Bald: Anglo-Norman Studies 11 (1989) S. 87–106

H.-W. GOETZ, Karl Martell und die Heiligen. Kirchenpolitik und Maiordomat im Spiegel der spätmerowingischen Hagiographie in: J. JARNUT (Hrsg.), Karl Martell, Sigmaringen 1994, S. 101–117

O. GUILLOT, Les étapes de l'accession d'Eudes au pouvoir royal: MEDIA IN FRANCIA (s. o.) S. 199–224

W. HARTMANN, Die Synoden der Karolingerzeit im Frankenreich und in Italien, Paderborn 1989 (vgl. Ders., Hrsg., Die Konzilien der karolingischen Teilreiche 843–59, Hannover 1984; MGH Conc. III)

I. HEIDRICH, Die Urkunden Pippins des Mittleren und Karl Martells, in: J. JARNUT (Hrsg.), Karl Martell, Sigmaringen 1994, S. 23–32

C. HEITZ, Reims et l'art carolingien: MEDIA IN FRANCIA (s. o.) S. 243–56.

J. JARNUT, u. a. (Hrsg.), Karl Martell in seiner Zeit, Sigmaringen 1994

A. KRAH, Zeitgeschichtliche Aussagen in den Miracula S. Germani des Aimoin von Saint Germain-des-Prés: Festschrift E. HLAWITSCHKA, Kallmünz 1933, S. 111–31

J. MARTINDALE, Charles the Bald and the Government of the Kingdom of Aquitaine, in: M. T. GIBSON, J. L. NELSON, Charles, 2. A. London 1990, S. 115–38

J. L. NELSON, Charles the Bald, London/New York 1992

J. L. NELSON, La famille de Charlemagne: Byzantion 61 (1991) S. 194–212 (m. Tafel der ehel. u. unehel. Verbind. u. Generation I–III)

U. NONN, Das Bild Karl Martells in mittelalterlichen Quellen, in: J. JARNUT (Hrsg.), Karl Martell, Sigmaringen 1994, S. 9–21

P. OUZOULIAS, Les *villae* carolingiennes de Chaussy et Genainville (Val d'Oise). Premières hypothèses sur leur fondation et leur destin: Francia 18,1 (1991)

M. PARISSE, In media Francia. Saint-Mihiel, Salonnes et Saint-Denis (VIIIᵉ–XIIᵉ s.): MEDIA IN FRANCIA (s. o.) S. 319–44

J.-C. POULIN, Le dossier hagiographique de saint Conwoion de Redon: Francia 18,1 (1991) S. 139–59 (wicht. zur karol. Bretagne)

Y. SASSIER, L'utilisation d'un concept romain aux temps carolingiens. La *Res publica* aux IXᵉ et Xᵉ s.: Médiévales 15 (1988) 17–29

R. SCHIEFFER, Die Karolinger, Stuttgart 1992

R. SCHIEFFER, Karl Martell und seine Familie, in: J. JARNUT (Hrsg.), Karl Martell, Sigmaringen 1994, 305–14

R. SCHIEFFER, Karl III. und Arnolf: Festschrift E. HLAWITSCHKA, Kallmünz 1993, S. 133–49

K. SCHMID, Auf dem Weg zur Erschließung des Gedenkbuchs von Remiremont: Festschrift E. HLAWITSCHKA, Kallmünz 1993, S. 59–96

A. J. STOCLET, Les établissements francs à Rome au VIIIᵉ siècle, in: M. SOT, Haut Moyen-Âge, 1990, S. 231–47

G. THOMA, Papst Hadrian I. und Karl der Große: Festschrift E. HLAWITSCHKA, Kallmünz 1993, S. 37–58

K. F. WERNER, Il y a mille ans, les Carolingiens: fin d'une dynastie, début d'un mythe: Annuaire-Bulletin de la Soc. de l'Hist. de France 1991/2 (1993) S. 17–89 (Spätes Auftreten von Karl »der Große« u. »Karolinger«; Analyse des Dynastiewechsels)

K. F. WERNER, Aachen/Aix-la-Chapelle, in: H. MÖLLER, Ambass. MORI-ZET (Hrsg.), Dt.-frz. Geschichtsbuch, München 1995 (Geschichte und Quellen-texte)

K. F. WERNER, Les Robertiens, in: M. PARISSE, Le roi de France (s. o.), S. 15–26

H. WOLFRAM, Karl Martell und das fränkische Lehenswesen. Aufnahme eines Nichtbestandes, in: J. JARNUT (Hrsg.), Karl Martell, Sigmaringen 1994, S. 61–77

XIII. DAS 10. JAHRHUNDERT (6.5)

G. ALTHOFF, Amicitiae und Pacta. Bündnis, Einung, Politik und Gebetsge-denken im beginnenden 10. Jahrhundert, Hannover 1992 (wichtig)

H. ATSMA, Les plus anciens documents originaux de l'abbaye de Cluny conservés à la Bibliothèque Nationale de Paris, in: W. PARAVICINI (Hrsg.), Les Ateliers de l'IHA, Paris Deutsches Historisches Institut 1994, 33–43 (bibliogr.)

B. S. BACHRACH, Angevin Campaign Forces in the Reign of Fulc Nerra, Count of the Angevins: Francia 16,1 (1989)

C. BRÜHL, Deutschland-Frankreich. Die Geburt zweier Völker, Köln/Wien 1992 (Volle Trennung O- u. W-Franken erst nach 1000)

P. CORBET, Les saints ottoniens. Sainteté dynastique, sainteté royale et sainteté féminine autour de l'an Mil, Sigmaringen 1986

R. DELORT, France, Occident, monde à la charnière de l'an Mil, in: R. DELORT, La France, Paris 1990, S. 7–26

J. DUNBABIN, The Reign of Arnulf II, Count of Flanders, and its aftermath: Francia 16,1 (1989)

W. EGGERT, Ostfränkisch-fränkisch-sächsisch-römisch-deutsch. Zur Benen-nung des rechtsrheinischen-nordalpinen Reiches bis zum Investiturstreit: Früh-mittelalterliche Studien 26 (1992) S. 239–73

J. EHLERS, Die Entstehung des deutschen Reiches, München 1994

F.-R. ERKENS, »Sicut Esther regina«. Die westfränkische Königin als consors regni: Francia 20,1 (1993) S. 15–38

R. FOLZ, Un évêque ottonien: Thierry Ier de Metz (965–984): MEDIA IN FRANCIA (s. o.) S. 139–56

J. FRIED, Endzeiterwartung um die Jahrtausendwende, Deutsches Archiv 45 (1989) S. 381–473

D. GANZ, Corbie in the Carolingian Renaissance, Sigmaringen 1990

R. LE JAN-HENNEBICQUE, Domnus, illuster, nobilissimus. Les mutations du pouvoir au Xe siècle, in: M. SOT, Haut Moyen-Âge 1990, S. 439–48

M. Mostert, The Political Ideas of Abbo of Fleury: Francia 16,1 (1989)

M. Parisse, Qu'est-ce que la France de l'an Mil? (Esquisse de bilan des recherches actuelles), in: R. Delort, La France Paris 1990, S. 429–48.

M. Parisse, La frontière de la Meuse au Xe siècle, in: M. Sot, Haut Moyen-Âge, S. 427–37

P. Riché, Gerbert d'Aurillac, le pape de l'an Mil, Paris 1987

P. Riché, Nouvelles vies parallèles. Gerbert d'Aurillac et Abbon de Fleury: Media in Francia (s. o.) S. 419–28

P. Riché, J. P. Callu (Hrsg.), Gerbert d'Aurillac, Correspondance, 2 Bde., Paris 1993 (mit frz. Übers. u. Kommentaren)

Il Secolo di ferro. Mito e realità del secolo X, 2 Bde., Settimane 38, Spoleto 1991

K. Schmid, Persönliche Züge in den Zeugnissen des Abtbischofs Salomon? (890–920): Frühmittelalterliche Studien 26 (1992) S. 230–38

M. Sot, Un historien et son église. Flodoard de Reims, Paris 1993

M. Sot, Séulf, archevêque de Reims (922–925): Media in Francia (s. o.) S. 471–84

K. F. Werner, Der Autor der Vita s. Chrothildis. Beitrag zur Idee der »hl. Königin« und des »Römischen Reiches« im 10. Jahrhundert: Mittellateinisches Jahrbuch 24/25 1991, S. 517–51 (Adso v. Montiérender im karol.-otton. Konflikt)

KAPITEL I

Historische Ursprünge und geschichtliches Bewußtsein

Wenn die Franzosen ihre »gallischen Ahnen« (»nos ancêtres, les Gaulois«)
beschwören und ihr Vaterland »Frankreich« (*Francia*, Land der Franken)
nennen, sich zugleich aber als ein lateinisches Volk betrachten – dann
haben sie trotz der offensichtlichen Widersprüchlichkeit dreimal recht.
Sie erkennen sich nämlich in jeder dieser drei Schichten, die wesentlich
sind für eine Entwicklung, die vor der eigentlichen Geschichte Frankreichs liegt. Die Franzosen haben dagegen unrecht, wenn sie nur eine
einzige dieser historischen – nicht rassischen! – Wurzeln gelten lassen
wollen oder wenn sie, wie in der Vergangenheit oft geschehen, einer dieser
Herleitungen einen übertriebenen Vorrang zuerkennen. Sie haben ihre
Geschichte zugleich leidenschaftlich und bewußt erlebt; sie führten Streit
um die wahre Abstammung ihrer Königsdynastien (der drei »races«:
Merowinger, Karolinger, Kapetinger), über die Ursprünge des französischen Volks und seiner politischen Institutionen. Reflexionen im doppelten Wortsinn über die eigenen Ursprünge, ständig gegenwärtig im Bewußtsein der jeweiligen Landesbewohner, sind ein wesentlicher und
authentischer Bestandteil der französischen Geschichte aller Epochen. Sie
stehen gleichgewichtig neben geographischen oder klimatischen Voraussetzungen und anderen Grundtatsachen der Geschichte dieses Volkes.
Genauso wie über solche Grundvoraussetzungen ist eine Vorinformation
des Lesers über diese Reflexionen notwendig, damit er sie im Zusammenhang ihrer Fortentwicklung begreifen kann und damit er in der Lage ist,

die einzelnen Bewußtseinsphasen in den verschiedenen Geschichtsepo-
chen zu entdecken – immer in Beachtung ihrer ständigen Bedeutung für
das politische Handeln der jeweiligen Generationen.

Die Völker, die vor den Kelten, Römern und Germanen im Hexagon
lebten, haben zahlreiche archäologische Spuren im Boden Frankreichs,
aber keine Namen hinterlassen. Außerdem gibt es Fälle wie die Iberer und
Ligurer, bei denen es Schwierigkeiten bereitet, den Namen mit Regionen
oder Volksgruppen einer bestimmten Siedlungsperiode in gesicherten
Zusammenhang zu bringen. Weil die Überreste nicht mit bestimmten
Namen verbunden werden konnten, hat man diese frühen Völkerschaften
vergessen, in der historischen wie in der populären Überlieferung, also in
der sogenannten »imaginären Geschichte«. Das ist aber kein Beleg dafür,
daß man sie für belanglos halten dürfte. Die Gesamtheit der vorkeltischen
Einwohner hat wohl einen beachtlichen Anteil an der genetischen Zusammensetzung der späteren Bevölkerung wie an deren kulturellem Erbe.
Kelten, Römer, Franken und zahlreiche andere Völker oder Stämme
haben sich in Gallien angesiedelt. Sie aber hinterließen dort ihre Sprache –
oder wenigstens Reste von unterschiedlicher Wichtigkeit – und vor allem
ihren Namen und ein oft bedeutendes kulturelles Erbe.

Erfaßt man die Rolle der Kelten, Römer und Franken in den Vorstellungen über die eigenen Ursprünge, in der Überlieferung und deren
Verankerung im Geschichtsbewußtsein der Nachwelt, dann stößt man auf
ein erstaunliches Phänomen: Die Gallier, obwohl doch einer glanzvollen
keltischen Kultur zugehörig, hinterließen keinerlei Aufzeichnungen über
ihre Herkunft und frühe Geschichte, sie schrieben darüber auch nicht, als
sie »Gallo-Römer« mit einer sehr gebildeten Oberschicht wurden. Sie
überließen es griechischen und römischen Autoren, sich mit ihren Anfängen zu beschäftigen und Hypothesen darüber aufzustellen. Trotz allem,
was man viel später über die Trauer dieser Gallier wegen ihrer unter dem
»römischen Joch« verlorenen Freiheit geschrieben hat: Ihr eigenes
Schweigen verrät doch einen Mangel an historischem und wohl auch
politischem Bewußtsein. Das scheint die Annahme zu bestätigen, es habe
gar keine wirkliche gallische Nation gegeben. Diese heute allgemein akzeptierte These gilt ganz ähnlich für »die Germanen«, das heißt für die
Völker der germanischen Sprachfamilie.

Der politische Zusammenhalt der keltisch sprechenden Völkerschaften muß also ziemlich schwach gewesen sein, trotz der Eigenständigkeit

und beeindruckenden Einheitlichkeit ihrer Kunst und anderer Zeugnisse ihrer Kultur. Falls ein eigenes Geschichtsbewußtsein der Gallier je existiert haben sollte, hat es jedenfalls kaum Spuren hinterlassen – von einer Volksüberlieferung ist wirklich nichts zu finden. Die Tatsache muß zu denken geben, daß selbst der letzte Heldenkampf des Vercingetorix nur durch den Bericht des Siegers auf uns gekommen ist.

Anders bestellt war es mit dem Heimatgefühl der Bewohner des römischen Gallien, das durch zahlreiche und aufschlußreiche Quellentexte belegt ist. Auch dies hat nichts mit einem »gallischen Nationalbewußtsein« zu tun, denn es wurde auch von gebürtigen Römern mitgetragen, die in Gallien lebten, das so zu ihrem Vaterland wurde. Es handelte sich also um einen regionalen Patriotismus, exakt in der zeitgenössischen Bedeutung des lateinischen Begriffs *patria*: Regionalpatriotismus konnte die gemeinsame Zugehörigkeit zu einer Stadt, zu einer kleinen oder zu einer größeren Region bedeuten, aber stets innerhalb des römischen Reichsverbands. Er implizierte also keineswegs den Verzicht auf die Zugehörigkeit zum Imperium, auf die Würde des *civis romanus* (das römische Bürgerrecht) und die Identifikation mit dem römischen Volk. Dieses Volk war durch den Willen der Götter dazu bestimmt, »über die anderen Völker zu herrschen« und »alle zu bekämpfen, die es wagen, Widerstand zu leisten, aber alle zu schützen, die sich unterwerfen«. Diese römische Ideologie, bewundernswert formuliert von dem genialen Dichter Vergil, war auch in Gallien unendlich viel durchschlagskräftiger als irgendeine gallische Ideologie, für die jeder Nachweis fehlt.

Eine Stärke der römischen Staatsidee war es, nicht nur Macht, Siege und Herrschaft des Römervolks zu feiern, sondern auch ein wirkungsvolles Kulturkonzept zu entwickeln, in dem die Menschlichkeit einer verfeinerten Zivilisation den davon ausgeschlossenen Barbaren entgegengestellt wurde. Diese Konzeption lebt bei allen Völkern weiter, die aus den römischen Provinzen des latinisierten Westens hervorgingen, also bei den »lateinischen« Völkern. Die als Beweis für ein eigenes gallisches Nationalgefühl so oft zitierten »gallischen Kaiser« haben keineswegs zur Entstehung einer gallischen »Nationalliteratur« beigetragen, nicht einmal in lateinischer Sprache. Auch sie waren Herrscher über ein gallo-römisches Gallien, integriert in die römische Welt: Der Stolz dieser Provinz, als eine der reichsten und zivilisiertesten des damaligen Erdkreises zu gelten, war keineswegs antirömisch. Das schließt nicht aus, daß dieses neue Selbstbewußtsein wie in den übrigen westlichen Großregionen (vgl. die *Hispania*) die spätere Selbständigkeit vorbereitete, die durch germanische Heere und ihre Fürsten vollendet wurde.

Die Barbaren ihrerseits gerieten beim Eintritt in das Imperium unter den Einfluß der römischen Ideologie und zusätzlich unter den des Christentums in seiner spätantiken Ausprägung. Ein Beleg dafür ist die Umschreibung der Sage der trojanischen Abstammung der Römer auf die der Franken. Vergil hatte sehr geschickt den Mythos ausgestaltet, wonach Aeneas, dem Untergang Trojas mit den Seinen entronnen, zusammen mit Lavinius, Romulus und Remus der erste Gründer Roms gewesen sei. Mit historischen Argumenten hievten sich die Römer so auf das Niveau des antiken Griechenland, zur gleichen Zeit, als sich die lateinische Literatur durch Nachahmung der griechischen entfaltete und der vornehme junge Römer Griechisch vor dem Lateinischen lernte. Es ist höchst bezeichnend, daß man seit dem 7. Jahrhundert n. Chr. in Nordgallien auch die Franken mit dieser nun »römergleichen« Herkunft ausstatten wollte. Zwar weniger elegant und kunstvoll, wiederholte man doch Vergils Methode. Es konnte für das Volk der Franken nur von Vorteil sein, sich zur hohen und edlen Abkunft der Römer erhoben zu sehen, weil man angeblich von anderen aus Troja geflohenen Helden abstammte. Man wird sehen, wie unglaublich dauerhaft der Erfolg dieses Märchens wurde. Zunächst ist hier festzuhalten, daß sich im damaligen Gallien offensichtlich kein Mensch für keltische Ursprünge und gallische Vorfahren interessierte. Was zählte, waren allein Reichsidee und Nimbus der Römer. Es war ganz natürlich, daß die Barbarenvölker und deren Führer die Stärkung ihres Selbstgefühls durch Teilhabe am großen römischen Vorbild suchten.

Im Bereich der Religion kann der römische Einfluß auf Denken und Verhalten der in das Imperium eingedrungenen Barbaren früher nachgewiesen werden, auch ist seine Tragweite ungleich größer. Das Reich war im Lauf des 4. Jahrhunderts christlich geworden. Deswegen wurde Konstantin der Große, der als Werkzeug Gottes betrachtet wurde, das dem wahren Glauben zum Sieg verholfen habe, von allen Völkern des *orbis romanus*, der römischen Welt, verehrt, und dazu gehörten auch die Einwohner des römischen Gallien. In einer Vision habe Gott Konstantin ein Zeichen (das Christus-Monogramm) gezeigt, und in diesem Zeichen siegte der Kaiser 312 über seinen Rivalen Maxentius, der an heidnischen

Orakeln und Vorzeichen festgehalten hatte. Schon sehr früh kommt auch die Vorstellung auf, Gott habe die Menschheit vor allem deswegen in einem einzigen Reich vereint, damit die Heilsbotschaft Christi ein »Gefäß« für ihre Ausbreitung finde. Die Eroberungen der Römer und die weite Ausdehnung ihres Reichs konnte man so der göttlichen Vorsehung zuschreiben, eng verbunden mit der biblischen Geschichte der jüdisch-christlichen Überlieferung: Die Einheit der Weltgeschichte war hergestellt. Römische und christliche Welt waren fortan im christlichen Imperium deckungsgleich. Man kann sich leicht vorstellen, wie stark die Wirkung solcher Deutungen war, die den Gang der Geschichte zu erklären vermochten.

Dieses Geschichtsbild wurde in dem Moment auf die Probe gestellt, als zwei Erscheinungen auftraten, die das Reich und das Christentum erschüttern sollten: Barbareneinfälle und Irrlehren. Die Irrlehren entstanden im Imperium selbst, mit Billigung des Kaisers Valens war der Arianismus für einige Zeit sogar offiziell der herrschende Glaube. Aber der Kaiser verbrannte bei lebendigem Leib nach der römischen Niederlage von Adrianopel gegen die Westgoten im Jahr 378, und dieser Tod wurde in der römischen Welt als Gottesurteil betrachtet – verewigt im nun maßgeblichen Geschichtswerk des Orosius. Wenig später konnte sich der Katholizismus wieder durchsetzen. Die siegreichen Westgoten hatten freilich das Christentum in seiner arianischen Form kennengelernt und verbreiteten diese Häresie bei den übrigen germanischen Völkern. Für die katholische und römische Christenheit zeichnete sich von daher eine Gefahr ab: Die Häretiker im Innern konnten Unterstützung bei den häretischen Barbaren finden. Da diese als Hilfstruppen im römischen Heer immer unentbehrlicher wurden und sogar Generäle stellen konnten, wurden die Barbaren zu einer ernsthaften Bedrohung im Innern der katholischen römischen Welt.

In diesem Zusammenhang ist die außerordentliche Bedeutung eines Ereignisses zu sehen, das den Westen im 5. Jahrhundert verwandelte, einem Jahrhundert, das bereits erlebt hatte, wie Spanien und ein großer Teil Galliens unter die Herrschaft der Westgoten gefallen war, die nun den Rest bedrohten. Chlodwig, der Sohn eines fränkischen Generals in römischen Diensten aus dem Norden Galliens, bekehrte sich zum katholischen Glauben und besiegte die Westgoten. Die römische Oberschicht katholischen Glaubens in Gallien reagierte auf diese »Rettung« in einer

Weise, die für das Geschichtsbewußtsein der nachfolgenden Jahrhunderte entscheidend wurde.

Bischof Gregor von Tours, dem römischen Senatorenstand entstammend, war in der zweiten Hälfte des 6. Jahrhunderts der Historiograph seiner Kirche in Tours, darüber hinaus auch Historiograph der katholischen Kirche und ihrer Auseinandersetzungen mit den Häretikern in der römischen Welt und vor allem in Gallien. Die Häretikergefahr, die Gregor so beschäftigt, war im westgotischen Spanien noch gegenwärtig, aber das Schlimmste war mit Gottes Hilfe schon überstanden, und das Werkzeug Gottes war der Frankenkönig Chlodwig gewesen. Gregors Geschichtswerk beinhaltet damit also auch, und sogar in erster Linie, die Geschichte der Frankenkönige. Die Bekehrung Konstantins des Großen hatte einen triumphalen Wandel des Schicksals der Christen bedeutet, die kurz zuvor noch vom römischen Staat verfolgte Opfer gewesen waren. Genauso war nun durch Chlodwigs Bekehrung sowie seine Siege über heidnische Alemannen und häretische Westgoten Gallien gerettet worden und sein Boden vom Schandfleck des Irrglaubens gereinigt. Es war also naheliegend, daß Gregor in dem Barbarenkönig einen »neuen Konstantin« sah, der durch seine Bekehrung den Gang der Geschichte verändert hatte. Chlodwig schuf ja die Voraussetzung dafür, daß früher oder später andere Germanenkönige mit ihren Völkern zum katholischen Glauben übertraten.

Schon ein Zeitgenosse des Ereignisses, Avitus, Bischof von Vienne, ahnte die Folgen von Chlodwigs Schritt für alle heidnischen Völker außerhalb des Reichs, beglückwünschte Chlodwig brieflich zur Bekehrung und verglich seinen Glauben mit dem des Kaisers von Konstantinopel. Unter diesen Umständen ist es keineswegs verwunderlich, daß die Analogie zwischen Chlodwig, dem Werkzeug Gottes bei der Bekehrung der Barbaren, und Konstantin, dem Werkzeug Gottes bei der Bekehrung der Römer, zu einer Legendenbildung führte, die ganz der Verherrlichung des ersten christlichen Kaisers entsprach: Chlodwig sei in einer entscheidenden Schlacht durch den Angriffsschwung der Alemannen in Bedrängnis geraten, aber Gott habe ihm den Sieg verheißen, falls er sich samt seinem Volk zum Glauben an Christus bekehre. Gregor von Tours macht diese Legende zum Schlüsselereignis in dem Augenblick, als Gallien das *regnum Francorum*, das Frankenreich, geworden war.

Seit Edward Gibbon und seiner »*History of the decline and fall of the*

Roman Empire« ist dem neuzeitlichen Leser die Vorstellung vertraut, daß
das Römerreich unter den Schlägen der wilden Barbaren zusammenge-
brochen sei und daß die Kultur der Antike unter dem Einfluß des Christentums ihre Kraft verloren habe. So glaubt er von vornherein an eine
Alptraumsituation: Die Zeitgenossen dieser Ereignisse hätten in Erwartung des Weltendes gelebt, ohne Hoffnung darauf, die menschliche Kultur könne sich je wieder aus dieser Katastrophe erheben. Der Leser wird
den Abgrund ermessen, der dieses Geschichtsbild von der Gedankenwelt
des 5. und 6. Jahrhunderts trennt. Die Belege dafür sind eben benannt
worden. Kaiser Konstantin sichert den Sieg des Christentums, der dann
bekräftigt wird durch den Triumph des Kaisers Theodosius I. über den
letzten heidnischen Kaiser. Das Kreuz ist in diesen Jahrhunderten vor
allem Siegeszeichen, weniger Zeichen für das Leiden Christi, der Gekreu-
zigte selbst wird als Sieger dargestellt und als Weltenherrscher. Die Franken sichern als neuer Machtfaktor durch ihren ersten katholischen König,
Chlodwig, den Sieg der katholischen Christen in Gallien und über dessen
Grenzen hinaus. Nicht Heiden oder Häretiker haben schließlich in Gallien geherrscht, auch nicht in Rom, und den christlichen, katholischen
Franken sollte später die Herrschaft bis zu den Ufern der Elbe zufallen,
wo sie den katholischen Glauben über seine bisherigen Grenzen hinaus-
führten.

Ein Siegesgefühl, ein Gefühl des Vertrauens in die göttliche Lenkung
der Welt, herrschte also damals bei den Menschen, trotz ihrer Nöte und
trotz des Leidens, das sie ringsum sehen mußten. In einer ästhetisierenden
Betrachtung der Welt, wie der Gibbons, war diese Epoche traurig und
düster. Aus christlicher Weltsicht lieferte sie dagegen den Beweis, daß der
neue Glaube in seiner wahren Form alle Feinde überwinden werde. Es ist
festzustellen, daß vor allem diese Betrachtungsweise für die Zeitgenossen
zählte und daß sie darüber hinaus für die Menschen der nachfolgenden
Jahrhunderte gültig blieb. Die gesamte spätere Geschichte Frankreichs
und der Nachfolger Chlodwigs, die stolze Sicherheit dieses Landes, das
von Christus geliebte Reich zu sein, die ganze von Ernest Renan so
bezeichnete *religion royale«* – verkörpert in Ludwig dem Heiligen und in
Jeanne d'Arc –, all das beruht auf dem religiösen Fundament des eben
skizzierten politischen Bewußtseins dieser fernen Zeit. Ohne diesen Zugang zu den Anfängen des Frankenreichs muß die ganze französische
Geschichte unverständlich bleiben: Man trifft hier gewissermaßen auf das

Urgestein, das quer durch alle Schichten sichtbar wird, die durch spätere historische und politische Vorstellungen angelagert wurden.

Vom Anbeginn des fränkischen Gallien an reichten Sendungsauftrag und Ansehen seiner Herrscher über die Reichsgrenzen hinaus. Der Anspruch auf die Vorkämpferrolle und Spitzenstellung innerhalb des katholischen Abendlands war also naheliegend. Die Vorstellung einer »nationalen« gallischen oder einer germanischen Kontinuität lag der Gedankenwelt der damaligen Menschen völlig fern. Das Gegenteil behauptet zu haben ist kein Ruhmesblatt für die französische und deutsche Geschichtsschreibung des 19. Jahrhunderts. Man glaubte sich zwar im festen Besitz der Methoden der historischen Kritik, aber man setzte sie nur ein für die Rekonstruktion von Quellentexten und Ereignissen. Man vergaß dabei, auch die Gedankenwelt und Antriebskräfte der Menschen der Vergangenheit zu ermitteln, und als Ersatz griff man ohne Zögern auf die eigenen Anschauungen zurück.

Gestützt auf die verdienstvollen Forschungen ihrer Vorgänger entdekken die Historiker heutzutage in den authentischen, mit den untersuchten Ereignissen zeitgleichen Quellentexten die Gesellschaftsmodelle und Weltdeutungen, die jedem seinen Platz und seine Funktion zuwiesen. Diese Modelle wurden von einer Elite dargelegt und immer wieder ausgedeutet, sie konnten damit einen entscheidenden Einfluß auf das Handeln der Regierenden und das Verhalten der Massen gewinnen. So findet man die Karolinger beherrscht von der Idee, Gott habe dem fränkischen Königtum einen Sendungsauftrag innerhalb der lateinischen und katholischen Welt erteilt. In einem kurzen Überblick sollen die wichtigsten Entwicklungsstufen der »fränkischen Ideologie« wiedergegeben werden.

DER »FRÄNKISCHE MYTHOS«

In einer Bearbeitung der »*Lex Salica*«, die zur Zeit Pippins III. entstand, werden im Vorwort die Verdienste des von Christus geliebten Frankenvolks gerühmt: Es verehrt seit seiner Bekehrung die von den grausamen Römern gequälten Märtyrer, deren Reste in goldenen, mit Edelsteinen verzierten Schreinen verwahrt werden. In den Hilfeersuchen gegen die Langobarden wurden die Franken von den Päpsten als das neue, von Gott erwählte Volk vorgestellt. Später begrüßten die Päpste Karl den Großen als »neuen David« und »zweiten Konstantin«. Karl der Große sorgte selber für die Sammlung der päpstlichen Briefe, in denen die spirituelle Einstufung der Franken und ihrer Könige bestätigt wurde. Schon ziemlich bald benützte er den Namen »David« bei den Zusammenkünften mit seinen engsten Ratgebern und Vertrauten am Hof. Auch der Angelsachse Alkuin feierte 794/795 Karl als neuen David:

»Glückliches Volk, das erhöht ist durch einen Anführer… dessen Rechte das siegreiche Schwert führt und dessen Mund die Posaune der katholischen Wahrheit erschallen läßt. Genauso hat einst David, von Gott berufen zum König des Volkes, das von da an [!] sein auserwähltes Volk wurde… mit siegreichem Schwert für Israel die umliegenden Völker unterworfen. Ein zweiter David ist jetzt unser Herrscher. Er erregt Schrecken bei den heidnischen Völkern. Er ist ein Anführer, dessen Frömmigkeit durch ihre Standhaftigkeit im Evangelium den katholischen Glauben unablässig gegen die Anhänger des Irrglaubens stärkt…«

Eben dies waren tatsächlich die Vorstellungen Karls des Großen, als er 794 die Synode der abendländischen Kirche nach Frankfurt einberief und sich persönlich damit befaßte, die von den Kirchenvätern vorgelegten Bestimmungen zu überarbeiten. Karl der Große, Chlodwig als erster »katholischer« König, Dagobert, als Gründer des Klosters Saint-Denis verehrt, das dem Apostel der Gallier geweiht war, der zusammen mit dem heiligen Martin und dem heiligen Remigius das Königtum besonders beschützte – dies waren Vorgänger, die ihren Nachfolgern eine Würde besonderer Art verliehen. Diese Würde war unabhängig von der tatsächlichen Macht, über die ein Nachfolger zum gegebenen Zeitpunkt gerade verfügte. Die Könige des Alten Testaments fanden künftig symbolisch für die Frankenkönige, dann für die Könige der Franzosen als Standbilder in den Fassaden der Kathedralen ihren Platz. Das neue auserwählte Volk hatte das alte abgelöst, das verworfen wurde, weil es Christus zurückwies.

Diese Deutung hat sogar die Revolution überdauert. Kardinal Langénieux schrieb 1896 in der Einleitung zu *»La France chrétienne dans l'histoire«:* »Die Franken waren im 5. Jahrhundert das von der Vorsehung auserwählte Volk, dessen Kommen Christus andeutet, als er Israel seine Verwerfung verkündet (Matthäus XXI, 46) [sic, lies: 43]. Kein Volk nach den Franken hat eine eindeutigere Bestimmung erfahren.«

Die Teilung des Karlsreichs hatte als wichtigste Folge, daß die Frankenkönige im Osten wie im Westen nur noch den Ehrenvorrang jenes Karolingers anerkannten, der im Mittelreich herrschte und den Kaisertitel führte. Vielleicht angeregt durch den im 8. Jahrhundert von den Päpsten eingeführten Brauch, die jungen Karolingerkönige bei der Taufe in Rom mit dem heiligen Salböl zu salben, machte sich Erzbischof Hinkmar von Reims († 882) zum Verfechter einer Tradition: Danach habe schon der heilige Remigius Chlodwig bei der Taufe gesalbt, und zwar mit einem heiligen Salböl, das eine Taube vom Himmel gebracht habe.

Diese Tradition hat eine zweifache Bedeutung: Der kirchliche Mittelpunkt der fränkischen Welt war unter Karl dem Großen und Ludwig dem Frommen nach Rom verlegt worden, jetzt wurde er wieder im Reichsinneren eingerichtet, und Hinkmar wollte ihn auf Dauer in Reims sehen. Zudem implizierte die Tradition die Vorstellung einer unmittelbaren Verbindung zwischen den Frankenkönigen und Gott. Das gleiche Thema begegnet dann wieder in den *Chansons de geste*. Hier spricht Karl der Große mit Gott, und Gott hält sogar den Lauf der Sonne an, um dem Kaiser in einer schwierigen Lage zu helfen. Aber noch wichtiger: Das direkte Erbe Chlodwigs wird durch Hinkmars Überlieferung allein dem Frankenkönig des Westreichs vorbehalten. Die Nachfolger Karls des Großen in Ostfranken sollten den Kaisertitel behaupten, dazu die Stellung als Vogt der Römischen Kirche und den Auftrag zum Kampf gegen die Heiden im Osten. Aber als alleinige Nachfolger Chlodwigs sollten die westfränkischen Könige schließlich allein Titel und Rang des Frankenkönigs *(rex Francorum)* behaupten, als Ursprung der Bezeichnungen »Frankreich« und »französisch«.

Wer waren nun diese Franken für die Nachwelt, und wie haben sie sich in der Zeit nach Chlodwig entwickelt? An erster Stelle hat die Tatsache zu stehen, daß die Franken keine Barbaren mehr waren. »Barbaren« waren jetzt »die anderen«, außerhalb der Grenzen der Christenheit, beispielsweise in Skandinavien oder in der slawischen Welt. Gegenüber diesen *gentes* im doppelten Wortsinn von »Heiden« und »Barbaren« wurde der *populus* nicht mehr von den Römern verkörpert. An ihre Stelle waren die Franken getreten, die als Beschützer der westlichen Reichshälfte und des gläubigen Volks eine führende Stellung errungen hatten. In den Kirchen waren die liturgischen Gebete, mit denen man Gott um Hilfe für das römische Heer anrief, zunächst durch eine Formel ersetzt worden, die das

»Heer der Römer und Franken« nannte. Schließlich betete man aber ganz einfach nur noch für die Franken: »Christus, erhöre uns! Allen Anführern und dem ganzen Heer der Franken Leben und Sieg!« Es ist danach nicht verwunderlich, daß in den zentralen Gebieten des Reichs, also in der *Francia* im engeren Sinne, jetzt jedermann zu diesem staatstragenden Volk gehören wollte. Dabei vergaß man bereitwillig die früheren »nationalen« Zugehörigkeiten und gab seinen Kindern fränkische Namen. Übrigens waren alle verpflichtet, im Bedarfsfall für den Frankenkönig und den katholischen Glauben zu kämpfen.

Dank dieser Entwicklung, wie sie eben auch anhand der Gebetstexte festgestellt werden konnte, betrachteten sich also alle als Franken. Dementsprechend gelten in den Quellen, die in der *Francia* nördlich der Loire geschrieben wurden, diese Gebiete seit dem 7. Jahrhundert als von »Franken« bewohnt. Die Bevölkerung südlich dieses Flusses bezeichnete man dagegen als »Romani« oder »Aquitanier«. Geschichtswerke aus der Zeit vom 7. bis 10. Jahrhundert behaupten, die römische Bevölkerung sei von den Franken bei der Eroberung vertrieben oder getötet worden, zumindest nördlich der Loire. Entsprechend berichtet eine *Passio Sigismundi*, in Burgund vor 750 verfaßt, von einer Ausrottung der »Römer« durch die Burgunder.

Es handelt sich da offensichtlich um naive Erklärungsversuche. Wo sollte die Bevölkerung hingekommen sein, die in diesen Gebieten vor der Eroberung gelebt hatte, wenn danach alle oder doch fast alle Landesbewohner behaupteten, dem Eroberervolk anzugehören? Schließlich ist noch eine Notiz zu zitieren, die einer neustrischen Chronik des 8. Jahrhunderts in einer Handschrift des 9. Jahrhunderts angefügt wurde, die in Lüttich erhalten blieb: »Chlodwig hat alle Römer ausgerottet, die sich in Gallien befanden, und man trifft hier keine mehr. Es scheint so, daß die Franken damals die römische Sprache, die sie noch heute sprechen, von den Römern angenommen haben, die dort lebten. Man weiß nicht, was ihre ursprüngliche Sprache war.«

Eine allmähliche, irreversible Entwicklung führte also zur Regionalisierung der Volkszugehörigkeiten. Am Ende wurden alle Einwohner der *Burgundia* als *Burgundiones* bezeichnet, die der *Francia* hießen *Franci*, und im 10. Jahrhundert gab man den Bewohnern der *Lotharingia*, die erst seit dem 9. Jahrhundert bestand, den Namen *Lotharienses*. Im 9. Jahrhundert nennt die Geschichte der Bischöfe von Le Mans die frühen Bischöfe

»Römer«, die neueren »Franken«, und für die Zeit dazwischen, von der die Verfasser nicht viel wissen, ist von der »Herkunft aus Gallien« die Rede.

Die Geschichtsforschung des 19. Jahrhunderts ist natürlich nicht allen diesen naiven Aussagen gefolgt. Aber sie war das Opfer von verhältnismäßig späten Quellen, die dazu tendierten, der fränkischen Eroberung Galliens im 5. Jahrhundert verderbliche Folgen für die gallo-römischen Einwohner zu unterstellen. Diese Betrachtungsweise ist bis in die Gegenwart maßgeblich für die Vorstellungen eines breiteren Publikums über die »Germaneneinfälle«. Wie noch zu zeigen ist, steht aber nichts dergleichen in den Quellen, die zeitgleich mit den Ereignissen sind. Sie belegen vielmehr, daß die künftigen Herren Galliens gegen die Westgoten verteidigten, was noch vom römischen Gallien übrig war. Vorstellungen, wie sie in die historische und politische Tradition des nördlichen Gallien im 7. und 8. Jahrhundert eingebracht wurden, bildeten also den Schöpfungsmythos der »fränkischen Nation romanischer Sprache«, die zur französischen Nation werden sollte. Sie führten sogar die modernen Historiker in die Irre, als sie die Geschichte der Germaneneinfälle schrieben.

Es ist also durchaus zulässig, von der regelrechten Unterschiebung eines »nationalen« Bewußtseins zu sprechen, und zwar sowohl bei den Nachkommen der romanisierten Franken, die selbst die Sprache ihrer Väter vergessen hatten, wie auch bei den Gallo-Römern im nördlichen Gallien, die sich als »Franken« betrachteten und von den Namen ihrer Väter nichts mehr wissen wollten. Dieser »Austausch des Nationalbewußtseins« wurde möglich durch die Symbiose zwischen gallo-römischer und fränkischer Aristokratie. Beide Gruppen wurden vom Königtum gleichmäßig an der Führung des Landes beteiligt, sie bildeten schließlich eine einheitliche Oberschicht in Staat und Kirche. Eine vergleichbare Symbiose in der Bevölkerung dieser Gebiete wird durch neueste Grabungsbefunde bezeugt: Danach enthalten die »fränkischen« (das heißt nach fränkischer Weise angelegten) Friedhöfe des 7. Jahrhunderts offenbar häufig Skelette, die denen der autochthonen Bevölkerung völlig entsprechen.

Es war also ganz natürlich, daß diese »neue Nation«, die den Namen der Franken trug, nach einem gemeinsamen Ursprung suchte: Sie wollte sich von den Römern im Süden und den Germanen im Osten unterscheiden. Von daher erklärt sich der bleibende Erfolg, den die Legende von der

trojanischen Abstammung der Franken hatte. Mitte des 7. Jahrhunderts
wurde eine Chronik verfaßt, die im 16. Jahrhundert fälschlich als »Chronik des Fredegar« bezeichnet wurde und heute als »Chronik des sogenannten Fredegar« bekannt ist. In dieser Quelle wird behauptet, daß die
Franken, die in Gallien leben und die Sprache dieses Landes sprechen, aus
Troja kamen. In dem Kapitel »Von der Einnahme Trojas und der Abstammung der Franken und Römer« wird Priamus, der trojanische König, als
erster Frankenkönig gezählt. Nach der Zerstörung ihrer Stadt sei ein Teil
der Trojaner unter ihrem Anführer Friga durch Asien gezogen, bis sie
schließlich nach manchen Abenteuern in das Land zwischen Rhein, Donau und Meer gelangten. Ihr König, der tapfere »*Francio*« – spätere
Fassungen nennen ihn »*Francus*« – habe ihnen zum Namen »Franken«
verholfen. Für einige Zeit seien sie den Römern unterworfen gewesen,
doch hätten sie deren Joch abgeschüttelt, und seither habe sie niemand
mehr besiegen können. Diese recht mittelmäßige und sehr wirre Darstellung ist im zweiten Buch der Chronik eingeschoben und wird im dritten
Buch mit ein paar Zeilen nochmals aufgegriffen. Sie genügte indessen, um
der Vorstellung von der trojanischen Abstammung den Erfolg zu sichern.
Sie entsprach eben dem offensichtlichen Bedürfnis nach Selbstverständnis
und dem Bemühen um eine geschichtliche Identität. Als willkommene
Beigabe wurden dabei zugleich das Alter und der hohe Rang des Franken-
volkes herausgestellt, das den Römern in nichts nachstehe. Man sieht also,
daß diese Franken auf keinen Fall »Barbaren« sein wollten, auch nicht in
ihrem Ursprung vor der Christianisierung.

Etwas verlegen über den Erfolg einer so ausgefallenen Legendenbil-
dung verwiesen manche Historiker auf ihren gekünstelten, »gelehrten«
Charakter. Das sollte suggerieren, sie hätte nur bei ein paar Mönchen
Glauben gefunden, aber der Irrtum ist offenkundig. Zum einen geriet die
Lehre von der trojanischen Abstammung erst im 16. Jahrhundert ins
Wanken, und zum anderen findet man sie auch im Rolandslied gegen
Ende des 11. Jahrhunderts; hier werden als äußerste Grenzen der fränki-
schen Lande angegeben: Besançon im Süden, Wissant (im Pas de Calais)
im Norden, Saint-Michel-au-Péril-de-la-mer im Westen und »*Seinz*« im
Osten. Wie Eugen Ewig nachweisen konnte, entspricht aber diese letzte
Bezeichnung der Stadt Xanten am Niederrhein. Bevor der Ort wegen
seiner bedeutenden Reliquien »*Ad sanctos*« hieß (woraus der deutsche
Name Xanten entstand), trug er den Namen *Colonia Traiana*. Das sollte

an den römischen Kaiser Trajan erinnern, wurde aber in jenen Legenden in *Troiana* umgedeutet, nach denen die Franken von Troja aus an die Ufer des Rheins gelangten. Sie hätten dort ihre Hauptstadt errichtet und sie nach ihrer alten Heimat Troja benannt. Diese sagenhaften Überlieferungen sind also tatsächlich in die Vorstellungswelt des Volkes eingegangen.

Der mit Abstand folgenreichste Beleg dieser Vorstellungen ist aber die »Historia Francorum«, verfaßt um das Jahr 1000 von Aimoin, einem Mönch des Klosters Saint-Benoît-sur-Loire (Fleury), der unter der Anleitung seines Abtes, Abbo von Fleury (†1004), arbeitete. Abbo war gegen Ausgang des 10. Jahrhunderts zum sehr einflußreichen Berater des Königs Robert II. aufgestiegen. Er beauftragte dann Aimoin damit, eine gewissermaßen offizielle Geschichte der Franken zu schreiben, die dem König der neuen Dynastie gewidmet werden sollte. Mit Hilfe von Mitarbeitern sammelte Aimoin alle Erwähnungen der Franken und ihrer Könige, die er bei den antiken Autoren, in den Chroniken und in hagiographischen Quellen finden konnte. Er gab seiner Darstellung in Stil und Anlage einen anekdotenhaften Charakter, wobei er sich eine lateinische Geschichte des Jüdischen Kriegs und der Zerstörung von Jerusalem zum stilistischen Vorbild nahm, den sogenannten »Hegesippus«. Diese spätantike Art der Geschichtsschreibung war, wie zu betonen ist, im Mittelalter sehr geschätzt, was den späteren Erfolg der Arbeit verständlich macht. Aimoins Frankengeschichte ist die erste, die sämtliche Elemente der eben skizzierten fränkischen Tradition enthält: Die Taufe Chlodwigs mit dem heiligen Salböl, das eine Taube vom Himmel gebracht hatte, dazu die trojanische Abstammung der Franken. Unter den zahlreichen Siegen der unüberwindlichen Franken unterstreicht Aimoin besonders die Erfolge über Römer, Gallier und Germanen – sicher tapfere Völker, aber außerstande, den Franken zu widerstehen!

Für diesen Autor um das Jahr 1000 waren die Franken also weder Römer noch Gallier, noch Germanen. Aimoin selbst berichtet uns, daß er fränkischer Abstammung und stolz darauf war. Geboren in einer fränkischen Militärkolonie in der Gascogne, *Ad Francos*, hatte er nur Verachtung für die Gascogner. In seinen anderen historischen Werken, die sich mit der Geschichte seines Klosters und seiner Zeit beschäftigen, unterscheidet Aimoin die Franken von den Aquitaniern, den Bretonen, den Lotharingiern und den Normannen. Damit läßt er die politischen und psychologischen Realitäten der Zeit Hugo Capets deutlich werden. In diesem Rahmen wird zugleich klar faßbar, daß der fränkische Kern Nord-galliens den Kern des entstehenden Frankreich bildete.

Durch ein Zusammentreffen, das nicht zufällig erscheint, ist aus der gleichen Zeit eine weitere Geschichte des Königreichs überliefert. Ihr Verfasser, der Mönch Richer von Saint-Remi in Reims, hat sie freilich ganz anders konzipiert. Er war Schüler des großen Gelehrten Gerbert, dieses Vorläufers der Humanisten, der Domscholaster der Reimser Kirche und später Erzbischof war. Für seine Zeit war Gerbert mit der Antike und ihrer Literatur wohlvertraut. Er träumte von einer »Renaissance« des Glanzes der Antike durch die ottonischen Kaiser, mit denen er befreundet war. Auch sein Schüler Richer, der seinen rhetorischen Stil an der Sprache Sallusts schulte, hatte solche Träume, aber mit politisch diametral entge-gengesetzten Tendenzen: Er sah in seinem Land das Weiterleben und Wiedererstehen des alten Gallien. Er gebraucht durchaus die zeitgenössi-schen Namen von Volksgruppen – beispielsweise *Flandrenses* oder *Ale-manni* – aber er vermeidet es systematisch, von den »Franken« zu spre-chen. Denn seine Landsleute nennt er »Gallier« *(Galli),* und Chlodwig wird erstaunlicherweise als erster »König der Gallier« vorgestellt.

Das ist keine bloße Frage der Rhetorik: Wenn Aimoin Verdienste und Taten der Franken rühmt, tut Richer das gleiche für die Gallier. Aimoin unterstreicht einen Satz des heiligen Hieronymus über die Tapferkeit des Frankenvolks, während Richer folgendes Zitat wählt: »Gallien ist das einzige Land, das keine Ungeheuer hervorbrachte, sondern sich zu allen Zeiten durch seine klugen und beredten Menschen ausgezeichnet hat!« Richer äußert also als erster den Gedanken einer Kontinuität seiner galli-schen Heimat über alle Zeiten und Dynastien. Sein Werk sollte allerdings fast gänzlich unbekannt bleiben, es wurde erst 1821 in der Bamberger Bibliothek wiederentdeckt. Der Fundort ist so zu erklären: Gerbert muß-te Frankreich verlassen, er wurde Erzbischof von Ravenna und später als Silvester II. sogar Papst. Wahrscheinlich nahm er Richers Manuskript mit, um es Kaiser Otto III. zu schenken, und dessen Erbe sollte dann Kaiser Heinrich II. zufallen, dem Gründer und Wohltäter des Bistums Bamberg.

Aimoins »*Historia Francorum*« hatte ein ganz anderes Schicksal. Si-cher, Abbo lernte die Ungnade des Königs kennen; Aimoins Werk wurde nie am Hof vorgestellt, es wurde sogar unvollendet abgebrochen. Aber die *Historia* wurde gegen Ende des 11. Jahrhunderts durch Giselmar,

einen Geschichtsschreiber aus Saint-Germain-des-Prés, fortgesetzt und
später erneut in Saint-Denis weitergeführt. Hier wurde dann 1274 die
gewaltige lateinische Chronik, bestehend aus Aimoins Werk und seinen
Fortsetzungen, in das Französische übersetzt: Das sind die »*Grandes
Chroniques de France*«, die gewissermaßen zur offiziellen Geschichte des
Königreichs wurden. Die vielen Abschriften und die große Zahl der
Druckausgaben im 15. und 16. Jahrhundert beweisen die Wertschätzung
dieser Geschichte der Franken und Frankreichs bis in die neuere Zeit. Sie
bringt neben allen anderen Ruhmestiteln des französischen Königtums
auch Belege, die zeigen sollen, daß die Kapetinger von den Karolingern
und diese von den Merowingern abstammen: So sind alle Könige von
Frankreich Nachfolger und rechtmäßige Erben Chlodwigs, des ersten
katholischen Königs. Es ist leicht zu erkennen, warum diese Geschichte
der Könige für das politische und religiöse Leben Frankreichs so bedeutsam war: Sie betont die besondere Stellung der Könige von Frankreich
und ihre unmittelbare Beziehung zu Gott, ein Gedanke, der weite Verbreitung im Volk fand. So sollte Jeanne d'Arc von der Gewißheit geleitet
werden, die von Gott begründete und erhöhte Monarchie müsse auch von
ihm im Augenblick einer tödlichen Gefahr gerettet werden.

Die ideengeschichtliche »Archäologie« der Vorstellungen über die
Franken in der politischen Geschichte Frankreichs entlarvt unter diesen
Aspekten nicht etwa Irrtümer und Erfindungen einer vergangenen Zeit.
Sie erschließt vielmehr die von Menschen gelebte Geschichte, der eine
Überzeugung zugrunde lag, die ihrerseits mit einer historischen Tatsache übereinstimmte: mit der erfolgreichen Symbiose zwischen Königtum,
tum, Adel und Volk der Franken einerseits sowie Aristokratie und Bevölkerung des römischen Gallien andererseits. Die religiöse Sendung
und der sakrale Charakter ihres Königs wiesen der ganzen Nation eine
besondere Rolle zu, verliehen ihr ein Gefühl des Stolzes, wie es Ende des
12. Jahrhunderts vom Verfasser der »*Chanson de Saisnes*« ausgesprochen
wird:

> Frankreichs Krone muß ganz vorne stehen,
> Denn alle anderen Könige müssen ihr anhängig sein.
> Den ersten König von Frankreich ließ Gott, durch sein Geheiß,
> Von seinen Engeln würdig krönen mit Gesang,
> Dann machte er ihn zu seinem Beauftragten auf Erden.

Die Franzosen waren nicht mehr auf das Papsttum oder ein besonderes Eingreifen der Kirche angewiesen, um ihr von Gott beschütztes Königtum zu erhöhen. In der Gestalt Ludwigs des Heiligen personifiziert sich der hohe Grad an Spiritualität, der mit diesem Königtum erreicht wurde. Der Herrscher erhielt dadurch ein großes Maß an Bewegungsfreiheit, auch gegenüber der Kirche. Philipp der Schöne profitierte davon. Die beinahe religiöse Verehrung der Spiritualität des Königs konnte zur Grundlage für einen Nationalkult werden, der ebenfalls eine Sendung zu erfüllen hatte. Daß Frankreich so zugleich »älteste Tochter der Kirche« und »Mutter der Revolution« wurde, ist demnach vielleicht gar nicht so paradox, wie es auf den ersten Blick scheinen mag.

Zu seiner ersten privilegierten Rolle in der Geschichte bekam Frankreich eine zweite. Auch sie steht jedoch im Zusammenhang mit den Vorstellungen von den Ursprüngen des Landes.

DER »GALLISCHE MYTHOS«

Das französische Geschichtsbewußtsein kennt einen weiteren Schöpfungsmythos, den von der »gallischen Nation«, die als Vorstufe der französischen Nation betrachtet wird. Diese Auffassung hat sich allerdings weder spontan noch leicht durchgesetzt, sie war vielmehr das späte Ergebnis einer verschlungenen Entwicklung mit manchmal dramatischen Konsequenzen. Die Humanisten des 15. und 16. Jahrhunderts konnten nachweisen, daß der angebliche trojanische Ursprung der Franken nicht der Wahrheit entsprach. Sie verursachten damit eine schwere Identitätskrise und endlose Dispute, deren Gegenstand Marc Bloch als »Obsession der Ursprünge« bezeichnet hat. Nach dem fränkischen Mythos und seiner Fortbildung im 13. Jahrhundert waren die Franken und mit ihnen identisch die Franzosen – für beide gebrauchte man die gleiche Bezeichnung – die Begründer des ersten katholischen Königtums, sie bildeten die erste christliche Nation, sie lebten in der Heimat der Wissenschaften, gemäß der Theorie von der *translatio studii* von Athen und Rom nach Paris. Da ihr Land zudem die Heimat des Rittertums war, konnte es als Sitz adliger Lebenskunst und Kultur gelten. Die Humanisten machten sie jetzt aber wieder zu Nachfahren germanischer Barbaren, die zusammen mit dem römischen Imperium Kultur, Kunst und Zivilisation der Antike zerstört hätten. Damit verlor Frankreich nicht nur seine ruhmreichen Anfänge, auch seine geschichtliche und gesellschaftliche Einheit wurde aufgegeben: Da das Recht der Eroberer die höchste Legitimation der Macht war, beanspruchten deren Inhaber, die Adligen, die fränkische Abstammung für sich allein. Den Rest der Bevölkerung betrachteten sie als Nachkommen der besiegten Gallier. Unter diesen Umständen war ein neuer, einheitschaffender Mythos erwünscht. Die »Entdeckung der Gallier« konnte jedoch Rückwirkungen von nationalem Ausmaß erst in dem Moment entfalten, als das Volk »die Adligen als Abkömmlinge einer fremden Rasse« ablehnte und begann, sich mit den Galliern zu identifizieren.

In den Jahrhunderten vor dem Aufkommen des Humanismus wurden die Gallier kaum erwähnt. Richers Prähumanismus hatte die Entwicklung des Geschichtsbilds im Königreich Frankreich nicht beeinflussen können. Der Name »Gallien« als rein geographische Bezeichnung für die Gebiete zwischen Pyrenäen und Rhein, entsprechend »Germanien« für das Land jenseits des Rheins, blieb seit der Römerzeit ununterbrochen in Gebrauch. Man verwendete den Begriff besonders im kirchlichen Bereich, wo er beispielsweise bei Synodalversammlungen offiziellen Charakter haben konnte. Im 12. Jahrhundert spricht Suger, der Abt von Saint-Denis und Biograph König Ludwigs VI., im politischen Kontext von *Francia* und *regnum Francorum,* aber von *Gallicana Ecclesia,* wenn es um kirchliche Fragen geht. Der Streit um die »gallikanischen Freiheiten« der Kirchen des französischen Königreichs gegenüber dem Papsttum hat dann schon gegen Ende des Mittelalters dazu geführt, daß der Begriffsinhalt von »gallikanisch« eher politisch und national aufgefaßt wurde.

Durch die Humanisten erhielten die Bezeichnungen »Gallien« und »Germanien«, jetzt häufig verwendet, eine neue Aktualität und verloren ihren kirchlichen Bezug. Die Anhänger des klassischen Lateins benützten die Wörter *Gallia* und *Germania* zur Wiedergabe der Ländernamen »Frankreich« und »Deutschland«. Diese Gleichsetzung, die historisch wie geographisch ungenau ist, war also das Werk der Humanisten. Die italienischen Gelehrten des Humanismus waren große Chauvinisten und rühmten recht anmaßend die Macht und die kulturelle Überlegenheit ihrer römischen Ahnen. Dagegen geißelten sie das *Medium Aevum* – das Mittelalter, dem sie gerade seinen Namen gegeben hatten – wegen seines mäßigen Lateins und seiner unästhetischen Kunst, die sie auf den Einfluß der Barbaren nördlich der Alpen zurückführten.

Diese Anschuldigung reizte die betroffenen Völker, deren Gelehrte und Dichter entsprechend reagierten. Die deutschen Humanisten konnten sich wenigstens mit der im 15. Jahrhundert entdeckten *Germania* trösten, einem kleineren Werk des Tacitus. Darin wurden von ihm die Tugenden der Germanen im Vergleich mit den Lastern der Römer herausgestrichen, einzig um seinen Landsleuten eine Lektion zu erteilen. Während die Deutschen nun in stolzer Genugtuung die ersten Schritte zu einer nationalistischen Germanenideologie zurücklegten, war die Situation der französischen Humanisten eher heikel. Sie blieben in der Defensive, und besonders die Bezeichnung »Mittelalter« mit ihrem pejorativen Beiklang traf auf ihre Ablehnung. Es kam für sie überhaupt nicht in Frage, die Größe und Bedeutung ihrer Monarchie zu opfern, deren Dynastien – erstes, zweites und drittes Königsgeschlecht – als chronologischer Rahmen der Geschichte unentbehrlich blieben. Es bedurfte erst der Revolution mit ihrer Bewunderung für das römische Vorbild, damit der Terminus »Mittelalter« akzeptiert wurde.

Für die französischen Humanisten war die Frage nach den Ursprüngen am wichtigsten. Jean Lemaire de Belges, ein offizieller Historiograph und humanistischer Dichter, stützte sich um 1510–1513 noch auf die trojanische Abstammung der Franken, um in seinen *»Illustrations de Gaule et singularitez de Troye«* die Franzosen den Römern ebenbürtig zu machen. Die gelehrten Humanisten aber lasen nicht länger die *»Grandes chroniques de France«*, sondern die mit den Ereignissen gleichzeitigen lateinischen Originalquellen; dazu fanden und edierter sie neue Texte. Danach blieb ihnen nicht mehr der leiseste Zweifel: Die Franken waren niemals Trojaner gewesen. Sie waren Germanen wie alle anderen Barbaren, die eine germanische Sprache sprachen. Jean du Tillet (†1570), ein bedeutender Sammler alter Handschriften, bezeichnete es als absurd, den Franken eine andere Abstammung als die germanische zuzuschreiben. Rabelais machte sich über die trojanische Herkunft der Franken lustig, und Ronsard erwähnte sie zwar in seiner *»Franciade«*, gab im Vorwort von 1587 aber augenzwinkernd zu verstehen, daß er eigentlich nicht daran glaube.

Es waren aber zwei verschiedene Dinge, die Wahrheit zu entdecken und die richtigen Folgerungen daraus zu ziehen. Man spürt die Verlegenheit bei Étienne Pasquier in seinen 1560 veröffentlichten »*Recherches sur la France*«: Er gibt zwar die germanische Abstammung der Franken zu, zeigt aber ein bezeichnendes Interesse für das Thema Gallien und Gallier. »Unser Gallien war Frankreich genannt worden wegen der vielen Franzosen, die aus Germanien hierher kamen...« Und er fügt noch an: »Julius Caesar hielt die Gallier nicht für Barbaren. Den Anlaß dazu gab ihm ihre alte ›policie‹«, also ihre Staatsordnung und Kultur.

Man stand in der Tat vor einer geradezu herzzerreißenden Wahl: Man mußte entweder annehmen, daß eine ursprünglich gallische Bevölkerung von einem Barbarenstamm verdrängt wurde oder daß es innerhalb des Königreichs zwei Völker gab – die besiegten Gallier und die siegreichen Franken. Um diesen beiden Möglichkeiten auszuweichen, wurde eine verschleiernde Version eingeführt, deren unglaublicher Erfolg zeigt, wie lebhaft das eben skizzierte Problem empfunden wurde. Nach dem neuen Konzept waren die Franken zwar keine Trojaner, brauchten deswegen aber noch längst keine Germanen zu sein. In Wirklichkeit sind sie Gallier, die ihre von den Römern eroberte Heimat verließen, oder, nach einigen Autoren, schon vor der Eroberung verlassen hatten. Dann kehrten sie siegreich zurück, um ihr Land von den Römern zu befreien. So konnte man gleichzeitig mehrere Ziele erreichen: Man rächte die Demütigung der gallischen Niederlage gegen die Römer, man vermied die Annahme der Unterwerfung unter einen germanischen Eindringling, man erhielt die Einheit der nationalen Abstammung, die erstmals als rein gallisch gedacht wurde, und schließlich ersparte man sich die barbarische, die »deutsche« Abstammung – damals unterschied man ja kaum zwischen »Germanen« und »Deutschen«.

Bei Belleforest, »*Les grandes annales et histoire générale de France*« (1579), ist diese Theorie voll entwickelt. Kimbern, Sugambrer, Franken, Kelten sind alle Gallier. Die Eindringlinge des 5. Jahrhunderts »entstammen unserem Gallien: Als sie kamen, um es zu erobern, kehrten sie lediglich in ihren alten Besitz zurück.« Diese Hypothese ermöglicht es, Hugo Capet zu einem gebürtigen »reinen Gallier« zu machen. Die Vorstellung von der Rückkehr der Gallo-Franken aus Germanien findet man noch bei Audigier. Seine Abhandlung über »*L'origine des Français et de leur empire*« (1676) widmete er König Ludwig XIV. und versicherte, daß durch sein Buch »der Ruhm des alten Frankreich verdientermaßen bewiesen werde«. Ebenfalls im 17. Jahrhundert erscheinen Ausdrücke wie »gal-

lischer Witz« oder »gallische Geschichten« (histoires gauloises, Gauloise-
ries), und eine derart familiäre Vertrautheit sollte der französischen Lebensart überzeitliche Eigenschaften verleihen, die letztlich auf »die Gallier« zurückreichen.

Die These von der gallischen Abstammung der Franken wurde in der
ersten Hälfte des 18. Jahrhunderts von französischen Gelehrten widerlegt. Trotzdem wurde sie noch im 19. Jahrhundert erneut aufgegriffen,
denn sie konnte eben allzu verführerisch wirken. Ihre historische Rolle
war es, verstandesmäßig darauf vorzubereiten, sich eines Tages wieder
mit dem gallischen Ursprung zu beschäftigen. Dann aber sollte es um die
historische Wirklichkeit gehen, die Verwandtschaft mit den Franken
sollte nicht mit einem Trick gesucht, sondern zurückgewiesen werden.

Zunächst ist von denen zu sprechen, die schon im 16. Jahrhundert
damit einverstanden waren, daß die Franken – in der Sprache und Auffassung der Zeit: die Franzosen – germanischen Ursprungs waren. Die
Ratgeber von Franz I. unterstrichen gerne die alten germanischen Bindungen der Könige von Frankreich, als sich der Herrscher 1519 gegen den
damaligen spanischen König, Karl V., energisch um die Kaiserkrone bemühte. Die Annahme eines »germanischen Franzosentums« wurde auf-
fallend laut verkündet, als König Heinrich II. mit den protestantischen
Fürsten des Heiligen Römischen Reichs ein Bündnis schloß, das dann den
lothringischen Bistümern Metz, Toul und Verdun die Rückkehr zu
Frankreich ermöglichen sollte. Die Gedankengänge der Ratgeber des
Königs wurden kürzlich von Jean-Daniel Pariset zusammengefaßt, der
sich dabei auf eine breite Quellenbasis stützte: »Franken und Germanen
sind Vettern, geeint gegen die Lateiner, gegen Rom, würdige Erben ihrer
heldenhaften Ahnen... Nachkommen des Arminius, Verteidiger der
Freiheit«; sie vertreten »ein gemeinsames Traumbild, ein politisches und
geistiges Programm.«

Im 16. Jahrhundert wurde gleichzeitig mit der germanischen Abstammung der Franken auch die »Libertät« des Adels im Heiligen Römischen
Reich entdeckt. Es wurde wohl nicht genügend beachtet, in welchem Maß
der französische Adel damals von dieser Erkenntnis beeinflußt war. Angesichts einer geschwächten Autorität der Monarchie erschienen die deutschen Fürsten als nachahmenswertes Leitbild. Eben damals entstand die
Theorie, der zufolge alle Versammlungen, von denen die Macht des
Königtums eingeschränkt wird, auf die Versammlung der Freien zurück-

gehen, die Tacitus erwähnt. Ein Mann vom Range eines Montesquieu sah in der berühmten »Freiheit der germanischen Wälder« den Ursprung der Errungenschaften Englands, die er so bewunderte. Voltaire aber antwortete ihm später, die Franken seien wilde Tiere auf der Nahrungssuche gewesen. Wie sollten also die Engländer ihnen ihre Flotte und ihre Gewerbebetriebe verdanken, wo doch feststand, daß die Germanen nicht arbeiteten, weil es ihnen genügte, andere zu berauben? Dieses kleine Beispiel mag zeigen, welche Leidenschaften von der Frage nach den Ursprüngen und den daran geknüpften Theorien ausgelöst wurden.

Man entdeckte also zweierlei: Einen traditionsreichen Adel mit starker Stellung gegenüber einem schwachen Königtum und die angeblich gemeinsame Abstammung mit ebendiesem deutschen Adel; die französischen Standesgenossen fühlten sich davon unwiderstehlich angezogen. In diesem Zusammenhang sind zwei Aspekte gleichermaßen bemerkenswert: das Alter der Freiheiten, von denen die Rechte des Königtums eingeschränkt werden, und das Alter der Herrschaft des Adels über das Volk als Konsequenz der Eroberung Galliens durch die freien Franken. Étienne Pasquier schrieb im Jahr 1560: »Es waren also die Franzosen nach Gallien gekommen und hatten sich dort zu Gebietern und Schutzherren gemacht.« An anderer Stelle liest man: »Die Besiegten wurden zu Sklaven, denen man zwar ihren Grundbesitz ließ, aber mit einer Vielzahl drückender Abgaben.« Als wichtiger Zeuge für die jüngst von Roland Mousnier beschriebene »Ständegesellschaft« behauptet Charles Loyseau 1638 in seinem *Traité des seigneuries«:* »Als unsere Franken Gallien eroberten, machten sie sich zu Herren über Menschen und deren Besitz... Was die Menschen betrifft, so machten sie die Einheimischen zu Knechten... Was aber das Siegervolk angeht, dieses blieb frei von solchen Formen der Knechtschaft und ausgenommen von jeder Eigenherrschaft.« Kürzer, aber noch gewichtiger war eine Formulierung des großen Gelehrten Adrien de Valois, der zu den Abgaben, die nach der Eroberung auferlegt wurden, äußerte: *Franci immunes, Galli tributarii.* Die Franken waren also nicht nur erbliche Herren der unterworfenen Gallier, sie waren auch von den Steuern befreit, zu denen die Gallier verpflichtet waren, zusätzlich zu den Abgaben, die sie ihren Eigenherren schuldeten.

Die Entdeckungen und gelehrten Schlußfolgerungen der humanistischen Philologen, Historiker und Juristen haben also die gesellschaftliche und politische Lage in Frankreich verändert. Sie führten zur Entstehung

von Ideen, die Frankreich und seine Gesellschaft ähnlich erschüttern
sollten wie die Reformation die Kirche erschüttert hatte. Die trojanische
Abstammung hatte einheitsstiftend gewirkt, weil sich alle als Franken
fühlen konnten. Jetzt wurde diese Vorstellung durch eine Deutung des
Gesellschaftsgefüges und der nationalen Geschichte ersetzt, die trennend
wirken mußte: Die Nachkommen der einen erhielten die unveränderli-
chen Rechte des Siegers, die Nachkommen der anderen hatten die demüti-
gende Rolle des Besiegten zu übernehmen, mit schweren Lasten und
zudem ohne Hoffnung, weil als erblich betrachtet.

Selbstverständlich entsprach die gesellschaftliche Wirklichkeit diesen
Theorien in keiner Weise; man braucht nur daran zu denken, daß sozialer
Aufstieg auf verschiedensten Wegen bis in den Adel möglich geworden
war. Außerdem geschah die Umstellung auch nicht von heute auf morgen.
Trotzdem veränderte sich das soziale Klima grundlegend: Die Mächtigen
hatten erneut gefährliche Begründungen für ihre Vorrechte gefunden,
während die anderen, ohnehin schon benachteiligt, versuchen mußten,
sich dagegen zu verteidigen und sie zu widerlegen. Ein Angehöriger des
wohlhabenden Bürgertums, der Abbé Du Bois, veröffentlichte 1734 eine
»Histoire critique de l'établissement de la monarchie«. Darin wies er nach,
daß es nie eine fränkische Eroberung oder eine Unterwerfung der Gallier
gegeben hatte. Die Franken waren in Gallien Verbündete, nicht Feinde
der Römer, von deren Institutionen sie vieles bewahrten, besonders die
römischen Herrscherrechte, die vom fränkischen König übernommen
wurden. Das historisch sehr wertvolle Werk wurde damals getadelt, weil
es zu sehr bemüht sei, dem König zu gefallen. Mit den »bourgeois«, die
Steuern zahlten und vielfach als wichtige Amtsträger in der königlichen
Verwaltung wirkten, war der Herrscher aus sachlichen Gründen gegen
den hochmütigen Adel verbündet. Dieser achtete in der Tat auf gehörige
Distanz zur Gesamtheit der Unadligen und begann, dem König Widerstand zu leisten. Das Werk von Du Bois war bereits eine Antwort auf die
berühmteste und eindeutigste Verteidigung der Adelsansprüche, die »Histoire de l'Ancien Gouvernement de la France«. Diese Arbeit war 1727
nach dem Tod des Verfassers, Henri de Boulainvilliers, Graf von Saint-
Saire († 1722), veröffentlicht worden, und es reicht, einen einzigen Satz
daraus zu zitieren: »Es gibt zwei Menschenrassen in diesem Land.«

Dies alles hatte weitreichende Folgen. Frankreich sollte eine tiefgreifende Revolution erleben, weil nur dieses Land durch eine neue, radikale

und umstürzende Doktrin gespalten war. Sie erschütterte das Land und
seine Bewohner zu einem Zeitpunkt, da sich die alten Institutionen ander-
wärts bereits verwischten. Die neue Doktrin stand in scharfem Gegensatz
zur wirtschaftlichen und gesellschaftlichen Wirklichkeit, zu der von den
»roturiers« (den Nichtadligen) geschaffenen Sachlage. Sie wirkte daher
um so mehr als Demütigung, die schließlich zur gewalttätigen Reaktion
führen mußte. Das Wort »race«, bisher im Sinn von »Geschlecht« oder
»Sippe« im Familienbereich und besonders auf die Königsdynastie bezogen verwendet, kennzeichnete jetzt »vererbliche« Unterschiede zwischen
ganzen Bevölkerungsgruppen. Augustin Thierry verwandte später das
Wort »race« im Zusammenhang mit dem Kampf zwischen Nationen und
mit dem Eindringen von Eroberungsvölkern in das Gebiet der Unterworfenen. Gobineau dagegen entwickelte seine Theorie von einer herrschenden nordischen Rasse – die unheilvollen Auswirkungen sind bekannt.

Die in Frankreich entdeckte germanische Abstammung der Franken
führte so zur Entstehung von Ideologien, die sich auf eine national und
sozial begründete Ungleichheit der Menschen stützten: Es handelte sich
um Rassenkampf und Klassenkampf.

Das Beispiel des Nicolas Fréret zeigt, daß die aus derart explosiven
Gedanken erwachsende Gefahr durchaus erkannt wurde. Der dreiund-
zwanzigjährige junge Mann legte am 11. November 1714 der *Académie
des Inscriptions* eine Denkschrift vor. Darin »zerstörte er endgültig den
Troja-Mythos und unterschied in der französischen Bevölkerung eindeutig eine Mehrheit gallischer Abstammung und eine Minderheit, deren
Vorfahren die fränkischen Eindringlinge waren«. Er war nicht der erste,
der diesen Sachverhalt entdeckte, aber der erste, der ihn in aller Form und
in offiziellem Rahmen aussprach. Man hielt das für einigermaßen unver-
schämt und setzte den Verfasser einige Monate in die Bastille. Trotzdem
wurde er später Sekretär der Akademie auf Lebenszeit.

Wie Georges Lefebvre nachgewiesen hat, wurde die Französische
Revolution durch den vom anmaßenden Adel gegen das Königtum ge-
führten Angriff ausgelöst. Wenn man dies weiß, versteht man die berühmte Erwiderung von Sieyès in seinem bekannten Werk »*Qu'est-ce que le
Tiers-Etat?*« (1789). Auf Boulainvilliers herausfordernde Ideen und auf
das Verlangen nach deren Verwirklichung durch einen Adel, der seine
Privilegien mit seiner auswärtigen Herkunft begründete, antwortete er,
die Fremden sollten »in die Wälder Frankens« (la Franconie) zurückkeh-

ren. Die Franken waren durch humanistische Gelehrte wieder zu Barbaren geworden, aber verhaßt machte sie die Anmaßung des Adels. Die
Ablehnung gegen sie stieg derartig, daß zur Zeit der Revolution ernsthaft
vorgeschlagen wurde, den Namen der Nation zu ändern und die Bezeichnung »Frankreich« abzuschaffen.

Was war nun mit den Galliern? Die Vorstellung, das französische Volk
sei identisch mit dem gallischen, das zeitweise von den Römern, dann von
den Franken unterworfen war, wurde nur zögernd und diskontinuierlich
geäußert: Zwei Unterwerfungen – das berührte unangenehm. Eine kelto-
phile Richtung zeichnete sich im 18. Jahrhundert ab und gewann auch
zahlreiche Anhänger in Deutschland. Gallierfreundliche Äußerungen
wurden immer häufiger, aber es dauerte bis zur Revolution, bis die Lehre
von der gallischen Abstammung der Masse des Volkes von J. A. Dulaure
in seiner »Histoire critique de la noblesse« (1790) unumwunden verkündet
und übernommen wurde: »Ach, unglückseliges Volk, von den Barbaren
unterjocht, deren Vorfahren deine Ahnen niedergemetzelt haben! Sie sind
alle Fremde, sind Wilde, die den Wäldern Germaniens, der Eiseskälte
Sachsens entkommen sind ... Wahrscheinlich stammen sie von Straßen-
räubern ab.« Und der Verfasser erklärt voller Stolz: »Ich gehöre zur
gallischen Rasse.« Man sieht, die Geschichtskonstruktion, die von den
Verfechtern einer Jahrhunderte dauernden Spaltung zwischen fränkischen Eroberern und gallischen Unterlegenen gezimmert worden war,
wurde hier einfach übernommen, aber gegen die einstigen Sieger gerichtet: Tugenden wurden nun zu Fehlern und umgekehrt. Die Heere der
Revolution und Napoleons konnten aber ganz andere Ruhmestitel beanspruchen als die gallische Abstammung, und so blieb der Breitenerfolg
recht bescheiden.

Die Restauration sah wieder das Auftreten unerschrockener, aber
gemäßigter adliger Verfechter der fränkischen Abstammung, darunter
Chateaubriand. Damals erschienen auch versöhnliche Abhandlungen wie
beispielsweise die von Guizot. Guizot unterscheidet stets die »erobernde
Rasse« von der »unterworfenen Rasse«, aber er gibt zu, die Revolution
habe diese Aufspaltung beendet und die nationale Einheit vorbereitet. Die
gesamte Vergangenheit bleibt so zerrissen durch das Gegeneinander der
Rassen, aber Guizot findet Trost in den zivilisierenden Auswirkungen
von römischer Kultur und römischem Recht. Sehr genau beobachtet er
schon die Vermittlerrolle Frankreichs: Mehr als andere Länder verkör-

pere es durch seine geographische Lage Romanitas *und* Germanentum,
die übrigen Nationen seien dagegen »in erster Linie germanisch« oder »in
erster Linie romanisch«. Diese Vorstellung sollte von Gaston Paris besonders entwickelt werden, einem der Begründer der Philologie der mittelalterlichen romanischen Sprachen.

Augustin Thierry war streitbarer und sah überall den Kampf der
Rassen, auch bei der Eroberung des angelsächsischen England durch die
Normannen. In der Geschichte Frankreichs unterschied er die sanftmüti-
geren Barbaren wie Westgoten und Burgunden, die rascher romanisiert
und zivilisiert wurden, von den grausameren, wilderen Barbaren wie den
Franken. Aus Feindschaft gegen den Arianismus habe der Klerus die
Franken den zivilisierteren Barbaren vorgezogen. Schließlich aber wurden die Franken ihrerseits romanisiert, als erneut erobernde Barbaren –
die Karolinger – Gallien unterwarfen. Als »erster deutscher Kaiser« steht
so Karl der Große am Beginn einer Rückwärtsentwicklung, die Frankreich erst unter der mehr nationalen Dynastie der Kapetinger überwinden
sollte. Für Augustin Thierry »ist es absurd, der Geschichte Frankreichs als
einzige Grundlage die Geschichte der Franken zu geben. Das heißt, das
Andenken an die Mehrzahl unserer Ahnen dem Vergessen anheimzuge-
ben, die mit mehr und besseren Gründen unsere kindliche Verehrung
verdienen.«

Diese Bemerkungen des Verfassers der »*Lettres sur l'histoire de la
France*« bezüglich der Gallier sind noch vergleichsweise maßvoll. Viel
weiter ging sein Bruder Amédée Thierry. Er schuf die Grundlagen für ein
»gallisches« Geschichtsbewußtsein mit seiner 1828 veröffentlichten »*Histoire des Gaules*«, der 1847 die »*Histoire de la Gaule sous l'administration
romaine*« nachfolgte. Für Amédée Thierry ist die Mehrheit der Franzosen
gallischer Abstammung, für ihn gibt es vor allem ein ungebrochenes
Fortleben gallischer Wesensart in den Eigenschaften des französischen
Nationalcharakters: Individualismus, persönliche Tapferkeit, Offenheit
von Geist und Verstand, Mangel an Ausdauer und Ablehnung der Grundsätze von Disziplin und Ordnung, die nach seiner Ansicht die »germanischen Stämme« kennzeichnen. Er vermischt da seine Vorstellungen von
den alten Germanen mit seinen zeitgenössischen Eindrücken von Preu-
ßen, das freilich mit den »Germanen« herzlich wenig zu tun hat.

Das alte Lied der Germanophilen – von den Germanen seien alle
Freiheiten ausgegangen – wurde jetzt von Jules Michelet widerlegt. Viel

zutreffender begründete er seine Ansicht von »germanischer« Fügsamkeit und Ordnungsliebe mit der Tatsache, daß Deutschland seit Jahrhunderten ungestört von seinen Fürsten beherrscht werde. Freilich übersah er dabei England, und er vergaß auch, daß die Franzosen über Jahrhunderte König und Adel gehorsam gewesen waren und sich eben erst weitgehend aus diesem Zustand befreit hatten. Nach Michelet begann die Geschichte der Nation tatsächlich erst mit der Revolution, und dies macht verständlich, warum das »gallische Modell« jetzt bevorzugt wurde: Es erlaubte der neuentstandenen Nation, sich selbst in einer fernen gallischen Vergangenheit wiederzuerkennen. Das würde, um historisch genau zu sein, offensichtlich voraussetzen, daß die Gallier niemals irgendeine Art von Adelsherrschaft gekannt oder hingenommen hätten...

Jedenfalls wurde der Sieg des gallischen Geschichtsbilds unausweichlich. Henri Martin, der viel intensiver über die Kelten geforscht hatte als Michelet, beginnt seine monumentale *»Histoire de France«* mit dem freien Gallien. Für ihn sind die Franzosen »Söhne der Gallier durch Geburt und Wesensart, Söhne der Römer durch ihren Verstand«. Es blieb kein Raum mehr für die Franken, die einst der Stolz der Nation, jetzt aber Barbaren oder Aristokraten waren. Die Art und Weise, wie die Franzosen ihre Anfänge betrachten, sollte bis in die Gegenwart stark von dieser Auffassung geprägt werden. Es gab seit damals eine ferne gallische Vergangenheit, die mythisch und verehrungswürdig war. Dann folgten die direkten Anfänge des fränkischen Staats, aus dem Frankreich entstehen sollte, aber diese Anfänge gehörten in eine Epoche, an die man nur mit großem Unbehagen dachte; man war nicht besonders stolz darauf.

Durch die Revolution von 1830 wurde die gallische Abstammung der Franzosen offiziell und beim Volk in Ehren gesetzt. Unter Louis-Philippe, dem »Bürgerkönig«, der mehr um chauvinistische Popularität als um Legitimierung durch die Abstammung von Chlodwig bemüht sein mußte, wurde der »gallische Hahn« auf die Fahnenstangen gesteckt. Und, nebenbei erwähnt, Balzac ließ 1830 den Marquis d'Esgrignon, einen vornehmen, stolzen »Franken«, mit den Worten hinscheiden: »Die Gallier triumphieren!« Der oft erwähnte lange »Kampf der Franken und Gallier« war beendet, die Redewendung »unsere Vorfahren die Gallier« setzte sich endgültig im Sprachgebrauch durch. Ihr Sinngehalt beherrschte die Handbücher, zwischen 1871 und 1914 war die gallische Welle im Grundschulunterricht besonders stark, während an den höheren Schulen dem Anteil der römischen Kultur mehr Platz eingeräumt wurde. Die Suche nach einer möglichst lückenlosen Identität von Galliern und Franzosen verleitete den Historiker Henri Martin dazu, bei den Franzosen größere Lungen und weniger ausgebildete Eingeweide als bei den Deutschen festzustellen. Nach seiner Meinung entsprechen diese Merkmale mit Sicherheit denen der Gallier beziehungsweise Germanen.

Bei diesen Überlegungen zu den rassischen und physiologischen Ursprüngen der Franzosen wurde Rom schließlich nur ein bescheidener Platz zugewiesen. Die Unterwerfung Galliens und das Los des Vercingetorix wurden nicht verziehen. Diese sehr reservierte Einstellung kommt gut zum Ausdruck in einer Bemerkung von Edgar Quinet (»*La Révolution*«, 1865): »Jeder Mensch, der bei uns auf die Welt kommt, trägt den Stempel der lateinischen Tradition. Wir werden als Sklaven Roms geboren, als Gefangene der antiken Welt, gefesselt zu Füßen des Kapitols wie unsere Väter, die Gallier. Dies ist der Mensch bei uns, so wie ihn die Geschichte gemacht hat.« Auf die romantische Vorstellung von den fränkischen und germanischen Freiheiten, nur allzu brauchbar für die Begründung der Adelsprivilegien, folgte also die romantische Ansicht von der gallischen Freiheit, deren Henker die Römer waren. Das führte bis in die Gegenwart zu einem sehr umfangreichen Schrifttum, in dem sich das Bild eines gallischen Volks herauskristallisiert, das sich wild entschlossen gegen die römische Besetzung wehrt. Diese Vorstellung hat allerdings herzlich wenig Bezüge zu den zahlreichen und vielfältigen Spuren der gallo-römischen Kultur, die in ganz Frankreich Tag für Tag bei archäologischen Grabungen aufgedeckt werden.

Deswegen steht die moderne Forschung dem Gallierkult sehr zurückhaltend gegenüber. Man hat sich vor allem klargemacht, wie gekünstelt die Entwicklung war, die eine Ideologie hervorbrachte, die den Wunschbildern ihrer Entstehungszeit vollkommen angepaßt war. Niemals hat in Frankreich eine volkstümliche Überlieferung die Erinnerung an die Gallier festgehalten, ganz im Gegensatz zum Andenken an die Kelten auf den Britischen Inseln und in der keltenstolzen Bretagne. »Es ist das schmerzbewegte Nachsinnen über die Niederlage von 1870, das den Vätern der Republik den Wunsch einflößt..., Gallien zum gefühlsmäßigen Vaterland und Vercingetorix zum ersten Heros der nationalen Geschichte zu erheben« (Jean-Pierre Rioux). Die Rechte hatte bisher im Lager derer gestanden, die an den »Franken« festhielten. Selbst ihr fiel es jetzt nicht

schwer, in der Gefolgschaft von Boulanger »die Gallier in die Kräfte für
eine dauernde Ordnung« einzureihen.

Fustel de Coulanges war überzeugt davon, daß die geschichtliche
Wahrheit, durch kritische Forschung bewiesen, die Gegensätze aufheben
könne, die man eben aufgebaut hatte. »Schlecht erkannte Geschichte
spaltet, gut erforschte Geschichte eint. Alle unsere Parteien haben ihren
Ausgangspunkt von Geschichtstheorien genommen, auf diesem Feld sind
alle unsere Haßgefühle gekeimt.«

Festzuhalten sind die Tatsachen, die sich aus dieser Erinnerung an die
Vorstellungen ergeben, die sich die Bevölkerung des Hexagons von den
eigenen Anfängen machte: Die Nation entstand im Rahmen eines Königreichs, das in der Tat das erste katholische Reich des Westens war und in
der Folgezeit an politischem und religiösem Ansehen gewann. Man entwickelte daher eine fränkische, katholische und royalistische Ideologie.
Politisch »erwachsen« geworden, nahm die Nation ihr Geschick ganz
selbstverständlich in die eigene Hand, denn sie war nicht mehr länger auf
die Leitung durch König oder Kirche angewiesen. Die Nation erfand sich
dann eine Geschichtsideologie der Freiheit und eine gallische Nationalität
als Ersatz für eine Ideologie, die man für veraltet hielt.

Besondere Beachtung verdient, was sich bei diesen Umwälzungen
nicht verändert hat: Die Vorstellung von der besonderen Rolle Frankreichs im Abendland und in der Welt wurde niemals in Frage gestellt.
Diese Vorstellung gehört zu beiden ideologischen Systemen, zu beiden
»Schöpfungsmythen«, die hier gerade skizziert wurden. Dieses Gefühl
und diese Gewißheit haben die moralischen und intellektuellen Kräfte des
Landes während seiner gesamten Geschichte mobilisiert. Hier sieht sich
der Betrachter beeindruckt: »Eine bestimmte Vorstellung von Frankreich« (Charles de Gaulle: »Une certaine idée de la France«) reicht in eine
Epoche zurück, die weit vor der Zeit liegt, in der die Nation im eigentlichen Wortsinn entstanden ist.

Im Falle Frankreichs haben also die Anfänge ein ganz besonderes
Gewicht. Es liegt nahe zu fragen, in welchem Maß die geographischen
Voraussetzungen – vor allem die Lage des Hexagons innerhalb der Gesamtheit des Abendlands – für sein Geschick und seine Stellung in Europa
von Vorteil sein konnten. Die Ansichten über die Anfänge sind oft nur
politische Argumente, die für die Zeit nützlich waren, in der sie geäußert

wurden. Einer wissenschaftlichen und objektiven Überprüfung können sie in aller Regel nicht standhalten. Zu verschieden von den unseren sind Denkweise und Handeln der Vorfahren, die mit ganz anderen Voraussetzungen und Problemen konfrontiert waren, als wir es sind. Um diesen »Ahnen« auch nur ein wenig näher zu kommen, muß man in die Zusammenhänge ihrer Gedankenwelt eindringen, manchmal auch in deren scheinbare oder tatsächliche Inkohärenz. Ihre Überzeugungen muß man achten, ist dabei aber nicht verpflichtet, sie zu übernehmen. An die Schätze der Geschichte heranzugehen ist eine Charakterprobe, eine Probe des Empfindungsvermögens, mit einem Wort: der Kultur.

KAPITEL II

Das Hexagon

DER MENSCH UND SEINE UMWELT

Sehr lange hat der Mensch die ihn umgebende Welt als unveränderlich betrachtet, eingerichtet als *theatrum* für menschliches Dasein und öffentliches Leben. Man erkannte aber schon sehr bald, wie wichtig Lage und Klima eines Landes für Lebensbedingungen und Reichtum seiner Einwohner sind. Dieses ziemlich statische Weltbild, das in den anderen Kontinenten bis in neuere Zeiten vorherrschte, wurde in Europa durch eine geistige Revolution erschüttert, deren erster großer Zeuge der italienische Philosoph Giambattista Vico (1668–1744) ist. Teilweise bewahrte er zwar die antike Vorstellung von der ewigen Wiederkehr der Dinge, er konzipierte aber auch eine Entwicklung der Kultur oder der verschiedenen Kulturen. Damit wurde er Wegbereiter für den Sieg evolutionistischer Denkweisen in den unterschiedlichsten Bereichen. Ebenso forschte schon Goethe im 18. Jahrhundert nach kennzeichnenden Entwicklungsmerkmalen von Arten und Formen in der Pflanzen- und Tierwelt. Im 19. Jahrhundert wurde die Entwicklung der Gesellschaften und Sprachen entdeckt; zudem konnte man die Fossilien, schon seit längerem Sammlerobjekt, in eine Evolution der Arten einordnen, die jetzt mit wissenschaftlicher Methode bewiesen wurde. Der »Darwinismus« ist nichts anderes als eine Anwendung der Evolutionstheorie, die sich bestätigen ließ.

Alles änderte so sein Angesicht, selbst das Universum. Für die Astronomen der vorausgegangenen Jahrhunderte waren die Sterne ein Bild unveränderlicher Ordnung, auf ewig den Gesetzen der Mathematik unterworfen. Im 20. Jahrhundert erwiesen sie sich als Bestandteile eines bewegten Kosmos, zu einem bestimmten Zeitpunkt entstanden und auf

lange Sicht erheblichen Veränderungen ausgesetzt. Die ganze Natur wurde »historisiert«: Auch die Erde erhielt nun ihre Geschichte, deren Zeitabschnitte von Geologen und Paläontologen erforscht wurden. Je nach
der Epoche der Erdentwicklung zeigten die Kontinente unterschiedliche
Umrisse; man erkannte, daß sie sich langsam aber meßbar bewegten.

Die letzte und vielleicht wichtigste Phase dieser Revolutionierung
unseres Wissens verdanken wir der Biologie. Es handelt sich um die
Entdeckung der Entwicklung des menschlichen Körpers, von den zwei
Zellen bei der Empfängnis bis zu den sechs Milliarden Zellen im Augenblick der Geburt. Man entdeckte nicht nur die genetische Vorprogram-
mierung des künftigen Schicksals eines Individuums, man entdeckte auch
das Gehirn. Heute ist bekannt, daß es zum Zeitpunkt der Geburt ungefähr
30 Milliarden Neuronen umfaßt. Diese Zahl nimmt während des ganzen
Lebens ab, weil die Neuronen ständig Verbindungen eingehen, bis zu der
außerordentlichen Zahl von 10^{15} Kontakten. Diese Kontakte stellen die
intellektuellen Erfahrungen dar, während nicht genützte Neuronen elimi-
niert werden. »Lernen heißt also eliminieren« (Jean-Pierre Changeux,
L'homme neuronal, 1983), aber der Lernvorgang und die Entwicklung
»kombinatorischer Fähigkeiten« vollziehen sich mittels Erziehung, Beobachtung, Erfahrung und durch die Konfrontation mit Gegebenheiten
der Umwelt, »deren Abbild und deren soziokulturelles Gepräge wir in
unseren Neuronenmustern mit uns tragen«. Man wußte bereits, daß
aufgrund der Ernährung die chemische Zusammensetzung des Menschen
mit der seiner Umgebung übereinstimmt: Der alte Mythos, wonach der
Mensch aus Erde entstanden ist, wurde also in gewisser Weise bestätigt.
Man kann heute feststellen, daß der Mensch über eine Komposition
psychischer und intellektueller Fähigkeiten verfügt, die der Auswahl
entspricht, die seine genetischen Anlagen in der jeweiligen Umgebung
treffen konnten. Der Mensch ist also »das Produkt« seiner Umwelt, aber
nicht im deterministischen, sondern in einem eingeschränkten Sinn: Er ist
Produkt insofern, als die Entwicklung seines Gehirns den Anforderungen
der Umwelt entspricht, die im günstigsten Fall zugleich fördert und
fordert.

Die Biologie schlägt »eine Brücke zwischen Gehirn und Gesellschaft«
und beweist damit einmal mehr die »historischen«, sich entwickelnden
und irreversiblen Wesensmerkmale des menschlichen Daseins: Sie läßt
damit die alten Unterscheidungen zwischen »Natur« und Geschichte,

zwischen Körper und Seele, zwischen Natur- und Geisteswissenschaften weitgehend hinfällig werden. In diesem Zusammenhang gewinnen die geographischen und klimatischen Rahmenbedingungen an Gewicht und Bedeutung. Das Universum beeinflußt den Menschen direkt und ununterbrochen durch Sonne, Temperatur, Licht und Schwerkraft. Die geographischen und klimatischen Verhältnisse beeinflussen also jeden Augenblick der Geschichte und nicht nur deren Anfänge, wie es das Aufbauschema der Geschichtsbücher glauben machen könnte. Außerdem ändern sich die geographischen Gegebenheiten unter dem Einfluß des Menschen.

An die Stelle des einmaligen Schöpfungsakts tritt so die fortdauernde Schöpfung in ständiger Entwicklung und mit wechselnden Beziehungen zwischen Ländern und den Gruppen oder Generationen ihrer Einwohner. »Frankreich« ist die Schöpfung der Menschen, die es bewohnt haben, und diese Menschen sind »das Produkt« ihres Landes. Diese Gemeinsamkeit erscheint viel wichtiger als jede »Einheit der Rasse«, die es nach einer Menschheitsgeschichte von Hunderttausenden von Jahren einfach nicht mehr geben kann.

Es dürfte ganz nützlich sein, das Zusammenwirken zwischen geographischen Voraussetzungen und der menschlichen Reaktion darauf durch einige Beispiele zu veranschaulichen. Das Mittelmeer eignete sich vorzüglich zur Seefahrt, sobald die Menschen die Fähigkeit entwickelt hatten, positiv auf das Angebot der Natur einzugehen und daraus Nutzen zu ziehen. Um das Meer zu befahren, brauchten die Menschen Schiffe, die sie aus dazu geeignetem Holz bauten. Folglich mußte man dieses Holz suchen, was für einige Küstengebiete verhängnisvoll wurde. So gab es arabische Raubzüge zu den Gestaden und Inseln des nördlichen Mittelmeers, einzig mit dem Ziel, sich dort das benötigte Holz zu verschaffen. Durch die Waldvernichtung wurde die bis dahin gesicherte Speicherfähigkeit des Bodens für Feuchtigkeit reduziert, durch die nachfolgende Erosion ging wertvoller Boden verloren. So entstanden trockene, unfruchtbare Landschaften: Die Zerstörung der Umwelt durch den Menschen hat nicht erst in der Gegenwart begonnen.

Ein Beispiel für das Zusammenwirken einer Vielzahl von Faktoren liefert der Weinanbau. Natürlich ist er auf warmes Klima und besonnte Böden angewiesen, aber nur in Küsten- und Flußgebieten kann er über die lokale Bedarfsdeckung hinausgehen und exportfähig werden, da allein die Schiffahrt den bequemen Absatz der Erzeugnisse zu gewährleisten ver-

mag. Die geographische und historische Umwelt beeinflußt aber gleich-
falls auch das Seelenleben der Menschen. So hielten die Bretonen die
Dolmen und Menhire, denen sie die Namen gegeben hatten, für eine
Besonderheit ihrer Heimat und für einen uralten Teil ihres Erbes. Dabei
haben sie mit der Errichtung der Dolmen und Menhire absolut nichts zu
tun, denn diese Kultur war längst untergegangen, als die Bretonen in das
Land kamen. Der »Boden« wirkt also ganz besonders auf die Einwohner;
das Bild der Umwelt, die ihnen zur Heimat wird, gestaltet ihre Mythen.
Die »Menschen, die Frankreich bewohnt haben«, sind also keine geschlossene Einheit, sondern in ihrer Aufeinanderfolge von höchster Vielfalt. Aber diese Landschaften entwickeln eine »Individualität«, die ohne
den bewohnenden Menschen undenkbar ist.

Die Symbiose zwischen geographischen Voraussetzungen und
menschlichem Dasein führt zur Ausprägung der »Landschaften«, sie
rechtfertigt aber wohl auch, daß die geographischen Gegebenheiten und
der Beginn menschlicher Entwicklung in dieser Darstellung nicht getrennt werden. Am Beginn einer Geschichte Frankreichs, die im ausgehenden 20. Jahrhundert geschrieben wird, müssen außerdem unbedingt
die wichtigsten Entdeckungen und Techniken wenigstens kurz vorgestellt
werden, die in jüngster Zeit unsere Möglichkeiten zum Erfassen und
Verstehen der fernen Vergangenheit der Erde, des Lebens und der Menschen in oft unerwarteter Weise erweitert haben. Zunächst also soll dieser
Wandel der Methoden veranschaulicht werden, dann folgt die Erörterung
der geographischen und klimatischen Grundvoraussetzungen. Das anschließende Kapitel befaßt sich dann mit dem Auftreten und Dasein von
Menschen im Hexagon bis zum Heraufdämmern kulturellen Lebens.

DAS DUNKEL DER VORZEIT LICHTET SICH

Unser Kenntnishorizont von der Vergangenheit des Menschen beschränkte sich lange auf die Zeit seit dem ersten Jahrtausend vor Christus,
zu der die Bibel und griechische Autoren Nachrichten liefern. Man unterschied die »historischen Zeiten« von den »prähistorischen«, die keine
schriftlichen Spuren hinterlassen haben. Seit nahezu zwei Jahrhunderten
haben aber archäologische Ausgrabungen bedeutende Archive ans Tages-

licht gebracht, Zeugnisse alter Kulturen, die bereits Schriftlichkeit kannten: Hieroglyphen, Keilschrift und andere. Die mehr oder weniger vollständige Entzifferung dieser Zeichen ermöglichte es, für den Vorderen Orient die historische Zeit mit ziemlich gesicherter Chronologie bis in das 3. Jahrtausend v. Chr. zurückzuverlegen.

Inzwischen ist man weit darüber hinaus in die Vergangenheit vorgedrungen. Gestützt auf die bereits erwähnte Evolutionstheorie haben, unabhängig voneinander, verschiedene Wissenschaften eine relative Chronologie entwickelt: die Paläontologie zur Geschichte der Pflanzen- und Tierarten, die Anthropologie zur Geschichte der Hominiden und Menschen, schließlich die Archäologie für die Formentwicklung der vom Menschen geschaffenen und benützten Gegenstände. Die letztgenannte Methode, »die Typologie«, ermöglicht es, für die Formen bestimmter Objekte vollständige Entwicklungsreihen zu rekonstruieren. Fand man in erkennbaren Folgen von Bodenschichten eine Vielzahl datierbarer Gegenstände, konnte man eine relative Chronologie ermitteln. Sie machte es möglich, eine Art »Geschichtsablauf« zu erstellen, dem nur die Genauigkeit und Zuverlässigkeit der absoluten Chronologie fehlte, die man lange für unerreichbar hielt.

Im Lauf der letzten Jahrzehnte konnten mit Hilfe von Chemie und Physik die Strukturen der Materie erforscht werden, mit Hilfe von Biologie und Astronomie konnten die Strukturen des Lebens beziehungsweise des Universums entschlüsselt werden. Die Folgen dieser Entdeckungen für Gegenwart und Zukunft des Menschen sind bekannt. Sie haben aber auch ganz unerwartet seine Vergangenheit erhellt, vor allem dank der Präzision der Meßverfahren für Materialien aller Art. Man kann heute mit unterschiedlicher Genauigkeit Holz, Metalle, Stein und Skelette datieren. Diese bisher stummen Gegenstände beginnen nun, zu uns zu sprechen: Alles, was auf diese Weise seinem Alter nach bestimmbar wird, kann als Element einer geschichtlichen Entwicklung eingeordnet werden. Es ist jetzt also möglich, die Geschichte der Erde im Rahmen der Geschichte des Kosmos recht genau zu verfolgen, ebenso kann der Geschichte der Arten im Rahmen der Geschichte des Lebens und der Geschichte des Menschen von seinen Anfängen bis zur »Historischen Zeit« nachgegangen werden.

Die neuen Verfahren und deren Ergebnisse machen übrigens die bisher erreichten Kenntnisse nicht wertlos, sondern bestätigen sie oft, wobei sie sie modifizieren und präzisieren. Die Messung der natürlich auftretenden Atom-Isotopen (Radiokarbon-Methode) ermöglicht Datierungen aufgrund des Gehalts an radioaktivem Kohlenstoff ^{14}C in organischen Überresten. Die Halbwertszeit des ^{14}C beträgt ungefähr 5730 Jahre. Stirbt also ein Organismus (zum Beispiel ein gefällter Baum), so verliert er innerhalb dieses Zeitraums die Hälfte seines natürlichen ^{14}C-Gehalts. Dies ermöglicht Datierungen über einen Zeitraum von 2000 bis 30 000 Jahren mit einer Toleranz von ± 100 bis 500 Jahren. So weiß man, daß die ersten Dolmen der Bretagne, datiert auf 3500 bis 3000 v. Chr., zum Teil älter sind als die frühesten Pyramiden in Ägypten, die aus dem 3. Jahrtausend stammen. Die Untersuchung der Radioaktivität der Pottasche (Kaliumkarbonat, K_2CO_3) liefert absolute Daten für den Zeitraum von vor etwa 3,8 Millionen bis 800 000 Jahren. Diese Methode ist also für die Archäologie weniger verwertbar, aber sie ist wertvoll für die Geologie, weil sie die Altersbestimmung von Gestein erlaubt. Die Thermolumineszenz erbringt für Keramik nur recht ungenaue Daten, ist aber sehr präzise für Feuerstein (Flint), den häufigsten Werkstoff der Steinzeitmenschen bis ungefähr 50 000 v. Chr. Voraussetzung für die Datierbarkeit ist, daß das Feuerstein-Werkzeug irgendwann direkt an einer Feuerstelle gelegen hat. Wurde es einmal durchgebrannt, strahlt dieses Objekt dann Licht aus, wenn es erneut erhitzt wird. Und die Intensität dieses Leuchtens hängt von der Zeit ab, die seit dem ersten Erhitzungsvorgang vergangen ist.

Die verschiedenen Verfahren müssen einander natürlich ergänzen und überprüfen. Die Fehlermöglichkeiten sind bei der ^{14}C-Methode größer, weil Verunreinigungen, die ihrerseits radioaktiven Kohlenstoff enthalten (beispielsweise Naturasphalt), nicht immer auszuschließen sind. Die moderne Forschung untersucht die Fundstücke oft mit kombinierten Methoden und setzt dabei Computer ein. Mit mathematischen Verfahren (Graphik, Faktorenanalyse, automatische Sortierung) kann dann jeder Fundgegenstand exakt in eine typologische Reihe eingeordnet werden, wobei auch die absolute Datierung immer genauer wird. Ein Beispiel dafür sind die zur Merowingerzeit getragenen Scheibenfibeln.

Der Gipfel chronologischer Präzision wurde in jüngster Zeit durch die Fortschritte der Dendrochronologie erreicht. Die Jahresringe der Bäume bestehen aus einem weicheren »Sommerring« und einem härteren »Winterring«. Sie sind breiter oder schmaler je nach Gunst oder Ungunst der örtlichen Wachstumsbedingungen, für die der Witterungsverlauf des jeweiligen Jahres den Rahmen bildet. Eine ganz besondere Folge von Ringen ergibt sich also in einer bestimmten Abfolge von Jahren, die nicht mit Reihenfolgen anderer Perioden verwechselt werden kann. Aufgrund von Holzproben und Baumfunden konnte man eine zusammenhängende Jahresring-Reihe ermitteln, die zunächst bis 500 v. Chr. reichte und dann sogar 6000 Jahre zurückgeführt wurde. Da man bei der Anfertigung von Holzgeräten und für Bauwerke normalerweise frisch gefällte Bäume verarbeitete, können alle hölzernen Überreste fast auf das Jahr genau datiert werden. Mit Hilfe der Dendrochronologie kann auch die Abfolge warmer und kalter Jahre in den letzten Jahrtausenden verfolgt werden. Noch größere Fortschritte machte die Klimageschichte allerdings durch die Untersuchung der Gletscher und ihrer auf Gestein meßbaren Spuren, ferner die Sauerstoffanalyse (^{18}O) im grönländischen Inlandeis.

Die Erforschung der Vergangenheit erreicht also erstaunliche Vielfalt und Ausmaße. Gegenstände werden aufgrund ihres Magnetismus datiert (Archäomagnetismus); man entdeckt unterirdische geologische Strukturen aufgrund der physikalischen Eigenschaften des Bodens und thermischer Veränderungen an der Oberfläche; man untersucht Metallgegenstände mit Methoden der Kernforschung, nachdem man sie mit Bodensonden aufgespürt hat. Die Unterwasserforschung ist zu einem florierenden Teilgebiet der Archäologie geworden. Sie verhalf zur Entdeckung von Schiffen, Münzen und zahlreichen anderen, häufig datierbaren Gegenständen. So wurden unsere Kenntnisse der Schiffsbautechnik, der Seehandelswege und der Handelswaren im Mittelmeergebiet ergänzt; Bereiche, zu denen Schriftquellen fehlen oder spärlich sind. Die Pollenanalyse erlaubt die Datierung pflanzlicher Überreste, vor allem ermöglicht sie, den Zeitpunkt des Auftretens der verschiedenen Baumarten zu bestimmen, deren Erscheinen für die Menschheitsgeschichte grundlegend wichtig war. Kiefer und Birke sind in Europa seit ungefähr 11 000 v. Chr., die Erle seit 8500 v. Chr., die Eiche seit 8000 v. Chr., die Rotbuche seit 5000 v. Chr. und die Weißbuche seit ungefähr 2500 v. Chr. nachgewiesen. Schließlich haben Luftaufnahmen von bisher unerreichter Genauigkeit in den letzten Jahren im nördlichen Gallien umfangreiche Entdeckungen möglich gemacht: Man entdeckte Tausende von oft riesigen römischen Landwirtschaftsbetrieben *(villae)* mit ihren genauen Umrißlinien im Boden, außerdem aus einer wesentlich späteren Periode Tausende von »Motten«, das sind Erderhebungen, die einen in der Regel aus Holz errichteten Adelssitz getragen haben. Die ganze historische Geographie französi-

scher Regionen, alle Zahlenangaben über die Landnahme, über die Bevölkerungsdichte und über die politischen und gesellschaftlichen Anfänge
des Landes sind durch diese Befunde umgestürzt oder ergänzt worden.
Und dabei handelt es sich nur um eine erste Übersicht...

Die folgende Darstellung der Ursprünge Frankreichs kann sich schon
auf erste Ergebnisse dieser neuen Forschungen stützen. Wenn auch kurz
und unvollständig, war es doch nötig, den Leser darüber zu unterrichten,
wie unser Wissen über diese Epoche wahrhaft revolutioniert wird. Dabei
hatten sich die Historiker seit langem damit abgefunden, daß ihre Kenntnisse immer ungenügend bleiben würden. Das »Wunder« ist aber noch
nicht beendet, und man kann mit weiteren Erkenntnissen rechnen. Wahrscheinlich erreicht man vor allem ein immer dichteres Datennetz zu
bestimmten Tatbeständen oder Zeitabschnitten. Auf diese Weise kann
sich unser Geschichtsverständnis weiter vertiefen.

Auch der Rückgriff auf anthropologische Methoden zeigt, wieviel die
Historiker von wissenschaftlichen Verfahren erwarten dürfen, die zur
Beurteilung vergangener Zeiten entwickelt wurden. So gelang es, das
Skelett eines vor 45 000 bis 50 000 Jahren gestorbenen Neandertalers
gerichtsmedizinisch zu untersuchen, um sein Alter zum Zeitpunkt des
Todes zu bestimmen. Man nahm zunächst an, er sei vierzig- bis fünfzigjährig gestorben, konnte nun aber genau ermitteln: Er wurde im Alter von
42 Jahren vom Tod ereilt. Die vergleichende Untersuchung an Dutzenden
von Skeletten einer bestimmten »Population« ergibt die mittlere Lebenserwartung, während Knochendeformationen Erkrankungen anzeigen.
Die Auswertung von Abfällen und Hausmüll gibt Anhaltspunkte für die
Zusammensetzung der Ernährung.

Unsere gesamte Umgebung ist so zum Zeugen der Vergangenheit
geworden. Dazu gehören auch wir selber mit unserem genetischen Erbe,
das es heute in manchen Fällen ermöglicht, aufgrund bestimmter Blutgruppen rassische Übereinstimmungen oder Unterschiede festzustellen,
die bis auf prähistorische Zeiten zurückgehen (Jean Bernard, *Le sang et
l'histoire*, 1983; dt.: *Das Blut und die Geschichte*, 1987). Die Anwesenheit
der Vergangenheit in der Gegenwart ist an sich kein neues Phänomen.
Aber diese Präsenz tritt heute in das Bewußtsein der Menschen und
verstärkt spürbar die »Aktualität« des Wissens von der Vergangenheit, die
mehr und mehr als wertvolles Erbe empfunden wird. Geschichtswissenschaft und Archäologie sind Forschung in voller Bewegung, kein Gebäu

de aus erstarrten Wissenssätzen. Die Interessengebiete der historischen Forschung hatten sich schon seit einiger Zeit erweitert, in Frankreich früher als in anderen Ländern. Sie entsprechen recht genau den gegenwärtig von Archäologie, Anthropologie und Ethnologie beigesteuerten Erkenntnissen. Dazu gehören Alltagsleben, kultische Gebräuche, Glaubensvorstellungen und Sitten, Geräte und Bearbeitungsweisen (»Techniken«). Soweit das möglich ist, gehören dazu Zahlenangaben, die natürlich unvollständig bleiben, für diese frühen Zeiten aber außerordentlich aussagekräftig sind.

So füllt sich der Graben zwischen der Urgeschichte des Menschen und der Geschichte der Menschen im »Hexagon«, in Gallien und im frühen Frankreich. Die Unterschiede im Grundsätzlichen gleichen sich aus, die Unterschiede im Einzelnen werden verdeutlicht. Der Mensch der Gegenwart kann weiter in den Weltraum, aber auch tiefer in die Vergangenheit blicken.

DAS HEXAGON IN DER ERDGESCHICHTE

Zu fragen ist, in welchem geologischen Zusammenhang und wann der dem Hexagon entsprechende Teil Westeuropas entstanden ist, aber auch, wie seine geologische Struktur im wesentlichen zu charakterisieren ist. Um die Geschichte unseres Erdballs zu schreiben, muß ein riesiger Zeitraum berücksichtigt werden – es ist daran zu erinnern, daß das Alter der Materie auf 20 Milliarden Jahre geschätzt wird. Um eine Vorstellung von diesem unendlichen Zeitraum zu geben, hat man ein einziges Kalenderjahr als Vergleichsmaßstab gewählt. Mit ihrem Alter von ungefähr 4,5 Milliarden Jahren erscheint die Erde im Oktober dieses Weltall-Jahres, das Leben datiert auf den 20. Dezember, der Mensch tritt am 23. Dezember gegen 23 Uhr auf. Die christliche Ära dauert in diesem Vergleichsjahr etwas mehr als drei Sekunden…

Für die geologische Entstehung der Erdrinde nach dem Erkalten des Erdballs müssen nur 1,5 Milliarden Jahre berücksichtigt werden, also praktisch der letzte Monat des Vergleichsjahres. Aufgrund versteinerter Lebewesen (Leitfossilien) werden bekanntlich folgende Erdzeitalter abgegrenzt: Das Paläozoikum (von etwa 570 bis 225 Millionen Jahre), das

Mesozoikum (von etwa 225 bis 65 Millionen Jahre) und das Känozoikum
oder Neozoikum mit dem Tertiär (von etwa 65 bis 1,5 Millionen Jahre)
und mit dem Quartär. Der erste Abschnitt des Paläozoikums ist das
Kambrium, der riesige Zeitraum davor wird als Präkambrium oder Prote-
rozoikum sowie Archaikum bezeichnet.

Europa ist die westliche Halbinsel des eurasischen Kontinents, deren
gewaltiger Rumpf geologisch der ältesten Zeit angehört. Dieser Rumpf
reicht vom Ural bis zur Weichsel, er wird im Norden vom Baltischen
Schild – Finnland, Schweden, Südnorwegen – begrenzt, im Süden vom
Ukrainischen Schild. Neben dem präkambrischen Europa gibt es ein
kaledonisches Europa, das im Paläozoikum entstanden ist. Damals bildete sich eine Gebirgskette durch ganz Norwegen, die sich im Norden
und Westen der Britischen Inseln fortsetzt. Schließlich wurde das
Hexagon durch die herzynische und alpidische Gebirgsbildung mitgeformt.

Die herzynische Gebirgsbildung ist nach der *silva Hercynia* der Alten
benannt. Sie umfaßt die Mittelgebirge Südgermaniens und Böhmens, ihre
Orogenese (von *oros* = Berg und *genesis* = Entstehung) ist für den
größten Teil des Hexagons ein Hauptereignis: Damals, vor ungefähr 350
bis 225 Millionen Jahren, entstanden die iberische *meseta*, das Zentralplateau *(Massif Central)*, das armorikanische Massiv, die Ardennen, die
Vogesen und die zentraleuropäischen Gebirgszüge rund um Böhmen.
Auch die Regionen innerhalb des Hexagons gehören zeitlich zum herzynischen Europa, beispielsweise das Pariser Becken. Hier folgten später
aber noch Schichtablagerungen: zunächst aufgrund der Erosion der um-
gebenden Bergmassive, von denen nur Mittelgebirge geblieben sind, dann
durch Sedimentierungen während der langen Perioden von Meerestransgressionen im Bereich des Hexagons. Dies führte im Pariser Becken zu der
bekannten schüsselförmigen Anordnung, in der Schichten aus Trias, Jura,
Kreide, Eozän, Oligozän und Quartär aufeinander folgen und ringförmig
verlaufende Ausfurchungsstufen bilden. Das Auslaufen dieser Schichten
führt zur Entstehung der Hügelländer an Mosel und Maas, in der Champagne und in der Ile-de-France. Zugleich bilden diese Hügelreihen eine
Art von befestigungsartigen Schranken.

Die herzynische Welt wurde nur einmal umgeschichtet, und zwar im
Süden während des Tertiärs. Damals führte die alpidische Orogenese zur
Auffaltung von Kettengebirgen quer durch Südeuropa, von der Betischen

Kordillere in Andalusien und den Pyrenäen (vor etwa 37 Millionen Jahren) bis zu den Alpen (vor rund 12 Millionen Jahren) und weiter bis zum Apennin in Italien, zu den Dinarischen Alpen in Dalmatien und zu den Gebirgen Griechenlands. Aber auch bis zu den Karpaten und nach Kleinasien setzten sich die Auffaltungen fort. Da die Tektonik der Kontinentalschollen immer zuverlässiger bestätigt wird, ist davon auszugehen, daß die Kontinentaldrift bei diesem gewaltigen Faltungsvorgang eine Rolle gespielt hat. Er wurde von dem Druck verursacht, den Afrika auf den europäischen Subkontinent ausgeübt hat. Es steht fest, daß sich die herzynische Erdoberfläche in Nordafrika und Südeuropa faltete, was beiderseits zur Entstehung »junger« Kettengebirge geführt hat. Die Verwerfungen verursachten in den Bruchzonen eine intensive vulkanische Tätigkeit, und eben damals bildete sich das Mittelmeerbecken aus.

Das spätere Hexagon war von jetzt an durch Hochgebirge von der Iberischen Halbinsel (durch die Pyrenäen) und von der Apenninenhalbinsel (durch die Alpen) getrennt. Es ist aber ein hochwichtiger Umstand, daß das Hexagon zwischen diesen Bergmassiven einen Anteil an der Mittelmeerküste bewahrte. Auch der Jura gehört in den Rahmen dieser Orogenese. Er ist ein Faltengebirge, älter als die Alpen, mit Fortsetzungen in das südliche Germanien nördlich der Donau. Dieser Fluß bildet die exakte Grenze des Alpenvorlandes auf der Nordseite. Damals entstanden auch Nord-Süd-Verbindungen von höchster Bedeutung: einerseits durch den Rhône-Graben (Saône-Rhône), der die Westgrenze von Jura und Alpen bildet; andererseits durch den Rhein, dessen Wassereinzugsgebiet seit dem Einbruch des Oberrheingrabens zwischen Schwarzwald und Vogesen Teile der Alpen und des Jura umfaßt und der den Schiefer der Ardennen durchbrach, um sein Wasser dann mit dem der Themse zu vereinen. Ein sehr rezenter Einbruch der Nordsee (nach 8000 v. Chr. – es gab bereits Menschen in diesem Gebiet) trennte die Britischen Inseln vom Kontinent und zerteilte das Stromsystem von Rhein und Themse, deren Flußbetten auf der gleichen Küstenterrasse in ungefähr 200 Meter Tiefe vom Meer begraben wurden. Erst zu diesem sehr späten Zeitpunkt nahm das Hexagon in seinem Nordteil Gestalt an. Die Küste am Ärmelkanal sollte übrigens in historischer Zeit weiter beträchtliche Veränderungen erfahren.

Abgesehen vom äußersten Süden wurde das Hexagon also im wesentlichen aus Gebieten des herzynischen Europa gebildet. Dieses setzt sich noch über den Ärmelkanal fort in einem Teil Südenglands, dessen Grenze die Themse bildet, außerdem nach Südwales und Südirland. Mittel- und Ostengland, das Gebiet der heutigen Niederlande, Dänemark, dazu die gesamte Ebene im Norden Germaniens und des heutigen Polen gehören zum System der »Norddeutschen Tiefebene«. Sie ist ein Gebiet, das während der letzten Eiszeit von den Gletschern des ausgedehnten präkambrischen Flachlands in Osteuropa überformt wurde. So reichen die unendlichen Ebenen des Ostens quer durch den Norden Mitteleuropas bis an die Grenzen des Hexagons. Auch dies ist ein weiterer bedeutender Faktor für seine Geschichte.

Es ist übrigens merkwürdig, daß die Verbreitung der Völker germanischer Sprache weitgehend mit der Ausdehnung der Norddeutschen Tiefebene übereinstimmt, während die von den Kelten besiedelten Gebiete alle zum herzynischen Europa gehören: von Böhmen bis zum Hexagon, ferner bis zum Südwestteil der Britischen Inseln, und dazu die Mittelgebirge südlich der großen Ebene. Man weiß, daß die Kelten rings um befestigte *oppida* siedelten, wobei sie leicht zu verteidigende Hügel und Bergvorsprünge benützten. Solche Voraussetzungen findet man fast überall im Bereich der geologisch älteren Formationen, die durch Erosion zerschnitten sind und so, weitgehend zerstückelt, kleinräumige Landschaften bilden: Man sollte da wohl nicht einfach von Zufall sprechen. Das gilt besonders für ein spätes Vorkommnis auf den Britischen Inseln. Hier haben sich die Kelten über Jahrhunderte in Gebieten mit genau der eben beschriebenen Formation gehalten, während die Angelsachsen seit dem 5. Jahrhundert n. Chr. die Ebenen nördlich der Themse besetzten und südlich des Flusses nur das am wenigsten bergige Gebiet im Osten des Landes besiedelten.

Von allen Ergebnissen geologischer Entwicklungen beeinflußt neben der Reliefgestaltung am unmittelbarsten die Bodenqualität das menschliche Dasein. Sie hängt weitgehend von den Gesteinsarten ab, die in dem jeweiligen Gebiet vorherrschen. Verwickelte tektonische Vorgänge haben zwar zu örtlichen Abweichungen geführt – so gibt es in dem reinen Granit-Schiefer-Gebiet um Rennes auch Kalkgestein – doch können solche Erscheinungen hier übergangen werden. Aber es dürfte nützlich sein, im Anschluß an Jean Boulaine die Gesteinsarten aufzuzählen, die für das Hexagon besonders charakteristisch sind: Sandsteinschichten (Landes, Sologne), kristalline Formationen (Bretagne, Vogesen), Granite und Gra-

nulite (Bretagne, Zentralplateau, Pyrenäen), Schiefer (Bretagne, Zentralplateau, Alpen), Kalksteinformationen (Pariser Becken, Südfrankreich),
Mergel (Ostfrankreich, Limagne), Kreide (Champagne), Basalte (Zentralplateau), Lößablagerungen (Aquitanisches Becken, Pariser Becken, Elsaß), alluviale Flußablagerungen und Brackwasserschichten (Camargue,
Sumpfgebiete im Westen, Fluß- und Stromtäler).

GEOGRAPHIE UND GESCHICHTE

Die geomorphologischen Grundlagen der Konturen und Strukturen des
Hexagons hatten bedeutsame Folgewirkungen für die geographischen
Bedingungen des Gesamtgebiets und seiner Teile, für Relief und Klima.
Nach Pierre George ist Klima »die Gesamtheit der Erscheinungen, von
denen die Berührung zwischen Atmosphäre und Erdoberfläche bestimmt
wird«. Die Beobachtungen der antiken Autoren dürften hier willkommen
sein, denn sie sind Zeugen für die Beständigkeit dieser Faktoren und für
ihre Beobachtung durch den Menschen.

Als erster Eindruck aus der Erdgeschichte und ihren Folgen für die
Reliefgestaltung ergibt sich das Nebeneinander von geschlossener Einheitlichkeit und guter Passierbarkeit. Genau dies haben die antiken Autoren hervorgehoben. Flavius Josephus (37 bis ca. 100 n. Chr.), der Verfasser des »*Bellum Judaicum*«, spricht von der natürlichen Befestigung Galliens: Alpen, Pyrenäen, Rhein und Ozean. Ammianus Marcellinus (330
bis 395 n. Chr.) sieht Gallien von einer Mauer natürlicher Festungswerke
umgeben, wie ein besonders geglücktes Bauwerk. Beide Autoren unterstreichen also die geographische Geschlossenheit des Landes. Der Geograph Strabon (63 v. bis 23 n. Chr.) bewundert den »wechselseitigen
Bezug«, die »Harmonie« in der Verbindung zwischen Flüssen, Mittelmeer und Ozean, was an eine »weise Voraussicht« denken lasse, an ein
Geschenk der Götter. Strabon betont das Vorhandensein großer, gut über
das Land verteilter Flüsse, deren Quellen nahe beieinander liegen, mit
leicht überschreitbaren Wasserscheiden zwischen den verschiedenen
Flußsystemen. Er erwähnt schließlich auch den umgerechnet kaum 400
Kilometer breiten »Isthmus« an der Schmalstelle des Kontinents zwischen dem Golfe du Lion und der Gironde. Durch das Tal der Aude, über

die Wasserscheide des Lauragais und durch das Tal der Garonne kann er mühelos überquert werden.

Diese Verbindung wurde schon lange vor der Ankunft der Römer benützt, denn die Alten hatten klar erkannt, welchen Vorteil es bot, sich den Weg um die Iberische Halbinsel zu ersparen, der wegen des Golfs von Biskaya gefährlich war. Hier konnte man durch die Gironde und längs der Küste des *Mare Gallicum* zu den Britischen Inseln gelangen, wo man das begehrte Zinn von Cornwall erhielt. Der Handel zwischen Italien und den Britischen Inseln konnte auch andere Wege quer durch Gallien benützen. Das ergibt sich aus einem berühmten Fund, dem Kratér von Vix. Dieses Gefäß fand man nahe dem Mont Lassois (bei Châtillon-sur-Seine in Burgund); es stammt aus der Zeit um 500 v. Chr. Mehrere Wasserscheiden von geringer Höhe ermöglichten ja den Übergang vom Rhône-Graben in das Pariser Becken. Dabei wurde das Zentralplateau vermieden, das einzige ernsthafte Verkehrshindernis im Inneren Galliens (Übergänge des Charolais-Gebirges, im Auxois, bei Langres, in Lothringen). Der Vorteil, den Gallien Reisenden bot, die vom Mittelmeer nach Norden wollten, ohne dabei die Alpen überqueren zu müssen, war für die Römer derart faszinierend, daß Tacitus den nie verwirklichten Plan einer direkten Kanalverbindung zwischen Saône und Mosel erwähnt.

Das Hexagon gewinnt tatsächlich aus diesem Durchbruch zwischen Pyrenäen und Alpen. Es ist der einzige Teil des Kontinents, der durch die gewaltigen Auffaltungen des Tertiärs nicht vom Süden getrennt wurde: Das Hexagon wird von den Pyrenäen und Alpen begrenzt, aber nicht geteilt. Auch fehlt eine ausgeprägte Klimascheide, der Übergang vom kalten Norden in den warmen Süden erfolgt sacht und ohne allzu scharfe Gegensätze. Diese Verkehrsfreundlichkeit gewinnt ihre Bedeutung daraus, daß das Hexagon zu den übrigen Teilen des europäischen Subkontinents zentral gelegen ist: Italien und die Iberische Halbinsel im Süden, Germanien und die Britischen Inseln im Norden umgeben Gallien. Das war nicht nur eine günstige Voraussetzung für den Handel. Gallien war auch zur Drehscheibe oder Brücke bestimmt, über die griechisch-römische Kultur und Christentum nach dem Norden und der Mitte des Kontinents gelangen sollten.

Dagegen hat es sich weniger ausgewirkt, daß das Hexagon zugleich exzentrisch am Westrand des Kontinents gelegen ist. Natürlich befand man sich am »äußersten Ende der Welt«, im Angesicht des unermeßlichen

Ozeans, den man lange Zeit für die Grenze der Erdscheibe hielt (»Finistère«, *finis terrae*, in der Bretagne, »Lands End« in Großbritannien). Aber man teilte diese Lage mit der noch weiter vorgeschobenen Iberischen Halbinsel und mit den Britischen Inseln. Im übrigen gab es an den Küsten im Westen seit den ältesten Zeiten eine lebhafte, ufernahe Schiffahrt. Die Lage am Weltmeer sollte vom Beginn der Entdeckungen an neue Vorteile bringen. Sie sollte es Frankreich ermöglichen, aktiv an der Entstehung des Welthandels und der Gründung überseeischer Kolonien teilzunehmen.

In der Generalrichtung von Nordwesten nach Südosten verliefen die Wege nach Italien, daneben sind aber auch die Verbindungen zu erwähnen, die zwischen dem Nordosten und Südwesten bestanden. Für die Übergänge nach Italien ist nochmals an die Bedeutung der Alpenpässe zu erinnern. Sie wurden bevorzugt benutzt, seit die Araber das Mittelmeer und sogar die Landwege im Gebiet der Seealpen beherrschten, aber auch in der Zeit der allgemeinen Schwäche des mittelmeerischen Seeverkehrs im Frühmittelalter. Von dem politischen Zentrum Galliens – den Königspfalzen im Gebiet zwischen Compiègne, Soissons und Laon – verlief die Hauptroute der Karolinger nach Italien über Langres, Besançon, Orbe, den Großen Sankt Bernhard und schließlich durch das Aostatal. Man benützte aber auch den Mont Cenis, an dem das Kloster Nonantola günstig gelegen war, und den Weg durch Rätien, von Chur nach Mailand. Von Nordosten nach Südwesten war zwischen Germanien und Gallien das wichtigste Durchgangsgebiet die »Burgundische Pforte« zwischen den Vogesen einerseits, Jura und Alpen andererseits. Aber das Tal des Doubs mit Besançon, wo man den Weg von Nordwesten nach Südosten kreuzte, war nicht besonders verkehrsfreundlich. Ferner gab es die Zaberner Steige in den Nordvogesen. Noch weiter nördlich benützte man die Mosel, deren Flußschiffahrt schon lebhaft war. Daneben gab es eine Römerstraße, die von Reims ausging und die Eifel in Richtung Köln überquerte. Das Ardennenmassiv – die ausgedehnte *silva carbonaria*, der »Kohlenwald« – bildete ein ausgeprägtes Verkehrshindernis. Diese Wirkung war so stark, daß das erste Frankenreich Chlodwigs (vor der Vereinigung mit dem Kölner Frankenreich um das Jahr 509) hier seine Ostgrenze hatte, während es im Süden bis zur Loire reichte. Man benützte zur Überquerung der Gebirgsschwelle die Wasserscheide von Vermandois und erreichte dann das Pariser Becken über Soissons, was die frühe Bedeutung dieser Stadt erklärt.

Vom Pariser Becken führte eine Reihe von Wegen nach Aquitanien. In diesem Zusammenhang ist die auserwählte Lage von Paris hervorzuheben: am bequemsten Übergang des ganzen Flußsystems der Seine, der hervorragend gelegen war und zudem durch Inseln erleichtert wurde. An dieser Stelle kreuzte sich die Längsachse des Flußtals in Richtung auf den Oberlauf der Seine und ihrer Zuflüsse mit der Straße von Nordosten nach Südwesten. Sie wurde über Jahrhunderte frequentiert, besonders seit dem 11. Jahrhundert von den Pilgern nach Santiago. Die Hauptachse verlief von Paris nach Orléans und ermöglichte eine enge Verbindung zwischen Norden und Süden. Denn von Orléans aus konnte man flußaufwärts Loire oder Allier folgen und dann das Zentralplateau überqueren, man konnte aber auch die Richtung nach Bourges einschlagen oder im Loiretal abwärts nach Tours gehen, wo der wichtigste Flußübergang den Weg zur Wasserscheide des Poitou und zum aquitanischen Becken öffnete.

Alle diese Öffnungen nach außen und Durchgangsmöglichkeiten im Innern waren zugleich Gefahrenpunkte bei feindlichen Einfällen und letzte Rückzugsorte für die Verteidigung. Dies war beispielsweise der Fall bei Karl Martells Schlacht gegen die Araber an der Wasserscheide des Poitou. Die jüngere Vergangenheit mit ihren Invasionen aus Nordosten konnte den Eindruck erwecken, Frankreich sei niemals Gefahren aus anderen Himmelsrichtungen ausgesetzt gewesen. Aber in Wirklichkeit drohten über Jahrhunderte Angriffe von allen Seiten. Von Norden kamen im 5. Jahrhundert die Sachsen und im 9. Jahrhundert die Normannen. Vom 11. bis 13. Jahrhundert bestand vom normannischen Vexin her für das so nahe gelegene Paris ständig die anglo-normannische Bedrohung, die dann von den Engländern im Hundertjährigen Krieg fortgesetzt wurde. Von Westen zogen die Normannen heran, die im 9. und 10. Jahrhundert durch das Loiretal und die Gironde angriffen. Ihnen folgten die Engländer, die sich über Jahrhunderte an der Gironde festsetzen konnten. Dieses Gebiet war auch der Ausgangspunkt für die Feldzüge des »Schwarzen Prinzen«, die Frankreich während des Hundertjährigen Kriegs in Angst versetzten. Dazwischen errang allerdings Ludwig der Heilige einen seiner glänzendsten Siege bei Saintes (1242) über Heinrich III. von England.

Vom Süden her wurden die ständigen Angriffe der Basken vorgetragen. Sie führten zu den Strafexpeditionen unter Dagobert I., verursachten später aber auch die Katastrophe von Karls des Großen Nachhut bei

Roncesvalles. Ebenfalls aus dem Süden kamen die Arabereinfälle des 8. Jahrhunderts. Sie scheiterten einmal vor Carcassonne, verursachten Verwüstungen bis nach Autun und waren Anlaß für erbitterte Schlachten wie der von Tours und Poitiers oder der von Narbonne, unsterblich geworden durch die *»Geste de Guilhem«*.

Die Araber kontrollierten im 10. Jahrhundert von ihrem Stützpunkt La Garde-Freinet *(Fraxinetum)* aus die Seealpen. Vor ihnen waren von Süden her die Römer gekommen, die zunächst das Gebiet, das später Provence und Septimanien werden sollte, besetzten. Dann eroberten sie ganz Gallien, gründeten in Lyon eine Hauptstadt mit allen Einrichtungen und verwalteten das Land mit Hilfe eines leistungsfähigen Straßennetzes. Von Südosten her griffen die Langobarden an, die im 6. Jahrhundert von Mummolus, einem fränkischen Feldherrn römischer Abstammung, geschlagen wurden. Nach ihnen wurden im 10. Jahrhundert die gleichen Alpenpässe von den Ungarn benützt.

Nördlich der Alpen wurde die Burgundische Pforte erst von den Kelten passiert, später von den Sueben unter Ariovist, schließlich von den Alemannen, die bis zum Plateau von Langres vorrückten. Auf ebendiesem Plateau sollten sich auch 1814 die verbündeten Streitkräfte der Österreicher und Russen versammeln, ehe sie auf Paris vorrückten. Am Mittelrhein setzten die Germanen über, namentlich die Vandalen und Sueben im Jahr 406. Kurz darauf wählten die Hunnen Attilas diesen Weg, später folgten hier dann die Ungarn. Sie verwüsteten in erster Linie die gleichen Regionen, die schon Attila heimgesucht hatte, ehe er bei Troyes geschlagen wurde. Es handelte sich dabei um die Gebiete der frühesten Einfälle und dichtesten Besiedlung durch die Kelten, die künftigen »Gallier«. Auf den Norden und die salischen Franken wird noch zurückzukommen sein, denn hier handelt es sich um eine vielschichtige Entwicklung, die nicht in das Klischee von den »Barbareninvasionen« paßt.

Geopolitisch betrachtet hat man festgestellt, daß die großen Ost-West-Wanderungen von Asien in das Abendland vor allem in der »potamischen« (von griechisch *potamós*, Fluß) Zone beiderseits der Donau stattgefunden haben. Sie liegt zwischen der baltischen und der mediterranen Zone, die von diesen Bewegungen weniger berührt wurden. Das Donaugebiet zwischen Böhmen und den Alpen war tatsächlich der Ausgangspunkt für die wohl folgenreichste Inbesitznahme des Hexagons, die der Kelten. Aber wie viele Einfälle, Landnahmen, Durchzüge von Völ-

kern, Stämmen oder kleineren Gruppen mag es vor den Kelten gegeben
haben?

Wenn man die leichte Zugänglichkeit des Hexagons betont, kommt
man auf sehr viele und sehr verschiedene Bevölkerungsgruppen. Man
kann aber auch im Gegenteil die geographische Einheitlichkeit hervorheben, die von den Menschen schon so früh beobachtet wurde. Dann ergibt
sich die Frage nach der politischen Einheitlichkeit. War das Hexagon für
einen politischen Zusammenschluß vorherbestimmt? Man kann dies *a
posteriori* beteuern, unter dem Eindruck der bewundernswert kontinu-
ierlichen Bemühungen um den Einheitsstaat mit Paris als Zentrum – sie
dauern von den Anfängen der Kapetinger bis in die Geschichte unserer
Zeit. Aber vor den Vereinfachungen eines historisch-geographischen De-
terminismus muß sich der Historiker hüten. Diese sechsbändige Geschichte Frankreichs wird zeigen, wie viele Gefährdungen, Alternativen
und Hindernisse es gab, ein Tatbestand, den die Geschichte der politischen Grenzen bestätigt.

Die Grenzziehung ging oft über das Hexagon hinaus, oft zerschnitt sie
es aber auch. Das keltische Siedlungsgebiet war keineswegs auf Gallien
beschränkt, bevor die Germanen den Oberrhein erreichten und damit die
Verbindung nach Osten abschnitten. Dies geschah unmittelbar vor der
Niederschrift von Caesars geographischer Beschreibung, die erstmals
Gallien und Germanien in ihrer seither klassisch gewordenen Nachbarschaft zeigt. Geographisch jetzt erst fest umrissen, besaß das keltische
Gallien einen kulturellen Mittelpunkt im Gebiet um Chartres, aber ein
politisches Zentrum und politische Einheit fehlten. Die Römer machten
Lyon zur Hauptstadt, von Rom aus gesehen günstig gelegen, aber peripher bezogen auf das Land selbst. Noch ausgeprägter war die Randlage
der Verteidigungsorganisation: Sie war auf Rhein und Donau ausgerichtet, die ein *limes* (Befestigungssystem) verband, und sie wurde direkt von
Rom geleitet. Erst in der Spätantike kam es zur Bildung eines einheitlichen Kommandos für die Verteidigung Galliens: Der *magister militum
per Gallias* wurde Oberbefehlshaber in Gallien, und diesen Posten bot
man am Ende dem Burgunderkönig an. Aber während der gesamten
römischen Zeit gab es nie eine einheitliche Verwaltung Gesamtgalliens.

Das Verdienst, Paris zu seiner Hauptstadt gemacht zu haben, kommt
Chlodwig zu. Er gab dadurch Gallien ein politisches Zentrum, das trotz
seiner Lage im Norden für den Aufbau eines Einheitsstaats prädestiniert

erschien, aber dieser Prozeß dauerte Jahrhunderte. Außerdem schob Chlodwig die Grenze seines Königreichs bis zu den Pyrenäen vor und zeigte sich eifrig bemüht, Gallien von einem Schandfleck zu reinigen: dem Irrglauben der arianischen Westgoten. Das bedeutet also, daß es damals in geographischer, kultureller und religiöser Hinsicht die Idee eines einheitlichen Gallien gab, dessen erste politische Verwirklichung das fränkische Gallien war. Aber diese Lösung war nicht von Dauer. Wegen der Abfolge von Reichsteilungen, aber auch aufgrund ihrer auswärtigen Eroberungen konnten weder die Merowinger noch die Karolinger eine Lage wiederherstellen, wie sie unter Chlodwig und dessen Söhnen bestanden hatte. Der erste Frankenkönig erscheint wie ein politisches Programm, ein Symbol der Einheit am Anfang einer langen geschichtlichen Entwicklung. Es ist bezeichnend, daß Paris seine Stellung als Hauptstadt nicht behaupten konnte, sie ging unter den Karolingern vollständig verloren. Die Merowinger hatten das Verdienst gehabt, den Südosten (Burgund, Provence) zu erobern. Aber die karolingischen Teilungen brachten für Westfranken – das künftige Frankreich – den Verlust des größten Teils dieser Gebiete und gleichzeitig den Lotharingiens.

So war die Ostgrenze für Jahrhunderte zurückverlegt, während die Südgrenze dafür über die Pyrenäen hinausgriff. Katalonien – so hieß das Land seit dem 11. und 12. Jahrhundert – wurde fränkisch bis zu den Verträgen von Corbeil und Paris 1258 und 1259. Man vergißt diese Tatsache allzu leicht, wenn man eben außer acht läßt, daß die Männer, die mit dem Cid gegen die Muselmanen kämpften, *Francos* genannt wurden. Andererseits bestanden enge Beziehungen zwischen diesen iberischen Gebieten und dem Languedoc, der *Septimania* der Spätantike, der *Gothia* des Frühmittelalters. Beiderseits der östlichen Pyrenäen gelegen, wurden diese Regionen von einem Adel halb westgotischer, halb fränkischer Abstammung beherrscht. Der rege Austausch ließ eine kulturelle und politische Gemeinsamkeit entstehen, die im 12. Jahrhundert Tendenzen zur Eigenstaatlichkeit entwickelte (Charles Higounet). Ein solcher Staat hätte bedeutende Provinzen im Süden von Frankreich abtrennen können, ähnlich wie ja der burgundische Staat der Herzöge von Valois das Königreich einen großen Teil der Maaslande kostete. Die Basken und später die Grafen von Béarn bestritten lange die Zugehörigkeit zum Königreich Frankreich, wie P. Chaplais für die Gascogne und P. Tucoo-Chala für Béarn nachweisen konnten. Noch im 18. Jahrhundert erklärte Marseille, die Stadt sei dem König von Frankreich nur in seiner Eigenschaft als Graf der Provence Gehorsam schuldig.

Es soll hier nicht die Rede sein von den Fürstentümern, die nur allmählich vom Königtum zurückgewonnen werden konnten, an letzter Stelle die Bretagne. Eine lange geschichtliche Entwicklung also, und es ist sinnlos, von der natürlichen Alpengrenze zu sprechen ohne Erinnerung daran, daß sie in Savoyen erst sehr spät und an der Riviera erst durch die Erwerbung der Grafschaft Nizza im Jahr 1860 erreicht wurde. Große Teile Frankreichs gehörten dem König von England, zu bestimmten Zeiten die gesamte Westhälfte von den Pyrenäen bis zur Normandie. Dabei waren die Engländer nicht etwa als Eroberer aufgetreten, sondern französische Fürsten wurden Könige von England. Die politischen Strukturen Frankreichs sind also keineswegs geographisch determiniert.

Freilich darf man diesen Gesichtspunkt auch nicht übertreiben, denn eine gewisse geographische – oder, wenn man so will, geopolitische – Logik setzt sich schließlich doch oft durch. Die Britischen Inseln und die großen Halbinseln des Kontinents haben trotz bestehender Ausnahmen und Trennungen (Portugal, Katalonien, Irland, Wales, Schottland) am Ende die mehr oder weniger vollständige politische Einigung erreicht. Bekanntlich war dieser Prozeß in Italien besonders lang und schwierig. Die Bewohner eines Kontinents oder eines deutlich abgegrenzten Teils davon überwinden normalerweise auf längere Sicht fremde Eindringlinge, die sich nicht wirklich mit der Bevölkerung vermischen. Wenn eine Nation zahlreich und stark genug ist, um einen offensichtlich vorhandenen geographischen Rahmen auszufüllen, wird das damit gegebene geopolitische »Programm« verwirklicht werden können. Die politische Einigung des Hexagons im heutigen Frankreich hat sich nicht natürlich wie eine Pflanze entwickelt. Sie ist vielmehr das Ergebnis politischen Wollens, das über mehrere Jahrhunderte in der gleichen Richtung gewirkt hat, das dabei aber von günstigen geographischen Voraussetzungen unterstützt wurde. Während dieses langgestreckten Zeitraums entstand dann im Volk ein nationaler Wille zur Einheit: Diese beiden Entwicklungen machen die eigentliche Geschichte Frankreichs aus. Die vielen Einzelheiten auf dem Weg zum Erfolg können hier nicht aufgezählt werden. Dazu gehört, als Beispiel, der Ersatz des auf Lyon zentrierten römischen Straßensystems durch ein Straßensystem und später durch ein Eisenbahnnetz, die beide auf Paris bezogen wurden. Die durch äußere Bedingungen vorgegebenen

Möglichkeiten können stets nur durch politischen Willen und Erfolg verwirklicht werden.

Die Nordostgrenze des Hexagons muß gesondert betrachtet werden, man hat hier von einer unfertigen Entwicklung gesprochen. Dieser Beobachtung ließen sich Äußerungen deutscher und französischer Historiker anschließen, die von den »künstlichen« und »widernatürlichen« Grenzen Lotharingiens sprachen, das im 9. Jahrhundert zwischen der Ost- und Westhälfte des Karolingerreichs gegründet wurde. Ein derartiges Urteil hieße aber, den ganz augenfälligen geographischen Faktoren wenig Gewicht beizumessen: Die Flußsysteme von Rhein und Maas mit ihren zahlreichen Zuflüssen bilden eine vorzügliche Süd-Nord-Verbindung zwischen den Alpen und dem Meer, zwischen Italien und England.

Geschichtlich gesehen sind diese Gebiete von höchster Bedeutung, und es ist außerordentlich bezeichnend, daß sie die Heimat der Karolinger waren. Diese Dynastie gehörte mehr als jede andere zugleich zum Westen, zum Osten und zum Kernraum der Franken. Noch heute sind diese Gebiete eine europäische Achse. Die Bevölkerung längs der beiden Ströme und ihrer Nebenflüsse fühlte sich unter den Voraussetzungen des Flußverkehrs stets stärker zueinander hingezogen als zu den im Osten und Westen angrenzenden Gebieten. Man wollte »zwischen beiden Seiten« stehen, wollte zum Reich (Saint Empire) gehören, aber nicht zu Deutschland und nicht zu Frankreich. Diese sehr alten historischen und geographischen Voraussetzungen müssen mit ihrer ganzen gegenwärtigen Dynamik berücksichtigt werden. Sie werden am deutlichsten in den Hafenorten greifbar, die zu den wichtigsten der Welt zählen, und sie müssen in ihrer historischen Bedeutung erkannt werden. Gerade hier liegt der Unterschied zwischen Gallien in der Kennzeichnung des 1. Jahrhunderts v. Chr. und dem Hexagon: »Frankreich« ist nicht Gallien. Diese Verschiedenheit hat ebenso historische wie geographische Ursachen.

DAS KLIMA

Wie steht es mit den Rückwirkungen klimatischer Voraussetzungen auf
das Leben der Menschen im Hexagon? Gab es da wirklich Einflüsse auf
das Verhalten und die Art des Zusammenlebens der Einwohner? Bevor
Angaben über die wesentlichen Merkmale des gegenwärtigen Klimas in
Frankreich gemacht werden, muß daran erinnert werden, daß es die am
Anfang dieses Kapitels erwähnten Methoden ermöglicht haben, seit der
letzten Eiszeit und in historischer Zeit erhebliche Klimaveränderungen
nachzuweisen. Die Mittelwerte der Temperaturen haben um 1,5 bis 2
Grad geschwankt, was möglicherweise sehr spürbare Folgen für die
Pflanzenwelt und die Menschen und deren Ernährung gehabt hat. Eine
gut bezeugte Wärmeperiode um 1000 n. Chr. macht verständlich, warum
damals die Entdecker Grönlands der Insel diesen Namen geben konnten,
der ja »grünes Land« bedeutet. Man wußte bereits von einer Wärmeperiode zur Zeit des frühen Römischen Kaiserreichs, von Kälteperioden zwischen dem 5. und 8. Jahrhundert und vor allem seit dem 15. Jahrhundert.
Diese Abkühlungsphase wurde übertreibend als »kleine Eiszeit« bezeichnet, aber die Klimaverschlechterung hatte tatsächlich verheerende Folgen
für die Ernten und die Daseinsbedingungen der Bevölkerung. Erst zwischen 1850 und 1860 wurde es wieder wärmer, und diese Klimabesserung
hat bis in die Gegenwart angehalten.

Unabhängig von diesen epochalen Veränderungen gibt es regionale
Klimaverhältnisse, durch die Landschaften langfristig voneinander unterschieden werden. Von allen Gebieten mit gemäßigtem Klima, die ja in der
Geschichte der Menschheit eine entscheidende Rolle gespielt haben, ist
das Hexagon am ausgeglichensten. Das Fehlen von klimatischen Extremen wird von den Meeren um das Hexagon gesichert: Das Wasser ist im
Winter wärmer, im Sommer kühler als das Land. Im Atlantik kommt dazu
als weiterer Vorzug die höhere Temperatur des Golfstroms. Das Hexagon
wird schließlich auch von den starken Westwinden begünstigt, die vom
Meer zum Festland wehen. Das maritime Klima bestimmt den Westen des
Hexagons, seine Winter sind feucht und sehr mild (die mittlere Januar-
temperatur liegt über +6 Grad). Im Sommer bleiben die Temperaturen
nördlich einer Linie von der Loiremündung bis Mézières an der Maas
angenehm frisch. Das Klima im Osten des Hexagons ist eher kontinental

geprägt, hier sind die Winter spürbar kälter, aber doch ohne die extremen Grade des echten Kontinentalklimas.

Von Lothringen bis zu den Alpen gibt es häufige Niederschläge mit deutlich höheren Werten als in der Mittelzone zwischen Zentralplateau und Pariser Becken oder in der Normandie. In Südfrankreich, südlich von Orange, ist das Klima durch sehr heiße Sommer mit regelmäßiger Dürre gekennzeichnet. Die Winter sind dort zwar im ganzen mild, aber es gibt Kälteeinbrüche und heftige Stürme: den Mistral. Die Regionen des Mittelmeerklimas sind das Verbreitungsgebiet von Feigenbaum, Steineiche und Olive. Hier gründeten die Römer zwischen 125 und 118 v. Chr. eine Provinz, die *Gallia Narbonensis*, von der Plinius der Ältere (24 bis 79 n. Chr.) schrieb, sie sei viel eher ein echtes Italien als eine Provinz. Man hat richtig beobachtet, daß die Römer normalerweise nicht daran interessiert waren, ihr Reich über das Anbaugebiet von Weinstock und Ölbaum auszudehnen und das Mittelmeerklima mit seinen besonderen Lebensbedingungen und Ernährungsverhältnissen zu verlassen. Der Eroberungszug Caesars führte nur aus ganz bestimmten politischen Gründen über diese Gebiete hinaus. Bis zu einer Linie von Trier zum Unterlauf der Loire traf er freilich auf ein recht mildes, für den Weinbau geeignetes Klima. Schließlich ist noch daran zu erinnern, daß es im Hexagon in den Pyrenäen, dem Zentralplateau und den Alpen deutlich kältere Regionen gibt.

Die geologischen Voraussetzungen – Formenreichtum des Reliefs und häufig gute Bodenqualität – ergeben zusammen mit den Klimaverhältnissen eine reiche Fülle von Möglichkeiten der Bodennutzung. Sie reichen von den Heckenlandschaften der Bretagne, wo die Wälder kümmern, weil der Wind den Aufwuchs starker Bäume verhindert, und von den Einfriedungen am Nord- und Westabhang des Zentralplateaus bis zu den weiten Feldern des Nordens, im Pariser Becken und in anderen Durchgangslandschaften. Hier kann der Mensch die fruchtbaren Lößablagerungen ausnützen, die sich während der letzten Eiszeit gebildet haben. Das Land besitzt zugleich aber auch ausgedehnte Wälder, mit die bedeutendsten in Europa bis in unsere Zeit. Die großen Waldgebiete liegen hauptsächlich im Osten und Südosten, aber auch im Norden, in der Normandie und Ile-de-France, und natürlich auch in der Auvergne, in den Cévennen, in den Pyrenäen. Es ist daran zu erinnern, daß die ausgedehnte Forstwirtschaft in den Landes der Gascogne erst in neuerer Zeit aufgebaut wurde. Einige dieser Wälder haben in der Geschichte Frankreichs eine Rolle gespielt, besonders die in der Umgebung von Königspfalzen. Das gilt beispielsweise für den Forst von Brotonne nahe bei Rouen, für den von Cuise längs der Oise, für die Waldungen der Vogesen, für den Wald von Orléans... Auf die wirtschaftliche Bedeutung dieser Waldgebiete für das alte Frankreich wird noch einzugehen sein.

Es gab auch weniger begünstigte Gebiete, die *gatines* (Sumpfland-schaften) und *landes* (Heidelandschaften): die nördliche Touraine, die Sologne, die Dombes, die Landes, die Camargue, die *Champagne pouil-leuse* (lausige Champagne). Sie alle boten dem Menschen geringere Produktionsmöglichkeiten.

Das Hexagon gehört insgesamt zu den fruchtbarsten Gebieten der Erde. Es gibt hier Gebiete, in denen der Getreideanbau, vor allem Weizen, besonders begünstigt ist: Beauce, Brie, Lieuvin, die Gegend um Caux, Vexin, Picardie, Perthois in der Champagne, Teile des Elsaß. Die fruchtbaren Böden wurden schon sehr früh bewirtschaftet. Das beweist die Dichte der *villae* und anderer Agrarbetriebe der gallo-römischen Zeit im Vendée und Anjou, in Aquitanien – hier in der Gegend um Bordeaux, aber auch am Rand der Pyrenäen –, ferner in den großen Ebenen des Nordens. Auch weniger reiche Landschaften profitierten häufig durch eine frühe und vorteilhafte Arbeitsteilung, durch die Beschäftigungsmöglichkeiten für Saisonarbeiter in den fruchtbareren Gebieten der Nachbarschaft.

Den Reichtum schuf in erster Linie die Agrarwirtschaft, denn das Hexagon war arm an Mineralvorkommen. Die größte Bedeutung unter ihnen hatten in der Vergangenheit noch die Salinen im Baskenland, in Lothringen nahe bei Metz und im Jura bei Salins. Der Wohlstand des Landes erscheint indessen sicherer begründet und gesünder – dabei weniger zur Schau getragen – als der Reichtum, der andere Regionen der Welt überheblich machte. Er wird natürlich durch den Warenaustausch verdeutlicht: Die Märkte in der Umgebung von Paris (Saint-Denis, »Lendit«) und in der Champagne, dazu die Seehäfen (Marseille, Arles, Bordeaux, Nantes, Rouen) entwickeln am frühesten Handelsaktivitäten. Der Reichtum an Getreide und Frühgemüsen unterscheidet das Land von seinen östlichen Nachbarn.

Der Geograph Vidal de La Blanche hat sogar angenommen, daß die besondere Atmosphäre des Landes, sein angenehmes Klima und der relative Wohlstand – selbst in Zeiten, die viel härter waren als unsere Gegenwart – dazu beitragen konnten, daß eine »besondere Art von Gemeinsamkeit« entstand, die als »wohltätige Kraft« die Einigung der Bewohner vorbereitete, auch über ihre verschiedenen rassischen Zugehörigkeiten hinweg. Gewiß, die lebhafte Kommunikation, das freie Gespräch bei abendlichen Geselligkeiten nach der Hitze des Tages haben dabei ihre Rolle gespielt, und warum sollte man davon den Wein und das gute Essen ausnehmen? Ohne jeden dichterischen Überschwang ist festzustellen, daß es ein Gefühl des Wohlbefindens gibt, das den Menschen an seine Heimat bindet. Die Anekdote berichtet, Ludwig VII. habe auf Vorhaltungen über die Macht seines Nachbarn Heinrich II. erwidert, »wir freilich, wir haben nur Brot, Wein und Wonne...«. Dabei spielt der Wahrheitsgehalt der Episode keine Rolle; entscheidend ist, daß man sie weitererzählt. Sie ist auf ihre Weise Ausdruck für die Symbiose zwischen dem Land, seinen Erzeugnissen und seinen Einwohnern, die stolz darauf sind, hier zu leben.

KAPITEL III

Vom Auftreten des Menschen zu den frühesten Kulturen

»DER PRÄHISTORISCHE MENSCH«

In einer recht naheliegenden, aber kurzgeschlossenen Vorstellung vermischt der Mensch von heute häufig die ersten Menschen und die der Bronzezeit zu einer Klischeevorstellung. Dadurch versperrt er sich den Weg zu einem tieferen Verständnis der eigenen Anfänge. Denn in Wirklichkeit gibt es einerseits, in einer sehr fernen Vergangenheit, Menschen, die Jäger und Sammler geblieben sind, andererseits aber – zeitlich gar nicht mehr so sehr von uns getrennt – Menschen, die bereits Produzenten geworden sind und einen Großteil ihrer Nahrung selber herstellen können. Die Erstgenannten leben vom Einsammeln dessen, was ihnen die Natur bietet, und von der Jagd in unterschiedlich entwickelten Formen. Diese Tätigkeiten unterscheiden sie nicht allzusehr von den Hominiden, die vor den eigentlichen Menschen aufgetreten sind, und nicht einmal von den höchstentwickelten Säugetieren. Immerhin, Jäger und Sammler beherrschten bereits den Gebrauch des Feuers und verstanden es, ihre Steinwerkzeuge zu verbessern. Die Geschichte des Menschen auf dieser Kulturstufe dauerte mindestens eine Million Jahre, nachdem es zuvor schon mehrere Millionen Jahre beutemachende Hominiden gegeben hatte.

Die Geschichte des Menschen als Erzeuger, der seinen Lebensunterhalt produziert, umfaßt hingegen kaum 10 000 Jahre. Während dieser Periode, die durch eine beeindruckende Beschleunigung des Entwicklungsablaufs gekennzeichnet ist, begannen die Menschen damit, den Boden zu bearbeiten, um Getreide anzubauen. Sie erfanden das Brot, die Töpferei, das Weben, das Rad und schließlich das Dorf, die Stadt, die Schrift, Verwaltung – die es im Vorderen Orient schon vor 4500 Jahren gab – und den Staat. Diese Menschen, von denen uns höchstens 300 biologische Generationen trennen und weniger als 200 Generationen einer unmittelbaren Überlieferung vom alten zum jungen Menschen – das sind wir.

Solche Erkenntnis wird bestätigt und zugleich veranschaulicht durch die Entwicklung von drei Phänomenen, deren Spuren den Forschern Anhaltspunkte zur Chronologie gegeben haben: die Entwicklung des Klimas, die biologische Entwicklung des Menschen und die Entwicklung der Werkzeugherstellung. Die letzte Umpolung des Magnetfelds der Erde ereignete sich vor ungefähr 700 000 Jahren im »Brunhes« (geologische Epochenbezeichnung nach einem französischen Geographen). Seither folgten einander mindestens acht Zyklen von Kaltzeiten und Interglazialen. Die Differenz zwischen den Temperatur-Mittelwerten betrug 2 bis 3 Grad, so daß die Lebensbedingungen von Flora, Fauna und Menschen ständigen Umwälzungen unterlagen. Die an Günz, Mindel, Riß und Würm – vier Nebenflüssen der Donau – feststellbaren Spuren haben es für Mitteleuropa ermöglicht, die Abfolge der Glaziale und Interglaziale seit der Wende vom Tertiär zum Quartär zu unterscheiden und schließlich genau festzulegen:

Günz I und II	600 000 – 540 000 Jahre v. Chr.
Günz-Mindel-Interglazial	540 000 – 480 000
Mindel I, II, III	480 000 – 340 000
Mindel-Prä-Riß-Interglazial	340 000 – 310 000
Prä-Riß	310 000 – 290 000
Prä-Riß-Riß-Interglazial	290 000 – 235 000
Riß I, II, III	235 000 – 135 000
Riß-Würm-Interglazial	135 000 – 120 000
Würm I	120 000 – 95/90 000
Würm-I–II-Interglazial	95 000 – 80 000
Würm II	80 000 – 40/35 000
Würm III	40/22 000 – 10 000
Würm IV	10 000 – 8000

Die zuvor erwähnte Beschleunigung des Entwicklungstempos entspricht der Periode seit der letzten Kaltzeit. Der Wechsel der Durchschnittstemperaturen hatte höchst dramatische Folgen: Entsprechend dem Anwachsen oder Abschmelzen der gewaltigen Eiskappen, die Teile der Kontinente bedeckten, mußte der Meeresspiegel beträchtlich fallen, beziehungsweise mußte es zu ungeheuren Meerestransgressionen kommen, bei denen die tiefergelegenen Kontinentalteile überflutet wurden. Die Meeresterrassen, die dabei durch Ablagerungen an den Seitenhängen der Flußtäler gebildet wurden, sind um so älter, je höher sie liegen. Auf diese Weise konnte die Höhe des Meeresspiegels während der verschiedenen Interglazialzeiten festgestellt werden:

Sizilien I:
+80 bis 100 Meter
(vor Günz I, das heißt vor 600 000 v. Chr.)

»Milacien« oder Sizilien II:
+50 bis 60 Meter
(Günz-Mindel, um 500 000 v. Chr.)

Tyrrhenien I:
+27 bis 34 Meter
(Mindel-Riß, um 300 000 v. Chr.)

Tyrrhenien II oder Grimaldien:
+15 bis 20 Meter
(Riß-Würm, um 130 000 v. Chr.)

Flandrien:
1,0 bis 1,5 Meter
(Postglazial)

Zu ebendiesem geringeren Niveau des Meeresspiegels gehören die Menschen der letzten zehn Jahrtausende. Sie lebten auf einer Erde, deren Küstenlinien den uns vertrauten entsprachen, außer an Nord- und Ostsee, die eine bemerkenswerte Ausnahme bilden: Teile von Schweden und Dänemark sind erst in den letzten Jahrtausenden vor Christus vom Meer freigegeben worden.

Zur biologischen Entwicklung des Menschen sollen hier nur die wesentlichen Zeitmarken angegeben werden. Die Parallelevolution mehrerer Primatenarten kann heute auf den Zeitraum vor 15 bis 10 Millionen Jahren datiert werden. Die ältesten Spuren von Hominiden, hauptsächlich in Ostafrika entdeckt, gehören in die Zeit vor 4 bis 2,5 Millionen Jahren. Dieser *homo habilis* (tüchtiger, befähigter Mensch), dessen aufrechte Haltung noch ziemlich gebeugt war, maß ungefähr 1,20 Meter und hatte einen Schädelinhalt von weniger als 500 Kubikzentimetern. Aber sein Gebiß war dem des Menschen schon sehr ähnlich, und er konnte schon Werkzeuge herstellen. Das älteste Gerät – in Äthiopien gefunden und auf ein Alter von 2,3 Millionen Jahre datiert – ist ein *chopper*, ein seitenständiges zweischneidiges Hackmesser, angefertigt aus bearbeitetem Kiesel.

Es gibt keinerlei Beweis dafür, daß der *homo erectus* (Mensch mit aufrechter Haltung), der überwiegend in Eurasien gefunden wird, vom *homo habilis* abstammt: »Nach dem derzeitigen Stand hat niemand einen fossilen Vorfahren gehabt« (Yves Coppens). Neue Funde haben das Auftreten des *homo erectus* aus der Zeit vor einer Million Jahre auf möglicherweise über 1,5 Millionen Jahre zurückverlegt. Er erreichte und übertraf gelegentlich eine Größe von 1,50 Meter, sein Schädelinhalt maß 850 Kubikzentimeter. Er ist der älteste Menschentyp, von dem man auch in Europa Überreste gefunden hat: den Unterkiefer des *homo heidelbergensis*, 1906 in Mauer bei Heidelberg geborgen und auf ein Alter von ungefähr 500 000 Jahren datiert, ferner den Schädel des »Menschen von Tautavel«, ungefähr 450 000 Jahre alt und 1971 in der »Caune« von Arago bei Perpignan entdeckt.

Erst vor ungefähr 100 000 Jahren trat der Typ des »Neandertalers« auf, der von dem Engländer King nach einem Skelettfund von 1856 im Neandertal bei Düsseldorf benannt wurde. Der Neandertaler kann als Beispiel des *homo sapiens* (vernunftbegabter Mensch) gelten mit einem Schädelinhalt von rund 1100 Kubikzentimetern. Es war aber noch eine entscheidende Veränderung der Schädelbildung und des Gesichts notwendig – sie erfolgte zwischen 100 000 und 10 000 v. Chr. –, um das Aussehen des »modernen« Menschen, des *homo sapiens sapiens*, zu erreichen: Anstatt ausgeprägter Knochenwülste über den Augen, einer fliehenden Stirn und dem fast völlig fehlenden Kinn bildete sich jetzt die Kopfform des Menschen der Gegenwart mit kleinerer Gesichtsfläche, betontem Kinn und höherem Schädel. Den bedeutendsten Entwicklungsfortschritt von den ältesten Vertretern des *homo sapiens* zum modernen Menschen belegt der »Cro-Magnon-Mensch«, der bei Les Eyzies-de-Tayac in der Dordogne entdeckt und auf ungefähr 35 000 v. Chr. datiert wurde. Er erreichte bereits die Größe des heutigen Menschen, 1,80 Meter und mehr, und besaß einen Schädelinhalt, der dem jetzigen Durchschnitt von 1400 Kubikzentimetern nahekommt.

Die wichtigsten Phasen der biologischen Entwicklung des Menschen sind also ebenfalls sehr rasch innerhalb der letzten zehntausend Jahre abgelaufen. Auch hier ist ganz eindeutig eine sehr lange und langsame Vorwärtsentwicklung zu erkennen, die sich über Zeiträume von Millionen, dann Hunderttausenden von Jahren erstreckte und die der eigentlichen »Prähistorie« des Menschen entspricht. Von ihr muß eine vergleichsweise gegenwartsnahe Geschichte unterschieden werden, deren Entwicklungstempo sich zur Moderne hin stark beschleunigt. Die »Archanthropinen«, vertreten durch den *homo erectus*, die »Paläoanthropinen«, vertreten durch den Neandertaler, und die »Neanthropinen«, vertreten unter anderem durch den Cro-Magnon-Mensch – abgeleitet von griechisch *archaios* (uralt), *palaios* (alt), *neos* (neu), *anthropos* (Mensch) –, können als untereinander verwandte Familienzweige betrachtet werden, deren Artenkreuzung die spätere Entwicklung gefördert hat. Dagegen ist das Auftreten des *homo sapiens recens* oder *sapiens sapiens* erst für eine Periode seit ungefähr 30 000 Jahren gesichert.

Die Entwicklung der technischen Fähigkeiten läßt sich mit Hilfe der Werkzeuge recht gut untergliedern, die aus den verschiedenen Phasen der Menschheitsgeschichte auf uns gekommen sind. Schon sehr früh unterschied man die »Steinzeit« von den Metallzeitaltern, der Kupfer-, Bronze- und Eisenzeit. Statt von »Kupferzeit« spricht man lieber vom »Chalkolithikum« (von griechisch *chalkos* = Erz, Kupfer), um die Übergangszeit zu bezeichnen, in der gleichzeitig Stein und Kupfer verarbeitet wurden. Diese Praxis wurde auch noch während der Bronzezeit beibehalten. Der technologische Wandel begann im Vorderen Orient im 5. Jahrtausend v. Chr. und erreichte den Okzident um 4000 v. Chr., doch konnte sich die Bronze hier erst im 2. Jahrtausend v. Chr. wirklich durchsetzen. Die Metallzeitalter sind also sehr jung. Der sehr lange vorhergehende Zeitraum wurde durch die vorherrschende Verarbeitung von Stein bestimmt. Man unterscheidet das Zeitalter behauener Steine, das Paläolithikum, von dem Zeitalter geschliffener Steingeräte, dem Neolithikum. Dazwischen liegt das Mesolithikum, die mittlere Steinzeit, deren Beginn man ungefähr bei 10 000 v. Chr. ansetzt. Der Anfang des Neolithikums liegt, örtlich unterschiedlich, zwischen 7000 v. Chr. im Orient und 4000 v. Chr. im Okzident. Im Bereich der handwerklich-technischen Entwicklung ist also eine ganz erstaunlich weitgehende Bestätigung der einleitenden Bemerkungen festzustellen: Abgesehen allein vom Paläolithikum sind alle Epochen der Vor- und Frühgeschichte (»Prähistorie«) Bestandteil der letzten zehntausend Jahre der Menschheitsgeschichte. Sie sind tatsächlich »die Gegenwart«.

Die engen Bande zu erkennen, von denen die Menschen der letzten zehntausend Jahre auf allen Gebieten zusammengeschlossen wurden, ist sicher ein Fortschritt, der zum besseren Verständnis der Menschheitsentwicklung im Orient und Okzident beiträgt. Die Sache ist besonders interessant, weil die vorangehenden Epochen durch nichts den deutlichen Vorsprung der kulturellen Entwicklung im Vorderen Orient voraussehen lassen. Dieser Vorsprung wurde seinerseits zu Beginn der letzten 10 000 Jahre erreicht, er ist wohl im wesentlichen auf die klimatischen Bedingungen zurückzuführen, die es möglich machten, Grasarten zu Getreide zu kultivieren. Das ist eine Beobachtung von höchster Bedeutung für die Geschichte des Hexagons, das allmählich auf zwei Wegen die Auswirkungen des kolossalen Aufschwungs im Orient zu spüren bekam: längs der Donau und über das Mittelmeer. Davor hatte das Hexagon noch eine sehr wichtige Rolle im Paläolithikum gespielt.

DAS PALÄOLITHIKUM

Die geographische Lage des Hexagons mit im ganzen gemäßigtem Klima mußte das Überleben der Menschen während der Eiszeiten begünstigen. Außer in der näheren Umgebung der Alpen und Pyrenäen haben die großen Gletscher das Hexagon niemals erreicht. Und zudem gab es in den südlichen Regionen wohnliche Höhlen wie etwa im Périgord. Der wissenschaftliche Wert und die Anzahl der archäologischen Funde aus der gesamten Steinzeit sind im Hexagon so groß, daß die einzelnen Perioden meist französische Namen nach wichtigen Fundorten tragen. Eine schematische Übersicht soll die Lektüre der folgenden Seiten erleichtern.

ALTPALÄOLITHIKUM

(Günz-Mindel)	Abbevillien	Abbeville (Somme)	um 500 000 v. Chr.
	unteres Clactonien	Clacton-on-Sea (Essex)	
(Mindel)	Abbevillien mittleres Clactonien		um 400 000 v. Chr.
(Mindel-Riß)	frühes Acheuléen	Saint-Acheul (Somme)	um 320 000 v. Chr.
	mittleres Acheuléen oberes Clactonien		
(Riß)	oberes Acheuléen frühes Levalloisien	Levallois-Perret (Hauts-de-Seine)	um 180 000 v. Chr.
(Riß-Würm)	oberes Acheuléen Micoquien	La Micoque (Dordogne)	um 125 000 v. Chr. um 120 000 v. Chr.
	oberes Levalloisien Tayacien	Les Eyzies-de-Tayac (Dordogne)	um 120 000 v. Chr.

MITTELPALÄOLITHIKUM

(Würm I-II)	Moustérien	Le Moustier bei Peyzac-le-Moustier (Dordogne)	90 000 bis 40/35 000 v. Chr.

JUNGPALÄOLITHIKUM

(Würm III)	frühes Périgordien	Périgord	40/35000 bis 30000 v. Chr.
	Aurignacien	Aurignac (Haute-Garonne)	30000 bis 19000 v. Chr.
	oberes Périgordien		30000 bis 19000 v. Chr.
	Solutréen	La Roche-de-Solutré (Saône-et-Loire)	19000 bis 15000 v. Chr.
	Magdalénien I–IV	La Madeleine bei Toursac (Dordogne)	15000 bis 10000 v. Chr.

MESOLITHIKUM

(Würm IV)	Azilien	Mas-d'Azil (Ariège)	10000 bis 5500/3000 v. Chr.
	Sauveterrien	Sauveterre -la-Lemance (Lot-et-Garonne)	
	Tardenoisien	Tardenois, zwischen Vesle und Marne	
	Montmorencien	Forêt de Montmorency (Val d'Oise)	

NEOLITHIKUM

	Cardium (Herzmuschel-Keramik), 5./4. Jahrtausend.	4500 bis 1500 v. Chr.
	Donauländische Kultur, Bandkeramiker	
	Donauländische Kultur, Rössener Kultur	
Michelsberger Kultur	Michelsberg bei Untergrombach (Baden)	
Chasséen	Chassey bei Chagny (Saône-et-Loire)	
Campignien	Campigny bei Blangy-sur-Bresle (Seine-Maritime)	

Zwar werden Mittel- und Jungpaläolithikum allein aufgrund von Herstel-
lungsmerkmalen der Werkzeuge abgegrenzt, trotzdem entsprechen sie
zeitlich recht genau dem Auftreten des Neandertaler *homo sapiens* (um
100 000 v. Chr.) beziehungsweise des Cro-Magnon-Menschen. In
das Altpaläolithikum gehören alle Spuren, die der *homo erectus* hinterlassen hat. Sie beginnen im Hexagon lange vor den ersten Knochenfunden in
Form von Werkzeugen und den ersten lokalisierbaren Siedlungsplätzen.
Derzeit gelten als älteste Zeugnisse für die Anwesenheit eines Homini-
den-Menschen im Hexagon einige aus Quarzkieseln geschlagene Werkzeuge (»Geröllgeräte«), die bei Chilhac (Haute-Loire) gefunden wurden.
Man meint, sie zeitlich mit der Fauna des Villafranchien (nach Villafranca
d'Asti) verbinden und damit auf ein Alter von 1,8 Millionen Jahren
datieren zu können.

Besser gesichert ist die Zeitangabe von ungefähr 900 000 v. Chr. für
einige aus Geröll und Knochen »gearbeitete« Objekte, die in der Höhle
von Vallonet bei Roquebrune-Cap-Martin in den Seealpen gefunden wurden. Wie in Chilhac nahe einem See, hat man in Soleilhac (Haute-Loire)
ein Lager von Elefanten- und Rhinozerosjägern entdeckt, bei dem eine
Steinsetzung aus Basalt festgestellt werden konnte und das auf ungefähr
800 000 v. Chr. datiert wurde. »Es könnte auf französischem Boden eine
der ältesten Anlagen der bewohnten Welt sein« (Michel Brézillon). Weitere Entdeckungen, die man für die ältesten bekannten Spuren von Feuer-
stellen hält, wurden in der Höhle von L'Escale bei Saint-Estève-Janson
(Bouches-du-Rhône) gemacht, ungefähr 700 000 Jahre alt, ferner in Lunel-Viel (Hérault) in der Höhle von Mas des Caves, an der Fundstelle von
Terra Amata bei Nizza und in der Höhle vom Lazaret, ebenfalls nahe bei
Nizza. Die Fundstelle von Escale wurde auf ein Alter von 700 000 Jahren
datiert, die vom Lazaret auf 150 000 Jahre. In Lunel-Viel gibt man regelrechten Hüttenböden mit Blockrändern im Höhleninneren ein Alter
zwischen 400 000 und 300 000 Jahren, während in der Höhle vom Lazaret
die Reste einer Art Hütte größeren Umfangs aus der Zeit um 150 000
v. Chr. freigelegt wurden. Das besondere Interesse an den Fundspuren
von Terra Amata beruht auf dem eigenartigen Charakter dieser Wohnan-
lage aus geräumigen Hütten auf einem Küstenstreifen und der anschließenden Düne. Diese Fundstelle wurde auf ungefähr 380 000 v. Chr. datiert, sie gehört also, zusammen mit Vertesszölös in Ungarn und Torre in
Pietra in Italien zu den ältesten Belegen dafür, daß sich der Gebrauch des

Feuers auszubreiten begann. In geringem zeitlichem Abstand folgt die Fundstelle von Achenheim bei Straßburg (um 350 000 v. Chr.). Hier konnten in einem paläolithischen Fundensemble, das gegen 600 000 v. Chr. beginnt, datierbare Reste einer Feuerstelle gesichert werden.

Für die frühesten Perioden des Altpaläolithikums ergibt sich also eine reiche Fundbilanz mit Jahreszahlen, die teilweise vor dem Auftreten der großen Faustkeile (»Zweiseiter«) des Abbevillien liegen. Ihnen voraus gehen die kleinen, unregelmäßigen Faustkeile, die auf einer sehr hoch über der Somme gelegenen Terrasse bei Abbeville entdeckt wurden und die das Prä-Abbevillien kennzeichnen. Sie werden auf 700 000 bis 650 000 v. Chr. datiert und stellen die ältesten wirklichen Faustkeile dar, die in Europa gefunden wurden.

Die technischen Einzelheiten bei der Herstellung von Werkzeugen, deren Verwendung oft unsicher ist, sollen hier nicht erörtert werden. Die spätere Spezialisierung läßt eine sehr vielseitige Verwendung der ältesten Geräte vermuten. Die allgemeine Tendenz der Herstellungsverfahren läuft auf Verfeinerung hinaus. Die Werkzeuge wurden immer kleiner, schließlich stellte man sie durch Klingenabschlag her. Man benützte zugerichtete Steine als Amboß und verwandte indirekte Verfahren anstelle des zuvor üblichen, direkten Schlags. So erhielten die Faustkeile seit dem Acheuléen, in dem man sieben Schichten zwischen 400 000 und 180 000 v. Chr. unterscheidet, eine regelmäßigere Form durch den Abschlag kleiner Splitter. Diese feinere Bearbeitung erreichte man durch einen Druckstock aus Holz oder Bein. Die Abschlaggeräte des Levallois bezeugen ebenfalls eine langfristig gleichbleibende, neben anderen angewandte Methode: Man ließ die eine Seite des gespaltenen Steins flach und unbearbeitet, während die andere durch Abschläge eine konvexe Form erhielt.

Die Technik der Werkzeugherstellung des Tayacien ist gekennzeichnet durch kleine, lanzettförmige Faustkeile. Zu dieser Periode gehört eine Menschenart, die zwar älter als der Neandertaler ist, aber schon einige Züge höherer Entwicklung aufweist. Das hat die Entdeckung von Skelettresten in der Höhle von Fontéchevade (Charente) bewiesen.

Hier verläßt man das Altpaläolithikum, für das der Faustkeil charakteristisch ist. Allein in Nordfrankreich hat man davon mindestens 50 000 Exemplare gefunden. Bemerkenswert ist dieses Werkzeug wegen des Rohstoffs, aus dem es in weiten Teilen Europas und speziell im Hexagon hergestellt wurde: Man verwandte den Feuerstein (Flint), ein glasartiges Gestein auf der Basis von Kieselsäure, das hauptsächlich in den Schichten der weißen Kreide knollen- oder plattenförmig auftritt. Diese Gesteinsart ist härter als Stahl, und so ist die Annahme berechtigt, daß die Entwicklung des Menschen in den Gegenden begünstigt war, die über diesen erstklassigen Rohstoff verfügten. Dazu gehörte in Europa neben einigen oft eisbedeckten Regionen hauptsächlich das Hexagon. Hier besaß man Flint in solchen Mengen, daß man stumpf gewordene Werkzeuge wegwarf. Für die besonders entwickelten und verfeinerten Formen, deren Herstellung einen höheren Arbeitsaufwand erforderte, bildete sich eine »Industrie«, deren »Produktionsstätten« man gefunden hat: Tausende von Flintbruchstücken hat man in einer einzigen Höhle gezählt. Es gab auch regelrechte Bergwerke für die Gewinnung von Feuerstein.

Diese Werkstätten und Bergwerke gehören aber in höher entwickelte Epochen, nicht mehr in das Altpaläolithikum, dessen Menschen offenbar Gruppen nur in der Größenordnung bis zu ungefähr zehn Mitgliedern gebildet haben. Es steht aber fest, daß sie imstande waren, sehr große Tiere zu fangen und zu schlachten. Dabei benützten sie Gruben und andere Fallen, was die Zusammenarbeit mehrerer Menschen voraussetzt. Sonst weiß man nichts über ihre Lebensweise und noch weniger über ihre Gedanken. Etwas besser kennt man ihre Umwelt, die freilich je nach Kalt- oder Warmzeit Wandlungen unterworfen war. Während des Abbevillien und Acheuléen gab es in der Gegend von Paris Nilpferde, Elefanten und Rhinozerosse, außerdem gab es als jagdbares Wild auch Braunbär, Bison, Hirsch, Eber und, nicht zu vergessen, das Kaninchen.

Die Menschen waren damals Nomaden, was aber nicht unbedingt bedeutet, daß sie Wanderungen über sehr große Entfernungen unternahmen. Unterbrochen von unterschiedlich langen Aufenthalten, war ein ständiger Ortswechsel notwendig, um das Überleben zu sichern, wenn an einem bestimmten Platz die Nahrungsquellen erschöpft waren. Es gab aber auch stets ausgedehntere Wanderungen, die für die Verbreitung technischer Fähigkeiten von Bedeutung wurden, auch wenn dies genauso gut durch Nachahmung erfolgen konnte. Besonders wichtig waren solche Wanderbewegungen aber für die Weiterentwicklung der Menschen selbst: »Bei der Entwicklung des genetischen Erbes ist die Wanderung der wesentliche Faktor« (Albert Jacquard). Der Mensch war damals also »ein sehr bewegliches, nomadenhaftes Lebewesen. Kaum stand er vor einem

Fluß oder einem Berg, hatte er nur einen Gedanken: hinüberkommen und sehen, was es dahinter gibt«.

Der wesentlichste Fortschritt des Altpaläolithikums war die Fähigkeit, Feuer zu entzünden und unter Kontrolle zu halten. Dazu verstand man es, richtige Herdstellen anzulegen, und konnte sich so bei Nacht und während des Winters behaglicher einrichten. Damit wurde eine partielle Ortsfestigkeit erreicht, die einige Wochen, manchmal auch über eine ganze Jahreszeit dauern konnte. Diese Seßhaftigkeit mit Unterbrechungen und genauso die Gemeinschaftsbildung während der Jagd hatten sicher Einfluß auf diese ersten Ansätze zu Gesellschaft und Familie, über die wir aber für dieses Zeitalter noch nichts wissen.

Die »menschlichen« Eigenschaften des paläolithischen Menschen werden deutlicher mit den Neandertalern des Mittelpaläolithikums (seit ungefähr 100 000 v. Chr.), aber besonders mit dem Cro-Magnon-Menschen und dem Jungpaläolithikum seit etwa 40 000 bis 35 000 v. Chr. Denn die Neandertaler kannten bereits die Totenbestattung, und der Cro-Magnon-Mensch erfand die Kunst, und zwar in erstaunlicher Vielfalt und Schönheit. Die Menschen des Mittelpaläolithikums – es umfaßt die letzte Zwischeneiszeit und die beiden ersten Perioden der letzten Eiszeit, Würm I und II – sind uns durch hundertfünfzig unterschiedlich vollständig erhaltene Skelette bekannt. In den Höhlen dieser Menschen sind beachtliche Spuren zurückgeblieben, übertroffen noch von der Fazies des sogenannten Moustérien (nach den Fundstücken von Moustier in der Dordogne).

Der Faustkeil verliert nun an Bedeutung und wird sehr klein, er mißt nur noch rund fünf Zentimeter Länge. An seine Stelle tritt hauptsächlich ein dreieckiger Keil, mit feinen Abschlägen retuschiert. Ganz allgemein ist das Moustérien durch eine wohlausgewogene Vielfalt von Werkzeugen ausgezeichnet: Moustérien- oder Handspitze, verschiedene Schaber, Messer, gezähnte Schneiden. Die Jäger von Mammut, Graubär, Gemse und Moschusochsen bauten sich Hütten, wozu sie gelegentlich die größten Tierknochen benützten.

Das Aussehen dieser Menschen war von dem der gegenwärtigen noch sehr verschieden. Ihre »Kultur« des Moustérien findet man von Afrika bis Sibirien, und sie scheinen Vorstellungen über den Tod gehabt zu haben: Sie begruben ihre Toten, was den Menschen mehr als alles andere vom Tier unterscheidet. Im Hexagon wurde die älteste intentionale – weil mit

Opfergaben ausgestattete – Grabstelle bei la Chapelle-aux-Saints (Corrè-
ze) gefunden. Ihr Alter wird mit ungefähr 40 000 Jahren angenommen.
Die Menschen des Mittelpaläolithikums hatten »gewisse Vorstellungen
vom Jenseits« (Gabriel Camps), und dieser Jenseitsglaube fand Ausdruck
in Riten, die von nun an das Leben des Menschen in den vielfältigsten
Formen begleiteten. Gräber und Gräberfelder werden dadurch zur wichtigsten Quelle für die Kenntnis der alten Kulturen. Die Anthropologen
vermuten, daß die Menschen des Mittelpaläolithikums schon den Gesang
kannten und vielleicht die Verständigung durch das Wort »erfunden«
hatten. Jedenfalls ist der »Bezirk 44«, der Sitz der Sprechfähigkeit im
Gehirn, im Schädel des *homo habilis* bereits ausgebildet. Es muß hier
besonders darauf verwiesen werden, daß die Wandlungen während des
Mittelpaläolithikums allgemeiner, nicht regionaler Art waren. Während
man aus früherer Zeit kein einziges Beispiel kennt, treten von nun an
überall Bestattungen auf. Man findet sie in Frankreich, in Israel, im Irak,
auf der Krim, in Usbekistan. Die Gräber, die Opfergaben, die auf den
Toten gelegten Tierknochen, dies alles offenbart neue geistige Fähigkeiten
und neue seelische Dimensionen.

DAS JUNGPALÄOLITHIKUM:
DIE GEBURTSSTUNDE DER KUNST

Während der Würm-III-Eiszeit trat zwischen 40 000 und 35 000 v. Chr.
eine Menschenart auf, die sich deutlich vom Neandertaler unterscheidet.
Man nimmt an, daß diese Menschen aus dem Osten kamen. Sie vermischten sich vielleicht mit den vorgefundenen Einwohnern Westeuropas,
setzten sich rasch durch und bestimmten ein neues Fortschrittsniveau.
Eines der wichtigsten Zeugnisse dafür, und zwar bezüglich der Überreste
von den Menschen selbst, sind die Skelettfunde in einer Siedlungsstelle
unter einem Felsüberhang von Cro-Magnon bei Les Eyzies und in den
Höhlen von Grimaldi. Diese »Cro-Magnon-Menschen« erreichten, wie
erwähnt, eine Größe von 1,80 Meter und darüber. Es gab aber auch
Kleinwüchsigere, wie man sie in Chancelade gefunden hat (1,60 Meter).
Entscheidend ist aber die Schädelform, die der unseren schon sehr nahesteht.

Diese Menschen brachten die ersten Formen von Kunst mit, die sie in Westeuropa und hauptsächlich im Hexagon weiterentwickelten: meist kleinformatige Vollplastiken, Malerei und Gravierungen. Im ganzen gesehen, kann man zwei Gattungen unterscheiden: eine mobile Kleinkunst – Gravierungen auf Knochen oder Tonscheibchen, Skulpturen aus Ton oder Mammutzahn (Elfenbein) – und die ortsfeste Felsmalerei, berühmt durch die Darstellungen in den Höhlen der Iberischen Halbinsel und des Hexagons, deren Entdeckung am Ende des 19. und zu Beginn des 20. Jahrhunderts größtes Erstaunen hervorrief.

Die regelmäßige Herstellung dieser groß- und kleinformatigen Kunstwerke begann wohl gleichzeitig mit dem Auftreten dieser Menschen. Ein Beleg dafür ist die Entdeckung einer halbplastischen menschlichen Figur aus Mammut-Elfenbein im Schwäbischen Jura nahe bei Blaubeuren, die mit Hilfe der Radiokarbon-Methode recht genau auf 34 000 v. Chr. datiert werden kann. Die Weiterentwicklung dieser Kunst im Hexagon vor allem zwischen 20 000 und 15 000 v. Chr. gibt auf diesem Gebiet dem Okzident einen großen Vorsprung in der Entwicklung der menschlichen Fähigkeiten vor den anderen Teilen der Erde. Das sind also die ersten einigermaßen sicheren »Ahnen«, auf die stolz zu sein die späteren Bewohner des Hexagons allen Grund haben.

Man muß von den Klimaverhältnissen der Epoche ausgehen, um diese bedeutenden Wandlungen richtig einzuschätzen. Das Klima war ziemlich kalt, das Temperaturminimum setzte um 22 000 v. Chr. ein und fiel hauptsächlich in den Zeitraum zwischen 18 000 und 14 000 v. Chr. Eine riesige Steppe oder Tundra erstreckte sich nun vom Atlantik im Norden und von der Loire im Süden quer durch das Pariser Becken nach Osten bis an den Ural und noch darüber hinaus. Auf dieser Steppe wanderten große Herden von Auerochsen und Bisons, von Wildpferden und Rentieren. Das war für den Menschen des Jungpaläolithikums verhältnismäßig leicht zu jagendes Wild. Diese Herden verschwanden gegen 8000 v. Chr. mit dem Ende der letzten Eiszeit (Würm IV).

Zwischen den Gletschern und den Wäldern, die den Süden des Hexagons bedeckten, gab es also einen genau abgegrenzten Lebensraum. Eben hier können etwa die Rentierjäger von Pincevent an der Seine, nahe bei Montereau, beobachtet werden. Sie sind unter Leitung von André Leroi-Gourhan erforscht worden. Man konnte dort ein Lager mit Zelten aus Rentierfellen rekonstruieren. Die Werkzeuge der Epoche waren teils aus

Stein, vielfach aber auch aus Knochen, die beispielsweise geschickt zu Harpunen für Fischfang und Jagd verarbeitet wurden.

Die Abschlagtechnik bei der Steinbearbeitung ermöglicht es, nach den Endformen des Moustérien folgende Epochen zu unterscheiden: um 35 000 v. Chr. das Châtelperronien, eine Fazies der Frühstufe des Périgordien; um 27 000 v. Chr. das Aurignacien, bis etwa 19 000 v. Chr. parallel zum Gravettien, einer Fazies der Spätstufe des Périgordien; um 18 000 bis 15 000 v. Chr. das Solutréen, schließlich zwischen 15 000 und 10 000 v. Chr. das Magdalénien. Es ist zu beobachten, daß man für das Périgordien eine weitgehend autochthone Entwicklung annimmt, ebenso für das Solutréen, das das Hexagon und die Iberische Halbinsel prägten. Die Hypothese seiner »ungarischen« oder afrikanischen Herkunft hat man aufgegeben. Dagegen ist man ziemlich sicher, daß das Aurignacien aus dem Osten kam, wo es bereits einen gewissen Entwicklungsstand erreicht hatte, den man in den Gebieten um die Donau feststellen kann.

In dieser Welt des Aurignacien und Périgordien hat also die Kunst ihren Aufstieg erlebt. Was die Werkzeuge betrifft, so kannte das Périgordien die Schaber und Spitzen des vorausgehenden Moustérien, neu brachte es die Messer und gebogenen Spitzen des Châtelperronien, dazu die Gravette-Spitzen, die dünn wie Nadeln sind. Das Aurignacien bevorzugte schwereres Werkzeug, meist starke Schaber, kräftige, oft gebogene Spitzen und ferner Klingen, die teilweise zweiseitig gegenüberliegend eingekerbt sind. Charakteristisch ist das reichhaltige Auftreten von Geräten aus Knochen, darunter vor allem abgeschrägte Speerspitzen *(sagaies)*. Das Solutréen, in dem die Nadel mit Öhr erfunden wurde, ist berühmt für seine sehr fein bearbeiteten Lorbeerblattspitzen, deren hauchdünne Flächenretuschierung so vollkommen ist, daß man sie lange dem Neolithikum zugeschrieben hat. Aber nach dieser Epoche ist die kunstvolle Technik der Lorbeerblattspitzen wieder verlorengegangen. Schließlich ist noch zu beachten, daß im Aurignacien ein Verfahren entwickelt wurde, durch Schläge im Winkel von 75 Grad aus einem einzigen Feuersteinnukleus ganze Serien von extrem dünnen Lamellenklingen zu gewinnen, die nun mit Griffen aus Holz oder Bein versehen wurden. Für das Magdalénien schließlich sind die zahlreichen Knochengeräte charakteristisch, darunter die bereits erwähnten Harpunen.

Die wichtigste Erscheinung im Jungpaläolithikum ist das Auftreten der Kunst. A. Leroi-Gourhan hat vier Stilperioden unterschieden:

1. um 25 000 v. Chr. (Aurignacien, Gravettien): Kritzeleien, hauptsächlich Sexualsymbole, sowie einige skizzenhafte Tierdarstellungen.

2. um 18 000 v. Chr. (frühes Solutréen): Wandmalerei mit einer charakteristisch wellenförmigen Hals-Rücken-Linie der Tiere, bei denen durch Details erkennbar ist, ob es sich um Pferde, Mammuts oder Bisons handelt, deren Hufe aber fehlen oder nur angedeutet sind. Es gibt auch vollplastische weibliche Figuren.

3. um 15 000 v. Chr. (Solutréen und frühes Magdalénien): vielfältige und genau bestimmte Tierarten mit großem Körper und sehr kurzen Beinen. Es gibt Menschendarstellungen und auch Szenen wie den Kampf zweier Steinböcke.

4. um 13 000 v. Chr. (mittleres Magdalénien): in der Proportionen der Tierdarstellungen und in der Perspektive Vollendung dieser Kunst, deren Niedergang dann recht bald einsetzt. Zu beachten ist die große Farbenvielfalt.

Wenigstens zu erwähnen sind die Zeugnisse für das erste Auftreten von Lampen, die aus Stein waren und mit Fett gefüllt wurden. Sie erklären, wie es möglich war, daß Menschen in sehr tiefe und oft schwer zugängliche Höhlen eindrangen, sich dort aufhielten und ihre Kunstwerke schaffen konnten. Die Bedeutung dieser Heiligtümer – zumindest in einigen Fällen hält man diese Bestimmung für wahrscheinlich – kann mit Hilfe der Thematik der Wandmalereien erschlossen werden. Die beweglichen, oft sehr kleinen Kunstgegenstände bleiben dabei zunächst außer Betracht.

Die Wandmalerei wird ganz offensichtlich von Tierdarstellungen bestimmt. Bevorzugt wurden Tiere, die den Menschen als Jäger besonders interessierten. Hier ist nicht der Ort, sich an den oft erbitterten Auseinandersetzungen zu beteiligen, die zwischen Gelehrten und in der Öffentlichkeit über die herrlichen Bilderzyklen von Lascaux, Rouffignac oder Altamira in Spanien geführt worden sind. Aber eines ist festzustellen: Der Jagdzauber war bestimmt nicht das einzige Motiv für die Anfertigung dieser Wandbilder, doch in vielen Fällen hat diese Magie sicher eine herausragende Rolle gespielt. Die Anthropologie hat bei nomadisierenden Sammlern und Jägern der Neuzeit Verhaltensweisen entdeckt, die denen entsprechen, die tausendfach in der paläolithischen Kunst dargestellt sind. So skizzieren afrikanische Eingeborene vor der Jagd den Umriß des Jagdtiers in den Sand und zeichnen Pfeile in seinen Hals, um

danach das Tier auf genau diese Weise zu töten. Aber es ist klar, daß für die
Wandmalereien auch viele andere und hauptsächlich religiöse Motive von
Bedeutung waren. Auch hier können gesicherte Analogien zu späteren
Kulturen für das Verständnis nützlich sein: so die Verehrung des Groß-
wilds, bevor es getötet wird; ferner die Tatsache, daß Götter oft Tierge-
stalt annehmen und daß sich Menschen gerne als Tiere verkleiden. Man
findet herrliche Beispiele dafür in den Wandmalereien, zum Beispiel den
tanzenden »Zauberer«, der in seinem Kostüm die Merkmale verschiedener Tiere vereinigt. Es ist nicht zu bezweifeln, daß das Leben dieser
Menschen und damit auch ihre Vorstellungen vom Weltall, dem »realen«
und dem jenseitigen, durch das Vorhandensein von Tieren beherrscht
wurden. Sie konnten den Tod bringen, aber als Jagdwild bedeuteten sie
das Leben.

Ebenfalls ein bevorzugtes Thema war die Frau, oft reduziert auf
Geschlechtsteile, manchmal auf die Vulva allein. In den meisten Fällen
wird sie ganz ohne oder mit einem sehr kleinen Kopf dargestellt. Auch in
der Kleinkunst kommt außer Tieren nur die Frau wirklich häufig vor: Es
gibt zahlreiche Statuetten mit überquellend üppigen Formen. Ganz augenfällig entsprechen die beiden Hauptthemen den stärksten natürlichen
Trieben, dem Selbsterhaltungstrieb zum Nahrungsgewinn und dem Ge-
schlechtstrieb zur Artenerhaltung. Die Überhöhung, die Vergöttlichung
der Fruchtbarkeit wird dadurch in keiner Weise ausgeschlossen; und die
Meisterwerke der Tierdarstellung in der Wandmalerei sind zur künstlerischen Vollendung überhöht, die ihrerseits den ersten Aufstieg des
Menschen zu höheren Werten bedeutet: Mit dem »Menschlichen« tritt
zugleich das Göttliche in das Dasein der Menschen.

Aus einer Gesamtzahl von 109 Fundstellen mit Tausenden von Bildern
muß der Sonderfall Lascaux (in Montignac, Dordogne) herausgehoben
werden. Diese über 120 Meter tiefe Höhle wurde 1940 entdeckt und 1963
für die Öffentlichkeit geschlossen. Um das Original erhalten zu können,
wurde als Ersatz eine Nachbildung in gleicher Größe errichtet. Die
Malereien von Lascaux wurden auf ungefähr 15 500 v. Chr. datiert. Zusammen mit denen von Altamira (um 12 000 v. Chr.) geben sie die beste
Möglichkeit, die unglaubliche Meisterschaft der Menschen des Magdalénien zu ermessen: ihre Technik der Farbenzubereitung und -mischung,
ihre sichere Strichführung, ihre Bildanordnung. Man hat eine vollständige
Farbkollektion zusammen mit den Malutensilien gefunden. Die Farben

stammen aus Steinbrüchen in der Umgebung bis zu einer Entfernung von 40 Kilometern von der Höhle: Manganoxid für Schwarz, weißes Kaolin (Porzellanerde), Roteisenstein für Dunkelrot, Eisenocker für Gelb, Braun, Orange. Ein Raum der Höhle zeigt Hindinnen und Steinböcke, ein anderer über dreihundert Pferde. Im berühmten »Saal der Stiere« findet man Deckenmalereien in einer Höhe bis zu vier Metern über dem Fußboden. In der Geschichte der Kunst ist das Magdalénien die erste Kultur der Menschheit, die man kennt, und sie ist älter als die Kulturen des Orients.

Diese Kunst entstand mit dem Auftreten der Herdenjäger des Aurignacien und Gravettien und verschwand wieder mit den Herdenjägern der letzten der sechs Stufen des Magdalénien. Damit endete im Okzident eine eigene Lebensweise und mit ihr zugleich ihr Glauben und ihre Kultformen, die hier später von den Religionen der Ackerbauern ersetzt werden sollten. Die Glaubensüberzeugungen lebten aber weiter oder fanden zumindest Parallelen bei Bevölkerungsgruppen, die unter ähnlichen Bedingungen lebten wie die Menschen des Magdalénien: sibirische Jäger, amerikanische Indianer (einst aus Sibirien eingewandert), Eskimos, Finno-Ugrier. Bei allen diesen Völkerschaften spielte das Schamanentum eine herausragende Rolle, mit Priester-Magiern, die durch Ekstase und Trance in Beziehung zu den Mächten der Natur treten konnten, die die Kraft besaßen, zu heilen und für eine erfolgreiche Jagd zu sorgen. Wie in den Höhlen des Magdalénien begegnen uns hier tanzende »Zauberer« mit Kostümen aus Tierfellen, einem Hirschgeweih auf dem Kopf ... Zahlreiche Erzählungen schamanischen Ursprungs erlauben wohl den Zugang zu einer Mentalität, die jenen Menschen nahesteht, die genauso lang vor dem Aufblühen der Hochkulturen des Vorderen Orients gelebt haben wie deren Träger vor uns.

Es ist nützlich, daran zu erinnern, daß die Jäger des Magdalénien, die in einem gemäßigt kalten, recht gleichbleibenden Klima mit sehr reicher Tierwelt lebten, einen gewissen Wohlstand erreicht haben. Das ist gesichert durch einen Lagerplatz von Jägern, datiert auf rund 10 500 v. Chr., der 1968 am Rheinufer in Gönnersdorf bei Neuwied entdeckt wurde. Das Lager wurde von einem Vulkanausbruch verschüttet und blieb so erhalten. Es läßt die Spuren von drei Häusern erkennen, für deren Fundamente mehrere Tonnen Schiefer transportiert wurden, dazu die Überreste zweier Zelte. Man fand dort Nadeln und Elfenbeinspitzen für die Jagd, dazu

Schmuckstücke: Ketten aus durchbohrten Tierzähnen und Holzperlen, weibliche Statuetten und Gravierungen von Mammuts, Hindinnen, Vögeln, Elchen, Rhinozerossen, Frauen, von Phallus und Vulva. Der Lagerplatz wurde von einer ansehnlichen Gruppe von Jägern benützt, denen Wild im Überfluß zur Verfügung stand und die eine Vorliebe für das Wildpferd zeigten. Andere Gruppen spürten mehr dem Rentier nach. In beiden Fällen zog man im Sommer nach Norden, im Winter nach Süden, richtete sich stets nach den Lebensgewohnheiten der Tiere, kehrte aber immer wieder zum Ausgangsplatz zurück. Die zahlreich entdeckten Sommer- und Winterlager lassen auf eine Bevölkerungszunahme schließen, wie sie in den vorangehenden Epochen noch nie eingetreten war. Diese Entwicklung wurde übrigens nicht unmittelbar fortgesetzt. Die recht abrupten Klimaveränderungen zwischen 10 000 und 8000 v. Chr. brachten eine Erwärmung mit sich. Dadurch wurden die schon erwähnten Meerestransgressionen ausgelöst, die die damalige Welt aus dem Gleichgewicht brachten. Die nachfolgende Epoche, das Mesolithikum, sollte mit einem sehr niedrigen Bevölkerungsstand einsetzen.

DAS MESOLITHIKUM

Erst gegen 1895 sahen sich die Forscher veranlaßt, den Terminus »Mesolithikum« (Mittlere Steinzeit) einzuführen, als Bezeichnung für die Übergangsphase zwischen Paläolithikum und Neolithikum, ungefähr von 10 000 bis 5500/3000 v. Chr. Man unterscheidet die Fazies Azilien, Sauveterrien, Tardenoisien, Campignien und örtlich begrenzt Valorgien, Montadien, Castelnovien, Montmorencien. Aber zweifellos gehören große Teile des Tardenoisien und das gesamte Campignien zum Neolithikum.

Das Mesolithikum ist in jeder Hinsicht eine Übergangszeit. Aufgrund des Klimawechsels verschwanden damals aus den Landschaften des Hexagons das Rentier, der Bison, das Mammut. Statt dessen wuchs unter dem Jagdwild der Anteil von Hirsch, Wildschwein und Murmeltier, dessen Fell, Fleisch und Fett geschätzt wurden. Zahlreiche Baumarten konnten sich in dem wärmer werdenden Klima ausbreiten: Kiefer und Birke, dann Hasel, Eiche, Ulme, Linde. Hier liegt wohl einer der Gründe dafür, daß immer mehr hölzerne Gerätschaften verwendet wurden. Darauf deutet jedenfalls die Menge der immer kleiner werdenden Flintspitzen. Auch die viel schwereren Beile sind ein Anzeichen dafür, welche Rolle jetzt Holzfällerei und Holzbearbeitung spielten. In das Mesolithikum gehört die hölzerne Lanze, die bei Lehringen gefunden wurde. Insgesamt einhundert Pfeile aus Kiefernholz und zwei Bruchstücke eines Bogens wurden im Schlamm eines Sees nahe bei Ahrensburg geborgen und in das Neolithikum datiert. Die Verschiedenheit der Pfeile in diesem Fundensemble ist ein Beleg dafür, daß der Bogen dem Menschen schon seit langem vertraut war. Das beweisen auch Spitzen aus einer etwas früheren Zeit, die zwar ohne Holzschaft geborgen wurden, aber sicher zu Pfeilen gehörten. Und außerdem gibt es ja Darstellungen von Pfeilen auf den Felsenmalereien. Schließlich wurden in einem Sumpf bei Friesack nahe Potsdam die Überreste von zwei Bogen, dazu vier Pfeile und mehrere Lanzen gefunden, deren Datierungsansatz zwischen 10 000 und 8000 v. Chr. liegt.

Eine der wichtigsten Distanzwaffen wurde also spätestens im Mesolithikum erfunden. Ihre Zukunft lag im kriegerischen Einsatz, aber anfangs diente sie der Jagd, genauso wie die Speerschleudern (Propulsoren) und die verschiedenen Bumerangs, die man ebenfalls findet.

An dieser Stelle ist das Problem des Kriegs zu erörtern, den manche Autoren für ein zivilisationsbedingtes Übel halten, das dem Menschen in einem gewissermaßen unschuldigen Naturzustand unbekannt gewesen sei. Dies ist das romantische Bild vom »edlen Wilden«, zu dem eine andere Ansicht kontrastiert, wonach die ersten Menschen den wildesten Tieren geglichen hätten. Es ist ganz schlicht festzustellen, daß der Krieg im vollen Wortsinn verhältnismäßig hoch entwickelte und durchorganisierte Gesellschaftsstrukturen mit Anführern voraussetzt; vorher kann er nicht auftreten. Dagegen ist der gewaltsame Tod, den es leider zu allen Zeiten gab, für den Neandertaler von Fontéchevade bezeugt, ebenso durch die Spuren des Massakers im Abri Fontbrégua von Salernes (Var), das dem frühen Neolithikum zugehört (5. Jahrtausend v. Chr.). Erst in den Metallzeitaltern mit ihren hochentwickelten Waffen im Dienst der damals schon vorhandenen Staatswesen wird der Krieg aufgrund der archäologischen Quellen des Chalkolithikums faßbar.

Ein anderer Streitfall ist die Frage, ob die frühen Menschen Kannibalismus gekannt haben oder nicht. Auch hier muß man unterscheiden: einerseits das rituelle Verzehren des Gehirns – bezeugt durch zahlreiche postmortal künstlich geöffnete Schädel – und das Verzehren des Herzens, andererseits der Kannibalismus zum Zweck der Ernährung, gewohnheitsmäßig praktiziert und außerhalb von Zeiten, in denen die Gefahr des Todes durch Verhungern bestand. Die Schimpansen haben diese Gewohnheit, als Primaten, deren »Verhalten als Beutesammler dem der ersten Hominiden am nächsten steht« (Jean-Jacques Hublin). Aber sichere Beweise für Kannibalismus sind selten, was übrigens auch für die seriöse Beobachtung der »Wilden« durch Ethnologen gilt. Im ganzen gibt es aus der Steinzeit nur wenig Spuren gewaltsamer Konflikte, denn es gab genug Raum für jeden: Natur und gefährliche Tiere stellten Bedrohungen dar, angesichts derer man sich besser zusammenschloß als gegenseitig bekämpfte. Man nimmt übrigens an, daß kleine, in Gemeinschaft lebende Gruppen sehr frühzeitig den Frauentausch mit anderen Gruppen kannten. So wurde die Endogamie vermieden.

Ein bezeichnendes Merkmal für das Mesolithikum ist der starke Verzehr von Muscheln, den man von der Ostsee bis Südarabien und auch für das Hexagon festgestellt hat. Muscheln wurden auch zur Schmuckherstellung verwendet, und das Tragen von Schmuck wurde damals zur festen Sitte. Diese Schmuckstücke wurden auch den Toten in die Gräber mitgegeben, die jetzt eines der ersten Anzeichen sozialer Differenzierung erkennen lassen: den Kopfschmuck. Das Jungpaläolithikum hat bereits unterschiedliche Begräbnisriten entwickelt, deren früheste Spuren man schon im Mittelpaläolithikum erkannt hat. Die ersten Friedhöfe hat um 10 000 v. Chr. das Mesolithikum hinterlassen. Dies geschah aber in Mesopotamien, im Vorderen Orient, in dem mit den ersten dauerhaften Gemeinwesen eine neue Welt entstehen sollte.

KAPITEL IV

Von der »neolithischen Revolution«
zum Ende der Vorgeschichte

DER »FORTSCHRITT« BEGINNT IM ORIENT

Der Klimawechsel um 10 000 und erneut um 8000 v. Chr. zum Ausklang der letzten Eiszeit (Würm IV) hat der glanzvollen Kultur des späten Paläolithikums im Okzident ein Ende gesetzt. Während des Mesolithikums dauerte es einige Jahrtausende, bis ein neuer Gleichgewichtszustand hergestellt war. Ebendiese Klimaerwärmung hat aber im Vorderen Orient einen erstaunlichen Entwicklungsschub gefördert, den Beginn des Fortschritts, der seither nie mehr wirklich unterbrochen wurde. Alle technischen und sonstigen Neuerungen müssen von da an für die Dauer von Neolithikum, Chalkolithikum und Bronzezeit im östlichen Mittelmeerraum gesucht werden, in einem Gebiet, das zuvor im Vergleich zu Afrika und dem Okzident keine besondere Rolle gespielt hatte. Das entsprechende technische Niveau wurde im Okzident erst mit einem deutlichen Zeitrückstand erreicht.

Eine Geschichte der Ursprünge Frankreichs muß also über die wichtigsten Wandlungen berichten, die von der Menschheit in den letzten 10 000 Jahren erlebt wurden. Dabei soll mit einem kurzen Blick auf die Anfänge im Orient begonnen werden. Dadurch wird es nämlich bis zu einem gewissen Grad möglich, die Wege der wichtigen Neuerungen durch Europa oder über das Mittelmeer hinweg zu verfolgen, die westwärts gerichtet waren bis zum Hexagon, wo im letzten Jahrtausend vor Christus Gallien entstehen sollte. Es bestätigt sich, daß die große geschichtliche Zäsur nicht zwischen dem Ende der Steinzeit und dem Beginn der Metallzeitalter liegt, zumal in solchen Gesellschaften, wo sich das Metall nur teilweise durchsetzte und die Verwendung von Stein zu weit verbreitet blieb. Die wahre Zäsur liegt vielmehr zwischen dem Menschen auf der Stufe des Jägers und Sammlers und dem auf der Stufe des Ackerbauern und Viehzüchters. Letzterer, der produzierende Mensch, erscheint im Orient im Mesolithikum, das ebendeshalb dort nur recht kurz ist: Der Mensch als Produzent eröffnet das neolithische Zeitalter.

Diese Welt ist so reich an derart folgenschweren Leistungen, daß man von einer »neolithischen Revolution« sprechen kann. Der Ausdruck wirkt bestechend, ganz einfach weil er es erspart, von mehreren »Revolutionen« zu sprechen, die Bestandteil oder Folge dieses Vorgangs waren. Zunächst gab es die »Agrarrevolution«, den Beginn des Ackerbaus, das Auftreten von Haustieren und Viehzucht. Ferner entwickelten sich Techniken von grundlegender Wichtigkeit für die Menschheit: Keramik, Weberei, Schrift und am Ende des Neolithikums die Verwendung von Metallen. Die Gleichsetzung des Beginns von Ackerbau und Viehzucht mit dem Neolithikum ist derart eng, daß der Terminus heute nicht mehr, wie früher, mit der Technik des »geschliffenen Steins« verbunden wird. Anders als bei den Benennungen der übrigen großen prähistorischen Zeitalter bezieht sich der Ausdruck »neolithisch« nicht auf einen bestimmten Rohstoff oder ein bestimmtes Verfahren, sondern auf einen allgemeinen zivilisatorischen Vorgang. Man spricht deswegen heute von der »Neolithisierung« einer Gegend. Ausschlaggebend ist also der Zeitpunkt, zu dem Ackerbau und Viehzucht begannen, einen beherrschenden Einfluß auf das Dasein des Menschen zu gewinnen.

Dieses Ereignis datiert man in das 8. Jahrtausend v. Chr. für Kleinasien, Syrien und Palästina, in das 6. Jahrtausend für Ägypten, den Balkan und die Gebiete nördlich des Schwarzen Meeres, in das 5. Jahrtausend für Süditalien, die Iberische Halbinsel und das Hexagon, in das 4. Jahrtausend für Indien und den Fernen Osten, in das frühe 3. Jahrtausend schließlich für das Ostseegebiet und die Britischen Inseln. Das Ende des Neolithikums wird markiert durch den Beginn der Verwendung von Metallen; von da an wird die Epochenbezeichnung wieder aufgrund der technischen Gegebenheiten festgelegt. Man datiert den Zeitpunkt ungefähr in das 4. Jahrtausend für Ägypten und den Nahen Osten, in das 3. Jahrtausend für den Balkan, die Donauländer, die Gebiete nördlich des Schwarzen Meers, Süditalien und Indien, auf den Beginn des 2. Jahrtausends für das Hexagon und die Iberische Halbinsel, schließlich in das

zweite Drittel des 2. Jahrtausends für Ostseeraum und Britische Inseln.
Das Neolithikum hat je nach Region also eine recht unterschiedliche
Dauer: sehr kurz in Ägypten, ziemlich lang im Hexagon, wo es ungefähr
5000 v. Chr. einsetzt (wenn nicht, wegen der Viehzucht, noch früher) und
etwa bis 1800 v. Chr. reicht.

Die Gesamtentwicklung hat wohl mit der allgemeinen Wiedererwär-
mung und der Rückkehr bestimmter Pflanzenarten begonnen. Dabei
handelte es sich um Wildgräser (Gramineen), aus denen die ersten Getrei-
desorten hervorgingen. Das geschah in einer bergigen Region, die
J. H. Breasted aufgrund ihrer Umrißform als »Fruchtbaren Halbmond«
bezeichnet hat. Zu ihm gehören die Hochebenen der jetzigen Länder
Israel, Jordanien, Libanon, Syrien, Irak und Iran. Hier und im benachbarten Anatolien ist der Ackerbau entstanden. Die beiden Hochkulturen in
Ägypten und Mesopotamien entwickelten sich deutlich später an den
äußersten Enden des »Fruchtbaren Halbmonds«. Die Pollenanalyse hat es
ermöglicht, den Weg der wilden Gerste aus ihrem Kälterückzugsgebiet
Marokko bis in die hochgelegenen semi-ariden Gebiete zu verfolgen, die
eben erwähnt wurden. Man findet dort noch heute Wildformen des
Weizens und der Gerste, aber auch Wildschafe, also drei Grundpfeiler für
den Beginn von Ackerbau und Viehzucht.

Es scheint, als habe es ein Vorspiel zur Zeit der Natuf-Gruppe gegeben. Dabei handelt es sich um eine Fazies (entdeckt im Wadi an-Natuf in
Palästina), die es erlaubt, um 8500 v. Chr. das Seßhaftwerden einer Bevöl-
kerungsgruppe zu beweisen, die Jagd und Fischfang ausübte, feste Behausungen benützte und Flintmesser mit Knochengriffen für eine intensive Ernte von Wildgräsern einsetzte.

Neben einer Reihe von Dörfern gehört auch Jericho, die älteste bekannte Stadt, 250 Meter unter dem Meeresspiegel im unteren Jordantal
gelegen, zu einer ersten neolithischen Periode, die die Töpferei noch nicht
kannte und um 7800 v. Chr. auf die Natuf-Gruppe folgte. Die »Stadt«
Jericho besaß seit 7000 v. Chr. eine Mauer von 2 Metern Dicke und einer
Höhe von stellenweise 4 Metern, die von einem Rundturm flankiert
wurde, der 9 Meter hoch war.

Dörfer mit kleinen runden Lehmhäusern finden sich im 7. Jahrtausend
im Gebiet des heutigen Syrien. Auf dorfnahen Feldern säte man Wildgräser, trieb also Ackerbau, beispielsweise in Tell Aswad, wo lange Sicheln,
auf ungefähr 7500 v. Chr. datiert, die Möglichkeit bedeutender Ernten

beweisen, die eine Bevölkerungszunahme begünstigten. Man begann
wohl mit dem Einsammeln von Wildgrassamen, dann säte man die größten Körner aus und kam so allmählich zum Anbau der am besten entwik-
kelten Arten: Gerste, Einkorn (mit einem einzigen Korn pro Halm),
Spelz (eine anspruchslose, winterharte Weizenart, *triticum spelta*) und
schließlich Weizen. Alle Voraussetzungen für die durchgreifende Agrarrevolution im Neolithikum waren also gegeben, zumal die Zeit zwischen
ungefähr 6000 und 4500 v. Chr. ein Klimaoptimum erlebte, das selbst
Europa, mit Ausnahme der baltischen Länder, subtropische Verhältnisse
bescherte. Ebenfalls in Syrien hat man in Bugras Häuser aus Lehmziegeln
entdeckt, die auf ungefähr 6000 v. Chr. datieren, bereits mehrere Räume
umfaßten und gewissermaßen planvoll in »Straßen« angeordnet waren.
Die Bewohner jagten Gazellen und Auerochsen, züchteten aber auch
Ziegen, Schafe, Rinder und Schweine. Weitere Spuren einer frühen Viehzucht finden sich gleichzeitig im südlichen Zentralanatolien, im nördlichen Mesopotamien, auf Zypern und in Nordgriechenland. Hier ist
Argissa-Magula eines der ersten Beispiele für die »Neolithisierung« Europas. Andere Belege dafür gibt es im Bereich des Schwarzen Meeres im
heutigen Bulgarien: Man findet dort aus dem 7. bis 5. Jahrtausend Belege
dafür, daß Ackerbau und Viehzucht betrieben wurden und daß es Kera-
mikherstellung und Weberei gab.

So begann die Herstellung und der Verbrauch von Brot sowie von
Fleisch, das durch Viehzucht erzeugt wurde. Hier ist nicht der Platz, um
der glanzvollen Geschichte von Ur, von Sumer, von Elam, von Ebla in
Syrien, von Ägypten und Babylon, der Geschichte der Assyrer und Israels
nachzugehen. Aber man sollte wenigstens einen sumerischen Text aus
dem 3. Jahrtausend v. Chr. erwähnen, der an die mythischen Zeiten erinnert, in denen »die Menschen das Brot noch nicht kannten«. Es ist darauf
hinzuweisen, daß mit dieser neuen Art der Ernährung an den Zähnen der
bei Ausgrabungen entdeckten Skelette Spuren von Karies auftreten, einer
Krankheit, die den vorausgehenden Zeitaltern unbekannt war. Außer
durch Mehl ist die Ernährung nachweislich spätestens seit Beginn des
7. Jahrtausends auch durch Gemüse bereichert worden. Man findet Erb-
sen, Wicken, Saubohnen (Speckbohnen), Linsen, und neben den Wildformen von Apfel, Birne, Kastanie tauchen auch schon Traube und Olive
auf.

Die auffälligsten Folgen dieser Lebensmittelproduktion für die Ge-

sellschaft stehen im Zusammenhang mit den fast unbegrenzten Möglichkeiten, die das Getreide bietet: Man kann die Ernte in Speichern lagern,
man kann die Körner wiegen oder sogar zählen und ihnen so eine Funktion zuweisen, die später durch das Geld erfüllt werden sollte. Überall im
Vorderen Orient ist festzustellen, daß die Getreideerzeuger ihre Abgaben
eben in Getreide bezahlten. Die Berechnung der Einnahmen und die
Aufbewahrung der Abrechnungen stehen am Beginn der Schriftlichkeit
und führen zu einem neuen Beruf, dem des Schreibers; so entwickelte sich
die Verwaltung. Die Lagerfähigkeit des Getreides erlaubte also erstmals
die Anhäufung von Reichtum und die Konzentration von Macht. Sie
ermöglichte außerdem die Arbeitsteilung und ließ die unterschiedlichen
Berufe und Sozialfunktionen entstehen. Damals entstanden die sakralen
Hierarchien der Priester und die politisch-militärischen der Könige und
Krieger, mit ihnen entstand der Staat. Die Spezialisierung in der Wirtschaft förderte weitere rasche Fortschritte der Produktionstechniken.

Eine immer tiefere Kluft entstand zwischen den neuen städtischen
Zentren, die von der Agrarproduktion des umliegenden Landes profitierten, und den »unterentwickelten« Regionen, in denen sich die »neolithische Revolution« noch nicht durchsetzen konnte: »Jede höhere Kultur ist
eine städtische Kultur« (Gordon Childe). Schließlich haben die am weitesten fortgeschrittenen Regionen aber auch einen starken Einfluß auf die
übrigen Gebiete ausgeübt und dort eigenständige Entwicklungen ausgelöst. So war es auch im Hexagon. Mit der »neolithischen Revolution«
wurden die durchgreifenden Umgestaltungen der Grundlagen des
menschlichen Daseins erstmalig nicht von der Natur und dem Klima
verursacht, sondern vom Menschen selbst, der seinerseits anfing, auf die
Natur einzuwirken, der hier und dort »Landschaften« gestaltete.

Zu den eindrucksvollsten Errungenschaften des Menschen im neolithischen Orient gehören, was hier wenigstens knapp erwähnt werden
muß, Töpferei, Weberei und Schiffahrt. Die Töpferei ohne Drehscheibe
(diese wurde erst im 3. Jahrtausend im Osten erfunden) ist genau genommen keine Neuerung des Vorderen Orients allein. Die ersten bisher
bekannten Exemplare kommen aus Afrika und konnten in das 8. Jahrtausend datiert werden. In Syrien stammen die frühesten Gefäßspuren aus
dem beginnenden 6. Jahrtausend; man verwandte eine Mischung aus gebranntem Kalk und Holzasche, die durch Trocknung gehärtet wurde.
Gegen Ende des 6. Jahrtausends verfertigte man hier bereits Tongefäße,

die durch Brennen gehärtet wurden. Die ersten Formgebungen der keramischen Gebrauchsgegenstände waren zweifellos Nachahmungen der Ledergefäße, in denen man lange Zeit das Wasser durch hineingelegte heiße Steine erhitzt hatte. Die Keramik erleichterte also das Kochen von Nahrungsmitteln ebenso wie deren Aufbewahrung. Die frühesten Exemplare in Europa finden sich in Thessalien; es handelt sich um Töpferware, die mit Muschelabdrücken verziert ist.

Die ältesten Überreste von Geweben brachte, um zur Weberei zu kommen, die neolithische Fundstelle Catal Hüyük in Anatolien, die Kulturschicht wird auf rund 6000 v. Chr. datiert. Man hatte dort Häuser aus Lehmziegeln, Getreide, Haustiere sowie Trauben und Oliven, die damit erstmals in Erscheinung treten. Die Keramik war allerdings noch unbekannt, man verwendete nur Gefäße aus Stein oder Holz. Der naturgegebene Rohstoff für die Weberei war tierische Wolle – dafür züchtete man Schafe –, dazu aber auch der Lein, den man vorher nur als ölliefernde Pflanze genutzt hatte.

Die Anfänge der Schiffahrt sind von ganz besonderem Interesse, denn dadurch wurde die Ausbreitung der neolithischen Kultur ermöglicht. Man hat vermutet, daß das Segel im 4. vorchristlichen Jahrtausend erfunden worden ist. Aber die Anwesenheit des Menschen und das Vorkommen seiner Erzeugnisse auf Mittelmeerinseln wie Zypern, Kreta und Korsika seit dem 7. Jahrtausend liefern den Beweis dafür, daß die Schiffahrt über größere Entfernungen viel älter sein muß.

Es gab also verschiedene Möglichkeiten zu direkten und indirekten Kontakten zwischen dem neolithischen Orient und dem mesolithischen Okzident: die Wanderungen der Menschen, die Imitation von Herstellungsverfahren und Moden von Region zu Region, außerdem der Handel in seinen ersten Ansätzen. Und für alle diese Berührungsmöglichkeiten gab es zwei Wegrichtungen: die eine quer durch den Kontinent vom Schwarzen Meer aus längs der Donau, die andere entlang den Mittelmeerküsten.

DAS NEOLITHIKUM IM HEXAGON

Gegen 6000 v. Chr. waren Ackerbau, Viehzucht und Töpferei zu beiden Seiten der Adria in Höhe der Straße von Otranto bekannt. Von dieser ersten Position im Okzident aus verbreitete sich das Neolithikum gegen Westen über die Inseln bis nach Korsika und in die Provence. Zunächst gibt es nur vereinzelte Zeugnisse wie die Spuren von Schafzucht im Castelnovien, einer mesolithischen Fazies im Süden des Hexagons.

Gegen Ende des 6. Jahrtausends war die gesamte Nordküste des westlichen Mittelmeers vom mediterranen Altneolithikum geprägt. Man bezeichnet es als Cardium nach einer kleineren Muschelart *(cardium)*, deren gezahnte Schalenränder verwendet wurden, um der Keramikware eine feine Verzierung einzudrücken. Die Kultur des Cardiums kannte die Technik des Steinschliffs – es gibt bemerkenswerte geschliffene Beile –, den Getreideanbau, die Aufzucht von Schaf und Rind. Die Ernährung beruhte anscheinend hauptsächlich auf der Viehzucht. Im Verlauf des 5. Jahrtausends breiteten sich das Cardium und die epicardialen Stufen nach Norden aus und erreichten gegen 400 v. Chr. das Zentralplateau. Das »bis heute älteste Bauerndorf Frankreichs, das man kennt« (Jean-Robert Pitte), wurde in Courthezon im Rhônetal zwischen Orange und Avignon entdeckt, eine Gruppe von Hütten mit je rund 15 Quadratmetern Grundfläche; Spuren des Getreideanbaus sind nachweisbar, und das Ensemble kann auf ungefähr 4650 v. Chr. datiert werden.

In der Mitte des 5. Jahrtausends wurde das Hexagon auch über den Landweg von der neolithischen Kultur erreicht: Es handelte sich um das »Rubané« (»Bandkeramik«) beziehungsweise »Danubien« (nach der Donau benannt), eine späte Stufe der Bandkeramikkultur. Die Bandkeramik erhielt ihren Namen, weil die Gefäße mit Mäandern, Zickzackreihen und Spiralen dekoriert waren, die bandförmig eingedrückt wurden. Diese dynamische und besonders gründlich erforschte Kultur ist von entscheidender Bedeutung für die Agrar- und Bevölkerungsgeschichte im Hexagon und zukünftigen Gallien. In der Forschung besteht Einigkeit darüber, hinter der Ausbreitung der sehr charakteristischen bandkeramischen Kulturmerkmale eine Bevölkerungsbewegung anzunehmen, deren Ausgangsbasis man in Böhmen und Mähren vermutet.

Neben der Bandkeramik gibt es in diesen Gebieten auch Schmuck, darunter Armreifen, die aus den Rändern großer Muschelschalen gearbeitet sind. Sie stammen von der Spondylus-Muschel, die im östlichen Mittelmeer verbreitet ist, was als Beweis gelten kann für die Kontakte der Menschen im Herstellungsgebiet zu den Ursprungsländern des Neolithikums. Die Beziehungen wurden wohl durch die neolithischen Kulturen des Balkan und der Nordküste des Schwarzen Meeres vermittelt. Zu diesen beiden Kulturen gehören rechteckige Holzhäuser, ein weiteres Charakteristikum der Bandkeramiker. Sie bauten ungewöhnlich lange Häuser von 25 bis 40 Meter Länge und mehr bei einer Breite von 6 bis 8 Metern. Diese Häuser waren in Dörfern zusammengeschlossen, manchmal wurden sie durch Gräben und Palisaden geschützt.

Diese »Donauleute« kannten Rinder- und Schweinezucht. Aber im Gegensatz zum Cardium überwog bei ihnen der Ackerbau. Angebaut wurden der stärkereiche Weizen und das Einkorn, deswegen suchte man systematisch die mit Löß bedeckten Ebenen. In Westeuropa waren diese Gebiete aber häufig von Urwald bedeckt, einem Mischwald aus Eichen, Ulmen und Linden. Es zählt zu den Leistungen der Bandkeramiker, daß sie hier und dort Rodungen angelegt haben. Das waren die ersten Ackerflächen, die in der Folgezeit ausgebaut wurden.

Die Kultur des Rubané erreichte im Westen das Elsaß, Nordlothringen (Diedenhofen/Thionville), besonders aber den Haspengau (Hesbaye) im Maasgebiet mit einer Ausweitung in Richtung auf das Pariser Becken. Längs der Seine und an ihren Nebenflüssen wurden Fundstätten entdeckt.

Im 4. Jahrtausend wurde das Rubané von regionalen Kulturen abgelöst, darunter die von Cerny im Pariser Becken und besonders die Rössener Kultur, die im Elsaß und in Lothringen auftrat, bevor sie Mitte des 4. Jahrtausends bis zur Loire vordrang. Für die Rössener Keramik sind eingedrückte Verzierungen charakteristisch, die Gefäße wurden mit Zickzackreihen, Fischgrätenmustern und Rhomben überzogen. Bei der Schmuckherstellung wurden die schon längst nicht mehr erreichbaren Spondylus-Muscheln durch kleinere Arten ersetzt, außerdem verwendete man Perlen aus Kalkstein und Eberzähne. Die nach wie vor rechteckigen Häuser wurden wesentlich kleiner, oft waren es nur einfache Hütten mit einer Fläche von 10 mal 8 Metern.

Der Süden entwickelte im Verlauf des 4. Jahrtausends eine eigene Stufe des Neolithikums, das Chasséen. Diese Kultur ist mediterran beeinflußt; sie wird benannt nach der Siedlung Camp de Chassey nahe

Chagny (Saône-et-Loire) am Nordrand des ursprünglichen Ausbreitungsgebiets dieser Fazies. Gegen 3000 v. Chr. hatte das Chasséen dann fast das ganze Hexagon erfaßt, mischte sich mit den übrigen Regionalkulturen und beeinflußte sie tiefgreifend. Das Chasséen, eine mittelneolithische Fazies, vollendete also die Neolithisierung im Hexagon. Kennzeichnend ist eine feine, sehr qualitätsvolle und formenreiche Keramik mit Untersätzen (Fußschalen), deren Verwendungszweck man noch nicht klären konnte.

DIE MEGALITHKULTUR

Unter den Kulturen, die das Chasséen teilweise in einigen Gebieten noch begleiteten, befindet sich auch die rätselhafteste von allen: die Megalithkultur (von *megas*, groß und *lithos*, Stein). Im weitesten Sinn versteht man darunter die Verwendung unterschiedlich bearbeiteter, riesiger Steine für die Errichtung von Anlagen, deren Zweckbestimmung uns teilweise verborgen bleibt. Am häufigsten ist die Verwendung als Begräbnisstätte: Es waren meist Grabkammern, die später in der Bretagne wegen der riesigen Deckplatten als *dol-men* (Steintisch oder großer Stein) bezeichnet wurden. Man findet auch gedeckte Steinreihen in geradliniger oder gekrümmter Anordnung und mit mehreren aneinandergefügten Deckplatten.

Aber andere megalithische Anlagen sind offensichtlich keine Begräbnisstätten, so die »Tempel« auf Malta, deren Mauern aus bis zu 20 Tonnen schweren Blöcken eine Höhe von 9 Metern erreichen. Die Toten wurden auf dieser Insel in natürlichen oder künstlichen Höhlen beigesetzt. Ebensowenig ist auch die mächtige Anlage von Stonehenge in England ein Bestattungsplatz.

Die sehr hohen, gruppenweise oder einzeln aufgerichteten Steine, die von den Bretonen *men-hir* (langer Stein) genannt werden, stehen manchmal nahe bei Dolmen, doch kann diese topographische Beziehung auch ganz fehlen. Das gilt vor allem für die Alleen von Menhiren und kleineren Steinen, ausgedehnte Anlagen, deren beeindruckendste Carnac (Departement Morbihan) ist. Die Menhire dort sind in der Regel weniger als 10 Meter hoch, aber der berühmteste, heute zerbrochen, maß 20,5 Meter und wog über 300 Tonnen. Die Archäologen haben plausible Erklärungen

dafür gefunden, wie diese schwergewichtigen Steine bewegt werden
konnten. Man arbeitete in erster Linie mit Erdaufschüttungen, die dann
wieder entfernt wurden. Den Generationen, die auf die Megalithkultur
folgten, fehlten solche Kenntnisse. Überall in Europa erdachten sich die
Menschen eine Rasse von Riesen, denen sie zutrauten, diese Felsblöcke
bewegt zu haben.

Von rein technischen Fragen abgesehen bleibt das Phänomen für die
modernen Forscher rätselhaft. Hier sollen nicht alle Theorien aufgezählt
werden, die über den Ursprung und die Bestimmung der Megalithbauten
aufgestellt wurden, deren Monumentalität und weite Verbreitung ver-
blüffen. Es gibt sie in Palästina, an der Ostküste des Schwarzen Meeres,
auf der Iberischen Halbinsel, im Hexagon, auf den Britischen Inseln, in
Norddeutschland, in Dänemark und Südschweden. Ein Zusammenhang
mit Götterverehrung und Totenkult ist naheliegend. Für diese Hypothese
spricht besonders die Beobachtung astronomischer Bezüge bei der Anordnung der Steine, beispielsweise in Stonehenge. Denn die Fixierung der
religiösen Empfindungen auf das Tier – der Weltsicht des Jägers entsprechend – hat sich offenbar unversehens weiterentwickelt in Richtung einer
Hinwendung zu den Sternen: Das entspricht dem Weltbild des Ackerbauern, der von der wohltätigen Kraft der Sonne abhängig ist.

Die Theorien über die Ursprungsgebiete der Megalithkultur sind
teilweise durch die neuen ^{14}C-Datierungen überholt. Die ältesten Spuren
finden sich im heutigen Portugal (3800 v. Chr.), etwas später an der
Atlantikküste des Hexagons (3500 bis 3000 v. Chr.). Sie liegen damit um
über eintausend Jahre vor den minoischen Gräbern des östlichen Mittelmeergebiets, aber wesentlich knapper vor den Megalithbauten Maltas, die
in die zweite Hälfte des 4. Jahrtausends datiert werden können. Die
Megalithkultur im Languedoc und in der Provence ist etwas jünger, und
die Vermittlung über Rhône, Saône und Rhein in Richtung Dänemark
erfolgte noch später. Wenn man denkbare afrikanische Einflüsse außer
acht läßt, kann man also von einem »iberischen« Ursprung sprechen.
Damit beobachtet man, und dies nicht zum letzten Mal, eine übergreifen-
de kulturelle Gleichzeitigkeit an der Atlantikküste, von Portugal bis
Irland und Schottland. Die Küsten bildeten dank der ufernahen Schiffahrt
bevorzugte Verbindungswege. Und besonders die ältesten Zeugnisse der
Megalithkultur wurden fast überall weniger als 150 Kilometer von der
Küste entfernt festgestellt. Man hat die Hypothese aufgestellt, die aus

gewaltigen Steinen erbauten, stets erdbedeckten Grabkammern – sie wurden erst durch die Erosion freigelegt – seien dazu bestimmt gewesen, als Nachbildung der Wohnhöhlen der Lebenden die Toten aufzunehmen.

Wie dem auch sei, die Einheitlichkeit der megalithischen Vorstellungen ist kaum zu leugnen. Es genügt, auf eine beeindruckende Tatsache hinzuweisen: Die Steinplatte, die den Zugang zur Grabkammer versperrt, hat sehr oft ein Loch, das sorgfältig gerundet durch den dicken Stein gearbeitet ist. Und dieses »Seelenloch« findet man in Palästina ebenso wie im westlichen Kaukasus, im Hexagon wie in Schweden. Gewiß handelt es sich nicht um eine einheitliche Bevölkerung und Kultur mit überall gleichen Merkmalen, wohl aber um eine Idee, die stark genug war, um die Menschen vor fünftausend Jahren über Tausende Kilometer Entfernung hinweg zu veranlassen, ihre Toten und sicher auch ihre Götter auf sehr ähnliche, vielleicht sogar identische Weise zu verehren. Das gibt Anlaß, über die Entwicklung der Verkehrswege nachzudenken.

Aus den erstaunlichen Leistungen der Megalithkultur kann man auch Erkenntnisse über die Geschichte der Gesellschaftsordnung gewinnen. Zwar wurde der Zugang zu einigen Grabanlagen gleich und für immer versperrt, aber die anderen wurden immer wieder benützt, über Generationsfolgen hinweg und selbst von Menschen viel späterer Zeit, was zur Annahme falscher Erbauungsdaten geführt hat. Trotzdem konnte natürlich nicht jedermann auf diese Weise bestattet werden. Die Errichtung dieser riesigen Grabräume, manchmal nur für einen einzigen Toten bestimmt, setzte die organisierte Arbeitsleistung einer recht ansehnlichen Anzahl von Menschen voraus. Die Schlußfolgerung drängt sich auf: Das Neolithikum läßt in Orient und Okzident eine Konzentration von Reichtum und Macht erkennen, die eine erste Ausbildung von Gesellschaftsschichten beweist. Es gab Unterschichten, von deren Angehörigen bis hin zur Bestattung immer weniger Spuren überliefert werden, und es gab die Oberschicht der diversen Anführer, der »Könige«, der Priester, des »Kriegeradels« – Bezeichnungen, die nur für den Orient verifiziert werden können.

Die soziale Abschichtung verschwand keineswegs zusammen mit der Megalithkultur. In der Folgezeit findet man die Überreste der Anführer in den »Fürstengräbern«, das sind Grabhügel *(tumuli)* deren reiche Beigaben den Toten vom gemeinen Sterblichen unterscheiden. Und die extremste Ausprägung der Megalithkultur wurde mit den ägyptischen Pyrami-

den erreicht: Vom 3. Jahrtausend an und mit einer späten »Renaissance«
im 1. Jahrtausend mußten Tausende Ägypter für das Grabmal eines einzi-
gen arbeiten. Mit bis zu 2,3 Millionen verbauten Steinquadern (Cheops-
Pyramide) waren die Pyramiden nicht der Beginn, sondern Höhepunkt
und Ende der Megalithbauten. Es kann nicht überraschen, daß diese
übermäßige Verwendung von Stein mit dem Ausklang der Steinzeit im
Neolithikum und Chalkolithikum zusammenfällt. Das Zeitalter der
Höhlen, des Daseins der Menschen im Felseninneren und im Schutz von
Steinen fand eine Art letzte Apotheose und Überhöhung genau in dem
Augenblick, als sich die menschliche Behausung grundsätzlich änderte.
Der Mensch hatte die meisterhafte Beherrschung des Rohstoffs »Stein«
gelernt, jetzt setzte er ihn ein, um seinen Umgang mit dem Jenseits
auszudrücken.

Im Hexagon gab es neben und nach der Megalithkultur das Chasséen
und andere regionale Gruppen und Kulturen des Neolithikums. Dazu
gehören der »Michelsberg« (M. K. für »Michelsberger Kultur«), die Seine-
Oise-Marne-Gruppe (S. O. M.) und die sogenannte Pfahlbau-Gruppe im
Gebiet der Alpenseen.

Die Michelsberger Kultur war wohl eine Fortsetzung der Rössener
Kultur. Zu ihren Merkmalen gehören Siedlungen in Höhenlage wie auf
dem Michelsberg bei Untergrombach in Baden. Dieser Umstand ist zu
beachten, denn er signalisiert, daß in den Beziehungen der Menschen
untereinander jetzt weniger sichere Zeiten anbrachen. Andere Dörfer in
der Ebene wurden nun mit einer Grabenanlage umgeben. Die Michelsberger Keramik findet man in der Schweiz, im Elsaß und im Nordosten des
künftigen Gallien, hier besonders im Bereich des heutigen Belgien, aber
auch im Pas-de-Calais. Zu dieser Keramik des 3. Jahrtausends gehören
große Vorratsgefäße und Scheiben aus gebranntem Ton, die man »Back-
teller« nennt, weil sie zum Backen einer Art ungesäuerter Brotfladen
verwendet wurden.

Von 2500 bis 1800 v. Chr., also in der Übergangszeit zwischen Neolithikum und Chalkolithikum und bis zum Beginn der Bronzezeit, gab es
im Pariser Becken und besonders in der Champagne die eigenständige
Kultur der Seine-Oise-Marne-Gruppe. Ihre Merkmale sind neben einer
ziemlich gewöhnlichen Keramik die große Vielfalt an Schmuckstücken,
die Behausungen im Tal – wie beispielsweise die von Petit-Morin – und in
erster Linie die sehr unterschiedlichen Bestattungen. Man trifft dort auf

Gemeinschaftsgräber (für die weniger Privilegierten?), gedeckte Gänge, Dolmen und schließlich Hypogäen, in die Kreide eingetiefte Begräbnishöhlen. Sie wurden vor allem im heutigen Departement Marne ausgraben und bilden an einigen Orten ausgedehnte Nekropolen. Jedes Hypogäum konnte bis zu 60 Tote aufnehmen; die megalithische Bestattung von Chaussée-Tirancourt (Somme) barg sogar 350 Leichen. Bemerkenswert an den Hypogäen sind die Darstellungen weiblicher Gottheiten mit wohlgerundetem Busen und Halsschmuck.

Die Untersuchung der Skelette ermöglicht ein wenig Statistik. Die Frauen starben überwiegend im Alter zwischen 15 und 25 Jahren, was an die Gefahren der Mutterschaft denken läßt. Die Männer erreichten 25 bis 45 Jahre. Die Spuren von Pfeilen, Steinmessern und Feuersteinklingen an den Männerskeletten deuten auf einen häufig gewaltsamen Tod. Der Krieg gehörte von nun an zu den Daseinsbedingungen des neolithischen Menschen. Die S.O.M.-Gruppe beweist dies: Zur Kriegerbestattung gehörten der Bogen und ein Köcher mit sieben bis zwölf Pfeilen, der am Gürtel befestigt oder mit einem Schulterriemen getragen wurde. Damit beginnt eine lange Reihe von Begräbnissen mit der Bewaffnung der jeweiligen Epoche, die so bis zum Ende des merowingischen Gallien dokumentiert ist. Wie noch zu zeigen ist, haben die Angehörigen der S.O.M.-Gruppe den Glockenbecherleuten, die ebenfalls Pfeil und Bogen beherrschten, nicht nur erfolgreich Widerstand geleistet. Sie konnten sie sogar aus der Armorica im Nordwesten des Hexagons vertreiben. Dabei wurden sie durch den vorzüglichen Flint begünstigt, der aus den reichen Vorkommen von Grand-Pressigny stammte: ein frühes Beispiel für die bergmännische Gewinnung und den weiträumigen »Vertrieb« eines Rohstoffes.

Die sogenannte Pfahlbau-Kultur, die man im ausgehenden Neolithikum, im Chalkolithikum und während der Bronzezeit längs der Alpen antrifft, läßt an die berühmten »Pfahlbau-Dörfer« denken, wie man sie sich im 19. Jahrhundert nach den sensationellen Entdeckungen vorgestellt hat. Man glaubte an Häuser, die auf pfahlgestützten Plattformen errichtet waren und es ermöglichten, zum Schutz vor Tieren und Menschen »im See zu wohnen«. Diese Theorie von einer absichtlich und auf Dauer im Wasser errichteten Behausung kann als aufgegeben gelten. Daneben gibt es zwei weitere Erklärungsmodelle, die noch immer Gegenstand von Kontroversen und Vermittlungsversuchen sind. Im einen Fall wird auf die

Möglichkeit wiederholter Überschwemmungen verwiesen, die viel gewaltiger als in historischen Zeiten gewesen seien. Sie hätten die Menschen gezwungen, zum Schutz vor den jähen Schwankungen des Wasserstandes ihre Häuser an den Seeufern auf Pfählen zu errichten. Danach hätte man also nur vorübergehend im Wasser gebaut. Die andere Theorie versichert, die Erbauer der Behausungen auf Pfosten hätten niemals »im See« leben wollen, weder in normalen Zeiten noch während einer Überschwemmung: Ihre Häuser seien auf dem Seeufer errichtet worden, manchmal vielleicht auf sumpfigem Untergrund, und die Pfosten hätten nur die Standfestigkeit der Konstruktion verstärken sollen. Diese Annahme wurde ausdrücklich bewiesen anhand einer der ältesten Siedlungsstellen des Hexagons: Charavines am Südufer des Lac de Paladru im Bas-Dauphiné zwischen Lyon und Grenoble. Mit Hilfe der dendrochronologischen Untersuchung der Pfähle wurde die Entstehung der Anlage auf 2700 v. Chr. festgelegt.

Die Pfahlbauten hatten keine Plattform, die Herdstellen lagen unmittelbar auf dem Erdboden selbst. Dagegen weisen der Erhaltungszustand der Pfähle und verschiedene andere Indizien darauf hin, daß in der Saunerie, im westschweizerischen Auvernier, die Oberfläche des Bodens von jeder darauf stehenden Bebauung freigeblieben war: Fast jede Schicht läßt ständige Wassereinwirkung und dünne Sandstreifen erkennen. Das könnte der Beweis sein für die Anlage einer Wohnsiedlung mit pfahlgetragenen Hütten über dem Seeufer – eine Bauweise, die trotz des mehrfach nachweisbaren Anstiegs des Wasserstandes nicht zur Aufgabe des Dorfes führen mußte (J. M. Milotte, Ch. Strahm). Vergleichbare Grabungen am Bodensee haben für die Fundstelle »Hörnle I« die gleichen Ergebnisse erbracht. Diese Siedlungen wurden auf ungefähr 2000 v. Chr. datiert, mit der wichtigen Zusatzfeststellung, daß im erstgenannten Fall die Anlage gegen Ende der Bronzezeit, um 800 bis 700 v. Chr., erneut bewohnt wurde. Die Forscher, die daran festhalten, daß es keine einheitliche Siedlungsweise an den Rändern der Alpenseen gab, können also ihre These bestätigt sehen.

Die Bedeutung dieser Wohnplätze bleibt nicht auf die Debatte über technische Fragen beschränkt. Es handelt sich um eine eigene Kultur, die man nach dem Fundort Horgen am Zürichsee benannt und auf die Zeit um 2000 v. Chr. datiert hat. Zu ihr gehört neben anderen auch die Fundstelle vom Lac de Chalain im Jura. Charavines dagegen ist älter und gehört zur neolithischen Saône-Rhône-Kultur, einer regionalen Variante des Chasséen. Diesem Fundort verdankt man neben Horgen und anderen Pfahlbauten genauere Kenntnisse über den Kulturzustand am Ende des Neolithikums. Die idealen Erhaltungsbedingungen im Seeufermilieu haben nämlich Gegenstände aus Holz und Textilien bewahrt, die uns wegen ihres raschen Zerfalls im allgemeinen völlig fehlen, da für gewöhnlich nur Geräte aus Stein und manchmal aus Knochen erhalten sind. Vom Grund des Zürichsees aber konnten Taucher Gegenstände aus den verschiedensten Holzarten bergen. Sie ermöglichen die Würdigung der hochentwikkelten Fähigkeiten, mit denen Menschen vor 4000 Jahren die verschiedenen Hölzer nach ihren speziellen Eigenschaften zu verwerten wußten. Die Tanne nahm man zur Bodenabdeckung, zum Feueranmachen bevorzugte man Pappel, Weide und Ulme. Bretter fertigte man aus Eichen- und Buchenholz, das sich sehr leicht spalten läßt. Dolchgriffe waren aus Eibenholz, Kämme immer aus Buchsbaum. Für die Stiele der Beile – unentbehrliche Werkzeuge bei der Feld- und Waldarbeit – verwendete man fast ausschließlich Eschenholz, und zwar die zähesten Teile des Baumes zwischen Wurzelstock und Stamm. Die technischen Fähigkeiten bei der Holzverarbeitung, über die der Mensch im Mittelalter und in ländlicher Umgebung noch zu Beginn unseres Jahrhunderts verfügte, beruhten auf durchdachten Auswahlkriterien, die schon am Ende des Neolithikums bekannt waren. Unser kulturelles Erbe an Grundelementen des Daseins reicht also sehr weit zurück. Es wäre ganz falsch, die Menschen zu unterschätzen, die solche Fähigkeiten zuerst erworben beziehungsweise bewahrt und weiterentwickelt haben, während sie bei uns zu einem großen Teil verloren und vergessen sind.

Das Seeufermilieu bringt einen ebenso reichen Ertrag an Informationen über die Textilien. Bei Horgen wurde Lein angebaut, aber die Fundstelle Charavines überliefert uns die gesamte Ausrüstung der Weberei: die hölzernen Spindeln mit einem Wirtel aus Stein oder gebranntem Ton; die mit Feuersteinwerkzeugen gefertigten Kämme aus Buchsbaum zum Festhalten der Einschußfäden im Gewebe; schließlich die Gewichte aus kleinen Kieselsteinen zum Spannen der Fäden im Webstuhl. Dies alles wurde schon vor 4700 Jahren benützt, aber bis zur »neolithischen Revolution« war davon nichts bekannt gewesen. An der gleichen Fundstelle wurden auch die bisher ältesten Textilfragmente geborgen, die bisher in Frankreich entdeckt wurden, dazu Seile und Schnüre, die von den Leuten von Charavines angefertigt wurden, um Balken sicher zu befestigen. Die Webstoffe aus Fasern pflanzlicher und tierischer Herkunft wurden ganz überwiegend für Kleidungsstücke verwendet. Aufgrund der Schweizer Funde konnte man aber auch Teile von Wandbespannungen rekonstruieren; sie zeigen ein Muster aus großen Dreiecken auf einfarbigem Grund sowie Seitenstreifen und in der Mitte ein Motiv aus »Feldern«, die schachbrettartig angeordnet sind. In den Behausungen dieser »Primitiven« gab es also Komfort und Eleganz, wofür auch Innenwände aus sehr gut bearbeitetem Holz sprechen. Aus dem Lac de Paladru stammt ferner das älteste Bernsteinfragment des Hexagons, ein Material, mit dem später bekanntlich ein lebhafter Handel getrieben wurde. Bis hin zum Schmuck ist somit alles vorhanden, dessen es bedarf, um das große Schauspiel der eigentlichen geschichtlichen Zeiten zu eröffnen. Der Gebrauch von Metallen als große Innovation sollte dabei zunächst, außer den Waffen, kaum etwas verändern! Fast alle anderen Geräte wurden weiter aus Stein, Holz und Knochen hergestellt. Damit wurden die Errungenschaften, die wir dem Neolithikum verdanken, bis in römische, mittelalterliche und sogar moderne Zeiten bewahrt. Die neolithische Kultur schuf somit während einiger Jahrtausende die Grundlagen für das Dasein der Ackerbauern und Viehzüchter, kurz, für eine gehobene Form der Existenz der Menschen.

DAS CHALKOLITHIKUM UND DIE BRONZEZEIT

Der Übergang vom Neolithikum zum Chalkolithikum ist ein Zeitabschnitt, in dem nebeneinander Erzeugnisse aus Kupfer und weiterhin aus Stein gefertigte Geräte verwendet wurden. Er setzt in einigen Ländern des Orients sehr früh ein. Gediegenes Kupfer wurde in Südanatolien seit dem 7. Jahrtausend vor Christus verarbeitet. Hier, in Luristan (Südwestiran) und in Ägypten, begann die eigentliche Kupferzeit spätestens im 4. bis 3. Jahrtausend v. Chr. mit dem Aufkommen des Schmelz- und Gießverfahrens. In diesen Jahrtausenden erfuhr die Gewinnung von Edelmetallen, darunter auch Gold, einen ersten Aufschwung. Grundlage waren die Vorkommen in Nubien, aber auch die von Kolchis an der Ostküste des Schwarzen Meeres, die den Mythos vom »Goldenen Vlies« entstehen ließen. Die erfolgreiche Suche nach Kupfer auf dem Berg Sinai, in Armenien, auf Zypern (von *kypros*, Kupfer) und im Süden der Iberischen Halbinsel setzt voraus, daß es eine planmäßige Prospektion und Organisation des Transports und Handels gegeben hat. Sehr früh schon wurden diese Aufgaben von der staatlichen Gewalt übernommen, die aus ihren Leistungen Einkünfte zog. Das gilt auch für die Gewinnung von Kupfererz in schrägen Schächten, die Tiefen bis zu ungefähr 100 Meter erreichten. Dies machte komplizierte Verfahren erforderlich; besonders brauchte man Windschächte bei der Erhitzung des Metalls, das anschließend in kaltem Wasser abgeschreckt wurde, um es weicher und dadurch für die Bearbeitung geeigneter zu machen. Dieses Verfahren wurde noch im 19. Jahrhundert angewendet. Desgleichen erforderte auch die Schmiede den kombinierten Einsatz von Schlagkraft (Hammer), Feuer (Esse), Wasser (Härtung), Luft (Blasebalg) und die praktische Anwendung der Hebelgesetze.

Man entdeckte, daß das reine Kupfer zwar den Nachteil eines hohen Schmelzpunktes (über 1000 Grad) bei verhältnismäßig geringer Härte hat, daß sich seine Eigenschaften aber durch Legierung mit Zinn verbessern lassen, dessen Schmelzpunkt viel niedriger liegt. Bei einem Verhältnis von neun Teilen Kupfer auf einen Teil Zinn wird das Metall hart wie Stahl, ist aber leicht zu gießen: Es ist Bronze. Dieses moderne italienische Wort hat im Sprachgebrauch das vom lateinischen *aes* abgeleitete »Erz« verdrängt. Seitdem diese Erfindung vom 3. Jahrtausend an in Kleinasien und Ägypten verwertet wurde, verstärkte die Nachfrage nach Zinn die Beziehungen zwischen Orient und Okzident. Denn Zinn war viel seltener als Kupfer und wurde hauptsächlich in Armenien und Cornwall gefunden.

Anscheinend wurden schon die befestigten Niederlassungen der Kupferproduzenten in Südspanien (Sierra Morena) und Portugal, wo man Beile, Dolche, Hellebarden, Pfeilspitzen und Ahlen aus Kupfer herstellte, von Bergleuten und Händlern gegründet, die von Osten kamen. Diese Händler exportierten aus Spanien Fertigwaren und Rohmetall in die ägäische Welt, das heißt also in die Berührungszone zwischen Balkan und Kleinasien.

Im Hexagon verhielt es sich wie im Fall der neolithischen Kulturen: Techniken und Erzeugnisse kamen über das Mittelmeer, aber auch über den Kontinent längs der Donau, an deren Lauf bedeutende Kupfervorkommen lagen. Das erleichterte die Verbreitung, aus der diese Gebiete

zugleich Vorteile zogen. Die wichtigsten Lagerstätten befanden sich in
Transsylvanien, in den Karpaten und im heutigen Österreich. Man
schätzt, daß in einem bei Salzburg ausgegrabenen System von Kupfergru-
ben über tausend Bergleute gearbeitet haben.

Die Einflüsse, die auf zwei Wegen von Südwesten und von Osten das
Chalkolithikum in das Hexagon brachten, ließen zwischen 2200 und 2000
v. Chr. die »Glockenbecherkultur« und die Kultur der »Schnurkeramiker« entstehen. Für die erstgenannte sind glockenförmige Gefäße aus
gebranntem Ton kennzeichnend. Die Waffen, in erster Linie die Dolche,
und die Werkzeuge waren zum Teil aus Kupfer, der Schmuck wurde aus
Gold gefertigt. Diese Kultur scheint ihren Ausgangspunkt im Süden der
Iberischen Halbinsel zu haben (»Kultur von Almeria«), von dort aus
erfaßte sie das Languedoc, die Provence und Norditalien. Auf den alten
Verbreitungswegen der Megalithkultur – Rhône, Saône und Rhein –
erreichte sie zum einen Norddeutschland, zum anderen die Britischen
Inseln, die aber genausogut von der Atlantikküste her beeinflußt werden
konnten. Während die Megalithkultur auf einer eigenen Vorstellungswelt
und Bauweise beruhte, halten manche Forscher die Glockenbecherleute
für ein Eroberervolk. Andere nehmen an, daß sie Gruppen von Wander-
händlern waren, ambulante Töpfer und Schmiede. Für die erste Hypothese spricht, daß sie Pfeil und Bogen beherrschten. Wie oben schon angedeutet, war es ihnen trotzdem nicht möglich, sich im Bereich der Seine-
Oise-Marne-Gruppe (S. O. M.) durchzusetzen. Für die zweite Hypothese
spricht die Tatsache der zwar sehr breiten, aber ganz ungleichmäßigen
und unzusammenhängenden Ausbreitung im Hexagon und weiter nach
Mitteleuropa.

Hier stießen sie um 2000 v. Chr. auf die Träger der »Schnurkeramik«,
der zweiten Kultur des Chalkolithikums. Die Folge war eine Vermi-
schung und vielleicht, um 1800 v. Chr., eine umfassende Rückzugsbewe-
gung in Richtung Südfrankreich, Zentralspanien, Oberitalien, Sardinien
und Sizilien (J. M. Millotte).

Unsere Kenntnislücken bezüglich der gesellschaftlichen Organisation
und Machtverhältnisse der Glockenbecherleute erinnern unerbittlich daran, was trotz aller Fortschritte bei der Altersbestimmung und trotz aller
neuen Entdeckungen die Vorgeschichte von der Geschichte trennt. Wir
haben zwar das materielle Ergebnis der Wanderungsbewegung von Menschen und von Gegenständen vor Augen, ohne aber die Namen der

Völker und die Rahmenereignisse zu kennen, die zu dem archäologischen Befund geführt haben.

Die Träger der Schnurkeramik – das ist eine Ware, die durch den Abdruck dünner Schnüre im noch weichen Ton verziert ist – werden auch als Streitaxt-Leute bezeichnet. Diese Waffe aus poliertem Stein, manchmal auch schon aus Kupfer, scheint einer der Gründe für ihre militärische Überlegenheit gewesen zu sein. Dazu kam, daß sie es als erste verstanden, das Pferd zu domestizieren und als Fortbewegungsmittel einzusetzen.

Ihren Ursprung sucht man im heutigen Rußland. Ein Teil von ihnen scheint entlang der Westküste des Schwarzen Meeres aufgebrochen zu sein, der andere Teil zog nach Polen, Dänemark, Südschweden, Böhmen, Deutschland, in das Rheingebiet und noch darüber hinaus. Diese Wanderbewegung gilt als Anzeichen einer umfassenden Bevölkerungsverschiebung, von der Eurasien um 2000 v. Chr. erschüttert wurde. Man weiß, daß das Reich von Akkad in Niedermesopotamien um 2160 von den Kassiten vernichtet wurde, die aus Zagros in Luristan kamen. Es waren Krieger, die Bronzebeile führten und das Pferd einsetzten. Um 2000 v. Chr. eroberten die Hethiter Anatolien und begründeten ein Reich, das erst nach zahlreichen Erschütterungen um 1200 v. Chr. unterging.

Die große Bedeutung so weit entfernt ablaufender Ereignisse für die Geschichte des Hexagons beruht darauf, daß die teilweise bekannte Sprache der Hethiter zu den sogenannten indogermanischen Sprachen gerechnet werden kann. Zu dieser Sprachfamilie zählt ebenso das Keltische wie auch das Latein, ferner das Germanische und Slawische im Westen und Norden, Persisch und Sanskrit im Osten und Süden. Das indoeuropäische Problem kann hier nicht in seiner ganzen Breite und allen seinen Ungewißheiten erörtert werden. Allein aus archäologischen Befunden bekannten Kulturen indoeuropäische Eigenschaften zuzuweisen ist eine Methode, die auf das heftigste zurückgewiesen wurde und die allzu anfechtbar bleibt, um verläßliche Schlußfolgerungen zu ziehen. So wurde beispielsweise die Zugehörigkeit der Bandkeramiker und der Schnurkeramiker zu den Indoeuropäern sowohl vorgeschlagen wie abgestritten. Dagegen ist die Beobachtung wohl richtig, daß die Proto-Kelten gegen 1000 v. Chr. auftreten; sie lebten in einem Gebiet, wo einige Jahrhunderte später die Kelten durch Schriftquellen bezeugt werden. Der gleiche Sachverhalt gilt für die Proto-Lateiner und Proto-Germanen. Alle drei haben eine weitge-

hend gemeinsame Sprachgrundlage, nicht nur durch den Wortschatz,
sondern auch durch Grammatikstrukturen. Die in Europa während des
2. Jahrtausends nachweisbaren Kulturen müssen notwendigerweise mit
den »Ahnen« dieser Völker, die eine gemeinsame Sprache hatten, zusam-
menhängen. Das Verwirrspiel der möglichen Zuschreibungen hat noch
keine zufriedenstellende Lösung gefunden, und mit bloßen Hypothesen
kann man keine Geschichte schreiben. Es bleibt festzuhalten, daß die
sprachliche Indoeuropäisierung Europas mit Sicherheit spätestens während des Chalkolithikums und der Bronzezeit stattgefunden hat.

Einfacher ist es, die Kulturen aufzuzählen, die man während der
Bronzezeit aufgrund der Bodenfunde in Frankreich nach Zeit und Raum
unterscheiden kann. Im Hexagon kann man diese Epoche in die Altbronzezeit (1800 bis 1400 v. Chr.), Mittelbronzezeit (1400 bis 1100 v. Chr.)
und Jungbronzezeit oder »Bronze final« (1100 bis 750 v. Chr.) untertei-
len. Eine recht bemerkenswerte metallverarbeitende Kultur findet sich zu
beiden Seiten des Ärmelkanals in der Bretagne und in Südengland: die
Armorica-Wessex-Kultur. Sie hat wahrscheinlich von Kontakten mit der
besonders hochentwickelten Bronzezeit in Irland profitiert. Der Reichtum ihrer Fürsten wird durch die Hügelgräber dokumentiert, die Waffen
mit sehr sorgfältigem Dekor enthalten, darunter Dolche mit einem Holz-
griff, der mit tausenden ganz kleiner Goldnägel verziert ist. Grundlage
dieser Kultur war die Kontrolle über die Zinngruben in Cornwall und
über einige Vorkommen dieses Metalls in der Bretagne. Das erklärt auch
die hohe Zahl von Bronzefunden an der Atlantikküste vom Cotentin bis
zur Gironde. Der Handel vom Atlantik zum Mittelmeer über den »Isthmus« der Garonne ist für das 2. Jahrtausend eine gut belegte Tatsache.

Weiter nach Osten haben die bereits erwähnten kontinentaleuropäi-
schen Zentren der Kupferproduktion offenbar um 1800 v. Chr. aus Verfahren zur Bronzeherstellung Nutzen gezogen, die aus dem Orient vermittelt wurden. Das gilt ganz besonders für die Kultur von Aunjetitz
(Únětice) in Böhmen, deren Einfluß von Süddeutschland bis Polen reichte. Die Subfazies von Straubing in Niederbayern findet sich auch im
Elsaß, in erster Linie im Forst von Hagenau. Eine weitere Kultur der
Altbronzezeit, die auf den Kupfervorkommen der Alpen beruhte, entstand im Rhônegebiet, im Jura und in der Südschweiz. Ihr Kennzeichen
ist der bemerkenswerte »Rhône-Dolch«, der später in der Provence zu
einem echten Rapier weiterentwickelt wurde.

Die gesuchten Metalle und die Fertigprodukte waren gleichermaßen wertvoll, die Transportentfernungen spielten für sie keine entscheidende Rolle mehr. Für die Mittelbronzezeit beweist das die hochentwickelte Bronzeherstellung in Skandinavien: In den Gebieten, in denen später die Germanen auftauchen, gab es keinerlei Erzvorkommen. Folglich ermöglichte allein der Handel die Rohstoffeinfuhr und die Entwicklung einer regen Metallverarbeitung während der »Blüte der germanischen Bronzezeit« (H. Hubert). Die wichtigen Ost-West-Achsen (Donau, Mittelmeer) wurden jetzt nämlich von drei bedeutenden Süd-Nord-Achsen gekreuzt, die den Norden zuerst der Kultur des Neolithikums, dann der Bronzezeit öffneten: die Verbindungen Rhône-Saône-Rhein, Oberitalien-Brenner-Elbe und Adria-Moldau-Schlesien-Ostpreußen (die »Bernsteinstraße«). Der wertvollste Besitz des Nordens, der Bernstein, der an den Küsten der Nordmeere und besonders im baltischen Samland gefunden wird, erreichte auf diesen Handelswegen den Süden, wo er gegen Metalle getauscht wurde, die man als Rückfracht transportierte. Im Gebiet des späteren Thüringen zwischen Alpen und Ostsee, aber auch um Donau und Alpenpässe konnten die örtlichen Anführer aus diesem Tauschhandel Gewinn ziehen.

Zweimal, um 1500 und um 1200 v. Chr., zogen von hier aus Angehörige von Kulturen nach Westen, die im Hexagon tiefe Spuren hinterlassen sollten: Die Hügelgräberkultur der Mittelbronzezeit und die Urnenfelderkultur der ausgehenden Bronzezeit (Bronze final). Die Grabhügel der erstgenannten Kultur erfassen einen großen Teil des östlichen Hexagons bis über den Oberlauf der Seine hinaus. Ihre Ursprünge sind vielleicht auf die Kultur von Aunjetitz (Únětice) zurückzuführen, ihr Kennzeichen sind Einzelgräber, die von einem Grabhügel (Tumulus) überdeckt sind und offensichtlich der Oberschicht der Bevölkerung vorbehalten waren. Die mit Schmuck versehenen Toten wurden oft in seitlicher Hocklage bestattet. Die um 1200 v. Chr. nachfolgende Kultur praktizierte die Sitte der Totenverbrennung. Die Asche wurde in Urnen geborgen, die oft in ausgedehnten unterirdischen Nekropolen beigesetzt wurden, den »Urnenfeldern«. Diese Kultur beherrschte neben dem Metallguß auch das Treiben der Bronze, so konnten Helme, Brustpanzer und Beinschienen hergestellt werden. Sie erfand zudem das Griffzungenschwert, eine Stichwaffe. Die Urnenfelder-Leute beherrschten den Osten des Hexagons, sie erreichten das nördliche Aquitanien, und über den Rhônegraben drangen sie bis Septimanien und Katalonien vor. Diese Wanderung, das Hauptereignis der ausgehenden Bronzezeit, kam zwischen 1100 und 800 v. Chr. zum Stillstand. Offensichtlich gehört sie chronologisch, aber auch im Zusammenhang der Ereignisse gesehen, zum Komplex der vom Balkan oder Donaubecken ausgehenden Erschütterungen. Sie führten um 1200 v. Chr. zum Untergang des ägäischen Reiches der mykenischen Kultur und des Hethiterreichs, außerdem trieben sie die sogenannten »Seevölker« gegen Ägypten.

Die Urnenfelder-Leute besetzten weitgehend die Gegenden um die obere und mittlere Donau, die späteren Siedlungsgebiete der Kelten. Da es aber keinerlei Beweismaterial gibt, darf man nicht ohne weiteres auf »Identität« zwischen beiden schließen. Immerhin steht fest, daß die Urnenfelder-Kultur zeitlich unmittelbar vorausging und mindestens teilweise die Rahmenbedingungen für die keltische Kultur vorbereitet hat.

Die Bronzezeit vermittelt einen allgemeinen Eindruck von Wohlstand. Wie im Orient gibt es jetzt auch in Europa das Nebeneinander von Ackerbau und Viehzucht einerseits, von Gewerbe und Handel andererseits. Zwar gab es noch keine Städte, und das Handwerk, das noch nicht örtlich konzentriert war, wurde häufig als Wandergewerbe betrieben. Trotzdem waren der Handel und die Bergbauzentren bedeutend genug, um den Beherrschern der Fördergebiete beziehungsweise der Verteilerknotenpunkte Reichtum und Macht in bisher ungeahntem Ausmaß zu verschaffen. Beispiele dafür gibt es in Cornwall, in der Bretagne, in Mitteleuropa.

Es gibt einen eindeutigen Beweis dafür, daß die eben besprochenen Wandlungen den Lebensstandard der Menschen ganz allgemein beeinflußt haben: Das Val Camonica, eine Tallandschaft nordöstlich von Bergamo, benannt nach dem Stamm der Camunier, enthält Zeugnisse einer Felsenkunst in Form von Tausenden von Ritzzeichnungen, die man datieren und statistisch auswerten konnte. So ergibt sich ein Bilderbuch, eine Art Comic, die Menschen, Hirsche, Waffen und andere Dinge erkennen lassen. Die Darstellungen reichen vom Mesolithikum bis in römische und mittelalterliche Zeiten, aber es ist festzustellen, daß dieser Weg durch die Alpen praktisch erst ab dem Neolithikum häufiger begangen wurde.

Ganz erstaunlicherweise gibt es hier auch einen datierbaren Beleg für die Existenz des Doppelgespanns schon vor dem 3. Jahrtausend. Dies bestätigt, daß die Menschen damals bereits den hölzernen Pflug kannten, dessen Pflugschar aus Hirschgeweih gefertigt sein konnte. Deutlich vor der Bronzezeit waren die Menschen mit dem höchsten Entwicklungsstand bei der Bodenbearbeitung nicht mehr auf den Hackbau allein angewiesen. Eine weitere Neuerung von erstrangiger Bedeutung erscheint auf Darstellungen, die in das Chalkolithikum zu datieren sind: der vierrädrige Wagen. Vor 2000 v. Chr. wurde er offensichtlich von Tieren mit Hörnern gezogen, nach 2000 sind es deutlich erkennbar Pferde. Das stimmt gut damit überein, was wir über die Domestizierung des Pferdes wissen und über seinen Einsatz in Verbindung mit dem Wagen, gerade bei den Völkerschaften, von denen die großen Umwälzungen um 2000 v. Chr. ausgingen. Die Bilddokumente des Val Camonica beweisen den lebhaften Handel und Verkehr im Alpenraum, lange bevor hier die Römer erschienen. Durch Rad, Wagen, Pferd und Saumtiere wurden Chalkolithikum und Bronzezeit zu Epochen eines aufblühenden »Fernhandels«, auch wenn die Formen dieses Handels denen späterer Zeiten noch nicht entsprachen. Die wichtigsten Handelsobjekte waren offenbar Metallbarren sowie fertige Metallgegenstände – darunter die Fibel, eine Erfindung der Mittelbronzezeit –, der Bernstein und auch das Salz. Der Wanderhändler und der Seemann, der Bergmann und der Schmied vertreten grundlegend wichtige Berufe, die zusammen mit dem Viehzüchter und Bauern im Neolithikum neu auftraten. Eine gewisse gewerbliche Spezialisierung war also nicht mehr das Privileg allein des Orients, auch wenn der Okzident noch längst nicht über so bedeutende städtische Zentren verfügte, wie es sie bereits in Ägypten und Mesopotamien gab.

Die Zahl der Menschen muß jedenfalls während der Bronzezeit spürbar zugenommen haben, selbst in Nordeuropa und um so mehr dann auch im Hexagon. Die vermehrten Kontakte zwischen den immer zahlreicheren Menschen und die Verbindungen selbst mit weit entfernten Gebieten sind das Anzeichen dafür, daß die Vorgeschichte im eigentlichen Wortsinn, gekennzeichnet durch kleine Menschengruppen, die sich in der einsamen Weite verlieren, jetzt der Vergangenheit angehört.

DAS ENDE DER VORGESCHICHTE: EINE BILANZ

Sollte sich ein Leser wundern, daß hier eine Bilanz der Vorgeschichte des Hexagons gezogen wird, bevor von der Eisenzeit gesprochen wurde, so hat er einen Augenblick lang vergessen, daß wir uns noch immer, im 20. Jahrhundert unserer Zeitrechnung, in dieser Epoche befinden. Allenfalls sind wir gerade im Wandel, nach einem letzten Höhepunkt von Eisen und Stahl in der ersten Hälfte unseres Jahrhunderts.

Übrigens ist der Historiker keineswegs verpflichtet, blindlings der 1836 von dem Dänen Christian Thomsen eingeführten Unterteilung der Vorgeschichte in Stein-, Bronze- und Eisenzeit zu folgen. Er wird vielmehr feststellen, daß es andere Unterscheidungskriterien gibt als die Bezeichnung der Zeitalter nach dem Material der Werkzeuge des Menschen. Schließlich liefern ihm diese Zeitalter reicheren Stoff, wenn er die Entwicklung von Mensch und Gesellschaft erforscht. Der Vordere Orient hat in seiner Frühzeit weder Bronze- noch Eisenzeit abgewartet, um mit der Schrift ins Licht der Geschichte zu treten. Diese Schrift konnte von der neuzeitlichen Forschung entziffert werden, und damit verfügen wir über datierbare Ereignisse, die von Menschen und Völkern erlebt wurden, deren Namen wir kennen. Der Okzident aber näherte sich am Ende der Bronzezeit (um 800 bis 700 v. Chr. je nach Region) in entscheidender Weise dieser geschichtlichen Welt, der er in den folgenden Jahrhunderten mit einigen besonders begünstigten Gebieten selber angehören sollte.

Das Hexagon gehört zu den ersten Ländern, die unmittelbaren Kontakt mit den Hochkulturen des östlichen Mittelmeerbeckens aufnehmen konnten. Das im doppelten Wortsinn »historische Ereignis« war die Gründung von Marseille durch Griechen aus Phokaia, kurz vor 600 v. Chr. Diese Nachricht liegt fast allen Erwähnungen des »äußersten Westens« in den griechischen Quellen zugrunde. Aber da der Osten ein zunehmendes Interesse am Okzident entwickelte, tauchen bald die ersten schriftlichen Berichte, die ersten Völkernamen auf, die einen ganz anderen Zugang zur Entwicklung innerhalb des Hexagons ermöglichen: Die Vorgeschichte liegt hinter uns.

Man bezeichnet diese Übergangsphase als »Frühgeschichte«: Die Schriftbelege stammen von außerhalb, und soweit sie sich schon direkt auf die betreffenden Länder beziehen, sind sie noch derart lückenhaft und unzusammenhängend, daß der größere Teil unserer Kenntnisse nach wie vor auf archäologischen und anthropologischen Quellen beruht. In dieser Übergangsphase der Geschichte des Hexagons erschienen die Kelten. Hunderttausende von Jahren hatte es Menschen im Hexagon gegeben, und jetzt war die vorgeschichtliche Zeit endgültig zu Ende. Das ist der richtige Anlaß für eine kurze Bilanz.

Gabriel Camps, einer der besten Kenner der Schiffahrt im Hexagon während Neolithikum und Bronzezeit, hat treffend formuliert, daß wir den Menschen dieser Epochen und auch den Schöpfern der Kunst im Jungpaläolithikum tiefen Respekt schulden: »Der prähistorische Mensch besaß Mut und technische Fähigkeiten, die weit über das hinausgehen, was wir ihm angesichts der dürftigen erhaltenen Reste im allgemeinen zubilligen.« Besonders beeindruckt die Beherrschung erstaunlich weiter Räume, die Mobilität von Menschen und Dingen in dieser so weit zurückliegenden Zeit. Der prähistorische Mensch rührte sich und brachte die Verhältnisse in Bewegung. Mit seiner Tatkraft reagierte er wirkungsvoll auf die mannigfachen Herausforderungen durch Natur, Klima und auch durch gefährliche Tiere. Er erfand nicht nur Werkzeuge, sondern auch Herstellungsverfahren, von denen viele noch heute anwendbar sind. Außerdem schuf er gesellschaftliche Ordnungsstrukturen, die bedeuten, daß er tatsächlich als *zoon politikon* in die Geschichte eintrat, als »gesellschaftliches Wesen« nach der Definition des Aristoteles. Es ist also durchaus falsch, ihn zu verachten, und genauso falsch, ihn nach dem vermeintlichen Vorhandensein oder dem Fehlen von Normen zu beurteilen, die entweder aus viel späteren Zeiten oder aus unserer christlichen Welt stammen.

Die vorgeschichtlichen Menschen haben im Hexagon sogar Landschaften geprägt. Besonders seit der »neolithischen Revolution« gestaltete der Mensch die Umgebung seiner Wohnstätten, legte erst auf leichten, dann auf besonders fruchtbaren Böden Rodungen an, schließlich schuf er regelrechte »Straßen« als Verbindungswege zwischen den Wohnplätzen. Als erster nützte er die Vorzüge des im ganzen recht günstigen Klimas im Hexagon: Es hatte während der Eis- und Warmzeiten, besonders aber während des Jungpaläolithikums an der Spitze der Entwicklung des Menschen gestanden und erlebte jetzt die Entstehung der reichsten Getreideanbaugebiete des Okzidents.

Das führt zu der Frage, wie viele Menschen während der verschiedenen vorgeschichtlichen Epochen im Hexagon leben konnten. Natürlich können alle vorgeschlagenen Zahlen nur Vermutungen sein, aber durch die Fortschritte der demographischen Forschungen sind zumindest die Größenordnungen verfügbar. Für das Paläolithikum sind nur sehr niedrige Werte vorstellbar, auch wenn weltweit über 60 000 Fundstellen methodisch ausgegraben wurden, die aus mehreren Jahrhunderttausenden stammen. Selbst das Hexagon, aus dem die überwiegende Mehrzahl archäologischer Zeugnisse für diesen Zeitraum stammt, kann wohl kaum auf mehr als zwanzig- bis fünfzigtausend Einwohner gekommen sein.

Die Fortschritte des Mesolithikums haben den Okzident wenig berührt, erst das Neolithikum hat hier zu tiefgreifenden Wandlungen geführt.

Man kann kaum Zahlen für jede Region entwickeln, aber eine Gesamtbevölkerung von ungefähr fünfhunderttausend Menschen im gesamten Hexagon erscheint vorstellbar. Das wäre eine Zunahme um das Zehnfache im Verlauf mehrerer Jahrtausende. Beträchtliche demographische Veränderungen brachten dann die endgültige Niederlassung der Kelten und nachfolgend die *Pax Romana*. Ohne die *Gallia Narbonensis* mitzurechnen, eine römische Provinz, die ebenso dicht bevölkert war wie zu dieser Zeit Italien selbst, das damals wohl volkreichste Land, hat man für das römische Gallien 8 Millionen Einwohner angenommen, gegenüber ungefähr einer Million in Germanien. Mit den kolossal überhöhten Schätzungen des 19. Jahrhunderts – 15, 20, ja 40 Millionen in Gallien! – muß man sich bei diesen Überlegungen nicht weiter aufhalten. In der jüngsten Eisenzeit, mit dem Seßhaftwerden der verschiedenen »Völker« und »Stämme« rings um rund einhundert mehr oder weniger stadtartige Zentren, muß der Einwohnerstand im Hexagon also eher dem der *Pax Romana* als dem der prähistorischen Zeiten entsprochen haben. Er muß demnach mehrere Millionen betragen haben.

Wer waren nun diese Menschen? Dabei soll es nicht um die Probleme der Stammesnamen gehen, sondern um eine allgemeine Fragestellung: Wer stellte in jeder Epoche die Ureinwohner, und wer waren die Neuankömmlinge im Hexagon? Damit verbindet sich unmittelbar das Problem der rassischen Merkmale der Bevölkerung im Hexagon.

Über die ältesten Ureinwohner, die »Ahnen« der Menschen in Gallien und Frankreich, wird man niemals Gewißheit erlangen können. Das zeigt, wie unsicher der biologische Zusammenhang zwischen den späteren und den vorausgegangenen Einwohnern ist. Trotzdem konnten für die letzten Phasen der Vorgeschichte verschiedene Kulturen ermittelt werden, die teils im Hexagon selbst entstanden sind, teils von außen kamen, und zwar durch kulturelle Adaption, durch Einwanderung und schließlich auch durch Eroberung. Alles, was zu den geographischen Grundbedingungen mitgeteilt werden konnte – das Klima und die Lage innerhalb des gesamten Okzidents –, wurde im Verlauf der Vorgeschichte in vollem Umfang bestätigt: Das günstige Klima des Hexagons mit seinen Konsequenzen für den Lebensstandard der Menschen hat die Zuwanderer angezogen.

Sie konnten von allen Seiten kommen, über das Meer und auf Landwegen, aus Südosten (wie vielleicht die Ligurer) oder aus Südwesten (wie die Glockenbecher-Leute der Bronzezeit und später die Iberer). Überwiegend kamen die Zuwanderer aber von Osten. Betrachtet man die Gestalt des Kontinents, erscheint diese Herkunft ganz natürlich, aber sie wird noch besser verständlich, wenn man Karten berücksichtigt, die so grundlegende Voraussetzungen wie die Verteilung der Wälder und Lößflächen darstellen. Lößboden ist gleichzeitig leicht und fruchtbar, er findet sich konzentriert in den »pontischen« Ländern, also im Nordosten und Norden des Schwarzen Meeres, dem *Pontus Euxinus* der Alten. Von diesen bevorzugten Gebieten war in der bisherigen Darstellung stets dann die Rede, wenn es um die im Vorderen Orient erreichten Fortschritte und deren Verbreitung nach Westen ging. Vom Schwarzen Meer aus zieht sich ein breiter Landstreifen quer durch den Kontinent bis an den Atlantik, der durch Lößgebiete gekennzeichnet wird. Er liegt nördlich der Alpen und des Unterlaufs der Loire, südlich einer Linie von den Karpaten zur Picardie, und er umfaßt alles fruchtbare Land nördlich der Mittelgebirge zwischen Elbe und Rhein. Bedenkt man, daß dieser breite Gürtel mit der Donau über einen west-östlichen »Korridor« verfügt, versteht man um so besser, warum fast alle großen Verschiebungen von Kulturen wie von Völkern aus dem Orient in den Okzident diesen Weg genommen haben: das Aurignacien während des Jungpaläolithikums, die »Donauleute« während des Neolithikums nacheinander mit der bandkeramischen, der Rössener und der Michelsberger Kultur, schließlich während der Bronzezeit die Schnurkeramiker oder Streitaxt-Leute, die Leute der Hügelgräberkultur und die der Urnenfelderkultur. Wie erwähnt, hat man die beiden letztgenannten Kulturen mit den »Proto-Kelten« in Verbindung gebracht.

Besser gesichert und tatsächlich wichtiger ist es, zu beachten, was sich daraus für die Anthropogeographie ergibt. Die Verbreitungsräume der letzten prähistorischen Kulturen, die das Hexagon erreichten, sich freilich nicht darauf beschränkten, sind nahezu deckungsgleich mit den Gebieten der eisenzeitlichen Kulturen, die im nachfolgenden Kapitel beschrieben werden. Die Menschen der älteren Eisenzeit (»Hallstatt«) und der jüngeren Eisenzeit (La Tène) benützten eine keltische Sprache; zumindest für die zweite Eisenzeit ist das gesichert. Das Verbreitungsgebiet umfaßt den Oberlauf der Donau, die Schweiz, Ober- und Mittelrhein, die Franche-Comté, Burgund, dazu weiter nördlich Lothringen und die Champagne, weiter südlich das mittlere Rhônetal. So konnte man schreiben, daß seit der Bronzezeit »auf lange Sicht die Einflüsse aus dem Osten überwiegen« und daß seit ihrem Ende »nicht mehr nur fremde Sitten, sondern die Menschen selbst auf unser Gebiet vordringen« (J. Larroque-Roussot).

Das soll nicht heißen, daß die anderen Gebiete weniger wichtig für die Ursprünge Frankreichs wären. Aber die großen Veränderungen, die zur unterschiedlich ausgeprägten Keltisierung des Hexagons führten, durchliefen ein Frühstadium, in dem diese östlichen Gebiete einen deutlichen Vorsprung erreichten und enge Beziehungen zu den noch weiter im Osten gelegenen Regionen aufrechterhielten. Dies blieb so selbst nach der römischen Eroberung, und damit ergibt sich eine direkte Verknüpfung zwischen dem Hexagon und der Geschichte des europäischen Kontinents. Zu erinnern ist an die geographischen und geologischen Eigenheiten des »herzynischen« Bereichs, der von den Kelten bewohnt und lange Zeit auch beherrscht wurde. Solche Beobachtungen über die tieferen Wurzeln der Zusammensetzung der späteren Bewohner Galliens und Frankreichs stehen in keinem Widerspruch zu den Ergebnissen der anthropologischen Forschungen.

Wir folgen hier der zusammenfassenden Darstellung von Paul-Marie Duval über die ethnische Grundlage der Bevölkerung des Hexagons vor der Niederlassung von Griechen und Kelten. »Seit dem Mesolithikum und Neolithikum [...] datiert das Auftreten von Menschen mit Kurzschädel (brachyzephal) und braunem Haar, die noch heute die Masse der französischen Bevölkerung bilden [...]. Diese mittelgroßen bis kleinwüchsigen Menschen [...], die man traditionell ›alpine Rasse‹ nennt, weil sie vor allem die französischen und italienischen Alpen bewohnen [...], dominieren im Zentrum Frankreichs und weit darüber hinaus, besonders nach Südosten. In die Randgebiete gehören die Menschen des ›mediterranen‹ Typs, mit längerem Schädel und höherem Wuchs, denen man an der Mittelmeer- und Atlantikküste begegnet. Im wesentlichen gehört die Bevölkerung Frankreichs zur alpinen Rasse, die seit der ausgehenden Steinzeit das östliche Zentralfrankreich bewohnt.«

Von den Kelten sollte dieser Zustand nicht wesentlich verändert werden. Die keltischen Stämme sprachen zwar eine Sprache, stellten aber keineswegs eine einheitliche »Rasse« dar. Sie sind eine Sammlung von Menschen verschiedenster Herkunft, nach den Beobachtungen von Archäologen und Anthropologen waren sie aber in der Mehrheit ebenfalls »alpin«, mit einer Minderheit »nordischen‹ Typs. Es ist also nicht möglich, irgendeine vorgeschichtliche Kultur mit einer bestimmten »Rasse« zu identifizieren, und gewiß hat die keltische Landnahme zu einem merklichen Bevölkerungszuwachs geführt. Trotzdem kann man als ein keineswegs unwichtiges Ergebnis der prähistorischen Bilanz festhalten, daß die biologische Basis der Bevölkerung im Hexagon gegeben war, bevor nacheinander Kelten, Römer, Franken kamen und herrschten.

Diese Feststellung wurde in jüngster Zeit bestätigt durch die archäologische Untersuchung neolithischer Hügelgräber in der Normandie unter Leitung von Michel de Boüard. Dabei konnte man nachweisen, daß die Bandkeramik viel weiter nach Westen verbreitet war, als man bisher geglaubt hatte. Die Ausgrabungen haben auch bewiesen, daß diese Donauleute aus dem Osten zu einer dolichozephalen (langschädeligen) Rasse vom Typ des zierlichen Mediterranen gehörten. Neben diesem gut bestimmbaren Menschenschlag, der seit rund 3500 v. Chr. im Untersuchungsgebiet lebte, konnte ein weiterer ermittelt werden: die Menschen der »Seine-Oise-Marne-Gruppe«, auf deren Lebenskraft weiter oben hingewiesen wurde und die im 3. und zu Beginn des 2. Jahrtausends vom Pariser Becken bis zur Armorica siedelten. Die Skelette, die in der Normandie zu dieser Fazies gehören, sind völlig anders als der Typ des zierlichen Mediterranen: Es handelt sich um Brachyzephale mit derbem Knochenbau, Einwanderer, die vielleicht vom Oberrhein kamen.

Von besonderem Interesse ist hier, daß erstmals für eine französische Region vergleichende Untersuchungen angestellt wurden zwischen den anthropologischen Überresten dieser zwei während des Neolithikums in das Hexagon eingewanderten »Rassen« und den Skelettbefunden, die man im gleichen Gebiet in gallorömischen und merowingischen Nekropolen festgestellt hat. Trotz des von Caesar bestätigten Vorhandenseins »gallischer« Stämme (Uneller im Cotentin, Lexovier um Lisieux, Esuvier im Gebiet von Argentan und Sées) besteht eine erstaunliche Ähnlichkeit zwischen den zahlreichen Menschen aus den gallorömischen und merowingischen Bestattungen einerseits und andererseits den zwei eben beschriebenen Menschentypen der Bevölkerung des 4. und 3. Jahrtausends. Dagegen fand man »keine Spur von Galliern und ebensowenig von Germanen«. Auch wenn man sich vor übertriebenen Verallgemeinerungen hütet, sprechen diese Tatsachen für eine »Kontinuität der donauländischen Bevölkerung« und jedenfalls für einen vergleichsweise geringfügigen anthropologischen Beitrag der Franken und selbst der Kelten.

KAPITEL V

Die Kelten

KELTISCHE WANDERBEWEGUNGEN UND DIE ÄLTERE EISENZEIT

Das Auftreten keltisch sprechender Völkerschaften im Hexagon wird von antiken Autoren seit der Mitte des ersten Jahrtausends zusammen mit der Bezeichnung »Kelten« erwähnt. Ungefähr gleichzeitig kam das Eisen in diesen Teil Europas, ein Zusammenhang, der schon früh erkannt wurde. Nach dem übereinstimmenden Urteil aller Fachleute war die erste europäische Hochkultur nördlich des Mittelmeergebiets im 3. Jahrhundert v. Chr. eine keltische Kultur, charakterisiert durch eine vollkommene Beherrschung und vielfältige Verwendung des Eisens. Deswegen muß der Aufstieg dieser Eisenzeit als ein Hauptereignis in der Frühgeschichte der Ursprünge Frankreichs mit höchster Aufmerksamkeit verfolgt werden.

Die Eisengewinnung begann im Orient in der Mitte des 2. Jahrtausends v. Chr. Man muß sie unterscheiden von der vereinzelten Herstellung von Luxusgegenständen aus Eisen, die seit dem 3. Jahrtausend unter Verwendung des reinen Eisens von Meteoriten möglich war. Dieses Metall hatte damals keine praktische Bedeutung, seine Härte und anderen Eigenschaften blieben weit hinter der Bronze zurück. So mußte man erst ein Verfahren zur Härtung des Eisens erfinden, was zur Zeit der Hethiterherrschaft über Kleinasien geschah, zwischen dem 15. und 13. Jahrhundert v. Chr. Man konnte es kalt durch wiederholtes Hämmern bearbeiten, man konnte es in einem Holzkohlefeuer schmieden, das ihm den nötigen Kohlenstoffgehalt gab, und schließlich konnte man es nach erneutem Erhitzen abschrecken. Dieses Verfahren war bei einem der beiden auf Zypern gefundenen Messer aus der Zeit um 1200 v Chr. angewendet

worden, die als die ältesten bis jetzt bekannten Objekte aus Eisenstahl
gelten. Das Abschrecken machte das Messer fast viermal so hart wie
Bronze. In dem Brief eines Hethiterkönigs an einen auswärtigen Herrscher, geschrieben um 1250 v. Chr., wird die Eisenerzeugung erwähnt.
Unter dem Vorwand augenblicklichen Mangels wird die Lieferung dieses
Metalls verweigert und zum Trost ein Geschenk angekündigt: ein Dolch
mit eiserner Klinge. So konnte die Vorstellung entstehen, es habe ein
hethitisches »Produktionsgeheimnis« gegeben, das mit der Zerstörung
des Hethiterreichs um 1200 v. Chr. verlorengegangen sei. Aber das ist so
ausschließlich jedenfalls nicht zutreffend: Man hat im Libanon Werkstätten für die Eisenerzeugung nahe bei einem Königspalast des 14. Jahrhunderts v. Chr. gefunden.

Die Entdeckung der Eisenverarbeitung konnte ja überall dort geschehen, wo Eisenerz als Zuschlag in den Schmelzöfen bei der Kupferproduktion verwendet wurde. Erreichte man den Schmelzpunkt des Eisens (über
2000 Grad), mußte notwendig reines Eisen als Nebenprodukt anfallen.
Wahrscheinlich hat man aber die Bedeutung dieses Vorgangs nicht sofort
erfaßt. Wie dem auch sei, Eisen wurde von nun an im 11. Jahrhundert in
Griechenland und auf Kreta verwendet, im 9. Jahrhundert in Süditalien,
im 8. Jahrhundert in den Alpenländern, die besonders reich an Kupfer-
und Eisenerzen waren, außerdem in Oberitalien. Je nach Produktionsort
waren die Qualitätsmerkmale der Eisenerzeugnisse sehr verschieden:
Manche zerbrachen leicht, während andere sehr hart waren und trotzdem
eine Elastizität aufwiesen, die es bei der Bronze nicht gab. Durch fach-
männisch dosiertes Erhitzen und die Verwendung eines Kerns aus reinem,
folglich biegsamen Eisen konnte man schließlich Schwerter herstellen, die
dünner und dabei länger waren als Bronzeschwerter (115 bis 120 Zentimeter gegenüber 80 bis 90 Zentimeter).

Diese überlegene Langschwert-Bewaffnung taucht seit dem 8. Jahrhundert in »Fürstengräbern« der Gebiete nördlich des Schwarzen Meeres
und bis hin zum Osten des Hexagons auf. Man weist sie Stämmen zu, die
mit unterschiedlicher Sicherheit als Skythen, Illyrer und Kelten identifiziert werden. Die neue Waffentechnik ist ein historischer Tatbestand, der
das Gleichgewicht der Mächte erschütterte, die Großtaten der Kelten
ermöglichte und tiefgreifenden Einfluß auf die Sozialstrukturen ausübte.
Die im Neolithikum, im Chalkolithikum und in der Bronzezeit begonnene gesellschaftliche Abschichtung wurde fast überall dramatisch ver-

stärkt. Die Gräber der Anführer – Holzkammern unter einem Tumulus –
enthalten vorzügliche Waffen, vierrädrige Wagen, häufig Pferdetrensen
und Teile des Geschirrs. Bei den Skythenhäuptlingen mußten sogar die
Pferde selbst ihren Herren in das Grab folgen. Diese »Fürsten« und ihre
Elitekrieger entschieden allein die kriegerischen Auseinandersetzungen,
weil sie Pferd, Wagen und Eisenwaffen einsetzten. Ihnen gegenüber
scheint die Masse der übrigen Bevölkerung zur Bedeutungslosigkeit abgesunken zu sein. Nur die Aristokratie unterhielt Beziehungen zu Angehörigen der gleichen gehobenen Schicht, auch über weite Entfernungen.
Nur sie bezog die Reichtümer und kostbaren Handelswaren fremder
Länder. Sie ließ auswärtige Künstler und Handwerker kommen, die ihre
Fertigkeiten dann den Einheimischen beibrachten.

Die Eisenerzeugung nahm zu: Die zweite, jüngere Eisenzeit begann.
Unabhängig von jeder Frage nach Stil und Technik handelt es sich dabei
um die allgemeine Verbreitung des Gebrauchs von Eisen. Durch die
»Massenproduktion«, auch der Waffen, ergab sich wiederum eine gewisse
»Demokratisierung«; damals entstanden die ersten Heere, die aus einer
größeren Zahl vollständig bewaffneter Männer bestanden. Die atheni-
schen »Hopliten« des 6. Jahrhunderts, die Sieger über die Perser, wurden
auf die eine oder andere Weise fast überall nachgeahmt. Neben Adelskul-
turen traten also solche, die von einem »Stand« gehobener »Freier« getragen wurden, die aber immer noch aus der Masse der Abhängigen oder gar
der Sklaven herausragten – das charakterisiert auch die Polis-Struktur der
Griechen.

Die militärischen, politischen, institutionellen und sozialen Wandlungen, die auch außerhalb der »antiken Welt« festzustellen sind, waren oft
von einem spürbaren Bevölkerungswachstum begleitet. Mächtige Anführer und eine sehr reiche Aristokratie gab es immer, aber jetzt nahm auch
die Zahl vermögender Leute nachhaltig zu. Das geschah im 5. und 4. Jahrhundert v. Chr., dem Zeitalter der keltischen Expansion. Dieser Vorgang
ist genau zu verfolgen dank verläßlicher Erwähnungen in den Werken
antiker Autoren, aber auch aufgrund eines reichen und homogenen archäologischen Bestands, den man nach La Tène benannt hat. Das ist eine
recht bedeutende Ansiedlung am Nordostende des Neuenburger Sees
(Schweiz), an einem Weg gelegen, der Rhein- und Rhônetal verband. Das
Verbreitungsgebiet dieser Kultur entspricht weitgehend dem der Kelten.
Die jüngere Eisenzeit (ca. 450 bis 50 v. Chr.) ist die Epoche einer quer

durch ganz Europa reichenden keltischen Kultur. In einer Phase des teilweisen Stillstands, aber auch der Konsolidierung, wurde sie zum Ursprung eines jetzt erst weitgehend keltisierten Landes, das man Gallien nennen sollte.

Für die Zeit davor fehlen uns leider vergleichbare Nachrichten. Die antiken Autoren, von denen die Kelten erwähnt werden, helfen nicht weiter. Die archäologischen Spuren und linguistischen Befunde – beispielsweise Namen von Örtlichkeiten und Wasserläufen – passen bei weitem nicht so gut zusammen wie für die jüngere Eisenzeit. Wenn man die Zeit zurückverfolgt, kann man nur beobachten, daß der Übergang von der Kultur der älteren Eisenzeit zur La-Tène-Zeit in deren westlichstem Verbreitungsgebiet ohne Konflikte verlief, und dieses Gebiet war das östliche Hexagon, namentlich die Champagne. Man kann mit Recht vermuten, daß die Menschen, die hier unmittelbar vor dem Beginn der jüngeren Eisenzeit lebten, Kelten waren. Aber das gilt längst nicht für die gesamte ältere Eisenzeit, am wenigsten für den Ort, der ihr seinen Namen gegeben hat, Hallstatt im österreichischen Salzkammergut. Dieses Zentrum der alpinen Eisenverarbeitung lag an einer der Bernsteinstraßen und wurde, wie der Name sagt, durch reiche Salzlager begünstigt. Alle Voraussetzungen für die Erzeugung hochwertigen Eisens kamen in Hallstatt und seiner Umgebung zusammen: hervorragendes Erz, Wasser im Überfluß, Wälder für die Herstellung von Holzkohle. Mehr als eintausend Gräber wurden dort untersucht. Man fand einige Langschwerter aus Eisen mit Griffzungen, nach dem Vorbild von Bronzeschwertern gestaltet, die in Hallstatt ebenfalls vertreten sind. Die namengebende Fundstätte erlaubt es, für den Gesamtbestand an Eisengerätschaften ein älteres Hallstatt (I) bis rund 650 v. Chr. vom jüngeren Hallstatt (II) zwischen ungefähr 650 und 450 v. Chr. zu unterscheiden. Die Ansiedlung selbst gehörte damals aber offenbar nicht zur keltischen Welt, vielmehr zu einem von den Illyrern beherrschten Bereich. Dies ist ein Volk indogermanischer Sprache, von dem sich Spuren in Albanien erhalten haben. Das keltische Wort für Eisen, *isar* (dabei denkt man an die Flußnamen »Isar« in Bayern und »Isère« in Frankreich), das später durch die Germanen von den Kelten entlehnt wurde, kommt von dem illyrischen Wort *isarno*. Wie die Zusammenhänge auch sein mögen, den Kelten schreibt man jedenfalls nur die westliche Verbreitung der Hallstatt-Kultur zu, nicht aber die östliche, die beträchtlich ist.

Gestützt auf das verhältnismäßig späte Auftreten von Hallstatt II und La Tène im Hexagon haben einige Forscher vermutet, das künftige Gallien sei nur teilweise und sehr spät keltisiert worden: ab dem 6. Jahrhundert und nur in den östlichen Gebieten. Hier bestehen aber Widersprüche zu den Erkenntnissen der Linguistik. Die älteste Form des Keltischen, die in Irland und Schottland überlebt hat und dort als »Gälisch« bezeichnet wird, erschien sehr früh auf den Britischen Inseln und auf der Iberischen Halbinsel. Dagegen haben die mit der festländischen La-Tène-Kultur zeitgleichen Kelten das höher entwickelte Keltisch der Bretonen gesprochen. Das legt die Vermutung nahe, daß Träger keltischer Sprache durch das Hexagon zur Iberischen Halbinsel und zu den Britischen Inseln gezogen sind, bevor jene Kelten ankamen, die die Hallstatt- und La-Tène-Kultur repräsentieren. Außerdem sprechen griechische Quellen aus der Mitte des ersten Jahrhunderts von der Existenz der »Keltiberer« als einem alten Tatbestand. Die Kelten sind in die Halbinsel eingewandert, haben sich im Westen und auch im Süden angesiedelt und mit den Iberern vermischt. Die Hallstatt-Kultur allerdings liegt zeitlich später und hat, mit Ausnahme des nordöstlichen Katalonien, die Halbinsel gar nicht berührt.

Die ersten Kelten sind folglich vor dem Aufblühen der Hallstatt-Kultur nach Westeuropa und vor allem in das Hexagon gekommen: im 9. oder 8. Jahrhundert v. Chr. Aber das Verbreitungsgebiet der älteren Hallstattzeit muß nicht notwendig mit den Grenzen der Keltisierung des Hexagons zusammenfallen. Wenn die ersten Kelten oder »Proto-Kelten«, von denen man einige linguistische Spuren kennt, keine Hallstatt-Leute waren, dann wird die These gestärkt, nach der das Keltische mit den Hügelgräber-Leuten der Bronzezeit oder mit den Urnenfelder-Leuten gekommen ist. Die Hallstatt-Kultur scheint demnach den frühen Kelten *ursprünglich* fremd gewesen zu sein.

Hier stellt sich die schwierige Frage nach der Herkunft nicht nur der Bevölkerung des östlichen Hexagons zur Hallstattzeit, sondern auch der aristokratischen Oberschicht zu Beginn der älteren Eisenzeit. Die ersten Anführer im hallstättischen Teil der keltischen Welt – die Albert Grenier als »eine Art prähistorisches Austrien« bezeichnet hat – waren vielleicht fremdstämmig, wenigstens zum Teil. Die »Kimmerier«, Leute indogermanischer Sprache aus dem Kaukasus, könnten die Ansiedlung Hallstatt selbst und vielleicht auch die westlicher gelegenen Gebiete tiefgreifend beeinflußt haben. Antike Autoren haben berichtet, daß die »Kelten« hochgewachsene Menschen waren, was für die Bewohner des Hexagons nicht zutrifft. Man hat deswegen irrigerweise behauptet, diese Autoren hätten die Kelten mit den Germanen verwechselt. Heutzutage werden die antiken Quellen aber durch die Archäologie bestätigt: Man hat Skelette von »Fürsten« aus hallstattzeitlichen Grabhügeln gemessen, die größer als 1,80 Meter waren. Auch Venceslas Kruta stellt mit Vorsicht fest, es gebe gegenwärtig »keinen unbestreitbaren Beweis für die ethnische Zuge-hörigkeit derer, die man als ›Fürsten‹ der älteren Eisenzeit bezeichnet hat«.

Es scheint gut möglich, daß das vorkeltische und keltische Substrat der Bevölkerung des Hexagons nach einer Reihe von Generationen immer mehr zur Einheitlichkeit verschmolzen ist. Vielleicht wurde dabei eine Aristokratie keltisiert, die stark mit fremden Elementen unterschied-lichen Gewichts durchsetzt war. Die keltische Bevölkerung, die in der jüngeren Eisenzeit ins Licht der Geschichte tritt, war niemals eine Rasse. Trotzdem entwickelte sie eine gemeinsame Sprache mit gemeinsamer Kultur.

Wo lag nun der Siedlungsraum jenes Teils der »Hallstatt-Leute«, den man als unmittelbaren Vorgänger der Kelten der La-Tène-Zeit betrachtet? Die Eisenschwerter von Hallstatt findet man, im Gegensatz zu den Bron-zeschwertern der gleichen Zeit, weder auf den Britischen Inseln noch im aquitanischen Becken, auch nicht zwischen dem Unterlauf der Seine und einer Linie, die von der Maas zum Oberlauf der Aisne und der Marne verläuft. So wenig wie Bronzeschwerter treten sie in der Armorica auf, wo sich auch die Kultur der La-Tène-Zeit kaum durchsetzen konnte. Dage-gen finden sich die Eisenschwerter häufig nördlich und südlich der oberen Donau, im Neckar- und namentlich im Maintal, im Elsaß, in der Cham-pagne, ganz besonders oft aber in der Franche-Comté und in Burgund, mit einem Keil nach Westen durch das Berry bis ins Poitou. Verhältnismä-ßig selten sind die Eisenschwerter im Saône-Rhône-Graben – im Unter-schied zu den Bronzeschwertern, die zu Recht als Zeugen einer älteren Landnahme gelten; dagegen gibt es einige in der Auvergne und bis zum Roussillon.

Die Periode Hallstatt II ist gekennzeichnet durch die Herstellung von eisernen Dolchen oder Kurzschwertern, vielleicht bereits angepaßt an größere Verbände von Kriegern in geschlossener Formation. Der archäologische Befund ist ausnehmend deutlich: Man findet diese Dolche südlich der Donau, gerade bis jenseits des Lechs. Besonders häufig treten sie im Bereich der Donauquellen auf, nördlich des Bodensees und am Oberlauf des Neckars im heutigen Württemberg. Andere ergiebige Fundgebiete sind die Nordschweiz, die Franche-Comté, Burgund sowie, übertroffen nur von Württemberg, die Champagne am mittleren und oberen Lauf der Marne. Man hat auch Fundgruppen im Nordelsaß festgestellt, ferner bezeichnende Ausweitungen des Fundgebiets längs der Alpenpässe und nach Norditalien.

Es kann keinen Zweifel geben: Dieses Verbreitungsgebiet entspricht genau dem der Kelten in der La-Tène-Zeit. Bei dem Eisendolch hat man es mit einem authentischen Merkmal der Kelten zu tun. Es ist daher um so bemerkenswerter, daß man für diese Zeit – ungefähr 500 v. Chr. und vielleicht etwas früher – die Dolche von Hallstatt II zahlreich vertreten findet im Languedoc, mit einem Keil nach Katalonien und auf die Balearen, außerdem im aquitanischen Becken. Dieser Tatbestand entspricht einer keltischen Ausbreitung in die Gascogne bis zu den Pyrenäen, wofür auch andere Beweise vorliegen.

Herodot schrieb um 450 v. Chr.: »Der *Istros* (die Donau) entspringt im Land der Kelten.« Und er ergänzt: »Die Kelten sind Nachbarn der Kynesier, die nach dem Westen zu das letzte Volk Europas sind.« Dies ist die erste gesicherte Erwähnung der Kelten, denn die oft zitierte Bemerkung des Hekataios (um 500 v. Chr.) über das »Keltenland« nördlich der Ligurer ist wohl nur ein späterer Zusatz des Stephanos von Byzanz, der uns den Text überliefert hat. Herodot bestätigt also, was uns die archäologischen Funde erkennen lassen, wobei man dem Namen »Kynesier« mehr Aufmerksamkeit schenken sollte: Vielleicht gehört er zu einem »Volk«, das im Hexagon westlich der Kelten ansässig war; es wäre dann später im keltisierten Gallien aufgegangen.

Die zu Hallstatt II gehörenden bedeutenden Zentren, die man entdeckt und ausgegraben hat, liegen im heutigen Württemberg, in der Nordschweiz, im Jura (beispielsweise Camp-de-Château bei Salins), in Burgund (wie der Mont Lassois bei Vix, nahe Châtillon-sur-Seine), auf dem Plateau von Langres und in der Champagne. In Hochdorf bei Stuttgart fand man vor einigen Jahren das Grab eines »Fürsten«. Der darin bestattete Mann maß 1,89 Meter, er hatte um 550 v. Chr. ein Alter von ungefähr vierzig Jahren erreicht. Unter den sehr reichen Beigaben in der

Grabkammer fand man auch Fragmente eines damastartigen oder bestick-
ten Seidenstoffs. Die Privilegierten wurden durch Handelsverbindungen
mit Luxuswaren versorgt, die entweder auf dem Donauweg oder über das
westliche Mittelmeer aus dem Vorderen Orient kamen, der seinerseits
über die Seidenstraße in Verbindung mit dem Fernen Osten stand.

Bekannt sind die erstaunlichen Schatzfunde, die bei den Ausgrabungen um Vix und um die Heuneburg bei Sigmaringen geborgen wurden.
Das Wesen dieser ersten keltischen Hochkultur bleibt unverständlich
ohne einen Blick auf die Verbindungen zur Welt des Mittelmeers und des
Nahen Ostens, die später auf die Kelten so anziehend wirken sollte. Für
den Augenblick bleibt festzuhalten, daß das Zentrum der keltischen Welt
weder im Hexagon noch im künftigen Gallien zu finden ist. Es lag
vielmehr zu beiden Seiten von Ober- und Mittelrhein, in Ostfrankreich,
Süddeutschland, der Schweiz. Diesen Tatbestand hat Gustave Dupont-
Ferrier in zwei pointierten Sätzen zutreffend formuliert: »Nicht alle
Gallier saßen in Gallien«, und: »In Gallien gab es gleichzeitig nicht nur
Gallier.«

DER BEITRAG DES MITTELMEERRAUMS
MARSEILLE UND DIE KELTEN

Die Beweggründe für die Beziehungen des Orients zum »Fernen Okzident« waren seit dem Beginn des ersten Jahrtausends v. Chr. gleich geblieben: Es ging um das Zinn der Britischen Inseln und um das Gold und
Kupfererz der Iberischen Halbinsel. Der Osten hatte einen wachsenden
Bedarf an diesen Rohstoffen, die teuer bezahlt wurden und denen, die den
langen Seeweg zu den »Säulen des Herakles« wagten, einen beträchtlichen
Gewinn sicherten.

Die Hauptbeteiligten an diesem Handel sind recht gut bekannt: Im
Westen war es das »Reich« von *Tarschisch,* wie es in den Bibeltexten heißt,
oder *Tartessos* auf griechisch. Die Bedeutung des Wortes wurde über das
Assyrobabylonische als »Land der Gießereien« erschlossen. Um das Jahr
1000 v. Chr. am Unterlauf des Guadalquivir (dem *Baetis* der Römer)
entstanden, kontrollierte dieses »Reich« nicht nur den Verkauf der eigenen Metallschätze an die Kaufleute aus dem Osten. Es beaufsichtigte

vielmehr auch das Umladen der Waren aus den Ländern am Nordatlantik (britisches Zinn) und am Südatlantik (Elfenbein, Affen und Pfauen aus Afrika). Im Osten beherrschten einige Städte an der Mittelmeerküste – Tyros, Byblos, Sidon – die Fernhandelsreisen; in der Bibel und in griechischen Quellen wird ihr überfließender Reichtum an Edelmetallen gerühmt.

Tartessos besaß jenseits der Säulen des Herakles das Verkaufsmonopol für die Schätze aus dem Gebiet der sagenhaften »Atlantis«, dagegen verfügten die Seefahrer-Kaufleute von der syrisch-palästinensischen Küste über ein Quasi-Monopol für den Einkauf und den Weiterverkauf im Orient. Von den Griechen wurden diese Männer »Phoiniker« genannt wegen des Purpurs (griechisch *phoinix*), den sie herstellten und der eine sehr gesuchte Spezialität war. Der als Rundreise verlaufende Seeweg der Phoiniker bei ihren Handelsfahrten nach Westen konnte rekonstruiert werden: Man passierte auf der Hinfahrt Zypern, Kreta, Sizilien, Sardinien, die Balearen und erreichte die spanische Küste, der man bis Tartessos folgte, wo man schließlich auf einer küstennahen Insel eine Niederlassung gegründet hatte: Gades (phoinikisch *gadir*, Berg, Festung), das heutige Cadiz. Windrichtung und Meeresströmungen machten es notwendig, für die Rückfahrt der afrikanischen Küste zu folgen. Es lag nahe, daß die Phoiniker für diese lange Rundreise Zwischenstationen einrichteten. Einige davon wurden Handelsniederlassungen oder bedeutende Städte, allen voran die »Neue Stadt« (*Qart hadašt* = Karthago, vgl. entsprechend das griechische *Néa Polis*, Neapel), die nach der Überlieferung im Jahr 814 v. Chr. an der afrikanischen Küste nahe dem heutigen Tunis gegründet wurde. Diese Kolonie sollte die phoinikische Herrschaft im Mittelmeer noch behaupten, als die Mutterstadt Tyros bereits in Schwierigkeiten geriet.

An den Ländern dazwischen waren die Phoiniker offenbar wenig interessiert, am wenigsten an denen der Nordküste des Mittelmeers. Während der Jahrhunderte, in denen die Mutterstädte ihre Macht behaupten konnten, zählte nur der Gewinn auf den Märkten des Orients. Damals vereinbarte König Salomo (ca. 971–932) mit dem Herrscher von Tyros, daß eines seiner Schiffe alle drei Jahre die Flotte begleiten durfte, die Tyros nach Westen ausschickte. Dagegen sollte sich Karthago um so intensiver mit den anderen Mittelmeeranliegern befassen, zumal ab dem 8. Jahrhundert v. Chr. gefährliche Rivalen auftraten: Etrusker und Griechen. Der

Wettbewerb zwischen diesen drei Seemächten gab Anlaß zu den ersten dauerhaften Kontakten der Hochkulturen mit den Bewohnern des Hexagons. Im politischen Bereich war dies wichtig für das Schicksal der Kelten. Es ist aber auch daran zu denken, welche Rolle die Rivalitäten auf kulturellem Gebiet gespielt haben: Die Phoiniker schufen die erste Schrift unter Verwendung eines Alphabets, die Griechen übernahmen sie, und auf der Grundlage des griechischen Alphabets entwickelten die Etrusker eine eigene Schrift. Von Einzelheiten abgesehen ist das aber die Schrift der Römer, die wir noch heute benützen. Das Verdienst dieser handeltreibenden Seefahrer – die auch Piraten waren – beschränkt sich nicht auf Verbreitung und Vermittlung von Kultur; sie waren auch selber schöpferisch tätig. Mit Recht konnte man feststellen, daß die Werke Hesiods und die homerischen Dichtungen nur in einer Umwelt entstehen konnten, die ein Volk von Seefahrern und Kaufleuten gestaltet hatte.

Die Etrusker kamen spätestens im 8. Jahrhundert v. Chr. nach Italien, wahrscheinlich aus Kleinasien. Bei den Griechen hießen sie *Tyrsenoi* oder *Tyrrhenoi*, bei den Italikern Umbriens *Tursui*, bei den Römern *Tusci* oder *Etrusci*. Ihr Name blieb der Toscana, die das Zentrum ihrer Macht bildete, und dem Tyrrhenischen Meer, das sie lange Zeit beherrschten. Diese Einwanderer, die schon in Kleinasien auf die Eisenverarbeitung spezialisiert waren, haben sich zweifellos mit Bedacht in einer metallreichen Region niedergelassen. Sie beherrschten die Insel Elba, deren Eisenerz in der etruskischen Küstenstadt Populonia verarbeitet wurde, ferner Korsika und Sardinien; Stützpunkte schoben sie bis zur Iberischen Halbinsel vor. So erschienen die Etrusker vor den Griechen an der Küste des Hexagons, schon vom 7. Jahrhundert an. Die Rivalität mit den Griechen führte dann aber zu schweren Konflikten, was die Etrusker veranlaßt haben mag, Bündnisse mit den Phoinikern, voran Karthago, abzuschließen.

In diesen Zusammenhang gehört ein Ereignis von größter Bedeutung für die Geschichte des Okzidents: die Gründung von *Massalia* oder *Massilia*, das spätere Marseille, durch Kolonisten aus der ionischen Stadt Phokaia in Kleinasien. Das Gründungsdatum 620 v. Chr. wurde archäologisch bestätigt: Die Ausgrabungen im Bereich des Alten Hafens machen eine spätere Datierung – um 545 v. Chr. – unmöglich. Sie wird zwar auch von antiken Autoren behauptet und in Zusammenhang gebracht mit der Flucht von Phokaiern vor der Perserherrschaft in Kleinasien, aber dabei kann es sich nur um eine zweite Welle der Kolonisation gehandelt haben.

Über Jahrhunderte bestanden übrigens enge Beziehungen zwischen Mutterstadt und Kolonie. Noch im Jahr 130 v. Chr. intervenierten die Massilioten bei den Römern zugunsten von Phokaia. Die Zeit um 600 v. Chr. scheint für die Kolonie der Phokaier günstig gewesen zu sein, die damit begannen, eine ganze Kette von Handelsniederlassungen am Golfe du Lion und im Rhônedelta zu gründen: Nizza (der Siegesgöttin *Nike* geweiht), Antibes (*Antipolis*, die Stadt »gegenüber« von Nizza), Agde (*Agathé*, die »liebenswerte Stadt), Arles (*Théliné*) und später noch einen Handelsstützpunkt nahe Saint-Blaise.

Eine weitere bedeutende Stadt der Phokaier, jedoch in Katalonien, scheint eine direkte Gründung der Mutterstadt gewesen zu sein: Ampurias (*Emporion*, »Handelsplatz«). Bedenkt man, daß die Phokaier nicht allein kamen und daß sogar vor ihnen schon die Griechen von Rhodos da waren, wie das eine alte, von der Archäologie bestätigte Tradition will, so versteht man, warum die Etrusker verdrängt wurden. Der Golfe du Lion war nun eine »phokaische See« (H. Gallet de Santerre) geworden.

Das heißt aber nicht, daß es keine Konflikte mehr gegeben hätte. Als Beweis können die schweren Verluste angeführt werden, die den Griechen in der Seeschlacht von *Alalia* (Aléria auf Korsika) im Jahr 540 oder 539 v. Chr. durch die verbündeten Etrusker und Karthager zugefügt wurden. Die griechische Kolonie Alalia überlebte dennoch, trotz häufiger Kämpfe mit den Bewohnern der Insel, die wohl iberisch sprachen. Ausgrabungen haben bewiesen, daß die dortigen Kolonisten aus Phokaia reich, sogar schwerreich waren.

Schließlich behaupteten die Griechen die Seeherrschaft im Nordteil des Mittelmeers, während sie die im Südteil den Karthagern überließen, mit denen sie sich auf Sizilien arrangierten, wo die Phoiniker für ihre Seefahrt unentbehrliche Stützpunkte besaßen.

Angesichts des griechischen Drucks auf See vollzogen die Etrusker eine folgenreiche politische Wendung und verlegten sich ab dem 6. Jahrhundert auf die Expansion zu Lande. Sie eroberten die Nordseite des Apennins und gründeten dort Städtebünde nach dem Vorbild des in der Toscana bestehenden Städtebundes. Einer davon, der immerhin zwölf Mitgliedsstädte zählte, hatte als Vorort *Felsina*, das 535 v. Chr. erobert worden war: das spätere Bologna. Die Etrusker hatten am Ende einen großen Teil Oberitaliens unter ihre Kontrolle gebracht, bis hin zu den Alpenpässen, über die sie fruchtbare Beziehungen zur keltischen Welt anknüpften.

Von da an gab es drei Berührungszonen zwischen den Kelten und der Mittelmeerwelt: den Rhône-Graben, der im Rhônedelta von Marseille beherrscht wurde, die etruskisch kontrollierten Alpenpässe und schließlich die Ostalpen, in deren Bereich am Nordende der Adria die Handelsstädte *Adria* und *Spina* Bedeutung gewannen.

In diesen griechischen Gründungsstädten war der etruskische Einfluß bedeutend. Vasen und Amphoren können aus Griechenland von etruskischen Händlern gebracht worden sein, und etruskische Keramik konnte durch den griechischen Handel verbreitet werden. So ist es nicht einfach zu entscheiden, auf welchen Handelswegen Mittelmeerwaren in das Hexagon und über die Alpen nach Norden kamen. Dadurch konnte der Einfluß von Marseille auf das Hexagon zur Streitfrage werden, und Zweifel entstehen darüber, wie tiefgreifend die kulturelle Ausstrahlung der Stadt der Phokaier wirklich war. Diese Bedenken wurden 1913 von Joseph Déchelette ausgesprochen und von Albert Grenier neu formuliert: Die feindselige Eifersucht der unmittelbar benachbarten Ligurer habe Marseille häufig den Weg in das Landesinnere versperrt. Weiter im Norden, und seit dem Zeitpunkt ihrer Niederlassung an der Küste auch im Languedoc und in der Provence, hätten die Gallier ihr Transportmonopol entschieden verteidigt. Grenier glaubt nicht, daß es einen Handel fremder Kaufleute quer durch Gallien gegeben habe. Er stützt sich aber auf eine Nachricht Herodots, die sich nicht auf die Aktivitäten von Marseille bezieht, sondern auf die Art und Weise, in der Geschenke der »Hyperboreer« – der Kelten des Nordens – nach Delos gelangten. So bezweifelte man zu Unrecht die präzisen Angaben des griechischen Geschichtsschreibers Diodor (gestorben um 20 v. Chr.) über den Transport des britischen Zinns in den Mittelmeerraum: »In Britannien sind bei einem Kap, das man Belerion *(Lands End)* nennt, die Einheimischen besonders fremdenfreundlich und durch den häufigen Umgang mit auswärtigen Kaufleuten kultiviert. Sie produzieren Zinn, das sie aus Felsen holen, in die sie Stollen treiben. Sie gießen das Metall in Barren und bringen sie auf eine Insel vor der britischen Küste, die man *Ictis* (Wight) nennt. Bei Ebbe fällt der Bereich zwischen Britannien und der Insel trocken, so daß man große Mengen Zinn auf Fuhrwerken hinüberbringen kann. Dorthin kommen

dann Kaufleute, kaufen das Zinn und transportieren es nach Gallien. Sie
brauchen dreißig Tage, um es auf Lastpferden bis zur Rhônemündung zu
bringen.« Diodor beschreibt noch genau, daß »die Kaufleute das Zinn auf
dem Rücken von Pferden quer durch die Länder der Kelten bis Marseille
und Narbonne verfrachten«. Diese Nachricht ist außerordentlich wichtig
für die Wirtschaftsgeschichte Galliens, aber sie bezieht sich in erster Linie
auf die Zustände am Ende des 2. und während des 1. Jahrhunderts v. Chr.
Zu dieser Zeit hatten die Römer bereits eine Provinz im Süden Galliens
gegründet, deren Hauptstadt Narbonne war. Es ist also zu fragen, wie
weit der von Diodor erwähnte Handel auch schon in den Jahrhunderten
davor stattgefunden hat. Möglicherweise gibt er die Erklärung für den
erstaunlichen Fund eines griechischen Kratérs von 165 Zentimeter Höhe
und 209 Kilogramm Gewicht, den man 1952 in Vix bei Châtillon-sur-
Seine im Grab einer »Fürstin« bergen konnte, die im Alter von 33 bis 35
Jahren gestorben war. Das Grab, der in Einzelstücken gelieferte Kratér –
man hat griechische Buchstaben als Kennzeichen festgestellt, mit deren
Hilfe die Teile zusammengesetzt werden konnten – und der befestigte
»Fürstensitz« auf dem Mont Lassois liefern einen überzeugenden Beweis
für die intensiven Beziehungen der Hallstatt-Leute zu der griechischen
Welt um 525 v. Chr. Der Fundort beherrscht genau einen der Handels-
wege, der den Übergang aus dem Seinebecken – da, wo der Fluß aufhört,
schiffbar zu sein – zum Rhône-Graben ermöglichte.

Die Forschungsergebnisse der letzten Jahre ermöglichen es, die Streitfrage zu entscheiden. Ab dem 6. Jahrhundert v. Chr. wurde die Hallstatt-
Kultur beiderseits des Rheins, von Burgund bis in die Donauländer, mit
kostbaren Stücken meist griechischer Herkunft geradezu überschwemmt.
Aus der Zeit um 500 gibt es praktisch kein reich ausgestattetes Grab ohne
Amphoren für Transport oder Aufbewahrung von Wein und ohne kostbare Trinkgefäße. Man konnte sogar Spuren des Weins feststellen, den
man für den Toten eingefüllt hatte. Die Archäologie bestätigt also vollständig die antiken Autoren, wenn sie die Vorliebe der Kelten für griechischen Wein betonen und ihnen vorwerfen, daß sie ihn nicht mit Wasser
mischen, wie es ihrer Ansicht nach zivilisierte Menschen tun müßten.
Dieses ausländische Getränk war offensichtlich nicht für jedermann verfügbar. Zumindest anfänglich war es Aristokraten vorbehalten, die sich
nicht mit ihrem Gerstentrank, dem Vorläufer des Biers, begnügen wollten. Die Bedeutung des Weins als Grabbeigabe ist ein zuverlässiger Beleg

für die Mentalität und die religiösen Vorstellungen einer aristokratischen Gesellschaft homerischen Stils.

Es sollte nicht übersehen werden, daß die homerischen Epen aus dem 8. Jahrhundert stammen und daß die Welt, die sie heraufbeschwören, die des 10. und 9. Jahrhunderts ist. Es handelt sich dabei um das unmittelbare kulturelle Vorbild für die Gesellschaft der älteren Eisenzeit (8. bis 6. Jahrhundert v. Chr.). Die beherrschende Vorstellung ist die eines Festmahls als höchste Belohnung des tapferen Kriegers im Jenseits. Das Weiterleben der germanischen Krieger nach dem Tod in Walhalla mit einer ewigwährenden Abfolge von Kampf- und Festesfreuden ist nur der ferne und späte Nachklang einer heidnisch-aristokratischen Kultur, die die Menschen im Norden deutlich nach den Kelten erreichte; diese schirmten Nordeuropa vom Mittelmeerraum ab.

Wertvolle griechische Gefäße fand man in einer befestigten keltischen Siedlung des 5. Jahrhunderts, die der heutigen Stadt Würzburg vorausging, aber auch in der Schweiz bei Bern, im heutigen Württemberg und in Burgund. Der erstaunlichste Fundkomplex wurde nahe bei Sigmaringen geborgen. Er stammt aus der Heuneburg, einer um 500 v. Chr. bewohnten Befestigung, und aus den »Fürstengräbern« der Umgebung. Bernstein, schwarzfigurige attische Keramik, rot-weiß-figurige griechische Keramik, manchmal von den Einheimischen imitiert, Mittelmeermuscheln, griechisch-provenzalische Weinamphoren und ein attischer Kratér sind sämtlich Beweise für schon vor 500 v. Chr. hochentwickelte Handelsbeziehungen, in dem Jahrhundert, das auf die Gründung von Marseille folgte. Die Kartierung der Funde griechisch-provenzalischer Amphoren mit Wein zeigt anschaulich, auf welchem Weg dieser Handelsartikel transportiert wurde: über den Rhône-Saône-Graben und das Seengebiet im Nordwesten der Schweiz, ein in der Hallstattzeit bevorzugter Bereich, in dem ja auch La Tène liegt, der eponyme Ort für die nachfolgende Epoche. In diesem Gebiet kreuzten sich die Wege. Der Handel aus dem von Etruskern kontrollierten Oberitalien benützte die Alpenpässe und folgte dann dem Rheintal bis zur Mosel, erreichte die obere Seine und die obere Marne. Er wird durch weitere Funde belegt. Es gibt bei einem derart kräftig entwickelten Warenaustausch keine ausschließliche Route, aber alles weist auf die Bedeutung von Marseille hin. Die Griechen suchten nicht in erster Linie Metalle, sondern Absatzmärkte, besonders für ihren Wein, wobei sie Verbindungen herstellten. Und für das Langue-

doc gilt heute eine dank der Lebenskraft vor Marseille weitgehend erfolgreiche Hellenisierung als anerkannte Tatsache.

Eine Unruheperiode vorwiegend des 4. Jahrhunderts v. Chr. brachte
die einzige Krisensituation für die kulturellen und kaufmännischen Aktivitäten von Marseille auf dem Kontinent. Danach spielte die phokaiische
Stadt auch auf politischem Gebiet wieder eine entscheidende Rolle, so bei
der Einbeziehung des werdenden Galliens in die Mittelmeerwelt, die sich
damals gerade zur römischen Welt wandelte. Die Münzen von Massilia,
neben anderen griechischen Prägungen immer zahlreicher auftretend,
findet man jetzt auch auf den eben besprochenen Handelswegen durch die
Schweiz und bis hin zu den Britischen Inseln. Le Pègue, ein kleines Dorf
der Haute-Provence östlich von Montélimar, lieferte das Beispiel für eine
Ansiedlung, die am Ende des 6. Jahrhunderts und erneut im 4. Jahrhundert unter griechischen Einfluß geriet, während ihre Umgebung zu einer
alpinen Urnenfelder-Kultur gehörte, die eng verwandt war mit der in
Savoyen, in der Südschweiz und in Oberitalien. Die Importe begannen
hier um 525 v. Chr., was zeitlich gut zu Vix paßt. Le Pègue besaß eine
Befestigungsanlage, die um 400 zerstört wurde; dieses Datum entspricht
dem blitzschnellen Siegeszug der Kelten der La-Tène-Zeit in diesen Regionen, vor ihrem Einfall in Italien. Doch gehört das zu einer anderen Ära
der Beziehungen zwischen Kelten und Mittelmeerraum.

Bevor darauf einzugehen ist, sollen einige Erkenntnisse herausgestellt
werden, die aufgrund neuer Forschungen über die Hallstattzeit gewonnen
werden konnten. Diese Periode war vor allem in den östlichen Ländern
nicht ausschließlich keltisch geprägt, aber sie war dies sicherlich im Bereich der eindrucksvollen Befestigungsanlagen, die man beiderseits des
Oberrheins entdeckt hat. Als Beweis ein amüsantes Detail: Auf der Heuneburg wurden die ältesten Knochenreste von Geflügel im Abendland
gefunden. Die Zeitgenossen, von denen die ersten künstlerischen Darstellungen des Hahns geschaffen wurden, müssen von der Nützlichkeit dieser
Tierart beeindruckt gewesen sein. So wurde der Hahn dann zum Kennzeichen der Kelten, die sich seit Beginn des 4. Jahrhunderts v. Chr. in Oberitalien niedergelassen hatten: Die Römer nannten sie *Galli* (von *gallus*,
Hahn). Daher also der »gallische Hahn«.

Andere Erkenntnisse betreffen Art und Entstehung der Kontakte
zwischen dieser frühesten keltischen Welt und der Kultur der Antike. Daß
diese Beziehungen schon zu einem derart frühen Zeitpunkt so bedeutend

waren, unterscheidet die Kelten nicht nur von den Germanen, die auf vielen Gebieten erst ein halbes Jahrtausend später auftreten sollten; es unterscheidet sie auch von den Römern. Kulturell beeinflußt wurden die Kelten zuerst von den Griechen. Die Befestigungen der Heuneburg zeigen die Fortschritte der Kelten in der vermischten Verwendung von Holz, Erde und Steinen bei der Errichtung starker Mauern, Vorläufern des berühmten *murus gallicus,* den Caesar beschreibt. Man hat dort aber auch ein großes Teilstück in griechischer Weise aufgeführt, mit Ziegeln auf einem Sockel aus behauenen Kalksteinen. Genauso haben die Griechen in Saint-Pierre-les-Martigues, am Etang de Berre westlich von Marseille, gebaut. Mit den nördlich der Alpen bis dahin unbekannten rechtwinkeligen Bastionen beweist die Mauer der Heuneburg die Anwesenheit griechischer Baumeister und Architekten oder von deren einheimischen Schülern, die alle im Dienst desselben Fürsten standen. Das Vorbild der bei den Griechen üblichen Akropolis beeinflußte hier die früheste Ausgestaltung jener befestigten und verhältnismäßig hochentwickelten Bergsiedlungsanlagen, die man später als *oppida* bezeichnete und die charakteristisch für die keltische Welt im 2. und 1. Jahrhundert v. Chr. waren.

Trotz des barbarischen Aussehens, das die hochmütigen Urteile griechischer und römischer Autoren betonen, handelte es sich bei dem *oppidum* um die erste Form oder Vorform der Stadt, die das Europa nördlich der Alpen erreichte. Die Heuneburg und andere Orte beweisen das lange vor den eigentlichen *oppida* schon seit dem 6. Jahrhundert durch das Vorhandensein von »Handwerkervierteln«, in denen vor allem Metall verarbeitet wurde. Die Höhe der Einwohnerzahl legt nahe, daß es Arbeitsteilung gab und die Versorgung mit Vieh und Getreide durch die Bevölkerung des Umlandes erfolgte.

Gebrauchsgegenstände, Militärwesen und selbst die Jenseitsvorstellungen waren also tiefgehend durch hellenische Einflüsse geformt. Das erlaubt die Annahme einer vergleichbaren Beeinflussung der öffentlichen Angelegenheiten und besonders der Formen des Handels, der sicher weniger stammesgebunden war, als man lange meinte. Die Passierzölle, die schon vor der römischen Eroberung an den Grenzen der gallischen *civitates* erhoben wurden, lassen daran denken, daß die Gewinnbeteiligung der an den großen Handelswegen gelegenen Regionen auch auf diese Weise erreicht werden konnte. Es war dann überflüssig, an jeder Stammesgrenze das Abladen der Waren und den Wechsel des Zwischenhänd-

lers zu verlangen. Statt Handelsfeindlichkeit stellen wir also »fiskalische«
Ausnutzung der Handelswege fest.

In der Mitte des ersten Jahrtausends v. Chr. war die Welt der Kelten
demnach weniger primitiv, als man sich das vorgestellt hatte. Ihre Vertrautheit mit der Welt der Griechen zeigte sich in den folgenden Jahrhunderten durch die schönen keltischen Münzen, die seit dem 3. Jahrhundert
nach hellenistischen Vorbildern aus Makedonien geprägt wurden, sie
zeigte sich aber auch durch die Verwendung des griechischen Alphabets.
Diese Übernahme bestätigt Caesar in seinem Bericht über den Aufbruch
der Helvetier, dem er sich als römischer Feldherr entgegenstellen mußte.
Aber auch Strabon bestätigt den Sachverhalt: »Marseille war eine wichtige
Schule für die Barbaren. Dort wurden die Babaren zu Philhellenen gemacht, so daß sie ihre Geschäftsverträge nur noch auf griechisch abfaß-
ten.« Das Verdienst an dieser kulturellen Entwicklung kam natürlich
nicht der von Phokaia gegründeten Stadt allein zu, es gab auch andere
Vermittlungswege. Aber diese Stadt, in der man vor der römischen Eroberung ganz selbstverständlich Griechisch, Lateinisch und Keltisch
sprach, war eine Drehscheibe zwischen antiker Zivilisation und den Völkern weiter im Norden, eine Funktion, die später das ganze römische
Gallien übernehmen sollte. Justinus, der in einer Zusammenfassung des
Trogus Pompeius überliefert ist, berichtet über die Kelten, sie hätten von
den Massilioten verfeinerte Lebensformen übernommen. Kulturell waren
die Kelten niemals von Rom allein abhängig, denn zumindest teilweise
und in ihrer Oberschicht waren sie hellenisiert, bevor sie romanisiert
wurden. Man hat sich oft über die schnelle Romanisierung gewundert und
dabei wohl vergessen, daß die Römer selber gerade erst hellenisiert worden waren, daß auch sie gerade erst begonnen hatten, Wein auf griechische
Art zu produzieren, und daß schließlich das römische Gallien auf der
Mischung zwischen hellenisierten Römern und teilweise hellenisierten
Kelten beruhte. Das gilt besonders für die Regionen nahe am Mittelmeer,
wo Klima, fortgeschrittene Kolonisation und der langfristige Einfluß der
griechischen Städte die gallo-römische Symbiose erleichterten. Das Hexagon war, vor allem im Süden, schon deutlich vor der römischen Eroberung in die zivilisierte Welt eingetreten.

DIE KELTISCHE EXPANSION

Der Übergang von der älteren zur jüngeren Eisenzeit, seit dem Beginn des 5. Jahrhunderts angebahnt, wird um 450 v. Chr. durch bedeutende Veränderungen angezeigt: Die großen Fürstengräber werden selten. Nekropolen ohne Hügelgräber, einförmig und verhältnismäßig ärmlich, erscheinen seit der ausgehenden Hallstattzeit bei Jogasses nahe Epernay. Sie sind das typische Beispiel für die Friedhöfe der jüngeren Eisenzeit, der La-Tène-Zeit, die man unterteilt in La Tène I (450 bis 250), II (250 bis 120) und III (120 bis 50 v. Chr.). In ebendem Teil der Champagne, der sich zusammen mit den Gebieten an Rhein und Saar immer mehr als Zentrum der keltischen Welt erweist, findet man jetzt die stereotyp gewordene Bewaffnung der Männer, die in viel größerer Zahl als zuvor dem Kriegerstand angehören (allein im Département Marne gibt es rund 200 Kriegergräber): ein eisernes Schwert, das nicht mehr Vorrecht der Aristokratie war, ein bis zwei Lanzen, ein Messer und einen Holzschild, von dem nichts als der Haltegriff in der Erde überdauert hat.

Ab 400 v. Chr. zeigt sich eine neue Bestattungsform für die möglicherweise erst jetzt wieder entstandene herrschende Schicht: die sogenannten Fürstenhügel oder Streitwagengräber, von denen man allein in der Champagne rund 140 entdeckt hat. Dabei handelt es sich nicht mehr um den vierrädrigen Wagen, wie er manchmal als hallstattzeitliche Beigabe in den Gräbern hochgestellter Männer und auch Frauen erscheint. Vielmehr verwendete man jetzt einen zweirädrigen Streitwagen, dem man oft noch ein Zuggeschirr beigab. Man findet aber niemals die Pferde selbst wie in den Skythengräbern. Auch die Helme dieser Anführer konnten geborgen werden. Es handelte sich also um eine Art Kriegerkultur, und man weiß, daß sie sehr viele furchterregende Kämpfer in weit entfernte Gebiete ausgesandt hat: auf die Britischen Inseln, wo der Gebrauch des Streitwagens, auf dem Kontinent während La Tène II aufgegeben, bis in die Zeit Caesars beibehalten wurde, außerdem nach Mittel- und Osteuropa bis Schlesien und in die ungarische Tiefebene, schließlich und hauptsächlich nach Italien. Es fragt sich, wie diese »Marne-Kultur« von La Tène II entstehen konnte. Wie ist das politische und militärische Erdbeben des 5. und 4. Jahrhunderts zu erklären?

Die Ausrüstung mit Eisenwaffen bleibt nach Qualität und Quantität

bedeutsam. Eine in Luxemburg ausgegrabene Bestattung aus der Zeit um
460 v. Chr. hat das erste zweischneidige Langschwert geliefert, das man
kennt: die charakteristische Hiebwaffe der keltischen Heere in der jüngeren Eisenzeit. Während des 5. Jahrhunderts war dieses Schwert noch einer
kleinen »hallstättischen« Elite vorbehalten. Seine allgemeine Verbreitung
ist eben Ausdruck eines »industriellen«, sozialen und demographischen
Wandels. Die Kelten dieser Zeit, tapfer und überlegen bewaffnet, waren
als Krieger von den Mächten des Mittelmeergebiets sehr gesucht. Seit dem
Beginn des 4. Jahrhunderts begegnen uns in den Quellentexten keltische
Söldner, und vor allem nach dem Tod Alexanders des Großen nahm dieses
Söldnerwesen Ausmaße an, daß man es als »fortgesetzten Blutverlust der
keltischen Welt« (Venceslas Kruta) ansprechen konnte. Die Kelten verrichteten ihr Kriegshandwerk in Griechenland, in Afrika, vor allem aber
in Italien im Dienst der dortigen Etrusker. Im Unterschied zu dem
vorhergehenden Jahrhundert überwiegen im 5. Jahrhundert die etruskischen Exporte über die Alpenpässe nach Osten und Westen. Diese besonderen Beziehungen zwischen Kelten und Etruskern sind zu beachten.
Denn beim Erscheinen der ersten regelrechten Invasionsheere der Kelten
in Ober- und Mittelitalien sind derart schnelle Bewegungen und so gute
Kenntnisse der örtlichen Verhältnisse festzustellen, daß nur die Beteiligung ehemaliger Söldner und heimliche Beziehungen im Land als Erklärung möglich sind. Kurz gesagt, die militärisch überlegenen Barbaren
hatten freie Wahl, wie später die Germanen, ob sie die reiche, zivilisierte
Welt gegen Belohnung verteidigen oder für sich erobern sollten.

Das Mittelmeergebiet, dessen Freuden sie schon aus der Ferne in ihren
hallstattzeitlichen Festungen genossen hatten, wirkte auf die Kelten also
äußerst anziehend. Daneben gab es aber möglicherweise auch Kräfte, von
denen sie dorthin getrieben wurden. Dazu gehört der Klimawechsel, denn
zwischen 600 und 400 v. Chr. gab es einen jähen Sturz der mittleren
Jahrestemperatur um 2 Grad. Die Grenze der skandinavischen Gletscher
fiel um etwa 200 Höhenmeter, gleichzeitig zogen sich Eiche und Haselnuß nach Süden zurück. Auch schrumpfte die Ackerbauzone, deren
nördliche Grenze vom 68. auf den 60. Breitengrad verschoben wurde. Die
Erinnerung an diese große Kälte wurde in der nordischen *Edda* bewahrt.
Auch die Nachrichten des Pytheas von Massilia (2. Hälfte des 3. Jahrhunderts v. Chr.) über das Eismeer im Norden entsprechen den neuen Klimaverhältnissen. Jetzt begannen die Germanen, die sich seit undenklichen

Zeiten nicht gerührt hatten, ihre große Wanderung. Dabei vermieden sie
noch den Machtbereich der Kelten, die ihnen damals militärisch überlegen waren, aber ihr Aufbruch gehörte in den Rahmen der Reaktionen auf
die allgemeine Verschlechterung der Lebensbedingungen im nördlichen
Europa, durch die alle Vorzüge des Mittelmeerklimas noch anziehender
wurden.

Ein letztes Problem ist beim derzeitigen Stand unseres Wissens kaum
zu entscheiden: Falls Streitkräfte aus Osteuropa eingetroffen sein sollten,
wäre der Aufbruch der keltischen Stämme Teil einer Kettenreaktion.
Vielleicht traten aber auch nur neue Eliten auf, die mehr zu einem Krieger-
und Nomadenleben tendierten, wobei sie den Überschuß einer anwach-
senden Bevölkerung mit sich zogen. Solche Erklärungen bleiben aber
reine Hypothesen.

Man hat auch auf die Skythen verwiesen. Ihre Bewegungen sind im
6. Jahrhundert deutlich erkennbar zum einen bis in das heutige Brandenburg, zum anderen bis in die Gegend von Hallstatt. Man hat sogar im
heutigen Belgien ein Grab gefunden, das an ihre Gebräuche erinnert,
besonders an die Sitte, einem Anführer die Gattin oder Geliebte in den
Tod folgen zu lassen. Diese Gewohnheit findet sich von dieser Zeit an
auch in der Welt der Kelten. Ein weiterer Beleg dafür, daß Bestandteile der
skythischen Kultur von den Kelten in den Okzident vermittelt wurden,
ist die Hose. Dieses Gewand war den mediterranen Völkern unbekannt,
aber es gehörte nun zur Kleidung des keltischen Reiters und wurde dann
vom mittelalterlichen und neuzeitlichen Europäer übernommen. Schließlich fand man skythische Pfeilspitzen an der oberen Donau, in Burgund,
am Oberlauf der Seine und bis zum Zusammenfluß von Loire und Allier:
Nachahmung oder Anwesenheit der Skythen selbst? Diese Frage kann
derzeit nicht entschieden werden. Immerhin gibt die Häufung von Hin-
weisen zu denken, besonders wenn man die »verwirrende und faszinie-
rende« Kunst der Kelten, gerade in der La-Tène-Zeit, mit berücksichtigt.
Der östliche Ursprung dieser Kunst wurde nie bestritten, auch nicht ihr
absoluter Gegensatz zum Wesen der griechischen und römischen Kunst.

Von einigen befestigten Zentralorten der späten Hallstattzeit weiß
man, daß sie um 500 v. Chr. zerstört wurden. Dabei kann es sich um
Erschütterungen aufgrund innerer Auseinandersetzungen handeln, aber
auch um Eroberungen von außen her. In der Champagne scheint es
mehrfach abrupte Veränderungen gegeben zu haben, aber die Ausgrabun-

gen liefern keinerlei Spuren größerer Zerstörungen. Zur gleichen Zeit richtete sich der Eroberungsdrang südwärts, in Gang gesetzt nach der zweiten Welle der Unterwerfung Galliens durch die Kelten. Im Verlauf des 5. Jahrhunderts, ab 480 v. Chr., eroberten die Kelten von La Tène I den Südosten des Hexagons zwischen Rhône und Alpen, der weitgehend von Ligurern bewohnt war.

Der Festlandshandel von Marseille erlitt jetzt ernsthafte Störungen. Es gibt eine Überlieferung, wonach keltische Anführer in Person drohend vor der phokaiischen Stadt erschienen sind. Nachfolgend entwickelte sich in dieser Region eine keltisch-ligurische Kultur, die für das 2. und 1. Jahrhundert v. Chr. durch das wichtige Zeugnis des befestigten *oppidum* von Entremont nahe Aix-en-Provence belegt ist.

Der Kelteneinbruch in Italien ist spätestens auf den Beginn des 4. Jahrhunderts v. Chr. anzusetzen. Nach einer alten Überlieferung gab es am Anfang dieses Jahrhunderts einen ersten Einfall, der zur Gründung von Mailand führte. Mit Bestimmtheit kann man nur sagen, daß die Macht der Etrusker unter den furchtbaren Schlägen dieser Krieger zerbrach, die von den Römern *Galli*, Gallier, genannt wurden. Die Eroberung von *Felsina* 535 v. Chr. war das Symbol der etruskischen Herrschaftsübernahme gewesen, die Zerstörung dieser Stadt im Jahr 350 und die Gründung der »Stadt der Boier«, Bologna, wurde jetzt zum Sinnbild für die Unterwerfung durch die Gallier. Die berühmte Plünderung Roms nach dem gallischen Sieg von 385 (nach der traditionellen Chronologie 390 v. Chr.) war nur eine Episode, verglichen mit der massenhaften Ansiedlung von Kelten im ganzen Norden der Halbinsel.

In den Handbüchern einesteils als Großtat der Gallier, andernteils als nur vorübergehender Rückschlag der römischen Expansion dargestellt, gewann dieser erste Zusammenstoß zwischen Römern und Kelten rasch doppelte Bedeutung: Zunächst waren die Kelten keine bloß vorübergehende, sondern eine bleibende und schreckliche Bedrohung. Auf lange Sicht gesehen zog aber Rom den Gewinn aus der Vernichtung der etruskischen Macht durch die »Gallier«. Gerade als diese in Italien erschienen, hatten die Römer mit der Eroberung von Veii eben eine erste Bastion errichtet. Die Gallier bereiteten so den Boden für die römische Expansion.

Man muß versuchen sich vorzustellen, welchen Schrecken die gallischen Eroberer verbreiteten. Südlich von Bologna, in Marzabotto, fand man die im Jahr 350 v. Chr. verbrannten Häuser und zerstörten Tempel, dabei zahlreiche Skelette sowie etruskische und keltische Waffen. Die Kelten erschütterten Italien bis hinunter nach Apulien. Wenn man bei antiken Autoren liest, daß die Gallier die abgeschnittenen Köpfe ihrer Gegner manchmal am Gürtel trugen oder sie zu Hause aufbewahrten, dann handelte es sich nicht um bloße Schauergeschichten einer zivilisierten Welt über fast völlig unbekannte Stämme weit weg im Barbarenland: Man hatte sie aus der Nähe erlebt, in Italien im 4., in Kleinasien im 3. Jahrhundert, lange bevor sie die Sitten des Aufnahmelands angenommen hatten. Natürlich darf man die schauerlichen Bräuche nicht nach den Normen einer anderen Welt beurteilen, man muß sie als religiöse und magische Handlungen, als Bestandteil von Initiationsriten sehen.

Wahrscheinlich erklären religiöse Überzeugungen auch die Bereitschaft der Kelten, »nackt« zu kämpfen, trotz ihrer überlegenen Bewaffnung, zu der auch die ersten im Okzident bekannten Kettenhemden aus Eisen gehörten. Die Aufbewahrung der abgeschnittenen Köpfe wurde übrigens von der Archäologie vollauf bestätigt.

Woher kamen nun diese Männer? Lange hat man an Eroberungen allein durch »Gallier aus Gallien« geglaubt. Diese Täuschung ist damit zu entschuldigen, daß sie nur einen Irrtum der Antike aufnimmt, denn seit dem 1. Jahrhundert wurde Gallien für die Wiege der Kelten gehalten... Die Archäologie und Linguistik der Neuzeit haben diese These längst widerlegt. Zu den Eroberern Italiens gehörte auch der Stamm der *Boii* (Boier). Seinen Namen trägt *Bononia* (Bologna) in Italien; man findet ihn aber auch in Frankreich (Boulogne), und er steckt außerdem in der Bezeichnung »Böhmen« *(Boiohaemum)*. Die weite Verbreitung gallischer Stammesnamen in dem ausgedehnten Bereich der keltischen Welt Europas macht jede Bestimmung der geographischen Ursprünge schwierig. Ein anderer in Italien erwähnter Stamm, die *Lingones*, gab seinen Namen Langres, ließ sich aber recht bald in Spanien nieder, dort als *Lungones* bezeichnet. Die *Senones*, die an der Adriaküste besonders mächtig waren, kamen nach einer römischen Tradition aus der Gegend um Sens, dem sie ihren Namen gegeben haben. Man sollte allerdings auch nicht in das andere Extrem verfallen und den Anteil der Stämme unterschätzen, die sich bereits im Hexagon niedergelassen hatten, bevor sie zumindest teilweise wieder in neue Länder aufbrachen.

Die weiteren Eroberungen und Großtaten der keltischen Stämme können hier nicht weiter erörtert werden; ihr Zusammentreffen mit Alexander dem Großen und ihre legendäre Antwort an den Herrscher: Sie fürchteten nichts, als daß der Himmel auf sie herabstürzen könne. Danach ihr Auftreten in Makedonien 280 v. Chr., in Delphi 279 und ihre Landnahme im Jahr 275 im kleinasiatischen Galatien, das nach ihnen benannt ist. Fast immer handelte es sich um zahlenmäßig starke Gruppen, die sich als Söldner oder auf eigene Rechnung aktiv an den Konflikten der Mittelmeermächte beteiligten, die aus den Gegensätzen zwischen den Nachfolgestaaten des Alexanderreichs entstanden.

Man kann diese Zersplitterung, in den Augen des modernen Menschen eine enorme Kraftvergeudung, nur verstehen, wenn man bedenkt, daß es keinerlei Art von Zusammenhalt gab, von politischer Einheit ganz zu schweigen. Das war freilich nicht nur ein Charakteristikum allein der Kelten, die gleiche Erscheinung ist später bei den Germanen, früher bei den Griechen zu beobachten. Die ganze »Einheit« beruhte auf der gemeinsamen Sprache, auf gleichen religiösen Riten, die sogar zur Errichtung eines kultischen Zentrums führen konnten (für die Kelten bei den *Carnutes*), und auf Herstellungsverfahren, deren gleichzeitige Anwendung über Entfernungen von mehr als tausend Kilometer erstaunlich intensive Kontakte verrät. Aber im politischen Leben und im Krieg zählte nur die Zugehörigkeit zur *civitas*, ob das nun eine Stadt im mediterranen Sinn oder eine Stammesgemeinschaft war. Rom selbst, das alle diese Mikrokosmen in dem Makrokosmos eines wirklichen Staats aufgehen lassen sollte, war anfangs eine einzelne Stadt. Das blieb sie im Prinzip sehr lange; die *cives* waren nicht Bürger des Reichs, sondern der Hauptstadt. Auch von Geburt arabische oder gallische Senatoren waren Mitglieder des Senats der *urbs*.

Im 4. und 3. Jahrhundert bedeutete die Machtentfaltung der *Galli* in Italien, ihre bedrohliche Herrschaft in dem ersten als *Gallia* bezeichneten Land beiderseits des Po, eine außerordentliche Herausforderung der italischen Welt, voran der Römer. Die Römer wurden zwar oft geschlagen, aber sie konnten ihre Kampfesweise verbessern, während die Gallier den erreichten Stand beibehielten. Das brachte einen völligen Umschwung, und die Rache war unerbittlich.

NIEDERGANG UND ZUSAMMENBRUCH DER KELTEN

Nach den keltischen Eroberungen in Italien war die erste Hälfte des
4. Jahrhunderts v. Chr. für die Gallier auf der Halbinsel ein goldenes
Zeitalter. Das Hexagon zog daraus große Vorteile und erlebte damals eine
neue Phase mediterraner Kulturbeeinflussung. »So begann ein lebhaftes
Kommen und Gehen zwischen dem Gebiet der transalpinen Kelten und
der cisalpinen Gallia. Die Krieger zogen auf der Suche nach Reichtum und
Kampf nach Italien, zurück brachten sie dafür die Verfeinerungen einer
neuen Zivilisation, die sich aus der Berührung mit der griechischen und
etruskischen Kultur entwickelte« (Venceslas Kruta). Der Reichtum der
senonischen Nekropolen an der Adria – sie enthalten Gefäße, Schmuck
und Waffen griechischer, etruskischer und keltischer Herkunft – übertrifft bei weitem alles, was man aus »Fürstengräbern« der Hallstattzeit
kennt. Eine neue Kriegeraristokratie, zum Teil aus Italien zurückkeh-
rend, brachte keltisch-italische Erzeugnisse mit, die geeignet waren, örtliche Imitationen anzuregen. Nach einem Fundort im Rheinland (bei Bin-
gen) hat man diesem neuen Stil am Ende von La Tène I die Bezeichnung
»Waldalgesheim-Kultur« gegeben. Der Wandel in den Bestattungsformen
von Anführern und keltischem »Adel« im Hexagon erklärt sich wenigstens teilweise durch die Erfolge in Italien und die Zunahme an Reichtum
wie an Kultur, die sich beiderseits der Alpen daraus ergab.

Die Umkehr im Gleichgewicht der Kräfte zwischen den Kelten Italiens und den Römern erfolgte im Jahr 283 v. Chr. Einige Zeit nach ihrem
ersten großen Sieg bei *Sentinum* (295) und ihrer letzten schweren Niederlage nahe Arezzo (285) unterwarfen damals die Römer die Senonen und
gründeten auf deren Gebiet die Kolonie *Sena Gallica* (Sinigaglia). Diesmal
wurden die Kelten erschüttert: Die begrenzten Aussichten, die ihnen
Italien künftig noch bot, ließen den Zustrom transalpiner Kelten auf die
Halbinsel abnehmen. Sie verursachten auch den Aufbruch derer, die jetzt
weitere Heldentaten auf dem Balkan vollbringen sollten.

Rom war entschlossen, die gallische Frage endgültig zu regeln. Mit
einem Sieg über die cisalpinen und transalpinen Gallier im Jahr 225 v. Chr.
begann die letzte Phase der Eroberung der *Gallia Cisalpina*. Erfolgreich
abgeschlossen wurde sie 222 v. Chr. mit der Einnahme von Mailand und
der Gründung römischer Kolonien in Piacenza und Cremona.

Der *ager gallicus* – das den Galliern in Italien abgenommene Land – reichte aber noch nicht aus, um die Sicherheit Roms zu garantieren. Diese Erkenntnis mußte im Augenblick einer tödlichen Gefahr teuer erkauft werden: bei Hannibals Angriff 218 v. Chr. im Zweiten Punischen Krieg. Als Hannibal mit seinem Heer die Alpen überstieg, spielten Gallier zu beiden Seiten des Gebirges eine nicht zu unterschätzende Rolle. Der Karthager verstand es, den tiefen und anhaltenden Gegensatz zwischen Galliern und Römern für sich zu nutzen. Er stellte Gallier sogar in das Zentrum seiner berühmten Schlachtordnung von *Cannae* im Jahr 216. Diese Mitte war von vornherein dazu bestimmt, von den Römern zerschlagen zu werden, bevor dann die karthagischen Elitetruppen von beiden Flanken her angriffen. Als Antwort trugen die Römer den Krieg in die iberischen Ausgangsstellungen ihres karthagischen Gegners. Ereignisse außerhalb des Hexagons und der Kampf fremder Mächte sollten über sein politisches Schicksal entscheiden: Nach der Gründung der beiden römischen Provinzen *Hispania Citerior* und *Hispania Ulterior* als unmittelbare Folge des Sieges über Karthago im Jahr 202 v. Chr. war die Aneignung der Küstengebiete zwischen Italien und Spanien nur noch eine Frage der Zeit. Damit sollte eine bessere Kontrolle und die Isolierung der Gallier Italiens ermöglicht werden. Entscheidend wurde nun die Rolle von Marseille. Die phokaiische Stadt war eine treue Bundesgenossin der Römer, half ihnen bei der Überwachung der Küstenregion und lieferte ausgezeichnete Vorwände zur Intervention, sobald die Kelto-Ligurer den geringsten Zwischenfall auslösten. Im Jahr 181 v. Chr. veranlaßte die Klage von Marseille über ligurische Seeräuber Roms energische Reaktion. Im Jahr 154 v. Chr. verwies Marseille eindringlich auf die Gefährdung von Antibes und Nizza durch die Oxybier und Deciaten. Daraufhin vernichtete der Konsul Quintus Opimius diese Kelto-Ligurer und gab ihr Gebiet den Massilioten: Rom trat in dieser Region als Herr auf, lange vor der Gründung einer römischen Provinz. Im Jahr 125 v. Chr. schließlich ersuchte Marseille um Hilfe gegen die *Saluvii* von Entremont, ein bedeutendes *oppidum* seiner gefährlichsten Gegner. Damit wurden Reaktionen der Römer ausgelöst, die bleibende Folgen hatten: Entremont wurde 124 v. Chr. eingenommen und zerstört, unmittelbar daneben entstand eine befestigte römische Stadt, Aix-en-Provence *(Aquae Sextiae)*. Die Römer richteten sich auf Dauer ein.

Der Zusammenstoß mit dem im Südosten herrschenden Gallierstamm, den *Arvernes*, die der Auvergne ihren Namen gaben, ließ sich nun nicht mehr vermeiden. Ihr König Bituit wurde bei Orange besiegt und 121 v. Chr. beim Triumphzug in Rom mitgeführt.

Im folgenden Jahr gründeten die Römer eine neue Provinz, die *Gallia Transalpina.* Für sie war dies das andere Gallien jenseits der Alpen, im Unterschied zu dem ersten »Gallien« in Italien, das sie bereits erobert hatten und das von jetzt an *Gallia Cisalpina* hieß. Hauptstadt der neuen Provinz wurde im Jahr 118 v. Chr. Narbonne. Durch den Fund eines Meilensteins von 118 v. Chr. weiß man seit kurzem, daß zugleich mit der Gründung der neuen Provinz auch der Bau der Römerstraße zwischen Spanien und Italien, der *via Domitia,* begonnen wurde. Das zeigt, wie dringend wichtig es für die Römer war, dieses Durchgangsgebiet zu beschützen und sorgfältig zu kontrollieren.

Die Gründung dieser Provinz, der späteren *Gallia Narbonensis,* war ein bedeutendes Ereignis. Nachdem die Römer die rivalisierenden Karthager ausgeschaltet hatten, nahmen sie jetzt die Küsten des westlichen Mittelmeers in Besitz und machten es zu einem echten *Mare Internum,* einem Binnenmeer. Vor allem versperrten sie den Kelten durch eine Art Schutzkorridor jeden Zugang zum Mittelmeer. Das beendete eine Epoche, in der die Kelten zwar sehr unruhig gewesen waren, aber immer offen für mediterrane Einflüsse, die jetzt von den Römern monopolisiert wurden, selbst der Weinhandel: Die Griechen in Marseille und an anderen Orten sollten das zu ihrem Nachteil verspüren. Man kann erneut daran erinnern, daß die Bevölkerung Italiens, abgesehen von den Bewohnern der griechischen Städte, erst im 3. Jahrhundert damit begonnen hatte, zunächst für den eigenen Bedarf Wein zu erzeugen, der dann aber das griechische Monopol brechen sollte. Der gleiche Vorgang wiederholte sich in der neuen Provinz. Auch sie begann mit dem Weinanbau, um weniger von Einfuhren abzuhängen. Damit hatte die Geschichte des römischen Gallien bereits angefangen.

Hier ist es notwendig, einen Blick auf die gesamte keltische Welt zu werfen, auf das *Celticum,* das im 2. Jahrhundert v. Chr. tiefgreifende Wandlungen und eine schwere Krise erlebte. Allenthalben gab es den Rückstrom von Stämmen, die unterlegen waren oder keine Expansionsmöglichkeiten mehr besaßen. Sie kehrten in die Donauländer oder ins Hexagon zurück, so die Boier, die aus Italien abzogen, nachdem die Römer ihr Gebiet im Jahr 192 v. Chr. »pazifiziert« hatten und als äußeres

Zeichen eine Säule in Bologna aufstellten. Andere Kelten paßten sich der Lage an, so jene in Norikum, einem Alpengebiet, dessen Bedeutung auf der Paßlage und dem Reichtum an Eisen und Salz beruhte. Im Jahr 171 v. Chr. wurden die Bewohner dieser Region, die von den Römern als »Reich« bezeichnet wurde, offiziell zu »Freunden des römischen Volks«. Aber die bedeutendste Veränderung, aus weiter Ferne verursacht, beruhte auf dem Druck der Germanen, die im Verlauf ihrer langsamen Südwanderung (verstärkt ab 300 v. Chr.) die Kelten dazu zwangen, während La Tène II (250 bis 120 v. Chr.) alle ihre Siedlungsgebiete aufzugeben, die nördlich einer Linie von der Rheinmündung bis zum Thüringer Wald lagen. Nur westlich der Weser konnten sich die Kelten etwas länger halten.

Diese offenkundig außerhalb des Hexagons selbst ablaufenden Vorgänge verursachten die letzte Welle keltischer Landnahme. Dadurch wurde das gewohnte Bild der Stammesverteilung in Gallien, wie wir es durch Caesar kennen, auf Dauer bestimmt. Es handelt sich bei dieser Einwanderung um die Rheinüberquerung der *Belgae*, die im 3. und 2. Jahrhundert in zwei Phasen erfolgte. Zur ersten Welle gehörten die *Atrebates*, die Arras und dem Artois den Namen gaben, die *Ambiani* (um Amiens), die *Bellovaci* (um Beauvais und Breteuil), schließlich die *Remi*, die sich in weiten Teilen der Champagne um Reims niederließen, dem sie den Namen gaben. Zahlreiche Kelten, die von der Invasion der Belger überrascht wurden, gingen lieber in das heutige England, wo man ihre Spuren in Sussex, Wessex und Kent findet. Aufgeschreckt durch den Vorstoß der *Belgae* verließen auch die *Parisii* zu einem guten Teil die Ufer der Seine. Sie ließen sich im heutigen Yorkshire nieder, wo man noch ihrem Namen begegnet. In die gleiche Zeit datiert man den Aufbruch der *Sequanes* von der Seine *(Sequana)* zur Franche-Comté. Bezeichnenderweise verschwinden eben damals die Streitwagengräber in der Champagne, während sie in England von da an neu auftreten.

Woher kamen die Neuankömmlinge? Bei Ausgrabungen in Cernon-sur-Colle (Marne) und in den Nekropolen der *Belgae* bei Villeseneux (Marne) sowie bei Poigny (Seine-et-Marne) konnte man Objektformen und Bräuche feststellen, wie sie in der keltischen Welt sonst nur in den Donauländern und in Westböhmen anzutreffen sind. Unter anderem handelt es sich darum, daß die Frauen Ringe um den Fußknöchel trugen, doch hielt sich diese Sitte nur für eine Generation. Das beweist die rasche

Anpassung der Zugezogenen an ihre neue Heimat. Von den Volker-Tektosagen weiß man, daß sie aus dem heutigen Franken stammen, also aus der Nachbarschaft Westböhmens. Sie gehörten ebenfalls zur ersten Belger-Welle, die neben dem Osten und Nordosten des Hexagons auch den Süden berührte. Eine Schriftquelle bestätigt die archäologischen Befunde; der Dichter Ausonius, der aus Bordeaux stammte und an der Mosel lebte, berichtet im 4. Jahrhundert n. Chr., die Volker-Tektosagen betrachteten sich als Belger.

In einer zweiten Welle kamen die Belger im 2. Jahrhundert v. Chr. und ließen sich diesmal weiter nördlich nieder. Die spät aufgebrochenen Stämme hatten seit langem den Druck und das Eindringen der Germanen hinnehmen müssen. Nach unterschiedlich langem Zusammenleben gehörten daher beim Aufbruch zahlreiche Nachkommen dieser Germanen zu ihnen, aber auch diese Belger hielten an der keltischen Sprache fest. Man versteht so die häufigen Anspielungen der antiken Autoren, die zwar nichts von den geschichtlichen Voraussetzungen wußten, aber behaupteten, man könne die Belger kaum von den Germanen unterscheiden. Besonders die Nervier und Eburonen leisteten erst den Angriffen der Kimbern und Teutonen, dann den Heeren Caesars wild entschlossen Widerstand, wofür sie unmenschlich unterdrückt wurden. Die Belger setzten teilweise nach England über. Einer ihrer Stämme, die *Catuvellauni*, um Colchester ansässig, konnte dort eine Art Hegemonie erringen und leistete ab 43 n. Chr. den Truppen des Kaisers Claudius nachdrücklich Widerstand. Aber auch er wurde schließlich der römischen Herrschaft unterworfen.

Warum nun waren die Römer derart versessen darauf, sämtliche keltischen Völkerschaften ihrem Reich einzugliedern? Denn sie verschonten ja einzig und allein die Bewohner Irlands und Schottlands. Diese Frage stellt sich abschließend zur Geschichte der Kelten insgesamt, noch vor der Beschäftigung mit der Geschichte des eigentlichen Galliens, das gegen Ende der großen Zeit der Kelten Gestalt gewann. Eine teilweise Erklärung wird durch die letzte große Gefahr geliefert, der die Römer nach Hannibal ausgesetzt waren: die Invasion der »Kimbern und Teutonen«. Als Ursprung der Kimbern hat man Jütland ermittelt.

Auch diesmal waren Kelten (zu denen vielleicht die *Teutones* gehörten) mit den Eindringlingen verbündet. Kimbern und Teutonen waren im Jahr 120 v. Chr. aufgebrochen, hatten sich dann in Böhmen mit einem Teil

der ostkeltischen Boier erst herumgeschlagen und dann zusammengeschlossen. Sie errangen einen glänzenden Sieg über die Römer 113 v. Chr.
in Norikum; nachfolgend verstärkten sie sich durch zwei helvetische
Stämme, die westkeltischen *Tigurini* und *Tougeni*. Man kann dann weitere Siege und mehr oder weniger fehlgeschlagene Feldzüge der Kimbern
und Teutonen verfolgen, besonders gegen die Belger und in Spanien. Aber
die helvetischen Tiguriner, also Kelten, konnten im Jahr 107 v. Chr. bei
Agen das Heer des Konsuls L. Cassius Longinus vernichtend schlagen
und einen Teil der besiegten Römer in Gefangenschaft führen.

Nach erneuten Niederlagen gegen die Kimbern übertrugen die Römer
die Verteidigung Italiens und der südgallischen *Provincia* (Provence) ihrem fähigsten Feldherrn, Marius. Nacheinander vernichtete dieser dann
die Teutonen nahe Aix-en-Provence (102 v. Chr.), die Kimbern und
Tiguriner bei Vercellae in Oberitalien (101 v. Chr.). Die Kraft und unwi-
derstehliche Gewalt dieser Stämme, die Gefahr, die sie für die beste aller
Armeen dargestellt hatten, hinterließen einen tiefen Eindruck, der die
Römer für alle Zeiten prägte. Die Mehrzahl der Kelten Galliens hatte sich
in den *oppida* verschanzt, selber Opfer dieser Invasion. Trotzdem setzte
sich aber bei den Römern die Überzeugung durch, die Wiederholung
einer germanisch-keltischen Allianz müsse um jeden Preis vermieden
werden. Deswegen ließ Caesar nicht zu, daß sich der germanische Söldnerführer Ariovist mit seinen Truppen in Gallien auf Dauer ansiedelte.
Deswegen mußte jedes politisch-militärische Vakuum, in das die Germanen hätten einfließen können, mit römischer Heeresmacht ausgefüllt
werden. Die Kelten waren im doppelten Sinne die Opfer: zuerst der
Zange, die von den Germanen im Norden, den Römern im Süden gebildet
wurde; dann der germanischen Bedrohung, deretwegen die Römer »gezwungen« waren, aus Sicherheitsgründen der Freiheit der Kelten ein
Ende zu machen.

Die römische Eroberung Galliens ist nur im Gesamtzusammenhang
der Geschichte der keltischen Völker verständlich. Auf die »Befriedung«
Galliens folgte die der Alpenländer, dazu zwischen 16 und 10 v. Chr. die
Eroberung des gesamten Alpenvorlands, von Pannonien und Norikum
bis zum Rätien der keltischen Vindelizier an der oberen Donau. Eines der
bedeutendsten *oppida* der Kelten, Manching in Bayern, wo die archäologischen Zeugnisse die tiefreichende Einheitlichkeit der Welt der Kelten in
ihrer Endphase verdeutlichen, fand sein Ende wie die *oppida* in Gallien:

Es wurde von den Römern erobert. Die reale Gefahr, die Kelten und Belger auf den Britischen Inseln für die Kontrolle über Gallien darstellten, veranlaßte schließlich die Römer auch zur Eroberung dieses äußersten Teils der keltischen Welt.

Man muß eine Karte mit den *oppida* des 2. und 1. Jahrhunderts v. Chr. betrachten, um ermessen zu können, wie bedeutend dieser keltische Bereich war, selbst während einer schweren Krisenzeit in der Umklammerung der expandierenden Germanen und der Römer, die den Zugang zum Mittelmeer versperrt hatten. Überall, von den Britischen Inseln bis zum Tiefland Pannoniens, findet man Hunderte dieser »Städte«, meist klein, manchmal auch bedeutend, in der Regel auf Hügeln oder Bergvorsprüngen gelegen. Ziemlich regelmäßig umfaßten sie Gewerbeviertel mit Handwerkern, von denen die außergewöhnliche Kunstfertigkeit der Kelten bei der Metall- und Holzverarbeitung bewahrt und weiterentwickelt wurde. Durch Übernahmen aus dem europäischen Osten und geschult von griechischen Fachleuten waren sie besonders im Wagenbau den Römern überlegen. Von den Griechen und Römern wurden diese *oppida* einigermaßen verachtet, weil sie ihnen primitiv vorkamen. Trotzdem war diese semi-urbane Zone, scharf abgegrenzt gegen einen weiter nördlichen und östlichen Bereich völlig ohne Städte, von größter Bedeutung für die Geschichte der europäischen Kulturentwicklung. Sie schuf die Voraussetzungen für die schnelle und problemlose Verbreitung einer echten städtischen Zivilisation durch die Römer.

Man hat oft von der Kulturgrenze gesprochen, die seit den Zeiten des Römischen Imperiums quer durch Europa verläuft und das eigentliche Germanien von den römischen Provinzen scheidet. Sie folgt dem Lauf des Rheins, dann dem römischen *limes*, schließlich dem Lauf der Donau. Dabei hat man ganz vergessen, daß diese Kulturgrenze viel älter ist: Sie entspricht dem Verbreitungsgebiet der keltischen Kultur in ihrer Spätzeit, der Kultur der *oppida* zu dem Zeitpunkt, als sich die Römer entschlossen, die Grenze der keltischen und keltisierten Länder zu ihrer Reichsgrenze zu machen. Sie mußten das Vordringen der Germanen aufhalten, und dieses Ziel schuf die Voraussetzung für die Integration. Im einerseits romanisierten, andererseits germanisierten Europa konnten keltische Sprache und keltisches Erbe vergessen werden, und zwar so weitgehend, daß der Historiker Ranke in den »romanisch-germanischen Völkern« das geschichtliche Fundament Europas sehen konnte. Heute ist man besser in der Lage, die Spuren der untergegangenen keltischen Welt zu erkennen und damit an ihre Bedeutung für die Ausgestaltung des europäischen Erbes zu erinnern. Sie ist im Hegelschen Wortsinn in der »romanisch-germanischen Welt« aufgehoben.

KAPITEL VI

Gallien

»GALLIEN« – EINE RÖMISCHE BEZEICHNUNG

In der Einleitung seiner Kriegserinnerungen »*De bello Gallico*« schreibt Caesar: »Der dritte Teil von Gallien wird von Leuten bewohnt, die sich in ihrer eigenen Sprache *Celtae* nennen, in der unseren aber *Galli* heißen.« Der Verfasser konnte ein weitgehend zur Eigenwerbung bestimmtes Werk nicht mit einer offenkundigen Unwahrheit beginnen. Seine Worte zeigen uns also, daß mitten im 1. Jahrhundert v. Chr., während der Zeit der römischen Eroberung, *Galli* und die Ableitung *Gallia* keineswegs »gallische«, sondern römische Wörter sind. Sie wurden von den damit Bezeichneten ohne weiteres übernommen, als sie unter römischer Herrschaft das Latein erlernten.

Der Leser wird verstehen, warum es in diesem Buch vermieden wurde, von Gallien zu sprechen, bevor es diese Bezeichnung gab: um keinen Anachronismus zu begehen und die Geschichte nicht verkehrt herum zu schreiben. Was zu einem ganz bestimmten Zeitpunkt geschehen ist, kann nicht vorher schon existiert haben, weder faktisch noch gar im politischen Bewußtsein der Menschen. Aus den gleichen Bedenken heraus äußerte im Jahr 1976 Venceslas Kruta seine Anregung: Man möge »im Unterschied zu älteren Autoren den Namen Gallier nicht für die Kelten verwenden, die auf dem Boden Galliens ansässig sind, bevor nicht die Existenz dieses geographischen Begriffs belegbar ist. Dadurch könnten Unklarheiten vermieden und nicht vorzeitig der Eindruck erweckt werden, es habe eine territoriale Einheit gegeben, die gegenüber anderen Gebieten der keltischen Welt genau abgegrenzt gewesen wäre.« Dieser unreflektierte Gebrauch vertrauter Bezeichnungen hatte in der Tat fälschlich Nicht-Kelten innerhalb eines irrig vorausgesetzten »Galliens« zu »Galliern« gemacht und überdies echte Kelten außerhalb dieses Bereichs zu Nicht-Galliern.

In den römischen Quellen war ziemlich lange das erste Gallien selbstverständlich das in Italien gelegene Gallien, das die Römer seit dem 4. Jahrhundert v. Chr. bedroht und erste Anzeichen eines Zusammengehörigkeitsgefühls der italischen Stämme hervorgerufen hatte. Nach der römischen Eroberung dieses Gallien zu beiden Seiten des Po und seiner Umwandlung zum *ager gallicus* und der Gründung einer römischen Provinz jenseits der Alpen unterschied man diese *Gallia Transalpina* von der *Gallia Citerior* oder *Cisalpina* in Italien, also diesseits der Alpen. Nach der Eroberung der keltischen Gebiete nördlich der Provinz, die dann *Narbonensis* hieß, bezog man folgerichtig die Bezeichnung *Gallia Transalpina* auf diesen Gesamtraum.

Neben den offiziellen Bezeichnungen der Amtssprache, deren rasche Wechsel noch zu zeigen sein werden, gab es auch freundlichere, ja sogar poetische Ausdrücke. Beispielsweise die *Gallia comata*, »das langhaarige Gallien«, das zuerst bei dem Dichter Catull zu finden ist, oder auch die *Gallia braccata*, »das hosentragende Gallien«. Der erste Name bezieht sich auf das von Caesar unterworfene Gallien, der zweite auf die Provinz im Süden, zur Unterscheidung vom italischen Gallien. Dort, in der *Gallia togata*, trug man wie die Römer die etruskische Toga, während die Kelten jenseits der Alpen kurze oder lange Hosen bevorzugten.

Eines ist allen diesen Bezeichnungen gemeinsam: Sie entsprechen der römischen Betrachtungsweise. In »Gallien« und anderswo nannten sich die Betroffenen selbst *Celtae*, griechisch *Keltoi*. Das bedeutet vielleicht »höherstehende, erhabene Menschen«, entsprechend dem lateinischen Wort *celsus*, das die gleiche indogermanische Wurzel hat. Der Namengebung *Galli* durch die Lateiner dürfte bei den Griechen *Galates* entsprechen. Flavius Josephus bezeichnet im Jahr 79 n. Chr. die Gesamtheit der Kelten als »jene, die bei den Griechen ›Galates‹ heißen«. Es gab also zwei Namen in den zwei Sprachen, von denen die antike Kultur dank der echten Zweisprachigkeit aller Gebildeten beherrscht wurde. Das mußte zur willkürlichen Anwendung beider Bezeichnungen führen, trotz vergeblicher Versuche, eine gewisse Ordnung in die Sache zu bringen.

Die Römer gaben nicht nur den verschiedenen Keltenstämmen einen zusammenfassenden Namen und eine geographische Abgrenzung ihres Landes. Der gleiche Sachverhalt trifft auch für die Germanen zu. Als

Caesar – der erste Römer, der den Rhein erreichte und der die Germanen hinderte, in großer Zahl über den Fluß zu setzen – verfügte und festschrieb, der Rhein sei die Grenze zwischen *Gallia* und *Germania*, da erschuf er zwei Länder völlig neu, die es nie gegeben hatte. Er gebrauchte den Namen, den die Belger einer kleinen germanischen Volksgruppe diesseits des Rheins gegeben hatten und den lateinische Autoren für die Nachbarn der *Belgae* übernahmen: *Germani*. Da bewaffnete Horden dieser »Germanen« – sie selbst nannten sich *Suevi* – kurz vor Caesars Auftreten bis an die Grenzen der Helvetier vorgedrungen waren, kam er zu dieser Schlußfolgerung: Der Bereich der keltischen Widersacher, die dem Willen der Römer zu unterwerfen waren, wurde künftig vom Rhein und damit dem Gebiet begrenzt, das er *Germania* nannte. Wenig bedeuteten ihm damals die übrigen Kelten, die noch immer Süddeutschland und die Alpenländer bewohnten. Diese Gebiete sollten erst ein halbes Jahrhundert später erobert werden. Es war eindeutig die von den Römern geschaffene Rheingrenze, die den Germanen ihr Gebiet rechts des Rheins zuwies.

Caesar hat also die »gallische Nation« erschaffen. Den Begriff »Gallien«, der auf die letzte Phase der vorrömischen Zeit zurückreicht, hat er samt der Begrenzung durch den Rhein durchgesetzt.

Es war tatsächlich ein wohlüberlegter Entschluß der Römer, sich die keltischen Gebiete bis zum Rhein zu sichern, um das Einsickern oder gewaltsame Eindringen der Germanen zu verhindern. Dadurch sollten die Kelten dieses abgegrenzten Gebietes isoliert werden, nicht nur von den Kelten zwischen Alpen und Donau, sondern auch von jenen Kelten, die beiderseits der Alpen bereits in die Welt der Römer integriert waren. Und diese Gruppe fühlte sich, von ganz wenigen Ausnahmen abgesehen, durch das Kriegsgeschehen nicht betroffen. Statt die Stützpunkte zu bedrohen, die Caesar für seine gesamten Operationen brauchte, erleichterten sie ihm noch sein Vorhaben. Eine Untersuchung über das spätere »gallische Vaterland« von Soldaten im römischen Heer (von G. Sabbah) konnte eindeutig nachweisen, daß das spezifisch gallische Gemeinschaftsbewußtsein, verwurzelt mit dem Boden der von den Römern begründeten *Gallia*, überwiegend erst im Römerreich entstanden ist. Innerhalb des Reichsganzen und unabhängig von ihrer augenblicklichen Stationierung betrachteten diese Soldaten Gallien als ihr eigenes Land, als ihre »Heimat« im Gesamtreich. Dabei handelte es sich aber mehr um ein psychologisches und ethisches Empfinden als um ein ethnisches Bewußtsein. Auch war diese Einstellung auf Soldaten beschränkt, die oft in weiter Ferne lebten. Für die übrigen war die eigentliche, engere Heimat der Stamm, der zur *civitas* geworden war. Von einem »großen Vaterland« aller Kelten sprach damals niemand, auch nicht während der Kämpfe gegen Caesar.

POLITISCHE UND GEOGRAPHISCHE STRUKTUREN GALLIENS

Die Konsolidierung Galliens mit Grenzen, festgelegt durch römische Politik und Eroberung, bestätigt sich auf regionaler Ebene. Durch Caesars Beschreibung Galliens war eine Momentaufnahme entstanden, die über Jahrhunderte Gültigkeit bewahrte, weil die verschiedenen Volksgruppen ortsfest blieben (Modellfall: *Andegaves*, Stadt Angers, Grafschaft und dann Region Anjou). So konnte begreiflicherweise die Illusion entstehen, Gallien habe mit seinen Stämmen seit Jahrtausenden das gleiche Bild gezeigt. Heute weiß man aber, daß das Gebiet zwischen Pyrenäen und Rhein durch aufeinanderfolgende Siedlungswellen und unter beträchtlichen Umschichtungen keltisiert wurde. Die beteiligten Stämme haben nie die Gewohnheit aufgegeben, zu wandern, zumindest blieb ihnen die Möglichkeit zum Ortswechsel, sei es aus freiem Willen oder unter dem Zwang der Umstände.

Um 100 v. Chr. standen die Länder am Rhein und bis zu den Flußtälern von Mosel und Maas, selbst bis zur Marne und Seine, noch unter dem Schock der Invasion der Belger, die wie ein Erdbeben gewirkt hatte. Ein Teil der *Parisii* war nach England abgezogen. Die *Sequaner* verließen, wie erwähnt, die Ufer der Seine, deren Namen sie trugen, und ließen sich um Besançon nieder. Man vermutet auch, daß die Stämme mit Namen, die auf »casses« enden, vor der Ankunft der Belger im Nordosten ansässig waren. Dann wären die *Tricasses* (um Troyes), die *Durocasses* (Dreux), die *Veliocasses* (Vexin), die *Baiocasses* (Bayeux) mit ihren neuen Wohnsitzen lauter Zeugen für eine Rückzugslinie, die im wesentlichen der Grenze entspricht, die Caesar zwischen Belgern und eigentlichen Kelten festlegte: den Lauf von Marne und Seine. Die verhältnismäßig späten Wanderbewegungen der Völker im Süden wurden bereits erwähnt, durch sie wurde das

Kräfteverhältnis südlich der Cevennen bis Toulouse umgestoßen. Die Römer haben also wirklich die »endgültige« Festlegung der Stammeswohnsitze erzwungen. Ein Beweis dafür ist die Auswanderung der Helvetier, die um 60 v. Chr. unter dem Eindruck der germanischen Bedrohung beschlossen, ihr Gebiet zu verlassen. Sie planten bis in die kleinsten Einzelheiten die Umsiedlung des gesamten Stammes in das Land der *Santones* (nach denen die Saintonge und die Stadt Saintes benannt sind).

Die vollständige Aufgabe der eigenen Wohnsitze, für uns erstaunlich, war für die Helvetier Gewohnheit. Erst kurz zuvor waren sie aus dem Bereich südlich des Mains in das Gebiet nördlich der Alpen gekommen. Aufgrund der Angaben Caesars über die damals erstellten Verzeichnisse der Umsiedlungswilligen kann man sich eine Vorstellung von der Größe des Unternehmens machen; es waren über dreihunderttausend Männer, Frauen und Kinder. Caesars Entschlossenheit und Feldherrntalent waren notwendig, um die schon aufgebrochenen Helvetier zur Rückkehr in ihr Land zu zwingen. Und deswegen ist die Schweiz noch heute die *Confédération Helvétique*, deswegen blieb die Saintonge das Land der *Santones*. Man kann auch versuchen sich vorzustellen, welche Erschütterungen die Ankunft der Helvetier nördlich der Garonne verursacht hätte.

Mit den Römern, die im Interesse der Sicherheit des romanisierten Mittelmeerraums größere Veränderungen nicht mehr gestatteten, hat das Hexagon den Treibsand der Vor- und Frühgeschichte verlassen. Der feste Boden der Geschichte war erreicht, und eine der wichtigsten Grundlagen dieser Geschichte war für Frankreich bereits gegeben: die geographische und demographische Struktur der mittelgroßen Regionen um einen Zentralort und der kleineren Gebiete, der *pagi* oder Stammesuntergruppen. Die Namen dieser Regionen und ihrer Hauptstädte bewahren noch heute das Andenken an die keltischen oder keltisierten Stämme, die sich seit Caesars Zeiten nicht mehr von der Stelle gerührt haben.

Diese Gliederungen und Untergliederungen mit ihren Namen wurden übernommen für die Verwaltungsbezirke des römischen Gallien, für die Bezeichnungen und Grenzen der Bistümer und Archidiakonate der Kirche, schließlich für die Bezeichnungen und Grenzen der merowingischen und karolingischen *pagi*. Man wird ihnen in dieser Darstellung vielfach begegnen. Deswegen ist hier auch kein »komplettes« Verzeichnis aller Stämme und Stammesgruppen notwendig. Es genügt, die Kräfteverteilung vor der römischen Eroberung in ihren Grundzügen darzustellen.

Neben der Narbonnaise, dieser römischen Provinz, die bereits eine Welt für sich bildete, unterscheidet man in erster Linie die zwei Gebiete, die Caesar von den Wohnsitzen derer absondert, die »sich selbst als Kelten bezeichnen«: die Aquitanier im Südwesten, die Belger im Nordosten. Im verbleibenden Teil sind die Stämme »direkt am Meer«, also die in der »Armorica«, in gewisser Weise abgesondert, ihr Bereich erstreckt sich von der heutigen Normandie bis zur Loire und sogar bis zur Gironde. Zu beachten ist die zeitweise gefährliche, aber interessante Lage der *Parisii:* zwischen den Belgern, den Bewohnern der Armorica und der Zentralgruppe der Kelten, der sie selber angehören. Diese Gruppe schließlich gliedert sich zum einen in die Bewohner des Gebietsstreifens nördlich der mittleren Loire und südlich der Belger, zum anderen in die Kelten, deren Gebiet vom heutigen Burgund und der Franche-Comté bis an die Grenzen der römischen Provinz reichte. Sie hatten das größte politische Gewicht in Gallien.

Wenn man bedenkt, daß die von den Arvernern in diesen Gebieten ausgeübte Hegemonie durch die Niederlage gegen die Römer im Jahr 120 v. Chr. heftig erschüttert worden war, kann man sich vorstellen, wie unsicher die allgemeine politische Lage um 100 v. Chr. war. Die Gefahr eines noch tieferen Vordringens der Belger war kaum gebremst, jenseits des Rheins zeigten sich die Germanen ganz offen in einst keltischen Gebieten, die Römer isolierten die Kelten von der Mittelmeerwelt. Das politische Spiel zwischen diesen Mächten, die je nach Umständen Gegner oder Verbündete sein konnten, war vor allem bedeutungsvoll für die beiden stärksten Stämme in der zentralen Region zwischen Belgern, Germanen und Romanen: im Osten die Sequaner um Besançon, im Westen die Häduer um Bibracte, ein *oppidum,* an dessen Stelle unter den Römern Autun getreten ist. Östlich dieser beiden Rivalen bis zum Bodensee saßen die Helvetier. Nordöstlich gab es die *Treveri* (Trier), die *Mediomatrici* (Metz) und die *Leuci* (Toul), nach Nordwesten die *Lingones* (Langres), die *Senones* (Sens) und die *Mandubii,* berühmt durch Alesia. Nach Westen zu kamen die *Bituriges* mit ihrem Hauptort *Avaricum* (Bourges), nach Südosten zu schließlich die noch immer mächtigen *Arverni* um *Gergovia,* nahe dem heutigen Clermont-Ferrand.

Anläßlich der Expansion der Belger wurden deren wichtigste Gruppen bereits erwähnt; zu ergänzen sind noch die *Morini* im Norden, am Ärmelkanal, und die *Menapii*, die zwischen Maas und Schelde ansässig waren. Zu nennen bleiben noch die Stämme der Armorica: *Eburovices* (Évreux), *Lexovii* (Lisieux) und *Venelli* (Cotentin) am Ärmelkanal; *Curiosolites, Osismii* und weiter landeinwärts *Redones* (Rennes) im Nordteil der späteren Bretagne, *Veneti* (Vannes) und *Namnetes* (Nantes) in deren Südteil. Im Zentrum dieser Region bildeten die *Aulerci* zwei Stämme mit den Beinamen *Diablintes* und *Cenomani* – »die weit entfernt Wohnenden«, was an die Wanderungen erinnert. Von den *Cenomani* haben die Landschaft Maine und ihre Hauptstadt Le Mans ihre Namen. An der Loire und südlich des Flusses saßen die *Andes* oder *Andegavi* (Angers), die *Turoni* (Tours), die *Pictones* (Poitiers; später nannte man sie meist *Pictavii*), die *Lemovices* (Limoges) und die schon erwähnten *Santones*. Direkt an Garonne und Gironde, wo sie den Handel über den »gallischen Isthmus« kontrollierten, findet man *Bituriges-Vivisci* um Burdigala (Bordeaux), die *Petrocorii* (Périgueux), die *Nitiobroges*, die *Cadurci* (Cahors) und die *Ruteni* (Rodez). Dazu kommen schließlich noch die Volker um Toulouse, die bereits in die römische Provinz integriert waren. Innerhalb dieser Provinz spielten die *Helvii* südlich der Cevennen eine wichtige Rolle, die den Römern während der Angriffe der *Gabali* (Gévaudan) und der *Vellavi* (Vélay) die Treue hielten. Bedeutend waren auch die *Allobroges,* um Vienne und bis zum Genfer See, mit *Genava* (Genf).

Als sich die Römer das Land der Allobroger einverleibten, ein ganz offensichtlich strategisch wichtiges Gebiet im Norden, machten sie ab 120 v. Chr. deutlich, daß deren Provinz kein bloßes Durchgangsland zwischen Italien und Spanien sein sollte: Sie bildete zugleich einen Keil tief in die keltischen Gebiete und erleichterte es, die Kelten und die Bewegungen jenseits des Rheins zu kontrollieren. *Lugdunum,* das spätere politische Zentrum des unterworfenen Gallien, war geradezu ein Sinnbild dafür, daß die Provinz in Gallien als römische Ausgangsbasis gedacht war. Lyon wurde genau im nordwestlichen Grenzeck der *Narbonensis* gegründet, am Zusammenfluß von Saône und Rhône, in der Mitte des Rhône-Saône-Grabens, der wirtschaftlich und politisch von so großer Bedeutung war.

Man darf also nie vergessen, daß die Protagonisten der zu Ende gehenden Welt der La-Tène-Zeit, die Sequaner, Häduer und Arverner, damals schon unmittelbare Nachbarn der Römer waren. Der Schwerpunkt des keltischen Kulturkreises hatte sich erheblich nach Süden verlagert, von der Champagne, der Mosel, der Saar und den Rheinufern, selbst von der oberen Donau in ein Gebiet, das mit den Namen *Avaricum* (Bourges), *Bibracte* (Autun), *Vesontio* (Besançon) und *Gergovia* (Clermont-Ferrand) zu umschreiben ist. Es ist, kurz gesagt, die Mitte des Hexagons samt einem östlichen Teil. In dem kurzen Überblick über die Kelten im Hexagon wurden absichtlich die nichtkeltischen Aquitanier südlich der Garonne übergangen, die später eine geschichtlich bedeutende Rolle spielen sollten und sich schon damals südlich der Pyrenäen durch wirkungsvollen Widerstand gegen die Römer auszeichneten. Insgesamt läßt dieser Überblick schon erkennen, warum sich »Gallien« gegen Caesar nicht erfolgreicher gewehrt hat: Ein einheitliches, politisch handlungsfähiges Gallien existierte gar nicht. Um so ergiebiger ist ein Blick auf die gleichermaßen reiche wie eigenartige Kultur der Kelten in diesem Raum.

DIE RELIGIÖSEN KRÄFTE DER KELTISCHEN KULTUR

Die große Bedeutung des religiösen Faktors ist ein beherrschendes Merkmal der keltischen Gesellschaft. Caesar, trotz seiner gelegentlich tendenziösen Bemerkungen ein scharfsinniger Beobachter, hat dies ganz richtig erkannt. Er berichtet von der beachtlichen Rolle der Druiden, die zu seinen gefährlichsten Gegnern gehörten. Aber wir kennen weder das Alter des Druidentums noch die Verbreitung dieser bemerkenswerten Institution in der keltischen Welt.

Es mag gemeinsame Züge im Glaubensleben aller Kelten gegeben haben, aber das Druidentum ist weder für die Kelten in Italien noch in den Alpen bezeugt. Die Hypothese, wonach das Druidentum von den Britischen Inseln gekommen ist, wurde bis heute nicht widerlegt. Für sie spricht, daß in den Quellen Beziehungen erwähnt werden, die zwischen dem Festlandszentrum – dem Gebiet der *Carnutes*, identisch mit den späteren *civitates* Chartres und Orléans – und druidischen »Fachleuten« von jenseits des Kanals bestanden haben. Überall bei den Kelten hat man offenbar die Jahreszeiten gefeiert, am ersten Tag der Monate Februar, Mai, August und November. Für den 1. August, das Erntefest, ist der Name *Lugnasad* überliefert. Er bezieht sich auf den Gott *Lug*, der besonders bei den Kelten der Britischen Inseln verehrt wurde. Wenn die Silbe

Lug in Ortsnamen wie *Lugdunum* tatsächlich von dem Namen dieses
Gottes abzuleiten ist, wäre bestätigt, daß sein Kult allgemein verbreitet
war. Denn dieser Name steckt in Lyon, Laon und Lons-le-Saulnier, aber
auch in Leiden (Holland) und León (Spanien). Gemeinsam war allen
Kelten auch die Verehrung von Gottheiten in heiligen Eichenhainen. Das
keltische Wort dafür, *Drunemeton*, taucht sogar in Kleinasien bei den
Tektosagen Galatiens auf. Eine der Etymologien, die man für »Druiden«
vorgeschlagen hat, lautet übrigens *drysdoi*, »Eichen-Menschen«. Nicht so
weit verbreitet war offenbar die erstaunlichste Kulthandlung der Kelten,
das Darbringen von Menschenopfern. Dieser Brauch ist gesichert für
Gallien, aber nicht für die *Galli* Italiens. Denn die Römer, die sie am
längsten und besten kannten, berichten nichts davon, so daß es naheliegt,
eine Kausalbeziehung zwischen dem Auftreten von Druiden und den
Menschenopfern herzustellen.

Eine teilweise Regionalisierung der keltischen Kulte von einer gemeinsamen Grundlage aus wird zunächst durch die Anzahl der über
viertausend überlieferten Gottheiten nahegelegt. Dazu kommt, daß selbst
die bekanntesten Götter und Göttinnen bei weitem nicht in ganz Gallien
oder in Gallien allein verehrt wurden. Die Kultspuren des *Sucellos,* des
Gottes mit dem Hammer (nach einer Deutung das Symbol der Sonne, das
des Blitzes nach einer anderen), finden sich gleichermaßen im Nordosten
wie im Rhône-Saône-Graben. *Taranis*, der »Gott mit dem Rad«, einer der
Himmelsgötter, die von den Römern mit Jupiter gleichgesetzt wurden, ist
fast überall vertreten, nur nicht in Aquitanien. Sehr charakteristisch für
die Kelten ist *Epona*, die »Göttin zu Pferd«, die von den Britischen Inseln
über Ostgallien bis zu den Donauländern, aber auch in Italien und Spanien bekannt war; dagegen fehlt sie fast völlig südlich der Seine. Allgemein gesagt sind die Spuren der keltischen Gottheiten schwach im Westen
und im Nordosten, der lange außerhalb der La-Tène-Zeit gestanden hatte.
Aber hier findet man dafür *Cernunnos*, den »Gott mit dem Hirschgeweih«, der auch in der Mitte des Hexagons, im Pariser Becken, im
Norden, in Spanien und in den Alpenländern auftritt. Geographisch
enger begrenzt war der Kult des *Esus*, eines besonders blutdürstigen
Kriegsgottes, der sich aber unter der römischen Herrschaft zum Besseren
wandelte und Schutzherr der *nautae* der Pariser Flußschiffahrt wurde.
Man verehrte ihn im Pariser Becken und bei den Treverern. Eine viel
weitere Verbreitung fand zum einen der Kult der weiblichen Fruchtbar-

keitsgöttinnen, zum anderen der des *Teutates*, der ein Kriegs- und Stammesgott war.

So gab es die Tonstatuetten der *matronae*, gleichzusetzen mit dem Flußnamen *Matrona* (Marne) im Zentralgebiet der Kelten. Das sind Muttergottheiten, die auf ihren Knien ein oder zwei eng gewickelte Kinder halten, dazu ein Füllhorn oder einen Korb mit Früchten. Die Figuren wurden massenhaft in eigenen Werkstätten hergestellt, besonders in der Auvergne (Toulon-sur-Allier) und in *Bibracte*. Ihre Verbreitung reicht bis in die Provence und die Alpen; oft findet man die *tres matres* als Gruppe aus drei Einzelfiguren, aber auch als eigene Bildkomposition.

Zu *Teutates* hat man beobachtet, daß *teuta* das keltische Wort für »Stamm« ist (vgl. *Teutones*), so daß *Teutates* gewissermaßen vervielfacht wurde, entsprechend der Anzahl der Stämme. Er erscheint daher mit Beinamen, die ihm der jeweilige Stamm gab: *Albiorix*, »König der Welt«, oder *Caturix*, »König des Krieges«. *Teutorix*, Stammeskönig, ist germanisch als »*Theoderich*« übernommen worden. Stämme, die sich besonders im Handel hervortaten, verehrten den *Caturix* besonders als Gott und Beschützer des Warenverkehrs, andere als den Gott, der den Sieg im Krieg verlieh. Das erklärt, warum die Römer im Zweifel waren, ob sie ihn mit Merkur oder Mars gleichsetzen sollten.

Nach Lukan wurden die für *Teutates* ausersehenen Opfer in einem Wasserfaß ertränkt, die für *Esus* bestimmten wurden an den Bäumen des Heiligtums aufgehängt, und die *Taranis* zugedachten wurden verbrannt. Dabei wurden sie in eine hölzerne Figur gesperrt, die Caesar beschreibt. Seiner Meinung nach war bei diesen Opfern die Vorstellung maßgebend, es sei zwingend notwendig, den Göttern ein Leben zu schenken – das des Opfers –, wenn man das Leben eines Kranken oder sein eigenes retten wollte.

Man muß natürlich unterscheiden zwischen den Ritualopfern anläßlich der großen Feste zu den Jahreszeiten und den Opfern, die in direktem Zusammenhang mit dem Krieg dargebracht wurden. Eine Gesellschaft, die den Krieg zur heiligen Sache gemacht hatte, konnte nicht zulassen, daß die Beute angerührt wurde. Gleich ob sie aus Waffen oder Menschen bestand, sie war im voraus dem Gott gelobt, dem man den Sieg verdankte. Etwas von dieser geheiligten Beute zu verstecken oder nur anzurühren galt als todeswürdiges Verbrechen. Dieses Detail beleuchtet die Bedeutung des Rituellen für eine Gesellschaft in entscheidend wichtigen Augen-

blicken; ein Tatbestand, der mit dem übereinstimmt, was oben zu den
»abgeschnittenen Köpfen« gesagt wurde: Sie gehörten zum individuellen
Initiationsritual – der erste getötete Feind – und waren außerdem Bestandteil der rituellen Zurschaustellung der getöteten Feinde über einen längeren Zeitraum hin.

Man weiß über diese Dinge sehr viel mehr seit der Entdeckung eines
Heiligtums in Gournay-sur-Aronde (Oise), das aus der Zeit um 100
v. Chr. stammt und zu einem *oppidum* der *Bellovaci* (Beauvais) gehörte,
einem Stamm der Belger. Man konnte den Opferkalender zu den Festta-
gen rekonstruieren und die Kategorien der Opfergaben bestimmen: Gegenstände, bevorzugt Waffen, die stets zerbrochen und deformiert waren;
Tiere, nämlich Rinder, Schafe, Schweine, Hunde und einige Pferde;
außerdem Menschen, mindestens elf, die man rituell getötet hatte, wie die
durchtrennten Halswirbel beweisen. Schließlich konnte man auch die Art
der Zurschaustellung ermitteln: Nach der natürlichen Verwesung wurden
die Opferreste mehrmals an einen neuen Platz gebracht und dann nach
einer sehr genauen Ordnung ausgestellt. So waren zum Beispiel alle
Rinderknochen zu einem einzigen Haufen aufgeschichtet. Die Druiden
waren also ausführlich und wiederholt mit jeder Opferhandlung beschäftigt, die offensichtlich als höchst wichtiges Mittel galt, um die Gunst der
Götter zu gewinnen. Durch die Funde von Ribemont-sur-Ancre, nahe
bei Albert (Somme), wurde auch bestätigt, daß man die Opfer oft in ein
Loch warf, in dessen Mitte ein Pfahl stand. In Ribemont wurden auch
menschliche Skelette, manchmal ohne Schädel, gefunden und dazu verbrannte Knochensplitter, Lanzen und Schwerter, was an Opferhandlun-
gen nach einer Schlacht denken läßt.

Diese schauerlichen Einzelheiten müssen im Zusammenhang einer
Epoche gesehen werden, in der Religion und Kult gleichbedeutend waren
mit dem Darbringen von Opfergaben. Zu erinnern ist beispielsweise an
Abrahams Opfer, an den »Moloch« der Karthager oder schließlich daran,
daß zur Feier von Kaiser Caligulas Thronbesteigung auf dem Kapitol
einhundertsechzigtausend Rinder geopfert wurden. Auch wenn die Druiden vorzugsweise Verbrecher auswählten, waren die Römer natürlich
über die Ritualopfer von Menschen entsetzt. Augustus untersagte sie allen
Galliern, die römische Bürger waren; Tiberius und nach ihm Claudius
verboten sie endgültig. Die Macht der Druiden und die Macht der Römer
haben sich also nicht nur aus politischen Gründen gegenseitig ausge-

schlossen. Die Druiden hatten sofort erfaßt, welche Gefahr der römische Einfluß für ihre Verfügungsgewalt über Herz und Verstand der keltischen Bevölkerung bedeutete. Ihr begrenzter Erfolg beim Aufruf zum Kampf gegen Caesar zeigt zugleich die Grenzen ihrer Einwirkungsmöglichkeiten, auch schon vor dem definitiven Sieg der Römer.

Im Zentrum ihres Einflußgebiets waren Macht und Privilegien der Druiden beträchtlich. Sie waren von Kriegsdienst und Abgaben befreit, konnten den Bann verhängen und die Rechtsprechung beeinflussen, genauso auch die Politik, etwa bei der Wahl von Anführern oder bei wichtigen Beschlußfassungen. Dabei beruhte ihre Stellung auch auf ihren seherischen Fähigkeiten. Unterteilt waren sie in drei Klassen: Der *vates* sagte die Zukunft voraus, der *bardos* verkündete den Ruhm, verspottete Schwächen und erzählte beliebte Sagen, der eigentliche Druide schließlich vermittelte ausschließlich mündlich, also geheim, sein Wissen an wenige Eingeweihte, die zur Nachfolge im Amt bestimmt waren. Außerdem unterrichteten Druiden auch junge Adlige, was ihnen Gelegenheit gab, den Einfluß ihrer Vorstellungen zu verstärken und ihre Stellung in der keltischen Gesellschaft abzusichern. Über den Inhalt ihres Unterrichts weiß man wenig, er umfaßte wohl die Unsterblichkeit der Seele, vielleicht eine Art Seelenwanderung, und die Tapferkeit in der Schlacht ohne Todesfurcht. Die psychische und physische Kampfbereitschaft war gewiß ein erklärtes Erziehungsziel; junge Leute, die zu dick waren, konnten zu Bußen verurteilt werden.

Im Nordwesten der keltischen Welt wurde die Erziehung der Elite also von Druiden besorgt, nicht aber in Italien. Davon ganz unabhängig erzielte sie offenbar ein bemerkenswertes Ergebnis; Redefreudigkeit und Ausdrucksfähigkeit. Schon Cato der Ältere (234–149 v. Chr.) bestätigt die besonderen Fähigkeiten der italischen *Galli* im Kampf und in ihrer Redeweise, ihr *argute loqui*. Sie waren also Menschen mit Geist. Das ist ein beachtliches Kompliment des großen Römers und ein kulturelles Element ersten Ranges im keltischen Erbe. Es ist bewegend, wenn man viel später in einem keltischen Hochzeitslied der Hebriden unter den gewünschten Fähigkeiten auch die »Gabe der Beredsamkeit« findet. Kommunikationsfähigkeit und Geselligkeit waren die kennzeichnenden Merkmale der keltischen Gesellschaft und der ihrer Erben, auch wenn sie sich nicht mehr in keltischer Sprache ausdrückten. Man hat übrigens den besonderen Wortreichtum dieser Sprache bei der Beschreibung von Farbnuancen

hervorgehoben. Der Sinn für das Konkrete und für das Dasein schließt
aber die Fähigkeit nicht aus, auch leicht von der Realität in das Übernatürliche zu gleiten. Dies kann auch in der keltischen Kunst beobachtet
werden.

DIE KUNST IN DER KELTISCHEN KULTUR

Das beste Spiegelbild einer Kultur ist ihre Kunst. Die keltische Kunst
besitzt die Kraft und Ursprünglichkeit dieser Kultur, freilich auch ihre
barbarischen Eigenschaften, die zur prahlerischen Darstellung des Reich-
tums tendieren. Man beobachtet auch eine gewisse Schwere, die beispielsweise bei dem zweiköpfigen Hermes des 3. Jahrhunderts v. Chr., gefunden in Roquepertuse (Bouches-du-Rhône), dem bekannten griechischen
Motiv eine ganz neue Dimension gibt. Die Kunst reflektiert auch die
großen Epochen der keltischen Geschichte und die erstaunliche kulturelle
Einheit im keltischen Raum mit seinen bedeutenden Regionalzentren,
von den Britischen Inseln bis zur Donautiefebene.

Im allgemeinen unterscheidet man drei Stilperioden: die Entstehungszeit im 5. und 4. Jahrhundert, die auch als geometrischer Stil bezeichnet
wird; dann die Zeit der Entfaltung vom 4. bis 2. Jahrhundert mit ihrem
kurvilinealen Stil und Pflanzenornamentik; schließlich die Kunst der
oppida, bei der eine gewisse Qualitätsminderung zu beobachten ist, die
aber sehr schöne Münzen hervorgebracht hat.

Während der ersten Stilperiode hat sich die Welt der Kelten im vollen
Wortsinn von der hallstattzeitlichen Welt freigemacht. Kennzeichnend
für sie ist der Gebrauch des Zirkels bei Gravuren und bei dem Anbringen
von Verzierungen, dazu kommen aber auch Motive, deren orientalische
Herkunft und magische Bedeutung gleichermaßen augenscheinlich sind:
Lebensbaum und »Lotosblüte«. Ihr langes Auftreten erlaubt es, eine
Beziehung zwischen diesen Motiven und den religiösen Vorstellungen der
Kelten herzustellen. Zugleich zeigt die erste Periode, wie bedeutend da-
mals die Champagne war. Ihr Reichtum an Zeugnissen dieser Kunst
übertrifft alle anderen Regionen bei weitem.

In der zweiten Stilperiode erklären sich die etruskischen, griechischen
und allgemein italischen Einflüsse aus der Tatsache, daß die in Italien

niedergelassenen Kelten dank ihrer Erfolge und Reichtümer selbstverständlich eine führende Stellung einnahmen. Aber der Schwerpunkt der Werkstätten, die für den gesamten keltischen Bereich arbeiteten, lag weder in Italien noch bei dem berühmten Fundort Waldalgesheim, nach dem ein eigener Stil benannt wurde. Die Hauptachse verlief vielmehr im Donautal mit einer Verlängerung in Richtung Nordwestschweiz und Saônetal. Das Vorhandensein dieser Werkstätten beweist die quasi-industrielle Entwicklung der Metallgewerbe und die Bedeutung des Handels in der Welt der Kelten: Ein mit Goldblech überzogener, in Punztechnik verzierter Bronzebeschlag, den man in einem böhmischen Grabhügel geborgen hat, stammt aus denselben Werkstätten wie Fundstücke im Saarland und aus der Umgebung von Stuttgart. Die zweite Periode verwendet ein verschlungenes Dekor zusammenhängender Wellenlinien, oft verbunden mit Pflanzenmotiven. Dieser Stil herrscht vom 4. bis 2. Jahrhundert v. Chr. und ist eher für Gallien charakteristisch.

Bei der letzten Periode ist man überrascht, wie frühzeitig die »Romanisierung« einsetzt. Sie beginnt bereits vor der Eroberung; damit wird bestätigt, daß der römische Einfluß seit der Gründung der Provinz im Süden Galliens völlig vorherrschend war.

Schließlich ist noch hervorzuheben, wie sich die gesellschaftlichen Verhältnisse in der Kunst widerspiegeln und daß der Krieg bei der Verkörperung des Schönen weitaus überwiegt. Man bewundert die Verfeinerung der Waffen und das aristokratische Aussehen der Halsringe aus Gold, Bronze oder Eisen, selten aus Silber. Diese Reifen bestanden in der Regel aus einem kreisrund gebogenen Stab mit verzierten Enden. Ursprünglich für Frauen bestimmt, treten diese Halsringe (torques) dann immer häufiger in Kriegergräbern auf. Noch im römischen Reich konnten Hals- und Armringe ein gesellschaftliches Rangabzeichen und eine Art Orden für Barbarenkrieger sein. Mit Hilfe eines beweglichen Teils konnte ein derartiger Reifen wie ein geschlossener Ring aussehen. Auch Koralleneinlagen waren bei den Kelten beliebt.

Die in ihrem Gegensatz zur klassischen Kunst der Griechen und Römer sehr eigenständige und »moderne« keltische Kunst blieb auf kleinformatige Gegenstände beschränkt. Eine monumentale Kunst gab es nicht, Baukunst und Verwendung von Quadersteinen waren unbekannt. In der Zeit der pax Romana sollte Gallien aber damit geradezu überzogen werden.

GESELLSCHAFT UND WIRTSCHAFT
IN DER KELTISCHEN KULTUR

Der religiöse Bereich, seine Verkörperung im Druidentum und sein Ausdruck in der keltischen Kunst gehören zu den Grundlagen der Gesellschaft in Gallien, aber die übrigen Faktoren dürfen nicht davon getrennt werden. Man war an die privilegierte Stellung der »Priester« gewöhnt und an die politische Herrschaft einer eng mit den Druiden verbundenen Aristokratie. Die Werteskala war von den Vorstellungen einer Kriegergesellschaft bestimmt: Friedliche Arbeit wurde sozial wenig geschätzt, vielleicht mit Ausnahme des Handels. Die Römer beziehen sich bei ihren Beschreibungen der Barbaren ganz offensichtlich auf die herrschende Schicht, auf die sich ja ihre Kontakte beschränkten. Sie schildern die Barbaren als zugleich träge und unstet, als Verächter von Arbeit und Frieden durch ihre Erziehung. Reichtum und Ansehen eines Aristokraten fanden Ausdruck in der Anzahl und dem Glanz der bewaffneten Gefolgsleute, der *ambactes,* die er um sich sammeln konnte. Die Wortbedeutung von »Diener« oder »Knecht«, die sich auch bei den Germanen findet, die von den Kelten die Bezeichnung und die Sache entlehnten, läßt daran zweifeln, daß dieses Gefolge aus Freien oder gar Adligen bestand wie später bei den Germanen.

Vor der Macht und dem rivalisierenden Anspruch der Aristokratie mußten Volk und Königtum zurückweichen, die zur Zeit der Eroberungen noch miteinander verbündet waren. Dem Niedergang und Verschwinden des Königtums entspricht der Verfall des keltischen Fußvolks, das einst aus zahlreichen und gut bewaffneten freien Bauern bestanden hatte. Nach einem einzigen Versuch verzichtete Caesar endgültig auf derartige gallische Hilfstruppen, sehr im Unterschied zur Reiterei, die aus Aristokraten und ihren zu Pferde kämpfenden Gefolgsleuten gebildet war. Unter den gegebenen Umständen und bei dem Mangel an Staatlichkeit war jeder, der Erfolg suchte, früher oder später gezwungen, in die Klientel eines Aristokratenführers einzutreten. Damit erlangte er bis zu einem gewissen Grad Schutz und Sicherheit als Gegenleistung für eine Gefolgschaftstreue, die bedingungslos sein mußte.

Die Volksversammlung hatte die Aufgabe, die politischen Entscheidungen und die Behandlung wichtiger Angelegenheiten in den Grundzügen festzulegen. Dazu gehörte es auch, politische Anführer zu ernennen, einen sogenannten *Vergobretos,* das heißt den, »der die Entscheidungen vollzieht«. Es handelte sich also gewissermaßen um einen Leiter der Exekutive. Meist waren diese Versammlungen aber nur der Schauplatz für die Auseinandersetzungen rivalisierender Aristokraten, von denen einige noch immer hofften, zum eigenen Vorteil das Königtum wieder einführen zu können. Für sich allein gesehen sind die Volksversammlungen aber eine bemerkenswerte Einrichtung: Das Repräsentativprinzip, von den Mächtigen eindeutig akzeptiert und genutzt, war wohlbekannt. Die Einberufung regionaler und allgemeiner Versammlungen machte den Römern dadurch keine Mühe, jeder Stamm hatte so viele Delegierte, wie er *pagi* (»Gaue«) zählte, worunter man Steuerbezirke zu verstehen hat.

Ein weiterer Grund für das Macht- und Besitzmonopol der Aristokratie war offenbar deren Stellung in Handel und Gewerbe. Das entsprach ganz den Traditionen der Hallstattzeit, deren »Fürsten« es verstanden hatten, durch die Kontrolle über Eisengruben, Salinen oder Handelsknotenpunkte Gewinne zu erzielen. So war es für die Römer leicht, die Aristokraten als *equites* einzustufen, denn diese Schicht war auch in der römischen Gesellschaft die der Reichen, denen man den Kriegsdienst zu Pferd gestattete. Es ist kein Zufall, daß Merkur, der Gott des Handels, von den Römern als oberste Gottheit der Gallier bezeichnet wurde.

Genausowenig war es Zufall, daß keltische Stämme auf Kosten der iberischen Aquitanier die Handelsverbindung über den gallischen »Isthmus« von Bordeaux nach Narbonne unter ihre Kontrolle gebracht hatten. Es ist aber besonders auffällig, daß man den sozialen Aufstieg reich gewordener Kaufleute in der gallischen Gesellschaft kaum je beobachten kann. Man hat allen Grund zu der Annahme, daß der Kaufmannsberuf eine untergeordnete Tätigkeit blieb und von Leuten in strikter Abhängigkeit von der Aristokratie ausgeübt wurde, die den gesamten Gewinn einstrich. Dem entspricht ganz ein von den Römern betonter Umstand: Im Unterschied zur *civitas* des Mittelmeergebiets gibt das gallische *oppidum,* trotz seiner Mauern, den Einwohnern keinerlei rechtliche Sonderstellung, was bei einer wirklichen Stadt der Fall sein müßte. Obwohl die *oppida* große wirtschaftliche Bedeutung hatten, besaßen sie kein Bürgertum *(cives)* und wurden folglich von den Römern mit Geringschätzung behandelt wie Dörfer; ihre Bewohner unterstanden ja einem Stammesführer, genauso wie die Bauern auf dem flachen Land. »Die Masse des Volks lebt bei ihnen wie Sklaven« – dieser Ausspruch Caesars ist sicher übertrieben, aber er umschreibt treffend den archaischen Charakter einer Gesellschaft, die, wie auch im Bereich des Glaubens, auf die Unterprivilegierten Druck ausübt und sie an freier Entfaltung hindert.

Unter rein wirtschaftlichen Gesichtspunkten zeigt sich ein etwas freundlicheres Bild. Die romantische Vorstellung von einem waldbedeckten Gallien mit einigen wenigen »Lichtungen« muß aufgegeben werden. Seit dem Neolithikum, spätestens seit der Bronzezeit, wurden die Lichtungen erweitert. Im keltischen Gallien gab es, auch und besonders im Norden (mit Ausnahme des äußersten Nordostens) große zusammenhängende Gebiete, wo Weizen angebaut wurde, den man bereits exportierte. Dazu kamen Salz, Leder, Salzfleisch und besonders die berühmten Schweineschinken, die bei den Griechen in Marseille sehr gefragt waren. Sie lieferten ihrerseits in Salz, Essig und Kümmel eingelegten Fisch und sicher auch Wein. Die Viehzucht Galliens muß bedeutend gewesen sein, und die Wälder, weniger unzugänglich, als man sich vorstellt, waren wichtig für die Schweinemast, eine keltische Besonderheit, die noch im mittelalterlichen Frankreich fortbestand. Auch Milchprodukte – schon damals beispielsweise Käse –, Rindfleisch und etwas seltener auch Schaffleisch waren für die Bewohner der *oppida* verfügbar, denn jedes *oppidum* war ein Nahmarkt für die Bauern der Umgebung. Caesars Feldzüge beweisen, wie bedeutend die Produktion von Weizen, Hafer und Gerste (zum Bierbrauen) war: Futter und Verproviantierung stellten das Heer nie vor größere Probleme.

Die gleiche Beobachtung gilt auch für die Verkehrswege. Das Straßennetz war ziemlich dicht und in einem Zustand, der den römischen Truppen überall in Gallien schnelle Marschbewegungen erlaubte. Zusammen mit seinem vorzüglichen Flußsystem besaß das Land also die infrastrukturellen Voraussetzungen für Handelsverkehr über mittlere und große Entfernungen. Selbst nachdem die alte keltische Ost-West-Achse von den Donauländern zur Champagne durch die Germanen unterbrochen worden war – diese Verbindung wurde erst unter Domitian und Trajan erneuert –, sicherte der Handel die nötigen Absatzmärkte für die Gewerbe der keltischen *oppida*. Unabhängig von der Ausfuhr der Erzeugnisse nach der »Provinz«, nach Marseille und Italien, aber auch nach den Britischen Inseln, war Gallien selbst mit seinen etwa zehn bis zwölf Millionen

Einwohnern, davon wohl über sieben Millionen im nichtrömischen Gallien, ein für damalige Zeiten riesiger Markt, besonders im Vergleich mit dem viel dünner bevölkerten Mittel- und Nordeuropa.

Das keltische *oppidum* ist in seiner am weitesten entwickelten Form heute gut erforscht. Man kennt beispielsweise in Bibracte bei Autun die einzelnen Viertel, in denen die Töpfer, Schreiner, Zimmerleute, Schmiede und Emailleure wohnten und arbeiteten.

Zumindest für den Okzident war das Email eine keltische Neuerung. Nach Plinius dem Älteren haben die Kelten das Verzinnen von Kupfer erfunden, auch die Silberplattierung wird ihnen zugeschrieben. Die antiken Autoren loben übereinstimmend ihr handwerkliches Geschick und ihr Wissen auf technischem Gebiet. Das stellt sie, was nicht vergessen werden darf, neben die Griechen, die im Verband des Römischen Reiches auch die führenden Ingenieure und Techniker geblieben sind.

Das wichtigste Spezialgebiet der Kelten war zweifellos die Erzeugung und Weiterverarbeitung von Eisen. Neben dem zweischneidigen Langschwert ist besonders die Lanze zu erwähnen. Ihre Bezeichnung wird von den griechischen Autoren mit *langkiai* (lat. *lancia*) transkribiert, was verdeutlicht, daß Wort und Sache keltischen Ursprungs sind. Vielfalt und Qualität anderer Erzeugnisse der Metallverarbeitung haben sicher zu der verhältnismäßig hohen landwirtschaftlichen Produktivität beigetragen. Das gilt besonders für den zweirädrigen Pflug mit einer Pflugschar aus gehärtetem Eisen. Er machte es möglich, selbst nasse und schwere Böden tiefgründig umzubrechen, bei denen der einfache mediterrane Hakenpflug nichts ausrichten konnte. Aber auch Sensen und Sicheln wurden massenhaft hergestellt, für den Schiffbau lieferte man Nägel. Für die Wagenräder wurde gehärtetes Bandeisen erzeugt, womit wir bei der großen handwerklichen Sonderbegabung der Gallier, der Stellmacherei, sind, die von der langen Tradition der Holzverarbeitung profitierte. Schon der zu dieser Zeit bereits aufgegebene Bau zweirädriger Streitwagen hatte die Meisterschaft der Kelten auf diesem Gebiet bewiesen. Seither hatten sie das zweirädrige *carpentum* für Transportzwecke entwickelt, das besonders bei den Belgern verwendet wurde, ferner die vierrädrige *carruca* und *reda*. Diese Bezeichnungen sind, zusammen mit der Sache, sämtlich in Sprache und Alltag der Römer (und Deutschen, siehe Karren) übergegangen, während es die Griechen nicht vermochten, diese Vielfalt an Fahrzeugarten sprachlich wiederzugeben.

Die *oppida* konnten bis über zweitausend Einwohner haben, aber ihr äußeres Erscheinungsbild war in den Augen eines Griechen oder Römers keineswegs prächtig. Die Kelten bauten nämlich keine Häuser aus Quadersteinen; noch in den Städten des römischen Gallien hatten sie »Fachwerkbauten«. So blieb der Eindruck eines großen, belebten und befestigten Dorfes. Es gab aber sehr verschiedene Haustypen, von kleinen Hütten bis zu einem so stattlichen Anwesen, wie es in Verberie (Oise) entdeckt wurde. Hier belegen 45 Pfostenlöcher einen ovalen Grundriß im Maß von 22 auf 12,5 Meter.

Insgesamt ergibt sich der Eindruck eines Landes, dessen natürlicher Reichtum von einer intelligenten und fleißigen Bevölkerung mit Erfolg genutzt wurde. Der dabei erreichte Ausstattungsstand war dem der Römer oft überlegen. Selbst auf dem Gebiet von Handel und Finanzen bemerkt man höherentwickelte Strukturen. Es gab offenbar, wie wir sahen, seit alters Zölle, die von der Aristokratie ausgebeutet wurden, aber auch Banken. Die Lingonen konnten Caesar regelmäßig Geld zur Verfügung stellen und dadurch beträchtliche wechselseitige Vorteile sichern. Das setzt ganz offensichtlich voraus, daß die Mittel schon lange vor Caesars Kriegen verfügbar waren. Die Schwäche der Gallier war also nicht wirtschaftlich bedingt, sie lag in ihrer politischen, militärischen und gesellschaftlichen Organisation. Sie waren nicht darauf vorbereitet, auf die Herausforderungen einer feindlichen Umwelt zu reagieren, die seit einiger Zeit im Südosten von den Römern, im Nordosten von den Germanen beherrscht wurde. Deren Machtkampf versetzte einer Gesellschaft den Todesstoß, die – trotz beachtlicher Leistungen auf dem Gebiet von Wirtschaft und Kunst – offenbar kaum mehr lebensfähig war.

CAESAR

Der Einfluß Roms, von dessen »Provinz« im Süden ausgehend, war bei den gallischen Stämmen schon lange vor einer Eroberung verankert, die historisch und politisch gleichermaßen »in der Luft lag«. Trotzdem kam sie nicht von allein. Vorausgehen mußten Veränderungen in Gallien selbst, ohne die ein politisches Vorhaben dieses Ausmaßes nicht erfolgreich abgeschlossen werden konnte. Es war dann der maßlose Ehrgeiz eines großen Politikers und zugleich großen Feldherrn, der diese weltgeschichtlich wichtige Eroberung in Gang setzte.

Trotzdem mußte auch der Zufall mitspielen. Das erste Prokonsulat hatte es dem jungen Gaius Julius Caesar, Neffe des großen Marius und Schwiegersohn des Cinna, im Jahr 60 v. Chr. ermöglicht, zwischen einem offiziellen Triumph im Rom für einige in Spanien erzielte Erfolge und der Kandidatur für das Konsulat zu wählen. Caesar wählte und erlangte das Konsulat und betrat in dem Augenblick die politische Bühne, als die beiden damals mächtigsten Männer ihre Rivalität in eine gewinnträchtige Partnerschaft umwandelten: Pompeius, der glänzende Sieger über die Piraten des Mittelmeers sowie über die Herrscher des hellenistischen Ostens, und der schwerreiche Crassus. Der neue Konsul wurde von ihnen in die Absprache einbezogen: Caesar wurde das dritte Mitglied eines zunächst geheimen Triumvirats, das sich dann aber in voller Öffentlichkeit entfaltete.

Läßt man diese politische Konstellation außer acht, wird man nicht begreifen, über welche Amtsbefugnisse Caesar von nun an verfügte. Es handelte sich um Sondervollmachten, die immer wieder verlängert wurden, obwohl ein Teil des Senats recht mißtrauisch war. Diese langfristigen Zugeständnisse wurden zur Voraussetzung auch für die Eroberung Galliens. Als nun auf Antrag eines ihm ergebenen Tribunen Caesar gerade die Verwaltung der *Gallia Cisalpina* und Dalmatiens erhalten hatte, wollte es der Zufall, daß auch die *Gallia Transalpina*, also die Narbonensis, zu vergeben war. Der Senat beschloß, beide Provinzen unter einem gemeinsamen Militärkommando zu vereinen. Caesar erhielt dazu nur die Anweisung, die Freunde Roms zu schützen, und das waren die Häduer.

Caesar war von vornherein entschlossen, mit Hilfe seiner neuen Amtsstellung eine Großtat zu vollbringen und sich so die politische Laufbahn zu sichern, zu der er sich berufen fühlte. Da ihm die Verfassung das Betreten Roms verbot, mußte Caesar die Winter in der *Gallia Cisalpina* verbringen, wo ihn seine Geheimboten und seine römischen Freunde auf dem laufenden hielten. Stets mit dem Blick auf Rom vollbrachte er so das gewaltige militärisch-politische Unternehmen, die Eroberung Galliens.

Man muß beachten, was er aus der Situation machte, die er bei seiner Ankunft in Gallien im Jahr 58 v. Chr. vorfand. Der Söldnerführer Ariovist, ein Germane von jenseits des Rheins, spielte den Schiedsrichter zwischen Häduern und Sequanern. Er tat dies mit der Zustimmung Roms, das ihn gerade unter dem Konsulat Caesars mit dem begehrten Titel »Freund des römischen Volkes« ausgezeichnet hatte. Als Prokonsul war Caesar damit nicht mehr einverstanden. Er gewährte seine Unterstützung nun denen, die bisher in Rom vergeblich um Hilfe gegen die Anmaßung eines Ariovist gebeten hatten, der vom bloßen Haudegen zum Verbündeten und dann zum Herrn über das östliche Zentralgallien aufgestiegen war.

Auch bei dem zweiten Problem war ein Zusammenhang mit dem Druck der Germanen gegeben: Die Helvetier wollten ihre Heimat verlassen, um in den Westen Galliens zu übersiedeln. Im offensichtlichen Interesse der römischen Politik beschloß Caesar, das Vorhaben zu verhindern, das er für eine Bedrohung des Friedens in Gallien hielt. Er sperrte den Durchzug durch die römische Provinz in der Nähe von Genf, verfolgte dann die Helvetier, die einen Weg weiter nördlich suchten, und vernichtete einen Teil von ihnen. Caesar hatte damit in die Angelegenheiten Zentralgalliens eingegriffen. Er wollte den Schauplatz seines Erfolges nicht so bald verlassen und benützte die Gelegenheit, um zumindest den Problemfall Ariovist auf einen Schlag zu erledigen. Der Germane vertraute zu fest auf die zahlenmäßige Überlegenheit und Kampfkraft seiner Truppen. Er hatte Caesar sogar Hilfeleistung für die Unterwerfung Roms angeboten, unter der Bedingung, daß man ihm die Hegemonie über Nordgallien belasse. Caesar rettete sich aus einer bedrohlichen Lage im Oberelsaß, in die er durch ein geschicktes Manöver Ariovists geraten war. Er konnte daraufhin die Germanen vernichtend schlagen und sich gleichzeitig für die Zukunft die Unterstützung anderer Germanen sichern, die bereits diesseits des Rheins saßen.

Caesars Tat war für die Zukunft Galliens entscheidend: Den übrigen Germanen wurde verboten, den Rhein zu überqueren, der von jetzt an als Grenze zwischen Germanen und Galliern galt. Sie durfte von den Germanen nur noch mit Erlaubnis Roms passiert werden. Caesar hatte die Freunde Roms besser geschützt als je vor ihm ein römischer Prokonsul, und zugleich hatte er durch zwei glänzende Siege eine neue politische Lage im Okzident geschaffen. So wandte er sich nun den Angelegenheiten einer Region zu, die bisher dem römischen Einfluß entzogen war. Er befaßte sich mit dem Nordosten, wo die Belger und die mit ihnen verbündeten Germanen davon ausgingen, nach Belieben schalten und walten zu

können. Die folgende Entwicklung erklärt sich daraus. Es gab keinen
»gallischen« Widerstand gegen eine noch gar nicht erfolgte römische
Eroberung. Vielmehr wurde durch eine außergewöhnliche Kraftanstren-
gung, die Caesar seinen Truppen abverlangte, die zunächst in der Furcht
befangen waren, die Germanen seien unbesiegbar, eine Dreiteilung Galliens vermieden: zwischen den Römern im Süden, dem Heer Ariovists im
östlichen Zentrum und dem Bereich der Belger und Germanen im
Norden.

Die Stärke des großen römischen Heerführers lag stets in der Schnelligkeit der Operationen und im Überraschungseffekt Auch den Belgern
und Germanen ließ er keine Zeit, sich der neuen politischen und militärischen Lage anzupassen. Er diktierte das »römische Gesetz über die Rheingrenze zwischen Galliern und Germanen« und zwang sie damit zum
Widerstand. Er wußte, die Niederlage der Belger, die als die Tapfersten in
Gallien galten, würde ihm auf einen Schlag alle übrigen Gebiete ausliefern,
niemand würde es mehr wagen, sich ihm zu widersetzen. Caesar setzte
also alles auf eine Karte und gewann. Die Belger hatten im Jahr 57 v. Chr.
an den Ufern der Aisne ein ansehnliches Heer versammelt, aber Caesar
ließ seine Truppen einfach in den Verschanzungen abwarten, die römische
Legionäre so gut zu errichten wußten und die zu den Geheimnissen der
römischen Siege gehörten. Caesar wußte genau, daß eine so große Men-
schenmasse nicht lange verpflegt werden konnte. Außerdem zählte er zu
Recht auf die inneren Zwistigkeiten und Rivalitäten zwischen den Anführern und Stämmen der Belger, voran der Nervier und Bellovaker. Nachdem sich die Masse zerstreut hatte, stürzte sich Caesar auf den harten
Kern seiner Gegner, die Nervier, die er ohne Mühe schlagen konnte. In
der Zwischenzeit hatte er die Unterwerfung und verläßliche Bundesge-
nossenschaft der Remer (um Reims) erreicht, des bedeutendsten Stamms
der südlichen Belger.

In nur zwei Jahren und durch drei Siege war Caesar der unbestrittene
Herr Galliens geworden, er hatte die Rheingrenze errichtet und ihr bereits
Respekt verschafft. Der römische Feldherr hatte keine besonders hohe
Meinung von den übrigen Galliern, die bisher gegenüber Belgern und
Germanen eine recht bescheidene Rolle gespielt hatten: folglich schien der
Rest der Angelegenheit nur noch eine Frage der Besitzergreifung und des
Verwaltungsaufbaus. Einige Stämme unterwarfen sich auch unverzüglich,
so die Völkerschaften der Armorica. Caesar unterrichtete den römischen

Senat über die Eroberung einer neuen Provinz und die Lösung des Germanenproblems. Selbst die ihm feindliche Partei war beeindruckt, und der Senat verordnete offizielle Festlichkeiten von zehntägiger Dauer.

Die Eroberung Galliens war abgeschlossen, und man darf sie nicht mit den Ereignissen der nachfolgenden Jahre vermischen, nur weil Caesar darüber in dem gleichen Werk und unter dem gleichen Titel berichtet: *Bellum Gallicum*. Bei der anschließenden Entwicklung ging es nicht mehr um die Eroberung Galliens, es handelte sich vielmehr um Widerstandsversuche gegen die bereits errichtete römische Herrschaft. Der recht schwierige Feldzug im Jahr 56 v. Chr. wurde nur notwendig, weil sich die Stämme der Armorica wegen der ihnen auferlegten Steuern gegen die römischen Garnisonen erhoben. Es waren also die unerwarteten »Wohltaten« einer schon festgegründeten römischen Regierung, die zu einer regional begrenzten Reaktion führten. Da gab es keinen Kampf Galliens für seine Freiheit, sondern nur eine Revolte gegen die Steuern.

Die Hilfe, die den Aufständischen von seiten ihrer keltischen Freunde jenseits des Ärmelkanals zuteil wurde, zeigt ebenso wie auch das Beispiel der Belger und Germanen, die über den Rhein hinweg verbündet waren: Das Eingreifen der Römer und ihre territoriale Konzeption für »Gallien« zerstörte das gegebene Gefüge der vorrömischen Welt der Kelten, die regional strukturiert war, dabei aber über die Grenzen »Galliens« stets hinausreichte. Damit wird zugleich auch verständlich, warum sich die übrigen »Gallier« nicht rührten. Man muß den Unterschied sehen zwischen der Lage zur Zeit der Eroberung selbst, als Caesar die Besiegten nachsichtig behandeln konnte, um sie für die Sache Roms zu gewinnen, und der Situation während der Rebellion gegen eine bereits anerkannte römische Herrschaft. Nur dieser Erklärungsansatz macht die veränderte Verhaltensweise des römischen Feldherrn verständlich. Als die Veneter (um Vannes), die Seele dieses Aufstands und berühmt für ihre starke Flotte, besiegt waren, wurden ihre »Senatoren« hingerichtet, das Volk in die Sklaverei verkauft. Diese abschreckende Bestrafung zeigt, daß es für die Römer nicht mehr um die Fortsetzung eines Kriegs ging, sondern um Bestrafung der »Abtrünnigen«.

Das Beispiel der Veneter läßt auch erkennen, worin eigentlich die Überlegenheit der Römer begründet lag. Vor die Notwendigkeit gestellt, gegen *oppida* zu kämpfen, die an der Küste lagen und wegen der Flottenüberlegenheit der Veneter uneinnehmbar waren, ließ Caesar seine Soldaten im Loiregebiet Schiffe bauen. Die Römer merkten, daß ihre ziemlich flachen Fahrzeuge den hochbordigen Schiffen der Veneter unterlegen waren. Deswegen befestigten sie Messer an der Spitze langer Stangen, zerschnitten das Tauwerk, fällten so die Masten und machten die feindlichen Schiffe manövrierunfähig, die sie dann entern konnten. Diese Episode erklärt die verblüffende Überlegenheit einer Armee, die zu keiner Zeit mehr als fünfzigtausend Mann zählte, die in Kontingenten von tausend bis fünfundzwanzigtausend Soldaten operierte und der es gelang, Hunderttausende von Bewaffneten zu besiegen und anschließend unter Kontrolle zu halten. Nachdem Caesar die Gallier endlich von der Unbesiegbarkeit der Römer überzeugt hatte, verblieb, abgesehen natürlich von den Truppen an der Rheingrenze, später als einzige Garnison im befriedeten Gallien eine einzige Kohorte in Lyon.

Die wenigen ernsthaften Gefährdungen gab es daher in Augenblicken, wo im ersten Fall die Unbesiegbarkeit seiner Truppen, im zweiten Fall die von Caesar selbst in Frage gestellt werden konnte. Der erste Zwischenfall ereignete sich im Winter 54 auf 53 v. Chr. Der halbgermanische Stamm der Eburonen (an der mittleren Maas) wurde von einem treverischen Feind der Römer, Indutiomarus, zum Aufstand getrieben, griff ein römisches Winterlager an, schützte freies Geleit zum Abzug vor und konnte bei einem Überraschungsangriff mehr als eine ganze Legion niedermachen. Inzwischen hatte Caesar nicht nur seine Landsleute in Rom sehr beeindruckt, sondern genauso die Gallier und die Stämme, die er für immer von »seinem« Gallien ausschließen wollte, nämlich die Kelten in England und die Germanen jenseits des Rheins. Er hatte nämlich Feldzüge über den Rhein und über den Ärmelkanal unternommen. Jetzt verstärkte er sein Heer auf zehn Legionen, befreite erst eine weitere vom Feind belagerte römische Abteilung und bestrafte dann die Schuldigen exemplarisch. Es war, übrigens unterstützt von den benachbarten Stämmen, ein regelrechter Völkermord an den Eburonen.

Einen zweiten Rückschlag, nachteiliger für sein Ansehen, erlitt Caesar, als er glaubte, die feindliche Stellung bei Gergovia durch einen Überraschungsangriff nehmen zu können (52 v. Chr.). Dabei mußte er eine persönliche Niederlage und erhebliche Verluste hinnehmen. Sein damaliger Gegner hieß Vercingetorix, der durch den Zwischenfall riesiges Ansehen gewann. Damals, schon in der Endphase der »Pazifizierung« durch Caesar, gab es die erste wirklich ernsthafte Krise, die

seine Truppen erleben mußten. Das war zugleich der einzige Moment, in
dem die Idee eines zwar nicht allgemeinen, aber den regionalen Rahmen
doch überschreitenden Widerstands einige Aussicht hatte, verwirklicht
zu werden.

Mit Vercingetorix traten die Arverner wieder in den Vordergrund des
Geschehens, erstmals seitdem ihre im mittleren und südlichen Gallien
ausgeübte Hegemonie durch die Niederlage gegen die Römer im Jahr 121
v. Chr. beendet worden war. Seither hatten die Häduer, die »Freunde des
römischen Volks«, und die Sequaner um diese Hegemonie gestritten.
Indessen hatten die Arverner ihr Königtum erneuert, ein Ereignis, das
dem Stammesvolk Hoffnungen auf bessere Zeiten eröffnen sollte. Die
Amtswürde übertrugen sie Vercingetorix, einem jungen Mann, der dem
Königshaus entstammte. Als er für sich und sein Volk die Führung im
Krieg gegen Caesar verlangte, wurde er von den Druiden der Carnuten
unterstützt, die ihrerseits zum Kampf aufgerufen hatten, seit man die
ersten ernsthaften Schwierigkeiten der Römer wahrgenommen hatte.
Vercingetorix gelang es dann, diese ausgeweitete Widerstandsbewegung
auf eine neue Taktik festzulegen: Man vermied die Feldschlacht mit
Fußtruppen, die unweigerlich in die Niederlage führte, und beunruhigte
statt dessen die Römer mit der wirksamsten gallischen Truppe, der Reiterei. Man verwüstete vor allem die Gebiete, in denen sich die römischen
Legionen verproviantieren sollten.

Ein erster Kampf um die sehr bedeutende civitas der Bituriger, Avaricum, endete nach einer für die Römer mühsamen Belagerung mit der
Einnahme der Stadt. Dieses Ereignis konnte das Vertrauen der Verbündeten in Vercingetorix nicht erschüttern; der römische Erfolg war offenbar mehr dem Zufall als einer tatsächlichen Überlegenheit der Römer zuzuschreiben, deren Nachschub durch Vercingetorix sehr gestört worden
war.

Der Rückschlag, den Caesar vor Gergovia einstecken mußte, gab
dagegen dem Aufstand ein neues Ausmaß. Selbst die Häduer, die ältesten
Verbündeten der Römer, hatten sich schließlich dem Gegner angeschlossen, freilich in der Hoffnung, die Führung der Bewegung übernehmen zu
können. Aber daraus wurde nichts. Weiterhin von den Druiden unterstützt, sah sich Vercingetorix bestätigt in seiner Stellung als erster »nationaler« Anführer, den die Kelten Galliens je kannten. Auch hier sind einige
bezeichnende Einzelheiten im Auge zu behalten. Zahlreiche Stämme, die

zu weit entfernt vom Schauplatz der Ereignisse im Zentrum Galliens
lebten, nahmen an den Kämpfen gar nicht teil. Die Remer von Reims und
die Lingonen von Langres blieben ihren römischen Bundesgenossen treu.
Der Kampfeseifer anderer Stämme hielt sich in Grenzen. Das wird durch
die Tatsache bewiesen, daß Geiseln, die von den Aufständischen in einem
Handstreich aus der Gewalt der Römer befreit wurden, nicht zu ihren
Stämmen heimkehren durften. Vercingetorix hoffte, dadurch Druck auf
die Betreffenden auszuüben und Sicherheitsgarantien in der Hand zu
behalten. Das Ausmaß der Aufstandsbewegung war für Caesar dennoch
eine schlimme Überraschung. Die Zuversicht seiner Gegner äußerte sich
in Angriffen sogar auf die *Narbonensis* selbst, deren schließliche Rückeroberung beabsichtigt war. Aber diese römische Provinz blieb völlig ruhig,
selbst die Allobroger, von den Römern einst empfindlich geschlagen,
hielten die Treue.

Diesem ersten Fehlschlag der Verbündeten folgte ein zweiter. Caesar
erweckte den Anschein, als wolle er Gallien verlassen, um die römische
Provinz zu retten. In Wirklichkeit hatte er seine Reiterei durch Germanen
verstärkt, die zu Pferd kämpften und von bewaffneten Läufern begleitet
wurden. Es gelang ihm, die Reiterei der Gallier in der Nähe von Dijon zu
überraschen und zu schlagen, gerade in dem Augenblick, als sie sich ihrer
Überlegenheit sicher gefühlt hatte. Angesichts eines römischen Heeres
von zehn Legionen zog sich Vercingetorix in das *oppidum* Alesia zurück.
Dabei handelt es sich, wie anzumerken ist, trotz der in das 19. Jahrhundert zurückreichenden und kürzlich wieder belebten leidenschaftlichen
Diskussionen, doch um das Gelände bei Alise-Sainte-Reine.

In dieser mißlichen Lage, wo der Anführer durch die regelrechte
Belagerung eines starken römischen Heeres in große Gefahr geraten war,
ist es zu bewundern, daß sich zahlreiche Gallier zusammenschlossen, um
Vercingetorix nach Möglichkeit zu befreien. Die Römer, die Alesia belagerten, wurden nun selbst belagert. Sie konnten sich aber behaupten und
schließlich das gallische Heer in die Flucht schlagen. Alesia kapitulierte
und lieferte Vercingetorix dem Sieger aus. Kürzlich wurde mit Nachdruck
darauf hingewiesen, daß alle ausschmückenden Berichte über Vercingetorix' Kapitulation aus späteren Quellen stammen und wenig Glaubwürdig-
keit beanspruchen können. Freilich haben die dem Sieger und Besiegten
zugeschriebenen Gesten in der Neuzeit eine unerhörte Flut populärer
Bilddarstellungen inspiriert. Sicher wissen wir nur, daß Caesar sehr ge-

schickt gegenüber den Arvernern und selbst gegenüber den Häduern große Nachsicht übte. Jetzt, wo die Revolte niedergeschlagen war, mußte der Frieden vorbereitet werden, das heißt die römische Herrschaft. Dagegen war der offizielle Triumphzug in Rom – der höchste Lohn für einen römischen Heerführer und besonders geschätzt von einem Feldherrn, der fest mit noch höheren Ehrenämtern rechnete – völlig undenkbar, ohne daß der Besiegte in Person, also Vercingetorix, mitgeführt wurde. Auch seine spätere Hinrichtung entsprach ganz römischer Tradition.

Man kann sich fragen, ob die Gallier fähig gewesen wären, ihre bedingte und in der momentanen Lage erreichte Einigkeit gegenüber den Germanen und gegenüber der Macht der Römer zu bewahren. Man darf es bezweifeln. Nach einer blitzschnellen Eroberung der für die Römer besonders wichtigen Rhône-Rhein-Verbindung hatte Caesar heftigere Gegenwehr angetroffen als erwartet, aber doch nur in regionalem Rahmen. Das gilt selbst für das letzte Aufflammen des Widerstands: Niemals haben die Arverner und die Häduer für die »Freiheit« der Belger-Germanen gekämpft oder diese für die Freiheit der Arverner. Und die »Iberer« beiderseits der Pyrenäen, Basken von nicht-indogermanischer Herkunft, haben den Römern in Spanien und im Südosten Galliens Widerstand geleistet, aber ohne jeden Zusammenhang mit dem Kampf des Vercingetorix. In dem von den Römern konzipierten Gallien, das für einige Jahrhunderte römisch bleiben sollte, wurden diese mehr oder weniger keltisierten Völkerschaften tatsächlich die demographische Grundlage für die Nation, die schließlich in diesem Gallien entstehen sollte. Aber das politische Verhalten der gallischen Anführer in der Zeit, bevor diese Aristokratie die römische Herrschaft akzeptierte, bedeutet in keiner Weise eine Vorwegnahme der französischen Nation. Über den entscheidenden Wandel im Geschick Galliens durch die eben dargestellten Ereignisse wird es freilich niemals ein einmütiges Urteil geben: Es ist zu sehr vom Standpunkt des Betrachters abhängig, und die mögliche Zukunft der keltischen Stämme, wären sie frei von der römischen Herrschaft geblieben, bleibt natürlich in unergründlichem Dunkel.

Man kann aber sagen, daß genau in diesem Augenblick die Weltgeschichte ihren Fuß auf den Boden des Hexagons gesetzt hat. Es handelt sich nicht nur um die Geburtsstunde der größten lateinischen Nation. In diesen Kämpfen entstand auch das Heer Caesars, das zur Grundlage seiner Macht wurde und zu der des Kaiserreichs, das Octavian Augustus vollenden konnte. Selbst die Struktur des Staatswesens, dem Gallien für Jahrhunderte angehören sollte, wurde damals entschieden. Die Geschichte des Abendlandes hatte begonnen.

KAPITEL VII

Die Pax Romana

DER WIEDERGEWONNENE FRIEDEN

Durch den Sieg des Imperiums und den Triumph der römischen Waffen wurden in einem mehr als zweihundertjährigen Entwicklungsprozeß die Anlieger des Mittelmeers – des römischen Binnenmeers – zu einer großen Wirtschaftsgemeinschaft vereint, wie sie die Welt bis dahin noch nicht gekannt hatte. Bequeme Schiffsverbindungen und ein erstaunlich leistungsfähiges Straßennetz brachten Länder einander näher, die sich kurz zuvor noch völlig fremd gewesen waren. Galliens Eintritt in diese Welt vollzog sich problemlos und mit überraschend schnellen wirtschaftlichen Erfolgen. Das Land veränderte sich: Es knüpfte internationale Beziehungen, wurde reich, übernahm die römische Zivilisation und bald auch das Christentum.

Ehe man die Segnungen und Nachteile – vor allem die Steuerpflichten – der römischen Ordnung kennenlernte, forderte Rom bedingungslosen Gehorsam. Es galt als goldene Regel, die Unterworfenen zu schonen, unruhige Draufgänger aber hart zu schlagen. Die Demütigung der Besiegten und die Schärfe der Bestrafungen sollten nicht unterschätzt werden. Vereinzelte Gruppierungen, die auch nach Alesia noch Widerstand leisteten, wurden mit unerbittlicher Grausamkeit zerschlagen. Im Jahr 51 v. Chr. wurden den Verteidigern von *Uxellodunum* die Hände abgehauen, bevor man sie nach Hause zurückschickte. Caesar gab diesen Befehl aus Ärger darüber, daß er seine Zeit nutzlos verloren hatte, anstatt sich auf den Machtkampf in Rom vorbereiten zu können. Dieser Widerstand wurde aber von der Geschichte vergessen. Die große Mehrheit der gallischen Aristokratie folgte Caesars Appell bereitwillig und bekämpfte unter

seiner Führung die Feinde Roms. Hier lag die große Chance, selbst für
Caesars frühere Gegner, von der Seite der Unterlegenen auf die des Siegers
zu wechseln und einem Mann zu dienen, der so sichtbar von den Göttern
und seinem *genius* begünstigt wurde. Dieser Begriff zielte eindeutig in den
Bereich des Übernatürlichen, und viele verehrten den Eroberer aufrichtig
als Gott.

Caesar garantierte der ihn unterstützenden gallischen Aristokratie
nicht nur die örtliche Machtausübung – in dieser Hinsicht änderte sich
nach dem Sieg der Römer überhaupt nichts. Zusätzlich gewährte er eine
Fülle von militärischen und zivilen Würden, angefangen mit dem römischen Bürgerrecht. Wer diese Auszeichnung nicht schon zuvor erlangt
hatte, bekam sie zum Abschluß des Kriegsdienstes bei der Rückkehr als
Veteran, reich geworden in den Feldzügen erst unter den Legionsadlern
Caesars, dann unter denen des Antonius, zuletzt unter denen des Octavian Augustus. Die Inschriften belegen, daß auf diese Weise sehr viele den
Status eines römischen Bürgers von Caesar erhielten, dazu sein *gentilicium, Julius,* und seinen Vornamen *Caius:* Beispielsweise in Saintes ein
C. Julius Gedomo, Sohn des keltischen Adligen *Epotsorovidos.* Der Sohn
des *Gedomo, C. Julius Otuaneunos,* gehörte ebenfalls zu diesem »juli-
schen Adel« (Gilbert Picard). Sein Enkel mit dem bereits völlig romanisierten Namen *C. Julius Rufus* stiftete dann den Triumphbogen von Saintes und ließ auf eigene Kosten das Amphitheater von Lyon erbauen. In
dieser Stadt war er Priester des Roma- und Augustuskultes am gemeinsamen Altar der Drei Gallien *(Tres Galliae),* einer politisch-religiösen Vereinigung, die Augustus geschaffen hatte. Die Romanisierung, auf deren
schnelles Fortschreiten schon oft hingewiesen wurde, konnte sich nur
unter Mitwirkung der Gallier vollziehen. Der Bürgerkrieg, durch Caesar
mit der Eroberung Galliens in Zusammenhang gebracht, erleichterte und
beschleunigte diese Entwicklung. Er verhalf Männern zu einer gewinn-
bringenden Tätigkeit, die alle bisherigen Vorrechte behalten konnten,
außer einem einzigen: Krieg gegen andere Gallier zu führen, wie das vor
der Eroberung ihre Gewohnheit gewesen war, war nun untersagt.

Die Romanisierung hatte eine Entwicklung zur Folge, die erst neuer-
dings archäologisch nachgewiesen wurde und gleiche Beachtung verdient:
Viele der Gallier, die nicht unter dem Stiefel der Römer leben wollten,
verließen das Land. Ein Teil wandte sich nach Britannien – dem heutigen
England – wie schon während des Eroberungskrieges; noch mehr aber

zogen den Donauländern zu, der Wiege der Kelten. Diese Gebiete wurden seit einigen Jahrzehnten weitgehend von Germanen, vor allem Markomannen, beherrscht. Nach der Eroberung der Gebiete südlich der Donau durch die Römer (zwischen 17 und 15 v. Chr.) und nach dem Sieg des Drusus über die Markomannen (9 v. Chr.) zogen sich diese unter der Führung ihres Königs Marbod nach Böhmen zurück. Die Hauptstadt dieses Reichs, das den Römern schwer zu schaffen machte, wurde in Hradiště bei Závist, 18 Kilometer südlich von Prag, ausgegraben. Sie offenbart den höchst erstaunlichen Befund einer germanisch-keltischen Mischkultur. Zuflucht fanden hier die Kelten von der oberen Donau aber auch aus Gallien, die auf direktem Weg oder mit einem Zwischenaufenthalt in den Donauländern zuzogen. Die Kultur des Markomannenreichs enthält zahlreiche Elemente im reinsten gallischen La-Tène-III-Stil, was unter anderem die Fibeln vom Typ »Nauheim« beweisen. Sie kommen in Gallien wie in Germanien häufig vor, und man glaubte lange an ihre »nordische« Herkunft. Dann entdeckte man aber den Ursprung dieses Fibeltyps im Süden Galliens und in Vienne, von wo er sich vor der Eroberung in ganz Gallien verbreitete, später auch in Germanien.

Häufig freundschaftliche Beziehungen zwischen Kelten und Germanen gab es natürlich schon lange. Aber die Zeit, von der hier die Rede ist, war wohl die wichtigste Epoche des keltischen Einflusses auf die Welt der Germanen, die bis zu den Goten an der Weichsel reichte. Bei ihnen heißt der Gefolgsmann eines Heerführers *siponeis*, abgeleitet von dem keltischen Wort *sepanios*. Von den Galliern stammen die Bezeichnungen für Dienstmann, Knecht (*ambactes* auf gallisch, *andbaht* im Gotischen, althochdeutsch *ambaht*, *vassos* im Keltischen, *vassus* und *vassallus* bei den Franken), für Geisel (*gisal*), für Macht und Herrschaft (keltisch *rig*, *reiks* im Gotischen, *rihhi* – Reich – im Althochdeutschen). Und selbst die Schriftzeichen der Germanen (*rune*, keltisch »geheim«) gehen auf die Gallier zurück. Noch bezeichnender sind Personennamen wie *Caturix* (Herr des Kriegs) und *Teutorix* (Anführer des Volks), die bei den Germanen zu *Hadurich* und *Theuderich* (französisch Thierry, Théodoric, deutsch Dietrich, Theoderich) wurden. Theuderich sollte übrigens ein fränkischer Königsname werden.

Diese letzte Welle an kultureller Einflußnahme und Befruchtung geht auf eine keltische Welt zurück, deren Sprache auf dem Kontinent allmählich ausstarb. Der Vorgang ist umso beachtenswerter, weil er zugleich erklärt, warum es in Gallien keinen nennenswerten Widerstand mehr gab und die Romanisierung so schnell voranschritt. Wer sich damals für das halbbarbarische nordische Europa mit seiner von Eisen und Holz geprägten Kultur entschied, blieb künftig abgeschieden von denen, die das romanische Europa wählten, dessen kulturelle Kennzeichen Quaderbau und Städte waren.

Falsch wäre aber die Vorstellung, es sei in Gallien nach den Eroberungen zu abrupten Wandlungen der Struktur und der Lebensweise gekommen. Dieser gelegentliche Irrtum rührt daher, daß zwei Bereiche zu einem einheitlichen »Gallien« verschmolzen werden, die in der ersten Periode deutlich unterschieden werden müssen, damit die Bedeutung ihrer späteren Vereinigung um so besser erfaßt werden kann: die schon seit 120 v. Chr. römischen Gebiete Galliens und das neueroberte »langhaarige« Gallien *(Gallia Comata)*.

Was die Narbonensis betrifft, begünstigten drei Faktoren einen fast schwindelerregenden Aufschwung auf der festen Grundlage der schon vorhandenen römischen Strukturen. Da ist, erstens, die Belohnung durch Caesar, seine Nachfolger und den römischen Staat für alle, die im gallischen Krieg und den nachfolgenden kritischen Situationen treu geblieben waren. Dazu kam, zweitens, die Ansiedlung von Legionsveteranen, römischen Bürgern also, in eigens für sie begründeten Kolonien – ebenfalls eine Art Belohnung. Der dritte Faktor war die sichere Aussicht auf Gewinne für die Bewohner der Provinz, vor allem für die zuziehenden oder bereits ansässigen Kaufleute. Diese Aussicht beruhte auf der Vermittlerstellung der Region, für die das gesamte neueroberte Gallien einen gewaltigen Absatzmarkt darstellte.

Um ganz in den Genuß dieser Vorteile zu kommen, mußte man aber auch während des Bürgerkriegs auf der richtigen Seite gestanden haben. Marseille aber, eher griechische Vormacht dieses Gebiets als eine einfache Stadt, war Pompeius freundlich gesinnt, ja sogar verpflichtet gewesen. Im Jahr 49 v. Chr. erklärte ihr Caesar den Krieg. Nach einer langwierigen Belagerung nahm er dann der Stadt alle politischen und wirtschaftlichen Privilegien. Für die römischen Kaufleute, die von Italien kamen, war dieser Schlag gegen die griechische Konkurrenz natürlich kein Anlaß zur Trauer. Aber die phokaiische Stadt, die ihre politische Bedeutung nie wieder erringen konnte, sollte sich doch wirtschaftlich erholen: Im Rhônedelta gab es ja für alle gute Verdienstmöglichkeiten.

Die Aufzählung einiger Namen reicht aus, um eine Vorstellung von der Entwicklung der Narbonensis zu vermitteln. Die Veteranen der VI. Legion wurden im Jahr 48 v. Chr. in Arles angesiedelt, die der VII. Legion *(Legio septima)* in Béziers (deswegen hieß die Gegend später »Septimanien«), die der X. Legion im Jahr 46 in Narbonne. Nachfolgend siedelten andere Veteranen in der neuen römischen Kolonie *Valentia,* wodurch sich das *oppidum* der *Segovellauni* zur Stadt Valence entwickelte. In Vienne und Orange wurden dann im Jahr 36 v. Chr. Veteranen der II. Legion angesiedelt. Alle Hauptorte der treu gebliebenen Stämme wurden nun in die Reihe der Städte mit Latinerrecht aufgenommen: Avignon, Cavaillon, Carpentras, Apt, Antibes, Toulouse, Carcassonne, Castel-Roussillon. Augustus gründete in Fréjus eine Kolonie für Veteranen der VIII. Legion und für Seeleute der bei Actium besiegten Flotte des Antonius. Außer dieser Stadt römischen Rechts errichtete er weitere Kolonien mit Latinerrecht: Nîmes, Vienne, Alba, Riez. Das bereits »latinische« Aix-en-Provence wurde zur »römischen« Stadt erhoben. Nîmes und Vienne, wo Veteranen aus den *auxiliae,* den nichtrömischen Hilfstruppen, angesiedelt waren, wurden durch den Bau gewaltiger Stadtmauern in ihrer Bedeutung erhöht.

Das die Wirtschaft anregende demographische Wachstum brachte der blühenden Provinz mit einem Schlag die gleiche Bevölkerungsdichte wie Italien, weit höher als in der *Gallia Comata,* die ihrerseits sehr viel volkreicher war als das übrige Europa. Allenthalben wurden die Städte durch neue Händlerviertel erweitert – die *canabenses,* was zunächst »Stapelplatz«, später »Kaufleutequartier« bedeutete. Für immer mehr reiche Leute wurden immer stattlichere Häuser gebaut. Öffentliche Gebäude und Tempel waren von entsprechender Qualität: Erstmals in der Geschichte des Hexagons gab es eine voll entwickelte städtische Infrastruktur. Vaison-la-Romaine, *Glanum* (bei Saint-Remy-de-Provence) und Nîmes sind noch heute großartige Zeugen dafür. Selbst in den Seealpen, den Cottischen und den Grajischen Alpen, die Augustus erst in den Jahren 14 bis 7 v. Chr. endgültig unterwerfen konnte – an seinen Sieg erinnert das riesige Denkmal in La Turbie –, wurden die wichtigsten Ansiedlungen sofort in römische Städte umgewandelt: so *Cemenelum,* Cimiez, Hauptort der Seealpen, später Susa, Hauptort der Cottischen Alpen, die nach König Cottius benannt sind, der sich den Römern unterwarf.

Die Zentralorte der keltischen Stämme – der iberokeltischen wie der ligurokeltischen –, die zu Kolonien nach Latinerrecht erhoben worden waren, haben bemerkenswert schnell die oft älteren Kolonien mit römischem Munizipalrecht überflügelt. Narbonne, Aix, Orange und Arles waren 70 bis 80 Hektar groß, mit Mauern von 3 bis 4 Kilometern Länge. Toulouse erreichte 90 Hektar, sein Mauerring maß über 4 Kilometer, Vienne und Nîmes hatten sogar Stadtmauern von 6 bis 7 Kilometern Länge und eine Siedlungsfläche von rund 200 Hektar Italische und einheimische Fachleute für römischen Städtebau und die Arbeit mit Quadern aus Marmor oder anderen Materialien hatten in dieser blühenden Provinz – aus ihr sollten sich später die Provence und das Languedoc entwickeln – auf Jahrzehnte hinaus zu tun. Erst später verlegten sie ihre Tätigkeiten dann in starkem Maß in die *Gallia Comata*.

In den ersten fünfzig Jahren der römischen Herrschaft gab es im »langhaarigen« Gallien kaum bemerkenswerte Ansätze zur Stadtentwicklung. Der Alltag wurde weiter von den alten keltischen Gewohnheiten geprägt. Der Unterschied zwischen den »zwei Gallien« im Hexagon, der zu Beginn von Caesars Auftritt schon groß war, wurde eigenartigerweise zu Beginn der römischen Zeit noch stärker ausgeprägt. Caesar und seine Nachfolger bemühten sich zunächst um die Befriedung und vermieden deswegen ernsthafte Eingriffe in gewohnte Verhaltensweisen. Es lag ihnen auch daran, weiter Truppen für ihre Heere ausheben zu können. So eilte es ihnen nicht, mit großem Aufwand die segensreichen Annehmlichkeiten der mediterranen und römischen Zivilisation einzuführen. Es wurde dann Sache von Adligen und anderen Kelten, die – auch als später freigelassene Sklaven – in der römischen Verwaltung oder Armee gedient hatten, die ersten Zeichen einer allmählichen Romanisierung zu setzen.

Dieses Gallien war eine eroberte, von der Besatzungsmacht beherrschte Provinz, die römische Verwaltung lag fast ganz in den Händen des Heeres. Im Jahr 44 v. Chr. waren dort noch fünf Legionen stationiert. Von Caesar erhielt das neue Gallien seine Verfassung als römische Provinz, der im Jahr 49 v. Chr. ein recht maßvoller Tribut von vierzig Millionen Sesterzen auferlegt wurde. Die gallischen Stämme wurden in drei »Klassen« eingeteilt, entsprechend ihrer Haltung gegenüber den Römern nach der ersten Eroberung von 58 bis 57 v. Chr. Von ihnen hatten nur die »besiegten Feinde«, als letzte Kategorie, den Tribut zu entrichten.

Im gleichen Jahr unterstellte Caesar das römische und das neueroberte

Gallien dem Decimus Brutus, der die massiliotische Flotte besiegt hatte. Die Narbonensis samt der *Hispania Citerior* (Katalanien) wurde im Jahr 45 auf 44 an Aemilius Lepidus übergeben, die *Belgica* kam an Hirtius, den Fortsetzer von Caesars Erinnerungen. Die *Celtica* erhielt C. Munatius Plancus, der direkt an der Grenze zur Narbonensis im Jahr 43 v. Chr. *Lugdunum* gründete, das heutige Lyon. Diese Einzelheiten verdeutlichen die tastenden Anfänge und zeigen zugleich die Ausbildung einer großräumigen Gliederung des eroberten Gallien, die in der Folgezeit große Bedeutung erlangen sollte. Die Narbonensis, erst mit der *Gallia Comata* vereint und dann von Augustus zu Italien geschlagen, blieb endgültig von dieser getrennt.

In der *Gallia Comata* wurde durch Augustus zwischen 27 und 16 v. Chr. eine umfassende Reorganisation der Verwaltung durchgeführt: Sie erhielt jetzt die »endgültigen« Grundzüge, sowohl hinsichtlich der Territorialgrenzen wie auch bei der Verteilung der Steuerlasten. Die Narbonensis wurde dem Senat unterstellt. Die *Tres Galliae (Aquitania, Celtica, Belgica)* bekamen nun ihre klassische Bezeichnung: »Drei Gallien« oder einfach »Gallien« *(Galliae)*. Auch war die damalige Grenzziehung verschieden von der im Gallien Caesars: Mit Ausnahme der Touraine, dem Land der *Turoni*, kam das gesamte Gebiet südlich der Loire an Aquitanien, und zwar auf Kosten der *Gallia Celtica*. Das römische Aquitanien mit seiner Hauptstadt *Burdigala* (Bordeaux) wurde so eine keltisch-iberisch gemischte Region mit einer keltischen Majorität. Es war sehr aufgeschlossen für die Einflüsse aus der Narbonensis, mit der geographische und klimatische Gemeinsamkeiten bestanden. Diese Tatbestände sind äußerst wichtig für die Entwicklung des Midi im weitesten Sinn; sie sollten jetzt erst zunehmend zur Trennung des Südens vom nördlichen Gallien führen. Auch die *Belgica* wurde auf Kosten der *Celtica* vergrößert: Alle östlichen Stämme mit ihren Zentralorten Trier, Metz, Toul, Langres und Besançon, also auch die Sequaner wie die Helvetier, wurden an die unverhältnismäßig ausgeweitete *Belgica* angegliedert. Sie war ganz offensichtlich als Hinterland der Rheingrenze gegen die Germanen gedacht. *Divide et impera:* »Gallien« war geteilt, und zwar auf Kosten des keltischen Kernlandes.

Diese Grenzziehung beließ der *Celtica* nur einen Gebietsstreifen von Lyon bis zur bretonischen Halbinsel, der das Gebiet der Häduer *(Bibracte)* und Senonen (Sens) sowie das Land zwischen Ärmelkanal und der

Loire umfaßte. Damit wird ein weiterer Planungsgrundsatz erkennbar: Alle diese Provinzen stoßen bei Lyon zusammen, das zur gemeinsamen Hauptstadt der Drei Gallien bestimmt war. Genau diesen Ort erwählte Agrippa, der Schwiegersohn des Augustus, als Stützpunkt, um den ganzen Westen für seinen Gebieter zu organisieren. Er besaß sogar eine recht genaue Landkarte, auf der vierundsechzig Stämme oder *civitates* Galliens verzeichnet waren. Sie sind auch bei dem Geschichtsschreiber Tacitus und auf der viel jüngeren Karte des Ptolemäus zu finden, die beide Agrippas Gallienkarte kannten.

Agrippa sollte vor allem ein Straßennetz schaffen, nicht für Gallien allein, sondern für das ganze Imperium, dessen politischen und militärischen Zielen es dienen sollte. Für die Entwicklung und Romanisierung der Drei Gallien sollte dieses Straßensystem höchste Bedeutung erlangen. Leider fehlte ihm aber eine Ost-West-Achse, die auf dem Weg Lyon–Saintes eine Verbindung zur Atlantikküste geschaffen hätte. Am wichtigsten für die Römer blieb die Verbindung vom Süden mit seinem mittelmeerischen Straßennetz nach Norden. Ausgehend von Arles führte die Strecke über Valence, Vienne und Lyon nach Chalon-sur-Saône, Langres, Toul und Trier. Von hier aus erreichte sie Köln, wo Agrippa selbst die *Colonia Ubiorum* gründete. Eine Abzweigung in Chalon führte in den Nordwesten; über Autun, Sens und Reims reichte sie bis *Portus Itius* (Boulogne-sur-Mer), wo man sich nach Britannien einschiffen konnte. Lyon war nicht nur der Mittelpunkt des Straßennetzes in Gallien, die Stadt wurde auch Hauptquartier der obersten Heerführer. Unter Augustus und dessen Nachfolgern leiteten Drusus, Tiberius und Germanicus die Operationen zur geplanten Eroberung der *Germania*. Claudius, der Sohn des Tiberius, wurde in Lyon geboren – ein Detail, das für Gallien einige Bedeutung erlangen sollte.

Im Jahr 12 v. Chr. weihte Drusus in Gegenwart von Abgesandten aus sechzig gallischen *civitates* das gemeinsame Heiligtum der Drei Gallien in *Condate*. Der Ortsname bedeutet im Keltischen »Zusammenfluß«, er bezieht sich auf die Mündung der Saône in die Rhône, nahe bei Lyon. Hier sollten sich künftig alljährlich am ersten August die Vertreter dieser sechzig Stämme versammeln und gemeinsam den Rom- und Kaiserkult zelebrieren. Die Kraft und die Größe der zugrundeliegenden Reichsidee dürfen nicht übersehen werden; sie machte diesen Kult zum ersten politischen und geistigen Band der gallischen Stämme untereinander *und* mit dem Imperium. Der Erfolg war vollständig. Lokale Kulte zu Ehren der *Roma* und des Reiches wurden fast überall eingerichtet. Eigenart und politische Existenz der Stämme fanden hauptsächlich in diesem Kult ihren Ausdruck, durch dessen Ausübung auch jede Einzelperson ihre politische Loyalität bezeugen konnte.

Großartige Bauwerke – Theater, Amphitheater, Odeon, Circus und Tempel – gaben von nun an der neuen gallischen Hauptstadt Glanz und Pracht. Das entsprach dem Ruhm des Imperiums, aber auch dem neugewonnenen Stolz der Gallier als Angehörige dieses Reichs. Lyon wurde zum Modell für die Hauptorte der Stämme in ganz Gallien. Jetzt begann tatsächlich in den *civitates* der römische Städtebau mit seinem eindeutig repräsentativen und manchmal auch leicht gekünstelten Charakter. Rings um das *forum* entstand nach dem Vorbild Roms ein geselliges Leben, bald bereichert durch Spiele in den Amphitheatern und vor allem durch Thermen, zu deren Versorgung oft beachtliche Aquädukte gebaut wurden. Lyon hatte schließlich vier Zuleitungen aus dem Massif Central mit einer Tageskapazität von rund 80 000 Kubikmetern Wasser. Einer dieser Aquädukte hatte die erstaunliche Länge von 75 Kilometern. In Lyon war auch eine *cohors urbana* stationiert, jetzt die einzige römische Einheit in den *Tres Galliae*, die als befriedet galten. Die Legionen wurden am Rhein zusammengezogen, ihr Bestimmungsziel sollte die zukünftige Provinz *Germania* jenseits des Stroms sein.

Die Eroberung bis zur Elbe hatten schon Augustus, Agrippa und Drusus geplant, als sie die Grundlagen der Drei Gallien schufen. Das spätere Köln – das *oppidum Ubiorum* wurde im Jahr 50 n. Chr. zur *Colonia Claudia Ara Agrippinensis* – war offensichtlich dazu bestimmt, in diesem »Germanien« die gleiche Rolle zu übernehmen wie Lyon in Gallien. Auch hier wurde ein Heiligtum für den Kult von Rom und Kaiser errichtet. Im Jahr 17 oder 16 v. Chr. kam es zu der demütigenden Niederlage einer Legion gegen die vom rechten Rheinufer übergesetzten Sugambrer. Das veranlaßte oder beschleunigte die Operationen, während deren Verlauf Drusus das rechtsrheinische Gebiet in mehreren Feldzügen besetzte – erst bis zur Ems, dann bis zur Weser, schließlich bis an die Elbe. Die zwei wichtigsten Ausgangslager wurden gegenüber den Mündungen von Main und Lippe angelegt: *Mogontiacum* (Mainz) und *Castra Vetera* (Xanten). Als Tiberius dem Drusus im Amt des Oberbefehlshabers folgte, wurde im Jahr 5 v. Chr. die neue Provinz offiziell eingerichtet. Sie erhielt den Status eines besetzten Gebietes, wie früher Gallien, und schien befriedet.

Diese Ereignisse betrafen unmittelbar auch die Geschichte Galliens, denn sie beeinflußten das von Augustus für dieses Gebiet entwickelte Gliederungskonzept. Nach dem Scheitern der römischen Pläne verblieb die Raumordnung im Osten Galliens als bloßes Nebenprodukt der für Germanien vorgesehenen Verwaltungsorganisation. Denn im Jahr 9 n. Chr. vernichtete ein Aufstand der Germanen unter Arminius, einem ehemaligen Offizier der kaiserlichen Garde, die drei Legionen des Varus im *Saltus Teutoburgiensis*, einem Waldgebiet, das weiterhin nicht eindeutig lokalisiert ist. Die besten römischen Truppen und die fähigsten Heerführer wurden damals durch andere Aufstände in illyrischen Provinzen festgehalten. Es folgten langwierige Feldzüge, hauptsächlich unter der Führung des Germanicus, bis im Jahr 16 n. Chr. Kaiser Tiberius den Entschluß faßte, die Unterwerfung Germaniens nicht weiter zu betreiben. Germanicus, ein sehr populärer Angehöriger des Kaiserhauses, wurde abberufen; er starb im Jahr 19 n. Chr. im Orient unter Umständen, die Verdacht auslösten. Die politische Stimmung der Legionen am Rhein und überhaupt in Gallien verschlechterte sich dadurch empfindlich.

In dieser Situation enttäuschter militärischer Hoffnungen und, nicht zu vergessen, auch fehlgeschlagener wirtschaftlicher Erwartungen, die mit der Pazifizierung Germaniens so sicher verbunden gewesen waren wie die Profite der Narbonensis aus der Eingliederung Galliens, führte eine Steuervorschrift des Tiberius zum ersten ernsthaften Aufstand in Gallien. Mit einem Federstrich beseitigte der Kaiser das Privileg der föderierten Stämme, die »frei und nicht tributpflichtig« waren. Sie sollten von nun an nicht nur Tribut zahlen, sondern zugleich wurde auch der Betrag wesentlich erhöht. Bei den Turonen, den Treverern, den Sequanern und vor allem bei den von der Neuerung besonders betroffenen Häduern kam es zu Unruhen, die von den Rheinlegionen aber mühelos unterdrückt wurden. Der Anlaß dieses von den Historikern lange falsch beurteilten Aufstandes ist genau zu bestimmen, der Kreis der Teilnehmer war begrenzt, das Echo der Bewegung blieb gering, sogar in den direkt betroffenen *civitates*. Damit ist es völlig ausgeschlossen, diese ernstzunehmenden Unruhen als »nationale Erhebung« der Kelten in Gallien zu deuten, auch wenn in Rom die abwegigsten Gerüchte umliefen. Nicht zu bestreiten ist dagegen eine allgemeine politische Klimaverschlechterung. Sie ist nicht gleichzusetzen

mit Feindseligkeit gegen »die Römer« und das Imperium, aber sie beeinflußte Lage und Haltung der Gallier. Caesar hatte sich nach der Konfiska-
tion der keltischen Tempelschätze mit einem mäßigen Tribut begnügt und
anschließend seinen gallischen Truppen im Bürgerkrieg lohnende Gelegenheiten zum Beutemachen eröffnet. Diese Zeiten waren jetzt endgültig
Vergangenheit.

Alle *civitates* der gallischen Stämme waren so *stipendiarii*, also tributpflichtig geworden, und nur die römischen Kolonien genossen eine Sonderstellung. Aber sie waren und blieben selten in den *Tres Galliae*, anders
als in der Narbonensis und besonders anders als in Spanien und Afrika.
Während des frühen Kaiserreichs war Gallien weder eine privilegierte
noch eine bedeutende Provinz. Es wurde schließlich zu einer der reichsten
und gewichtigsten Regionen im Westen des Reichs, aber erst als Ergebnis
der Entwicklung unter der *Pax Romana*. Und diesen Aufstieg verdankte
das Land allein der eigenen Vitalität, er war in keiner Weise vorbestimmt.
Diese Schlußfolgerung wird bestätigt durch das rein militärische Interesse
der Römer an den Gebieten nördlich der Alpen. Deswegen wurde aus
Italien die Verbindung zum Rhein auf dem direktesten Weg gesucht.
Unter diesem Aspekt blieben der Rhône-Saône-Graben und die Alpenpässe – ausgebaut wurde der Große St. Bernhard mit Martigny im Norden
und Aosta im Süden – bloßes Mittel zum Zweck. Für sich genommen
waren sie kein Ziel römischer Aktivitäten.

Mit der Gründung der beiden Germanien (um 86 n. Chr.) wurde die
Stationierung von je vier Legionen am Ober- und Niederrhein zur festen
Einrichtung. Das band diese stark romanisierten Gebiete wirksam an
Rom und Italien, ohne daß Gallien als Ganzes dabei eine besondere Rolle
gespielt hätte. Die *Germania Inferior*, mit Köln als Hauptstadt, war
tatsächlich kaum mehr als ein der *Belgica* vorgelagerter, recht schmaler
Gebietsstreifen. Die *Germania Superior*, mit der Hauptstadt Mainz und
der wichtigen Festung *Argentorate* (Straßburg), erhielt dagegen eine beträchtliche Ausdehnung: Angegliedert wurde ihr auf Kosten der *Belgica*
das gesamte Gebiet der Sequaner und Helvetier, dazu noch das der
Lingonen mit dem Plateau von Langres. Auch in militärischer Hinsicht
wurde das übrige Gallien erst viel später als Bollwerk des Westreichs
betrachtet, nachdem die Verteidigung in die Tiefe gestaffelt werden
mußte.

Galliens Aufstieg in den Kreis der für das Reich lebenswichtigen

Regionen vollzog sich also schrittweise. Nach der Narbonensis und den beiden Germanien kam die *Belgica* an die Reihe, als Kaiser Claudius Britannien eroberte (ab dem Jahr 44 n. Chr.). Dieses Unternehmen, in das zunächst nur die in Britannien angesiedelten Belger einbezogen wurden, war mehrfach von Augustus und Caligula geplant worden. Die teilweise Verwirklichung, die Fortsetzung der Kämpfe im Norden der Insel bis zum Jahr 119 und die Entstehung der neuen Provinz *Britannia* gaben dem Norden Galliens wachsende Bedeutung. Für die römische Flotte und für den Handelsverkehr wurde Boulogne zum wichtigsten Hafen. Aber auch andere Seestädte profitierten von der Entwicklung, so *Juliobona* (Lillebonne) und etwas später *Rotomagus* (Rouen). Die bedeutendste Verbindungsstraße zwischen Italien und der neuen Provinz führte vom Rhein durch besonders reiche Ackerbaugebiete nach Boulogne. Auch die übrigen Verkehrswege durch Gallien zum Ärmelkanal wurden zunehmend frequentiert – in diese Periode fällt der Aufstieg der *nautae* auf der Seine und vor allem in Paris. Für den neben Rhein und Maas wichtigsten Fluß war es vorteilhaft, daß Britannien in den großen Markt des Imperiums einbezogen wurde. Archäologische Grabungsbefunde bestätigen für diese Zeit einen wesentlichen Wirtschaftsaufschwung in der *Belgica*.

Die Regierung von Kaiser Claudius (41–54 n. Chr.) bedeutete einen großen Schritt in Richtung Integration und Romanisierung Galliens. Der Herrscher war im Jahr 10 v. Chr. in Lyon geboren worden. Aufgrund dieser Herkunft beachtete er mit erhöhter Aufmerksamkeit die Beschwerden der gallischen *civitates* und besonders die der römischen Bürger aus den *Tres Galliae*, die sich in einer eigenartigen Lage befanden: Sie lebten ja in einem Land, in dem es kaum Städte römischen Rechts gab, auch wenn Claudius einige in den Rang einer römischen Kolonie erhob, beispielsweise Speyer, Avenches, Besançon, Langres, Thérouanne. Gleich ob römischer oder gallischer Abstammung, waren diese *cives romani* oft bedeutende Persönlichkeiten, aber in ihren gallischen Heimatstädten fehlte ihnen offensichtlich der Zugang zu wirklicher politischer Verantwortung. Claudius kämpfte darum, ihnen das passive Wahlrecht für den römischen Senat zu verschaffen. Dabei traf er allerdings auf eine recht starke konservative Senatsopposition. Seneca spottete über einen Kaiser, der den Senat mit Spaniern, Afrikanern und Galliern auffüllen wolle. Trotzdem wurde die neue Regelung angenommen, die auf der politischen wie gesellschaftlichen Ebene ganz entscheidende Entwicklungen einleitete. In Rom nahmen die gallischen Senatoren an Zahl und Einfluß ständig zu; in Gallien veränderte der Senatorenstand in der Spätantike zwar seine Zusammensetzung, entwickelte sich aber zum Hochadel, der teilweise die Römerzeit überleben sollte.

Die Bronzetafel der *Oratio Claudii* überliefert eine Lobrede des Kaisers auf Gallien und die Gallier: »Dank der Gallier und ihrem ruhigen Verhalten wußte mein Vater Drusus bei der Unterwerfung Germaniens, daß in seinem Rücken der Frieden gesichert war.« Die erst offensiven, dann defensiven Kriege gegen die Germanen konnten nur aufgrund der Loyalität der überwältigenden Mehrheit der Gallier geführt werden. Schon die Eroberung Galliens wäre ohne die feste Treue der Narbonensis unmöglich gewesen.

Diese Tatbestände helfen bei der richtigen Beurteilung des letzten großen Aufstands im Jahr 70 n. Chr. Er ist untrennbar verbunden mit Civilis und mit Julius Classicus, einem Fürsten aus dem Stamm der Treverer. Civilis, ein Bataver fürstlichen Geblüts, war *praefectus* einer Kohorte in der *Germania Inferior* gewesen. Schlechte Erfahrungen im Umgang mit seinen Vorgesetzten und Soldaten hatten ihn zum Römerfeind gemacht. Im Jahr 69 n. Chr. gelang es ihm, acht Kohorten batavischer Hilfstruppen zum Aufstand gegen Rom anzustiften, außerdem konnte er eine Menge Leute aus anderen Stämmen von beiden Ufern des Niederrheins gewinnen. An der Revolte waren also in erster Linie Germanen beteiligt, Zusammenhänge mit einem angeblichen Freiheitskampf der Gallier sind nicht erkennbar. Die Meutereien in der Rheinarmee beweisen lediglich die Mißstimmung innerhalb der Truppen. Auch der Parteiwechsel des Classicus, der als Befehlshaber einer *ala* berittener Hilfstruppen zunächst gegen Civilis kämpfte, ehe er zu ihm überlief, konnte aus der Sache kein gemeinsames Anliegen aller Gallier machen. Die Verträge, die Civilis und Classicus mit Stämmen aus dem romfreien Germanien schlossen, bezeugen das Gegenteil: Das »gallische Reich«, von dem die Rede war, hätte für Gallien eher eine Bedrohung als die Aussicht auf »Befreiung« bedeutet. Trotz einiger militärischer Erfolge wurde das Unternehmen am Ende ein vollständiger Fehlschlag.

Unter den gegebenen Umständen hatte Gallien die Wahl zwischen der Zugehörigkeit zum römischen Imperium als bedeutender Reichsteil und einem germanisch-keltischen Abenteuer – wie schon Caesar es als Gefahr für Rom erkannt hatte. Entschieden wurde auf einer Versammlung von

Abgesandten der *civitates* in Reims: Sie wählten Rom. Die gallischen
Stämme hatten schon einen vorhergehenden Aufstand in schlechter Erinnerung, der zur Zeit Kaiser Neros im Jahr 68 unter C. Julius Vindex bei
den Aquitaniern ausgebrochen war. Dazu kommt noch das alles in allem
durchaus freundschaftliche Verhältnis der Gallier zu den römischen Truppen im Rheinland. Es gab also keine wirkliche Interessengemeinschaft
jener Kräfte, die aus unterschiedlichen Gründen mehr gegen die augenblicklichen Verhältnisse als gegen Rom selbst opponierten.

Die lange Friedenszeit, die Gallien bis gegen Ende des 2. Jahrhunderts
n. Chr. beschert war, vollendete die Romanisierung des Landes und
machte sie unwiderruflich. Für die oberen und mittleren Gesellschaftsschichten brachte sie Wohlstand, das Bevölkerungswachstum wurde angeregt. Der Friedensperiode verdankte Gallien auch die Ausbreitung der
Schrift. Geschrieben wurde aber natürlich in Latein, der Sprache, die seit
dem Beginn der römischen Besetzung für jeden Behördenkontakt vorge-
schrieben war.

Trotz ihrer grundsätzlichen Unnachgiebigkeit konnte die römische
Verwaltung eine gewisse Anpassung an gallische Lebensformen entwik-
keln, beispielsweise bei der Benennung von Landgebieten und Städten.
Die zu Beginn der Römerherrschaft eingeführten römischen Namen wurden durch die Bezeichnung nach Stämmen ersetzt: *Augustodurum* wurde
zum Bayeux der *Baiocassi*, *Juliomagus* zum Angers der *Andecavi*, *Augu-
stobona* zum Troyes der *Tricasses*. Ein Zeugnis für diese zunehmende
Umformung der Namen sind die Aufschriften römischer Meilensteine. Es
ist auch ein bemerkenswerter Tatbestand, daß die römische Meile definitiv durch die gallische *leuca* ersetzt wurde. Diese Längeneinheit von
rund 2,2 Kilometern wurde zur Zeit Trajans in Aquitanien und in der
Lugdunensis eingeführt; sie setzte sich um das Jahr 200 in den *Tres Galliae*
durch und erscheint auch auf Karten des Imperiums.

Die Einteilung der römischen Verwaltungsbezirke wurde für die Zukunft des ganzen Landes und seiner Regionen sehr folgenreich. Aquitanien ist dafür ein aufschlußreiches Beispiel. Als *Aquitania* bezeichnete
man zunächst das Gebiet zwischen Pyrenäen und Garonne, aber seit der
Neuordnung unter Augustus meinte man damit das Land zwischen Pyrenäen und Loire. Neun *tribus*, die zwischen Garonne und den Pyrenäen
saßen, trennten sich im 2. oder 3. Jahrhundert von Aquitanien und bildeten die förmlich anerkannte Provinz *Novempopulana* – Land der neun

Völker. Dieser Name wurde auch beibehalten, als sie später wesentlich mehr Stämme umfaßte. So hieß das für die Gesamtprovinz ursprünglich namengebende Gebiet der *Aquitani* von jetzt an *Novempopulana*, bevor es dann erneut umbenannt wurde – diesmal nach den Basken in *Vasconia*. Dagegen behielt die von keltischen Stämmen bewohnte Region den Namen Aquitanien und entwickelte ein ausgeprägtes Eigenbewußtsein, das seine Entstehung und einigende Kraft einem Gebiet verdankt, das von der römischen Verwaltung geschaffen wurde. Gerade die Zugehörigkeit zur romanischen Welt und ihrer Kultur war einer der Gründe für den betonten Regionalstolz, sogar »Nationalstolz« dieser Neu-Aquitanier.

Schon deutlich vor der Entstehung des fränkischen und des westgotischen Reichs im 5. Jahrhundert wurde die Trennung zwischen dem Norden und dem Süden Galliens durch eine allmähliche Entwicklung vorbereitet: Unter Kaiser Tiberius wurden vor dem Jahr 20 erstmals Aquitanien und die Narbonensis unter einem gemeinsamen Prokurator zusammengeschlossen. Auch die *Celtica* – von da an als *Lugdunensis* (Lyonnaise) bezeichnet (hier weicht der Keltenname dem der römischen Hauptstadt Galliens) – und die *Belgica* mit ihrer Militärgrenze gegen die Germanen wurden zusammen einem Prokurator unterstellt, der seinen Amtssitz in Trier hatte. *Belgica* und beide Germanien blieben in der Folgezeit eine Verwaltungseinheit, die Stellung der *Lugdunenis* ist dagegen weniger klar erkennbar. Jedenfalls sollte die Verwaltungsreform Diokletians, von Konstantin dem Großen bestätigt, die Aufteilung Galliens in Norden und Süden verewigen: Vienne wurde die Hauptstadt des Südens, Trier die des Nordens.

Im südlichsten Teil der ehemaligen *Gallia Comata* gab es neben dem ausgedehnten Weinanbau weitere Kennzeichen für gesellschaftlich wie klimatisch mehr vom mediterranen Raum beeinflußte Lebensformen. Dieses Gebiet wurde nun dem massiven und direkten Einfluß der Narbonensis geöffnet, die schon seit langem eine mehr römisch als gallisch geprägte Region war. Das hier gesprochene Latein stand in einem intensiven Austausch mit der in Oberitalien und Nordspanien gebräuchlichen Sprache, es mußte sich deswegen ganz anders entwickeln als das Latein im nördlicheren Gallien. Schon in der frühen Zeit trennten sich so die Anfänge der künftigen romanischen Sprache des »Midi« von der im Norden entstehenden, lange bevor das Eindringen der Germanen diese Unterschiede noch verstärken sollte.

DIE GALLISCH-RÖMISCHE KULTUR:
RELIGION, GESELLSCHAFT, WIRTSCHAFT

Hauptsächlich archäologische Zeugnisse, an Zahl von Jahr zu Jahr weiter zunehmend, berichten über das Leben in den *Tres Galliae* zur Zeit der *Pax Romana*. Die Fülle der Erscheinungsformen ist derart groß, daß hier nur eine knappe Skizze möglich ist. Wege zum Verständnis der Gesellschaft am Ende des 1. und während des 2. Jahrhunderts weisen vor allem die Kulte. Das religiöse Leben im römischen Gallien war weder rein römisch noch rein gallisch; es bezeugt eine echte Symbiose, eine wahrhaft galloromanische Gesellschaft und Kultur. Es wäre ganz irrig, von einem »Widerstand« der gallischen Kulte gegen die römische Religion zu sprechen. Die Götter der Kelten wurden von den Römern nie bekämpft, ihre Verehrung nie behindert. Wie anderswo verehrten die Römer auch in Gallien ihre eigenen Götter. Zusätzlich zu den religiösen Gebräuchen der Völker Galliens begründeten sie den Kult der Roma und der Kaiser, ein Programm, mit dem sie insgesamt freundliche Aufnahme fanden.

Die Anerkennung, ja sogar Verschmelzung von Gottheiten beider Seiten ließ eine Fülle lokaler Kulte entstehen. Sie wurden von beiden Bevölkerungsgruppen getragen, die ohnehin zur regionalen Symbiose tendierten. Durch die allgemeine Verleihung des römischen Bürgerrechts am Beginn des 3. Jahrhunderts wurde der Zusammenschluß dann vollendet. Es darf auch nicht vergessen werden, welche herausragende Rolle die keltischen Stämme gespielt hatten, die zuerst in der Narbonensis, dann im noch freien Gallien Bündnisverträge mit den Römern abschlossen. Diese Verträge bedingten nämlich grundsätzlich die gegenseitige Anerkennung der Gottheiten beider Seiten als Garanten der jeweiligen Übereinkunft. Manche Stämme wie Lingonen oder Remer wurden aus dem einfachen Grund niemals von den Römern besiegt, weil sie nie Krieg gegen sie führten. Folglich wurden auch ihre gallischen Gottheiten von den Römern stets und ohne Unterbrechung anerkannt. Es ist reiner Anachronismus, von einer nationalen Auseinandersetzung zu sprechen, weder Römer noch Kelten waren eine Nation im modernen Sinn. Die Verwendung unzutreffender Bezeichnungen wie »Widerstandskämpfer« oder »Kollaborateur« verstellt nur das Verständnis der tatsächlichen Ereignisse. Hätte es jemals ein Gefühl grundsätzlicher Feindschaft und die *damnatio memoriae* der Unterlegenen gegeben, wäre auch jede Spur der feindlichen Götter ausgelöscht worden. In Gallien geschah aber das Gegenteil: Die Gallier wollten ihre keltischen Gottheiten den römischen angleichen, und die in Gallien ansässigen Römer bemühten sich um die Identifikation ihrer Götter mit denen der Gallier.

Die Gallo-Römer schufen zahlreiche Götterskulpturen in römischem Stil, aber mit unverkennbar gallischen Zügen. Sie errichteten auch Heiligtümer aus Stein: kleine *fana* auf dem flachen Land, aber auch recht stattliche Tempel mit einer eigenständigen Sakralarchitektur, deutlich unterschieden von der rein römischen Bauweise. Zeugnisse dafür sind die *Tour Vésone* in Périgueux und der Janustempel bei Autun, während die *Maison Carrée* im römischen Nîmes den römischen Stil repräsentiert. Am ungezwungensten überdauerten die Gottheiten der Quellheiligtümer, vorzugsweise an Thermalquellen gelegen, die wegen ihrer Heilkraft geschätzt waren. Bekannt sind die ausdrucksstarken Holzfiguren, die 1963 an den Seinequellen gefunden wurden. Diese Votivgaben von Pilgern des 1. Jahrhunderts n. Chr. bezeugen eine Kontinuität der Kultstätten, wie sie auch am Beispiel der Häduer-Hauptstadt begegnet. Das *oppidum Bibracte* wurde zwar vom Mont Beuvray in die Ebene verlegt, aber die Bewohner des neuen *Augustodunum* (Autun) feierten ihr großes Götterfest, verbunden mit einem Markt, weiterhin am gewohnten Tag und am gewohnten Ort, eben auf dem Berg. In christlicher Zeit wurde dann der heilige Martin verehrt, unverändert am ersten Mittwoch im Mai auf dem Mont Beuvray!

Heiligtümer und Wallfahrtsorte mit ihren Einrichtungen für Massenunterhaltung zeigen am deutlichsten, wie unaufhaltsam sich in den *Tres Galliae* die neuen Lebensformen und Vergnügungsmöglichkeiten durchsetzten, die von der römischen Welt angeboten wurden: Theater, Arenen für Pferderennen, Amphitheater, besonders aber die für Gallien typische Mischform aus Theater und Amphitheater, beispielsweise in Paris. Aufschlußreich ist die geographische Verteilung dieser Bauwerke. Sie sind charakteristisch für die *Tres Galliae*, denn die Narbonensis ist zwar reich an Schauspielstätten, die aber nicht an Heiligtümer angegliedert wurden. Die kombinierten Theaterbauten gab es auf dem flachen Land wie in den Städten, drei bevorzugte Gegenden sind aber deutlich zu erkennen: Limousin, Saintonge, Poitou; das Flußtal der Loire vom Gâtinais bis zur

Mündung; das Gebiet an der Oise sowie an den Unterläufen von Marne und Seine zwischen Meaux, endlich Lillebonne, Evreux und Lisieux.

Die Schauspiele der Römer – Gladiatorenkämpfe, Wagenrennen, aber auch Pantomimen, Gaukler, Tänzer – unterhielten und ergötzten die Masse. Veranstaltungen gab es nicht nur in den Städten, sondern überall dort, wo ein allgemeiner Stammestreffpunkt bestand, meist dank Götterkult oder Handel. In den wichtigen Zentralorten waren die Theaterbauten natürlich am großartigsten. Besonders zu nennen ist hier die Narbonensis mit Arles und Nîmes, deren Arenen 26 000 beziehungsweise 24 000 Zuschauer faßten. Auch Lyon hatte eindrucksvolle Anlagen und besaß als einzige Stadt außer Vienne auch ein Odeon, also ein überdachtes Theater für musikalische und deklamatorische Darbietungen. In den *Tres Galliae* hatte das Theater von Autun Platz für 33 000 Zuschauer, und Paris verfügte über Anlagen für alle Veranstaltungsarten. Platz für 10 000 Zuschauer hatte aber auch der Theaterbau im späteren Ort Vieux-Poitiers, einem gallo-römischen *vicus*, und derartige Beispiele sind zahlreich. Als wichtiges Faktum ist festzuhalten: Stadt und Land waren keine getrennten Welten. Die *Pax Romana* ermöglichte die wechselseitige Öffnung und Kommunikation, dazu intensive Wirtschaftsbeziehungen.

Vermittler zwischen der Stadt und ihrer Umgebung waren ländliche Heiligtümer, aber auch die *vici*. Sie beherrschten als Unterzentren häufig einen *pagus*, ein begrenztes Gebiet also, und erfüllten hier die gleiche Funktion, die einer *civitas* als Hauptort für den gesamten Stamm zukam. Gabriel Fournier untersuchte die Entwicklung der *vici* in der Auvergne bis über die fränkische Zeit hinaus. Die gesamte anthropogeographische Grundstruktur wurde hier wie auch anderswo unter der Römerherrschaft festgelegt: Vor allem das Siedlungsnetz der Städte und *vici* mit seinen verbindenden Straßen und Wegen hatte für die nachfolgenden Jahrhunderte Bestand. In der Spätantike oder in fränkischer Zeit wurde der eine oder andere *vicus* zum *castrum*, zur kleinen Festungsstadt, umgewandelt. Einige *castra* wurden auch neu gegründet. Von solchen Veränderungen abgesehen, wurde damals bereits die Städtelandschaft des künftigen Frankreich ausgestaltet mit ihrer harmonischen Verteilung und im Durchschnitt 60 Kilometern Abstand von Stadt zu Stadt. Ganz Gallien wurde also während der *Pax Romana* durch regionale und lokale Zentren erschlossen, ein Vorgang, dessen Bedeutung kaum hoch genug zu schätzen ist. Diese Orte sind in der Folgezeit keineswegs wieder untergegangen,

auch wenn der Anblick von Ruinenstädten diesen Eindruck erwecken
könnte. Zerstörung und Untergang sind auch nicht in jedem Fall auf
feindliche Invasionen zurückzuführen.

Begleitet wurde diese Einrichtung regionaler und lokaler Zentralorte
von Fortschritten im Bauwesen, vom Aufkommen der Steinbauweise, die
das Erscheinungsbild der *Tres Galliae* veränderte. Auch hier darf die Stadt
nicht zu scharf vom Land getrennt werden: Die Besitzer der *villae* –
Agrarbetrieb und Landsitz in einem – hatten auch ihr Stadthaus. Dank der
Quaderbauweise gab es in Stadt und Land den gleichen römischen Lebensstandard, die gleichen architektonischen Zierden, aber auch die gleichen recht uniformen Verhaltensweisen. Überhaupt wird die gallo-römische Welt durch ihre weitgehende Einheitlichkeit gekennzeichnet. Für
den gesamten römischen Kulturkreis trifft ja die Beobachtung zu, daß es
einen vergleichbar internationalen und zugleich normierten Lebensstil
der Wohlhabenden erst wieder im 20. Jahrhundert geben sollte.

Nicht alle Erscheinungen lassen sich allein auf Dualismus oder Symbiose zwischen gallischer und römischer Kultur zurückführen. So sind
einige Charakteristika der Römer in Wirklichkeit Nachahmungen und
Adaptationen aus der hellenischen Kultur. Der Weinbau in Italien entstand nach dem Vorbild des griechischen und wurde zugleich dessen
Konkurrent. Ganz entsprechend trat dann die Weinproduktion Galliens
in Wettbewerb mit der römischen. Ähnliches läßt sich von der Kunst des
Wasserbaus sagen: Mindestens hunderttausend Arbeitskräfte kümmerten
sich täglich um Quellfassungen, Aquädukte, Siphons aus Blei, Wasser-
becken, öffentliche und private Brunnen, innerstädtische Leitungsnetze,
Thermen und die damit verbundenen Dienstleistungen. Den hochentwikkelten Badeaufwand hatten die Römer aber von den Griechen gelernt.
Frontinus hat Unrecht, wenn er die nützlichen römischen Einrichtungen
preist und die schönen, aber nutzlosen Kunstwerke der Griechen verspot-
tet. Hellenistische Lebensart, wie sie sich beispielsweise in Pergamon
zeigte, war das Vorbild für die Römer.

Die technischen Wunderwerke, griechische und orientalische Händler, Sklaven und Soldaten aus allen Regionen der Welt sind Indikatoren
für eine Vielvölkerwelt im Wandel. Das Imperium der Römer wurde immer unrömischer, mit ihm auch Kultformen und Denkweisen. Diese
Entwicklung betraf auch Gallien: Eine wesentliche Folge seiner Zugehörigkeit zum Reich war neben der Romanisierung die Ausbreitung

östlicher Religionen, zu denen auch das Christentum zählte. Einige dieser Kulte, darunter die Verehrung der *magna mater* Kybele, waren in Rom, aber genauso auch in Lyon und Vienne erfolgreich. Hier gab es seit dem 1. Jahrhundert Mysterientempel und Mysterientheater. Andere Religionen mit Initiationsriten folgten, so der Isiskult aus Ägypten und der Kult des Mithras, der zur wichtigsten Gottheit des römischen Heeres wurde.

Den Kern der Gläubigen dieser Mysterienkulte bildeten Orientalen, die in den *canabae* (Lagervorstädten) lebten, beispielsweise in Lyon auf der Insel der *Canabae,* wo sie vielfach recht aufwendige Wohnsitze hatten. Dagegen findet man die ersten Christen eher unter den Armen, unter Orientalen aus dem hellenisierten Osten, oft mit griechischen Namen. Die ersten Märtyrer Galliens starben im Jahr 177 im Amphitheater von Lyon, zu ihnen gehörten Attalus und Blandina, über die der Geschichtsschreiber Eusebius von Caesarea berichtet. Die »Schuld« der Christen bestand in der Absolutheit und dem Ausschließlichkeitsanspruch ihres Glaubens, der alle anderen Kulte verdammte, auch den der Roma und des Kaisers. Für eine internationale, in Glaubensdingen »tolerante« oder »liberale« Gesellschaft war dies eine völlig neue Erfahrung. Ohne die Wechselwirkungen zwischen der Internationalität des Handels, der ihn tragenden Menschen sowie der Ideen, die sie verbreiteten – und sei es nur durch ihre Sklaven – müßte der nachfolgende Wandel unverständlich bleiben. Man würde künstlich Epochen trennen, die in Wirklichkeit voneinander abhängen: Als nämlich die wohlgeordnete *Pax Romana* zusammenbrach, als in den Germanenstürmen des 3. Jahrhunderts die Tempel stürzten und die Heiligtümer brannten, da konnten die gallo-römischen Götter keinerlei Schutz bieten – eine Erschütterung ihres Ansehens, von der sie sich nie mehr erholten. Die Städte, nicht die Tempel wurden wieder aufgebaut. Als Zuflucht für die Seele konnten sich jetzt die orientalischen Religionen und voran das Christentum durchsetzen.

Die Zeit der adligen keltischen Reiterkrieger war natürlich längst vorbei, aber deren Nachkommen gab es noch immer. Sofern sie sich der neuen Gesellschaftsordnung anpassen konnten, blieb ihre Rolle in den Städten bedeutend und innerhalb der Hierarchie des Imperiums eröffneten sich individuelle Karrieremöglichkeiten. Allerdings verloren sie die Alleinverfügung über Reichtum und die daraus abgeleitete Macht, gleich ob als Politiker oder als Großgrundbesitzer. Auffallendstes Merkmal des sozialen Wandels war das Emporkommen einer Schicht, die für Gallien neu, den Römern aber wohlvertraut war: reiche Gewerbebetreibende und Kaufleute aus den verschiedensten Ländern. Ein Reeder für Seetransporte zwischen Lyon und Rom mochte Römer sein, ein Fabrikant von Töpferwaren in Lyon war Syrer aus Antiochia, ein Glasfabrikant stammte aus Karthago. In Lyon sind 22 Prozent der aus Inschriften des 2. Jahrhunderts bekannten Namen griechisch.

Die Institutionen der römischen Gesellschaft begünstigten reichgewordene Unternehmer und Kaufleute: Ihr sozialer Aufstieg blieb unbehindert, durch Schenkungen an Götterkulte, Städte und Vereinigungen konnten sie gesichertes Ansehen erwerben. Ihre Söhne erhielten qualifizierte Rhetoriklehrer und konnten dann als Advokaten Karriere machen oder in das politische Leben eintreten.

Neben den wenigen Spitzenvermögen gab es die Masse der Kaufleute und vor allem der Handwerker. Sie waren in zahlreichen Gesellschaften und Zünften organisiert, die bedeutenden Einfluß erlangen konnten, und zwar nicht nur beruflich durch Handwerkskontrolle innerhalb einer Stadt oder Region, sondern auch im Kommunalleben. Die Pariser Thermen von Cluny – benannt nach dem späteren Stadthaus der Äbte von Cluny – gehören zu den größten und prachtvollsten Anlagen dieser Art. Gestiftet wurden sie wahrscheinlich von der Vereinigung der Seine-Schiffer, den *nautae* von Paris.

Hier stößt man auf den Ursprung einer weiteren Einrichtung, die aus Gallien und dann Frankreich nicht mehr verschwinden sollte: *Collegia* verschiedenster Art, deren Mitglieder sich zu gemeinsamen Mahlzeiten und Kultopfern, aber auch zu politischen Aktivitäten trafen. Man bezeichnete sie in diesem Fall als *sodalitates, factiones, coniurationes,* und diese »Verschwörungen« wurden in Rom wie andernorts verfolgt. Sie waren, wie Oexle gezeigt hat, die direkten Vorläufer der »Kollegien« des 6. und 9. Jahrhunderts, die von einer späteren Zeit mit dem germanischen Wort »Gilde« bezeichnet wurden.

Man kann sich die dynamische Wirtschaftskraft dieses Landes vorstellen, dem ein Markt ohne Grenzen offenstand, solange der Frieden dauerte. Fremde und einheimische Kaufleute erzielten schnelle Erfolge mit dem Verkauf der Erzeugnisse Galliens an die Barbarenvölker und nach Italien. Eines der bekanntesten Beispiele dafür ist der Handel mit Keramik der Ebene von Graufesenque am linken Ufer des Tarn. Hier produzierte man länger als zwei Jahrhunderte Teller, Schalen und Vasen aus der berühmten *terra sigillata*. Dies war eine ziegelrote Keramik, die mit Stempeln oder Siegeln *(sigillum)* verziert wurde. In Lyon gab es die »gesiegelte« Töpferware seit der Zeit des Augustus; eingeführt hatten sie Handwerker aus *Arretium* (Arezzo), dem Ursprungsort dieses Herstellungsverfahrens. Produktionszentren entwickelten sich in der Graufesenque, zu Montans und Banassac im Rouergue, zu Lezoux in der Auvergne, zu Gueugnon im Land der Häduer, zu Rheinzabern *(Tabernae)* in der Pfalz. Unter der Lava von Pompeji fand man eine unausgepackte Kiste voller Schalen und Öllampen aus der Graufesenque.

Wie die Keramik blühte auch die Glaserzeugung. Am häufigsten war ein blaugrünes Glas, gefärbt durch Metalloxide, die in dem verwendeten Sand von Natur aus enthalten waren. Durch die Beimischung weiterer Oxide erzielte man aber auch intensivere Farben, vor allem in Grün. Seit Beginn des 3. Jahrhunderts wurde auch farbloses Glas erzeugt, das mit Mangandioxid gereinigt war. Die Glasverarbeitung, wie die Glasbläserpfeife wohl ägyptischen Ursprungs, wurde in Gallien ein Gewerbe von bemerkenswerter Dauer bis über die Spätantike hinaus. Die Erzeugnisse aus Mayen bei Koblenz und aus Köln kamen später bis nach Skandinavien. Die Gebiete an Rhein und Mosel (Straßburg, Trier, Köln), wirtschaftlich stimuliert durch die Stationierung der Legionen, wurden zur eigentlichen Heimat der gallo-römischen Glasfabrikation. In der Narbonensis, im Rhônetal, dann in der Normandie, in der Picardie, in den Argonnen und in der Thiérache waren zuvor die nötigen Erfahrungen gesammelt worden.

Die Existenz regelrechter Industrien ist ein herausragender Tatbestand der Wirtschaftsgeschichte des römischen Galliens. Als weitere Beispiele, neben dem Glas, können genannt werden: die für das Bauwesen unentbehrlichen Steinbruchbetriebe, die Textilindustrie, die im Norden durch Flachsanbau und Schafzucht begünstigt wurde, ferner die Waffenherstellung. Die Armee unterhielt eigene Werkstätten mit Monopolstellung, die einen den militärischen Bedürfnissen entsprechenden, gleichmäßigen Produktionsstandard garantierten. Das römische Heer war überhaupt ein Wirtschaftsfaktor von großer Bedeutung. Es war nicht nur ein Absatzmarkt zur Deckung des Bedarfs von vielen tausend Verbrauchern, sondern trug auch wesentlich bei zur wirtschaftlichen Umgestaltung und zum Aufschwung der gallischen Provinzen. Die Ingenieure und Architekten des Heeres leiteten in Lyon und anderswo die Errichtung eines Großteils der öffentlichen Bauten durch ihre Soldaten, in Friedens- oder Erholungszeiten sollte sich die Truppe nützlich machen. Als ein Kaiser des 3. Jahrhunderts dieses vorteilhafte Verfahren wieder einführen wollte, wurde er ermordet...

Exportgüter wurden auch von der Landwirtschaft erzeugt. Der Erfolg schon bekannter gallischer Spezialitäten wie des Schinkens wurde jetzt durch Herstellung in geradezu industriellem Maßstab abgesichert. Vor allem aber erreichte der Getreideanbau ein völlig neues Niveau: Fruchtbare Böden wurden jetzt in viel größerem Umfang unter den Pflug genommen, und man produzierte gezielt für den Markt und den Export. In Gallien und in der gesamten römischen Welt wurde sogar eine neue Anbaumethode eingeführt.

In den vergangenen zwanzig Jahren entdeckte die Luftbildarchäologie in den Ebenen Nordgalliens Hunderte, ja Tausende von *villae rusticae*, Agrarbetriebe von mittlerem bis großem Umfang. Bei diesen Anlagen waren die Wirtschaftsgebäude in zwei parallelen Achsen angeordnet, die mehrere hundert Meter Länge erreichen konnten; eine Seite blieb offen, die andere wurde durch die *villa urbana* des Besitzers geschlossen. Eine derartige *villa* hatte nach der repräsentativen Seite hin eine Fassade von etwa 60 Metern Länge, flankiert von zwei quadratischen Türmen. Ein Wirtschaftsbetrieb dieses Typs umfaßte 10 Hektar Eigenland und mehr, dazu kam die Herrschaft über Ländereien von 200 bis 1000 Hektar. Die archäologischen Entdeckungen haben zu neuen Erkenntnissen geführt; das Bild eines »mit Wäldern bedeckten«, der Romanisierung kaum zugänglichen Nordgallien ist überholt. »Das fieberhafte Verlangen, auf römische Art zu bauen«, auch auf dem flachen Land, beweist eine »einvernehmliche und planmäßige Romanisierung, die auf enger, begeisterter und fruchtbarer Zusammenarbeit der Einheimischen mit den Eroberern beruht« (Roger Agache).

Es wurde bereits gezeigt, wie die *Belgica* seit der Zeit des Kaisers Claudius davon profitierte, daß sie Hinterland war, und zwar für die Rheintruppen ebenso wie für das römische Britannien jenseits des Ärmelkanals: Den Getreide- und Wollproduzenten war so der Absatz ihrer Erzeugnisse garantiert. Im Getreideanbau wurden einheitliche, durchaus rationelle Arbeitsmethoden entwickelt. Drei Bilddarstellungen und zwei bestätigende Schriftquellen zeigen, daß die Remer und Treverer den *vallus* einsetzten, einen regelrechten Mähdrescher, der die Getreidekörner in einen eigenen Kasten auswarf. Die Grundbesitzer hatten vor Ort häufig Stellvertreter, entweder einen *conductor*, eine Art Pächter, der fest vereinbarte Abgaben entrichten mußte, oder einen *actor*, eine Art Verwalter, der nach Abzug der Kosten den tatsächlichen Ernteertrag ablieferte.

Zu diesen Grundbesitzern gehörten der Kaiser mit seinen *res privatae* (Domänen), Römer und andere Auswärtige, schließlich auch keltische Adlige, die Caesar als »Ritter« (analog zu den römischen *equites*) bezeichnet. Diese Gruppe übernahm die Lebensweise der Römer und dazu auch römische Eigennamen. Die Namen sind überliefert, weil die Römer aus fiskalischen Gründen Ländereien nach dem Erstbesitzer benannten. In Italien erhielt der Eigenname in der Regel die Endsilbe *-anus*, in den keltischen Ländern *-acus*. Nach dem Muster *Florus – Floriacus* ergaben sich daraus, je nach der regionalen Sprachentwicklung, Ortsnamen wie Fleury (Mitte und Nordwesten Frankreichs), Fleuré (Westen), Fleurac oder Floriac (Süden), während *Paulus – Pauliacus* zu Pouilly, Pouillé, Pauliac wurde...

Archäologie und Ortsnamenkunde bezeugen gemeinsam das Verbreitungsgebiet der römischen Agrarwirtschaft. Es umfaßte außer den erwähnten Landschaften die »Armorica« bis zum äußersten Westen der Bretagne und bis ins Poitou, vor allem aber den Süden. Hier entwickelte sich die *villa* allerdings früher und in vielfältigeren, weniger durchgeplanten Formen.

Das römische Agrarsystem übernahm selbstverständlich bewährte gallische Anbaumethoden, beispielsweise das Kalken der Häduer und Pictonen, das Mergeln der Belger und besonders eine Erfindung der Treverer: die Abfolge von Wintergetreide, Sommergetreide und Brache, was einen dreijährigen Erntezyklus ergab anstelle des im Süden bisher allein bekannten zweijährigen Wechsels. Im übrigen sollten Agrarlandschaft und Landleben in Gallien durch das römische Wirtschaftssystem dauerhaft umgeformt werden, oft auch mit Zwangsmaßnahmen. Wo immer den Besiegten Sanktionen auferlegt werden konnten, wurde das Land im Katasterverfahren neu verteilt. Erstmals angewendet wurde diese Maßnahme gegenüber dem Landbesitz von Marseille nach der Niederlage der Stadt im Jahr 49 v. Chr. Vorrang erhielten römische Grundbesitzer und Veteranenkolonien. Nur in Italien selbst gab es das uneingeschränkte Landbesitzrecht ohne Abgaben. In den eroberten Provinzen dagegen

galten Grund und Boden als »Staatsdomäne«, die gegen Bezahlung zur
Bewirtschaftung vergeben wurde.

Wichtigstes Instrument des ausgeklügelten Steuerwesens war der Ka-
taster. Spuren dieser Landvermessung findet man mit Hilfe der Luftbildarchäologie fast im gesamten Süden Galliens, aber auch in Belgien, im
Elsaß, in der Bretagne und in der Normandie. Das Land wurde in quadra-
tische Flurstücke eingeteilt, die *centuriae*. Die Grundeinheit dieser Quadrierung oder *centuriatio* maß 200 Tagwerk oder rund 50 Hektar in einem
Quadrat von 2400 Fuß oder rund 710 Metern Seitenlänge. Der Feldmesser
(*agrimensor*) verfuhr wie bei der Gründung einer Stadt. Dabei bestimmte
er zuerst die beiden Hauptachsen, den *decumanus* in Ost-West-Richtung
und den *cardo* von Norden nach Süden. Im Schnittpunkt der beiden
Achsen lag das *forum*, an ihren Enden standen die Stadttore. Durch ein
regelmäßiges Netz von Nebenstraßen, parallel zu *cardo* und *decumanus*,
wurden die *insulae* – die Häuserblocks – abgeteilt. Genauso orientierte
sich die Quadrierung der Ländereien an zwei Hauptachsen. Die Centurie
konnte eine bis drei *villae* umfassen. Auch in Gebieten ohne Centuriation
bestand die Verpflichtung, den gesamten Grundbesitz nach seinem Wert
zu deklarieren. So war die römische Staatsmacht allgegenwärtig, jedenfalls bei der Steuererhebung. Das erklärt Regungen der Unzufriedenheit
unter den Einheimischen trotz allgemein wachsenden Wohlstands während der *Pax Romana*.

᾽ Ein weiteres Erbe des römischen Wirtschaftssystems in Gallien und
Frankreich wurde die Entstehung der Grundherrschaft. Sie beruht unmittelbar auf der Einführung der *villae rusticae*. Seit dem 2. Jahrhundert
v. Chr. wurden die bäuerlichen Betriebe in weiten Teilen Italiens und
Siziliens durch die *latifundia* verdrängt, riesige Besitzungen der herrschenden römischen Schicht, die hier dem Vorbild der jüngst eroberten
griechischen Gebiete folgte. Schon bald wurden die Sklaven, die diese
villae bebauten, selten und teuer. Die Grundbesitzer verkleinerten deshalb den in Eigenregie bearbeiteten Anteil, der später als Reserve oder
terra dominica bezeichnet wurde. Sie vergaben kleine Landstücke an
Colonen, die dafür Pachtzins bezahlen und Dienste auf dem Herrenland
leisten mußten. Kleinsiedlungen solcher *coloni* in der Nähe großer Guts-
höfe beweisen, daß dieses Wirtschaftssystem auch in Gallien angewendet
wurde, wo übrigens in der Landwirtschaft offenbar nie sehr große Skla-
venzahlen üblich waren.

Zeitlich vorgreifend ist festzustellen, daß sich die wirtschaftliche, gesellschaftliche und rechtliche Lage der Colonen ständig verschlechtert hat. Der römische Staat überließ sie, praktisch ohne Gegenmaßnahmen, der Ausbeutung durch die Grundbesitzer. Solange die geforderten Steuern bezahlt wurden, war die römische Verwaltung weder an den Mitteln, durch die sie eingetrieben wurden, noch an der faktischen Gerichtshoheit des Grundherrn interessiert. Und als Konstantin im Jahr 332 den Colonen verbot, ihr Land zu verlassen, geschah dies ganz zum Schutz der Grundeigentümer und ihrer Steuerkraft. Die Abhängigkeit des Pächters von seinem Herrn, seine Bindung an Grund und Boden, gelten als typisch für das mittelalterliche Frankreich. In Wirklichkeit geht beides auf das römische Reich zurück, wie ja auch die steuerlich bedingte Verpflichtung von Handwerkersöhnen in den Städten zur Nachfolge im Beruf des Vaters. Die erbliche Abhängigkeit ist ein Vermächtnis der Römerzeit: Der aristokratische Grundzug des römischen Staates und der römischen Gesellschaft, also auch der gallo-römischen Gesellschaft, könnte durch nichts nachdrücklicher unterstrichen werden. Die *villae rusticae* wurden zwar vom 3. Jahrhundert an großenteils zerstört, aber das System von Abhängigkeitsverhältnissen blieb dadurch völlig unberührt.

Neben der Domänenwirtschaft gab es auch nach wie vor mittlere und kleinere Betriebe im Besitz frei gebliebener keltischer Bauern, deren typische Siedlungsform das Dorf war. Dieser Dualismus prägte das Landleben Galliens und Frankreichs. Aber erst in einer späteren Zeit erhielten die Dorfbewohner bürgerliche Gleichberechtigung auf staatlicher Ebene.

Es ist unmöglich, vom römischen Gallien zu sprechen, ohne Kunst und Kultur zu erwähnen. Man hat sie oft unterschätzt, dabei ihren Provinzialismus und die leere Rhetorik kritisiert. Solche Urteile zeugen aber von einem Klassizismus-Begriff, der wegen seiner Einseitigkeit inzwischen weitgehend überholt ist. Für die Kunst bildet das keltische Erbe eine gewichtige und wertvolle Grundlage. Dem Beitrag der Römer ist eine gewisse Eintönigkeit nicht abzusprechen, aber man wird auch die Schönheit der Bauwerke, der Tempel, Häuser und Aquädukte eindrucksvoll finden. Der Pont du Gard ist ein bewundernswertes Monument, nicht nur eine technische Meisterleistung. Er lenkt die Aufmerksamkeit auf eine der wichtigen römischen Neuschöpfungen in der Geschichte der Architektur, das Gewölbe. Es war den Griechen, die von den Römern so oft als Vorbild nachgeahmt wurden, unbekannt, sein Ursprung dürfte bei den Etruskern zu suchen sein. Aber Rom hat die Gewölbetechnik in ungezählten Variationen weiterentwickelt. Sie war die Voraussetzung für den Bau der prachtvollen Römerbrücken.

Weitere beachtliche Formen des römischen Kunstschaffens sind wenigstens zu erwähnen: das Mosaik, das Stuckdekor, die Grabmonumente mit ihren sehr realistischen Bildreliefs, schließlich die Porträtbüste. Die Mosaikkunst erreichte in römischer Zeit einen Höhepunkt, doch sollte man auch die eigentliche Malerei nicht übersehen, die besonders als Wandmalerei ausgeprägte Originalität entwickelte. In der bildenden Kunst gab es Spitzenleistungen der Elfenbeinschnitzerei, der eigenständigste römische Beitrag aber waren Personendarstellungen, in erster Linie Porträtbüsten. Sie entstanden überwiegend als Bildnisse von Kaisern und Senatoren. Die Kunst des plastischen Porträts entspricht also vollständig dem aristokratischen Charakter der gallo-römischen Gesellschaft.

Alle diese Kunstgattungen waren Bestandteile eines eigenen Lebensstils. In den Landhäusern, Gärten und Parks schuf man sich eine harmonische Umwelt, die vor allem im Süden von den unauslöschlichen Zeichen einer hochentwickelten Kultur geprägt wurde.

Die jungen Aristokraten wurden im Elternhaus von griechischen Lehrern, häufig Sklaven mit gehobenen Lebensformen, unterrichtet. Rom übernahm das gesamte griechische Bildungswesen: Die jungen Leute lernten Griechisch, das sie oft vor dem Lateinischen schreiben konnten. Neben dem Privatunterricht gab es auch staatliche und städtische Schulen, besonders bekannt waren die von Autun und Bordeaux. Autun war ein Bildungszentrum von unbestrittenem Ansehen mit zahlreichen Schülern.

Bevorzugtes Unterrichtsfach war die Rhetorik, also die Kunst des Redens, mit dem Ziel, durch Kenntnisse auf möglichst vielen Gebieten und besonders in Rechtsfragen die Zuhörer überzeugen zu können. Mit dieser Ausbildung konnte man Anwalt werden oder eine Laufbahn in der Politik und Verwaltung anstreben. Auch ein flüchtiger Blick auf diese überwiegend schöngeistig geprägte Bildung macht klar, daß sie zum kennzeichnenden Merkmal einer Gesellschaftsschicht geworden war. Es gehörte zum Lebensinhalt der Aristokratie, in Gallien mehr noch als anderswo, ihre von Verpflichtungen freie Zeit – das *otium* der Reichen – auf die würdigste Weise zu verbringen. Und was konnte würdevoller sein, als sich der Pflege des Schönen zu widmen? Das konnte freilich auch gekünstelte Formen annehmen. Besser noch als in den Gelegenheitsgedichten verdeutlicht sich diese Form der Bildung im Briefwechsel zwischen Männern mit glänzender Laufbahn: Hier wird ein intellektuelles Niveau greifbar, das dem römischen Gallien zur Ehre gereicht. Auch die Schriftstellerei, in den panegyrischen Gedichten auf die Kaiser oberflächlich und sogar »käuflich«, hat ihre Qualitäten aufzuweisen. Sie bewies solide Grundlagen, als ihr ein großes Thema gestellt wurde das mehr verlangte als die Nachahmung griechischer Vorbilder: das Christentum. Gallien gab der Welt einige ihrer bedeutendsten christlicher Autoren.

KAPITEL VIII

Die Germanen
und das christianisierte Imperium

RISSE IN DER PAX ROMANA

Die gängigen Vorstellungen zur »Erklärung« des sogenannten Untergangs des römischen Reichs moralisieren entweder oder sind voller Ressentiment gegen das Christentum. Historisch betrachtet sind sie leider völlig wertlos.

Manche betonen den Sittenverfall, den »Caesarenwahn«, den Verlust der republikanischen Tugenden. Aber die erbaulichen Berichte von den löblichen Eigenschaften eines Cato, der eigenhändig seinen Acker pflügt – das waren romantische Geschichten schon zu einer Zeit, als die Republik durch das Jahrhundert einer schrecklichen und mörderischen »Revolution« endgültig zerstört war. Als Folge dieser Entwicklung ersehnte man den Frieden, gesichert von einem aufgeklärten Diktator. Und schließlich ist besonders zu beachten: Die großen Errungenschaften, die als unser römisches Erbe bewundert werden, darunter das römische Recht, stammen alle aus dem Kaiserreich, nicht aus der Republik. Was den Caesarenwahn angeht, gehören Nero und Caligula in die Zeit des Friedens, der Sicherheit, des Wohlstands für die römische Welt. Die Intrigen und Verbrechen am Hof haben dem Wohlbefinden und der Lebenskraft von Staat und Gesellschaft wenig anhaben können.

Andere sehen das Ende der altrömischen Tugenden zeitlich etwas später, verursacht von einem demoralisierenden, weil defätistischen Christentum. Die neue Religion habe den Barbaren die römische Zivilisation ausgeliefert und Widerstand verweigert, zugleich mit den Göttern Roms habe sie die Macht des Imperiums bekämpft. Diese Auffassung des Chri-

stentums als Verfinsterung bei Edward Gibbon und als Religion der
Schwachen bei Nietzsche ist in beiden Fällen durch eine ästhetisierende
Geschichtsbetrachtung bestimmt. Sie verkennt vollständig den wahren
Charakter der Kirche, die erst den Verfolgungen widerstand, dann Staat
und Gesellschaft für sich eroberte und danach ganz von Siegesgewißheit
erfüllt war. Die abgegriffenen Vorstellungen können also beiseite bleiben,
wichtiger ist ein Blick auf die tatsächlichen Verhältnisse und deren erheblichen Wandel im Lauf der Jahrhunderte.

Der zugleich tatsächliche und nur scheinbare Wohlstand der *Pax
Romana* hatte seine Kehrseite. Als Ursachen entdeckt man alteingewur-
zelte strukturelle Mißstände und, teilweise als deren Folge, neue Fehlent-
wicklungen, die nach der Mitte des 2. Jahrhunderts auftreten. Ein ständi-
ges Übel des römischen Systems war die schamlose Ausbeutung der
Provinzen durch Rom: Sie demoralisierte, im wörtlichen Sinn, die Reichen in der beherrschenden Hauptstadt und ganz genauso das »Proleta-
riat«, das durch »Brot und Spiele« verdorben wurde. Die Vertreter der
Staatsgewalt bereicherten sich in den Provinzen, zugleich ermöglichten
sie es ohnehin schon schwerreichen »Rittern« *(equites)*, ihr Vermögen
noch zu vergrößern. Bei den Mißständen ist auch an die Sklaven zu
denken, die oft nicht einmal ausreichend ernährt wurden.

Der Zusammenbruch des ursprünglichen Bauernstandes, verursacht
durch die Latifundienwirtschaft, bedeutete auch das Ende des bisherigen
Systems der Einberufung zum Heeresdienst. Man mußte Soldaten von
ständig abnehmender Qualität immer höher besolden, und die Steuerbela-
stung stieg deswegen beständig.

Wer politisch und wirtschaftlich über entsprechenden Einfluß verfügte, erhielt die Gelegenheit, diese Lasten auf die Schultern von Schwäche-
ren abzuwälzen. So verbreitete sich eine dumpfe Mißstimmung, lange
bevor es zu irgendwelchen Ausbrüchen offener Gewalt kam. Schon vor
dem Jahr 200 wurde überall über Menschenmangel geklagt, es fehlte an
Soldaten, Seeleuten, Bauern, Arbeitern. Die Einwohner verließen einfach
ihre Dörfer, um dem Steuerdruck zu entkommen: Eine einzige Mißernte,
ein Viehsterben machte es ihnen bereits unmöglich, sowohl die Abgaben
an den Grundbesitzer wie die Steuern zu bezahlen. Landflüchtige wurden
schwer bestraft, goldene Berge versprach man denen, die auf den Feldern
arbeiten wollten. Die Städte waren überfüllt, das flache Land entvölkert.

Zu diesen inneren Mißständen kamen die Katastrophen von außen:

zuerst die Pest, die seit der Regierungszeit Mark Aurels den Bevölke-
rungsrückgang auf dem Land noch verstärkte. Dann folgten die Barbareneinfälle, bei denen man nicht nur an die Germanen denken darf. Das Jahr
162 sah einen Angriff der am Untermain und östlich des Mittelrheins
lebenden Chatten, zugleich aber auch die Invasion der Parther in Armenien. Sie wurden die gefährlichsten Reichsfeinde und konnten nie entscheidend besiegt werden. Die Quaden, Sarmaten und besonders die
Markomannen attackierten in den Jahren 166/167 die Donaugrenze; sie
durchstießen die Verteidigungslinien in Pannonien, Noricum, Rätien.
Durch den Angriff auf Aquileia wurde im Jahr 168 erstmals seit den
Zeiten der Kimbern und Teutonen wieder Italien selbst heimgesucht.
Barbaren nichtgermanischer Abstammung plünderten 172 Eleusis und
die Schwarzmeerküste, während Mauren in die afrikanischen Provinzen
und Spanien einfielen. In diesem Jahr kam es auch zu einem Bauernauf-
stand in Ägypten, Gallien folgte erst 186. Zu diesem Zeitpunkt hatten
friesische Seeräuber bereits das Niederrheingebiet und die Nordseeküste
verwüstet.

Mit dem Tod von Kaiser Commodus (192), dem Nachfolger Mark
Aurels, war die dynastisch geregelte Thronfolge im Reich unterbrochen.
Das folgende Jahr sah drei Kaiser, die sich mit ihren Heeren gegenseitig
bekämpften: Septimius Severus, Pertinax, Niger. Zwar fanden die beiden
zuletzt Genannten in den Jahren 193 und 194 ein gewaltsames Ende, aber
mit Unterstützung des Senats machte sich Clodius Albinus 196 zum
Augustus und erreichte seine Anerkennung als Kaiser in Britannien,
Gallien und Spanien. Damit war die *Pax Romana* beendet; die angeführten Daten und Ereignisse machen deutlich, daß dies kein bloßer Zufall
war.

Dem römischen Gallien wurde das Aufziehen schlechter Zeiten un-
übersehbar und bedeutungsschwer angekündigt. Als Widersacher waren
verblieben Septimius Severus, zum Kaiser erhoben von den Truppen in
Illyrien, an der Donau und am Rhein, sowie Clodius Albinus, der Kaiser
der westlichen Reichsteile. Die Rivalen standen sich nahe bei Lyon gegenüber. Zusammen mit ganz Gallien gehörte auch die Hauptstadt der *Tres
Galliae* zur Partei des Albinus. Aber Septimius Severus siegte und bestrafte Lyon durch eine Plünderung, die bleibende Spuren hinterließ. Die
Auswirkungen dieser Katastrophe wurden in der Forschung unterschiedlich beurteilt. Jedenfalls hat sich das antike Lyon mit seinen stattlichen

Wohnvierteln – Symbole des Wohlstands in Gallien unter dem Imperium – von diesem Schlag nie wieder erholt.

Die Germanen hatten zu dieser Zeit noch nicht ernsthaft angegriffen, aber allgemeine Unsicherheit verbreitete sich bereits. An vielen Orten gab es Räuberbanden, die Zulauf aus dem Heer erhielten, in dem die Fahnenflucht zu einem immer größeren Problem wurde. Im Jahr 186 trat Maternus, bis dahin ein tapferer Soldat, auf die Seite der Deserteure und begann, das Banditenwesen zu organisieren. Bei der Masse der Bevölkerung konnte er außerordentliche Erfolge erzielen. Dank der Unterstützung durch die Landbevölkerung konnte er sogar Städte besetzen und dort die Gefangenen befreien. Seine Banden überschwemmten in kurzer Zeit ganz Gallien und Spanien. In der Mitte und im Süden Galliens mußte gegen sie ein eigenes Heer aufgeboten werden. Maternus entfremdete sich die Massen durch seinen politischen Ehrgeiz, denn er wollte sogar Kaiser werden. So konnte man ihn gefangennehmen und enthaupten, aber damit waren die Unruhen noch nicht unterdrückt. Noch nach dem Jahr 200 mußten in Gallien vier Legionen eingesetzt werden, um das Land von den »Aufrührern und Rebellen« zu säubern. Man brauchte also gar keine »Barbaren«, um Lyon zu zerstören und das Land zu verwüsten; aber ein Jahrhundert später standen sie in Gallien.

DIE GERMANEN

Nur mit großen Anstrengungen und nach jahrelangen Abwehrkämpfen hatte Mark Aurel die Markomannen schließlich schlagen können. Der Ausbau eines mächtigen befestigten Lagers in *Castra Regina* (Regensburg) im Jahr 179 war gewissermaßen der krönende Abschluß seiner Maßnahmen. Zu diesem Zeitpunkt wußte man im Imperium nicht, was weit außerhalb der Grenzen geschah, man ignorierte die Bewegungen jener Völkerschaften, von denen die Markomannen in Unruhe versetzt wurden. Seit der Zeit der Kimbern und Teutonen, seit den Abwehrsiegen des Arminius konnte man die Germanen ja ganz offensichtlich ruhighalten mit Hilfe der ausgedehnten Militärgrenze am Rhein und am Limes, der in das Gebiet jenseits von Rhein und Donau vorgeschoben wurde. Zu dieser Grenze gehörte ein Glacis geräumten und überwachten Landes.

Gewiß gab es von Zeit zu Zeit bewaffnete Horden, die in erster Linie auf Beute hofften. Derartige Einfälle waren aber recht selten, sie reichten nicht tief ins Land und waren auch nicht wirklich gefährlich; der Respekt vor der militärischen Stärke des Imperiums war zu groß. Vor allem von den grenznahen, stark von der römischen Kultur beeinflußten Germanen darf man sich also keineswegs vorstellen, sie hätten vor Ungeduld gebebt bei der Vorstellung, in das römische Reich einzufallen. Einige Stämme galten bei den Römern als befreundet, sie erzielten Gewinne aus dem Zwischenhandel, den sie zusammen mit Kaufleuten aus dem Reich im Gebiet zwischen Rhein, Donau und Ostsee in Gang gebracht hatten. Mit Hilfe der Archäologie kann nachgewiesen werden, daß eine überraschend große Menge von Waren aller Art aus Gallien und Italien zu den Völkerschaften Germaniens und bis nach Skandinavien gelangte.

Um das Jahr 100 n. Chr. erschienen erstmals skandinavische Stämme an der Südküste der Ostsee. Ihre Namen sollten einen wichtigen Platz in der Geschichte Frankreichs einnehmen: Vandalen, Goten und Burgunden, deren Name weiterlebt in dem der Insel Bornholm, *Burgundarholm*. Während des 2. und 3. Jahrhunderts beeinflußten diese Stämme die Geschicke des Hexagons nur indirekt, aber folgenschwer. Die Vandalen besetzten das bis dahin keltische Schlesien. Die Goten, die unter ihrer Vorherrschaft standen, haben sich offenbar in Schlesien mit den keltischen Lugern *(Lugi)* vereinigt, bevor sie dann an das nördliche Schwarzmeer weiterzogen. Ihre ersten Angriffe am Unterlauf der Donau ab 238 und verstärkt ab 250 zwangen die Römer dazu, Truppen von den Grenzen Galliens abzuziehen. Und die Burgunden drückten auf die suebischen Stämme, die damals an der mittleren Elbe und der Saale saßen, vom heutigen Brandenburg bis nach Böhmen.

Suebische Gruppen bildeten um das Jahr 200 einen Stammesverband »aller Männer« *(Alamani)*, die Alemannen. Bis in das 6. Jahrhundert waren sie nachweislich von tiefer Feindschaft gegen die Burgunden beseelt, die immer wieder ihre Rivalen und unmittelbaren Nachbarn waren. Die archäologische Forschung hat »Fürstengräber« der Alemannen ausgegraben. Sie werden an Elbe und Saale im gleichen Ausmaß seltener, in dem sie nach 200 im südlichen Thüringen, am Main und dann am unteren Neckar zunehmen. Die Alemannen, deren Untergruppen ihre eigenen Anführer behielten, entwickelten kein zentrales Königtum. In den Schriftquellen werden sie erstmals erwähnt, als sie im Jahr 212 die Germanen vor der römischen Grenze überrannten und der Limes südlich des heutigen Nürnberg angriffen. Damals zerstörten sie das römische *castellum* Gunzenhausen. Kaiser Caracalla konnte 213 die Lage bereinigen. In den Jahren 233, 234 und 235 griffen die Alemannen dann erneut an, und zwar an der gleichen Stelle wie 212, außerdem in der Wetterau, einem römisch besetzten Gebiet nördlich von Main und Mittelrhein, sowie in den *Agri Decumani*, dem Land zwischen Oberrhein und dem Limes. Schließlich zerstörten sie im Jahr 235 das Feldlager bei Straßburg – ihr erstes Unternehmen in Gallien. Alexander Severus, der letzte aus der Dynastie des Septimius Severus, zögerte, gegen sie anzutreten; er wurde deswegen abgesetzt und ermordet. Kaiser wurde nun Maximinus Thrax (235–238), ein tatkräftiger Heerführer, der die Alemannen schlagen konnte und damit dem Grenzgebiet für einige Jahre Frieden verschaffte.

Mit allem Nachdruck muß betont werden, daß diese Feinde damals noch nicht als wirklich gefährlich galten. Man erkannte genau, daß sie des Beutemachens wegen kamen und nicht, um dem Reich eine Provinz zu entreißen. Was für Rom und Italien nicht so unmittelbar bedrohlich erschien wie die Lage an der Grenze im Osten, die gegen das gefährliche Partherreich verteidigt werden mußte, wurde damals nicht besonders ernst genommen.

Die Dynastie der Sassaniden war in den Jahren 224 bis 227 an die Macht gekommen und verlangte von den Römern die Abtretung aller Provinzen, die einst zum Perserreich des Darius gehört hatten. Seither waren die Parther der Hauptgegner des römischen Reichs. Ohne Zögern setzten die Römer gegen sie seit dem Jahr 242 sogar gotische Hilfstruppen ein, obwohl die Goten gerade zum ersten Mal das Imperium angegriffen hatten. In der Forschung wurde ein auffallendes Faktum registriert: Sobald Bürgerkriege und das Aufgebot großer Armeen gegen Perser oder Goten zum Abzug rheinischer Legionen führten, wurde der Limes in den germanischen Provinzen angegriffen. Dies geschah in den Jahren 253/254, 258, 269 und besonders heftig 274/275, als Aurelian »den Rhein sich selbst überließ und ein gewaltiges Heer sammelte, um die Perser zu schlagen« (Émilienne Demougeot). Diese Ereignisse bedeuteten schlimme Jahre für Gallien, und es ist erstaunlich, wie wenig sich die Kaiser um dieses Land kümmerten. Zweifellos liegt hier die Erklärung für das »gallische Sonderreich«, das eben nur die Reaktion der westlichen Provinzen auf die Nichtbeachtung darstellt. Von Kaiser Postumus im Jahr 260 bis

zur Absetzung des Kaisers Tetricus im Jahr 275 stehen diese »sezessioni-
stischen« Imperatoren nicht für ein Gallien, das von Rom los will. Sie sind
vielmehr Exponenten eines Gallien, das sich eigene Kaiser gibt, um römisch bleiben zu können. Ziel der Gallo-Römer war es, ihrem Land, aber
auch den benachbarten Provinzen Britannien und Spanien die bisherige
Stellung im Gesamtreich zu bewahren, das ihre Anführer vergeblich an
sich zu bringen versuchten.

Die Katastrophen der zweiten Hälfte des 3. Jahrhunderts sind zu
einem guten Teil auf Fahrlässigkeit zurückzuführen, aber auch auf die
fehlende Fähigkeit des Reichs, gleichzeitig an sämtlichen Grenzen erfolgreich Kriege zu führen. Nachdem sie die von ausreichenden Truppen
entblößten Grenzen erst einmal überschritten hatten, konnten im Süden
alemannische Scharen und im Norden andere Stammeshaufen feststellen,
daß ihnen Gallien schutzlos ausgeliefert war. Das Land war im 3. Jahrhundert nicht deswegen der Plünderung preisgegeben, weil die Beute-
macher übermächtig gewesen wären, sondern weil es kaum noch
eine Verteidigung gegeben hat. Wie später deutlich wird, änderte sich
alles, sobald Rom selbst bedroht war: Mit wirkungsvollen Maßnahmen
wurde in Italien, aber auch in Gallien die Lage gerettet. Wer waren nun
die Germanen, die nördlich des Bereichs der alemannischen Angriffe
auf die *Germania Superior* seit der Mitte des 3. Jahrhunderts die *Germania Inferior* beunruhigten? Anders als die Alemannen, die sie übrigens
nicht gerade liebten, kamen die Stämme am rechten Ufer des Niederrheins nicht aus den Tiefen Innergermaniens. Sie lebten seit langem im
Grenzgebiet. Aber wie die Alemannen vereinigten auch sie sich in einem
Stammesbund, und im Zusammenhang damit taucht erstmals der Name
Franci auf.

Zuerst hießen so die Stämme rechts des Niederrheins; sie waren von
der Römerschaft frei geblieben, und *frank* bedeutet germanisch
»frei«. Wegen der Bedeutung, die diese Franken erlangten, kamen recht
bald weitere Erklärungsversuche ihres Namens auf, die aber als nachträg-
liche und wertlose Spekulationen zu betrachten sind. Das Zeugnis des
heiligen Hieronymus (um 348 bis 420), der diese erste *Francia* auf dem
rechten Rheinufer lokalisiert, macht jeden Gedanken an eine anderweitige
Herkunft des Namens unmöglich. Das gleiche gilt für römische Münzen,
mit deren Prägung Siege über ebendiese *Francia* gefeiert wurden.

Einige kleinere Völkerschaften, die dem fränkischen Stammesbund angehörten, sind deswegen bekannt, weil sie weiterhin von den antiken Autoren bei Gelegenheit mit ihrem eigenen Namen benannt werden. Das deutet übrigens auf eine zumindest anfänglich recht lockere Organisation dieser Gelegenheitsverbindung, die unter den Völkern des Westens zu herausragender Bedeutung aufsteigen sollte. Es gab die Chamaven, die Chattuarier, die Ampsivarier, die Brukterer und schließlich, wenn auch etwas später genannt, die Salier. Ursprünglich betrachteten diese Stämme die südlich der Lippe sitzenden Sugambrer nicht als zu sich gehörig. An diesem östlichen Nebenfluß des Rheins begann also das Land der Franken mit der Heimat der Brukterer, nach Norden reichte es bis zum Mündungsgebiet des Rheins. Die dortigen Bataver zählten nicht mehr zu den Franken, sondern gehörten zu deren ersten Opfern.

Es ist bemerkenswert, wie gut die Franken von Beginn an ihre römischen Gegner kannten. Zahlreiche »Franken« hatten sich einzeln oder in Gruppen dazu entschlossen, in römische Dienste zu treten. Der Grenzschutz des Reichs am Rhein und anderswo erschien ihnen attraktiver als ein Angriff auf römische Provinzen und ein Leben als Plünderer. Unter ihnen gab es Männer, die ebenso tatkräftig wie der Sache Roms treu ergeben waren. Deswegen wird es bald irreführend, generalisierend von »den Franken« als Machtfaktor zu sprechen. Man sollte jeweils genau angeben, von welcher Gruppe die Rede ist, oder einfach nur anmerken, daß ein bestimmter römischer Soldat oder Truppenführer fränkischer Abstammung ist.

Soviel steht jedenfalls fest: Die Angriffe auf Gallien im 3. Jahrhundert wurden fast ausschließlich von den Alemannen im Süden und von den Franken im Norden getragen. Dabei sind zwischen beiden keinerlei Absprachen nachweisbar. Vielmehr trennte sie eine Rivalität oder geradezu eine Feindschaft, die genauso auch im Verhältnis zu den Sugambrern und Chatten bestand. Diese beiden wichtigsten Stämme zwischen Alemannen und Franken siedelten auf der rechten Rheinseite vom Main bis zur Lippe. Dagegen werden in den römischen Quellen anfangs recht häufig Ereignisse in Gallien als gemeinsames Werk von Franken und Sachsen beschrieben, vor allem in Zusammenhang mit Aktionen von »Seeräubern«, die über das Meer angriffen.

Hier stellt sich die Frage nach den Chauken, einem bedeutenden Stamm, auf den das Heer des Drusus nordöstlich der Friesen beiderseits der Unterweser gestoßen war. Die einen halten sie für wichtige Vorfahren der späteren Sachsen, dagegen beanspruchen sie die anderen als Mitglieder des Stammesverbands der Franken. Als Belege führen sie an, daß der fränkische Name Hugo gleichbedeutend mit *Chaucus* ist und daß in der althochdeutschen Dichtung ein fränkischer Held (König Theuderich = Dietrich) zur Unterscheidung von einem gleichnamigen Nichtfranken (Theoderich = Dietrich von Bern) in »Hugdietrich« umbenannt wurde. »Hug« bedeute also »Franke«, womit die Zusammengehörigkeit von Chauken und Franken bewiesen sei. In dem altenglischen Beowulf-Epos des 7. Jahrhunderts heißen die Franken *Hugas,* und im 10. Jahrhundert erhält Chlodwig bei Widukind den Namen *Huga.* Das Problem beschäftigt besonders die deutschen Historiker, von denen manche die Chauken für ein Seevolk halten, während dies andere ganz entschieden bestreiten. Aufgrund ihrer geographischen Lage und großen Bedeutung erscheint folgendes als wahrscheinliche Lösung: Ein Teil der Chauken, der eine führende Rolle unter den Stämmen spielte, die sich vor der römischen Grenze stauten, war an der Entstehung des fränkischen Stammesverbands beteiligt. Das schließt nicht aus, daß ein anderer Teil dieses Volkes im heutigen Hannover verblieb und zu den Stämmen gehörte, die sich später unter der Bezeichnung »Sachsen« zusammenschlossen. Für das Germanien des 3. und 4. Jahrhunderts muß man diese Entwicklung im Auge behalten: Die von Tacitus erwähnten kleineren Gruppierungen verschwinden, sie verschmelzen in den bedeutenderen Stammesbünden und Stammesverbänden, die als Völker zu den Hauptakteuren der nachfolgenden Jahrhunderte werden, Alemannen, Franken, Sachsen und etwas später die Baiern.

Die Ethnogenese der Germanen kann und braucht hier nicht weiter verfolgt zu werden. Auf das Chauken-Problem mußte aber eingegangen werden wegen seiner Bedeutung für Franken und Sachsen, die im 3. Jahrhundert offenbar Verbündete waren und später zu erbitterten Feinden wurden. Eine führende Rolle der Chauken bei der Entstehung des fränkischen Stammesverbands würde erklären, warum ihr Name in diesem Zusammenhang nicht mehr erscheint: weil sie ganz einfach als Franken aufgetreten sind. Erklärt würden dadurch auch die spektakulären Seeunternehmungen der ersten Franken, während sich dieser Stamm später, nachdem er auf dem Festland mächtig geworden war, mit der See weniger vertraut zeigte. Schließlich würde auch die anfänglich enge Zusammenarbeit mit den Sachsen erklärt: Solange die Stammesverbände noch im

Entstehen begriffen waren, konnten die römischen Autoren kaum zwischen »Franken« und »Sachsen« unterscheiden.

Seit 1955 durchgeführte Ausgrabungen haben neue Einzelheiten über die Kultur und besonders die Siedlungsweise im Gebiet östlich der Wesermündung ans Licht gebracht. Die wichtigste Fundstätte ist Feddersen-Wierde. Dort wurde ein Dorf entdeckt, durch die natürlichen Bodenbedingungen im Küstengebiet wohlerhalten, mit ungefähr dreißig stattlichen, gut strukturierten Häusern. In beherrschender Lage der Wohnsitz des Anführers mit großer Halle und ringsum kleine Hütten von Metallhandwerkern. Im »Herrenhof« wurden Importwaren aus dem Reich gefunden: Gläser aus Mayen in der Eifel und *terra sigillata* aus dem nordöstlichen Gallien.

Diese Kultur kannte bereits das Rad, den Wagen und neben dem auf leichten Böden noch immer brauchbaren Hakenpflug auch den für schwere Böden geeigneten zweirädrigen Pflug. Angebaut wurden Hafer, Gerste, Hirse, Saubohnen und auch Lein, wichtig als Öllieferant und für die Textilerzeugung. Für eine so frühe Zeit war der Entwicklungsstand der Gesamtanlage und besonders die Qualität der Wohnbauten, über die man bis dahin so gut wie nichts wußte, eine der großen archäologischen Überraschungen der letzten Jahre. Die Grabungsbefunde vermitteln Vorstellungen über die Gesellschaftsstruktur und Lebensbedingungen jener Stämme, die »in die Geschichte eintraten«, nachdem sie aus dem Kontakt zur römischen und keltischen Welt Vorteile gewonnen hatten. Ihre damit verbundene Expansion nach Westen war auf lange Sicht grundlegend wichtig für die Geschichte Galliens und Frankreichs.

DIE KATASTROPHEN DES 3. JAHRHUNDERTS
UND DIE REICHSERNEUERUNG

Ein Vierteljahrhundert, die Zeit von 250 bis 275, veränderte das Aussehen der römischen Welt und Galliens. Über den vollständigen Zusammenbruch von 275/276 schrieb Camille Jullian in seiner monumentalen *Histoire de la Gaule:* »In der Geschichte Galliens und Frankreichs finden wir kein vergleichbares Unglück. Der Zug der Kimbern, Caesars Eroberung, der Einfall Attilas, die Raubzüge der Normannen, die Kriege gegen die Engländer, nichts erreicht die Katastrophe dieses Jahres.« Man darf nicht vergessen, daß die damalige tiefgreifende Krise nicht identisch ist mit der des sogenannten Untergangs des römischen Reichs im 5. Jahrhundert, über die nur zu bereitwillig geredet wird. Es handelt sich vielmehr um das in der Tat für die römische Welt verhängnisvolle 3. Jahrhundert. Seine Kennzeichen sind die rasche Abfolge der vom Heer ernannten und ermordeten Kaiser, die trotz seiner Militarisierung bestehende Unfähigkeit des römischen Reiches zur Organisierung einer wirksamen Verteidigung und die Zerstörungen durch die Barbaren. Ihnen fielen die *Pax Romana,* die Städte, die Baudenkmäler sowie die großen Zentren des künstlerischen und geistigen Lebens zum Opfer.

Rom hatte 248 den tausendsten Jahrestag der Stadtgründung mit entsprechendem Aufwand gefeiert. Kaiser war damals ein Araberscheich, Philippus Arabs, Gardepräfekt und ein sehr befähigter Soldat, der die Ermordung seines Vorgängers Gordianus III. im Jahr 244 veranlaßt hatte. 249 wurde er dann selbst ein Opfer der Legionen an der unteren Donau. Sein Nachfolger Decius war ein konservativer Illyrer, der den alten römischen Götterkult wiederherstellte und die Christen verfolgen ließ. Er mußte dem ersten großen Einfall der Goten entgegentreten und unterlag ihnen mit seinem Heer im Jahr 251.

Von da an wurde der Osten des Reichs sowohl von den Goten als auch von den sassanidischen Persern überrollt, die in Syrien einfielen. Eine erneute »Pest«, diesmal eine heftige Epidemie, die aus Äthiopien kam, verstärkte seit 252 die Weltuntergangsstimmung. Das Kaisertum war seit dem Tod des Decius zwischen den Armeen an der Donau und im Orient umstritten. Das Interesse der Kaiser konzentrierte sich ganz auf den Osten, dem Westen des Reichs wurde kaum Bedeutung beigemessen. So war die Lage der Dinge, als Gallien von beiden Flanken her bedroht wurde.

Das Land zwischen Rhein und Limes könnte von den römischen Streitkräften nicht mehr gehalten werden, es war faktisch den Alemannen ausgeliefert. Der letzte römische Meilenstein in diesem Gebiet datiert aus dem Jahr 253. Damit war ein Keil in das römische Verteidigungssystem getrieben, der bis an den Bodensee reichte und wichtige Verbindungen zwischen Rhein und Donau unterbrach. Erstmals hatten die Germanen römisches Territorium auf Dauer besetzt. Im Norden änderte sich das Verhalten der Stämme an Rhein und Nordsee um das Jahr 250. Bis dahin hatten sie Handelsbeziehungen zum Imperium unterhalten, jetzt verlegten sie sich recht systematisch auf Seeräuberei. Und als gelehrige Schüler benützten sie dabei das von den Römern übernommene »lateinische« Segel. In den Küstengebieten Galliens finden sich Münzschätze, die seit den Jahren 254 bis 256 vergraben wurden. Gleichzeitig berichten die antiken Autoren über Angriffe zur See, die von Friesen, aber vor allem von Franken und Sachsen unternommen wurden. Die Römer wurden durch die Kühnheit dieser Seefahrer völlig überrascht: Fränkische Gefangene, die an der Donaumündung angesiedelt worden waren, bauten sich Schiffe, machten gegen 280 die Mittelmeerküsten unsicher und kehrten dann nach Hause zurück. Kaiser Probus gehörte seit dem Jahr 277 zu den führenden Kräften bei der Erneuerung des Reichs. Er organisierte das *litus saxonicum*, eine tiefgestaffelte Verteidigung der Küsten Galliens gegen die Sachsen, die um das Jahr 300 zum festen Bestandteil der militärischen Abwehrmaßnahmen des Reiches wurde.

Wesentlich gefährlicher sollten die Einfälle zu Land werden. Im Jahr 258 zog eine Frankenschar durch Gallien bis nach Spanien, zerstörte die Stadt Tarragona – damals bedeutender als Barcelona – und gründete gegen 260 in Nordafrika ein Seeräubernest, das erst im Jahr 272 vernichtet werden konnte. Kaiser Valerian geriet 260 mit seinem Heer in die Gewalt der Sassaniden, die dann ihre Städte von römischen Kriegsgefangenen aufbauen ließen. Sein Sohn Gallienus, Oberbefehlshaber in Gallien, wurde dort als *Restitutor Galliarum* gefeiert. Jetzt, nach der militärischen Katastrophe, versuchte er in aller Eile, den Osten des Reichs zu gewinnen, und ließ seinen Sohn Salonius in Köln zurück, wo ihn später die Rheinlegionen umbrachten, die nicht länger hinter den anderen zurückstehen wollten. Sie erhoben Postumus, den Befehlshaber der römischen Truppen in Mainz, zum Kaiser, so daß die Rheingrenze für einige Zeit besser geschützt wurde. Aber die Alemannen kannten die Lücke zwischen Westen und Osten im römischen Verteidigungssystem. Im gleichen Jahr 260 überfielen sie Rätien, durchbrachen die Verteidigung und verwüsteten Oberitalien. Von dem eilends zurückgekehrten Kaiser Gallienus wurden sie bei Mailand besiegt. Aber eine weitere Alemannenschar verwüstete das Gebiet um Avenches. Die schöne und bedeutende Römerstadt wurde vollständig zerstört und konnte sich von diesem Schlag nie mehr erholen. Die Grenzfestung Straßburg dagegen, die das gleiche Schicksal erlitten hatte, wurde neu errichtet.

Kaiser Claudius II. schlug die Alemannen 268 am Gardasee, Kaiser Aurelian besiegte sie 270 an der Donau, dann bei Piacenza und 271 nahe bei Pavia. Die Bedrohung Roms war derart gestiegen, daß man nun um die Ewige Stadt einen gewaltigen Mauerring errichtete, der nach Aurelian benannt ist. Für Gallien ergab sich ein historischer Augenblick: Unter Postumus und dessen Nachfolgern, den Kaisern des gallischen Sonderreichs, die ihre Amtskollegen in Italien und im Osten nicht anerkannten, hatte das Land abseits der großen Ereignisse gestanden. Jetzt mußten und konnten auch in Gallien die Städte befestigt werden. Das war das Eingeständnis, daß man die Barbaren nicht mehr in Schranken halten konnte. Nachdem sie einmal in das Imperium eingebrochen waren, konnten sie alles verwüsten, weil die waffenlose und des Kriegsdienstes entwöhnte Bevölkerung ihnen gegenüber keinerlei Widerstand leistete. Opfer der plündernden Horden war damals nicht nur Nordgallien, erstmals betroffen wurden vielmehr auch das Land zwischen Seine und Loire, die Flußtäler der Saône und oberen Rhône, dazu Poitou und die Gebiete an der Atlantikküste bis zu den Pyrenäen.

Franken und Alemannen begegneten sich auf ihren Streifzügen durch das Land. Die Quellen sprechen von sechzig zerstörten Städten, aber die historischen Berichte schweigen verschämt über die Einzelheiten, die als Inhalt von Lobreden auf die Kaiser denkbar ungeeignet waren. Die Kartierung von Münzschatzfunden belegt eindeutig die Ausdehnung der Katastrophe: 238 auf die Jahre 270/80 datierbare Horte wurden in Frankreich bisher entdeckt. Nach dem Ende des gallischen Sonderreichs wurden von Kaiser Probus vom Jahr 277 an die Befriedung und der Wiederaufbau Galliens eingeleitet. Er sah aber keinerlei Möglichkeit, das Land auf einen Schlag von den Barbaren zu säubern, die es einfach überall gab. »Es war, als seien die Provinzen Galliens in die Hände der Germanen gefallen«, schreibt der Biograph des Kaisers. Man kann sagen, daß der Bau der schützenden Stadtmauern in Gallien im wesentlichen der Initiative des Probus zu verdanken ist und daß seine Nachfolger für die Weiterführung gesorgt haben.

Das unvermittelte Aufkommen von Stadtbefestigungen in Gallien wurde lange Zeit als Panikreaktion gedeutet. Man stellte sich vor, die Einwohner hätten diese Mauern in aller Hast errichtet. Sie hätten dabei die Ruinen benützt, die nach dem Durchzug der Barbaren zurückgeblieben waren, um Mauern aufzuschichten, die beim nächsten Mal die Stadt besser schützen würden. Häusertrümmer, Säulenstücke und was sonst noch in den Mauern gefunden wurde, alles schien diese Hypothese zu stützen. Man glaubte auch – ein wesentlicher Aspekt für die Stadtgeschichte Frankreichs –, in der Anlage dieser Mauerringe den neuen Umriß der Stadt in Gallien zu erkennen. Damit schien es zugleich möglich, die unterschiedliche Größe der Städte neuen Typs und der viel ausgedehnteren *civitates* der *Pax Romana* zu messen. Ferner vermutete man, mit den *villae* außerhalb der neuerrichteten Mauern sei es schlagartig zu Ende gewesen, man habe sie dem Verfall überlassen. Jüngste Untersuchungen archäologischer Befunde haben zu einer merklichen Modifizierung dieser Schlußfolgerungen geführt.

Zunächst hat man erkannt, daß die Mauern des 3. Jahrhunderts dort, wo sie noch teilweise stehen wie in Le Mans und Senlis, in einwandfreier und nahezu völlig einheitlicher Bautechnik errichtet worden sind. Sie wurden zwar schnell, im Verlauf weniger Jahre hochgezogen, aber nicht hastig. Man nahm sich sogar die Zeit, an den Außenseiten der Mauern in typisch römischer Manier farbige Verzierungen aus Ziegelsteinen anzubringen. Der Sinn der Römer für Schönheit der Architektur lebte also weiter, fand jetzt aber mehr in Abwehrmauern als in Tempelsäulen seinen Ausdruck. Die Untersuchung des Baumaterials der Mauern von Le Mans, das von den Germanen nicht zerstört wurde, bestätigte das planmäßige Vorgehen. Unter einleuchtenden militärischen Gesichtspunkten wurden die Wohngebiete unmittelbar vor den Mauern niedergelegt; die Abbruchtrümmer benutzte man als Bausteine. Die anderen Wohngebiete in der weiteren Umgebung des befestigten Teils der Stadt blieben dagegen ohne Unterbrechung vom 2. bis zum 6. Jahrhundert bewohnt.

Damit wird die Vorstellung sehr zweifelhaft, es habe vom 3. Jahrhundert an nur noch ganz kleine, »mittelalterliche« Städte gegeben. Jeder Fall muß einzeln untersucht werden. Die neuerrichteten Mauern stellten eher *castra* (Festungsanlagen) dar, die klein genug waren für die Verteidigung durch reduzierte Besatzungen, die aber zugleich Raum genug hatten, um den Einwohnern Zuflucht zu bieten. Zumindest ein großer Teil der Stadtbevölkerung konnte sonst aber weiterhin außerhalb des Mauerrings leben.

Diese Mauern sind also kein Symbol für Untergang und politische Preisgabe, vielmehr beweisen sie Wiederaufbau und Überlebenswillen, das Weiterbestehen von römischer Disziplin und Ordnung. Dies ent-

spricht durchaus unseren Kenntnissen über die Fähigkeiten der Kaiser im
letzten Drittel des 3. Jahrhunderts. Sie waren meist Illyrer und schufen
bereits die Grundlage für die erneuerte Macht des Imperiums im 4. Jahrhundert.

Wir stehen hier also einer neuen Art der römischen Kriegführung
gegenüber. Es war unmöglich, zu jeder Zeit und an jeder Stelle einer
Grenze von Tausenden von Kilometern Länge überraschende Barbareneinfälle zu verhindern. Deswegen hatte man beschlossen, allenthalben die
bedeutenderen Städte mit uneinnehmbaren Mauern zu schützen (in Le
Mans waren sie neun Meter hoch). Ferner wurden die besten Truppen in
einiger Entfernung von der Grenze stationiert und in Bereitschaft gehalten, um mit überlegenen Kräften jede Barbarenhorde zu vernichten.

Die Erneuerung des Reiches begann im Augenblick der tiefsten Verwirrung. Wendepunkt im Osten war die Festigung der Grenze durch die
Aufgabe Dakiens und der entscheidende Sieg Kaiser Claudius' II. im Jahr
270 über die Goten bei Nisch (im heutigen Serbien). Im Westen kapitulierte 274 Tetricus, der letzte Kaiser des gallischen Sonderreichs, vor
Kaiser Aurelian. Dieser erkannte den strategischen Wert der Stadt *Cena-
bum* und ließ dort ein *castrum* bauen, dessen Mauerring über 2100 Meter
lang war. Das machte den Ort mit rund 27 Hektar Fläche zu einer der
bedeutendsten Festungsstädte Galliens, deren Territorium Aurelian von
der *civitas* der *Carnutes*, Chartres, abtrennte. Sie wurde nach ihrem
Gründer *civitas Aurelianensis* genannt und sollte als »Orléans« eine
wichtige Rolle in der Geschichte Frankreichs spielen. Ein weiterer sym-
bolischer Wendepunkt ist das Schicksal von Autun, einer der schönsten
und berühmtesten Städte, die vom gallischen Sonderreich abgefallen war
und sich an die Kaiser in Rom um Hilfe gewandt hatte. Victorinus, einer
der Nachfolger des Postumus, nahm die Stadt nach sechsmonatiger Belagerung und zerstörte sie. Wie in Lyon, waren es also nicht nur die
Germanen, die solches Unheil anrichteten. Aber noch vor Ende des
3. Jahrhunderts war Autun wieder aufgebaut, und der Rhetor, der vom
neuen Glanz seiner Schulen berichtet, erwähnt dabei den Einsatz kriegs-
gefangener germanischer Handwerker.

Die Siege von Kaiser Probus zuerst in Gallien, dann im Jahr 280 über
die Alemannen in deren Gebiet und über die Franken erbrachten eine
beträchtliche Beute an Menschen und Vieh. Der Kaiser verkündete dem
Senat: »Die Felder Galliens werden von den Ochsen der Barbaren bear-

beitet«, und »Die Barbaren arbeiten nun für euch, sie säen für euch und leisten Kriegsdienst gegen die entferntesten Völker.« Eine Goldmünze des Probus zeigt auf der Rückseite unter einem Tropaeum (Siegeszeichen) zwei gefesselte Germanen. Das Imperium machte von da an aus der Not eine Tugend und benützte planmäßig kriegsgefangene Germanen zur Wiederbesiedlung des Landes und zur Verstärkung der Truppen. Andere wieder wurden als »Colonen« angesiedelt, mit dem eigenen Recht der *laeti*, halbfreier Männer, die zum Kriegsdienst verpflichtet waren. So hatte man ein Bauerntum, das Rekrutierungen auf Dauer sicherstellte.

Postumus hatte fränkische Truppen gegen die Germanen eingesetzt, und nach ihm wurden von fast allen Kaisern, voran den Usurpatoren, Franken in Dienst genommen. Maximian, der Mitkaiser Diokletians, schlug die Franken im Jahr 287 und schloß mit einem ihrer Könige, Gennobaudes, das erste *foedus*, einen besonderen Vertrag militärischer Unterordnung, dem viele weitere folgen sollten: Die Barbaren mußten alle römischen Gefangenen zurückgeben und die Oberhoheit Roms anerkennen. Der gleiche Kaiser ließ ab 288 Franken im Gebiet der Treverer und um Bavay ansiedeln, Kolonien von *laeti* um Beauvais, Amiens, Troyes und Langres besetzte er mit Kriegsgefangenen germanischer Abstammung. Eine größere Gruppe von Chamaven erhielt das Recht zur Ansiedlung in einem *pagus Chamavorum*. Er wurde der *civitas* Besançon unterstellt und heißt heute noch Pays d'Amous; bis in das 9. Jahrhundert war *comitatus Amaus* die offizielle Bezeichnung. Entsprechend ließ sich eine stattliche Zahl von Chattuariern im *pagus Chattuariorum* nieder, der in die *civitas* von Langres eingegliedert wurde. Auf ihn geht der Landschaftsname Pays d'Atuyer zurück.

Der Bestand an französischen Ortsnamen erweiterte sich also durch die Bezeichnungen von kleineren Regionen und Dörfern, die barbarische Stammesnamen festhalten. Sie gehen fast alle nicht auf die sogenannten großen Invasionen des 5. Jahrhunderts zurück, sondern auf die planmäßige Siedlungspolitik, die im 3. und 4. Jahrhundert von der römischen Staatsgewalt betrieben wurde. »Sarmaise« erinnert an die Sarmaten und die zahlreichen »Allemagne« belegen die Ansiedlung von Alemannen.

Ein Reich, das lernen muß, die Barbaren zu bändigen, indem es sich an das Zusammenleben mit ihnen gewöhnt, ist ein gewandeltes Reich, das seinen Aufbau danach einrichtet, mit diesem Problem fertig zu werden. Zuerst verlegte Kaiser Postumus den Regierungssitz nach Köln. Seine

Nachfolger unter den Kaisern des gallischen Sonderreichs wählten Trier
wegen seiner günstigen Lage im Schutz der kleinen Befestigungen, die im
Moseltal errichtet worden waren. Als Diokletian 293 das Reich reorganisierte, wurde Trier zur Hauptstadt des großen westlichen Verwaltungsbe-
reichs, zu dem Spanien, Gallien und Britannien gehörten. Die Länder, die
dem kurzlebigen gallischen Sonderreich angehört hatten, blieben also
zusammen, wohl auch, weil der Westen eben seine eigenen Probleme
hatte. Durch die jetzt eingeführte »Tetrarchie« wurde das Reich gemeinsam von vier Herrschern regiert, je einem *Augustus* im Osten und im
Westen, jeder mit einem *Caesar* zur Unterstützung. Diese Neuordnung
war das offene Eingeständnis der Unmöglichkeit, das Imperium weiter
durch einen einzigen Herrscher von einem einzigen Regierungssitz aus zu
regieren und zu verteidigen. Der Zustand, der zuvor in anarchischen
Formen entstanden war, wurde jetzt legalisiert und institutionalisiert.

AUF DEM WEG ZUM SIEG DES CHRISTENTUMS

Hinter der Verwaltungsreform standen tiefer greifende Veränderungen.
Die sichtbarste zeigt sich bei der schlichten Aufzählung der für die beiden
Kaiser vorgesehenen Hauptstädte. Man sprach von Nikomedia, Mailand,
Trier und später von Konstantinopel, Arles, Ravenna, aber nie mehr von
Rom. Obwohl es Sitz des Senats blieb, war es nur noch theoretisch
»Hauptstadt«. Die Entwicklung, die mit Senatoren aus nichtrömischen
und nichtitalischen Völkerschaften begonnen hatte, fand ihren Abschluß
in der *Constitutio Antoniana,* mit der Kaiser Caracalla im Jahr 212 allen
freien Untertanen im Reich das römische Bürgerrecht verlieh. Ausgenommen blieben nur die *dediticii,* unterworfene Barbaren, die zwar persönliche Freiheit, aber kein Bürgerrecht erhielten. Das römische Reich
war zum Reich aller darin lebender Völker geworden, und die Jahrtau-
sendfeier Roms unter einem Kaiser arabischer Abstammung symbolisierte diese Entwicklung.

Dieses Reich konnte sich auch nicht mehr allein auf die Götter Roms
beschränken. Es war bereits die Rede von der Bedeutung der orientalischen Kulte für die Römer in den ersten Jahrhunderten des Kaiserreichs.
Die Katastrophen des 3. Jahrhunderts und die strukturellen Veränderun-

gen beschleunigten gleichermaßen die Entwicklung religiöser Vorstellungen, die man zu dieser Zeit nicht isoliert vom öffentlichen und politischen Leben betrachten darf.

Man beobachtet einen Zusammenhang zwischen dem Verfall der Städte und Tempel im Gallien des 3. Jahrhunderts und dem Schicksal der römischen Götter. Im Stadtbild spiegelte sich das Vertrauen auf Rom, und in diesen unheilvollen Zeiten waren die Götter nicht mehr römisch, von ihren Kultstätten blieb in den meisten Fällen kein Stein auf dem anderen. Der Wiederaufbau der Städte und die Errichtung ihrer Mauerringe bedeutet nicht auch die Erneuerung der Tempel. Die Soldaten und ihre Kaiser, angefangen mit Caracalla (211–217), der sich selbst als Soldatenkaiser sah, beteten lieber zu orientalischen Göttern wie Serapis und Mithras. Caracalla errichtete dem Serapis sogar einen Tempel auf dem Quirinal. Mithrasheiligtümer waren im östlichen Gallien verbreitet, dort, wo die Legionen stationiert waren. Sein Kult war zugleich ein Sonnenkult, und diese Richtung wurde von Kaiser M. Aurelius Antoninus (218–222) gefördert. Er war Priester des syrischen Sonnengottes Elagabal von Emesa und nahm selbst den Namen seines Gottes an. Dem Kaiser gelang es aber nicht, ihn als oberste Gottheit in Rom durchzusetzen. Diesen wegen der Ausschweifungen und Überspanntheiten Elagabals gescheiterten Versuch erneuerte Kaiser Aurelian (270–275) in geänderter Form und mit durchschlagendem Erfolg: *Sol invictus*, die unbesiegbare Sonne, wurde zur höchsten Gottheit erklärt. Der Sonnengott war nun der Beschützer von Kaiser und Reich. Seine Priester, gleichrangig mit den höchsten römischen, versahen ihr Amt in einem prächtigen Tempel

Die offensichtliche Übernahme von Elementen aus dem Mithraskult machte den neuen Glauben, der einen ausgeprägten Zug zum Monotheismus aufweist, auch unter den Soldaten populär. Nachdem die Kaiser vergeblich versucht hatten, den römischen Göttern ihren alten Glanz wiederzugeben, setzten sie schließlich ganz auf den *Sol invictus* als Beherrscher der Welt und Garanten der Ewigkeit des Reichs. Er allein entscheidet, wann der Kaiser sterben muß: Eine Schicksalsgläubigkeit, die man den Soldaten entgegenhalten konnte, wenn sie wieder einmal zum Herrschermord aufgelegt waren. Michel Cristol hat aufgezeigt, wie diesem Gott seit der Thronbesteigung Diokletians auch die Funktion zukam, bei der Ernennung eines neuen Imperators mitzuwirken, so daß er zu einem wesentlichen Legitimationsfaktor wurde: »Der Ursprung der

Macht liegt in Wirklichkeit nicht in menschlicher Hand. Die göttliche Vorsehung lenkt vielmehr das Geschick der diesseitigen Welt.« Im Zeichen dieses Gottes begann Konstantin seine Regierung mit der Annahme des Titels Augustus am 25. Dezember 307, dem »Weihnachtsfest des Unbesiegbaren« – *Natalis invicti* – und Tag der Sonnenwende. Die gesamte kaiserliche Familie Konstantins lebte unter dem Zeichen des Sonnenmotivs, das neben dem Herkulesmotiv allein eines Kaisers würdig war.

Dieser Wandel auf religiösem Gebiet, im ganzen Verhalten und im Vertrauen der Kaiser auf die Zukunft des Reichs begleitete den Wiederaufbau am Ende des 3. Jahrhunderts. Er bedeutete eine singuläre Vorbereitung auf die kommende Annahme eines anderen höchsten Gottes, der sich dem *Sol invictus* überlegen zeigen sollte, also des wahren und einzigen Gottes in der Welt: Dies war der Christengott. Es gibt untrügliche Belege für die Zusammenhänge: Durch den Kult des Sonnengottes übernahmen die Kaiser die *aura*, den Strahlenkranz (Nimbus). Nach diesem Vorbild wurden dann Christus und die Heiligen mit dem »Heiligenschein« dargestellt. Außerdem machte die römische Kirche im Jahr 335 oder 354, jedenfalls nachdem die Kaiser den Kult des Sonnengottes aufgegeben hatten, den *Dies natalis invicti Solis* zum Fest der Geburt Christi. Weihnachten ersetzte also ein zentrales heidnisches Fest durch ein christliches Siegesfest. Es wurde zunächst im Westen begangen und sollte den vorher vom Osten bevorzugten Epiphaniastag ersetzen, der an die Stelle einer heidnischen Kultfeier der Geburt des Gottes Aion durch die jungfräuliche Göttin Kore getreten war.

Gewiß hatte die Botschaft Christi mit solchen liturgischen Dingen nichts unmittelbar zu tun. Aber der Sieg des Christentums im römischen Reich konnte nur Wirklichkeit werden in der Form eines ganz handgreiflichen Sieges über die damals mächtigsten Götter. Das waren aber nicht die Götter der Griechen, Römer und Kelten, auch wenn sie noch einige Anhänger zählten. Es waren auch nicht mehr die Götter eines einzelnen Volks oder einer Völkersymbiose, wie oben am Beispiel der Gallo-Römer dargestellt. In den dunkelsten Stunden des Reichs und Galliens war ein tiefer Glaube an Roms ewigen Bestand erwachsen, der vom Herrn der Welt garantiert wurde, einem universalen Gott für ein universales Reich. Durch ein Paradoxon der Geschichte waren die Kaiser, die dem neuen Glauben am stärksten anhingen, die heftigsten Verfolger der Christen, weil sie in ihnen Menschen sahen, von denen die Göttlichkeit Roms, des

Reichs und des Kaisers bestritten wurde. Aber durch die Vernachlässigung der übrigen Götter bereiteten diese Herrscher dem Monotheismus den Weg, so daß schließlich nur noch ein letzter Schritt zu tun war. Ihn unternahm Konstantin der Große nach seinem Sieg im Jahr 312, als er zwar *pontifex maximus* blieb, gleichzeitig aber als Katechumene (Taufanwärter) den Eintritt in die Kirche vorbereitete, die von ihm bereits begünstigt wurde. Er übernahm dann faktisch die Leitung, seit er der Kirche durch die Mailänder Beschlüsse von 313 die Freiheit der Religionsausübung zugesichert hatte.

Dies waren auch für Gallien trotz seiner abseitigen geographischen Lage Ereignisse von höchster Bedeutung, gehörte es doch zum Reichsteil, den seit 293 Constantius Chlorus regierte, der Vater Konstantins des Großen. In diesem Land gab es weder viele Christen noch viele Märtyrer, bevor sich hier das Christentum durchsetzte. Auch dies erscheint paradox, wenn man bedenkt, daß lange nach dem heiligen Stephanus die Märtyrer des Jahres 177 in Lyon mit denen von Smyrna zu den ersten beglaubigten Märtyrern der Kirche gehören. Die glühenden Anhänger des neuen Glaubens kamen weiterhin, wie die von Lyon im Jahr 177, aus den Wohnvierteln einiger gallischer Städte mit größerem orientalischem Bevölkerungsanteil. Dies waren Syrer und Hebräer, die griechische Namen trugen wie die Griechen selbst in diesen Quartieren. Nur selten findet man unter den frühen Christen gebürtige Römer – einer zählte zu den Märtyrern von 177 – und noch seltener Personen keltischer Abstammung.

Die ersten christlichen Gemeinden, über die bereits Bischof Irenäus von Lyon berichtet, gab es demnach in Marseille, Narbonne, Arles, Vienne, Lyon und später in den Städten am Rhein. Bischof Irenäus, der wichtige christliche Schriften gegen Heiden und Häretiker verfaßte, stammte selbst aus dem Orient, genauso wie die Märtyrer von 177. Als Kind hatte er Polykarp von Smyrna gesehen, der seinerseits noch den Apostel Johannes gekannt hatte.

Die Zahl der Christen nahm dann bis zur Mitte des 3. Jahrhunderts allmählich zu. Damals stellte sich das Problem der *lapsi*, also der Christen, die unter dem Druck der römischen Behörden während der Verfolgung durch Kaiser Decius »gefallen« waren und den offiziellen Göttern geopfert hatten. In der westlichen Reichshälfte wurde die afrikanische Kirche von den Auswirkungen dieser Entwicklung schwer erschüttert, während

es in den Städten der Narbonensis nur ein paar Einzelfälle gab. Drei
gallische Bischöfe entschieden den Konflikt in Absprache mit dem Bischof von Rom und einigen italischen Amtsbrüdern.

Die tolerante Einstellung von Constantius Chlorus, dem Vater Konstantins, der es ablehnte, die von Diokletian vorgeschriebenen Verfol-
gungsmaßnahmen durchzuführen, ersparte den Christen Galliens
Schwierigkeiten gegen Ende des 3. Jahrhunderts. Deshalb gab es hier, im
Vergleich etwa zu Italien, nur wenige Märtyrer. Unter diesen günstigen
Umständen konnte sich also das Christentum um das Jahr 300 in Gallien
rasch ausbreiten. Konstantin ließ 314 ein Konzil in Arles abhalten, um das
Problem der Donatisten zu erörtern, einer afrikanischen Sekte, die sich
weigerte, *lapsi* wieder in den Schoß der Kirche aufzunehmen. Damals
waren bereits sechzehn gallische Städte vertreten, davon zwölf durch den
eigenen Bischof. Gewiß gab es noch weitere Städte, die über eine Bischofskirche verfügten. Neben den schon erwähnten Orten hatten Autun, Bordeaux, Trier und Köln besonders bedeutende Episkopalkirchen.
Weitere Gründungen folgten im 4. Jahrhundert, bis schließlich jede *civitas* ihren Bischof hatte.

Zu den großen Persönlichkeiten dieses Jahrhunderts zählte der heilige
Martin (317–397). Der ehemalige pannonische Soldat wurde Schüler des
heiligen Hilarius von Poitiers und gründete zunächst 361 in Ligugé bei
Poitiers das erste Kloster Galliens. Im Jahr 371 wurde er dann zum
Bischof von Tours erwählt und gründete ein weiteres Kloster, Marmoutier. Der heilige Martin führte also in Gallien die bis dahin nur im Osten
bekannten Mönchsgemeinschaften ein und leistete auch einen entscheidenden Beitrag zur Christianisierung des flachen Landes. Kein Wunder
also, daß ihn die spätere Überlieferung zum Nationalheiligen der Franken
und des fränkischen Gallien gemacht hat.

Damit ist aber bereits die Epoche des christianisierten Imperiums
erreicht, in dem das Christentum Staatsreligion und seit Kaiser Theodosius der einzige zugelassene Glaube ist. Solange die Kirche als kleine
Minderheit im Untergrund gewirkt hatte, lag ihre Stärke in der straffen
Organisation. Jetzt ging sie daran, ihre hierarchische und geographische
Gliederung nach dem Vorbild der Reichsverwaltung aufzubauen. Jede
Provinz wurde automatisch auch Kirchenprovinz. Nach einem Blick auf
die Verwaltungsreformen des Reichs unter Diokletian und Konstantin
wird diese Thematik nochmals aufgegriffen werden. Hier ist zunächst

festzuhalten: Die Veränderungen im 3. Jahrhundert haben die römische Welt so stark umgeformt, daß sie nicht mehr die Welt der *Pax Romana* ist, auch nicht die Welt der Hauptstadt Roms oder der Götter Roms. Unter dem Schutz Gottes und unter der Herrschaft des Kaisers war das Imperium nun das irdische Reich einer universalen Religion. Gallien war zunächst zwar noch weit davon entfernt, ein christliches Land zu sein. Aber im christianisierten Imperium sollte es eine Hauptrolle übernehmen und zu einer Säule des Katholizismus werden.

KAPITEL IX

Gallien im christlichen Imperium

KONSTANTIN DER GROSSE

Im Jahr 305 verzichtete Diokletian freiwillig auf die Macht und zusammen mit ihm auch Maximian, der andere Augustus. Zwei neue Augusti, Constantius Chlorus im Westen und Galerius im Osten, übernahmen die Reichsregierung, unterstützt jeweils von einem Caesar. Um zu verhindern, daß das klare System der Tetrarchie vom dynastischen Prinzip verfälscht wurde, hatte Diokletian weder Maxentius, den Sohn des Maximian, noch Konstantin, den Sohn des Constantius Chlorus, zu Caesaren ernennen lassen. An ihrer Stelle bestimmte er Severus und Maximinus Daia. Allerdings war Maxentius mit einer Tochter des Galerius verheiratet, Konstantin mit Fausta, der Tochter Maximians, verlobt. Beide »Prinzen« hatten Ambitionen, und ihre Umgebung drängte sie dazu, Ansprüche geltend zu machen, an denen dann Diokletians ausgeklügeltes Regierungssystem zerbrach.

Zu Beginn des Jahres 306 verließ Konstantin die Donautruppen, denen er von Galerius zugeteilt worden war, und ging zu seinem Vater Constantius Chlorus, der im Norden der Provinz Britannien gegen Pikten und Skoten kämpfte. Constantius erkrankte und starb am 25. Juli 306. Sein Sohn Konstantin wurde von den Legionen Britanniens und Galliens zum Augustus ausgerufen, aber unzufriedene Kreise in Rom proklamierten Maxentius zum *princeps*. Nun verstieß Galerius gegen die Bestimmungen der Tetrarchie, nahm seine Stellung als Augustus wieder ein und verbündete sich mit seinem Sohn. In den darauffolgenden Machtkämpfen standen sich insgesamt sechs *Augusti* und *Caesares* gegenüber, die der Reihe nach von Konstantin ausgeschaltet oder besiegt wurden. Nicht anders erging es den Anwärtern sieben und acht: Licinius, der im Jahr 308 von Galerius ernannt wurde, als Severus abtrat, und Lucius Domitius Alexander, der von den Truppen in Afrika zum Imperator proklamiert wurde.

Aus diesen fünfzehnjährigen Wirren, die von 310 bis 324 dauerten, erstand eine neue Ordnung, ermöglicht nur durch die starke Persönlichkeit Konstantins und seine Beliebtheit bei den Soldaten. Ohne ihn wäre das Reformwerk Diokletians zweifellos in einer erneuten Anarchie untergegangen, schlimmer noch als die vorhergehenden. Seine Neuerungen wurden zum Teil beibehalten und ausgebaut, aber auch in einigen wesentlichen Punkten geändert. Es ist deswegen schwierig, den Anteil der beiden großen Herrscher an der Reichserneuerung richtig einzuschätzen, trotz des grundlegenden Unterschieds in ihrer Einstellung zum Christentum. Denn Konstantin, der Retter des Imperiums, wurde auch zum Retter des christlichen Glaubens. Von Diokletian waren die Christen mit Härte verfolgt worden, ebenso von Galerius, Maximinus Daia und Licinius, also vor allem in den östlichen Provinzen, wo sie die größten Erfolge errungen hatten. Dagegen verzichtete schon Constantius Chlorus auf jegliche Verfolgung, und sein Sohn knüpfte offenbar schon sehr früh Beziehungen zu Bischöfen in Gallien. Da sich sein Hauptgegner Maxentius offen auf die römischen Anhänger eines betont konservativen Heidentums stützte, gab es für Konstantin kein Zögern, und er ließ seine Sympathien für den Christengott deutlich erkennen. Er dachte auch nicht daran, der Legendenbildung entgegenzutreten, die seinen entscheidenden Sieg vom 28. Oktober 312, vor den Toren Roms an der Milvischen Brücke errungen, auf ein warnendes Traumbild zurückführte und auf den Entschluß, seine Truppen das Christusmonogramm tragen zu lassen.

313 verkündete er in Mailand ein Religionsprogramm, das in den von ihm beherrschten Reichsteilen für die Christen freie Religionsausübung vorsah. Außerdem erhielten Einzelpersonen und Kirchen ihren konfiszierten Besitz zurück. Zwar behielt Konstantin seine Funktionen als *pontifex maximus* und ließ sich erst kurz vor seinem Tode taufen, aber er begann, den Christen prachtvolle Basiliken zu schenken, so in Rom, Jerusalem, Trier und Konstantinopel. Beraten durch Bischof Ossius von Córdoba, kümmerte er sich auch um die Einheit der Kirche. Er war fest entschlossen, das Geschick des Reichs und sein eigenes mit dem Christus-

gott zu verbinden, so wie seine Vorgänger und früher auch er selbst es mit dem *Sol invictus* verbunden hatten.

Konstantins Entscheidung veränderte das Reich seinem Wesen nach. Zwar gab es Wiederbelebungen des Heidentums, besonders unter Julian Apostata, ferner führten Irrlehren und dogmatische Streitigkeiten zu ernsten Glaubensproblemen innerhalb der neuen Religion. Aber am Ende war die überwältigende Mehrheit der römischen Welt zum Christentum bekehrt. Weil das Römerreich christlich wurde, kann man zu Recht von einem christlichen oder christianisierten Imperium sprechen. Diese Bezeichnung paßt besser als »Spätantike« oder »spätantikes Reich« – Termini, die auf einer nachträglichen Geschichtsinterpretation beruhen und irrigerweise unterstellen, daß das Imperium im 5. Jahrhundert zu Ende gegangen sei.

Mit einer kurzen Unterbrechung unter Julian gehörte Gallien einem christlichen Reich an. In Glaubensangelegenheiten waren die Entscheidungen der Konzilien maßgeblich, die von den Kaisern einberufen wurden. Verwaltet wurde es im Rahmen des neuen Ordnungssystems, das Diokletian und Konstantin für die Zivil- und Militärbehörden einrichteten. Gesellschaftlich und politisch beherrscht wurde das Land aber von Männern, denen die Reformen zu einer führenden Stellung verhalfen: Senatoren neuer Art und die *magistri militum*. Diese »Heermeister« waren die Oberkommandierenden der römischen Truppen, die seit Konstantin vermehrt barbarisiert wurden und deren fremdländische Zusammensetzung das Gesicht der römischen Welt veränderte. Ein neues Zeitalter begann, das nach großen Anfangserfolgen erneut schwere Sorgen bringen sollte.

DIE REFORMEN: DER KAISER UND DIE NEUEN SENATOREN IN GALLIEN

Die Reform der Reichsregierung wurde von Diokletian (284–305) eingeleitet, von Konstantin (306–337) fortgesetzt und während des gesamten 4. Jahrhunderts weiterentwickelt. Das Ergebnis war eine Veränderung der Verfassung und der Regierungsform. Der Niedergang Roms, Italiens und der römischen Götter trat jetzt voll in Erscheinung, auch im Hinblick auf institutionelle Entwicklungen. Aber jede monarchische Gewalt in der nachfolgenden Geschichte Europas beruhte auf den Grundlagen, die in dieser entscheidend wichtigen Epoche geschaffen wurden.

Die Reichsform hatte drei zentrale Themen: den Kaiser mit seinem Hof, die Verwaltung, das Heer. Jeder Bewohner des Reichs war streng verpflichtet, diesen drei wichtigsten Elementen des Imperiums ohne Einschränkung zu dienen, und zwar mit allem, was er besaß. Diese Belastungen nahmen einen derartigen Umfang an, daß das spätantike Reich in der Forschung als »Zwangsstaat« charakterisiert wurde.

Auffälligster Bestandteil der Reformen Diokletians war die Tetrarchie, die gemeinsame Regierung von zwei *Augusti* und zwei *Caesares*. Sie sollte den Usurpationen und Einmischungen des Heeres bei der Nachfolgeregelung ein Ende setzen, überdauerte aber, wie wir sahen, nicht einmal die Zeit Konstantins, der seit 324 allein und mit absoluter Machtvollkommenheit regierte. Das komplizierte und allzu künstliche System der Tetrarchie wurde abgelöst vom schlichten dynastischen Prinzip, verkörpert im Kaiserhaus Konstantins. In zweierlei Hinsicht wirkte es aber weiter: Einmal konnte jederzeit ein Caesar ernannt werden, als Helfer des Kaisers und Anwärter auf das Reich, das heißt auf die Augustus-Würde. Vor allem blieb es aber stets möglich, die Reichsregierung kollegial zwischen mehreren Kaisern zu teilen, wobei aber die *Res publica*, der *Orbis romanus* immer als Einheit betrachtet wurde. Drei Söhne Konstantins, zu Lebzeiten des Vaters bereits *Caesares*, wurden so im Jahr 337 vom Senat als *Augusti* proklamiert und teilten dann das Reich unter sich.

Der Zug der Zeit, in dem sich der wahre Zustand der »römischen« Welt offenbarte, ging aber dahin, die dynastischen und politischen Zufälligkeiten auszuschalten durch eine Entwicklung hin zur Reichsteilung: Einerseits der *Orbis graecus*, die Länder des Ostens mit hellenistischer Kultur, andererseits der *Orbis latinus*, die lateinisch geprägten Länder des Westens. Verwirklicht wurde diese Teilung nach dem Tod des Kaisers Theodosius I. im Jahr 395. Die Grundlage für den offen propagierten Dualismus hatte aber Konstantin selbst geschaffen, als er ein »neues Rom« gründete, das im Jahr 330 eingeweiht wurde und den Namen Konstantinopel erhielt. Das war nun tatsächlich eine neue Hauptstadt, die vom Kaiser auch sogleich ihren eigenen Senat erhielt.

Die Symbolwirkung und die konkreten politischen Auswirkungen dieser Maßnahme waren gleich groß. Italien hatte sein besonderes Ansehen und seine Privilegien schon durch die Reform Diokletians verloren, durch die es auf den Stand einer gewöhnlichen Provinz herabgedrückt wurde. Das gleiche Schicksal traf Ägypten, das ebenfalls einen Sonderstatus besessen hatte. Die Stadt Rom hatte zwar ihre Stellung als Herrin der Welt nicht behaupten können, war aber wenigstens sakrales Zentrum der römischen Götterwelt geblieben. Unter einem Kaiser, der sich dem Christentum zuwandte, konnte man nun das zuvor Undenkbare wagen: Rom wurde entthront und behielt nichts als ein paar bedeutungslose Ehrenrechte. Unter den Juden gab es seit der Zerstörung von Jerusalem durch Titus Gegner des Imperiums. Von diesen war der Sturz Roms durch ein göttliches Strafgericht vorhergesagt worden. Mit dieser Prophezeiung verband sich die Hoffnung auf eine gleichzeitige Ankunft des Messias, der dem Volk Gottes die Vorherrschaft bringen werde. Die Wirklichkeit war anders: Über die heidnischen Götter siegte zwar eine Religion, die den Gott des Alten Testaments verehrte, aber verkörpert in einem Messias, den die Juden nicht anerkannten.

Am Ende des 4. Jahrhunderts glaubten einige römische Senatoren an die Wiederherstellung eines heidnischen und wahrhaft römischen Imperiums. Nach ihrer Niederlage und dem Verlust der letzten Illusionen erfolgte Roms Reaktion: In Rom selbst entstand das »neue Rom«, als Sitz des römischen Bischofs Hauptstadt des lateinischen Katholizismus. Im Osten herrschte also der von Gott gesandte Kaiser und Retter der Kirche, im Westen fiel auf lange Sicht die Führungsrolle an den Nachfolger Petri, der als erster Bischof der Christen galt mit Sitz in der einstigen Reichshauptstadt. Diese Tatsache hatte nachhaltige Auswirkungen für die Geschichte des Christentums.

Die Macht des Kaisers hatte sich in ihrem äußeren Erscheinungsbild wie ihrem Wesen nach zweifellos verändert. Das Prinzipat des Augustus respektierte im Grundsatz stets den Dualismus zwischen dem *princeps*, dem höchstgestellten Römer, und dem Senat als Vertreter des römischen Volks. Seit dem 2. Jahrhundert entwickelten Juristen aber eine Staatsidee, wonach die Souveränität des *populus romanus* auf die Person des Kaisers übertragen worden war. Nicht mehr der Kaiser als Individuum, die Institution des Kaisertums selbst wurde vergöttlicht als Emanation des *Sol invictus*, des höchsten Gottes und Schutzherrn des Imperiums. Damit waren die Voraussetzungen einer unumschränkten, sakralen Machtfülle geschaffen, hoch über den gewöhnlichen Sterblichen und als einzige

Quelle jeder Legitimität und Herrschaft. Es wäre falsch anzunehmen, der Sieg des Christentums habe die »göttlichen« und sakralen Züge des Kaisertums auf jeden Fall schwächen müssen. Konstantin erschien von Anfang an als der gottgesandte Retter. Er wurde ohne jeden Vorbehalt als wirkliches Oberhaupt der Kirche, als »Bischof aller Christen« anerkannt. Seit dem Jahr 314 ließ er Konzilien abhalten, die von da an in der christlichen Welt auf Anordnung des *princeps* in einer seiner Residenzstädte zusammentraten: Das war noch so im Reich der Merowinger und Karolinger. Die einzige Ausnahme unter den Kirchenversammlungen mit überörtlicher Bedeutung war ausgerechnet die Synode des Bischofs von Rom: Viel später, im 11. Jahrhundert, sollte er mit Hilfe der im Lateran – einem ehemaligen Kaiserpalast! – abgehaltenen Konzilien die *libertas ecclesiae* bekräftigen. Der heidnische Kaiserkult wurde also geläutert zur Verehrung des Reichsoberhaupts, das zugleich von Gott erwähltes und beschütztes Oberhaupt der Christenheit war.

Die Bischöfe, denen der Kaiser Vorrechte ähnlich denen hoher Beamter verlieh, erfüllten im Rahmen des neuen christlichen Staates halboffizielle Funktionen. Als der heilige Basileios das Geheimnis der unterschiedlichen göttlichen Personen in der Dreifaltigkeit erklären wollte, verglich er sie mit der kaiserlichen Macht: »Die Autorität, die über uns herrscht, ist ungeteilt. Genauso ist die Verherrlichung, die wir ihr darbringen, ungeteilt und nicht verschiedenartig.« Es muß wohl nicht eigens daran erinnert werden, daß man das Bild des Kaisers in den Kirchen anbrachte. Noch Karl der Große tadelte den Herzog von Benevent, weil er sein eigenes Bild zur Schau gestellt habe. Die unentwirrbare Verflechtung von christlich gewordenem Staat und Kirche dauerte von Konstantin bis zum Ende der »Allianz von Thron und Altar«. Konstantin und Theodosius, der anordnete, jede Religionsausübung außer der christlichen zu verfolgen, wurden die Vorbilder der Frankenkönige und besonders Karls des Großen.

Das Konstantin verliehene göttliche Recht überstrahlte seine ganze Dynastie. Nach den Formeln des Protokolls wurden die Prinzen seiner Familie »zum Wohl des Staates geboren«. Wie zuvor die Dynastie Vespasians, führte auch die Konstantins den Namen (das *gentilicium*) *Flavius*. Die kaiserliche Titulatur begann nicht mehr mit *Imperator Caesar,* sondern mit *Dominus noster Flavius*. Die Herrschermacht wurde personalisiert und offen mit einer bestimmten Dynastie verbunden. Das versetzte alle Menschen in den Stand der Unterlegenheit gegenüber dem *dominus*, und dieses Wort bezeichnet ja auch den Herrn des Hauses und der Sklaven. In der heidnischen Zeit gab es anfangs Widerspruch gegen den Gebrauch dieser Herrscherbezeichnung. Nichts davon ist in der christlichen Welt zu bemerken – so groß war das Ansehen eines Kaisers, der den Sieg des wahren Glaubens erreicht hatte und der mit seinem Beinamen »neuer David« das Erbe des biblischen Königtums beanspruchte.

Der Kaiser blieb auch weiterhin Soldat und trug deswegen das *cingulum*, einen Gürtel aus purpurfarbenem Leder, und das *paludamentum*, den langen Purpurmantel über der Tunika. Seine Soldaten nannte er »Kampfgefährten«, *commilitones*. Er bezeichnete sich weiter als Amtskollege der Senatoren, aber in Wirklichkeit stand er seit Diokletian hoch über den gewöhnlichen Sterblichen. Er lebte zurückgezogen in seinem riesigen Palast, nur hohe Beamte und Günstlinge erhielten das Vorrecht, ihn zu sehen. Freilich senkten sie den Blick, nachdem sie die Proskynesis gemacht und den Fuß des Herrschers geküßt hatten. Man wollte in diesem Ritual den Einfluß östlicher Monarchien erkennen, vor allem den der Sassaniden. Es ist aber auch daran zu denken, daß der Kaiser, geschützt von der ihm persönlich ergebenen fremdländischen Garde, Sicherheit vor Mordanschlägen suchen mußte, die bis zur Zeit Diokletians die Laufbahn zahlreicher Herrscher vorzeitig beendet hatten. Am wahrscheinlichsten erscheint aber, daß die Identifikation des Kaisers mit der Sphäre des Göttlichen, der gewissermaßen religiöse Charakter seiner Würde schon vor der Christianisierung wie auch danach das Zeremoniell am nachhaltigsten beeinflußt hat.

Mit der neuen monarchischen Staatsgewalt, die auch in den nachfolgenden Jahrhunderten Bestand hatte, bildete sich auch eine neue herrschende Klasse, die zur Entstehung des Adels im Abendland führen sollte. Im politischen Niedergang des Senats konnten sich die Senatoren für ihre Person den Glanz der *nobilitas* bewahren, dazu das Vorrecht bei der Besetzung der hohen Ämter im Imperium, schließlich auch ihren riesigen Grundbesitz. Sie konnten ihn sogar noch vergrößern, weil sie von ihren Privilegien profitierten und von der Tatsache, daß viele kleine Besitzer, erdrückt von den Steuerlasten, an Senatoren verkaufen mußten. Daneben traten in wachsender Zahl »Ritter« in die zivilen und militärischen Laufbahnen ein, vor allem seit Gallienus durch ein Edikt des Jahres 260 die Senatoren von militärischen Kommandostellen ausgeschlossen hatte. Zugleich begann die »Bürokratisierung« des Imperiums, ganz im Dienst der Steuererhebung und der Armee. Diese Entwicklung erreichte ihren Höhepunkt unter Diokletian und Konstantin.

Die Verwaltung wurde seit damals nach dem Vorbild des Heeres umgestaltet. Auch sie hieß nun *militia*, denn sie unterstand derselben *disciplina militaris*, einer strikten Hierarchie der Titel, Ränge und Bezahlung. Wie der Soldat trug auch jeder Beamte ein *cingulum*, einen je nach seiner Stellung unterschiedlich kostbaren Gürtel als Abzeichen, das dem aktiven Dienst vorbehalten war. Die Beamten der höheren Ränge wurden alle *clarissimi* und gehörten damit zum Senatorenstand. Durch die Einbeziehung eines Teils des Ritterstandes und durch die ständige Erneuerung wurde zwar dessen Zusammensetzung verändert, aber davon blieben die Privilegien gänzlich unberührt. Der Kaiser konnte also ohne Schwierigkeiten die hohen Ämter weiter den Senatoren vorbehalten, die, wie zu erinnern, ihre *nobilitas*, wenn auch nicht ihr tatsächlich in der *militia* ausgeübtes Amt, den Nachkommen vererbten.

Die beträchtliche Vermehrung der Senatoren führte dazu, daß dem (römischen, im Unterschied zum oströmischen) Senat »die Blüte des westlichen Stadtbürgertums« angehörte (André Chastagnol). Nazarius von Bordeaux, ein Panegyriker aus Gallien, das durch diese Entwicklung besonders begünstigt wurde, schrieb dazu im Jahr 321: »Du hast empfunden, o Roma, daß du an der Spitze aller Völker standest und die Königin der ganzen Welt warst, als du die vornehmsten Bürger aller Provinzen an deine Kurie ziehen konntest. Dadurch vermehrte der Senat sein Ansehen weniger aufgrund des eigenen Namens als vielmehr dadurch, daß er die Elite des ganzen Erdkreises umfaßte.« Konstantin, der den Rang eines Ehrenkonsuls und damit das Recht auf einen Senatssitz sogar an Barbaren verlieh, erhöhte die Zahl der Senatoren in Rom von sechshundert auf rund zweitausend. Kurz vor dem Jahr 360 wurde diese Zahl auch in Konstantinopel erreicht.

Außerhalb der allmächtigen Verwaltung war nur noch in der Armee ein sozialer Aufstieg von Bedeutung möglich. Wer im Verwaltungsdienst Erfolg hatte, stieg zur Würde eines *vir clarissimus (v.c.)* auf. Nach einer im 4. Jahrhundert eingeführten Differenzierung der Ehrenränge gab es darüber noch den *v.c. et spectabilis* und als höchste Stufe den *v.c. et illustris*. Sehr bald schloß sich dieser neue und erbliche Stand nach unten ab. Während einem *vir illustris* die höchsten politischen Schlüsselstellungen vorbehalten waren, stellten die übrigen Senatoren in allen Provinzen und besonders in Gallien die einzige Schicht, die im regionalen wie lokalen öffentlichen Leben zählte.

Die Konzentration von Reichtum und lokaler Macht erreichte nun bis dahin nicht bekannte Ausmaße. Belege dafür sind unter anderem die Überreste der großen *villae* des 4. und 5. Jahrhunderts, hauptsächlich im Süden Galliens. Dazu gehören beispielsweise die *villae* von Chiragan und von Montmaurin, »wahre Landschlösser«, deren Ausmaße teilweise größer sind als die von Versailles. Man sollte die Beschreibung lesen, die Sidonius Apollinaris, ein Angehöriger der Oberschicht und späterer Bischof, von seiner *villa* in *Avicatum* gibt: Sie hatte eine Warmwasseranlage, heizbare Räume, ein »Kaltbad *(frigidarium)*, das ohne Übertreibung mit den für öffentliche Anlagen gebauten Bädern rivalisieren konnte«, dazu kamen Marmorschmuck und Säulen, aber auch eine Webstube. Ein solches Landgut beherrschte die Einwohner zahlreicher Dörfer und besaß manchmal einen befestigten Mittelpunkt als Vorwegnahme der »mittelalterlichen« Burg. Zu einer Zeit, da die Handelsstraßen immer unsicherer wurden, tendierten die Güter zu einer weitgehenden Wirtschaftsautarkie. Ihre Besitzer verfügten über regelrechte Privatarmeen, so daß sich ähnliche Verhältnisse entwickelten, wie sie schon unter den Anführern der keltischen Aristokratie bestanden hatten. Sie besaßen auch die Gerichtsbarkeit über die Kolonen, die ihre Ländereien bestellten, und über eine zahlreiche Klientel, die den Schutz der Grundherren einer gefahrvollen Freiheit vorzogen. Staatliche Eingriffe in diese von einem Angehörigen der höchsten Schicht beherrschten Verhältnisse waren äußerst selten – sie erschienen als überflüssig, da ja ein Vertreter der Staatsgewalt präsent war.

Hoch über allen anderen Landbesitzern stehend, konnte diese Aristokratie das Ende der Kaiserherrschaft im Westen ohne besondere Probleme überleben. Noch am Ende des 6. Jahrhunderts gebrauchte Bischof Gregor von Tours die Bezeichnung *nobilis* ausschließlich für den »Senatorenstand«, dem er selbst angehörte. Man hat auch festgestellt, daß im Osten, wo die Kaisermacht stark blieb, wichtige Ämter von Nichtsenatoren ausgeübt wurden. Dagegen stand der Westen in politischer und gesellschaftlicher Hinsicht unter der Herrschaft einer allmächtigen Aristokratie. Nur diese Gruppe stellte akzeptable Verhandlungspartner für die militärischen Anführer, gleich ob sie römischer oder barbarischer Abstammung, ob sie Heermeister oder germanische Könige waren.

Den Ursprung der Adelsprivilegien haben manche Forscher auf die Frankenkönige, andere auf die französischen Könige zurückgeführt. In Wirklichkeit stammen sie bis in die Einzelheiten aus dem spätrömischen Reich. Die gesamte spätere Entwicklung war nur Fortsetzung und eine Anpassung an die einzige echte und unbestrittene Form von Adel, den Senatorenadel. Das französische Königtum erhob seit Philipp dem Schönen den Anspruch, alle Adelsvorrechte seien entweder vom König verliehen oder aber usurpiert, in jedem Fall also widerrufbar durch die Macht des Königs, von dem alles ausgehe. Diese Auffassung hat falsche Vorstellungen geweckt, bis hin zu Juristen der Gegenwart. Der Anspruch war aber historisch unzutreffend, denn die fränkischen Könige *mußten* die gesellschaftliche und rechtliche Stellung der *potentes* aus dem Senatorenstand anerkennen: Bei der Verwaltung des Landes waren sie, wie bis dahin schon, unentbehrlich. Diese Schicht hatte sich im 4. und 5. Jahrhundert aufgrund der Reformen Diokletians und Konstantins herausgebildet, sie verdankte folglich weder ihre Rechte noch ihren Landbesitz dem fränkischen Königtum. Der Senatorenadel hatte besonders deswegen überleben können, weil er die Kirche unter seinen Einfluß gebracht hatte, noch ehe die Germanenkönige an die Macht kamen. In dem christianisierten Reich gehörte das Amt des Bischofs zu den Würden, die von der Oberschicht bevorzugt angestrebt wurden. Sie schuf sich hier gewissermaßen ein Reservat, und zwei oder drei Senatorenfamilien besetzten häufig einen bestimmten Bischofssitz in geradezu erblicher Folge. Das besagt nicht, die Bischöfe seien schlechte Hirten ihrer Kirchen gewesen, im Gegenteil. Einerseits war ein »Senator« als Bischof besser zum wirksamen Schutz seiner Kirche befähigt als irgendein anderer, und dazu konnte er sie angemessen mit Gütern aus dem eigenen Landbesitz dotieren. Die Senatoren entwickelten schließlich eine regelrechte Ideologie, die ihnen einen bevorzugten Platz im Himmel »am Tisch des Herrn« sicherte, entsprechend ihrer Stellung auf Erden. Alles in allem hatten ein Senator und seine Familie örtlich eine ähnliche Bedeutung wie auf Reichsebene der Kaiser.

Nur ein Machtfaktor konnte dem neuen Senatorenadel noch gefährlich werden: das Heer. Die Wechselbeziehungen zwischen diesen rivalisierenden Kräften sind praktisch das Hauptthema der Geschichte Galliens vom 4. bis zum 6. Jahrhundert. Bevor aber Aufbau und Entwicklung des Heeres sowie der wachsende Einfluß seiner Anführer dargestellt werden, ist ein kurzer Blick auf die Organisation der Zivilverwaltung notwendig; sie war durch die Reformen Diokletians und Konstantins vom militärischen Bereich strikt getrennt worden. Die neuen Grenzen der Verwaltungsbezirke veränderten für lange Zeit die politische und kirchliche Landkarte Galliens.

DIE VERWALTUNGSREFORMEN

Die kleineren und oft nur behelfsmäßigen Änderungen können hier beiseite gelassen werden, wichtig sind nur die dauerhaften Neuerungen in der Reichsorganisation des 4. Jahrhunderts. Festzuhalten ist, daß das Reich nun in vier (gelegentlich auch nur drei) riesige Präfektursprengel – *praefecturae praetorio* – aufgeteilt war: Orient und Illyrien waren die Präfekturen im Osten, im Westen waren es Italien-Afrika (manchmal vereinigt mit Illyrien oder Teilen davon) und Gallien-Spanien-Britannien. Die Hauptstadt für Italien-Afrika war Mailand; der *praefectus praetorio Galliarum* – zuständig für Gallien, Spanien und Britannien – hatte seinen Sitz in Trier, später in Arles. Bis zu einem gewissen Grad entsprach diese Gliederung des Reichs den Teilen, die während der Tetrarchie den *Augusti* und *Caesares* zugewiesen worden waren. Auch unter einem einzigen Kaiser wurde das Prinzip der Reichsteilung auf administrativer Ebene beibehalten.

Ganz im Westen des Reichs unterstanden dem *praefectus praetorio* vier »Diözesen«: eine für Spanien, eine für Britannien (die heutigen Britischen Inseln) und zwei für Gallien. Die Diözese der *Galliae* im engeren Sinn umfaßte zehn Provinzen, ihre Hauptstadt war Trier. Die zweite gallische Diözese, die der »Sieben Provinzen«, hatte Vienne als Hauptstadt. Da die tatsächliche Anzahl ihrer Provinzen zwischen sieben und fünf schwankte, ist die Bezeichnung »Diözese Vienne« oder »Viennoise« zutreffender.

Die Historiker betonen übereinstimmend die Bedeutung der Zweiteilung Galliens in eine nördliche und südliche Hälfte. Die Trennungslinie folgte ungefähr dem Lauf der Loire von der Mündung bis in die Auvergne, wandte sich dann nach Nordosten bis an den Genfer See und erreichte dann in südöstlicher Richtung den Alpenhauptkamm. Diese

Grenzziehung entsprach klimatischen Gegebenheiten und älteren Verwaltungstraditionen, bedeutsam wurde sie aber vor allem in der nachfolgenden Zeit. Noch im 9. Jahrhundert gebrauchten Bischöfe die Bezeichnung »Amtsbrüder der Sieben gallischen Provinzen«, und auch die sprachliche Entwicklung wurde durch diese Grenze eindeutig beeinflußt. Die dauerhafte Verbindung der seit langem romanisierten Provinzen des Südostens mit Aquitanien verstärkte dessen römische Wesenszüge. Die schwerwiegenden Folgen der Niederlassung von Germanen in der Diözese Trier, schon lange vor der fränkischen Machtübernahme, vergrößerte noch den Unterschied zwischen der Lyonnaise (*Lugdunensis*, mit vier Provinzen der früheren Celtica) und der Belgica einerseits, dem Süden Galliens andererseits. Gewiß gab es aus vorrömischer Zeit unterschiedliche ethnische Grundlagen in den einzelnen Diözesen des Westens. Aber es ist doch eine verblüffende Feststellung, daß die spanische und britannische Diözese späteren Nationen entsprechen, während die beiden Teile Galliens erst im 13. Jahrhundert zu einer echten politischen Einheit fanden und noch wesentlich später ihre sprachliche und kulturelle Zusammengehörigkeit erreichten.

Bindungen zwischen den Provinzen einer Diözese wurden durch die Delegiertenversammlungen ermöglicht. In den Sieben Provinzen wurden freilich wesentlich mehr Projekte erörtert als verwirklicht. Der *vicarius* an der Spitze einer Diözese war vor allem zuständig für die Abgabenerhebung und für die Weiterleitung der Staatseinkünfte an die Zentralregierung. Wie der *praefectus praetorio* funktionierte er als Teil des Apparates für die Verbreitung der Briefe, Edikte und Anweisungen des Kaiserhofs.

Die Provinzen als eigentliche Keimzellen des regionalen Verwaltungsaufbaus in Gallien überlebten unmittelbar in der Kirchenorganisation und im Karolingerreich, das sich dieser bediente. Deswegen folgt hier ein auf das Wesentliche gekürztes Verzeichnis dieser Provinzen (jeweils mit der Hauptstadt und den übrigen *civitates*):

DIOECESIS GALLIARUM (Hauptstadt Trier)

LUGDUNENSIS I	*Lyon*, Autun, Langres
LUGDUNENSIS II	*Rouen*, Bayeux, Avranches, Evreux, Sées, Lisieux, Coutances
LUGDUNENSIS III	*Tours*, Le Mans, Rennes, Angers, Nantes, Corseul (Civitas Coriosolitum), Vannes, Carhaix (Civitas Ossismorum), Jublains
LUGDUNENSIS IV	*Sens*, Chartres, Auxerre, Troyes, Orléans, Paris, Meaux
BELGICA I	*Trier*, Metz, Toul, Verdun
BELGICA II	*Reims*, Soissons, Châlons-sur-Marne, Vermand (Civitas Veromanduorum, später mit Noyon als Mittelpunkt), Arras, Cambrai, Tournai, Senlis, Beauvais, Amiens, Thérouanne, Boulogne-sur-Mer
GERMANIA I	*Mainz*, Straßburg, Speyer, Worms
GERMANIA II	*Köln*, Tongern (Civitas Tungrorum, später mit Traiectum = Maastricht als Mittelpunkt)
MAXIMA SEQUANORUM	*Besançon*, Nyon, Avenches, Basel
ALPES GRAIAE ET POENINAE TARENTAISE	Civitas Centronum (Moutiers-en-Tarentaise), Civitas Vallensium (Martigny-en-Valais)

DIOECESIS SEPTEM PROVINCIARUM (Hauptstadt Vienne)

VIENNENSIS	*Vienne*, Genf, Grenoble, Alba, Die, Valence, Civitas Tricastinorum (Saint-Paul-Trois-Chateaux), Vaison, Carpentras, Avignon, Arles, Marseille
AQUITANIA I	*Bourges*, Clermont, Rodez, Albi, Cahors, Limoges, Javols, Civitas Vellavorum (Saint-Paulien-en-Velay)
AQUITANIA II	*Bordeaux*, Agen, Angoulême, Saintes, Poitiers, Périgueux

NOVEMPOPULANA	*Eauze*, Dax, Lectoure, Civitas Convenarum (Saint-Bertrand-de-Comminges), Civitas Consorannorum (Saint-Lizier-de-Couserans, Dept. Ariège), Civitas Boatium (La Teste-de-Buch), Civitas Benarnensium (Lescar-en-Béarn), Civitas Aturensium (Aire-sur-Adour), Bazas, Tarbes, Oloron, Auch
NARBONENSIS I	*Narbonne*, Toulouse, Béziers, Nîmes, Lodève
NARBONENSIS II	*Aix*, Apt, Riez, Fréjus, Gap, Sisteron, Antibes
ALPES MARITIMAE	*Embrun*, Digne, Chorges, Castellane, Sénez, Glandèves, Cimiez, Vence

Aus einem ehemaligen Teil der *Germania superior* wurde die neue Provinz *Maxima Sequanorum* gebildet. Sie umfaßte die Sequaner und Helvetier, ihre Hauptstadt wurde Besançon. Seit damals wurden die Provinzen numeriert, und zwar nicht nur die *Germania superior* und *inferior* als Germania I und II, sondern auch die zur Verwaltungsvereinfachung unterteilten großen alten Provinzen: Die *Belgica* ergab *Belgica* I und II, die *Aquitania* entsprechend *Aquitania* I und II. Aus der *Lugdunensis* machte man zunächst *Lugdunensis* I und II mit den Hauptstädten Lyon und Rouen; später, wahrscheinlich unter dem Usurpator Maximus (383–388), gab es dann sogar die *Lugdunensis* I bis IV (Lyon, Rouen, Tours, Sens). Aus dem Nordteil der traditionsreichen *Narbonensis* wurde die *Viennensis*, aus dem Südteil eine Narbonensis im engeren Sinne, die man dann nochmals unterteilte: zur *Narbonensis* I, dem künftigen Septimanien, gehörten Languedoc und das Gebiet um Toulouse. Die Narbonensis II behielt die Bezeichnung »Provincia«, das ist die heutige Provence. Das Beispiel belegt den tiefgreifenden Einfluß dieser großangelegten Verwaltungsreform auf die Gliederung der Provinzen, deren *civitates* von da an ganz auf die jeweilige Hauptstadt ausgerichtet waren. Damals wurden die Grenzen und Namen von französischen Provinzen festgelegt, die zum Teil noch heute bestehen und zum Teil durch die Ausbildung geschlossener Regionen erkennbar geblieben sind.

Folgenreicher als kurzfristige Gebietsveränderungen waren die seltenen Neugründungen von *civitates*, beispielsweise im 5. Jahrhundert um das *castrum Ucetiense* (Uzès) mit einem Gebiet, das Nîmes weggenommen wurde. Ein anderes bedeutendes *castrum, Lugdunum Clavatum* (Laon), wurde im 6. Jahrhundert zur *civitas* erhoben und erhielt einen Teil des Reimser Territoriums. Diese Maßnahme ging auf die merowingische Verwaltung zurück, die an den *civitates* festhielt, den »kleinen Vaterländern« *(patriae)* der Einwohner des römischen Gallien. Dagegen wurden die Provinzen als Verwaltungseinheit aufgegeben. Ihr Weiterleben wurde aber von der Kirche gesichert, denn jede *civitas* hatte weiter ihren Bischof, und der Bischof der Provinzhauptstadt erfüllte die Funktionen eines »Metropoliten«. Es gab also in jeder *civitas* eine Bischofspfalz, daneben aber auch den Sitz eines Grafen. In Städten, die ein römisches *praetorium* besessen hatten, wurde an seiner Stelle, manchmal sogar im Gebäude selbst, die gräfliche oder königliche Residenz eingerichtet, später kam dann noch das Gerichtsgebäude dazu. In zahlreichen französischen Städten, darunter Paris, gibt es diese topographische Kontinuität der »staatlichen Einrichtungen« (Carlrichard Brühl).

Durchgreifende Reformen auch auf dem Gebiet des Münzwesens und der Finanzen zeigen, daß das römische Reich ab dem 4. Jahrhundert die Gleichförmigkeit eines Zentralstaats aufwies. Der Partikularismus einiger Städte, besonders bei der Prägung von Kupfergeld, wurde restlos beseitigt, das einheitliche Geld- und Fiskalsystem wurde für jedermann ohne Ausnahme verbindlich. In der Rheinpfalz hat man As-Prägungen gefunden, die im 3. Jahrhundert auf dem Landgut eines reichen Grundbesitzers geschlagen wurden. Konstantin verfügte dann im Jahr 326 strenge Strafmaßnahmen gegen Verletzungen des kaiserlichen Münzmonopols, das bis dahin nur Gold- und Silbergeld betroffen hatte. Diokletian versuchte bekanntlich, eine völlig gleichbleibende Goldprägung einzuführen, den *aureus*, »das Goldstück«. Dieses ersetzte dann Konstantin 309 und reichseinheitlich im Jahr 324 durch den *aureus solidus*, den »Goldschilling«. Er wog $\frac{1}{72}$ römisches Pfund und war also etwas leichter als der *aureus* mit $\frac{1}{60}$ Pfund. Diese Münze hatte ein Normgewicht von 4,55 Gramm und wurde bis zum Ende des römischen Reichs geprägt, also bis zum Jahr 1453! Seine Langlebigkeit und Stabilität über mehr als ein Jahrtausend haben dem kaiserlichen *solidus* die Bezeichnung »Dollar des Mittelalters« (Roberto S. Lopez) eingetragen. Es wurden auch Teilwerte des *solidus* ausgeprägt, nämlich Halbstücke *(semis* oder *semissis)* und Drittelstücke *(triens* oder *tremissis)*. Der Triens wurde die bevorzugte Münze der Merowinger, deren Goldprägungen zunächst noch das Bild des römischen Kaisers trugen.

Als man vor dem Jahr 700 im Frankenreich von der Goldwährung zur Silberprägung überging, erhielten die Münzen die römische Bezeichnung des Silberstücks, *denarius* (»Zehner«). Sie beruht darauf, daß der römische Denar ursprünglich zehn, erst später sechzehn As galt. Auch der *solidus* wurde als Wort beibehalten, wandelte sich aber vom Goldstück zur Zähleinheit für eine bestimmte Menge von Denaren, zuletzt zwölf. Konstantins Neuerungen hatten also beträchtliche Auswirkungen für den Okzident, auch außerhalb des römischen Reichs.

Zentralisation, Vereinheitlichung und Vereinfachung waren auch die Leitworte bei der Reform des Steuerwesens. Rom und Italien waren ursprünglich von Boden- und Personalabgaben befreit. Nur die Provinzen mußten zahlen, nach Cicero als »Entgelt für ihre Niederlage« gegen die römischen Eroberer. Es handelte sich um ein *tributum soli*, eine Grundsteuer, und um ein *tributum capitis*, eine Kopfsteuer. Diokletian beseitigte dann Italiens Privilegierung hinsichtlich der Grundsteuer. Von da an gab es innerhalb des Reichs keine Zahlungen mehr, die Tribute genannt werden konnten. Die Kopfsteuer, für die die Bezeichnung *capitatio* üblich wurde, wurde nicht nur von den Bauern und Kolonen bezahlt, sondern auch von den Soldaten und den Bewohnern bestimmter Städte (André Chastagnol). Gegen Ende des 4. Jahrhunderts wurde die Kopfsteuer dann offenbar wieder im wesentlichen nur von den Unterschichten der Landbevölkerung bezahlt, also von den Kolonen der großen Güter und den freien Kleinbauern. Steuerpflichtig waren Personen von 14 bis 65 Jahren, Männer zahlten doppelt soviel wie Frauen.

Grundeinheit für die Bodensteuer war das *jugum* (»Joch«) von ungefähr 2500 Quadratmetern, von dem die Bezeichnung *jugatio* abgeleitet ist. In Gallien und einigen anderen Gebieten wurde die Grundsteuer aber auch *caput* genannt. Man muß also trennen zwischen der *capitatio* im Sinn von Grundsteuer und der *capitatio humana* oder *plebeia*. Von diesen terminologischen Feinheiten einmal abgesehen war es der Leitgedanke der Steuerreform, den erforderlichen Einnahmebetrag – das »Jahresbudget« – in Summen aufzuteilen, die den einzelnen Provinzen je nach Anzahl ihrer Steuerobjekte und -subjekte auferlegt wurden. Es reichte danach aus, den Betrag zu errechnen, der pro Steuerposten eingehen mußte, damit der benötigte Gesamtbetrag zusammenkam. Diese »Ankündigung« (*indic-*

tio) des Kaisers mußte seit Konstantin alle fünfzehn Jahre revidiert werden. Grundlage dafür war jeweils eine neue Schätzung des Bodenwerts, aufgezeichnet in den Büchern des *census.* In diesen Büchern notierte man auch die Namen der Personen, die das steuerfähige Alter erreicht hatten, und man strich alle aus, die dieses Alter überschritten hatten. Diese Registrierung zur Kopfsteuer in den gleichen »Rollen« war wohl verantwortlich dafür, daß beide Steuerarten gemeinsam als *capitatio* bezeichnet wurden.

Den Zyklus von fünfzehn Jahren gebrauchte man allmählich als Grundlage für die allgemeine Zeitrechnung. Von Justinian wurde die Angabe der Indiktion, das heißt der Stellung des Jahres im fünfzehnjährigen Zyklus, obligatorisch gemacht für die Gültigkeit eines Rechtsaktes. Karl der Große übernahm diesen Grundsatz für sein Reich nach der Erhebung zum Kaisertum im Jahr 800.

In Gallien wurde Mitte des 4. Jahrhunderts pro Bodeneinheit ein Grundsteuerbetrag von 25 Goldsolidi gefordert. Er konnte auch in Naturalien erstattet werden, weil das Heer Getreide brauchte. Eine genaue Berechnung des gesamten Steueraufkommens ist nicht möglich, aber Arnold H. M. Jones schätzt, daß die Landbewohner zwanzigmal höher mit Steuern belastet waren als die Städter, obwohl auch diesen verschiedene Abgaben auferlegt wurden. Eine davon belastete jede Tätigkeit in Handel und Handwerk: das *chrysargyron* (»Goldsilber«), das so genannt wurde, weil man es nur mit Gold- oder Silbermünzen bezahlen durfte, und das alle fünf Jahre fällig wurde. Das *lustrum,* also fünf Jahre, war genau der Zeitraum, den man brauchte, um die Veranlagung zu dieser Steuer in den einzelnen Städten jeweils zu aktualisieren. Dann gab es noch den *follis* (»Geldbeutel«), von Konstantin zur Besteuerung der *clarissimi* eingeführt, und das *aurum coronarium* (»Kranzgeld«), von den Städten zu bezahlen, in denen nur die *decuriones* befreit waren.

Diese Dekurionen waren Männer mit einem bestimmten *census* – ansehnlichem Vermögen und Einkommen – und mit gesellschaftlichem Niveau. Man erwartete von ihnen ein geordnetes Leben und untadelige Umgangsformen. Sie waren älter als dreißig Jahre und durch Wahl oder Ernennung Mitglieder des Gemeinderats geworden. Das Imperium zielte darauf, sein Fiskalsystem auf diesen Mittelstand zu stützen, der zur Steuererhebung auf unterer Ebene eingesetzt wurde. Die übergeordnete Aufsicht war einerseits Schatzmeistern anvertraut, die ihren Sitz in Lyon,

Arles, Reims und Trier hatten, andererseits lag die Zuständigkeit bei den Leitern der Finanzverwaltung in den Diözesen, die in Trier und Vienne residierten. Aufgrund ihrer besonderen Kleidung und der Ehrenplätze im Theater erschien die Lage der Dekurionen anfangs beneidenswert, aber sie wurde rasch unhaltbar, als der Staat diesen Stand wegen der Finanzkrisen unter Zwang stellte: Die Erblichkeit des Amtes machte nun aus der Würde eine Bürde. Die Dekurionen wurden persönlich für die Steuererhebung verantwortlich gemacht und mußten die drückende Anwesenheit eines *curator rei publicae* hinnehmen, der vom einfachen Aufsichtsbeamten über die städtische Haushaltsführung zum permanenten Vertreter der kaiserlichen Gewalt aufstieg. Es konnte geschehen, daß Dekurionen Familie und Besitz im Stich ließen, um ihrer Verantwortung zu entkommen.

Zwar schuf Valentinian I. im Jahr 364 das Amt des *defensor civitatis*, der zuständig war für den Schutz der Stadtbewohner vor den Vertretern des Fiskus, aber diese »Beschützer« gingen selber im System auf. Man kann sich kaum eine richtige Vorstellung davon machen, was alles der Staat für Fiskus und Heer verlangte: die Stellung von Rekruten oder die Bezahlung einer Freikaufsumme, die Lieferung von Pferden für das Heer oder die Post, die Leistung von Hand- und Spanndiensten bei Befestigungsarbeiten, bei schweren Transporten und bei der Nachrichtenübermittlung durch Boten. Der terminus technicus für einige dieser »niedrigen Dienstpflichten« war *angaria*, ein Wort, das in die romanischen Sprachen Eingang gefunden hat und auch in das Deutsche (vgl. »Angerfahrt«) durch den Staat der Franken, der diese öffentlichen Dienstleistungen unverändert verlangte. Das Wort kommt aus dem Griechischen und bezeichnet eine Einrichtung des Perserreichs, die über Ägypten im römischen Reich eingeführt wurde: *angaros*, der berittene Bote. Dies ist der Ursprung der »mittelalterlichen« Frondienste, die hier durch den Staat auch von *freien* Männern gefordert wurden. Davon konnte nur befreit werden, wer ein kaiserliches Privileg erhielt, beispielsweise die Bischöfe und im Jahr 346 der gesamte Klerus. Der Bedarf an Arbeitskräften war aber derart groß, daß ein späteres Gesetz präzisierte, die Arbeiten an Befestigungsanlagen gehörten nicht zu den *munera sordida* (niedrigen Dienstpflichten).

Die Durchorganisation von Staat und Finanzen war keine auf die Spätantike beschränkte Episode, vielmehr waren ihre Auswirkungen prägend für die Institutionen und die Gesellschaft Galliens. Die karolingische

»Manse« war nicht schlicht eine Bezeichnung für den Familienbetrieb
samt zugehörigem Land, sondern eine fiskalische Größeneinheit, ähnlich
dem *jugum* oder *caput* der Reformen Diokletians und Konstantins. Die
politische und wirtschaftliche Ordnung des Frühmittelalters hängt eng
mit der Spätantike zusammen, ohne die Kenntnis dieser Voraussetzungen bleibt sie völlig unverständlich (Jean Durliat). Die Vorstellungen, die
man sich von beiden Geschichtsperioden gemacht hat, werden durch
diese Erkenntnis und durch weitere neue Beobachtungen gründlich verändert.

Besonders zu erwähnen ist hier die systematische Anwendung der
Schrift im Bereich der Verwaltung. Das antike Griechenland, das republi-
kanische Rom sind Gesellschaften des »klassischen Altertums«, das uns
eine Fülle unschätzbarer Werke und naturwissenschaftlicher Entdeckungen hinterlassen hat. Beides waren aber archaische Gesellschaften, gekennzeichnet durch eine kleine Elite in angenehmen Lebensumständen,
unter ihr die Sklaven und analphabetische Massen. Rechtsakte konnten
hier auch ohne Schriftlichkeit gültig werden. Im 3. und besonders im
4. Jahrhundert entstand dann der allgegenwärtige Staat aus einer Notlage
und zur Rettung des Reichs aus einer Krisensituation. Er war zentral und
obrigkeitlich organisiert, seine »moderne« Verwaltung ließ auch die
kleinste Kleinigkeit von Federfuchsern erledigen, denen die blühende
Industrie Ägyptens reichlich Papyrus lieferte. Staatsziel war es, aus den
»Untertanen« des Kaisers so viel wie möglich herauszuholen, und dafür
mußte ein immer perfekteres Überwachungssystem aufgebaut werden.
Aber zur gleichen Zeit, als die zahllosen Schreibstuben eingerichtet wurden, war man bereits gezwungen, manche Ämter von der Gehaltszahlung
auf Besoldung in Naturalien umzustellen. Als die Reichsverwaltung
schließlich noch »moderner« wurde, bestanden die Truppen, die das
Imperium schützten, bis hinauf zu den Anführern schon großenteils aus
Barbaren. Aber erst zu diesem Zeitpunkt konnte eine der größten Leistungen der »Antike« glücklich vollendet werden, die Kodifizierung des
römischen Rechts. Im Jahr 438 ließ Theodosius II. den »*Codex Theodosianus*« veröffentlichen, eine Sammlung der kaiserlichen Dekrete seit 312,
also ab Konstantin, angeordnet nach ihren Sachinhalten. Und erst im
6. Jahrhundert entstand in Konstantinopel, redigiert von den Spezialisten
Kaiser Justinians, das herausragende Werk des »*Corpus iuris civilis*«, eine
mittelalterliche Bezeichnung, auf die im 16. Jahrhundert wieder zurück-

gegriffen wurde. Cassiodor, römischer Senator und Kanzleileiter des
Ostgotenkönigs Theoderich, schuf schließlich die umfassendste Sammlung offizieller Schriftstücke *(Variae epistolae)* in lateinischer Sprache.
Damit wird deutlich, daß die im 4. Jahrhundert erst voll geschaffenen
Verwaltungsstrukturen unter Herrschern germanischer Herkunft in er-
heblichem Umfang weiter Bestand hatten. Solche Beobachtungen helfen
beim Verständnis dessen, was in Gallien zwischen dem 4. und 7. Jahrhundert geschehen ist. Der Schlüssel dazu ist die Entwicklung des Heeres und
seiner Führung seit den Reformen Konstantins.

DIE HEERESREFORMEN UND IHRE FOLGEN

Die bisher in der Person des *praefectus praetorio* vereinigten militärischen
und zivilen Amtsvollmachten wurden grundsätzlich voneinander getrennt. Auf den Zivilbereich beschränkt, wurde der *praefectus* vom reisenden Kaiserhof an die Spitze der großen Amtssprengel versetzt. Das
mußte die Position des Kaisers als Schlußstein des ganzen Reichsgebäudes
stärken, es kam aber auch den wichtigen Hofämtern zugute, die wie
regelrechte Ministerien für die zivilen und militärischen Angelegenheiten
zuständig waren. Im einzelnen sind kurz zu nennen: der Oberkämmerer
(praepositus sacri cubiculi), der über großen Einfluß beim Kaiser und
dessen Familie verfügte; der *castrensis sacri palatii*, eine Art Seneschall an
der Spitze der technischen Dienste und des Versorgungsapparates;
schließlich der *magister officiorum* (»Hofminister«), Kanzleileiter und
Befehlshaber der Polizei sowie der aus Barbaren gebildeten Leibgarde, die
das Leben des Herrschers schützte. Er allein bestimmte über den Zutritt
von Untertanen und auswärtigen Gesandtschaften zur geheiligten Person
des Herrschers. Zu dieser ständigen Umgebung des Kaisers kam noch ein
Kronrat, das *consistorium* derer, »die den Herrscher stehend umgaben«.
Die Mitglieder trugen den Titel *comes*, »Begleiter«.

Seit mit diesem Titel feste Zuständigkeiten verbunden waren, wurde
comes zu einer der angesehensten Bezeichnungen in der zivilen und
militärischen Ämterhierarchie. Es gab beispielsweise den *comes sacrarum
largitionum* (Aufseher der kaiserlichen Spenden), der Leiter der gesamten
Finanzverwaltung war, und den *comes rerum privatarum*, den Verwalter

des riesigen kaiserlichen Privatvermögens. Er war verantwortlich für die Konfiskationen, die so wesentlich zu diesem Vermögen beitrugen. Da der *imperator* aber von Anfang an oberster Befehlshaber des römischen Heeres war, galten als sein wichtigster *comitatus* die Soldaten und deren Vorgesetzte. Der Titel *comes* wurde so dem *comes domesticorum* verliehen, dem Führer einer Spezialeinheit zur unmittelbaren Verfügung des Kaisers, und vor allem erhielten ihn die *comites rei militaris*, die dem Heer zugeteilten Amtsträger. Aus ihrem Kreis stammten die Oberbefehlshaber, die zur Begleitung des Kaisers gehörten und Reiterei sowie Fußtruppen des Imperiums anführten: der *magister equitum praesentalis* (am Hof präsenter Heermeister der Kavallerie) und der *magister peditum praesentalis* (der Heermeister der Infanterie). Später kamen dazu kommandierende Generäle für bestimmte Bereiche, die *magistri militum* für den Orient, für Thrakien und für Illyrien; seit der Mitte des 4. Jahrhunderts gab es dann auch den *magister equitum per Gallias*. Andere hohe Militärs führten weiterhin den Titel *comes*: der *comes Italiae*, der *comes Africae* und in Gallien der *comes tractus Argentoratensis*. Er hatte sein Standquartier in der wichtigen Festung Straßburg, seinem Kommando unterstanden Truppen für den Bewegungskrieg und Eliteeinheiten. So war es ihm möglich, Angreifer zu bekämpfen, ohne seine Streitkräfte entlang den endlosen Grenzen auseinanderzuziehen.

Hier stößt man auf den Kern von Konstantins Militärreformen. Aufgrund der Erfahrungen, die er während der jahrelangen Kämpfe um die Macht im Gesamtreich gesammelt hatte, trennte der Kaiser die an den Reichsgrenzen *(limites)* fest stationierten Truppen von den beweglichen Verbänden im militärischen *comitatus* des Herrschers, den *comitatenses*. Die *limitatenses* unterstanden als gewöhnliche Grenzschutztruppen dem Befehl von Kommandanten mit dem Titel *dux* (Heerführer). In Gallien gab es im 4. Jahrhundert den *dux provinciae Sequanici* für die *Maxima Sequanorum* und den *dux tractus Armoricani*, der die Verteidigung der Küsten Nordgalliens leitete, gegen die Barbareneinfälle vom Meer her. Dazu kamen der *dux Belgicae secundae*, der *dux Germaniae primae* in Köln und der *dux Mogontiacensis* in Mainz. Diese drei bewachten die Grenze gegen die Germanen. Die besten Soldaten standen dagegen zur direkten Verfügung der beiden *magistri militum praesentales* (des Westens) sowie der anderen zuvor genannten *magistri* und *comites*.

Diese Truppen waren anders als bisher formiert: Die gewaltige Legion der vergangenen Zeiten, die bis zu sechstausend Mann zählte, wurde aufgegeben und ersetzt durch eine kleine Legion von eintausend Soldaten. Den Oberbefehl führte nicht mehr ein Legat, sondern ein »Tribun«. Soweit wie möglich und der Tradition entsprechend, bestanden diese Legionen noch aus römischen Bürgern, die der Landbevölkerung entstammten. Die *auxiliae* waren tüchtige und zunehmend geschätzte Truppen, rekrutiert in wachsendem Maße aus Germanen, die innerhalb der Reichsgrenzen ansässig waren. Mit der Zeit übertrafen sie die Legionen an Bedeutung. Um weitere Rekrutierungsmöglichkeiten zu gewinnen, griff man verstärkt auf Barbaren von außerhalb der Reichsgrenzen zurück und erlaubte ihnen gelegentlich sogar, ihre Einheit nach der Stammeszugehörigkeit zu benennen. In Gallien gab es zahlreiche Waffenfabriken, staatliche Betriebe wie beispielsweise in Argenton, Mâcon, Autun, Soissons, Reims, Trier, Amiens. Dazu kamen Fabriken für den weiteren Heeresbedarf, etwa für Bekleidung, in Arles, Lyon, Reims, Tournai, Trier, Autun, Vienne, Narbonne und Toulon.

Die klug erdachte, kollegiale Aufteilung der obersten Befehlsgewalt war nur von kurzer Dauer. Der *magister peditum praesentalis* machte sich zum alleinigen Oberbefehlshaber als *magister utriusque militiae* (Heermeister beider Heeresgattungen). Im 5. Jahrhundert erhielt er im Westen die höchste Würde, die des *patricius*, er wurde also »väterlicher und vertrauter Freund des Kaisers«. Eine weitere wesentliche Besonderheit der Reform konnte sich ebenfalls nicht halten: die Trennung zwischen ziviler und militärischer Amtsgewalt. Die Oberkommandierenden beherrschten in den verschiedenen Reichsteilen die Zivilverwaltung, die dann schließlich in ihre Dienste trat. Von da an war die Macht des *magister utriusque militiae* kaum geringer als die des Herrschers. Und mit dem Heer hinter sich wurde der *patricius* zum Kaisermacher.

Für die Senatoren, also für die bedeutenden Familien, die in den Amtssprengeln des Reichs die tatsächliche Macht ausübten, waren die *magistri militum* die wichtigsten Verhandlungspartner. Dabei handelte es sich sowohl um die Heermeister der zentralen Reichsgewalt, die, was den Westen betrifft, nacheinander in Trier, Mailand und Ravenna residierten, als auch um die Befehlshaber in Gallien. Im 5. Jahrhundert wurde so der Kampf um die Macht in Gallien zum Kampf um das Amt der für die gallischen Provinzen zuständigen Heermeister.

Es gibt eine weitere, ganz unmittelbare Folge der Militärreform, faß-

bar in zwei zusammengehörigen Erscheinungen, in der Verlegung des
Heeres in das Reichsinnere und seiner Barbarisierung. Die Umgruppie-
rung der Truppen war Bestandteil der von Konstantin propagierten neuen
Abwehrtaktik: Um Gefahren wirksam begegnen zu können, waren die
Eliteeinheiten in einem bestimmten Abstand von der Grenze stationiert.
Aus dieser strategisch günstigen Position sollten sie, möglichst in konzen-
trischer Bewegung, energisch gegen jeden Angreifer vorgehen. So wurden
nun die wichtigen Städte des Reichs mit zahlenmäßig beträchtlichen
Garnisonen belegt. Die stationierte Soldateska war im Umgang mit der
Zivilbevölkerung häufig rücksichtslos, als Schutzmacht wurde sie zur
drückenden Belastung, nicht nur in finanzieller Hinsicht. Von Zeitgenos-
sen sind dazu bewegende Klagen und scharfe Verurteilungen überliefert.
Der Historiograph Zosimos hat um 500, vielleicht aufgrund zeitnäherer
Quellen, die Maßnahmen Konstantins völlig zutreffend analysiert und
kritisiert: »Die zu Diokletians Zeiten an den Grenzen garantierte Sicherheit hat Konstantin ruiniert, weil er die Mehrzahl der Soldaten von der
Grenze abzog und in Städte verlegte, die keinerlei Schutz nötig hatten.
Den Menschen, die den Barbareneinfällen ausgesetzt waren, entzog er
jede Unterstützung, dafür verhängte er über friedliche Städte die Geißel
einer Militärbesatzung. Die meisten wurden deswegen von ihren Einwohnern verlassen, während die Soldaten die Theater füllten, Vergnügun-
gen aller Art suchten und so durch Konstantins Schuld ihre Kampfkraft
verloren.«

Falls Konstantin wirklich den Einsatz von Barbaren in den Elitetruppen förderte, die als *comitatenses* in den Städten des Reichs stationiert
waren, dann würde dies bedeuten: Das Imperium mußte nicht mehr von
außen erobert werden, weil die Barbarentruppen, gewissermaßen als
»römische Truppen«, die römischen Städte bereits besetzt hatten. Es gibt
aber nicht den geringsten Zweifel: Genau diese Entwicklung verstärkte
sich im Verlauf des 4. und 5. Jahrhunderts, und Konstantin hatte sie in
Gang gesetzt. Dieser Kaiser veränderte also die römische Welt, indem er
sich den wichtigsten Strömungen seiner Zeit anpaßte. Das Reich wurde
christlich, sein Mittelpunkt in die reichere Osthälfte verlegt, der Staat
zentralisiert, und das barbarisierte Heer »rückte in die Stadt«. Nach den
Schrecken des 3. Jahrhunderts bedeutete dies in der Tat das Ende alles
dessen, was »die antike Stadt« sein konnte, deren Seele der freie, für das
Geschick seiner Vaterstadt verantwortliche Bürger war. Das politische

Leben wurde jetzt vom Heer eines militarisierten Staates beherrscht, der Bürger wurde zum Untertan, dessen Hauptaufgabe die Ernährung der Armee war. In den panegyrischen Werken, der kaiserlichen Propaganda also, begegnet man zwar weiter den Phrasen von der *libertas* des *civis romanus,* aber sie klingen hohl.

Konstantin war natürlich nicht der erste, der Soldaten barbarischer Abstammung einsetzte. Sie wurden, allerdings mit großer Zurückhaltung, in Einzelfällen seit dem 1. Jahrhundert in Dienst genommen. Zu einer der ersten Rekrutierungen im größeren Maßstab kam es unter Mark Aurel angesichts der Markomannengefahr. Von da an brauchten Kaiser, die Barbaren wirksam bekämpfen wollten, dazu die Hilfe von Barbaren, auf die sie aber nur mit einiger Beschämung zurückgriffen. Sie beschäftigten Barbaren als Hilfstruppen und verliehen ihnen sogar Auszeichnungen, aber sie legten keinen besonderen Wert auf diese Unterstützung. So versuchte Kaiser Probus die Anwerbung von sechzehntausend germanischen Kriegern zu vertuschen, indem er sie auf eine Vielzahl schon bestehender Einheiten verteilte. Konstantin dagegen sprach ganz offen über den Wert dieser Truppen. Seine Einstellung ist wohl bestimmt von der offenbar sehr wichtigen Rolle einer germanischen Einheit in der Entscheidungsschlacht an der Milvischen Brücke im Jahr 312. Der Kaiser verlieh ihr als Auszeichnung sein eigenes Hörner-Emblem. Von da an waren die *cornuti* herausgehobene Barbarentruppen, im 4. Jahrhundert wurden sie in die Eliteabteilungen der Infanterie eingereiht, in die *auxilia palatina.* Seit Konstantin durften diese Soldaten ihr eigenes Abzeichen auf dem Schild tragen sowie ihren Helm und ihre Tracht behalten. Sie hatten die Erlaubnis, ihren Kriegsgesang anzustimmen, den schreckenerregenden *barditus,* den sie endgültig im römischen Heer einführten.

Die Barbarisierung der Armee war erfolgreich eingeleitet. In der Mitte des 4. Jahrhunderts wurde Julian von seinen Truppen in Paris durch die Schilderhebung zum Augustus proklamiert – das war die Form, in der Germanen ihre Anführer erwählten. Es ist sehr bemerkenswert, daß dieser Brauch später zu den offiziellen Riten bei der Thronbesteigung des Kaisers in Konstantinopel gehörte. Erst unter Theodosius I. verbreitete sich dann eine »wilde« Barbarisierung, das heißt Truppenaushebungen, die nicht mehr genau überwacht wurden. Auch er verdankte den entscheidenden Sieg über den letzten heidnischen Kaiser seinen barbarischen Einheiten. Schwerwiegende Folgen wurden offenbar: Es gab bewaffnete

Auseinandersetzungen zwischen barbarischen und einheimischen Truppenteilen, Disziplin und militärische Ausbildung verfielen, so daß es unmöglich wurde, in kleinen Einheiten schnelle Bewegungen durchzuführen. Dazu wurde schließlich auch die goldene Regel vernachlässigt, jeden Abend ein befestigtes Lager zu beziehen...

Die Tragweite dieser Wandlungen, von den Historikern durchaus schon erkannt, wurde von der Archäologie in ganz unerwartetem Ausmaß noch bestätigt. Die Veränderungen werden vor allem im Gallien des 4. und 5. Jahrhunderts greifbar: Ein sehr großer Teil der germanischen Bevölkerungsgruppen Galliens datiert nicht aus der Zeit der »großen Invasionen« und auch nicht aus dem Merowingerreich, er geht vielmehr ganz eindeutig zurück auf die Ansiedlung germanischer *laeti* und *dediticii*, also eine Maßnahme der römischen Verwaltung. Ebenso zutreffend ist folgende Feststellung: Die großen, sehr charakteristischen Friedhöfe mit ihren wohlgeordneten Reihen, die kaum den Bräuchen der Germanen, aber sehr gut der römischen Ordnung und Disziplin entsprechen, diese »Reihengräberfriedhöfe« gehören zum römischen Gallien oder, allgemeiner ausgedrückt, zu germanischen Militärkolonien, angelegt durch die Römer. Aufgrund dieses Vorbilds hat dann das Frankenreich, von römischen Truppen fränkischer Abstammung gegründet, durch seine Expansion dazu beigetragen, auch außerhalb Galliens den Brauch zu verbreiten, Männer in Grabreihen zu bestatten. Daß dies mit Beigabe der Waffen geschah, war allerdings germanisches Erbe.

Und mehr noch: Die gesicherten Nachweise für ein zahlenmäßig starkes Auftreten von Menschen germanischer Abstammung auf gallischem Boden wurden mit zeitgleichen Befunden aus Germanien verglichen. Das Ergebnis ist verblüffend, denn der teilweisen »Germanisierung« von Bevölkerung und Lebensformen in Gallien entspricht eine teilweise »Romanisierung« in Germanien. Ganz Gallien nördlich der Loire ist übersät mit germanischen Reihengräbern aus dem 4. und beginnenden 5. Jahrhundert, mit Konzentrationen in den Flußtälern von Seine, Marne, Somme und Maas. Dagegen gibt es in Germanien römisch beeinflußte Gebiete vom Niederrhein bis östlich der Unterelbe, mit einem deutlichen Schwerpunkt zwischen Weser und Elbe. Die Beziehungen zwischen den in Gallien und den in Nordgermanien ansässigen Germanen waren also keineswegs abgebrochen. In Gallien und an der Donau sind viele Fibelformen und Gürtelbeschläge deutlich römisch beeinflußt oder eindeutig römischer Herkunft; man findet sie zur gleichen Zeit aber auch massenhaft im Raum zwischen Weser und Elbe. Das zeigt, wie lange die Bevölkerung Nordgalliens damals daran gewöhnt war, trotz aller Auseinandersetzungen Seite an Seite mit Menschen germanischer Abstammung zu leben. Die spätere Entwicklung bestätigt eine wechselseitige Beeinflussung, denn schließlich gibt es ganze Friedhöfe »fränkischer Art«, die praktisch keine »germanischen« Skelette enthalten.

Die demographischen Konsequenzen dieser Beziehungen dürfen aber nicht übertrieben werden. Die Bevölkerung Germaniens war weit geringer als die Galliens, die Zufuhr blieb zahlenmäßig begrenzt, und viele für das Heer verpflichtete Männer starben im Dienst, oft im Kampf gegen ihre ehemaligen Landsleute. Den starken Einfluß, den die Anwesenheit der Germanen auf die Kultur Nordgalliens ausübte, darf man aber auch nicht unterschätzen.

Die Präsenz von Männern und Frauen germanischer Abstammung war zur Selbstverständlichkeit geworden. So ist daran zu erinnern, daß die heilige Genovefa von vornehmer barbarischer Abstammung war (Martin Heinzelmann). Das zeigen ihr germanischer Name und die guten Beziehungen zu den Barbaren, die sie zum Vorteil der Pariser einsetzte. Ihre Herkunft war aber auch der Anlaß dafür, daß sie das Opfer von Angriffen und Verdächtigungen seitens ihrer Mitbürger wurde. Rettung brachte ihr erst das Eingreifen eines Mannes, der bestätigen konnte, daß ihr der heilige Germanus, Bischof von Auxerre, besondere Wertschätzung entgegenbrachte.

Das Vorkommnis ist ganz alltäglich und zeigt nur die zwiespältige Lage der Barbaren innerhalb der Reichsgrenzen. Es gab Zeiten einer beschleunigten Barbarisierung mit weitgehender Integration der Germanen, die bis in die höchsten Stellungen gelangten. Nachfolgend kam es dann aber oft zu gewaltsamen Reaktionen wie im Jahr 408. Damals kam es zum Sturz und Untergang des allmächtigen Heermeisters Stilicho, aber auch zum Massaker der Römer an den Familien von Soldaten germanischer Abstammung. In der Osthälfte des Reichs führten solche Reaktionen zu einer bleibenden »Entgermanisierung«.

Vor diesem Hintergrund ist weiter zu verfolgen, wie sich Gallien entwickelt hat: Von der Befriedung durch Konstantin – dieser Kaiser schlug die Franken und ließ zwei ihrer Könige in der Arena von Trier den Löwen vorwerfen – bis zur Machtübernahme im größten Teil Galliens durch den Franken Chlodwig. Die eben geschilderten Gegebenheiten schließen auch die Vorstellung aus, eine kultivierte, christliche und homogene Welt der Römer sei plötzlich Barbaren ausgeliefert worden, die ihre Wälder nur verließen, um sich auf ihre Opfer zu stürzen. Bei der Schilderung der Ereignisabläufe wird zu klären sein, welche Bedeutung die römischen Heerführer germanischer Abstammung für die Reichsverteidigung hatten. Das Ergebnis wird eine gründliche Revision der üblichen Vorstellungen über die »großen Invasionen« zur Folge haben. Letztlich waren es nicht die Invasoren mit ihren vorübergehenden Siegen, die dauerhaften Einfluß auf die römische Welt ausgeübt haben. Das taten vielmehr die Verteidiger des Reichs barbarischer Abstammung, die es dieser Welt ermöglichten, zu überleben und am Christentum festzuhalten: So konnte sie zwar nicht »römisch«, wohl aber »romanisch« bleiben.

KAPITEL X

Von Konstantin zu Aëtius

DIE VERTEIDIGUNG GALLIENS IM 4. JAHRHUNDERT

Die Neuordnung des Reichs durch Diokletian und Konstantin war für Gallien vorteilhaft, denn seine Bedeutung innerhalb der römischen Welt nahm zu: Es war Durchgangsland zwischen Italien und der Rheingrenze, es wurde zum Herzstück der westlichen Reichshälfte und ihrer Verteidigung. Maximian, der von Diokletian ernannte Caesar, machte gleich nach seiner Ankunft in Gallien Trier zu seiner Hauptstadt. Schon die Kaiser des gallischen Sonderreichs hatten diese Stadt wegen ihrer strategischen Lage auserwählt, und jetzt blieb sie für mehr als ein Jahrhundert der Mittelpunkt des Westreichs. Während andere Städte Galliens schrumpften, wurden die Mauern Triers auf einen Gesamtumfang von 6,4 Kilometern erweitert, so daß die Stadt eine Fläche von 285 Hektar umfaßte. Zum Vergleich die Ausdehnung *intra muros* einiger gallischer Städte: Bordeaux und Rouen umfassen je 32 Hektar, Saintes 18, Amiens 10 Hektar; nach Émilienne Demougeot bringen es die meisten Städte der Belgica, der Lugdunensis und der Aquitania auf 12 bis 15 Hektar. Trier verfügte über den Luxus und alle Einrichtungen einer echten Hauptstadt, besonders seit sich Konstantin dort aufgehalten hatte. Dazu gehörten der Zirkus, eine der bedeutendsten Thermenanlagen nördlich der Alpen, der Ruwer-Aquädukt und die große, noch erhaltene Basilika. Sie mißt rund 69 mal 28 Meter, ist ungefähr 30 Meter hoch und hat Fußbodenheizung. Dieses neue Zentrum Trier lag nahe an der Grenze und doch mitten in Gallien; es war ein Kreuzungspunkt internationaler Verkehrswege, und sein Hof wurde »zum Mittelpunkt für die Assimilation der Franken und Alemannen« (Eugen Ewig). Bei der Begegnung der römisch-keltischen und der germanischen Welt sollte Gallien also eine Hauptrolle spielen.

Das neugeordnete Imperium verschaffte Gallien Frieden im Inneren und Sicherheit vor äußeren Feinden für einen recht langen Zeitraum. Das ermöglichte eine Blütezeit der Kunst, der Schulen und der Literatur. Der Dichter Decimus Magnus Ausonius, der Trier und sein Umland so schön besungen hat, ist selbst ein Symbol dieses kulturellen Aufschwungs. Er wurde um 310 in Bordeaux geboren, war Rhetoriklehrer und Schwiegersohn eines Senators. Unter Valentinian wurde ihm die Erziehung des kaiserlichen Prinzen Gratian anvertraut. Er war *comes* und erreichte den Höhepunkt seiner Laufbahn als *praefectus praetorio* Galliens, ehe er einen friedlichen Lebensabend als Dichter in Bordeaux verbrachte. »Ich liebe Bordeaux und verehre Rom«, schrieb er. Wirklich stolz aber war er auf die besondere Stellung Galliens im Reich, von dessen »Erneuerung« die gesamte Epoche fest überzeugt war. Deren Literatur und Kunst eröffneten tatsächlich in der mediterranen Welt ein »age of spirituality«, wie man es genannt hat, in dem zunächst »heidnische«, dann christliche Gehalte vertiefter Frömmigkeit dominieren und die menschlichen Ausdrucksformen in Europa für ein Jahrtausend verwandeln werden.

Die heraufziehenden Gefahren ahnte Ausonius durchaus, aber er wollte sie nicht zum Thema seiner Werke machen. Tatsächlich war es schon seit der Mitte des 3. Jahrhunderts zu Aufständen in Gallien gekommen. Ein Autor des ausgehenden 3. Jahrhunderts gibt davon einen packenden Bericht: »Verbittert durch ein Säculum voller Ungerechtigkeiten, deren Opfer die Provinzen wurden, nahmen die ungebildeten Bauern kriegerische Haltung an. Der Landarbeiter wurde Fußsoldat, der Hirte wurde zum Reiter. So machten es die Landleute den feindlichen Barbaren nach, die ihre Fluren verwüsteten.« Zu erwähnen ist auch ein Aufstand von Bauern und Sklaven, die in den Jahren 283/284 unter ihren Anführern Aelianus und Amandus in der Armorica die Besitzungen der Reichen enteigneten und diese selbst zu Sklaven machten. Damals hörte man erstmals das Wort *bacaudes*. Diese »Bagauden« waren dann erneut eine Begleiterscheinung der Reichskrisen im 5. Jahrhundert.

Die Aufständischen hatten sich zum »unabhängigen Staat« erklärt, befreit von den Zwängen und Steuerlasten des römischen Reichs und mit einer eigenen Gerichtsbarkeit, die in den Wäldern tagte. Ab 286 wurde zwar von Maximian die Ordnung wiederhergestellt, aber eine gesicherte

Ruhe konnte nur aus einer wesentlich verbesserten Verteidigung Galliens resultieren. Konstantin schlug die Franken im Jahr 306 vernichtend, baute das wichtige *castrum Divitio* (Deutz, gegenüber von Köln) wieder auf und verband es durch eine neue Brücke mit Köln. Von 313 bis 315, von 318 bis 321 und bis 324 mußten die Franken und Alemannen immer wieder in erbitterten Kämpfen niedergehalten werden. Die Alemannen waren in regelrechten Stammesverbänden zusammengefaßt, ihre südlichen Gruppen wurden von dem Stamm der *Lentienses* geführt, deren Name im Linzgau, der Landschaft am nordwestlichen Bodensee, weiterlebt. Entscheidend war aber, daß diese Kämpfe letztlich siegreich verliefen. Konstantin veranstaltete in Trier *ludi lancionici* und *ludi francici:* Mit Zirkusspielen wurden die Niederlagen der *Lentienses* und Franken gefeiert. Auf Münzen Konstantins und seiner Söhne, die an den Kämpfen in Gallien beteiligt waren, werden mehrfach *Francia* und *Alemannia* genannt, die Namen der besiegten Länder.

Die Rheingrenze war also wieder gesichert, von einer einzigen Ausnahme abgesehen. Das Gebiet der Bataver nahe der Mündung des Stroms blieb von nun an bloßes militärisches Vorfeld, sein zerstörter Hauptort *Ulpia Noviomagus* (Nimwegen) wurde nicht wieder aufgebaut.

Ein weiteres Ergebnis der siegreichen Kämpfe waren zahlreiche Kriegsgefangene, Überläufer und Männer, die aus freiem Entschluß oder wegen vertraglicher Abmachungen zwischen dem Kaiser und Germanenhäuptlingen im römischen Heer dienen wollten. Seit dieser Zeit gab es in Gallien die *praefecti laetorum,* die Militärkommandanten der »Laeten«. Diese waren Germanen, die als Kolonen mit der Pflicht zum Militärdienst auf gallischem Boden angesiedelt wurden. Solche Laeten-Kolonien gab es beispielsweise bei Tongern und in Ivois (Belgica I), in Famars, Arras, Noyon, Reims und Senlis (Belgica II), in Bayeux und Coutances (Lugdunensis II), in Le Mans und Rennes (Lugdunensis III), in Chartres (Lugdunensis IV) und in Clermont-Ferrand (Aquitania I). Zum Teil aus den Reihen dieser einfachen Laeten kam eine »erste Generation« von römischen Heerführern fränkischer, oder, allgemeiner gesagt, germanischer Abstammung. Bonitus, der Vater des Silvanus, ein General fränkischer Herkunft, konnte sich unter Konstantin auszeichnen. Auch Magnentius, der fränkische Usurpator (350–353), ging aus dem Laeten-Stand hervor.

Unter Constantius II. (337–361) wurde eine »zweite Generation« von römischen Generälen germanischer Abstammung aktiv. Dabei handelte

es sich um Angehörige von Fürstengeschlechtern – ein Indiz für das neue
Ansehen Roms und seines Heeres bei den Barbaren, aber auch ein Anzeichen für eine planmäßige Politik, mit der Rom langfristig auf Assimilation
abzielte. Es gab nun ein Nebeneinander von hochgeborenen Offizieren
und Römern, die das Christentum noch nicht angenommen hatten. Der
Franke Silvanus war Christ, aber der alemannische Fürst oder Kleinkönig
Mederich, der lange im römischen Heer diente, wurde für den orientalischen Serapiskult gewonnen. Seinen Sohn Agenarich benannte er in Serapio um. Dieses heidnische Element verstärkte sich dann im römischen
Heer während der Regierung von Julian Apostata.

Erst ab dem Jahr 352 wurden Italien und Gallien erneut durch Einfälle
bedroht. Die Alemannen überschritten den Rhein, zerstörten die Römer-
kastelle von Alzey und Saarbrücken, dann plünderten sie das Gebiet
zwischen Straßburg und Mosel. Dieses neue Unheil war ohne Zweifel
eine Folge der Bürgerkriege, die Rom zerrütteten und nicht nur seinem
Ansehen abträglich waren, sondern vor allem die Kampfkraft seiner
Heere schwächten. Weil diese Heere aber zu einem Großteil von Germanen gestellt wurden, kam die Nachricht von den militärischen Problemen
sehr schnell in deren Herkunftsländer. Die Rivalitäten der Söhne Konstantins nach dem Tod ihres Vaters im Jahr 337 sollen hier nicht im einzelnen verfolgt werden: Sie bekämpften und töteten einander, Konstantin II. fiel 340 bei Aquileia, wo ihm sein Bruder Constans einen Hinterhalt gelegt hatte. Festzuhalten sind aber die Folgen dieser Auseinandersetzungen. Schon die ersten Konflikte führten zu Angriffen der Sachsen und Franken auf das Gebiet der Bataver, in dem sich die Franken unter
sächsischem Druck zeitweise festsetzten. Einige von ihnen hat offenbar Constans in den Jahren 341/342 als neue Kolonen aufgenommen.

Weitaus schlimmer war eine Verschwörung hoher Zivilbeamter gegen
Constans, die losbrach, als er sich in Autun aufhielt. Der Kaiser konnte
zwar zunächst entkommen, wurde aber in Elne getötet. Die Armee in
Gallien schloß sich den römischen Beamten an und proklamierte im Jahr
350 einen ihrer Anführer zum Kaiser: Magnentius, der wahrscheinlich in
Amiens als Sohn eines bretonischen Vaters und einer fränkischen Mutter
aus dem Laeten-Stand zur Welt gekommen war. Trotz seiner barbarischen
Abstammung wurde er vom römischen Senat anerkannt. Es folgte ein
erbitterter Kampf zwischen Constantius II., dem letzten Sohn Konstantins des Großen, und Magnentius. Die Auseinandersetzung erreichte

ihren Höhepunkt in der furchtbaren Schlacht der *comitatenses* des Ostens und des Westens bei Mursa an der Drau am 28. September 351. Es war die Rede von über fünfzigtausend Toten, vor allem Barbaren, die sich gegenseitig umbrachten im Dienst jeweils des Kaisers, dem sie sich ganz verpflichtet fühlten und mit dem sie ihr Schicksal verbunden sahen. Julian, der spätere Kaiser, lobte die Kampfkraft der gallischen Soldaten an diesem Tag und erwähnte unter ihnen besonders die Franken, die in der Infanterie des Magnentius dienten: Diese Krieger ließen sich von der schwerbewaffneten Reiterei des Constantius förmlich in Stücke hauen, einer Waffengattung, der die Zukunft gehörte.

Die verfeindeten Parteien erkannten genau, welche Folgen ein derartiger Aderlaß für die Verteidigung des Reichs haben mußte, aber der Streit um den Alleinbesitz der Macht ging allem vor. Und dabei blieb es. Man kann nicht wirklich von einer Eroberung des römischen Reichs durch einen mächtigen Nachbarstaat sprechen, den es – abgesehen vom Perserreich – gar nicht gegeben hat. Vielmehr gab es immer wieder neue Machtkämpfe im Reich wie in dessen Provinzen, und an dieser Abfolge interner Auseinandersetzungen konnten sich die Germanenführer mit ständig verbesserten Erfolgsaussichten beteiligen.

Nach seiner Niederlage wurde Magnentius in einer zweiten Schlacht im Juli 353 nahe bei Gap endgültig ausgeschaltet. Die erneuten Angriffe der Alemannen ab 352 und der Franken ab 355 trafen also am Rhein auf eine Grenzverteidigung, die von den *comitatenses* entblößt war, sowie auf ein ausgeblutetes Heer des Westreichs. Auch hier wurde der Angriff wieder durch einen innerrömischen Konflikt ausgelöst. Silvanus, der erste Franke, der die Stellung eines ersten Heermeisters *(magister peditum praesentalis)* erreichen konnte, hatte die Gegend um Trier von den Alemannen befreit – die Stadtbewohner selbst waren im Schutz der Mauern verschont geblieben. Nach seinem Erfolg bezog Silvanus Quartier in Köln. Hier erfuhr er, daß ihn seine alemannischen Widersacher am Hof Constantius' II. in Mailand verdächtigten, er strebe nach dem kaiserlichen Purpur. Silvanus war aber durch äußere Umstände nicht in der Lage, nach Mailand zu gehen, um sich dort zu rechtfertigen. So willigte er ein, sich als Augustus ausrufen zu lassen, wurde aber schon wenig später von Soldaten ermordet, die von seinen Feinden bestochen waren (August 355). Sicher ist es kein Zufall, daß unmittelbar danach Köln von den Franken erobert und verwüstet wurde.

JULIAN IN GALLIEN

Von Constantius II. zum Caesar ernannt, war Julian auf dem Weg nach Gallien, als er im November 355 von der Katastrophe in Köln erfuhr. Dazu kam noch, daß die Alemannen einen Angriff auf Autun unternommen hatten. Eine weitere Alemannenschar hätte unweit von Troyes beinahe den neuen Caesar selbst überrumpelt.

Wie Probus im Jahrhundert davor wurde Julian zum Retter Galliens. Mit bewundernswerter Tatkraft bereinigte er die Lage, die sich unter seinen Vorgängern ganz unnötigerweise gefährlich zugespitzt hatte. Von 356 bis 361 unternahm er mehrere Feldzüge; seinen größten Erfolg errang er im Jahr 357 bei Straßburg: Mit seiner Armee von nur zwölftausend Mann gelang ihm ein glänzender Sieg über das Heer der verbündeten Alemannen, dem sieben Könige und zehn Fürsten angehörten. Sechstausend Feinde blieben auf dem Schlachtfeld. Die Könige, die das Desaster überlebt hatten, wurden in anschließenden Feldzügen gezwungen, die etwa zwanzigtausend in Gallien gemachten Gefangenen zurückzugeben und außerdem sogar Tribut zu zahlen. Das Ansehen des Siegers war so groß, daß die Unterlegenen diesen Tribut weiterzahlten, bis sie im Jahr 363 vom Tod Julians im Osten erfuhren.

Weniger schwierig war die Befriedung des Nordostens. Teile des fränkischen Stammesbundes zogen Vorteil aus der Usurpation des Magnentius (350–353), dessen Elitetruppen sie gestellt hatten, und besetzten mit starken Kräften das Gebiet der Bataver. Unter dem Druck der Stämme in ihrem Rücken und selber dem Ansturm der Sachsen ausgesetzt, erweiterten sie ihren Machtbereich dann nach »Toxandrien«, das Gebiet südlich der Maas und östlich der Scheldemündung. Nachdem Julian die Franken mehrfach diesseits des Rheins geschlagen hatte, erhielten allein die salischen Franken die Genehmigung zur Ansiedlung. Dagegen wurde ein anderer fränkischer Stamm, die Chamaven, zum Rückzug auf das rechte Rheinufer gezwungen. Anläßlich dieser Maßnahmen im Jahr 358 werden in den Quellen also erstmals die Salier (Salfranken) erwähnt, die dann in der Geschichte des fränkischen Gallien eine besondere Rolle spielten. Sie wurden als *dediticii* in das Reich aufgenommen, also mit dem Status besiegter Barbaren, denen der römische Staat gegen die Verpflichtung zum Kriegsdienst Land innerhalb der Grenzen des Imperiums anwies.

Daß fränkische Rekruten von beiden Seiten des Rheins als Einzelpersonen in das römische Heer aufgenommen wurden, war ein alltäglicher Vorgang. Von den sechs neuen Eliteeinheiten, den *auxilia*, die Julian aufstellte, war je eine nach den Saliern beziehungsweise Chamaven benannt. Aber die Ansiedlung der Salfranken als geschlossener Stamm auf Reichsboden bedeutete weit mehr. Sie wurden ein germanisches Gemeinwesen innerhalb des Imperiums und fühlten sich lange vor den übrigen Franken als Angehörige der Provinz Gallien. Im übrigen verhielten sie sich ruhig bis in das zweite Drittel des 5. Jahrhunderts.

Julian konnte das römische Verteidigungssystem am Rhein mit den befestigten Militärlagern von Bonn, Neuss und Birten bei Xanten wiederherstellen. Dieses Werk wurde von Valentinian I. vollendet: Er schlug die Alemannen zwischen 365 und 367; von 368 bis 374 griff er sie sogar auf ihrem eigenen Gebiet an. Dazu reorganisierte er das Verteidigungswesen an Rhein und unterer Maas, wo er zahlreiche *castra* und *castella* bauen ließ. Das System funktionierte dann zufriedenstellend bis ins 5. Jahrhundert. Daß Julian und Valentinian zahlreiche germanische Kriegsgefangene machen konnten, wird durch die archäologische Datierung von Laeten-Friedhöfen in Innergallien bewiesen, die kaum bis vor die Mitte des 4. Jahrhunderts zurückreichen.

Julians Aufenthalt in Gallien ist auch aus anderen Gründen denkwürdig, die direkt an die historischen Grundlagen Frankreichs rühren. Zu einem Zeitpunkt, an dem Trier durch die Germanen zu unmittelbar bedroht wurde, erwies sich Paris unter Julian erstmals als politisches und militärisches Zentrum. Zahlreiche Faktoren kamen zusammen, um die gewissermaßen von der Natur vorgegebene Funktion dieses Ortes zu bestimmen: die strategische Lage an der Kreuzung wichtiger Straßen, die noch vor dem Druck der Germanen sicher waren; die Uneinnehmbarkeit der Ile de la Cité, die damals befestigt wurde und zugleich den Durchgang von Norden nach dem Midi wie in Richtung Italien sicherte; die Fruchtbarkeit der Umgebung, für die Truppenversorgung jetzt von gesteigerter Wichtigkeit, weil die Getreidefelder der Belgica verwüstet waren. Julian verbrachte den Winter jeweils in der *civitas Parisiorum*, und seinem Beispiel folgte dann Valentinian in den Jahren 365 und 366. Von Paris aus reorganisierte Julian die Verteidigung Galliens, und dort wurde er von seinen Truppen im März 360 zum Kaiser proklamiert. Im gleichen Jahr wurde übrigens in Paris auch eine Synode der Bischöfe Galliens abgehalten. Zu beachten ist, daß Julian noch den keltischen Namen Lutetia gebrauchte, der damals schon unüblich wurde. Denn Städte, deren Vorläufer Hauptorte ehemaliger Keltenstämme sind, führen seit dem 3. Jahrhundert meist den Namen dieses Stammes: Die *civitas Parisiorum* wird zu Paris.

Während des frühen Kaiserreichs war Paris eine schöne und reiche Stadt, im 4. Jahrhundert gewann es dann als Militärstützpunkt herausragende Bedeutung: Es gab hier Magazine für den Heeresbedarf, ein bedeutendes Militärlager, das wohl an der Straße nach Lyon und Italien lag, nahe dem heutigen Carrefour des Gobelins; dazu kam schließlich, einmalig für Gallien, eine Kriegsflotte auf der Seine. Es wäre ganz falsch zu glauben, als Folge der Verheerungen des 3. Jahrhunderts sei die Stadt außerhalb der Cité völlig zerstört und aufgegeben worden. Der Gegenbeweis ist die Tatsache, daß auch ein Teil des Siedlungsgebiets auf dem linken Seineufer um das Forum herum befestigt wurde.

Symbolische Bedeutung muß man einem Vorfall zuerkennen, der für die weitere Entwicklung Galliens außerordentlich wichtig ist, genauso wie dem Umstand, daß er sich gerade in Paris ereignet hat. Constantius II. hatte seinen Caesar Julian angewiesen, ihm einen Großteil seiner Elitetruppen nach dem Osten zu schicken. Das bedeutete eine Katastrophe für die römische Verteidigung in Gallien, dessen Interessen in der Vergangenheit häufig zugunsten Italiens geopfert oder zumindest zurückgestellt worden waren. Nun sollte sich dies wiederholen zugunsten des Ostens als des reichsten Teils des Imperiums. Der kaiserliche Befehl verursachte eine heftige Reaktion, fast schon eine Meuterei der gallischen Soldaten und ganz besonders der Germanen rechtsrheinischer Herkunft. Sie waren nämlich unter dem Versprechen zum Kriegsdienst verpflichtet worden, niemals jenseits der Alpen eingesetzt zu werden. Die Gallier wie die Franken aus dem Reichsgebiet und vom anderen Rheinufer formulierten ihren Willen deutlich: Sie waren nicht bereit, Gallien den Alemannen zu überlassen, die man eben unter Julians Führung mit großen Anstrengungen geschlagen hatte, wobei man ihnen Tausende von Gefangenen entreißen konnte. Keinesfalls wollten sie ihre Frauen und Kinder als Sklaven der Alemannen sehen, während sie selbst sich im Osten herumschlagen mußten. Dies ist das erste zuverlässige Anzeichen einer Interessen- und Schicksalsgemeinschaft zwischen Galloromanen und Franken wie auch ihrer gemeinsamen Feindschaft gegen die Alemannen. Seit der Mitte des

4. Jahrhunderts zeichnet sich also eine Konstellation ab, die dann im 5. und 6. Jahrhundert bei der Entstehung des fränkischen Gallien verstärkt wieder auftritt.

Im Verlauf dieser Ereignisse wurde Julian auf den Schild gehoben und so zum Kaiser gemacht. Danach war er nicht mehr gezwungen, die Forderungen Constantius' II. zu erfüllen. Als Julian wenig später selber in die östliche Reichshälfte aufbrach, mußte er den fränkischen Truppen zugestehen, ihre Familien mit sich zu führen. Er mußte ihnen sogar erlauben, dabei staatliche Transportmittel in Anspruch zu nehmen.

Einige fränkische Abteilungen blieben als *Galli* im Osten. In der *Notitia Dignitatum*, einem Handbuch der zivilen und militärischen Würdenträger des Imperiums aus der Zeit um 400, sind ihre Abzeichen wiedergegeben, darunter auch die *securis*. Diese Streitaxt wird von späteren Quellen dann als *francisca* (Franziska) bezeichnet. Schon im römischen Kriegsdienst, lange vor Chlodwig, bevorzugten die Franken also eine spezielle Bewaffnung: Sie wurde ihnen schließlich von römischen Rüstungsbetrieben und Arsenalen geliefert. Die taktische und militärtechnische Überlegenheit der fränkischen Fußtruppen gegenüber anderen Germanen geht eindeutig auf römischen Einfluß zurück. Während aber der römische Soldat seine Waffen am Ende der Dienstzeit abgab, behielt sie der germanische Krieger sogar noch im Tode. Nur unter dieser Bedingung war er bereit zu sterben, denn er brauchte seine Waffen ja im Jenseits. Sie werden so zu »ethnisch« signifikanten Grabbeigaben.

MACHT UND EINFLUSS DER FRÄNKISCHEN HEERFÜHRER IM RÖMISCHEN REICH

Zu den fränkischen Offizieren Julians in Paris, die ihn nach dem Osten begleiteten, gehörten auch Merobaudes und Teutomer. Beide verkörpern auf ihre Weise den beginnenden Aufstieg vornehmer Franken – manche von ihnen waren sogar königlicher Abstammung – in der römischen Armee und Gesellschaft. Merobaudes war einer der beiden Offiziere, die ihren toten Kaiser im Jahr 363 nach Tarsos brachten. Valentinian I., seit 364 Kaiser, überließ den Osten seinem Bruder Valens und machte seinen ältesten Sohn Gratian im Jahr 367 zum Mitregenten im Westen. Den

Merobaudes ernannte er 372 zum Heermeister am Hof, zu einem der beiden *praesentales*. Beim Tod Valentinians im Jahr 375 ließ Merobaudes den noch sehr jungen Bruder Gratians, Valentinian II., zum Mitregenten wählen. Damit kam er der Gefahr zuvor, daß vom Heer ein nicht zur Dynastie gehörender Kaiser erhoben wurde. Am Hof Gratians wurde der Heermeister zum einflußreichsten Mann. Seine fränkische Abstammung und seine Fürsorge für Gallien veranlaßten ihn, im Jahr 377 dort einen Teil der Truppen zurückzuhalten, die Gratian seinem von den Goten bedrohten Bruder im Osten zu Hilfe schicken wollte. Aufgrund dieser Maßnahme konnten die Alemannen geschlagen werden, die hofften, aus der Schwächung des Heeres im Westen Vorteile zu gewinnen. Sie wurden von Nannienus und dem Franken Mallobaudes 378 bei Horburg im Elsaß besiegt. Merobaudes erhielt im Jahr 377 die Konsulwürde zusammen mit Kaiser Gratian. 383 wurde er zum zweitenmal Konsul, eine Ehre, die bisher den Mitgliedern des Kaiserhauses vorbehalten war. Natürlich unterstützte er den Aufstieg seiner Landsleute im Heer, und dies ging zu Lasten ihrer ewigen Feinde, der Alemannen, die unter Constantius II. so großen Einfluß besaßen.

Magnus Maximus wurde in England von römischen Truppen teilweise sächsischer Herkunft zum Kaiser erhoben. Im Jahr 383 schlug er dann bei Paris die Truppen Gratians, die zu einem großen Teil von ihrem Kaiser abfielen, der auf der Flucht bei Lyon umgebracht wurde. Nach Merobaudes' erzwungenem Selbstmord beherrschte Maximus den Westen, bis er im Jahr 388 selber durch Theodosius, den Kaiser des Ostreichs, besiegt wurde. Aber es änderte sich nichts an der Führungsrolle fränkischer Heermeister, deren Lebensstil Beachtung verdient. Es ist gewiß bemerkenswert, daß ein Mann in der Stellung Teutomers genauso wie sein Herrscher Julian Apostata mit dem gefeierten heidnischen Rhetor Libanios bekannt war, der an ihn schrieb, wie später auch an den Franken Richomer, der ebenfalls ein hoher römischer Offizier war. Eugen Ewig konnte nun nachweisen, daß dieser Richomer wahrscheinlich der Sohn Teutomers war. Der Sohn Richomers aber führte, wie wir sehen werden, später den Titel *rex Francorum*. Hier trifft man erstmals auf eine der »Königsdynastien« kleiner fränkischer »Königreiche«, die am Rand des Imperiums entstanden. Die Angehörigen dieser Dynastien machten im römischen Heer Karriere und konnten sich samt ihrer Verwandtschaft innerhalb des Reiches festsetzen. Unter dem starken Einfluß des Merobaudes hatte Gratian zwei Franken, Bauto und den eben erwähnten Richomer, zum *magister militum* beziehungsweise zum *comes domesticorum* ernannt.

Richomer wurde von Gratian zur Unterstützung des Valens nach Osten geschickt. Er bewies seinen Mut, indem er sich als Geisel bei den Goten anbot. Die Katastrophe von Adrianopel, in der Valens 378 mit einem großen Teil seines Heeres unterging, konnte Richomer überleben. Theodosius, der Sohn eines gleichnamigen *magister militum* spanischer Abstammung, wurde Kaiser. Gratian schickte ihm im Jahr 380 neue Verstärkungen aus Gallien unter dem Befehl von Bauto und dessen Stellvertreter Arbogast. Zusammen mit dem schon länger anwesenden Richomer konnten sie die Lage sehr schnell wiederherstellen und sich damit die Wertschätzung des Theodosius sichern. Johannes Antiochenus berichtet zu Beginn des 7. Jahrhunderts in seiner Weltchronik, Arbogast sei der Sohn Bautos und Neffe Richomers gewesen. Es handelt sich also um Angehörige einer fränkischen Familie der obersten Schicht, zur höchsten Verantwortung aufgestiegen dank ihres Landsmannes und wahrscheinlichen Verwandten Merobaudes, aber auch durch unbestreitbare militärische Verdienste. Zahlreiche Umstände bestätigen das Ansehen dieser »Dynastie« bei den Römern: Durch seine fürstliche Abstammung begünstigt, hat Bauto seine Laufbahn offenbar schon in einer gehobenen Stellung begonnen. Nach seinem Tod wurde seine Tochter am Hof in Konstantinopel behalten und dort erzogen, um mit Arcadius, dem ältesten Sohn des Theodosius und Erben des Ostreichs, verheiratet zu werden. Sie wurde dann die Mutter von Theodosius II. Arbogast war ein rechtsrheinischer Franke, vom heiligen Ambrosius als *Transrhenanus* bezeichnet. Er besiegte die Franken jenseits des Rheins in den Jahren 389 und 392; besonders ihre Anführer Sunno und Markomir schlug er »mit heidnischem Haß« – verständlich, falls diese beiden Rivalen an seinem Exil schuld waren. Arbogasts Vetter Theudomer, der Sohn Richomers, wird 421, im Jahr seines Todes, als *rex Francorum* bezeichnet. Es ist unbekannt, ob er in seine Heimat zurückgekehrt war oder von den Römern in Gallien ernannt worden war.

Derartige Einzelheiten gewinnen ihre Bedeutung, wenn man weiß, welche herausragende Rolle diese fränkische Gruppe in der Geschichte des ausgehenden 4. Jahrhunderts gespielt hat. Bauto, der Vertraute des Theodosius, wurde nach dem Tod Gratians im Jahr 383 zum De-facto-

Regenten. Am Hof Valentinians II. regierte er praktisch die westliche Reichshälfte; außerdem konnte er bei einem Einfall des Usurpators Maximus in Italien den jungen Herrscher retten. Wie sein Verwandter Richomer, der im Osten seinem heidnischen Freund Libanios den Ehrentitel eines *praefectus praetorio* verschaffen konnte, stand auch Bauto in freundschaftlichem Briefwechsel mit diesem berühmten Rhetor aus Antiochia, aber auch mit dem Rhetor Symmachus, dem Führer der heidnischen Partei im Senat und Präfekt von Rom in den Jahren 384 und 385.

Symmachus hatte den Aurelius Augustinus, einen jungen afrikanischen Rhetor, mit Empfehlungen an den Kaiserhof nach Mailand geschickt. Als Bauto für das Jahr 385 das Ehrenamt eines Konsuls über das Westreich erhielt, wurde der Panegyrikus zum Preis des neuen Konsuls von diesem jungen Mann verfaßt und am 1. Januar 385 auch vorgetragen: Es war der spätere heilige Augustinus ein Jahr vor seiner Bekehrung.

Als Bauto um das Jahr 387 starb, wurde Arbogast von der Armee zum neuen Heermeister ausgerufen. Der neue Oberbefehlshaber wurde von Theodosius bestätigt, für den er im Jahr 388 Gallien eroberte. Er nahm den Usurpator Maximus gefangen und tötete dessen Sohn Victor. Da sich Maximus bekanntlich mit Vorliebe auf Hilfstruppen rechtsrheinischer Franken stützte, erkennt man hier ganz klar eine innerfränkische Abrechnung, mit der zugleich über das Schicksal Galliens und des Reichs entschieden wurde.

Statt Bauto war nun Arbogast der Gesprächspartner des heiligen Ambrosius, des tatkräftigen Bischofs von Mailand. Ambrosius wurde in Trier als Sohn des *praefectus praetorio* von Gallien geboren und ließ im Jahr 384 die Hoffnungen des Symmachus scheitern, der Kaiser werde die heidnischen Kulte im römischen Senat wieder einführen. Er zählte auch den Arbogast zu seinen Gastfreunden, obwohl dieser, wie vor ihm Bauto, überzeugter Anhänger des (römischen!) Heidentums war. Als mächtigster Mann im Okzident ließ der Heermeister sich in Köln, im Angesicht seiner fränkischen Heimat, einen prächtigen Kuppelpalast errichten, dessen Mosaiken kürzlich entdeckt wurden.

Im Jahr 392 wurde der junge Valentinian II. zwar volljährig, aber er blieb zur Machtlosigkeit verurteilt. Im Kaiserpalast zu Vienne ließ er Arbogast eine Absetzungsurkunde zustellen, aber der Heermeister zerriß sie vor dem Kaiser und erklärte, eine Würde, die er nicht von Valentinian empfangen habe, könne ihm von diesem auch nicht entzogen werden. Der

Kaiser wollte das Schwert eines Leibwächters gegen den Unverschämten ziehen, wurde aber daran gehindert: Alle waren Arbogasts Anhänger. Kurz nach dieser schmählichen Behandlung wurde Valentinian II. erhängt aufgefunden – Selbstmord oder Mord? Der heilige Ambrosius führte eine eigene Untersuchung durch, konnte Arbogasts Schuld aber nicht feststellen. Der Heermeister selbst schickte eine Delegation gallischer Geistlicher zu Theodosius, um sich zu rechtfertigen. In der Ungewißheit über die Reaktion des Kaisers und vielleicht unter dem Eindruck der durchgreifenden Maßnahmen des Theodosius gegen das Heidentum erhob Arbogast dann einen eigenen Kaiser, den nur äußerlich christlichen Rhetor Eugenius, der den »Bart der Philosophen« trug und sich den Heiden gewogen zeigte. Arbogast hatte diesen Mann auf Empfehlung seines Onkels Richomer aufgenommen und zu einem hohen Beamten gemacht.

Dieser Usurpator behauptete Gallien und bedrohte zumindest indirekt durch seine heidenfreundlichen Maßnahmen den Bestand des christlichen Imperiums. Gegen ihn kämpfte Theodosius im Jahr 394 die Entscheidungsschlacht am *Frigidus* (Wippach/Vipava), nahe den Engpässen, von denen die Straße zwischen Laibach und Aquileia kontrolliert wird, also am Einfallstor nach Italien. Das Heer des Westreichs bestand zu einem beträchtlichen Teil aus Franken und wurde von dem Franken Arbogast geführt. Auf oströmischer Seite wurde die stärkste Waffe, die Reiterei, von dessen Onkel Richomer befehligt: Man sieht, welche Bedeutung die fränkischen Heermeister hatten.

Richomer starb vor der Schlacht, worauf ein anderer Germane, der Vandale Stilicho, seinen Platz einnahm. Arbogast gab sich selber den Tod, als die Niederlage seines Heeres besiegelt war nach zwei langen Kampftagen, die den Franken und ihren Gegnern gleichermaßen schwerste Verluste gebracht hatten. Auf oströmischer Seite zeichnete sich besonders ein westgotisches Kontingent aus, ungefähr zehntausend bis zwanzigtausend Mann unter dem Befehl Alarichs. Theodosius hatte sie am ersten Tag in die vorderste Linie gestellt, um Arbogasts Streitkräfte zu ermüden. Nach dem Erfolg verweigerte er dem Westgotenführer den erwarteten Lohn, eine hohe Stellung im Heer.

Als Theodosius im Jahr 395 starb, hinterließ er seinen Söhnen Arcadius und Honorius ein christliches Reich, aber er hatte dessen Zukunft mit zumindest zwei schweren Problemen belastet. Das eine war der Vertrag, ein *foedus* neuer Art, vereinbart im Jahr 382 mit den Westgoten.

Man gestattete ihnen, unter den eigenen Königen im Reich zu bleiben, ohne die Pflicht zur Bestellung des Landes. Die Westgoten erhielten vom Reich bedeutende Sachlieferungen und verschiedene Belohnungen, einzig und allein als Entgelt für ihren Kriegsdienst. Auf diese Weise hatte Theodosius den Mangel an römischen Truppen im Osten nach der Katastrophe von Adrianopel behoben. Er hatte damit aber gleichzeitig den Weg dafür freigegeben, daß nicht mehr nur Soldaten barbarischer Abstammung in römische Einheiten aufgenommen wurden, sondern daß sich nun ganze germanische Völkerschaften im Reich aufhielten, die in sehr komplexen Verbänden organisiert waren. Die zweite Hypothek für das Reich war die Unzufriedenheit Alarichs, der gegen die innere Logik des *foedus* für seine Dienste schlecht belohnt worden war. Diese Fehlbehandlung veranlaßte ihn nämlich, mit seinen Kriegern den Balkan, Griechenland und schließlich Italien zu durchziehen. Die Folge dieser Unternehmung war eine tiefgreifende psychologische wie auch politische Verunsicherung der römischen Welt, die es Vandalen, Sueben und Alanen leichtmachte, in den Jahren 406/407 nach Gallien und in den gesamten Okzident vorzustoßen.

Den Franken war der Zugang zum Heermeisteramt von nun an durch Angehörige anderer germanischer Stämme versperrt, besonders durch Goten. Das bedeutete, daß sich die Franken auf ein beschränkteres, aber höchst zukunftsreiches Interessengebiet konzentrieren mußten: eben auf das nördliche Gallien, wo sie sich schon eine gute Ausgangsbasis geschaffen hatten. Seit 413/414 kreuzten sich ihre Wege aber selbst in Gallien mit den Westgoten, ihren neuen Rivalen und Feinden seit der Schlacht am *Frigidus*. Man darf bei den Franken gewiß eine tiefsitzende Abneigung unterstellen.

Bei ihrem erbitterten Kampf gegen die Westgoten handelten die Franken unwillkürlich auch im Sinn der Bevölkerung Nordgalliens. Die Westgoten träumten zeitweise und jenseits aller Realitäten von einer den ganzen Okzident umfassenden römisch-gotischen Symbiose. Dagegen sollten die Franken ein funktionierendes Miteinander verwirklichen, das schließlich entscheidende Bedeutung für den Westen errang, nicht zuletzt, weil es auf einer zukunftsweisenden religiösen Grundlage aufbauen konnte. Das Jahr 394 (Schlacht am *Frigidus*) brachte für die politischen Möglichkeiten der fränkischen Führungsschicht natürlich einen Einschnitt. Es wäre aber ganz falsch, zwischen der zeitweise erreichten, glänzenden

Position und den bescheideneren Karrieren im 5. Jahrhundert einen vollständigen Bruch anzunehmen. Die bedeutsamen Nachwirkungen des 4. Jahrhunderts werden anhand der Geschichte Childerichs und Chlodwigs zu verfolgen sein.

In seinem ausgeprägten Traditionalismus vergaß der Hof in Konstantinopel keineswegs, daß Arcadius die Tochter seines Mitkonsuls, des Frankenfürsten Bauto, geheiratet hatte. Im 10. Jahrhundert äußerte sich der gelehrte Kaiser Konstantin VII. Porphyrogennetos über kaiserliche Eheschließungen und erinnerte dabei an ein Edikt des »großen heiligen Konstantin«, das als Inschrift in der Hagia Sophia erhalten sei. Darin werde festgelegt, daß kein römischer Kaiser die Ehe mit einer Frau eingehen dürfe, deren Volk nicht dem römischen Weltkreis angehöre, mit Ausnahme allein der Franken. Konstantin habe diese Bestimmung getroffen, so vermutet sein später Nachfolger, weil er die eigene Herkunft aus dem Land der Franken ableitete. Das ist eine etwas anachronistische Anspielung auf Trier, die bevorzugte Residenz während Konstantins Anfangsjahren; Konstantin VII. vermutete, sie habe in *Francia*, in Franken gelegen. Zweifellos spielt bei diesem Erklärungsversuch aber auch der Ruhm der Franken und der Rang ihres Adels mit. Das Edikt wurde wohl nachträglich Konstantin dem Großen zugeschrieben, der als verehrungswürdiger Urheber aller grundlegenden Gesetze des christlichen Reichs galt. Die Überlieferung des Textes als rechtsförmliche Inschrift in der Hagia Sophia kann aber nicht von Konstantin VII. erfunden sein. Die Erinnerung an die erfolgreiche Laufbahn fränkischer Anführer im römischen Staatsdienst und an ihre Verdienste um das Imperium war lebendig geblieben. Trotz des Rückschlags nach dem Jahr 394 hatte sich im Osten sehr frühzeitig die Vorstellung durchgesetzt, führend im Westen seien die Franken und Gallien, das später mit ihnen identifiziert wurde.

GALLIEN BIS ZUM TOD DES AËTIUS (454)

Die Überlebenden des am *Frigidus* geschlagenen gallischen Heeres kehrten nie zurück, denn Theodosius I. reihte sie in seine Truppen ein. Nach dem Tod des Theodosius im Jahr 395 wurde Stilicho neuer Heermeister im Westreich und eigentlicher Herrscher an der Seite des jugendlichen

Kaisers Honorius. Er war der Sohn einer römischen Mutter und eines Offiziers vandalischer Abstammung im Dienst von Kaiser Valens. Seine erste Sorge galt keineswegs Gallien, auch wenn er im Jahr 396 dessen Grenzen inspizierte, die er im Zustand absoluter Ruhe vorfand.

Stilicho erneuerte die Zentralverwaltung des Heeres und formte sie zum Werkzeug in der Hand des Oberbefehlshabers, der im Westen in der Regel den höchsten Ehrentitel eines *patricius* führte. Der Heermeister wurde so zum tatsächlichen Machthaber im Okzident, auf Kosten des Kaisers, der zunehmend nur noch repräsentative Funktionen ausübte. Stilicho konnte auch seine Aufnahme in die kaiserliche Familie durchsetzen: Er heiratete Serena, die Lieblingsnichte des Theodosius, verheiratete später den Honorius mit einer seiner Töchter und betrieb überdies die Verlobung seines Sohnes Eucherius mit Galla Placidia, der Schwester des Kaisers. Stilicho, der chronologisch erste jener für das 5. Jahrhundert kennzeichnenden »obersten Befehlshaber« aller Streitkräfte (der westlichen Reichshälfte), unterhielt ausgezeichnete Beziehungen zum römischen Senat, der über diesen unverhofften Glücksfall hoch erfreut war. Lange Zeit durch die Kaiser von den politischen Entscheidungen ausgeschlossen, erlebte nun der Senat im 5. Jahrhundert eine späte Genugtuung: Die *patricii* des Heeres suchten in schlauer Berechnung seine Bestätigung für wichtige Maßnahmen, selbst für die Erhebung eines neuen Herrschers.

Dauernde Streitigkeiten mit dem Hof in Konstantinopel, anfangs besonders mit dessen allmächtigem Minister Rufinus, nahmen Stilicho in Anspruch, der außerdem Italien gegen Alarich verteidigen mußte, den Konstantinopel bedenkenlos zum *magister militum per Illyricum* ernannt hatte, obwohl Teile Illyriens dem Kaiser des Westreichs zustanden. Stilicho konnte und wollte folglich nicht wirkungsvoll eingreifen, als im Jahr 407 wie der Blitz aus heiterem Himmel die Germanen über Gallien hereinbrachen. Der Heermeister war zusätzlich durch die Usurpation Konstantins III. behindert, der, von den Truppen in Britannien zum Kaiser ausgerufen, nach Gallien übersetzte und seine Hofhaltung in Arles einrichtete. Kurz darauf, im Jahr 408, wurden Stilicho und seine Leibgarde umgebracht, dazu auch die Frauen und Kinder germanischer Soldaten in Italien. Sie waren Opfer einer heftigen antigermanischen Reaktion, Fortsetzung einer ähnlichen, aber länger anhaltenden Bewegung in Konstantinopel. Die überlebenden Germanen machten gemeinsame Sache mit Alarich und beteiligten sich an der Plünderung Roms im Jahr 410.

In einem Augenblick höchster Verwirrung im »unregierbar« gewordenen Westreich waren also in Gallien plötzlich die Vandalen erschienen. Sie kamen aus Schlesien, hatten das südliche Germanien durchquert; mit ihnen zogen ein Teil der Sueben und eine größere Schar der nichtgermanischen Alanen. Diese »Stämme« hatten bereits die Alemannen überrannt, die sich nur mühsam von dem heftigen Zusammenstoß erholten.

Beim Übergang über den Rhein am 31. Dezember 406 trafen die Angreifer auf den erbitterten Widerstand der Rheinfranken. Mainz wurde erobert und verwüstet, Worms konnte sich mehrere Monate halten: Die fränkischen *limitatenses* waren nun zuverlässige Verteidiger Galliens. Nachdem der Durchbruch erzwungen war, eroberten die Barbaren Speyer und Straßburg. Dann wandte sich ein Teil von ihnen nach Langres und in das Saônegebiet. Einer anderen Gruppe konnte zwar der Zutritt in die Gebiete hinter einer Linie von Metz nach Reims verwehrt werden, aber sie gelangte bis in die Nähe von Amiens, Arras und Tournai. Nach dem römischen Geschichtsschreiber Renatus Frigeridus hatten die Franken in einem ersten und entscheidenden Treffen die Vandalen besiegt, bevor sie dann den Alanen unterlagen. Insgesamt gelang es ihnen aber, die *Germania secunda* und einen Teil der *Belgica secunda* zu schützen. An der Rheingrenze der *Germania prima* erhielten die Burgunden, seit jeher Feinde der Alemannen, die unverhoffte Chance, sich unter günstigen Bedingungen als Verteidiger des Imperiums Wohnsitze auf dem linken Rheinufer im Gebiet um Worms anweisen zu lassen.

Innergallien hatte also schwere Verwüstungen zu erleiden, und dies um so länger, als die spanischen Großgrundbesitzer mit ihren bewaffneten Sklaven drei Jahre lang den Weg über die Pyrenäenpässe sperrten, also den Abzug der Invasoren nach Spanien verhinderten. Dagegen konnte die Verteidigung am Rhein neu aufgebaut werden. Es wurde mit Recht betont, daß die Erschütterungen des Jahres 407 Vorteile für die Burgunden auf Kosten der Alemannen brachten, daß aber auch die in einem verschonten Gebiet angesiedelten Salfranken auf Kosten der »rheinischen« Franken Gewinne erzielten. Diese wurden durch ihren Abwehrkampf 407 hart geprüft und dann noch zusätzlich geschwächt. Sie hatten den Usurpatoren Konstantin III. und Jovinus starke Truppenkontingente gestellt, aber beide wurden in den Jahren 411 beziehungsweise 413 besiegt

und getötet. Konstantin III. unterlag Flavius Constantius, dem sehr fähigen *magister militum* des Kaisers Honorius, Jovinus wurde vom Heer der
Westgoten geschlagen, das König Athaulf, der zweite Nachfolger Alarichs, aus Italien herangeführt hatte. Die beiden gescheiterten Usurpationen lassen darauf schließen, daß es Kräfte gab, die etwas für Gallien tun
wollten. Denn der legitime Herrscher Honorius rührte sich nicht aus
seiner unzugänglichen Hauptstadt Ravenna und reagierte nur, wenn entweder Italien oder die Provence unmittelbar bedroht waren. Es ist bezeichnend, daß nach Konstantins III. Tod zwei Barbarenkönige den Jovinus dazu drängten, nach dem Kaiserpurpur zu greifen: Goar, der König
eines Teils der Alanen, der sich für den Reichsdienst entschieden hatte,
und Gundahar (Gunther), König der um Worms angesiedelten Burgunden. Nachdem Constantius die beiden Usurpatoren ausgeschaltet hatte,
erneuerte er die Militärorganisation Galliens in ihren Grundzügen. Seine
Maßnahmen reichten von dem neuen Verwaltungsmittelpunkt Arles bis
an die Rheingrenze, wo das *foedus* mit den Burgunden bestätigt wurde,
aber wahrscheinlich zu für sie weniger vorteilhaften Bedingungen. Der
Heermeister hatte aber weiter erhebliche Schwierigkeiten mit den Westgoten unter Athaulf.

Nach seinem Erfolg über Jovinus und der festlichen Hochzeit mit
Galla Placidia, gebührend verherrlicht in mehreren Hochzeitsgedichten,
fühlte sich Athaulf als Retter Roms. So zog er in der Kleidung eines
römischen Generals in Narbonne ein, wo er vom Magistrat der Stadt
empfangen wurde. Wie Orosius berichtet, erfuhr der heilige Hieronymus
durch einen angesehenen Bürger von Narbonne, der Westgotenkönig
habe erklärt, er wolle, »wie einst Caesar Augustus, den Namen Roms jetzt
mit Hilfe der gotischen Stärke in voller Größe wiederherstellen«. Die
Stelle des Heermeisters war vergeben, vorzüglich besetzt mit Flavius
Constantius, der ein den Forderungen Athaulfs entsprechendes *foedus*
verweigerte. Mehr noch, der Heermeister forderte sogar die Freilassung
Galla Placidias, die als Gefangene, nicht als Gemahlin des Westgoten galt.
Daraufhin wiederholte Athaulf einen schlauen Schachzug seines Vorgängers: Attalus, ein Römer aus der Gefolgschaft des Königs, den schon
Alarich zum Kaiser erhoben hatte, wurde erneut mit dieser Würde ausgezeichnet. Er ernannte dann Athaulf auch sogleich zum *magister militum*,
ebenso willfährig, wie er das auch für Alarich getan hatte. Der Eintritt in
römische Dienste war eine geradezu zwanghaft ausgeprägte Wunschvor-

stellung der Germanenfürsten, die in einem Imperium ansässig geworden waren, das schon seit langem kein schlagkräftiges und eigenständig römisches Heer mehr aufbringen konnte. Eine mögliche Grundlage für diesen Reichsdienst war ein vorteilhaftes *foedus*, das dem Fürsten die Herrschaft über seine Landsleute beließ und ihm zugleich Rechtsansprüche gegenüber der römischen Bevölkerung und Verwaltung sicherte, die zu Proviantlieferungen verpflichtet waren. Die andere Möglichkeit war der Besitz der Befehlsgewalt zugleich über Germanen und Römer. Keinesfalls war es Ziel dieser Fürsten, das Imperium zu zerstören und seine Bevölkerung zu bekriegen – sie lebten ja mitten darinnen. Athaulf glaubte, seine Eheschließung könne zusammen mit seinen lautstarken Absichtserklärungen als Geste der römisch-gotischen Aussöhnung wirksam werden. Tatsächlich provozierte er aber die Reichsregierung in Ravenna, die nicht daran dachte, einem häretischen Goten die Aufnahme in die kaiserliche Familie zu gewähren. Die Ablehnung war so entschieden, weil Constantius den kaiserlichen Purpur für sich und Galla Placidia erringen wollte.

Es wird deutlich, daß der Arianismus das größte Hindernis darstellte, das einer erfolgreichen Integration von im Reich ansässig gewordenen Germanen entgegenstand. Diese Form des Christentums leugnete die vollständige Einheit der Dreifaltigkeit, sie unterschied zwischen Gott Vater und Gott Sohn. Die Goten waren Arianer geworden zu einer Zeit, als auch der Kaiserhof unter Valens dieser Lehre anhing. Theodosius war lange Zeit vor einer theologisch-dogmatischen Auseinandersetzung zurückgeschreckt, verwarf aber schließlich den Irrglauben. Bischof Ulfilas, ein halber Gote und halber Kelte, der von kleinasiatischen Galatern abstammte, hatte das denkwürdige Werk der Evangelienübersetzung in das Gotische vollbracht. Er war Teilnehmer an den Synoden vor der Entscheidung Kaiser Theodosius' zugunsten des Katholizismus gewesen. Alle zum Christentum bekehrten Goten und in unmittelbarer Konsequenz auch alle Germanen, die in der von Ulfilas geschaffenen Kirchensprache und durch gotische Christen bekehrt wurden, waren nun Häretiker. Der anfängliche Zufall der Geschichte trennte nun Barbaren und Römer – den Vorteil aus dieser Konstellation sollten die Franken haben.

Die Goten unternahmen einen wenig erfolgreichen Zug nach Spanien, wo sie ihren König Athaulf verloren, dem zunächst nur für wenige Tage Sigerich und dann Wallia nachfolgte. Unter ihm kehrten sie nach Gallien zurück. Sie schlossen ein *foedus*, das ihnen die Verproviantierung sicherte, und waren schließlich um diesen Preis bereit, Galla Placidia herauszugeben. Im Auftrag des Imperiums bekämpften die Westgoten dann in Spanien erfolgreich die Vandalen und Alanen. Unter ihrem neuen König Theoderich I., dem Nachfolger Wallias, schlossen sie 418 ein neues *foedus* mit Constantius, der inzwischen Galla Placidia geheiratet hatte. So konnten sich die Westgoten dauerhaft in der *Aquitania secunda* festsetzen. Sie erhielten ein recht ausgedehntes Territorium, das sie noch erweiterten, indem sie Toulouse zu ihrer Hauptstadt machten. Als wirtschaftliche Grundlage für ihren Reichsdienst wurde ihnen in diesem Gebiet ein Drittel der Erträge des römischen Grundbesitzes zugesprochen. Solche Abkommen mit den *foederati* (»Verbündeten«) der Römer, die sogenannte *hospitalitas* (Gastfreundschaft), wurden den Provinzen von einem Staat aufgezwungen, der keine anderen Mittel mehr sah, um seine Verteidigung zu sichern. Vom »Königreich« Toulouse wurde die römische Oberhoheit trotz gelegentlichen Widerspruchs stets aufs neue anerkannt, aber es handelte sich doch bereits um eine Art germanisches Reich auf römischem Boden. Dieses Gebilde sollte eine beachtliche Rolle spielen, sowohl als Vorbild für ähnlich gelagerte Fälle wie auch als politischer Faktor in der Geschichte Galliens.

Die Macht der Westgoten blieb nicht auf das südliche Gallien beschränkt, denn es gelang den »Königen« von Toulouse in der Folgezeit, stets »im Dienst« des Imperiums, einen Teil der Iberischen Halbinsel in ihre Gewalt zu bringen. Sie trafen dabei auf heftigen Widerstand, hauptsächlich der Sueben, die im Nordwesten Spaniens selber ein Königreich errichtet hatten, in dem erstmals Germanenkönige ihre eigenen Münzen prägten.

Das weitere Geschick Galliens war von germanischen Streitkräften abhängig, aber auch von dem, was vom »römischen« Heer unter dem Kommando von »römischen« *magistri militum* noch übrig war. Einer von ihnen war Aëtius, Sohn eines vornehmen Skythen und Heermeisters für Gallien sowie einer Mutter aus römischem Adel. Nach dem Tod des Honorius (423) wurde die Regierung im Westen de facto von Galla Placidia geführt, dann folgte Valentinian III., ihr Sohn aus der Ehe mit Constantius (gest. 421). In dieser Zeit wurde Aëtius zur letzten Hoffnung auf eine erfolgreiche Verteidigung des römischen Gallien. Sie gelang bezeichnenderweise dank einer dem Aëtius besonders ergebenen Truppe: Es waren Hunnen...

Aëtius war am Kaiserhof in Ravenna erzogen worden; danach schickte man ihn als Geisel erst von 405 bis 408 zu den Westgoten Alarichs, dann zu den Hunnen jenseits der Donau. Er lernte ihre Sprache und knüpfte freundschaftliche Beziehungen zu Attila und Bleda, den Neffen des Hunnenkönigs Rua, dessen Nachfolge sie im Jahr 434 antraten. Beim Tod des Honorius hatte der Usurpator Johannes (423–425) die Macht in Italien ergriffen. Seine Stellung wurde durch die Regierung in Konstantinopel bedroht, die ein Heer schickte, um die legitimen Machthaber Valentinian III. und seine Mutter Galla Placidia wieder einzusetzen. Aëtius, Schwiegersohn des Capilio, *comes domesticorum* des Johannes, wandte sich in dieser Lage um Hilfe an die Hunnen. Er brachte auch ein Heer von beträchtlicher Stärke zurück, aber zu spät, denn Johannes war seinen Gegnern bereits unterlegen. Als Bedingung für das Zurückführen der Hunnen konnte Aëtius bei Galla Placidia durchsetzen, selber zum *magister militum* ernannt zu werden. Seinen Kollegen Felix ließ er unter dem Vorwand umbringen, er werde von ihm bedroht. Für einige Zeit konnte er seine Stellung als alleiniger Oberbefehlshaber behaupten, dann wurde er durch Intrigen gestürzt und mußte sogar zu den Hunnen ins Exil gehen. An der Spitze hunnischer Truppen kehrte Aëtius aber zurück und konnte sich endgültig als erster *magister militum praesentalis* durchsetzen. Im Jahr 435 wurde er zum *patricius* ernannt; diesen Titel führte im Westen der oberste Befehlshaber aller Heere. Wie vor ihm Stilicho, umgab er sich mit einer Leibgarde, für deren Mitglieder erstmals die Bezeichnung *buccellarii* begegnet; dies wurde dann der übliche Name für die »Privatarmeen« römischer Militärs und Senatoren im 5. Jahrhundert.

Die Laufbahn des Aëtius mag zwielichtig erscheinen. Aber eines unterscheidet ihn vorteilhaft von fast allen seinen Vorgängern und Nachfolgern, die ihre Machtstellung am Hof genossen und andere stellvertretend in den Provinzen kämpfen ließen: Er hat sich immer mit der eigenen Person eingesetzt. Das zeichnet ihn aus, genauso wie eine weitere seltene Eigenschaft, seine Unbestechlichkeit. Nach Probus und Julian wurde Aëtius zum dritten Erretter Galliens. In den Jahren 425 und 430 zwang er vor Arles die Westgoten zum Rückzug, die durch regelmäßig wiederholte Angriffe die Bedingungen ihres *foedus* »aufzubessern« suchten. Im Jahr 428 vertrieb er die Franken aus den rheinnahen Gebieten, im Jahr 430 schlug er in Rätien die mit den Alemannen verbündeten *Juthungi*, und schließlich siegte er 432 über die Salfranken.

Im Jahr 435 griffen die Burgunden unter König Gundahar die *Belgica I* an, wurden aber von Aëtius zum Stehen gebracht. Im folgenden Jahr wurde das Burgundenreich um Worms wie zufällig durch die unfehlbare Waffe des Heermeisters, durch die Hunnen, vernichtet. Die Quellen dazu widersprechen sich nur scheinbar. Einige melden einen Angriff der Hunnen von außerhalb der Grenze, andere berichten von einem Überfall der Hunnen im Dienst des Aëtius, wobei es sich wohl um die gleichen Leute handelt. Die Niederlage der Burgunden ermöglichte es dem Heermeister, ihre Reste im Jahr 443 in der *Sapaudia* anzusiedeln. Diese Landschaft mit ihrem keltischen Namen erstreckte sich an den Ufern des Genfer Sees gegen Genf hin, einschließlich der nach Süden sich anschließenden Gebiete (das spätere »Savoyen« hat eine viel größere Ausdehnung). Aëtius sicherte damit wirksam und dauerhaft die Verteidigung des Oberrheins von Basel bis zum Bodensee gegen die ewigen Feinde der Burgunden, die Alemannen. Die dichteste burgundische Besiedelung ist archäologisch nachgewiesen auf einem ungefähr hundert Kilometer breiten Streifen längs des Jura, von der Rhône bis Solothurn.

Im Jahr 440 hatte Aëtius die Alanen um Valence angesiedelt, 442 machte er weitere Alanen mit ihrem König Goar in der Armorica ansässig. Mit Orléans im Südwesten ihres Sektors als Ausgangsbasis sollten sie die »Bagauden« (siehe oben S. 270) bekämpfen. Dabei handelte es sich um einen Aufstand der Landbewohner, durch den ganze Regionen der kaiserlichen Regierung entzogen wurden.

Die zuletzt genannten Ansiedlungen führten zu heftigen Protesten der Gallo-Römer, die sich an den heiligen Germanus, den Bischof von Auxerre, wandten. Aëtius mußte Gewalt anwenden, um seinen Willen durchzusetzen. Er plante ja, den militärischen Schutz Galliens nach innen wie nach außen wirksam zu organisieren, und zwar durch Einbeziehung der Streitkräfte der Barbaren. Erfolgreich war er bei den Burgunden, die ihr Gebiet »gemeinsam« mit der ansässigen Bevölkerung zu neuen Bedingungen erhielten: zwei Drittel der Bodenerträge statt nur einem Drittel. Auch bei den Salfranken erreichte Aëtius sein Ziel. Er schlug sie 448 im Artois; danach zogen sie unter ihrem König Chlodio und dessen Nachfolger Chilperich in den Norden Galliens, um dort der römischen Sache zu dienen. Dafür wurden sie jetzt als *foederati* in einem Gebiet nördlich der Somme anerkannt.

Aëtius' größter Sieg vor 451 war offenbar der über die Westgoten im

Jahr 438. Flavius Merobaudes, der Sohn des bereits erwähnten gleichnamigen fränkischen Heermeisters am Hof Gratians, feierte diesen Sieg mit
einem Panegyrikus. Es muß beachtet werden, daß dieser Merobaudes II.
ebenfalls *magister militum* war und das Heer seines Vaters in Spanien
»erbte«. Völlig romanisiert, suchte er durch Studien und literarische
Tätigkeit seine Zugehörigkeit zur römischen Kultur nachzuweisen.

Zu Recht ließ der römische Senat eine Statue für Aëtius aufstellen, zu
Ehren des »Siegers über Burgunden und Goten«. Der Heermeister war
aber nicht in der Lage, weiteren Hilfeersuchen nachzukommen, die ihn
von den Britischen Inseln erreichten. Dort konnten die Sachsen und einige
weitere Stämme wie die Angeln, die zuvor an der deutschen und däni-
schen Nordseeküste ansässig waren, in den Jahren 440 bis 460 die Macht
an sich bringen. Diese Entwicklung wurde teilweise von schon im Land
befindlichen »römischen« Hilfstruppen getragen, teilweise aber auch von
germanischen Streitkräften, die neu angeworben worden waren, um Eindringlinge aus Irland und Schottland zu bekämpfen. Aëtius konzentrierte
sich ganz auf die Verteidigung Galliens, dessen strategische Bedeutung er
klar erkannt hatte.

Sein eigentlich historischer Auftritt fällt in das Jahr 451, als Attila die
Hand nach Gallien ausstreckte. Der Hunnenkönig hatte im Jahr 434
seinen Bruder Bleda durch Mord beseitigen lassen und war so zum
Alleinherrscher eines unermeßlich großen Reichs geworden. Denn der
größte Teil der Hunnen wurde ja während der ersten Hälfte des 5. Jahrhunderts unter der Herrschaft einer einzigen Dynastie vereinigt.

Viele von ihnen hatten schon vor dieser politischen Zusammenschlie-
ßung angefangen, den Kaisern von Konstantinopel gegen guten Lohn zu
dienen. Das taten auch andere, die das Hunnenreich als Flüchtlinge verließen. Hier lag der Anlaß zu Auseinandersetzungen, denn der Hunnenkönig forderte wiederholt die Herausgabe aller hunnischen Söldner. Attila
bekämpfte das oströmische Reich und behauptete das Alleinrecht für die
Aufstellung von Truppen, die er zu hohen Preisen an das Westreich
verkaufen wollte. Seine Haltung stand in voller Übereinstimmung mit den
Interessen des Aëtius, der kaum noch Solidarität mit Konstantinopel
empfand. Der Heermeister hatte nichts gegen die Ausdehnung der Hun-
nenherrschaft über die Germanen, die außerhalb des Imperiums lebten.
Auch die westlichsten unter ihnen mußten zwischen 435 und 440 die
Oberhoheit der Hunnen anerkennen, mit denen sich ostgotische Elite-

truppen zusammenschlossen. Die Germanen sahen sich so erstmals in ihrer Geschichte von der Ukraine bis zum Rhein unter einer einheitlichen politischen Macht zusammengeschlossen.

Die Westexpansion der Hunnen hatte eine weitere wichtige Folge: die Verlagerung ihres politischen Schwerpunkts von den Ebenen nördlich des Schwarzen Meeres in die Ebenen des späteren Ungarn. Dort schlug Attila seinen Hof auf. In seinen Diensten standen auch der Germane Edika, der Vater von Odowakar, dem späteren Herrscher über Italien, und Orestes, der Vater des letzten weströmischen Kaisers wurde. Man kann hier die historische Bedeutung des Hunnenreichs auch noch nach dessen Auflösung durch Attilas Tod mit Händen greifen. Von Ungarn aus erfolgten Angriffe der Hunnen auf das Ostreich in den Jahren 441, 443 und 447. Konstantinopel verlor als Folge die östlichen Gebiete Pannoniens, und der jährlich vom Kaiser zu zahlende Hunnentribut wurde immer drückender: Von 350, dann 700 Pfund reinen Goldes stieg er über 2000 auf 6000 Pfund und mehr. Aber um das Jahr 450 stießen Attilas Erpressungsversuche im Ostreich allmählich auf taube Ohren. Das ist wohl einer der Gründe, die den Hunnenherrscher veranlaßten, sich jetzt gegen das Westreich zu wenden. Bis dahin war er noch eine Art Verbündeter gewesen und hatte sogar den Titel eines *magister militum* erhalten, außerdem waren ihm die pannonischen Provinzen zugestanden worden, über die der Kaiser in Ravenna verfügte.

Das »Reich« der Hunnen war ein ungegliedertes und kaum durchorganisiertes Nebeneinander von unterworfenen Stämmen samt deren Anführern unter der Herrschaft von König Attila. Er verstand es, mit harter Hand und dank eines geschickt entworfenen Systems von Geiselnahme und Abschreckung die Kontrolle über den Gesamtkomplex zu behalten. Aber die weiter im Osten ansässigen Hunnen führten bereits Klage darüber, sie hätten recht wenig Anteil an den reichen Gewinnen der westlichen Hunnen. Auch andere Völkerschaften übten einen starken Druck aus, vergleichbar dem der Hunnen, die sowohl den ersten Ansturm der Goten gegen das Imperium nach 375 wie auch den Vandaleneinfall 406 ausgelöst hatten. Im Gegensatz zu den Germanen hatten aber die ganz an das Nomadenleben gewöhnten Hunnen nicht die geringste Neigung, sich dauernd innerhalb der Reichsgrenzen niederzulassen. Sie begnügten sich allerdings nicht mehr mit den üblichen Plünderungen der Grenzgebiete, sondern inszenierten jetzt räuberische Erpressung in kontinentalem Maßstab. Oberstes Ziel des Hunnenkönigs war offenbar eine »legitime« Teilhabe an der Ausbeutung der gesamten römischen Welt. Er wollte in die kaiserliche Familie aufgenommen werden und Einfluß nehmen auf die Konflikte innerhalb des römischen Reichs, beispielsweise zwischen den Westgoten und Vandalen. Attila hoffte, auf diese Weise in Form von Tributzahlungen ein dauerhaftes System räuberischer Ausbeutung einrichten zu können. Honoria, die Schwester Kaiser Valentinians III., scheint einen Hilferuf an ihn gerichtet zu haben. So konnte Attila die Eheschließung mit dieser *Augusta* fordern, als er im Jahr 451 den Okzident mit Angriff bedrohte. Nachdem er eine Absage erhalten hatte, begann er mit der Verwirklichung seiner Pläne durch einen ersten tiefen Vorstoß nach Gallien. Wie er öffentlich erklärte, wollte er die Westgoten im Interesse der römischen Sache angreifen! Dabei folgte Attila dem Beispiel jener *magistri militum* barbarischer wie nichtbarbarischer Abstammung, die ihre Macht unaufhaltsam ausbauten und davon profitierten, daß die vom Kaiserhaus zu vergebenden Amtsbefugnisse gegen Höchstgebot verschleudert wurden. Das jeweilige Reichsoberhaupt war auf die Funktion beschränkt, die tatsächliche Machtausübung der Heerführer zu legitimieren.

Die Weiterexistenz der geschwächten römischen Welt durch ein »zum Reichsdienst verpflichtetes« *barbaricum* führte am Ende zu häufig sehr seltsamen Entwicklungen und Konsequenzen. Das mindert aber nicht, was die Einwohner von Metz, Reims und anderen am Weg des Angreifers liegenden Städten an Schrecken und Entsetzen erleben mußten. Nachdem Attila bei Orléans die Loire erreicht hatte, wollte er sich gegen Aquitanien und die Westgoten wenden. Der ganze Vorgang erhellt nun sehr aufschlußreich die römisch-hunnischen Beziehungen, die sich während Jahrzehnten voller Kompromisse und Demütigungen herausgebildet hatten. Es liegt auf der Hand, daß Aëtius nie daran gedacht hatte, die Sache Roms zu verraten: Er wollte die Hunnen stets nur dazu einsetzen, sich anderer Gegner zu entledigen. Diesmal mußte er aber gegen seine »Freunde« kämpfen, er tat es energisch und meisterlich. Das Zweckbündnis zwischen dem verbliebenen Restbestand der römischen Armee und den westgotischen Streitkräften Theoderichs I. kam schnell zustande. Orléans, das vorerst durch seine Mauern und die von Bischof Anianus geleiteten Abwehrmaßnahmen geschützt wurde, konnte von den Verbündeten gerettet werden.

Auf der gleichen Römerstraße, die er für den Anmarsch gewählt hatte, machte sich Attila nun auf den Rückzug. Er stellte sich dann aber zur Entscheidungsschlacht auf einem ebenen Gelände, das für die hunnische Reiterei vorteilhaft war. Zu seinem riesigen Heer gehörten rheinfränkische und ostgotische Könige, darunter der Vater Theoderichs des Großen, ferner zahlreiche weitere Germanenkönige, die sich auf die Seite der Hunnen gestellt hatten. Aëtius hatte aber eine gleichwertige Armee aufbringen können, der auch Franken, Burgunden und Alanen angehörten. Selbst aus der Armorica, also aus praktisch unabhängigen Gebieten Galliens, war Zuzug gekommen: Die gemeinsame Gefahr vereinigte alle. Am 20. Juni 451 kam es zur Entscheidungsschlacht auf einer Ebene, die bei den einen *Campi Catalaunici* heißt, bei den anderen *Campi Mauriaci*. Das ist kein Widerspruch der Quellen, denn der heutige Ort Moirey *(Maurica)* liegt nahe bei Troyes auf dem Gebiet der *Catalauni*, deren Hauptstadt das jetzige Châlons-sur-Marne war. Auf seiten Attilas waren die Verluste besonders hoch bei den Gepiden, auf der Gegenseite bei den Franken und Westgoten. Diese verloren ihren König Theoderich, der zuvor entscheidend zum Sieg beigetragen hatte.

Aëtius riet dem Westgotenfürsten Thorismund, so schnell wie möglich in seine Hauptstadt Toulouse zurückzukehren, um die Nachfolge nicht einem seiner Brüder überlassen zu müssen. Der tatsächlich beschleunigte Abmarsch der Westgoten sicherte natürlich den »römischen« Truppen eine reichere Beute, aber das hauptsächliche Motiv für diesen Ratschlag war, daß Aëtius keinerlei Interesse daran hatte, die Hunnen zum Vorteil der Westgoten vollständig vernichtet zu sehen. Seine Politik und die Rekrutierung seiner Truppen waren ja vom Gleichgewicht dieser beiden Mächte abhängig. Für ihn bedeuteten die Hunnen nicht das Ende der zivilisierten Welt, sondern eine wichtige Figur auf dem Schachbrett der politisch-militärischen Auseinandersetzungen. Kurz gesagt, der Fehler in Aëtius' Überlegungen lag darin, daß er Attilas Unternehmungsdrang zu gering einschätzte. Nachdem der Hunnenkönig nämlich Gallien unbehindert verlassen konnte, griff er im Jahr darauf Italien selbst an. Den Heermeister traf deswegen der ausdrückliche Vorwurf, er habe die Alpenpässe nur ungenügend sichern lassen. Aëtius verlor ferner viel von seinem Ansehen, weil er sich praktisch kampflos vor Attila zurückgezogen und ihm das Land nördlich des Po überlassen hatte. Diese Taktik war grundsätzlich richtig: Sein Gegner, in dessen Reihen Seuchen wüteten, konnte den Feldzug nicht unbegrenzt verlängern. Hauptsächlich deswegen entsprach Attila gnädig den Bitten von Papst Leo dem Großen und anderen kaiserlichen Abgesandten, die zu erreichen suchten, daß Italien noch einmal verschont werde. Im Jahr 453 wurde Aëtius von Valentinian III. eigenhändig umgebracht. Die Mordtat zeigt den Widerwillen gegen den beherrschenden Einfluß des Heermeisters auf die kaiserliche Familie, den er durch eine Eheschließung noch verstärken wollte. Dazu kam als weiteres auslösendes Motiv die Abnahme von Aëtius' Ansehen als Retter des Vaterlands, weil er nach Ansicht vieler Römer den geheiligten Boden Italiens ungenügend verteidigt hatte. Der Kaiser unterschätzte aber die Anhänglichkeit der Gefolgsleute des Heermeisters, die ihn selber im Jahr 454 kurzerhand erschlugen.

Der Doppelmord bedeutet eine Zäsur in der Geschichte des Reichs und des römischen Galliens. Was ein Heerführer wie Aëtius bedeutete, wurde klar, sobald er beseitigt war: Örtliche Germanenführer, die er durch seine Entschlossenheit und Tüchtigkeit auf ihren Platz verwiesen hatte, erhoben sich jetzt mit der nicht durchwegs unaufrichtigen Begründung, sie wollten ihn rächen. Vor allem bedeutet das Ende des Aëtius aber zugleich auch das Ende einer funktionierenden Kontrolle über Gallien als Gesamtheit. Von jetzt an öffnete sich ein tiefer Riß zwischen Norden und Süden. Er war zwar schon früher im Ansatz vorhanden, aber die Tatkraft eines Aëtius hatte ihn überdeckt. Dieser Riß trennte auch zwei Parteien: Die eine wollte das Heil Galliens und selbst Roms der militärischen Stärke der Goten anvertrauen, die andere wehrte sich gegen eine solche Abhängigkeit von der Macht dieses Volkes und seiner Verbündeten. Aber auch die Gotenfeinde benötigten »barbarische« Heerführer und deren Truppen, um in Gallien eine »römische« Machtstellung zu erhalten. So handelten vor allem Maiorian und Aegidius, beide ehemalige Unterbefehlshaber des Aëtius. Durch sie schlug jetzt die Stunde der Franken.

KAPITEL XI

Chlodwig

CHILDERICH

Die kurze Regierung des Petronius Maximus im Jahr 455 ist nur erwähnenswert, weil dieser Kaiser Eparchius Avitus zum Heermeister ernannte, den Angehörigen eines der bedeutenden Senatorengeschlechter der Auvergne. Avitus war *praefectus praetorio* in Gallien gewesen und hatte in dieser Stellung im Jahr 439 einen wichtigen Frieden mit den Westgoten geschlossen. Er hatte auch den gemeinsamen Kampf von Theoderich I. und Aëtius gegen Attila vorbereitet, wobei ihm seine ausgezeichneten Beziehungen zum Hof in Toulouse zugute kamen. Sein Schwiegersohn Sidonius Apollinaris entstammte einer Senatorenfamilie aus dem Lyonnais.

Diese hochkultivierten Männer blickten zwar mit Verachtung auf die einfachen Germanenkrieger, an denen sie besonders den ranzigen Geruch der als Haarpomade verwendeten Butter bemerkten. Sie hatten aber eine ganz andere Einstellung zum Westgotenkönig, den sie bewunderten und vorbehaltlos als »Säule des römischen Reichs« bezeichneten. Sie befaßten sich mit der Erziehung seines Sohnes, sie beschrieben bis in Einzelheiten seinen Tageslauf und seinen Hof. Sie setzten auf die Goten als Machtfaktor, um zu retten, was noch von Rom, aber auch von ihrer eigenen gesellschaftlichen Stellung übrig war. Die Westgoten wurden als Föderalen aufgenommen, ihre *optimates* wurden im Rahmen des Systems der *hospitalitas* als Partner der römischen *optimates* anerkannt. Zu den wichtigsten Auslösern dieser Entwicklung gehören gewiß die Aufstände der Bauern und Sklaven in Spanien und Gallien. Die dabei entstandene Interessengemeinschaft der Führungsschicht ermöglichte eine wirksame Unterdrückung der Unruhen und verhinderte zugleich das gefährliche Bündnis zwischen Bagauden und Germanen.

Theoderich II., seit 453 Nachfolger Thorismunds als König der Westgoten, hatte das *foedus* erneuert und seiner Bruder Friedrich zur Bekämpfung der Bagauden nach Spanien geschickt. Als er vom Tod des Kaisers Petronius Maximus hörte, drängte er seinen Freund Avitus, selber den Purpur zu nehmen. Nachdem dies im Juli 455 in Arles geschehen war, brach Avitus mit einem westgotischen Heer nach Italien auf.

Unter den damaligen Umständen ist immer zu fragen, wer eigentlich wen als Werkzeug einzusetzen verstand. So kann man zu Recht unterstellen, der Westgotenkönig sei nicht unbeteiligt gewesen, als Avitus den Rikimer zum stellvertretenden Oberbefehlshaber am Hof ernannte. Rikimer war Sohn eines Suebenfürsten und, was wichtig ist, durch seine Mutter ein Enkel des westgotischen Königs Wallia. Ist es nun Zufall, daß Theoderich ein Bündnis mit dem Burgundenkönig Gundiok (Gundowech) schloß und sich mit dem Hauptteil seines Heeres zu einem Feldzug in Spanien anschickte, genau in dem Moment, als der »gallische Kaiser« im Herbst 456 Opfer eines Staatsstreichs wurde, den ebendieser Rikimer inszeniert hatte? Avitus wurde in Piacenza abgesetzt, Rikimer und der römische Offizier Maiorian machten ihn dann auf der Stelle zum Bischof dieser Stadt. Als der entthronte Kaiser versuchte, in seine gallische Heimat zurückzukehren, wurde er getötet.

Während der letzten Phase der germanischen Vorherrschaft in Konstantinopel war der allmächtige Mann am Hof der germanisierten Alanen Aspar, ein Arianer mit engen Verbindungen zu den im Ostreich verbliebenen Westgoten. Avitus war von der Regierung im Osten nie anerkannt worden. Der neue Kaiser Leo I. verdankte seinen Thron dem Einfluß Aspars. Eine seiner ersten Amtshandlungen war nun, im Februar 457 Rikimer zum *patricius* und Heermeister, Maiorian zu seinem Stellvertreter zu ernennen.

Rikimers Stellung in Rom war gefestigt, er stützte sich auf die Westgoten und die Burgunden, zu denen er Heiratsverbindungen herstellte, und konnte eine germanenfreundliche Politik einschlagen. Moderne Betrachter haben sich durch die Tatsache täuschen lassen, daß er Avitus, den »Kaiser der Westgoten«, ausgeschaltet hat. Andere wurden von der Intelligenz und Bildung der Westgoten fasziniert; sie machten aus diesen »Freunden des Römertums« vorbildhafte Protagonisten einer römisch-germanischen Symbiose, die nur scheiterte, weil in Gallien rohe Barbaren aus dem Norden siegten – die unzivilisierten Franken. Bei dieser Betrachtungsweise wird aber vollständig übersehen, daß die Westgotenkönige zwar die Mitarbeit von Römern in hohen Ämtern duldeten, aber eine strikte Trennung von Goten und Römern propagierten, wozu sie schon ihr stolzer und engstirniger Arianismus trieb. Sie suchten den Ausgleich mit Konstantinopel und wollten sich so, im Einvernehmen mit Rikimer, eine beherrschende Stellung im Westen sichern. Sie konnten ihren Herrschaftsbereich in Spanien und Gallien ständig erweitern, konnten den Preis für ihre Kriegsdienste steigern und konnten im gegebenen Fall auch mit Rom brechen. Das geschah unter Eurich, der 466 seinen Bruder Theoderich II. ausschaltete.

Vor diesem Hintergrund muß die Geschichte der nachfolgenden Jahrzehnte gesehen werden. Nun formierte sich der Widerstand derer, die eine »germanisierte« Staatsgewalt in Italien und das Übergewicht beziehungsweise die direkte Herrschaft der arianischen Westgoten in Gallien ablehnten. Sie suchten das Zusammengehen mit Konstantinopel, sobald dort der gotische Einfluß zurückging. Sooft aber ein Kaiser, von der Regierung im Osten unterstützt oder unmittelbar abgesandt, den Versuch zur Wiedererrichtung einer überwiegend römischen Staatsmacht unternahm, wurde er von der »Partei des Rikimer« hinterlistig und nachhaltig um den Erfolg gebracht.

Der erste Vorkämpfer gegen die verdeckte Hegemonie der Westgoten im Okzident war kein anderer als Maiorian. Im Unterschied zu Rikimer hatte er Avitus bekämpft, weil dieser den Einfluß der Westgoten verkörperte, denen er unter dem Befehl von Aëtius schon um 446 bei Tours gegenübergestanden war. Rikimers Ernennung zum *patricius* machte ihn zugleich zum Vorgesetzten Maiorians. Dessen Heer konterte und proklamierte den eigenen Anführer am 1. April 457 in Ravenna zum Augustus. Schließlich einigte man sich auf die wechselseitige Anerkennung von Maiorian als Kaiser und Rikimer als Heermeister, eine Übereinkunft, die vom Senat bestätigt wurde. Es folgte eine zweite Proklamation des neuen Augustus, diesmal durch sämtliche Truppen in Italien.

Von diesem Augenblick an muß man unterscheiden: Es gab Kaiser ohne eigenes Heer, die tatsächlich nur Marionetten in der Hand eines *patricius* waren. Es gab aber auch andere wie Maiorian, den Enkel eines Generals unter Theodosius I., den Ernest Stein als »letzte wirklich bedeutende Persönlichkeit in der Geschichte des römischen Westens« bezeichnet hat. Gestützt auf den ihnen ergebenen Teil des Heeres konnten es solche Kaiser wagen, eine selbständige Politik zu betreiben. In Gallien waren einige höhere Würdenträger über den Tod »ihres« Kaisers sehr betroffen – sie hatten von ihm Vorteile und wichtge Ämter erwartet. Diese Gruppe verweigerte den »Mördern des Avitus« die Anerkennung, zu denen Maiorian freilich nicht gehörte. Statt dessen ließen sie sich in eine bisher weitgehend unerforschte Verschwörung ein, deren Thronanwärter Marcellinus war, ein noch heidnischer *comes*, der sich dank eines eigenen Heeres in Dalmatien eine selbständige Position geschaffen hatte. Andere, darunter Sidonius Apollinaris, durchschauten das Spiel, das da gespielt worden war: Der Bewunderer des Königs von Toulouse wurde zum glühenden Anhänger der Sache Maiorians. Theoderich II. zeigte sich vom Sturz »seines« Kaisers kaum berührt. Als er aber erkannt hatte, daß Rikimer in Italien Schwierigkeiten bekam, verließ er Spanien und besetzte die Narbonensis, um den Zugang nach Gallien für die Truppen Maiorians zu sperren. Der Kaiser hatte nämlich Rikimer auf den Marsch geschickt, um die Vandalen zu bekämpfen.

Aegidius gehörte zum Senatorenclan der *Syagrii*, die um Lyon sehr begütert waren. Er hatte sofort Partei für Maiorian ergriffen, seinen ehemaligen Waffenbruder unter Aëtius. Mit Hilfe der Salfranken, deren Unterstützung er gewonnen hatte, konnte er im Jahr 458 die Burgunden aus Lyon vertreiben. Gestützt auf ihr Bündnis mit den Westgoten hatten die Burgunden das gesamte Gebiet zwischen ihrer Ausgangsbasis Genf und Lyon besetzt. Dabei bestand stilles Einvernehmen mit den römischen Machthabern der »Rikimer-Partei«, vertreten durch den General Agrippinus, sowie mit einigen Senatoren aus der *Lugdunensis*. Auch hier waren die Grundsätze der *hospitalitas* angewendet worden, aber unter drückenden Bedingungen: Zwei Drittel des Grundbesitzes erhielten die Neuankömmlinge. Aegidius wurde von Maiorian auf Kosten des Agrippinus zum *magister militum per Gallias* ernannt. Er versuchte sich tiefer im Süden durchzusetzen, wurde aber von den Westgoten zurückgeschlagen, die ihn in Arles belagerten. Im Frühjahr 459 kam Maiorian selber mit einem Heer aus Italien und befreite ihn. Dann zog der Kaiser im Triumph in Lyon ein, wo nun für einige Zeit weder Franken noch Burgunden herrschten. Er bestätigte offiziell die Ansiedlung der Burgunden, die er aus der Bindung an ihre westgotischen Verbündeten löste: So entstand das

»Königreich Burgund«. Agrippinus aber wurde nach Rom geschickt, wo man ihm den Prozeß machte, weil er Narbonne den Westgoten ausgeliefert habe.

Eine Neuordnung der Verwaltung durch Maiorian vergrößerte noch die Rechtsabweichungen und übermäßigen Privilegien zugunsten der »Mächtigen«. Dann brach der Kaiser nach Spanien auf. Er hatte dort eine Flotte rüsten lassen, mit der er den entscheidenden Schlag gegen die Vandalen in Afrika führen wollte. Sein Ziel war die Rückgewinnung von Roms Kornkammer, dazu die Befreiung der Küsten und des Handels von der vandalischen Seeräuberei. Von den eigenen Leuten verraten, mußte der Kaiser aber mitansehen, wie seine Flotte von den Vandalen vollständig vernichtet wurde. Er mußte sich nun in Verhandlungen einlassen und ihnen die Balearen abtreten. Rikimer, der nur auf eine günstige Gelegenheit gewartet hatte, ließ Maiorian bei der Rückkehr nach Italien festnehmen und hinrichten.

Diese Ereignisse des Jahres 461 führten zu einem Bruch in der geschichtlichen Entwicklung Galliens. Der Verräter Agrippinus wurde zum *magister militum per Gallias* ernannt und überließ im Jahr 462 Septimanien samt seiner Hauptstadt Narbonne den Westgoten für geleistete Dienste. Aegidius aber weigerte sich, die römische Regierung in Italien anzuerkennen, die ihn inzwischen abgesetzt hatte. Er betrachtete sich weiterhin als rechtmäßigen Inhaber der obersten militärischen Befehlsgewalt über Gallien im Dienst der Römer. Bei dieser schwerwiegenden Entscheidung folgte ihm das nördliche Gallien. Unterstützung fand er bei dem verbündeten Frankenkönig Childerich von Tournai, dem er die militärische und zivile Verwaltung eines Teils der *Belgica secunda* überließ. Von da an war Aegidius Herrscher über ein abtrünniges, in seinen Augen aber wahrhaft treues Gallien, während der Süden weiter in der Gewalt Rikimers und der Westgoten blieb. Friedrich, der Bruder des Westgotenkönigs und *magister militum*, unternahm im Jahr 463 einen Angriff auf diese *Romania* im nördlichen Gallien. Er wurde aber bei Orléans von Aegidius' und Childerichs vereinten Streitkräften geschlagen und fiel im Kampf.

Für die Bevölkerung des im wesentlichen aus Provinzen der *Lugdunensis* bestehenden Kerngebiets dieser *Romania* mit ihrer gallo-römischen Aristokratie und ihren Bischöfen eröffnete sich in diesem Augenblick eine neue Entwicklungsmöglichkeit: die Bewahrung der Unabhängigkeit von den bis dahin so oft siegreichen Westgoten und das Festhalten am katholischen Glauben ohne Bedrückungen, wie sie die Völker unter vandalischer und in geringerem Maß auch unter westgotischer Herrschaft hinnehmen mußten. Daß Childerichs Verhalten Sicherheit versprach, zeigte sich noch deutlicher nach dem Tod des Aegidius im Jahr 464. Der gallo-fränkische Widerstand zerfiel keineswegs, wie seine Gegner hoffen konnten. Es kam ganz anders: Neben einem römischen *comes* Paulus und auch nach dessen Tod heißt der Sieger immer wieder Childerich.

Childerich war kein Herrscher, der je nach Lage leichtfertig die Seite wechselte. Er war ein Frankenfürst, führte den Titel eines römischen Generals – seine Rangabzeichen trug er übrigens noch im Grab –, und er war ein erklärter Feind der Westgoten. Die Frage der Sicherheit und Unabhängigkeit der Bevölkerung nördlich der Loire machte er zu seiner eigenen Sache. Ihm hatte es Syagrius, der Sohn des Aegidius, zu verdanken, daß er zweiter Nachfolger seines Vaters an der Spitze dieser *Romania* werden konnte. Spätere Quellen bezeichnen ihn als *rex Romanorum*, was den Tatbeständen entspricht: Syagrius herrschte über ein selbständiges Gebiet innerhalb des Imperiums, preisgegeben von der »römischen« Staatsgewalt in Italien, die mit seinen schlimmsten Feinden verbündet war, den Westgoten.

Childerich, der im Jahr 481 oder 482 starb, hatte eine herausragende Stellung im nördlichen Gallien errungen. Er führte allerdings nicht den Titel *rex Francorum* (König der Franken). Das belegt der Siegelring, der im 17. Jahrhundert in seinem Grab nahe bei seiner Residenz Tournai gefunden wurde. Der seit dem 19. Jahrhundert verschollene Ring trug die Umschrift: CHILDIRICI REGIS. Childerich war also ein Germanenfürst, den die Römer als *rex foederatus* anerkannt hatten. Das früheste im Wortlaut erhaltene echte Dokument seines Sohnes und Nachfolgers Chlodwig verwendet den Ausdruck *exercitus Francorum*, die offizielle römische Bezeichnung für ein anerkanntes, verbündetes Heer, die entsprechend auch für den *exercitus Gothorum* der Westgoten gebraucht wurde. In dem gleichen, an die Bischöfe Galliens gerichteten Schreiben führt Chlodwig nach dem Vorbild seines Vaters den Titel *Chlodovechus rex*, während sich seine Nachfolger *rex Francorum* titulierten.

Während seiner erfolgreichen Regierungszeit konnte Chlodwig alle Franken unter einem einheitlichen Königtum vereinen. Aber für Childerich und Chlodwig in seinen frühen Jahren steht fest: Ihre besondere und bevorzugte Herrscherstellung war auf die Franken von Tournai und die eigene Dynastie begrenzt. Eben bei dieser Dynastie sind die Anfänge des fränkischen Gallien zu suchen, nicht bei »den Franken« schlechthin, die zum größten Teil im 5. Jahrhundert eine ganz andere Politik verfolgt haben. Childerichs Stellung in der römischen Verwaltung wird genauer faßbar durch den Brief, den Remigius, Bischof von Reims, an den jungen Chlodwig geschrieben hat: »Den hervorragenden Herrn und durch seine großartigen Verdienste König, Chlodwig, grüßt Bischof Remigius. Eine wichtige Kunde gelangt eben zu uns. Ihr habt gerade die Verwaltung der *Belgica secunda* übernommen. Es ist nichts Ungewöhnliches, daß Ihr das werdet, was schon Eure Vorfahren immer waren.« Dieser Brief wirft Fragen auf, auch wenn es sich gewiß nur um ein Routineschreiben handelt. Remigius gibt nämlich Chlodwig väterliche Ratschläge zur Auswahl der richtigen Umgebung, die möglichst aus älteren Männern und guten Christen bestehen solle. Wie ist dieser Schriftverkehr zwischen dem Bischof und dem heidnischen Germanenkönig zu deuten? Man darf nicht übersehen, daß Chlodwig, genauso wie sein Vater, kein Eroberer war, sondern der Beschützer des Landes. Dessen Einwohnerschaft war dem Metropolitanbischof von Reims, dem Hauptort der *Belgica secunda,* unterstellt. Man muß vor allem den ganz normalen Umfang der Amtspflichten bedenken, die den Inhabern der militärischen und zivilen Gewalt im 5. Jahrhundert aufgetragen waren: Ihre Befugnisse umfaßten offiziell auch die kirchlichen Angelegenheiten, gleich ob der zuständige Befehlshaber ein Katholik, ein Häretiker oder ein Heide war.

Dafür gab es einen guten Grund: Man sah die Bischöfe als Teil des staatlichen Gemeinwesens, als eine Art von Spitzenbeamten, deren Vorrechte und Aufgaben sie im christlichen Römerreich teilten. Die *magistri militum* beschäftigten sich spätestens seit 342 auch mit Kirchenangelegenheiten. Im Jahr 412 leitete Constantius die besonders wichtige Bischofswahl in Arles, der neuen Hauptstadt Galliens. Wenig später ließ hier Cassius, der *magister militum per Gallias,* den heiligen Hilarius zum Bischof erheben, ohne daß auch nur der geringste Widerspruch laut wurde. Als Nachfolger der römischen Heermeister führte der Frankenkönig also keine Neuerung ein, wenn er das gleiche Recht für sich in Anspruch nahm, und mit einer angeblichen »Germanisierung« der Kirche hat dies nicht das geringste zu tun.

Im Jahr 445 ließ Aëtius durch Valentinian III. ein Edikt verkünden, durch das die Oberhoheit des römischen Pontifex bei der Beaufsichtigung der Bischofswahlen bekräftigt wurde. Diese Maßnahme richtete sich gegen Ansätze zur Unabhängigkeit bei Hilarius von Arles. Die obersten Heermeister hatten also in der Tat gemeinsame Interessen mit der Kirche von Rom, die sich als wichtiger Bundesgenosse erwies, ebenso wie der Senat. So haben Päpste Briefe an »ihre Söhne« gerichtet, beispielsweise an den *magister militum* Friedrich (ein Westgote) und an den *magister militum* Gundiok (der Burgunde Gundowech), um sich mit ihnen über strittige Bischofswahlen zu verständigen. Beide waren aber Arianer, dazu Fürsten germanischer Reiche. Im 5. Jahrhundert ist eine Entwicklung zum Abschluß gekommen, die man als Barbarisierung der römischen Heerführer bezeichnen kann: Sie umgaben sich jetzt mit einer Gefolgschaft, zusammengehalten nicht mehr durch die Verpflichtung gegenüber dem Staat, sondern durch das persönliche Treueverhältnis zu ihrem Herrn. Dieser Entwicklung entspricht umgekehrt aber eine Romanisierung der germanischen Heerführer, Fürsten und Könige: Sie verfügten von nun an über Kanzleien mit römischen Schreibern und Beratern, sie waren im allgemeinen durchaus in der Lage, alle ihre Amtspflichten zu erfüllen, auch im zivilen und kirchlichen Bereich. So erklärt sich der reibungslose Übergang von der Kirche des »spätrömischen« Reichs zu der des Frankenreichs in Gallien: Es gab keine gewaltsame Eroberung und keine Verfolgung; die bereits im Amt befindliche Militärregierung übernahm »lediglich« auch die Zivilverwaltung. Chlothar I. erwähnt gar eine Kirchenimmunität, die von seinem Großvater (Childerich) und erneut von seinem Vater (Chlodwig) verliehen worden war.

Ganz wesentlich erleichtert wurden die Dinge dadurch, daß Childerich, der siegreiche Verteidiger gegen die Westgoten, in religiösen Angelegenheiten offenbar sehr aufgeschlossen war. Der Brief des heiligen Remigius bestätigt, daß am fränkischen Hof bereits katholische Ratgeber tätig waren. Die spätere Bekehrung von Chlodwigs arianischer Schwester Lantechilde zum Katholizismus zeigt, daß das Christentum in die Familie Childerichs schon Eingang gefunden hatte. Childerich selbst blieb aber aus politischen Gründen dem heidnischen Glauben seines Stammes treu, genauso wie sein Sohn Chlodwig in den ersten Regierungsjahren: Dieses Heidentum sicherte nämlich der Dynastie ein Ansehen gleichsam göttlichen Ursprungs.

Um zu verstehen, welche Rolle der Teilkönig von Tournai mit seinem Heer im Dienst der Römer Nordgalliens spielen konnte, muß man auf den

Schauplatz des politischen Geschehens im Gallien des 5. Jahrhunderts zurückkehren. Damals verschlechterte sich die Lage in Rom beständig, bis schließlich der Fortbestand des westlichen Kaisertums überflüssig wurde, weil man meinte, der Kaiser im Osten genüge für das Gesamtreich.

VOM REICH AUFGEGEBEN

Um 460/470 wurde das Westreich von Männern beherrscht, die als »römische« Heerführer, als Barbarenkönige oder beides gleichzeitig über eine ihnen ergebene Armee verfügten, die von der jeweiligen Provinzverwaltung anerkannt war. Es gab das Heer in Italien unter Rikimer, in Dalmatien standen die Truppen unter dem Befehl des Marcellinus, später seines Neffen Julius Nepos. Der *magister militum Galliarum* verfügte im Prinzip über zahlreiche Armeen: die »römischen« Streitkräfte, dazu die Streitkräfte der Könige der Westgoten, Burgunden, Salfranken, Rheinfranken und die der Bretonen *(Britanni)*, die nach ihrer Einwanderung in die Armorica als weiterer Machtfaktor dazukamen. Der Heermeister über Gallien wurde zusätzlich geschwächt durch die Aufteilung seines Amtes im Jahr 461. Das macht verständlich, warum der von Rom nicht anerkannte Heermeister in Nordgallien Unterstützung bei den Salfranken suchte, das erklärt aber auch die von Rikimer im Jahr 463 getroffene Entscheidung: Er machte seinen Schwager, den Burgundenkönig Gundiok, zum *magister militum Galliarum*, weil dieser wenigstens ein wirkliches Heer besaß.

Kaiser Leo I. schickte 467 Anthemius, den Schwiegersohn des 457 verstorbenen Kaisers Marcianus, in den Westen; sein Auftrag war, Ordnung zu schaffen und die Vandalen zu bekämpfen. Anthemius ernannte Marcellinus zum zweiten *magister militum praesentalis*, weil er nicht allein auf das Heer Rikimers angewiesen sein wollte, den er nicht absetzen konnte. Für Gallien war dieser von Ostrom eingesetzte Kaiser die letzte Hoffnung. Er wurde im Norden anerkannt und erreichte einen Bündnisabschluß zwischen Römern, Burgunden, Franken und Bretonen, der gegen die Westgoten gerichtet war. So konnte zeitweise die Expansion Eurichs eingedämmt werden, aber der Westgote besiegte schließlich im Jahr 469 den Bretonenkönig Riothamus bei Déols. Eurich konzentrierte

sich zwar in erster Linie darauf, seinen Machtbereich in Spanien auszu-
weiten, trotzdem kehrte er nach Gallien zurück und griff die Provence an.
Von Rikimer kaum unterstützt, versuchte Anthemius Widerstand zu
leisten, aber sein Sohn Anthemiolus wurde im Jahr 471 von Eurich
geschlagen. Damit war der letzte Feldzug eines Kaisers in Gallien beendet. Ein Jahr später wurden Anthemius und Marcellinus durch Rikimer
beseitigt.

Auch der Suebe starb im Jahr 472, hatte aber für seine Nachfolge
Vorsorge getroffen: Er ließ seinen Neffen Gundobad zum zweiten *praesentalis* ernennen, den Sohn von König Gundiok. Diesem war um 470 als
Burgundenkönig und wenig später auch als *magister militum Galliarum*
sein Bruder Chilperich nachgefolgt. Kaiser Olybrius ernannte Gundobad
nun zum obersten Heermeister. Als Olybrius schon 473 starb, machte der
neue Befehlshaber über das Heer in Italien den Glycerius zum Kaiser, eine
Marionette, die von Konstantinopel nicht anerkannt wurde. Der Ostkaiser entsandte Julius Nepos, der als »Erbe« seines Onkels Marcellinus über
das Heer in Dalmatien verfügte. Er nahm den Purpur, verbannte Glycerius nach Dalmatien und schickte Gundobad im Jahr 474 nach Burgund
zurück. Dessen Bruder, König Chilperich I., trennte sich daraufhin von
Rom und verbündete sich mit Eurich, der das Imperium schon seit langem
nicht mehr anerkannte.

Julius Nepos war beim Heer in Italien, für das er ein Fremder war,
wenig beliebt. So war es ihm nicht möglich, Ecdicius, den Sohn des
Kaisers Avitus, wirksam zu unterstützen, der als sein oberster Heermeister in der Auvergne einen heldenhaften Kampf gegen Eurich führte. Da
sich Eurich und Chilperich von Burgund gemeinsam als überlegen erwiesen, mußte Julius Nepos im Jahr 475 Frieden schließen und die Auvergne
den Westgoten, das Gebiet um Vienne den Burgunden überlassen. Außerdem war er gezwungen, die Beendigung des *foedus* anzuerkennen. Das
machte seine beiden Gegner zu Königen, die nun auch offiziell unabhängig vom Imperium waren. Noch im Jahr dieses Friedensschlusses wurde
Julius Nepos vom Heer in Italien gestürzt. Er starb 480 in Dalmatien, der
letzte Westkaiser, den Konstantinopel anerkannte.

Der oberste Heermeister Orestes machte seinen Sohn Romulus zum
Kaiser, der wegen seines jugendlichen Alters den Beinamen Augustulus
(»kleiner Kaiser«) erhielt. Das Heer verlangte eine Landverteilung in
Italien nach den gleichen Grundsätzen, wie sie für die verbündeten Ger-

manen in Gallien angewendet worden waren. Orestes lehnte ab und
wurde umgebracht. Odowakar, ein hoher römischer Offizier germani-
scher Abstammung, hatte den Forderungen der Truppe entsprechende
Versprechungen abgegeben und wurde daraufhin zum »König« gewählt.
Nachdem das Heer in Italien das Versprechen der Aufteilung des Grund-
besitzes erhalten hatte, wollte es die gleichen vorteilhaften Rechtsbedin-
gungen wie die Germanen und folglich auch einen eigenen König haben.
Nicht auszuschließen ist ein Zusammenhang zwischen diesem Ereignis im
Jahr 476 und einer späteren Überlieferung, wonach Syagrius den Titel *rex
Romanorum* angenommen habe: In beiden Fällen galten die beteiligten
Truppen als »römisches« Heer.

Vom Herrscherwechsel abgesehen, änderte sich in Italien überhaupt
nichts. Romulus erhielt eine Pension auf Lebenszeit, das Land wurde
weiter durch die römische Verwaltung nach den Anweisungen des *praefectus praetorio* geleitet. Der Senat verbündete sich mit Odowakar und
schickte mit dessen Zustimmung eine Gesandtschaft zu Zenon, dem
Kaiser im Ostreich. Sie überbrachte ihm die kaiserlichen Insignien und
erklärte, der Okzident brauche diese Abzeichen nicht mehr, weil er den
Kaiser von Konstantinopel anerkenne. Zenon war diese Anerkennung
seiner kaiserlichen Autorität durch den Senat besonders willkommen,
weil er selber eben erst durch Usurpation zur Macht gelangt war.

Dieser Vorgang wird in den Schulen noch immer als »das Ende des
römischen Reichs« bezeichnet. Die Zeitgenossen haben im Zusammenhang mit diesem zweitrangigen Ereignis aber keineswegs von einer historischen Zäsur gesprochen. Wie zuvor schon mehrfach geschehen, war der
Dualismus zwischen Ost- und Westreich durch einen allgemein anerkannten Kaiser aufgehoben worden, ein Dualismus übrigens, der noch
kein Jahrhundert alt war. Anstelle Rikimers herrschte über Italien ein
anderer Germane, der durch seine militärische Laufbahn hoher römischer
Würdenträger geworden war. Und der neue Mann war sehr darum bemüht, bessere Verhältnisse zu schaffen. Er sicherte Italien im Vorfeld
durch die Verteidigung Siziliens und Rätiens und ließ selbst die lange
vernachlässigten Kaiserpaläste auf dem Palatin erneuern. Aber wie seine
Vorgänger hatte Odowakar kein Interesse an Gallien. Er überließ die
Provence König Eurich und mit ihr Arles und Marseille, die beiden letzten
Städte, die noch Widerstand leisteten. Kaiser Zenon bestätigte diese Abtretung trotz des verzweifelten Widerspruchs einer Gesandtschaft von

Gallo-Römern aus der ehemaligen Präfektur Arles. Jeder war ganz damit beschäftigt, die eigene Macht mit Hilfe der eigenen Parteigänger zu sichern, niemand dachte an die Verteidigung Galliens. Ein weniger zerrissenes Reich hätte wohl erfolgreich Widerstand leisten können. Justinian lieferte im nachfolgenden Jahrhundert den Beweis dafür, als er Italien, Afrika und sogar einen Teil des westgotischen Spaniens zurückeroberte.

BURGUNDEN, RHEINFRANKEN UND SALISCHE FRANKEN

Es schien sicher, daß Gallien über kurz oder lang den Westgoten zufallen mußte, deren Machtbereich im Augenblick noch von der Loire im Norden und von Rhône und Durance im Osten begrenzt wurde. Die Kräfte, die dennoch zu erfolgreichem Widerstand imstande waren, verdienen erhöhte Aufmerksamkeit, weil sie während eines halben Jahrtausends bleibende Bedeutung für die Geschichte Galliens und Frankreichs erlangt haben: Es handelt sich um die Burgunden, die Rheinfranken und die Salfranken. Weil die Burgunden zu beiden Seiten des Alpenhauptkamms siedelten, war es ihnen bestimmt, in Italien, Gallien und auch Germanien eine wichtige Rolle zu spielen. Anders als die Westgoten traten sie sofort nach dem Sturz ihres Gegners Julius Nepos wieder auf die Seite der Römer. Um das Jahr 477 ernannte Kaiser Zenon erneut König Chilperich I. zum *magister militum Galliarum* und machte ihn damit zum einzigen Vertreter der Reichsgewalt in Gallien. So wurde Chilperich diplomatisch sehr geschickt gegen die Westgoten eingesetzt, und Odowakar bekam zu spüren, daß er zwar Herr über Italien war, aber noch längst nicht allein über den »römischen« Westen bestimmen konnte.

Man hat manchmal den Irrtum begangen, das Heermeisteramt von da an als bloße Titulatur einzustufen, die ohnehin bald verschwinden sollte. Dabei wird aber vollständig übersehen, daß die Loyalität der Burgundenkönige gegenüber der Sache Roms die Geschichte ihres Königreichs und ganz Galliens wesentlich mitgeformt hat. Gundobad, der um 480 seinem Onkel Chilperich nachfolgte und bereits oberster Heermeister gewesen war, erhielt den höchsten Rang der römischen Ämterhierarchie des 6. Jahrhunderts: Er wurde zum *gloriosissimus* erhoben (Herwig Wolf-

ram). Gundobad schrieb dem Kaiser: »Wir schätzen die von den Kaisern
verliehenen Titel höher ein als unsere eigenen.« Er fühlte sich übrigens
auch ganz als *miles*, als Soldat, der treu zum Kaiser hielt.

Die Burgunden trieben die Alemannen zurück, sie eroberten die *Se-
quania* und die Region um Langres wieder. Vor allem aber behaupteten sie
am Oberrhein die Linie der römischen Grenzbefestigungen vom Gebiet
um Basel bis an den Bodensee. Sie wurden damit zum Schutzschild für
Italien wie für Gallien. Quellen wie die Briefe des heiligen Avitus, des
Bischofs von Vienne (um 494–518), belegen, daß das Leben der römischen Senatoren fast unverändert weiterging. Es wurde allenfalls ruhiger
und gesicherter unter einer stabilisierten Regierung. Manchmal erhielt der
Sohn eines Senators einen burgundischen Namen, zur Freude des Königs
und zur Ehre der Familie. So erscheint der burgundische Name Gundul-
fus unter den senatorischen Vorfahren Gregors von Tours. Selber über der
germanischen Aristokratie stehend, respektierten diese »erlauchten Männer« *(viri illustres)* ganz eindeutig die Oberherrschaft des Königs, der
seinerseits von Konstantinopel anerkannt wurde. Die römische Ämterhierarchie, deren Spitze und allein Legitimität verleihende Instanz der
Kaiser in Konstantinopel blieb, wurde von allen Kanzleien, einschließlich
der des Papstes, bis in die Zeit Karls des Großen gewissenhaft respektiert.

Gallien wurde zwar bei seiner Verteidigung vom Reich im Stich gelassen, aber deswegen hat Burgund keineswegs der römischen Welt den
Rücken gekehrt. Sein König verwirklichte den Wunschtraum germanischer Herrscherfamilien, die nicht »gegen die Römer« gekämpft hatten,
sondern innerhalb des Reichs, um hier die höchsten Amtswürden zu
erlangen. Der Burgundenkönig dachte gar nicht an ein Ausscheiden aus
dem römischen Kulturkreis. Er bewohnte Kaiserpaläste, beispielsweise
den in Vienne, errichtete öffentliche Gebäude, erbaute neue Paläste und
erließ Gesetze: Nach dem westgotischen Vorbild verkündete er die *Lex
Burgundionum*. Als selbständige Neuerung erließ er aber als erster Germanenkönig auch ein eigenes Recht für seine römischen Untertanen, die
Lex Romana Burgundionum (vor 506), zu der ein westgotisches Gegen-
stück erst 507 von Alarich II. erlassen wurde. Dieses Gesetzeswerk wurde
unter Mitwirkung der römischen Ratgeber des Königs erstellt und ermöglichte den Aufbau einer strikt zweigeteilten Verwaltung und Rechtsprechung. Der König ernannte einen römischen *comes*, um die Römer zu
regieren, das heißt alle, die nach römischem Recht lebten. Ihm zur Seite

stand ein burgundischer *comes*, zuständig für die Ausübung der Herrschaft über seine eigenen Landsleute und andere Germanen. Besondere Regelungen galten für die gemischten Fälle, vor allem für Streitigkeiten zwischen Angehörigen der beiden Bevölkerungsgruppen.

Das »burgundische Modell« hatte beträchtlichen Einfluß auf das übrige Gallien; das gilt für die Achtung vor den Rechten der »Römer« wie für den Aufbau von Gebietsverwaltungen unter der Leitung von *comites* (»Grafen«, Stellvertreter des Königs). Nachdem die Franken das Burgundenreich in den Jahren 532 bis 534 erobert hatten, übernahmen sie von dort die *maiores domus* für den Hof, die *domestici* für die Verwaltung der Königsgüter und die *pueri*, junge »Getreue«, dem König persönlich verpflichtet und zugleich seine *missi* in den *pagi* des Landes. Das »Modell« wurde von den Franken weiterentwickelt, die nunmehr je einen römischen oder fränkischen *comes* einsetzten, der für beide Bevölkerungsteile zuständig war. Ein Gesetz, das der Burgundenkönig auf einer Versammlung nahe seiner Residenz Amberieu verkündet hatte, ist ein Vorläufer der berühmten »Kapitularien« der fränkischen Könige. Sogar die *cancellarii*, das Urbild der späteren »Kanzler«, werden schon erwähnt. Beachtenswert ist eine burgundische Eigenheit: Da der hohe Rang des Königs innerhalb der legitimen römischen Hierarchie gesichert war, konnte er den Titel *patricius*, den Terminus technicus für den obersten Heerführer, an den Kommandanten der burgundischen Truppen weitergeben. Die Franken verwendeten diese Amtsbezeichnung weiter, nachdem sie in Burgund die Macht übernommen hatten.

Weiter im Norden läßt sich der Gang der Entwicklung besonders genau am Beispiel von Trier ermitteln. Die ehemalige Kaiserresidenz war, das ist unstrittig, mehrfach geplündert worden. Fraglich sind aber noch immer die genauen Daten von mindestens fünf Besetzungen der Stadt durch Franken und Alemannen im Verlauf des 5. Jahrhunderts. Teilweise waren diese Besetzungen die Folge innerer Machtkämpfe im römischen Gallien, beispielsweise beim Sturz des Usurpators Jovinus. Aber um das Jahr 470 stand Trier unter der rechtmäßigen Herrschaft eines römischen *comes* germanischer Abstammung mit der offiziellen Rangbezeichnung eines *vir spectabilis*. Dies war Arbogast, der Enkel des erwähnten gleichnamigen Heermeisters und Kaisermachers, dessen Tod in das Jahr 394 fällt. Arbogasts Vater Arigius hatte Florentina geheiratet, die Angehörige einer bedeutenden Senatorenfamilie, und so erhielt der junge Arbogast

eine derart gründliche Ausbildung, daß Sidonius Apollinaris feststellen
konnte, die lateinische Literatursprache sei nicht in Gefahr, solange es
Männer seines Bildungsstandes gebe. Ein anderer Bischof, Auspicius von
Toul, verfaßte ein Gedicht voll des Lobes auf die soldatischen und christlichen Tugenden Arbogasts. Dabei läßt er erkennen, daß dieser, wie so viele
römische Aristokraten, seine Laufbahn gerne als Bischof abgeschlossen
hätte.

Zu einer Zeit, in der es noch kaum Bischöfe mit germanischen Namen
gab, findet man in der Bischofsliste von Chartres einen Amtsinhaber
namens Arbogast, der wohl um 490 gelebt hat. Es gibt aber noch eine
direktere Beziehung zwischen diesem bedeutenden romanisierten Fran-
kengeschlecht und Chlodwig persönlich, unter dessen Regierung der
erwähnte Bischof von Chartres gestorben ist: Ein zweiter Aredius oder
Arigius, wohl der Sohn des jüngeren Arbogast, war *vir illustrissimus* am
Hof von König Gundobad. Er stand in Korrespondenz mit Avitus von
Vienne; sein Einfluß auf kirchliche Angelegenheiten um das Jahr 515 ist
nachweisbar. Wahrscheinlich ist er identisch mit dem *vir illuster* Aredius,
der nach dem Bericht Gregors von Tours im Jahr 500 König Gundobad
retten konnte, als er nach einem vorgetäuschten Seitenwechsel kluge
Ratschläge an König Chlodwig erteilte. Die ganze Familie ist charakteristisch für das tatsächliche romanogermanische Nebeneinander in den
Führungsschichten der neuen politischen Gebilde in Gallien, dieser einigermaßen stabilisierten »Königreiche«, die ohne Zusammenarbeit zwischen den »Römern« und den übrigen Völkerschaften nicht lebensfähig
waren. Dabei mußten auf gesellschaftlichem Gebiet die Grundregeln
beachtet werden: Im Bereich der Kirche wie innerhalb der als neues
Phänomen entstandenen weltlichen Gesellschaft konnten die Schichtab-
grenzungen nicht beseitigt werden, das gesamte Leben blieb hierarchisch
geordnet.

Ein neues Königreich von größter Wichtigkeit für die weitere Entwicklung entstand im Rheingebiet, abgetrennt vom Burgundenreich
durch die *Belgica prima* (Trier, soweit sie noch unter »römischer« Kontrolle stand, und durch die Alemannen. Dem Namen dieses neuen Gebildes, »rheinische Francia« *(Francia Rhinensis),* begegnet man zuerst beim
sogenannten Geographen von Ravenna, dessen Beschreibung leider nicht
genau datierbar ist (6.–8. Jahrhundert?). Diese »andere Francia« steht
nicht am Beginn von Chlodwigs späterer Reichsgründung, aber sie spielt

eine ganz wesentliche Rolle für die Geschichte dieses Staatswesens und des ganzen fränkischen Gallien. Sie ist beachtenswert aufgrund ihrer Größe, ihrer offensichtlichen Einigung unter der Herrschaft eines Alleinkönigs mit Sitz in Köln und wegen ihrer verhältnismäßig weitgehenden Unabhängigkeit vom Imperium, die eine auch politische Zugehörigkeit zur römischen Welt allerdings nicht ausschloß. Die rheinische Francia wirkte vor allem als Pufferstaat zwischen der Welt der Germanen und Gallien; vom Zeitpunkt ihres Bestehens an wurde durch sie der sächsische Druck im Norden und Osten genauso abgefangen wie der Druck der Alemannen im Südosten. Man versteht so, warum es in Gallien selbst verhältnismäßig ruhig war.

Von diesen Rheinfranken, die damals noch auf der rechten Flußseite siedelten, stammten Männer ab wie Merobaudes, Theudebad und auch Richomer. Über den Hof in Trier waren sie gegen Ende des 4. Jahrhunderts in die höchsten militärischen Ämter gelangt, die das Reich zu vergeben hatte. Der Schock »ihrer« zusammen mit Arbogast I. im Jahr 394 erlittenen Niederlage bedeutete für die Rheinfranken eine starke Verunsicherung. Eine bloße Machtdemonstration am Rhein genügte Stilicho, sie zur Auslieferung ihres Königs Markomer zu zwingen, der nach Etrurien verbannt wurde. Einen anderen Anführer, Sunno, töteten die eigenen Landsleute. Ihre erneute militärische und politische Chance in Gallien wie im Imperium suchten die Rheinfranken unter zwei Usurpatoren: unter Konstantin III., der im Jahr 410 einen fränkischen *magister militum* namens Edobech hatte, und unter Jovinus, dem Verursacher des Untergangs von König Theudomer, der im Jahr 413 für ihn kämpfte. Damals griffen sie zum ersten Mal Trier an und verwüsteten es. Ihr erneuter Angriff erfolgte, als die Stadt Kaiser Attalus anerkannte, eine Marionette des Westgotenkönigs Athaulf. Die Rheinfranken wurden dann durch Constantius »befriedet« und nochmals im Jahr 420 durch Castinus nach einem weiteren Angriff auf Trier. Augenzeuge dieses Ereignisses war Salvianus von Marseille, ein moralisierender christlicher Schriftsteller, der jedes Unglück auf die Sünden der schlechten römischen Christen zurückführt. Schließlich erreichten die Rheinfranken erstmals ihre Ansiedlung auf der linken Flußseite. Sie wurde ihnen von Aëtius zugestanden, der sie 428 und vielleicht ein weiteres Mal 432 besiegt hatte. In den Jahren 435/436 vereinbarten sie anscheinend ein bedeutsames *foedus* mit Aëtius, das sie als gebrochen betrachteten, als der von ihnen hochgeachtete Heermeister ermordet wurde. Vom Jahr 454 an war es dann nicht mehr möglich, die Rheinfranken auf das ihnen zugewiesene Gebiet zu beschränken.

Sie besetzten die Gegend um Köln, eroberten diese wichtige römische Stadt und zwangen den Heerführer und späteren Kaiser Avitus zu einem Friedensschluß auf der Basis des Status quo. Sie schlugen auch den Heermeister Aegidius, wahrscheinlich nach dem Jahr 461, als sich Nordgallien von der »römischen« Regierung Rikimers losgesagt hatte. Damit wären die Rheinfranken die unmittelbaren Gegner der Salfranken Childerichs gewesen, eine Vermutung, die durch ihr Bündnis bestätigt wird, das sie mit dem Burgunden Gundiok (Gundowech) abschlossen, dem von Rikimer im Jahr 463 ernannten neuen *magister militum Galliarum*.

Dieses Bündnis war sehr wichtig. In erster Linie gegen den gemeinsamen Feind, die Alemannen, gerichtet, verband es darüber hinaus die Rheinfranken mit der Achse Rikimer-Gundobad. Die mehr oder weniger vollständig in die romano-germanische Welt des Westreichs eingegliederten, zu beiden Seiten des Rheins ansässigen Franken wurden spätestens zu dieser Zeit einem einheitlichen Königtum unterstellt. Kurz darauf hatte es unter Sigibert seinen Sitz in Köln. Der erste König im fränkischen Machtbereich, der politisches Gewicht besaß und in einer römischen Hauptstadt residierte, war also, deutlich vor Chlodwig, ein Rheinfranke. Hier ist daran zu erinnern, daß man lange von den »ripuarischen Franken« gesprochen hat. Aber diese Bezeichnung taucht erst ab dem 7. Jahrhundert auf und nur für die unmittelbare Umgebung Kölns. »Ripuarisch« bedeutet ganz wörtlich »am Ufer«.

Die Archäologie bestätigt die Existenz dieses neuen staatlichen Gebildes und seine vergleichsweise friedliche Entstehung beiderseits des Rheins. Eine Nekropole mit mehreren tausend Gräbern, ununterbrochen belegt vom 3. bis zum 8. Jahrhundert, wurde in Gellep bei Krefeld ausgegraben, an der Stelle des ehemaligen römischen *castellum Gelduba*. Bis zum Beginn des 5. Jahrhunderts beweisen die Gräber eine dichte »römische« Bevölkerung, und dieser Befund weicht kaum ab von dem, was man für Innergallien beobachten konnte. Zwischen ungefähr 410 und 420 beginnt sich die in den Gräbern geborgene Keramik zu verändern. Ab etwa 450 erscheinen dann Waffen und neue Bekleidungsarten – Zeugnisse für eine Einwanderung vom rechten Rheinufer. Die Niederlassung erfolgte ohne jedes Anzeichen für gewaltsame Auseinandersetzungen mit der einheimischen Bevölkerung. Eine zweite Nekropole in geringer Entfernung gehört erst der ausgehenden Merowingerzeit an.

Ein weiteres Ergebnis der archäologischen Forschung: Die Funde mit typisch »fränkischer« Ausstattung der Frühzeit (Mitte 5. bis Mitte 6. Jahrhundert) konzentrieren sich auf zwei deutlich getrennte Hauptachsen. Die eine ist von Tournai nach Paris gerichtet, die andere verbindet den Niederrhein mit dem Oberrhein, aber auch mit der Mosel, und von einer bestimmten Zeit an auch mit dem alemannischen Gebiet. Bei den Fundstücken handelt es sich sowohl um Schwerter mit typisch fränkischem Griff als auch um »merowingische« Fibeln unterschiedlichen Typs.

Es gab also eine einheitliche fränkische Kultur, die auch von den Fürstengräbern der beiden »Francien« bestätigt wird, beispielsweise von dem des Childerich. Das politische Schicksal dieser zwei Bereiche war freilich klar getrennt. Die geographische Grenze bildete jener Teil der Ardennen, der in den zeitgenössischen Quellen »Kohlenwald« *(Silva Carbonaria)* genannt wird. Als Chlodwig seinem Reich in Gallien eine eigene *Lex Salica* für die Einwohner fränkischer Abstammung gab, legte er auch die Grenzen des Reichsgebiets fest: Loire und Kohlenwald.

Die späteren Beziehungen des zweifellos ausgedehnten und mächtigen Königreichs der Rheinfranken zu den weiter westlich angesiedelten Franken, zu Childerich und seinem Sohn Chlodwig, wurden entscheidend wichtig für die Geschichte der Merowinger.

CHLODWIG: DIE ÜBERNAHME DER MACHT

Chlodwig wurde um 466 geboren. Die Nachfolge seines Vaters trat er 481 oder 482 an, also im Alter von etwa fünfzehn Jahren. Nur fünf Jahre später eröffnete er den Eintritt der Franken in die Weltgeschichte, als er Syagrius den Krieg erklärte und ihn aufforderte, den Kampfplatz zu bestimmen. Gregor von Tours, unsere wichtigste Quelle, berichtet dazu, Syagrius habe die Herausforderung angenommen. Es handelte sich nicht um einen Angriff von außen, sondern um die Entscheidung darüber, wem die Herrschaft im *regnum* zufallen würde. Syagrius floh, sobald seine Truppen zu weichen begannen. Der Sieger Chlodwig konnte das *regnum* übernehmen, aber auch das »römische« Heer; jedenfalls berichtet dies der griechische Geschichtsschreiber Prokop von Caesarea. Chlodwig besetzte zunächst das Land bis zur Seine, in einer zweiten Phase erweiterte er dann seinen Herrschaftsbereich bis zur Loire.

Dabei handelte es sich weit mehr um eine Machtübernahme als um einen Akt der Eroberung. Die eine der beiden Streitkräfte, die seit einem Vierteljahrhundert miteinander ausgekommen waren und Nordgallien verteidigt hatten, setzte sich jetzt auf Kosten der anderen durch: Der *exercitus Francorum* siegte über den *exercitus Gallicanus*, der weitgehend eingegliedert wurde.

Man erahnt die politischen Umstände, die von der Zusammenarbeit über die Rivalität zum Konflikt geführt haben. Nicht auszuschließen, daß Chlodwig und seine Ratgeber hauptsächlich von Machthunger getrieben wurden. Es ist aber zu bedenken, daß weder Chlodwig noch sein Vater »Kleinkönige« oder »Duodezfürsten« von Tournai waren, als die sie in der Forschung gern bezeichnet werden. Die Anerkennung durch Kirche und römische Verwaltung machte sie vielmehr zu den rechtmäßigen Leitern der *Belgica secunda*. Ihre Macht war damit größer als die vieler anderer fränkischer »Kleinkönige«. Zu diesen zählte beispielsweise Ragnachar, der in Cambrai residierte und Chlodwig gegen Syagrius Gefolgschaft leistete, oder Chararich, der dies verweigerte und dessen Residenz unbekannt ist. Die Teilkönige von Tournai waren in erster Linie Anführer eines einsatzbereiten Heeres, das nie auf den Status einer bloß lokalen Streitmacht beschränkt war: Es gab Operationen bis Lyon, Orléans, Angers, Chinon.

Eine weitere militärische Aktion von Chlodwigs Vater wurde bisher in der Forschung zu wenig beachtet. Gregor von Tours, der hier zeitgenössische Annalen abschreibt, berichtet: »Odowakar schloß einen Bund *(foedus)* mit Childerich, und sie unterwarfen die Alemannen, die einen Teil Italiens durchzogen hatten.« Zwischen 476 (Machtergreifung Odowakars) und 481 (Tod Childerichs) gab es also ein Bündnis, das es Odowakar ermöglichte, die Alemannen im Rücken anzugreifen. Er konnte dadurch das Vorfeld Italiens in Rätien und darüber hinaus wieder unter Kontrolle bringen, eine Taktik, wie sie auch sein Nachfolger Theoderich der Große verfolgte. Diese Episode gibt auch einer anderen Anekdote Sinn. Sie berichtet, ungefähr zur gleichen Zeit sei der Bischof von Langres durch den Burgundenkönig beschuldigt worden, gemeinsame Sache mit den

Franken zu machen. Er habe deswegen nach Clermont zu Sidonius Apollinaris fliehen müssen, dessen Nachfolger er später wurde. Langres lag in einem Gebiet, das den Alemannen erst kurz zuvor durch die Burgunden entrissen worden war. In nächster Nähe mußten aber die fränkischen Truppen durchziehen, um die Alemannen bekämpfen zu können. Und ganz offensichtlich waren die Franken nicht bereit, hier ein burgundisches Einflußgebiet anzuerkennen.

Durch sein *foedus* mit Odowakar hatte Childerich, der zuvor von Syagrius abhängig war, an Boden gewonnen: Er konnte sich von nun an auf einen zusätzlichen »Ursprung römischer Legitimität« für seine Herrschaft berufen. Zur gleichen Zeit aber, kurz nach Odowakars Machtergreifung, schickten die reichstreuen Römer Galliens eine Gesandtschaft zu Zenon, um ihm mitzuteilen, daß sie Odowakar die Anerkennung verweigerten; außerdem baten sie um Unterstützung durch einen rechtmäßigen Vertreter der kaiserlichen Gewalt. Dieser Schritt blieb ohne Folgen, aber er verdeutlicht die politischen Differenzen zwischen Syagrius und den Salfranken schon vor Chlodwigs Herrschaftsantritt.

Vielleicht hat Syagrius in dieser unruhigen Zeit die befestigte Stadt Soissons zu seiner Residenz gemacht. Sie bildete eine Sperre gegen das mögliche Vorrücken der Franken nach Süden. Dabei hatte sein Vater Aegidius, gemeinsam mit Childerich, nicht gegen Norden, sondern in Richtung Süden Front gemacht, nämlich gegen die Westgoten. Auf Syagrius wirkten diese aber offenbar anziehend, denn nach seiner Niederlage floh er an den Hof von Toulouse, durch den er allerdings an Chlodwig ausgeliefert wurde. Der Kurswechsel des Syagrius war ein unverzeihlicher politischer Fehler. Es war nach diesem Schritt kaum mehr denkbar, daß sich ein Bischof wie der heilige Remigius über den Untergang eines Mannes erregt hätte, der den Schutz des Härezikers Eurich, des Schreckens von ganz Nordgallien, zu gewinnen suchte. Die Bischöfe und Senatoren dieser Region hatten vielmehr allen Anlaß zu bedauern, daß Syagrius gar nicht daran dachte, die offensichtliche Schwäche der Westgoten nach Eurichs Tod im Jahr 484 auszunützen. Die Franken allerdings sicherten sich die gebotenen Vorteile ohne zu zögern.

Andeutungen einer gespannten Situation bereits zu Lebzeiten Childerichs enthält die Lebensbeschreibung der heiligen Genovefa. Nach Ansicht von Martin Heinzelmann, der diese Quelle jüngst interpretiert hat, können die Nachrichten für die letzten Lebensjahre von Chlodwigs Vater durchaus zutreffen. Er betont zugleich aber auch, daß in der Quelle Childerich nicht als König der Franken mit Sitz in Paris geschildert wird, was ein Anachronismus wäre, sondern als einflußreicher Mann, der in verschiedenen Gebieten des römisch gebliebenen Gallien aktiv wird. Das entspricht vollständig Childerichs Stellung als Heerführer. Man muß aber auch bedenken, daß es noch keinen vollständigen Bruch gab: Die Übernahme der Verwaltung in der *Belgica secunda* durch Chlodwig wird vom heiligen Remigius als ganz normaler Vorgang betrachtet.

In diesen Jahren erhöhter Spannung zeigen ein politisches Bündnis und die Heiratsverbindung mit den Frankenkönigen von Köln, daß Chlodwig sein Meisterstück mit außergewöhnlicher Umsicht vorbereitete. Er hatte seine erste Ehe vor dem Jahr 486 geschlossen, denn Theuderich, der Sohn aus dieser Verbindung, befehligte selbständig das fränkische Heer bei der Unterwerfung der Auvergne im Jahr 507. Und Theuderichs eigener Sohn war 511 bereits kein Kind mehr. Man hat die Abstammung der Mutter von Chlodwigs Erstgeborenem zu wenig beachtet, weil Gregor von Tours die Bezeichnung »Konkubinat« gebraucht: Er will diese erste heidnische Verbindung und Chlodwigs zweite Ehe mit der katholischen Fürstentochter Chrodechilde nicht auf eine Stufe stellen. Aber die Namen *Theudericus*-Theuderich und die seiner Nachfolger Theudebert und Theudebald entstammen der Tradition der Königsdynastien in der rheinischen Francia. Demnach wäre bei der Teilung von Chlodwigs Reich im Jahr 511 die Gesamtheit dieses Gebiets demjenigen seiner Söhne zugeteilt worden, der wegen seiner rheinfränkischen Mutter als der engste Verwandte Sigiberts von Köln gelten konnte. Es gab aber auch ein politisches Bündnis mit den Rheinfranken. Beweis dafür ist die Tatsache, daß ihnen Chlodwig damals freie Hand im Moselgebiet zugestand. Um das Jahr 480 konnten die Rheinfranken Trier besetzen.

Chlodwig brauchte sich also keine Sorgen über seine rückwärtigen Verbindungen zu machen, als er im Jahr 486 zum Kampf mit Syagrius antrat, der seinerseits von der östlichen Flanke her durch die Rheinfranken bedroht wurde. Man kann jetzt auch erst richtig verstehen, warum der heilige Remigius, der Bischof von Reims, so gute Beziehungen zu Chlodwig unterhielt. Die Rheinfranken hatten auf ihrem Vormarsch Trier erreicht, die Hauptstadt der *Belgica prima*. Und daß sie hier stehenbleiben und Reims, die Hauptstadt der *Belgica secunda*, verschonen würden, konnten allein die Salfranken garantieren.

Die rasche Ausweitung von Chlodwigs Herrschaftsbereich nach der Übernahme der Macht ist leicht zu erklären. Er stieß auf keinen nennenswerten Widerstand und verfügte uneingeschränkt über die noch vorhandenen römischen Verwaltungseinrichtungen samt deren Erträgen. Die Steuern wurden bezahlt wie zuvor, außer, ebenfalls wie zuvor, vom Heer. In den Münzateliers wurden weiter Goldmünzen mit dem Bild des Kaisers geprägt. Noch wichtiger ist aber, was Jean Lafaurie über die silbernen Kleinmünzen ermittelt hat: »Als geldgeschichtliche Tatsache steht fest, daß die Silberprägung ... durch die Hinrichtung des Syagrius nicht unterbrochen wurde...« Die im Gebiet der Frankenherrschaft gefundenen Silbermünzen tragen nach dem Jahr 491 als Umschrift die Titulatur des oströmischen Kaisers Anastasios, der mit Chlodwig gegen die Westgoten verbündet war und dessen Königtum im Namen des Imperiums anerkannte.

Aus den Waffenfabriken und Waffendepots wurde weiterhin das Heer versorgt, zu dem neben den Franken, unabhängig von ihrer Herkunft, auch alle »römischen« Soldaten gehörten. Noch im 6. Jahrhundert trugen sie in Italien im Kampf gegen die Truppen Ostroms ihre traditionellen Feldzeichen und »Uniformen«. Die *Lex Salica*, unter Chlodwig in ihrer ältesten Fassung verkündet, verlieh schließlich diesen »römischen« Soldaten die Vorzüge des fränkischen Rechts. Das neue Reich versuchte nicht, seinen Ursprung zu verbergen; er lag im römischen Heer, dessen Anführer sein Amt jeweils vom Vorgänger auf dem Weg der Erbfolge übernommen hatte. Und diese Dynastie wurde zum Rückgrat der politischen Einheit des Reichs. Als Beispiel: Die *Taifalgi* wurden als Truppe von einem Stamm gestellt, der einst den Westgoten gefolgt war, sich aber im 4. Jahrhundert im Nord-Poitou angesiedelt hatte. Unter der Herrschaft der Frankenkönige lebten sie weiter nach ihren eigenen Gewohnheiten in einem *pagus*, wo noch heute eine Kleinregion ihren Namen trägt: Tiffauges. Auch die »Armoricaner« aus dem Loiregebiet schlossen sich nach Prokops Zeugnis dem Heer des Königs an.

Dieses Heer hielt an den Gewohnheiten und an der Disziplin der Armee des spätrömischen Reichs fest, in der die Salfranken eine Elitetruppe gestellt hatten. Wie man heute weiß, waren die bekannten Kreuzfibeln aus Bronze mit zwiebelförmigen Enden, die in germanischen Gräbern gefunden wurden, römischen Offizieren und Veteranen vorbehalten. Das fränkische Heer trat weiterhin jährlich am 1. März auf dem Märzfeld zur

Musterung an – *in campo Marcio*, wie dies Gregor von Tours ganz genau
angibt in seinem Bericht über den Zwischenfall mit dem (Metall)»Krug von Soissons«. Diese Anekdote gibt in der französischen Ge-
schichtstradition noch immer Anlaß zu den erstaunlichsten Mißverständ-
nissen. Es handelt sich dabei eben nicht um einen Beweis für »barbarische
Anarchie« im fränkischen Staat, die vom König mit aller Härte unterdrückt werden muß. Das römische Militärrecht – wie auch das anderer
Völker der Antike – legt eindeutig fest, daß Kriegsbeute Eigentum derjenigen Truppe ist, die sie gemacht hat, und daß zur gerechten Verteilung
alles an einem Ort zusammenzutragen ist. Chlodwig wollte nun dem
Bischof (einer nicht identifizierten Stadt – doch wohl Soissons) ein zu
liturgischen Zwecken bestimmtes, geweihtes Gefäß aus der Beutemasse
zurückgeben. Er war aber darauf angewiesen, die Truppe um eine Ausnahme von der eindeutigen Regel und ihrem guten Recht zu bitten: Alle
stimmten auch zu, nur ein einziger Krieger hielt hartnäckig und provoka-
tiv an seinem Recht fest. Dagegen war der König machtlos, aber er rächte
sich bei einer anderen Gelegenheit. In einem disziplinierten Heer wird
auch der Zustand der Waffen streng kontrolliert. Den maßlosen Auftritt
des Widerspenstigen, der das umstrittene Gefäß mit der Streitaxt zerschlagen hatte, erwiderte der König auf dem nächsten Märzfeld mit einem
Strafexzeß: Als ebendieser Krieger seine Waffen in schlecht gepflegtem
Zustand vorwies, schlug ihm Chlodwig die Axt in den Schädel. Die
auffällige Parallelität beider Handlungen deutet auf eine vielleicht erfun-
dene Geschichte, aber ihr Ablauf entspricht recht gut den Verhältnissen
im Heer, wie sie Gregor von Tours vertraut waren.

Die römische und merowingische Heerschau auf dem Märzfeld wurde
von dem Karolinger Pippin dem Jüngeren verlegt. Sie wurde nun im Mai
abgehalten, weil das Heer zunehmend aus Reitern bestand, die auf Grün-
futter für ihre Pferde angewiesen waren. Die Musterung des Heeres hieß
jetzt Maifeld, so daß der römische Ursprung erkennbar blieb. Die römische Disziplin und die Bewaffnung, noch verbessert durch den Gebrauch
der »Franziska« (Wurfbeil) und des *ango* (Wurfspieß), begründeten übrigens die Überlegenheit des fränkischen Heeres. Ferdinand Lot verdanken
wir die aufregende und hochbedeutsame Entdeckung, daß es zwischen
dem spätrömischen Reich einerseits, dem Frankenreich und Byzanz andererseits eine Kontinuität im Militärwesen gegeben hat. Die byzantinischen Soldaten, deren Muttersprache durchwegs Griechisch war, benütz-

ten zur Eröffnung eines Kampfes unverändert den Schlachtruf des Heeres im christianisierten Römerreich: *adiuta Deus*. Und noch im 11. Jahrhundert hatten auch die (West-)Franken dieses Feldgeschrei: Gott helfe uns! Schon vor ihrer Bekehrung hatten die fränkischen Soldaten im römischen Reichsdienst diesen Ruf auf lateinisch ausgestoßen.

Die in Gregors Anekdote erkennbare Rücksicht des noch heidnischen Königs auf den Bischof entspricht exakt der Politik Chlodwigs: Er wollte sich allgemein mit der reichen und mächtigen Oberschicht der römischen Senatorenaristokratie verbünden, der ja wichtige Posten am Merowingerhof zufallen sollten. Den größten Wert legte er aber auf die Verständigung mit den einflußreichsten Männern dieser Schicht, den Bischöfen, die ja fast ausschließlich aus dem Senatorenstand gewählt wurden. Es kam also nicht zur Störung der Gesellschaftsordnung, die vielmehr an Stabilität gewann. Der König verfügte jetzt über kaiserliche Fiskalgüter, die in Nordgallien besonders ertragreich waren. Er hatte also die Mittel zur großzügigen Versorgung seiner Soldaten, deren charakteristische Reihengräber bis zur Seine gefunden werden, aber nur selten über diesen Fluß hinaus. Die Ländereien, die dem fränkischen Adel verliehen wurden, lagen in einem Gebiet mit ausgedehnten Staatsforsten, in dem dann Landsitze für die Herrscherdynastie errichtet wurden. Der aus Italien stammende Dichter Venantius Fortunatus verherrlichte im 6. Jahrhundert den fränkischen Adel zusammen mit dem römischen. Die vornehmen Franken hatten auch keinerlei Bedenken gegen Eheverbindungen mit dem Senatorenadel, der seinerseits fränkische Namen annahm: So scheint diese Schicht zu verschwinden, während sie in Wirklichkeit ihren Einfluß sicherte. Wer im Zusammenhang mit der fränkischen Reichsgründung Chlodwigs von »Invasionen« spricht, hat sich in den Epochen vertan.

Der neue fränkische Staat bezog seine Stärke aus dem inneren Zusammenhalt. Das galt besonders von dem Augenblick an, als Chlodwig seine Haltung gegenüber dem Christentum änderte und statt wohlwollender Toleranz, durch die er sich grundsätzlich von seinen westgotischen Widersachern unterschied, echten Glaubenseifer bewies. Im Gegensatz zu manchen Behauptungen war dieser Glaubenseifer ein Kennzeichen seiner gesamten Dynastie. Als Chlodwig die Macht übernahm, gab es in Gallien eine Handvoll Klöster. Am Ende der Merowingerdynastie zählte man aber zwischen fünf- und siebenhundert. Auch die Bischöfe wurden in dieser Zeit reicher und mächtiger denn je: ein erster Einblick in die »dunklen Jahrhunderte«, die Gallien angeblich unter den Merowingern erlebte.

Dieser gallo-fränkische Staat, beherrscht von einem fränkischen Personenverband, dessen Mitglieder seit mindestens einem halben Jahrhundert nicht mehr als Eindringlinge, sondern als Beschützer des Landes auftraten, hatte also recht sichere Grundlagen. So konnte der im Vergleich zu seinen Erfolgen und den zu verteilenden Reichtümern recht kleine Stamm – dessen König freilich nie Probleme hatte, eine ausreichende Gefolgschaft zu finden – Siege über offensichtlich wesentlich stärkere Gegner erringen. Der fränkische Erfolg erklärt sich aus den Anfängen: Grundlegend war die Interessengemeinschaft zwischen den Gallo-Römern im Norden und den Franken.

Im Jahr 486 gründete Chlodwig keinen neuen Staat, sondern übernahm das bereits bestehende »Reich von Soissons«. Diesen Staat baute er aus und erhielt dafür die offizielle Anerkennung aus Konstantinopel. Gegen Ende seiner Regierung konnte Chlodwig dann die Macht aller Franken und alle ihre Eroberungen in einem einzigen *regnum Francorum* vereinen. Außerdem sicherte er seinen direkten Nachkommen das alleinige Nachfolgerecht im Königtum. Chlodwigs drittes Reich, ebendas Großreich der Merowinger, war dann in der Tat etwas Neues: der erste bedeutende Staat im Abendland, der Vorläufer von Karls des Großen Kaiserreich.

CHLODWIG: EIN GROSSER HERRSCHER

Als die Salfranken vor dem Jahr 475 an der Rheinmündung drei kleinere Germanenstämme, darunter die *Thoringi* (um Tongern), angegriffen hatten, erschien Eurichs Flotte in den Küstengewässern. Die Franken waren daraufhin geschlagen worden, und der mächtige Westgotenkönig hatte ein *foedus* mit den Gegnern der Salier geschlossen, um in ihrem Rücken eine permanente Bedrohung zu erhalten. Im Jahr 491 griff dann Chlodwig die *Thoringi* an und konnte sie unterwerfen: Die Zeiten hatten sich geändert. Und schon bald entbrannte ein fränkisch-westgotischer Konflikt um die Hegemonie in Gallien.

Alarich II. war zwar kein Eurich, aber seine Macht mußte durchaus beachtet werden. Manche scheinen sie zu unterschätzen, weil sie Gregor von Tours glauben, der berichtet, Syagrius sei aufgrund einer bloßen Kriegsdrohung Chlodwigs ausgeliefert worden. Herwig Wolfram hat nachgewiesen, daß dieses Ereignis schlecht zu den Gegebenheiten des Jahres 486 paßt. Die Franken besaßen damals nur das Land bis zur Seine und waren gar keine direkten Nachbarn der Westgoten. Zwischen 490 und 493 war Alarich II. mächtig genug, um dem Ostgoten Theoderich in einer sehr schwierigen Lage gegen Odowakar beizustehen und ihm bedeutende militärische Unterstützung zu leisten. Es ist aber auch zu beachten, wie geschickt Chlodwig diese Ablenkung der Westgoten benützte, um eben im Jahr 491 die Lage in seinem Rücken zu bereinigen.

Theoderich konnte Odowakar im Jahr 493 beseitigen und bemühte sich danach um die Festigung seiner Position. Er warb um Chlodwigs Schwester und erhielt sie auch zur Gemahlin. Seine Hoffnung war, durch diese Verbindung Gundobads Burgundenreich vom Rücken her bedrohen zu können. Chlodwig ließ sich aber nicht für fremde Interessen einsetzen. Er benützte sein vorübergehendes Bündnis mit Theoderich als Druckmittel, um seine Eheschließung mit Gundobads Nichte Chrodechilde durchzusetzen. Diese zweite Verbindung vergrößerte Chlodwigs Ansehen ganz erheblich, vor allem weil der Onkel seiner Gemahlin eine so hohe Stellung innerhalb der römischen Hierarchie einnahm. Zugleich war gesichert, daß Burgund in dem Krieg neutral bleiben würde, den der Franke gegen Alarich II. plante.

Chlodwigs Heirat machte Geschichte. Anders als ihr Onkel war Chrodechilde katholisch wie ihre Mutter. Gregor von Tours, mit seiner Vorliebe für Anekdoten, hat keine der Geschichten weggelassen, die zu seiner Zeit, also gegen Ende des 6. Jahrhunderts, über den großen Chlodwig umliefen, der bereits mythische Vergangenheit war. So erzählt er auch, daß Chrodechildes Mutter Caretena (Gregor nennt ihren Namen nicht) von dem schrecklichen Arianer Gundobad umgebracht worden sei; mit einem Mühlstein um den Hals habe man sie ertränkt. Nun hat man aber den Grabstein der Caretena gefunden, und seine Inschrift bezeugt, daß sie erst im Jahr 506 gestorben ist. Auch ihr Gemahl Chilperich II. soll nach der legendenhaften Überlieferung von Gundobad ermordet worden sein. Aber Bischof Avitus von Vienne erwähnt in einem Brief die tiefe Trauer, die Gundobad beim Tod Chilperichs empfunden hat.

In Gregors Bericht sind der fränkisch-burgundische Nichtangriffs-
pakt und die anschließende militärische Zusammenarbeit gegen die Westgoten für die Anfangszeit falsch dargestellt, dann ganz verschwiegen:
Chlodwig als Heldengestalt durfte auf keinen Fall der Verbündete eines
Häretikers sein. Das Beispiel zeigt, daß es eine zweifache Geschichte der
Merowinger gibt. Die eine ist von dichterischer Freiheit, die andere kann
den Quellen nur mit Mühe abgewonnen werden. Die erste ist im Anschluß an Gregor von Tours durch Augustin Thierry brillant erzählt
worden und beherrscht seither die Vorstellungen von der Geschichte der
Anfänge Frankreichs.

Aber zurück zu den Tatsachen. Vor 496 entbrannte der Krieg zwischen Chlodwig und seinen Erbfeinden, den Westgoten. Sie wurden zwar
vom ersten Angriff des Franken überrascht, doch gelang es ihnen dann,
Saintes zurückzuerobern. Das wurde möglich, weil Chlodwig im gleichen Jahr den Rheinfranken zu Hilfe kommen mußte, die von den Alemannen angegriffen wurden. Dabei wurde König Sigibert von Köln bei
Zülpich *(Tolbiacum)* – einem römischen *castrum* – so schwer verletzt, daß
er von da an hinkte. Man geht gegenwärtig davon aus, daß die große
Schlacht, in der das eilig herangeführte Heer Chlodwigs siegte, mit dem
Abwehrkampf um Zülpich nichts zu tun hat, aber daß ihr Ausgang
entscheidende Bedeutung hatte: Der Tod des Alemannenkönigs und der
überwältigende fränkische Sieg ermöglichten den Rheinfranken die Besetzung von großen Teilen der bisher durch die Alemannen beherrschten
Gebiete beiderseits des Oberrheins.

Daß die östlichen Franken von einem Sieg der Salier profitierten,
erscheint auf den ersten Blick erstaunlich, weil Chlodwig wenig Neigung
zeigte, für andere zu arbeiten und politische Geschenke zu machen.
Tatsächlich war es wohl so, daß Arbeitsteilung und Abgrenzung der
Interessensphären für die Beziehungen der beiden fränkischen Königreiche ausschlaggebend waren. Die Südausdehnung der Franken war auf
dem östlichen Flügel Sache des Königreichs von Köln, auf dem westlichen
Flügel Sache des Königreichs von Soissons, wo Chlodwig residierte.
Gegner waren im einen Fall die Alemannen, im anderen Fall die Westgoten. Am großen Krieg gegen die Westgoten im Jahr 507 beteiligte sich auch
ein bedeutendes rheinfränkisches Kontingent unter dem Befehl von Chloderich, einem Sohn König Sigiberts des Lahmen. So erhielt Chlodwig den
Ausgleich für seine vorausgegangene Hilfeleistung gegen die Alemannen.

Ihre partielle Kooperation ermöglichte den beiden grundverschiedenen und völlig eigenständigen Königreichen den Sieg über die gefährlichsten Widersacher der Franken unter allen Angehörigen der germanischen Welt.

Nach diesem Erfolg wandte sich Chlodwig wieder gegen Aquitanien. Im Jahr 498 erlangte er die Herrschaft über Bordeaux, eine der Hauptstädte seines Gegners Alarich. Eine endgültige Entscheidung konnte er aber nicht herbeiführen, weil er gegen die Befestigungen einiger Städte offensichtlich nichts auszurichten vermochte. Wenig später, um 500, führte er dann Krieg gegen die Burgunden, bei denen ihm interne Differenzen im Königshaus Gundobads günstige Aussichten zu eröffnen schienen. Aber auch die Burgunden fanden ihrerseits allmählich, daß er in Gallien übermächtig wurde. Chlodwig, der mit einem Bruder Gundobads verbündet war, mußte sich auch hier mit einem recht unsicheren Versprechen auf Tributzahlung durch Gundobad zufriedengeben. Zuvor hatte er vergeblich Avignon belagert und seinen Verbündeten der Rache des Burgundenkönigs überlassen müssen. Diese erste Abfolge von Kriegsunternehmungen endete mit einem Friedensschluß: Alarich II. und Chlodwig trafen sich im Jahr 502 auf einer Loire-Insel bei Amboise. Dadurch demonstrierten sie ihre Ranggleichheit und bestätigten zugleich die Loire als Grenze ihrer Königreiche.

Vielleicht wurde damals aufgrund einer Vertragsklausel Syagrius an Chlodwig ausgeliefert: Er konnte von den Westgoten ja nicht mehr als Herrschaftsanwärter gegen Chlodwig ausgespielt werden. Daß er in seinem Gefängnis heimlich umgebracht wurde, wie Gregor behauptet, ist nicht so sicher. Dagegen spricht die Beobachtung, daß die Angehörigen des einflußreichen Familienclans der *Syagrii* und *Egidii* zahlreiche Bischofsstühle besetzen konnten. Einige von ihnen hatten zuvor die höchsten Ämter am Merowingerhof oder in der Provinz innegehabt. Einer wurde sogar in Reims der vierte Nachfolger des heiligen Remigius.

Chlodwig war damals der erste katholische König geworden, mehr noch, er war der einzige katholische Herrscher neben dem römischen Kaiser. Diese folgenreiche Entwicklung hatte eine sorgfältige Vorbereitung erfordert, denn für einen heidnischen König war es keine einfache Sache, den Glauben seines Volkes und die Götter, von denen seine Dynastie abzustammen behauptete, in aller Öffentlichkeit aufzugeben. Gundobad hatte sich, freilich vergebens, um eine heimliche Aufnahme in die katholische Kirche bemüht, weil er Schwierigkeiten mit den Burgunden vermeiden wollte, die zwar keine Heiden, aber Arianer waren. Nach einer verbreiteten Überlieferung versprach Chlodwig in einer kritischen Phase der Alemannenschlacht im Jahr 496, er werde sich bekehren, falls er den Sieg davontrage. Bei dieser Verbindung zwischen dem Ausgang einer Entscheidungsschlacht und der Bekehrung nahm Gregor von Tours wohl Konstantin den Großen zum Vorbild. Bekanntlich wollte er ja Chlodwig als neuen Konstantin darstellen. Die zeitgenössischen Zeugnisse erwähnen weder eine Alemannenschlacht als Bekehrungsmotiv noch die Taufe durch den heiligen Remigius. Sie berichten dagegen, Chlodwig sei von einem Besuch der Kirche des heiligen Martin in Tours tief beeindruckt gewesen und habe bei dieser Gelegenheit gelobt, sich nach der vorgeschriebenen Unterweisung taufen zu lassen. Es ist allerdings höchst erstaunlich, daß der Bischof von Tours, der ja auch die Geschichte seiner Kirche schrieb, gerade dieses Ereignis verschweigt.

Als Tatsache steht fest: Chlodwig hatte es zugelassen, daß Chrodechilde ihren ersten Sohn Ingomer taufen ließ und nach dessen frühem Tod auch den zweitgeborenen Chlodomer. Da es sich dabei um den möglichen Nachfolger des Königs handelte, kann man davon ausgehen, daß Chlodwig, der ja eine katholische Fürstentochter zur Gemahlin gewählt hatte, kein überzeugter Heide mehr war. Vor seiner Entscheidung wollte er allerdings mehr über den neuen Glauben wissen, und er zeigte sich beeindruckt vom Gepränge, aber auch vom Ernst des Gottesdienstes: Dies zeigt einen Menschen, der alles andere ist als ein Barbar, dem der Glaubenswechsel nicht mehr bedeutet als der Wurf beim Würfelspiel.

Nachdem der Entschluß gefaßt war, lud der König die Bischöfe des Reichs und der Nachbarländer zur Teilnahme an dem Ereignis, das für Weihnachten geplant war. Bischof Gregor von Tours, der sich dabei auf Chrodechildes Zeugnis stützen konnte, berichtet wohl glaubwürdig vom verdienstvollen Mitwirken des Reimser Bischofs. Bischof Avitus von Vienne entschuldigte damals sein Fernbleiben in einem Brief, der nach wie vor die wichtigste Quelle zur Taufe Chlodwigs darstellt. Das Schreiben belegt, daß der König bei seiner Einladung die Tragweite der Entscheidung genauso klar erkannte wie Bischof Remigius. Die Taufe selbst wird überwiegend auf das Weihnachtsfest 498 datiert, weil der vorangehende Aufenthalt in Tours zum Itinerar des Königs paßt, der in diesem Jahr einen Feldzug gegen die Westgoten unternahm. Im Vertrauen auf die

Nachricht Gregors von Tours gilt Reims als Taufort. Daß Chlodwig vom heiligen Remigius getauft wurde, wird auch im Testament des Bischofs bezeugt.

Gregor berichtet, dreitausend Franken seien dem Beispiel ihres Königs gefolgt, ein späterer Chronist verdoppelt diese Zahlangabe. Als sicher kann gelten: Nachdem Chlodwig, der Anführer seines Volkes, getauft war, beteiligten sich hochgestellte wie auch einfache Franken in großer Zahl an einer Massentaufe. Damit sollte demonstriert werden, daß sich der König durch den Glaubenswechsel nicht von seinem Volk und seinen Getreuen entfremdet hatte, von denen nun viele seiner Entscheidung folgten. Wir besitzen einen Bericht über die Taufe Wladimirs des Heiligen in Kiew im Jahr 989: Der König befahl allen, sich am Ufer des Dnjepr taufen zu lassen, damit »kein einziger Heide in der Stadt übrigbleibe, der Gott durch seine Anwesenheit beleidigt«. Ferner erklärte er: »Wer sich nicht beteiligt, möge sich als mein persönlicher Feind betrachten.« Die Analogie wie der Kontrast helfen zu verstehen, welch große Bedeutung es hatte, wenn ein Volk unter der Führung seines Königs in eine neue Glaubenswelt überwechselte. Trotz aller menschlichen Unvollkommenheiten waren das große historische Augenblicke.

Die fränkische Glaubenspraxis war anscheinend ziemlich »liberal«, was den Unwillen der Bischöfe hervorrief. Sie machten beispielsweise Chlodwigs Sohn Chlothar I. den Vorwurf, er dulde heidnisch gebliebene Große an seiner Tafel. Es steht aber außer Zweifel, daß die Frankenkönige heidnische Würdenträger nicht so lange toleriert haben wie die Kaiser des christianisierten Römerreichs. Die unbeirrbare Rechtgläubigkeit blieb ihre besondere Stärke und wurde zur Grundlage für die Bedeutung des Frankenreichs. Der heilige Avitus äußert in dem zuvor erwähnten Brief seine Überzeugung in geradezu prophetischen Worten: Obwohl Untertan des Burgundenkönigs, preist er sich glücklich, daß nun die Griechen nicht mehr die einzigen sind, über die ein katholischer Fürst herrscht. Er freut sich deswegen für den ganzen Okzident und versichert, die Entscheidung des Frankenkönigs werde auch die anderen Barbarenvölker auf den rechten Weg bringen. Schlagartig wird hier die richtungweisende Vorrangstellung des Frankenkönigs deutlich, auch wenn das Bekehrungswerk in Gallien, nicht nur bei den Franken und im Nordosten, noch die Arbeit von Generationen beanspruchen sollte.

Für Konstantinopel war Chlodwig zum bevorzugten Verbündeten

geworden. Seit dem Beginn des 6. Jahrhunderts hat er wohl Kontakte aufgenommen, oder der Kaiser ist, was wahrscheinlicher ist, von sich aus an ihn herangetreten. Schlag auf Schlag errang Chlodwig zwei entscheidende Siege: über die Alemannen im Jahr 506 und über die Westgoten im Jahr 507. Der Angriffskrieg gegen die Alemannen hatte jetzt die vollständige Unterwerfung zum Ziel, weil jede Überraschung aus dem Osten während des Endkampfes gegen Alarich II. ausgeschlossen werden sollte. Dieser zweite Sieg über die Alemannen führte zur Unterwerfung ihres gesamten nördlichen Stammesgebiets, das den Franken bis dahin noch Widerstand geleistet hatte. Dazu sind zwei Zeugnisse von höchstem Interesse überliefert. Ein Brief mit Glückwünschen Theoderichs an Chlodwig, 506/507 geschrieben, erwähnt die schwere Niederlage der Alemannen und fügt an, daß der Ostgotenkönig die Reste des alemannischen Volkes eben unter seinen Schutz gestellt hat. Damit verweist Theoderich den Frankenherrscher eindeutig auf die Grenzen, die er nicht überschreiten darf: Das Aufmarschgebiet gegen Italien, nämlich das alemannische Gebiet südlich der Donau, ist ihm verboten. Um die gleiche Zeit konsolidierte Theoderich das Siedlungsgebiet der Bajuwaren um Regensburg, sie sollten dort die »römische« Grenze verteidigen. Die beiden süddeutschen Stämme, Alemannen und Bayern, bewahrten in der Folgezeit die Erinnerung an Theoderich von Verona, den die Heldenlieder »Dietrich von Bern« nennen.

Der zweite Beleg ist der archäologischen Forschung zu verdanken: Einer der Hauptsitze des Anführers der Alemannen – oder möglicherweise der Sitz eines der wichtigsten Stammesfürsten – wurde auf dem Runden Berg bei Urach in Württemberg ausgegraben. Alle auswertbaren Funde passen zum Jahr 506 als Datum der Zerstörung. Die befestigte Anlage mit ihrer reichen Ausstattung und eigenen gewerblichen Werkstätten erinnert unbestreitbar an die keltischen *oppida*. Sie bezeugt außerdem enge Beziehungen der Alemannen und ihres Handels mit auswärtigen Ländern, voran mit Italien.

An dieser Grenze gesichert und im Genuß seines vollständigen Sieges über die lange gefürchteten Gegner, konnte Chlodwig nun den Krieg gegen Alarich II. vorbereiten. Dabei setzte er sofort alle seine Trümpfe ein: ein Bündnis mit dem Kaiser, um Theoderich zu binden; ein zweites mit Sigibert von Köln, der ein Heer unter seinem Sohn als Anführer schickte; schließlich ein drittes mit Gundobad von Burgund, der sich den

Gewinn der Provence versprach, während Chlodwig damit rechnete, durch den Besitz Septimaniens einen Teil des Küstengebiets zu erlangen und so endlich das Mittelmeer zu erreichen.

Der wohl wichtigste Verbündete war aber der heilige Martin. Chlodwig begann seinen Feldzug im Frühjahr 507 mit einem Besuch von Tours, um dort zu beten. Von da an war der heilige Martin Schutzpatron der Merowinger und der Franken; er wurde der Sieger über die häretischen Goten. Dieser gallische Heilige sollte wesentlich dazu beitragen, daß Gallo-Römer und Franken leichter den Weg zur Einheit fanden. Der König aber beeilte sich zu verkünden, er werde Gallien vom Schandfleck der Irrgläubigkeit säubern. Natürlich zählte er auf die Unterstützung der Katholiken, die durchaus bereit waren, ihn als Befreier zu begrüßen. Die arianische Verfolgung hatte unzweifelhaft an Heftigkeit nachgelassen, und Alarich II. versuchte sogar, die römische Bevölkerung für sich zu gewinnen. Zu diesem Zweck ließ er von seinen Senatoren die sehr vorteilhafte *Lex Romana Visigothorum* ausarbeiten, aber dieser Schritt zur Aussöhnung kam doch verspätet. Es ist eine Ironie des Schicksals, daß dieses Gesetz vom Jahr 507 wegen Chlodwigs Sieg in Gallien nicht angewendet werden konnte. Trotzdem erlangte es erhebliche Bedeutung für die im fränkischen Gallien nach römischem Recht lebende Bevölkerung.

Obwohl die aquitanischen Senatoren teilweise mit ihren Kontingenten das Heer Alarichs II. verstärkten, brach Chlodwig von Tours auf. Auf dem Marsch ereignete sich bei der Überquerung eines Flusses ein Wunder, was als günstiges Vorzeichen betrachtet wurde. Ungefähr zehn Kilometer westlich von Poitiers, bei Vouillé, stießen die Franken auf den Feind. Die Westgoten wurden vernichtend geschlagen, Alarich II. selbst fiel in der Schlacht. Ein rascher Feldzug führte den Frankenkönig bis zur Garonne, gleichzeitig begann sein Sohn Theuderich mit der Eroberung der Auvergne. Sie wurde ein Teil des Reichs, das er nach dem Tod seines Vaters erben sollte. Auch Toulouse wurde genommen; damit verschwand das »Königreich von Toulouse« aus der Geschichte.

Daraufhin hielt es Theoderich für notwendig einzugreifen. Er schickte ostgotische Truppen unter dem Kommando des Heerführers Ibba, dessen Name ein Diminutiv von »Hildebrand« ist, einer weiteren Sagengestalt der germanischen Heldenlieder. Dieses Heer bewies in den Jahren 508 und 509, daß es noch gleichwertige Gegner für die Franken gab: Sie wurden

ebenso wie die Burgunden besiegt; die Provence und Septimanien, also
die mediterranen und »römischen« Teile Galliens, gingen diesmal an
keinen von beiden. Septimanien wurde an die Westgoten zurückgegeben,
und die Bevölkerung der Provence erhielt eine Botschaft Theoderichs, die
Cassiodor verfaßt hatte. Sie besagte, die Einwohner würden nun erneut in
die *libertas* der *res publica* aufgenommen, sie seien abermals Römer. Das
Amt des *praefectus praetorio Galliarum* wurde wieder eingerichtet.

Trotz dieser abschließenden Rückschläge, die Gregor von Tours vollständig verschweigt, hatte Chlodwig einen triumphalen Sieg errungen.
Als er nach Tours zurückkehrte, erwartete ihn dort eine kaiserliche Gesandtschaft. Sie überbrachte ihm den Ornat eines von Konstantinopel
offiziell anerkannten Königs *(rex)* und die Ernennungsurkunde zum
Konsul ehrenhalber. Der Frankenherrscher war sich über die Bedeutung
dieser Legitimation völlig im klaren und ließ nach römischer Sitte Goldmünzen unter das Volk werfen. Nach der Rückkehr an die Seine machte
Chlodwig Paris zur *cathedra regni*, zur Hauptstadt nach römischem
Muster, wozu er jetzt ja das Recht hatte. Er war zum legitimen *dominus*
geworden, auch für seine römischen Untertanen. Es stand ihm nun zu,
eine Synode der Bischöfe seines Reichs einzuberufen, und er tat dies 511
zu Orléans, im Jahr seines Todes. Auf dieser Synode wurde er als der von
Gott dem katholischen Gallien gesandte König begrüßt. Zu diesem Aufstieg hatte Chlodwig nur fünfundzwanzig Jahre gebraucht.

KAPITEL XII

Die Merowinger

DAS »REGNUM FRANCORUM«

Die Söhne Chlodwigs, die sich das Reich ihres Vaters teilten, herrschten keineswegs über Trümmerfelder als Hinterlassenschaft der »Stürme der Völkerwanderung«. Kennzeichnend für ihre Länder war vielmehr die kraftvolle Vitalität bei der Bewältigung politischer und kirchlicher Aufgaben. Fünfzig Prozent aller Schatzfunde zwischen Rouen und Chartres aus der Zeit der Kaiserherrschaft über Gallien gehören in die kurze Spanne der fünf Jahrzehnte von 235 bis 284. Weniger als zehn Prozent stammen aus konstantinischer Zeit, nur ein einziger Hortfund ist in die Regierungszeit von Kaiser Theodosius zu datieren. Für das 5. Jahrhundert ist aber eine völlige Fehlanzeige zu registrieren. Die Machtübernahme durch Chlodwigs Franken auf gallischem Boden hat praktisch keine Spuren von Notvergrabungen hinterlassen. Man wird endlich akzeptieren müssen, daß es die Germaneneinbrüche des 3. Jahrhunderts waren, die der *Pax Romana* ein Ende setzten. Dagegen haben die »großen Invasionen« des 5. Jahrhunderts im bereits barbarisierten Gallien insgesamt zu keiner tiefgreifenden Veränderung der Lebensumstände geführt. Von dieser Feststellung bleibt unberührt, daß einige Regionen sowie größere Städte – beispielsweise Trier – von 407 bis 409 und im Jahr 451 mehrfach durch Einfälle schwer getroffen wurden. Die politischen Entscheidungen der zweiten Hälfte des 5. Jahrhunderts führten allerdings zu einem neuen Ordnungssystem im Verhältnis zwischen den in Gallien etablierten Machthabern. Aufgrund der Einstellung von Childerichs und Chlodwigs Franken zur gallo-römischen Bevölkerung und zum Episkopat war diese neue Ordnung aber vor allem durch Kontinuität gekennzeichnet.

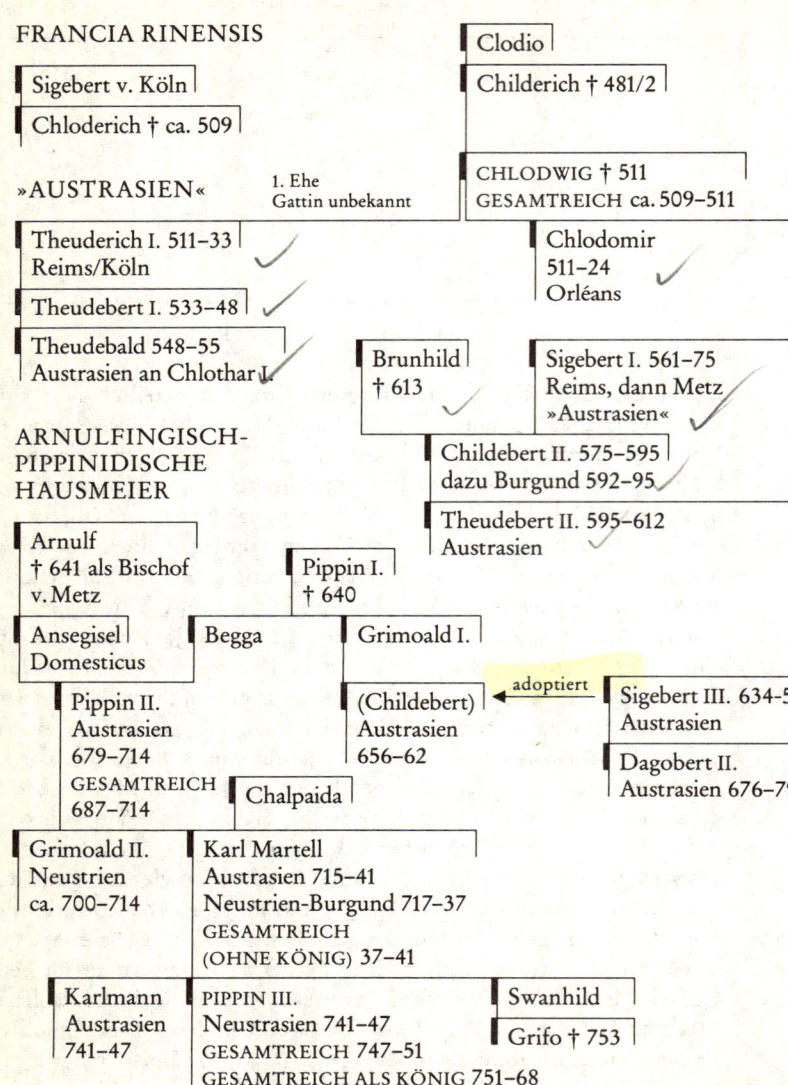

FRANCIA RINENSIS

Sigebert v. Köln
Chloderich † ca. 509

Clodio
Childerich † 481/2

»AUSTRASIEN« 1. Ehe
Gattin unbekannt

CHLODWIG † 511
GESAMTREICH ca. 509–511

Theuderich I. 511–33
Reims/Köln

Theudebert I. 533–48

Theudebald 548–55
Austrasien an Chlothar I.

Chlodomir
511–24
Orléans

Brunhild
† 613

Sigebert I. 561–75
Reims, dann Metz
»Austrasien«

**ARNULFINGISCH-
PIPPINIDISCHE
HAUSMEIER**

Childebert II. 575–595
dazu Burgund 592–95

Theudebert II. 595–612
Austrasien

Arnulf
† 641 als Bischof
v. Metz

Pippin I.
† 640

Ansegisel
Domesticus

Begga

Grimoald I.

Pippin II.
Austrasien
679–714
GESAMTREICH
687–714

(Childebert)
Austrasien
656–62

adoptiert

Sigebert III. 634–5
Austrasien

Dagobert II.
Austrasien 676–79

Chalpaida

Grimoald II.
Neustrien
ca. 700–714

Karl Martell
Austrasien 715–41
Neustrien-Burgund 717–37
GESAMTREICH
(OHNE KÖNIG) 37–41

Karlmann
Austrasien
741–47

PIPPIN III.
Neustrasien 741–47
GESAMTREICH 747–51
GESAMTREICH ALS KÖNIG 751–68

Swanhild

Grifo † 753

SALISCHE FRANKEN

		Chilperich König der Burgunden
		Chrodechildis.' »Clothilde«
2. Ehe		
Childebert I. 511–58 Paris		CHLOTHAR I. Soissons 511–61 Reims/Köln 555–61 GESAMTREICH 558–61

Guntram 561–92 Orléans, dann Chalon-s.-Saône »Burgund«	Charibert I. Paris 511–58	Chilperich I. 561–84 Soissons »Neustrien«
		CHLOTHAR II. 584–629 Soissons, dann Rouen GESAMTREICH 613–23 Neustrien-Burgund 623–29

Theuderich II. Burgund 595–613 und Austrasien 612–13	DAGOBERT I. Austrasien 623–29 GESAMTREICH 629–34 Neustrien-Burgund 634–39	Charibert II. Toulouse 629–32
Sigebert II. † 613		

	Chlodwig II. 639–57 Neustrien-Burgund	

Chlothar III. Neustrien- Burgund 657–73	Childerich II. Austrasien 662–75	THEUDERICH III. Neustrien-Burg. 673–87 GESAMTREICH 687–91
Chlodwig III. Austrasien 675–76	Chilperich II. Neustrien 715–21	CHLODWIG IV. GESAMTREICH 691–95
	CHILDERICH III. GESAMTREICH 743–51	CHILDEBERT II. GESAMTREICH 695–711
		DAGOBERT III. GESAMTREICH 711–15
		THEUDERICH IV. GESAMTREICH 721–37

Trotz dieser Tatsachen und trotz Chlodwigs Bekehrung, deren historische Tragweite unbestritten ist, werden die Merowinger recht unfreundlich beurteilt. Weil sie nicht als wirklich überzeugte Christen gelten, werden auch ihre Verdienste um die Ausbreitung des katholischen Glaubens nicht beachtet oder bestritten. Die Deutschen werfen ihnen vor, sie seien dem Einfluß des fremdländischen Gallien so vollständig erlegen, daß sie ihr »Germanentum« verloren hätten. Doch in Frankreich sind sie um nichts beliebter, sie gelten hier als unmenschlich, dumm und dekadent. Man wirft zum Beispiel den Merowingern vor, die Provinzialsynoden seien unter ihnen außer Gebrauch gekommen. Dabei übersieht man aber, daß diese Entwicklung eintrat, als die Macht in die Hände der Hausmeier übergegangen war, und daß diese Synoden ja gerade unter der Dynastie der Merowinger in Gallien erst eingerichtet worden waren. Vor allem unter den ersten Karolingern wurden die Merowinger ins Lächerliche gezogen. Die bei Gregor von Tours schonungslos ausgesprochenen Wahrheiten, seine Klatschgeschichten und Legenden haben den Rest besorgt: Die Ablehnung der ersten fränkischen Dynastie durch ein Land, das ihr so viel verdankt, behauptet sich bisher unverändert.

Die Erbteilungen wurden als besonders schädlich kritisiert und als Indiz eines für Barbaren kennzeichnenden Mangels an Staatsbewußtsein gewertet. Dabei hat man die Tatsache kaum beachtet, daß diese Teilungen die Expansion des *regnum Francorum* nicht verhindert haben, das stets als Einheit, zugleich aber auch als teilbar betrachtet wurde. Dieses Reich wurde zur Führungsmacht im Abendland, was in Konstantinopel genau registriert wurde. Die »römischen« Zeitgenossen im Imperium schrieben überwiegend griechisch und betrachteten die Barbaren normalerweise mit einer Mischung aus Verachtung und Belustigung. Sie zeigten aber einen erstaunlichen Respekt vor den Franken, selbst wenn sie deren wirkliche Fehler mitteilten oder das, was sie unter dem eigenen Blickwinkel dafür hielten. In den Kapiteln, die Agathias (536–582) den Kriegen Kaiser Justinians in Italien widmet, finden sich Abschnitte über das Frankenvolk und seine Könige, die von höchstem geschichtlichem Interesse sind. Dieser zeitgenössische Beobachter war umfassend informiert durch seine griechischen Landsleute aus Marseille, das seit 536 von den Merowingern beherrscht wurde. »Die Franken«, schreibt Agathias, »sind keine Nomaden, wie das bei den Barbaren so häufig der Fall ist. Sie machen Gebrauch von römischer Verwaltung und römischem Recht. Mit den Römern ge-

meinsam haben sie Handelsrecht, Eherecht und die Verehrung Gottes. Sie
haben Beamte und Priester. Wie es scheint, sind sie für ein Barbarenvolk
recht zivilisiert und kultiviert: Von den Römern unterscheiden sie sich
tatsächlich nur durch Sprache und Tracht. Was ich am meisten an ihnen
bewundere, ist ihre Rechtschaffenheit und Eintracht. Schon früher, und
gerade eben wieder, wurde ihr Reich unter drei oder sogar noch mehr
Könige aufgeteilt. Das ist für sie aber keineswegs ein Anlaß zum Bürgerkrieg. Natürlich drohen die Könige einander und ihre Heere ziehen ins
Feld. Wenn sich die Franken dann aber wirklich gegenüberstehen, ziehen
sie die Verständigung vor und setzen ihre Könige in diesem Sinn unter
Druck: Es ist bei ihnen weder Recht noch Gewohnheit, daß wegen
Streitigkeiten unter den Königen der Staat in eine Krise gerät. Eben
deswegen besitzen die Franken starke Macht und feste Gesetze. Sie haben
nichts von ihren Gebieten verloren, sondern noch viel dazu gewonnen.«
Tatsächlich hatten die Franken zwischen 532 und 534 das Königreich
Burgund erobern können, gestützt auf das Bündnis von Chlodwigs Söh-
nen, nachdem zuvor Chlodomer, einer der Brüder, im Jahr 524 von den
Burgunden geschlagen und getötet worden war.

Die Franken hätten für Justinian in seinem Italienkrieg gegen die
Nachfolger Theoderichs die idealen Verbündeten sein können. Aber die
Ostgoten überließen ihnen in den Jahren 536 und 537 das gesamte Vorfeld
Italiens. Sie erwarteten aufgrund dieses Verzichts kaum eine wirksame
Unterstützung, sondern hofften vor allem, daß sie damit die tödliche
Umfassung durch ein fränkisch-byzantinisches Bündnis verhindern
könnten. Ohne einen Schwertstreich besetzten die Franken daraufhin die
Provence, das südliche Alemannien und Bayern bis an die Ostalpen. Im
Jahrhundert davor hatte Rikimer im Verein mit den Westgoten den Weg
nach Süden und an das Mittelmeer für Nordgallien versperrt, das nun
doch die Küste erreichte. Gallien war geeint bis auf wenige Ausnahmen:
Septimanien (das Languedoc), das, weil gotisch geblieben, lange *Gothia*
heißen wird, und die noch nicht unterworfenen Gebiete der Gascogne
und der Bretagne.

Kurz davor, im Jahr 531, hatte Chlodwigs ältester Sohn Theuderich
die Thüringer mit ihrem König Herminafrid unterworfen – anfangs allein,
dann zusammen mit seinem Bruder Chlothar und den Sachsen. Dieses
bedeutende Königreich hatte lange den Handel zwischen dem Imperium
und der Ostsee beherrscht, es erstreckte sich von der Elbe bis an Rhein

und Donau. Nun teilten es sich die siegreichen Sachsen und Franken. Der Osten fiel schon bald in die Gewalt der Awaren und Slawen. Es scheint, als wäre damals ein Teil der Sachsen in Abhängigkeit vom Frankenreich geraten. Mit Ausnahme des »freien Sachsen« und des Gebietes der ebenfalls noch heidnischen Friesen beherrschten die Franken also seit 537 ganz Germanien.

Eine Episode im Zusammenhang mit dem Ende des Thüringerreichs beleuchtet eine andere Seite des fränkischen Wesens. Zur Beute Chlothars gehörte auch Radegunde, die Tochter von König Berthachar, dem Bruder Herminafrids. Im Jahr 518 geboren, wurde das junge Mädchen jetzt in der Picardie aufgezogen, und zwar in Athies, einer königlichen *villa* Chlothars. Nach dem Tod der Königin Ingunde schloß Chlothar eine neue Ehe mit Radegunde (538). Im Jahr 555 zog sie sich vom Hof zurück und ließ sich durch Bischof Medard von Noyon zur *diacona* weihen. Sie lebte dann zunächst auf ihrem Landsitz Saix zwischen Tours und Poitiers, ehe sie noch vor dem Jahr 560 ein Kloster in Poitiers stiftete. Als Äbtissin setzte sie die heilige Agnes ein und erlangte von Kaiser Justinian eine Kreuzesreliquie, die dem Kloster seinen Namen gab (Sainte Croix). Das Ereignis wurde von Venantius Fortunatus, dem Freund der beiden Frauen, in zwei Gedichten gefeiert, von denen das eine – *Vexilla regis* – berühmt geblieben ist. Der Dichter Venantius Fortunatus stammte aus Italien, kam um das Jahr 565 nach Gallien und lebte lange am Hof, bevor er Radegunde nach Poitiers folgte. Er starb im Jahr 609 als Bischof dieser Stadt.

Man hat dem merowingischen Hof das Verdienst an der katholischen Erziehung Radegundes abgesprochen. Man konnte ja unmöglich zugeben, daß eine Heilige auch nur mittelbar aus der Umgebung der Merowinger hervorgegangen sei. Dabei vergißt man völlig die mit Kirchengründungen verbundenen Heiligen der Merowingerzeit, deren Zahl so groß war, daß dann unter den Karolingern Klagen aufkamen, es gebe keine (neuen) Heiligen mehr. Das Beispiel einer hochgeborenen Frau wie Radegunde, die schwer am Schicksal ihrer Familie und am Lebenswandel ihres königlichen Gemahls zu tragen hatte, ist ungewöhnlich aufschlußreich für die zutiefst katholische Bildung der Oberschicht im Frankenreich. Dabei spielte der Einfluß der Bischöfe eine besondere Rolle, und diese Bischöfe wußten ganz genau, wie wichtig fürstliche Frauen für die Hebung der Sitten und für die Ausbreitung des Glaubens waren.

Wie es der heilige Avitus vorausgesehen hatte, erlangte das Frankenreich eine besondere Bedeutung für die christliche Missionstätigkeit. Der heilige Nicetius, ein bedeutender Bischof von Trier, wurde 526 oder 527 von König Theuderich I. ernannt und war um das Jahr 560 noch am Leben. Er schrieb Chlodoswintha, der Gemahlin des Langobardenkönigs, die eine fränkische Prinzessin war, und ermahnte sie, dem Vorbild Chrodechildes folgend ihren Gatten zum katholischen Glauben zu bekehren. Die Katholisierung der Langobarden in Italien wurde dann von einer anderen Langobarden-Königin fränkischer Herkunft in die Wege geleitet: Von Theudelinde, der Tochter des Agilolfingers Garibald, den die Merowinger zum Herzog von Bayern ernannt hatten.

Auch die erfolgreiche Bekehrung der Angelsachsen hängt mit dem Einfluß des merowingischen Königshauses zusammen. Ausgangspunkt war die Eheschließung von König Chariberts I. Tochter Berta mit König Aethelberht von Kent. Diese Königin hatte eine eigene Martinskapelle, um dort zu beten, an sie wandte sich Gregor der Große bei seinem wichtigen Anlauf zur Angelsachsenmission. Das kleine Königreich verfiel zeitweise wieder dem Heidentum, fand aber erneut unter fränkischem Einfluß zum Christentum zurück: Eadbald, der Sohn Aethelberhts, heiratete Emma, die ebenfalls eine merowingische Prinzessin war. Und Aethelberg, die Tochter Bertas, gab durch ihre Vermählung mit König Edwin von Northumbrien den Anlaß zur Christianisierung dieses bedeutenden nordenglischen Königreichs.

Die Abgesandten Gregors des Großen wurden bei ihrer Tätigkeit regelmäßig von den Bischöfen Galliens unterstützt; das bezeugen die Briefe des Papstes an die Frankenkönige. Jedermann spricht von den Verdiensten des Bonifatius und der Angelsachsen in den östlichen Gebieten des Frankenreichs zu Beginn des 8. Jahrhunderts. Deshalb sollte man auch die Rolle der Merowinger bei der Christianisierung der Angelsachsen im 6. und 7. Jahrhundert nicht mit Schweigen übergehen.

Ein Teil des Briefwechsels der Frankenkönige mit den Kaisern und mit Gregor dem Großen ist erhalten geblieben. Diese Dokumente belegen die große Bedeutung der Dynastie der Merowinger für die katholische Welt und für die Geschichte der Kirche Galliens. Ein Beispiel dafür ist der Streit zwischen den Kirchen von Arles und Vienne um den »Primat« in Gallien. Schriftstücke wie die Akten und Ernennungsurkunden stehen erkennbar in der Kontinuität römischer Verwaltungsgewohnheiten: Sie geben ein ganz anderes Bild als die in kräftigen Farben gehaltenen Berichte eines Gregor von Tours. Man muß sich besonders an die nahtlose Integration der *reges Francorum* in die Hierarchie des Römerreichs erinnern. Sie empfingen ja den Rang der *excellentissimi, praecellentissimi, gloriosissimi.* Der König wurde vom Kaiser als *vir gloriosus* oder *rex Francorum* angeredet, seine *eminentia* wurde betont. Seinerseits gab dieser dem Kaiser den Titel eines *clementissimus,* der diesem allein vorbehalten war ebenso wie *serenissimus.* Außerdem nannte er ihn zuerst, noch vor dem eigenen Namen. Manchmal bezeichnete er den Kaiser sogar als seinen »Vater«. Die allerhöchste Auszeichnung, die er erhalten konnte, waren vom Kaiser eigenhändig am Ende eines Briefes angefügte Worte: »Sehr christlicher und sehr geliebter Verwandter.« Darauf konnte ein Merowingerkönig stolz sein, denn er wurde in die »Familie der Könige« aufgenommen, die der römische Kaiser begründet hatte. Karl der Große wurde dann, sobald das Ostreich sein Kaisertum anerkannt hatte, als »mein Bruder« angeredet. Die gleiche Wendung gebrauchten noch zu Beginn des 19. Jahrhunderts die französischen, russischen und österreichischen Kaiser.

Die Merowinger unterhielten auch auswärtige Beziehungen, die durch Briefwechsel und regelrechte Gesandtschaften belegt werden. Beziehungen bestanden zu den ostgotischen, später langobardischen Königen von Italien, zu den westgotischen Königen in Spanien, zu den angelsächsischen Königen, aber auch zum Khagan der Awaren und zu den Königen der Bretonen, die vom merowingischen Hof als *comites* anerkannt wurden. Durch eine unzutreffende Gleichsetzung mit dem später von Ludwig dem Frommen begründeten Herzogtum Bretagne werden sie heute als *duces* (Herzöge) bezeichnet. Die personelle Zusammensetzung der Gesandtschaften ist sehr aufschlußreich, weil nur hochgestellte Persönlichkeiten von der Gegenseite akzeptiert wurden: Bischöfe mit engen Beziehungen zum Hof, Adlige römischer, fränkischer oder burgundischer Abstammung. Die Gesandten führten Beglaubigungsschreiben mit sich, aber auch ihre *tractoria,* ein Dokument, das beweist, daß römische Einrichtungen weiterlebten. Eine *tractoria legatariorum* aus der ersten Hälfte des 7. Jahrhunderts ist erhalten geblieben. Dabei handelt es sich um Anweisungen des Königs an die örtlichen Beamten bezüglich des Unterhalts der *legati* auf seinem Gebiet. Den Gesandten mußten *eveccio simul et humanitas* bereitgestellt werden, also Transportmittel – beispielsweise frische Pferde –, dazu Lebensmittel und anderer Bedarf. Gleiche Bestimmungen galten auch für den Unterhalt auswärtiger Gesandter auf fränkischem Boden.

Das Merowingerreich war also weniger barbarisch und weniger anarchisch, als manche Autoren glauben machen. Sie übertreiben dabei genüßlich jene Tatbestände, die schon in manchen Quellen überzogen dargestellt werden: politische und gesellschaftliche Probleme, die auf Intrigen, Haß und Verbrechen beruhen, die aber keineswegs eine Eigentümlichkeit allein der Merowingerzeit sind. Eine unvoreingenommene Betrachtungsweise ermöglicht es auch, die Bedeutung der Bischöfe Galliens unter den Merowingern richtig einzuschätzen. Im 6. und auch noch im 7. Jahrhundert bestand der Episkopat vorwiegend aus gelehrten Männern und fähigen Verwaltungsbeamten. Als Gallien unter den Frankenherrschern zu einem politisch selbständigen und bedeutenden Machtfaktor des Okzidents wurde, sicherten sie ihrem Land auch bedeutenden Einfluß auf die Entwicklung von Christentum und Kultur.

DAS HERRSCHERHAUS UND
DIE REICHSTEILUNGEN

Bis hierher wurde noch mit keinem Wort erwähnt, wie Chlodwig alle seine fränkischen Rivalen ausschaltete, und zwar, wie Gregor von Tours bildreich erzählt, mit blutdürstiger Gewalttätigkeit – eine Vorstellung übrigens, die noch heute den Kommentator einer großen französischen Tageszeitung veranlaßt zu schreiben: »Wir hatten ja unsere Merowinger, die sich mit ihren Wahnsinnstaten und Grausamkeiten in nichts von afrikanischen Diktatoren unterscheiden.«

Man darf jedoch nicht übersehen, daß ein guter Teil der Episoden, die von der Geschichtsschreibung überliefert werden, eindeutig sagenhafte Züge trägt. Als Beispiel: Chlodwig täuscht sein Opfer, indem er es den Inhalt einer Truhe sehen läßt und es tötet, indem er den Deckel zuschlägt. Da erscheint es doch nützlicher, an einige historische Tatsachen zu erinnern. Besonders wichtig ist, daß es keine Heimsuchungen der Bevölkerung durch die Merowingerkönige gab. Der innere Friede ihres Reiches war gesicherter als zuvor in der Spätantike und nach ihnen unter den Karolingern. Dieser Friedenszustand erklärt den wirtschaftlichen und

demographischen Aufschwung des 7. Jahrhunderts. Der Mensch des
20. Jahrhunderts fühlt sich aber vor allem von der damals üblichen physi-
schen Vernichtung politischer Widersacher abgestoßen. Dieses Verhalten
war allerdings durch die Römer schon seit Sulla im Abendland gewissermaßen institutionalisiert worden, wobei die günstigen Aussichten, die
mit der Besitzkonfiszierung des Unterlegenen zugunsten des Siegers immer verbunden sind, wesentlich zu seiner Verfestigung beitrugen. Der
Kampf um die höchste Macht war im römischen Reich ein tödliches Spiel.
Die Zahl der oft zusammen mit ihren Angehörigen umgebrachten Thronanwärter und Herrscher war so groß, daß sie auch unter den Merowingern nie erreicht wurde. Das alles gilt als ganz normal, selbst im christianisierten Imperium: Da stirbt ein römischer Papst in den Kerkern des
Kaisers zu Konstantinopel, während ein anderer Herrscher einem belagerten Rivalen eidlich die Unversehrtheit seines Körpers zusicherte, ihn
dann aber im Bad ersticken läßt.

Es wäre also eine anachronistische und übertriebene Erwartung, bei
Barbarenkönigen andere Verhaltensweisen vorauszusetzen als in der
römischen Gesellschaft, wo sie auf solche Vorbilder trafen, wo sie Aufnahme fanden und in der sie sich schließlich durchsetzen konnten.

Die Ausdehnung von Chlodwigs Macht über sämtliche Franken erfolgte im wesentlichen erst gegen Ende seiner Regierung. Da wurde
Chararich beseitigt, obwohl er nach Chlodwigs Vorbild das Christentum
angenommen hatte. Und vor allem wurde Chlodwig erst nach dem West-
gotenkrieg der Jahre 507 und 508 durch die Großen des Frankenreichs
von Köln auf den Schild gehoben.

Man hat die große Bedeutung dieses Ereignisses und seine rechtliche
Bedeutung für die nachfolgenden Teilungen von Chlodwigs Erbe nicht
genügend beachtet. Der Reichsgründer hat die *Francia Rhinensis*, jenes
östliche Frankenreich, nie erobert. Es hat sich ihm angeschlossen, indem
es ihn (um 509) auf den Schild erhob – zumindest formalrechtlich also ein
freier politischer Akt.

Chlodwig starb, nachdem er erst etwa zwei Jahre über dieses Gebiet
geherrscht hatte. Nachfolger im ehemaligen Königreich von Köln wurde
sein ältester Sohn, Theuderich I. Dessen Name, *Theodericus,* enthält Bestandteile aus dem Namensgut der rheinischen Königsfamilie, die im
Imperium des 4. Jahrhunderts eine Hauptrolle gespielt hatte: Theutomer
und Rikimer. Der Bestand des Königreichs von Köln sollte in der Folge-

zeit niemals angetastet werden. Theuderichs Sohn, in den Augen der Landesbewohner der rechtmäßige Erbe des Reichs, trug einen vergleichbaren Namen: Theudebert. Und der Enkel wurde Theudebald genannt. Die erste »austrische« Dynastie, so benannt nach einer erst gegen Ende des 6. Jahrhunderts aufgekommenen Gebietsbezeichnung, war also nicht landfremd. Nach dem Tod von Theudebalds Sohn im Jahr 555 sicherte sich ein anderer Merowingerkönig die Nachfolge. Er achtete genau darauf, daß sein zum Erben von Austrien bestimmter Sohn den Namen des früheren Frankenkönigs von Köln trug: Sigibert. Als Dagobert I. seine Nachfolger im Osten und Westen bestimmte, hieß der eine Sigibert, der andere Chlodwig. Das entsprach exakt dem unterschiedlichen Ursprung der beiden Hauptteile des Frankenreichs. Deutsche Historiker haben irrigerweise unterstellt, »die Franken« hätten Gallier erobert: Das von Chlodwig bis zum Jahr 508 geschaffene Reich wurde niemals von den Rheinfranken erobert. Französische Historiker waren dagegen der Ansicht, der Osten Galliens und die Gebiete jenseits des Rheins seien von den Franken erobert worden, deren politisches Zentrum im Pariser Becken lag. Auch sie haben Unrecht, denn Rheinfranken wurde weder von Chlodwig noch von seinen Nachfolgern erobert. Das Frankenreich war von Anfang an auf einem Dualismus gegründet. So ist nicht etwa das Fehlen einer Staatsidee festzustellen, sondern im Gegenteil ein sehr starkes Gefühl der Einheit des *regnum Francorum*. Der einzige Garant dieser Einheit aber war das Königshaus, dessen Mitgliedern allein das Recht zukam, im Osten wie im Westen zu herrschen.

Unter diesem Gesichtspunkt erweist sich die Geschichte der Merowinger und der Erbteilungen als weniger anarchisch. Die Rechte der Bevölkerung des Kölner Reichs wurden bei der Teilung von 511 berücksichtigt. Theuderich I. erhielt das gesamte ehemalige Rheinfranken, aber vergrößert um die Auvergne, die er selbst während des Feldzugs im Jahr 507 erobert hatte, sowie um die spätere Champagne mit Reims, Châlons und Troyes. Man hatte an der Westgrenze der Rheinfranken eine Gebietserweiterung vorgenommen, um ihrem König die Möglichkeit zu geben, in Reims zu residieren, also nahe bei den Hauptstädten seiner Halbbrüder aus der Ehe Chlodwigs mit Chrodechilde: Childebert I. saß in Paris wie sein Vater Chlodwig, Chlodomer in Orléans und Chlothar I. in Soissons. Dies ist das Gegenteil eines fehlenden Reichsbewußtseins, denn man respektierte den Bestand Rheinfrankens, man demonstrierte das Alleinrecht der Söhne Chlodwigs auf die Herrschaft im fränkischen Machtbereich und betonte damit zugleich den Anspruch der Merowingerdynastie, schließlich zeigte man den Willen zur Einheit und Zusammenarbeit durch die Wahl benachbarter Hauptstädte. Die Teilung mochte unter dem Gesichtspunkt einer leistungsfähigen Verwaltung des ausgedehnten Reichs notwendig sein und erschien wohl geboten aus Rücksicht auf die Autonomie Rheinfrankens. Trotzdem lag die Einheit des Ganzen im offensichtlichen Interesse des Herrscherhauses und kam in der Reichsbezeichnung *regnum Francorum* zum Ausdruck, die in der Merowingerzeit nicht geändert wurde. Im Unterschied zu den Karolingern fühlten sich die Angehörigen der ersten fränkischen Königsdynastie nicht dazu berechtigt, in ihrem Titel auch die Namen anderer Völker zu führen. Jeder Merowingerkönig war *rex Francorum*.

AUSTRIENS MACHTENTFALTUNG

Nach dem frühen Tod Chlodomers von Orléans im Jahr 524 übernahmen die überlebenden Söhne Chlodwigs sein Erbteil. Theuderich sicherte sich Berry, Auxerrois und Sénonais, dadurch bekam er einen Landkorridor zwischen der Auvergne und seinen Gebieten am Rhein. Dagegen mußten sich die anderen Brüder damit abfinden, daß ihre Anteile, besonders die in Aquitanien gelegenen, räumlich getrennt blieben. Dieser Unterschied wurde unter Theudebert I. (533–548) noch spürbarer: Zunächst eroberte er, gemeinsam mit Childebert I. von Paris (511–558), im Jahr 534 das Burgundenreich und sicherte so den Franken beinahe das gesamte Gallien. Dann nahm er aber den ganzen an sein Reich anschließenden Norden des burgundischen Königreichs in Besitz, vom Allier und der Loire bis zum Bodensee, mit Autun, Dijon, Chalon, Langres und Besançon. Dagegen erhielt Childebert das Gebiet südlich vom Genfer See und das Mâconnais mit dem Lyonnais und Viennois – Besitzungen, die weitab von seinem Königreich um Paris gelegen waren.

Die austrischen Herrscher verliehen einerseits Ratgebern und hohen Beamten aus Senatorenfamilien des Südens einen beträchtlichen Einfluß auf die Regierung und die Entwicklung der Gebiete am Rhein. Andererseits beherrschten sie einen großen Teil Galliens und überließen den

Söhnen Chrodechildes lediglich einen breiten Streifen südlich des Unterlaufs der Maas und westlich einer Linie, die über Laon, Soissons, Meaux, Orléans, Tours, Poitiers und Angoulême bis Toulouse verlief. Im Prinzip reichte dieser Teil zwar bis an das Meer, aber die Bretagne war nur theoretisch unterworfen. Theudebert I. besaß ein äußerst waches Machtbewußtsein und wagte es als erster, Goldmünzen mit eigenem Bild prägen zu lassen, was in Konstantinopel recht ungern gesehen wurde. Seine Macht nahm noch zu, als im Jahr 537 die von den Ostgoten abgetretenen Gebiete weiteren Gewinn brachten. Er konnte damals das südliche Germanien bis nach Bayern und Rätien in Besitz nehmen. Theudebert, der Alleinherrscher zwischen Ostalpen und Nordsee, erhielt im Jahr 537 auch seinen Anteil an der Provence. Er überließ Childebert den Besitz von Marseille und der Küste, behielt aber für sich selbst Arles und einen Korridor zur Auvergne. Damit sicherte er auch hier seinem Reich territoriale Geschlossenheit.

Bei diesem Stand der Dinge war Theudebert für die auswärtigen Mächte der eigentliche Nachfolger Chlodwigs. Die übrigen Merowingerkönige waren zweitrangig geworden, und zwar in der Italienpolitik wie für das Verhältnis zu Konstantinopel, genauso aber auch für die Beziehungen mit anderen germanischen Völkern. Theudebert konnte hier wichtige Eheverbindungen und Verträge abschließen, beispielsweise mit dem König der Langobarden, den späteren Eroberern Italiens, die damals das gesamte Gebiet von Böhmen bis Ungarn beherrschten.

Offizielle Hauptstadt dieses ausgedehnten »austrischen« Reiches blieb zunächst Reims, aber die Ausgrabungen unter dem Kölner Dom — man fand unter anderem die Gräber einer Königin und eines Prinzen aus dem Königshaus — haben bewiesen, welche Bedeutung die ehemalige Hauptstadt der alten rheinischen Francia behauptete.

Die erreichte Vormachtstellung zerbrach unter Theudeberts Sohn Theudebald (548–555), einem schwachen König, der ohne Erben starb. Bei dem Versuch, sich nach dem Zerfall des Ostgotenreiches einen Teil Italiens zu sichern, waren seine fränkisch-alemannischen Truppen von dem überragenden Feldherrn Narses vernichtend geschlagen worden.

DAS AUFTRETEN EINES FRÄNKISCHEN
TEILREICHS BURGUND

Chrodechildes Sohn Chlothar von Soissons, der bisher am wenigsten erwähnt wurde, besaß zunächst den vom Umfang her kleinsten Reichsteil. Es war ein bedeutender historischer Augenblick, als er sehr geschickt und nach durchdachter Vorbereitung im Jahr 555 das Erbe Theudebalds an sich bringen konnte. Drei Jahre später fiel ihm auch der Anteil Childeberts I. zu, so daß er nun Alleinherrscher im Frankenreich war.

Nach seinem Tod im Jahr 561 kam es zur Teilung zwischen den vier Söhnen. Daraus ergaben sich wertvolle Hinweise auf die Bedeutung der ehemaligen Königreiche Rheinfranken und Burgund. Chlothars Sohn Sigibert, der auf den Namen des Kölner Frankenkönigs getauft worden war, erhielt tatsächlich Austrien mit Reims und mit Laon. Diese befestigte Stadt war 511 aus der Reimser *civitas* ausgegliedert und dem Königreich von Paris zugeschlagen, dabei zugleich zu einem neuen Bischofssitz erhoben worden. Das Ostreich erhielt sich seinen ungeschmälerten Bestand und den Namen seines früheren Herrschers, es behielt aber auch die Auvergne und seinen Anteil an der Provence, beide durch einen Landkorridor verbunden.

Burgund, das bei der Eroberung geteilt worden war, erhielt nun seinen alten Umfang wieder, und durch Orléans fand es Anschluß an das Zentrum des *regnum Francorum*. Es wurde sogar vergrößert um einen Teil von Aquitanien, das Gebiet um Bourges. Chlothars Sohn, der dieses vergleichsweise geschlossene Teilreich erhielt, trug einen programmatischen Namen: Guntram ist ein burgundischer Name. Der Sachverhalt wird noch erstaunlicher, wenn man bedenkt, daß der Vater zur Zeit der Geburt seiner Söhne ja nicht wissen konnte, er werde eines Tages in der Lage sein, ihnen Austrien und Burgund zu hinterlassen. Weil Chlothar durch seine Mutter Chrodechilde ein möglicher Anwärter auf Burgund war, hatte er eben seine Ansprüche angemeldet, indem er seinen erstgeborenen Sohn nach dem ältesten bekannten Burgundenkönig benannte: Gundahar (Gunther). Nach dem frühen Tod des Bruders wurde Guntram zum Träger der burgundischen Pläne.

Bei der Teilung von 561 kam der Westen des Frankenreichs an Charibert. Für Chilperich blieb nur das Königreich von Soissons, der mit

Abstand kleinste Anteil, zu dem aber fast das gesamte Gebiet der Salfranken gehörte.

Die bedeutenden Teilreiche des frühen 6. Jahrhunderts blieben also in ihrem Bestand erhalten, bis hin zu den traditionellen alten Herrschernamen. Sie bekräftigten ihre Eigenständigkeit durch die sehr frühzeitige Verlegung ihrer jeweiligen Hauptstadt nach dem Zentrum ihrer politischen Macht, von Reims beziehungsweise Orléans nach Metz und Chalon-sur-Saône. Man dachte auch nicht mehr daran, sie zu teilen, denn sie galten als lebenskräftige politische Einheiten. Deswegen brauchte man jetzt nicht mehr neue Königreiche für die Prinzen, sondern Prinzen für die bestehenden Teilreiche, die für ihre Bevölkerung zunehmend die Bedeutung eines Vaterlands erreichten.

DIE ENTWICKLUNG DER
DREI »VATERLÄNDER«

Das Wort *patria* war in der römischen Welt den einzelnen *civitates* vorbehalten, man verwendete es aber auch schon, um die ausgedehnten Siedlungsgebiete germanischer Stämme zu bezeichnen. Man sprach seit dem Beginn des 6. Jahrhunderts vom Westgotenreich als *patria Gothorum*. Auch Burgund und Austrien wurden um 600 zu »Vaterländern«. Demnach muß eine dritte politische Einheit von ihnen unterschieden worden sein, deren Bedeutung für die Anfänge Frankreichs am wichtigsten ist: Für ihre Bewohner war dies ganz einfach eine *patria* namens *Francia*, »Frankenreich«. Von anderen, vielleicht zuerst in Burgund, wurde dieses Land »Neustrien« genannt (7. Jahrhundert). Bevor diese Zusammenhänge im einzelnen behandelt werden, ist klarzustellen: Das *regnum Francorum*, die Gesamtheit des oft geteilten, aber nie aufgegebenen »Großreichs«, bestand seit dem Beginn des 7. Jahrhunderts aus drei verschiedenen Königreichen, den *tria regna*. Dies waren Neustrien, Austrien und »Burgund«, das als fränkisches Teilreich vom alten Königreich Burgund unterschieden werden muß.

Charibert I., einer der vier Erben von 561, starb im Jahr 567. Seine Hinterlassenschaft teilten sich die drei überlebenden Brüder, die aber Paris als gemeinsame Hauptstadt betrachteten. Das ist ein weiterer Beweis dafür, daß das Bewußtsein keineswegs erloschen war, einem im Grundsatz einheitlichen Reich anzugehören. Tours und Poitiers, die einen Dukat (»Herzogtum«) bildeten, kamen mit einigen weiteren aquitanischen Städten an Austrien, Chilperich aber erhielt den Dukat von Le Mans und die spätere Normandie. Für ihn bestand während der folgenden Jahre die Gefahr der Vernichtung durch die überlegenen Streitkräfte Sigiberts I. von Austrien. Man kann sich vorstellen, welche Folgen der Sieg eines Königs gehabt hätte, der sich im wesentlichen auf die Nachkommen der Rheinfranken stützte: Chlodwigs Werk hätte seine Gestalt verloren. Die Wende trat ein, als Chilperichs schlaue Gemahlin Fredegunde im Jahr 575 die Ermordung Sigiberts veranlaßte. Als Chilperich auf diese Weise die Oberhand gewann, zeigte sich aber, daß der Adel Austriens fest zusammenhielt: Brunichild, die westgotische Prinzessin und Gemahlin Sigiberts, geriet zwar in Gefangenschaft, trotzdem gelang es, Sigiberts kleinen Sohn Childebert II. und mit ihm Austrien zu retten.

Austrien mit der Auvergne blieb als harter Kern erhalten, die Stärke und das Recht der Erben Rheinfrankens waren unüberwindlich. Brunichild rächte sich später durch das Bündnis ihres Sohnes Childebert II. (575–595) mit König Guntram von Burgund (561–592). Dieser machte Childebert zusammen mit dessen Söhnen Theudebert II. und Theuderich II. zu Erben seines Königreichs. Die »austrischen« Namen dieser beiden Prinzen sind besonders zu beachten. Nach 592 konnte sich Childebert II. also praktisch als Alleinherrscher über das Gesamtreich fühlen.

Unter dem Druck der zahlenmäßig überlegenen Feinde wurde Chlothar II., der Sohn Chilperichs, auf einen schmalen Küstenstreifen längs des Ärmelkanals beschränkt, mit Rouen als Mittelpunkt. Nach einer Niederlage gegen die Söhne Childeberts II. im Jahr 600 bei Dormelles blieben ihm lediglich noch die Städte Rouen, Amiens und Beauvais. Bedenkt man den Sondercharakter Burgunds und besonders Austriens, der Repräsentanten der anderen *Francia*, dann erscheint es nicht übertrieben, in Chlothar II. (584–629) den wahren Erben Chlodwigs zu sehen. Denn entgegen jeder Erwartung und Wahrscheinlichkeit wurde schließlich er zum Gewinner, dank seiner Fähigkeiten, aber auch dank der internen Streitigkeiten seiner Gegner.

Nach Childeberts II. Tod im Jahr 595 erfolgte die Teilung unter seinen Söhnen: Theudebert II. erhielt Austrien, Theuderich II. fiel Burgund zu. Brunichild bemühte sich, an der Stelle ihrer minderjährigen Enkel die

Regierung zu führen. Vom austrischen Adel zum Verlassen des Landes gezwungen, mußte sie sich aber nach Burgund zurückziehen. Die »zentralistische« Regierungsweise der Königin, der Protadius, ein Hausmeier römischer Abstammung, zur Seite stand, traf aber auch hier auf den Widerstand des Adels. Protadius wurde erschlagen und durch Claudius, einen weiteren »Römer«, ersetzt; seine Mörder wurden bestraft. Zu diesen Streitigkeiten kamen Kriege zwischen den beiden Brüdern um den Besitz des Elsaß, das zwischen ihren Teilreichen lag. Der Austrier stützte sich ohne Bedenken auf die Alemannen, die ihre Ausbreitung im Gebiet der heutigen Schweiz intensivieren konnten. Im Jahr 612 wurde Theudebert II. aber besiegt und getötet. Den Vorteil aus diesen Konflikten zog Chlothar II., besonders nach dem Tod der verfeindeten Brüder in den Jahren 612 und 613. Ihm nützte auch der Streit um Brunichild, die anstelle ihrer Urenkel regieren wollte. Er verbündete sich mit den Hausmeiern von Austrien und Burgund und siegte dann mühelos über Brunichild, die von den Ihren im Stich gelassen wurde. Chlothar ließ die unmündigen Prinzen töten; nur Merowech, den er aus der Taufe gehoben hatte, verschonte er. Die greise Königin ließ er nach dem Urteilsspruch der Franken auf grausame Weise hinrichten.

Auf einer wichtigen Versammlung der Großen und der Kirche des Gesamtreichs in Paris im Jahr 614 wurden die Verfassungsgrundlagen für den fränkischen Machtbereich geschaffen. Chlothar stand an der Spitze der *monarchia trium regnorum*, er war der König von Austrien, Neustrien und Burgund. Ganz offensichtlich konnte er aber die politische Eigenständigkeit der einzelnen Reichsteile nicht mehr übergehen; zudem mußte er den Preis für die Unterstützung durch den Adel in Burgund und in Austrien bezahlen: Beide Teilreiche behielten ihren eigenen *major domus* (Hausmeier), obwohl sie keinen eigenen Königshof mehr hatten. Im Pariser Edikt wurde unter anderem festgelegt, daß in den verschiedenen Teilen des Reichs kein auswärtiger »Richter« (*iudex;* Amtsträger des Königs) bestellt werden dürfe; die »Vaterländer« mit ihrem einheimischen Adel hatten sich durchgesetzt. Während der *major domus* in Neustrien nach wie vor Repräsentant des Königtums und der Zentralregierung blieb, wurde er in den übrigen Reichsteilen der Vertreter des dortigen Adels und damit zum Symbol eines regionalen Eigenbewußtseins, durch das letztlich Austrien und Burgund als überkommene politische Gebilde weiterbestanden. Chlothar II. konnte allerdings im Bund mit einem Teil der Burgunden das Aufkommen einer Hausmeierdynastie verhindern und den Sohn des *major domus* Warnachar in Burgund ausschalten. Er schuf damit ein neustro-burgundisches Königreich, aber trotz dieses Erfolgs wurde die regionale Eigenständigkeit Burgunds keineswegs ausgelöscht.

DAGOBERT I.

Diese verworrenen Jahre lassen den Eindruck entstehen, daß es dem Kernraum von Chlodwigs Königreich mit seiner Hauptstadt Paris nicht gelingen wollte, sich im Rahmen des Großreichs durchzusetzen, das im Jahr 509 durch die Angliederung von Rheinfranken entstanden war. Childebert I. als erster König von Paris war gewiß ein bemerkenswerter Herrscher, ein großer Freund der Kirche und deswegen von den Bischöfen geliebt. Viele der ältesten Pariser Kirchen sind von ihm gegründet. Dazu gehört eine Basilika, die aus Anlaß eines Feldzugs gegen das westgotische Spanien zu Ehren der Reliquien des heiligen Vinzenz errichtet wurde: das spätere Saint-Germain-des-Prés. Chlothar I. von Soissons, seit 555 König von Austrien und seit 558 Herrscher über alle Franken, starb im Jahr 561. Das politische Übergewicht erlangten nach seinem Tod Sigibert I., dann dessen Witwe Brunichild und sein Sohn Childebert II., schließlich eine Allianz zwischen Guntram von Burgund, Childebert und dessen Söhnen. Der von Chlodwig vorgesehene Kernraum des *regnum Francorum* wurde dadurch etwas in den Hintergrund gedrängt, zum Vorteil der neuen Mächte Austrien und Burgund, besonders aber ihres Adels.

Daß Chlothar II. im Jahr 613 schließlich doch erfolgreich blieb, verdankte er in erster Linie dem Beistand ebendieses Adels. Er führte keine großen Veränderungen durch, sondern bekräftigte noch die Teilautonomie Austriens. Chlothar hielt sich meist in Paris oder in dessen näherer Umgebung auf. Als sein Erbe, der junge Dagobert, mit 15 Jahren gerade regierungsfähig geworden war, mußte er ihn den Austriern überlassen, die einen eigenen König verlangten. »Die Austrier« – das bedeutete damals Arnulf und Pippin. Der junge Dagobert wurde ihnen in seiner neuen Hauptstadt Metz anvertraut, deren Bischof seit 614 Arnulf war. Im

Jahr 623 erlangte Pippin das Hausmeieramt und war im Bund mit Arnulf
eindeutig Herr im Land. Sie hatten einen gefährlichen Gegner, den mächtigen Chrodoald aus der Familie der Agilolfinger. Dagobert ließ ihn
umbringen. Er konnte den beiden nichts abschlagen.

Während dieser politischen Lehrjahre verstand es der junge König zu
überleben, weil er den Eindruck erweckte, ein gefügiges Werkzeug in den
Händen seiner Erzieher zu sein. Sein Vater hatte nur schweren Herzens in
diese Situation eingewilligt. Das beweist die Tatsache, daß er dafür eine
beträchtliche Verkleinerung Austriens verlangte. Es mußte damals seine
abhängigen Gebiete in Südgallien (Auvergne, Provence) und in der
Champagne (mit Reims) abtreten. Damit war es also fast genau das alte
Rheinfranken, das sich mit einem eigenen König vom übrigen Reich unter
Chlothar absonderte. Ohne zu zögern, setzte Dagobert selbst die Austrier
als Druckmittel gegen seinen Vater ein, als er sich im Jahr 625 mit der
leiblichen Schwester von dessen dritter Gattin Sichilde vermählte. Im
Namen seiner Großen forderte Dagobert die Wiederherstellung Au-
striens im vollen Umfang und erhielt durch Schiedsspruch der Großen des
Reichs zumindest die Champagne zurück.

Dagoberts Verhalten versprach nichts Gutes für die Zeit nach Chlothars II. Tod. Deswegen forderten die Neustrier, daß Charibert, der
zweite Sohn des Königs, zum Nachfolger in ihrem Teilbereich erklärt
werde.

Chlothar II. starb im Jahr 629. Im Anschluß daran vollbrachte Dagobert ein Meisterstück und bewies dabei seine politischen Fähigkeiten, aber
auch den Listenreichtum, ohne den kein Merowinger ein wirklicher
Herrscher werden konnte. Zunächst stützte er sich auf die Austrier samt
deren Anführer Pippin, um sich Neustrien und Burgund zu sichern, wo er
einen Teil des Adels für sich gewinnen konnte. Nun mochte Pippin davon
überzeugt sein, er werde auf dem Umweg über Dagobert das gesamte
regnum Francorum beherrschen wie bisher Austrien. Da ernannte der
junge König den ihm vollständig ergebenen Aega zum Hausmeier in
Neustrien. Schließlich erwarb er sich noch die Gunst der burgundischen
Großen, denen er die Führung und den selbständigen Einsatz des *exercitus Burgundionum* garantierte. Dieses Heer wurde dann eines der wichtigsten Werkzeuge seiner Macht.

Noch stand Dagobert sein Halbbruder Charibert im Weg. Er überließ
ihm die von Baskeneinfällen bedrohten Gebiete der Novempopulana und

den alten Königssitz Toulouse und stellte ihn so zufrieden. In diesem
wenig bedeutenden Königreich leistete Charibert II. während seiner kurzen Regierungszeit Außerordentliches und stabilisierte die Lage an der
Südgrenze des fränkischen Reichs.

Es gab durchaus Anzeichen von Unzufriedenheit bei denen, die Dagobert so geschickt und schnell überspielt hatte. Charibert und Pippin trafen
sich in Orléans, aber der Hausmeier wurde in der Folgezeit wie ein
Gefangener am Hof Dagoberts festgehalten, unter Aufsicht und ohne
eigene Macht. Kurz darauf starb Charibert, dessen Sohn Chilperich ihm
fast augenblicklich ins Grab folgte. »Man sagt, er sei auf Betreiben Dagoberts getötet worden«, berichtet der sogenannte »Fredegar«, unsere wichtigste Quelle. Im Besitz uneingeschränkter Handlungsfreiheit konnte
Dagobert jetzt das starke burgundische Heeresaufgebot gegen die Basken
ins Feld schicken. Daß er dabei erfolgreich war, machte tiefen Eindruck.
Eilends begab sich der Bretonenkönig zu Dagobert in dessen Pfalz zu
Clichy, um einen Friedensvertrag abzuschließen: In Gallien gab es wieder
einen König, den seine Gegner zu fürchten hatten.

Trotzdem wurde damals deutlich, welche Gefahr für ein auf den
Vorrang Neustriens gegründetes Königtum die Opposition der Austrier
bedeutete, die sich von ihrem früheren König verraten fühlen mußten. Sie
unterstanden seit 629 der Führung von Pippins und Arnulfs Gegnern; der
Metzer Bischof hatte sich in das Vogesenkloster Remiremont zurückge-
zogen. Im Osten erstanden aber auch Bedrohungen von außen. Auf die
Awaren, von denen die Frankenkönige in der zweiten Hälfte des 6. Jahr-
hunderts beunruhigt worden waren, folgte ein mächtiges Slawenreich.
Ein fränkischer Kaufmann namens Samo hatte politische wie militärische
Fähigkeiten bewiesen und den Slawen im Kampf gegen ihre awarischen
Unterdrücker Beistand geleistet. Die mit seiner Hilfe befreiten Stämme
erhoben ihn zum König, und so konnte er seine Herrschaft dann über
Böhmen, Mähren und bis an die Grenzen Italiens ausdehnen.

Nachdem in seinem Einflußbereich fränkische Kaufleute ermordet
worden waren, schickte Dagobert austrische Gesandte zu Samo, die den
Slawenfürsten absichtlich herausforderten. Als er *amicitia* forderte, mit
anderen Worten also von den Franken die Anerkennung als Herrscher
verlangte, erwiderten sie: Franken und Christen könnten nicht Freunde
von Hunden sein. Samo parierte mit dem Hinweis, sie müßten damit
rechnen, gebissen zu werden.

Wie auch immer, jedenfalls brachte Dagobert im Jahr 631 einen Feldzug auf den Weg, für den er sich mit den Langobarden Italiens verband,
denen auch ein Erfolg über die Slawen gelang. Dagobert selbst wurde aber
bei Wogastisburg in die Flucht geschlagen, einer nicht identifizierten
Örtlichkeit im Nordwesten Böhmens. Verursacht wurde seine Niederlage durch die mangelnde Kampfbereitschaft eines Teils des austrischen
Aufgebots.

Auf diesen Rückschlag und vor allem auf die Unbeugsamkeit der
Opposition reagierte er mit einer Entschlossenheit, die wahre Herrscher-
größe erkennen läßt: Im Jahr 632 gab er den Austriern wieder einen
eigenen König, seinen Sohn Sigibert III. Aber diesmal nahm er Austrien
nicht nur seinen innergallischen Besitz, sondern de facto das gesamte
rechtsrheinische Gebiet. Geschickt spielte er Germanien – und natürlich
dessen gegen diese Herrschaft eingestellten Teile – gegen Austrien aus, das
hier wie ein Vorläufer Lotharingiens erscheint: Es wurde von zwei Seiten
angegriffen, wie später Lothar von Karl dem Kahlen und Ludwig dem
Deutschen. Ganz anders als die Austrier hatte der von den Merowingern
eingesetzte Alemannenherzog mit Erfolg gegen die Slawen gekämpft.
Seine Stellung wurde nun gestärkt, ebenso die der Bayernherzöge.

Beide Herzogtümer standen offensichtlich völlig unter dem Einfluß
Dagoberts, nicht unter dem der Gefolgsleute Sigiberts. In Alemannien
bestimmte Dagobert die Grenzen der Diözesen Konstanz und Chur, in
Bayern erließ er Gesetze und befahl, bulgarische Flüchtlinge zu töten,
Feinde des Kaisers Herakleios, auf dessen Freundschaft er rechnete. Mit
spektakulären Taten setzte sich Dagobert im gesamten östlichen Teilreich
durch, so daß Sigibert nur die Rolle eines Nebenkönigs blieb. Vollendet
wurden diese Aktionen in Thüringen und Sachsen: Dagobert bildete ein
Heer aus den Eliten Neustriens und Burgunds, überschritt den Rhein,
durchzog ungefährdet die Gebiete bis nach Sachsen, schloß dann mit den
Sachsen ein Bündnis gegen die Slawen und erließ ihnen dabei den Tribut,
den sie den Austriern schuldeten! Noch bedeutungsvoller war die Einsetzung eines fränkischen Herzogs in Thüringen, den der König aus einem
neustrischen Adelsgeschlecht nahm, das ihm ergeben und daher den
Austriern um so feindlicher gesinnt war. Thüringen hatte seit seiner
Unterwerfung durch die Franken keine selbständige Organisation mehr
besessen und war bisher unmittelbar von Metz aus verwaltet worden. An
dieser Stelle muß ganz eindeutig gesagt werden, daß Dagobert damit die

Zukunft belastete: Er förderte den Aufstieg der rechtsrheinischen Fürstentümer, deren Herzögen natürlich ein ferner neustrischer König lieber war als ein zu naher austrischer.

Gleichzeitig schuf Dagobert mit der Nachfolgeregelung von 633 einen bleibenden Vorteil für Paris und Neustrien. Er hatte seine erste Gemahlin wegen Kinderlosigkeit verstoßen und danach Nanthild geheiratet. Sie gebar ihm einen Sohn, den er Chlodwig nannte, und dies war zweifellos als Programm zu verstehen. Die Neustrier waren beglückt durch die Aussicht auf einen eigenen König. Um ihrem Ansuchen nachzukommen, traf sich Dagobert mit den geistlichen und weltlichen Großen Austriens. Er ließ sie schwören, daß nach seinem Tod dem kleinen Chlodwig Neustrien und Burgund zufallen werde und Sigibert Austrien behalten solle, ausgenommen das Gebiet des *dux* Dentelenus. Dieser Dukat, der den Neustriern widerrechtlich von den Austriern entrissen worden war, umfaßte Boulogne, Thérouanne, Arras, Cambrai, Tournai und das Vermandois. Da die Austrier darin die Möglichkeit zur Rückgewinnung der rechtsrheinischen Gebiete sahen, stimmten sie dem Kompromiß zu. Diese Abmachungen wurden auch tatsächlich genau befolgt, als Dagobert im Januar 639 verstarb. Einige aquitanische Städte wurden an Austrien zurückgegeben. Der erste Feldzug der Austrier war gegen Herzog Radulf von Thüringen gerichtet, der sich nach wie vor weigerte, die Oberhoheit Sigiberts anzuerkennen. Das Heer des unmündigen Königs wurde aber vom Thüringerherzog empfindlich geschlagen.

Die Austrier waren ständig damit beschäftigt, Germanien unter Kontrolle zu halten, das aber erst von den austrischen Karolingern im 8. Jahrhundert erneut unterworfen wurde. Das neustrisch-burgundische Reich, dessen eigentlicher Gründer Dagobert ist, wurde dagegen zur festen Stütze des merowingischen Königtums in Gallien. Erst Pippins des Mittleren Sieg im Jahr 687 machte ihm ein Ende. Dieses halbe Jahrhundert mit dem Dezennium Dagoberts als goldenem Zeitalter reichte aus, um der Bevölkerung Neustriens ein verstärktes »Nationalbewußtsein« zu vermitteln. Die Geschichte von Dagoberts Popularität ist bekannt, und man sieht ohne weiteres die politischen Hintergründe dieser Volkstümlichkeit, die natürlich weitgehend auf Neustrien und Frankreich beschränkt blieb. Das westliche Teilreich erscheint hier wie eine erste Andeutung des künftigen Königreichs Frankreich. Die *vita Desiderii* erwähnt die Nachfolge der beiden Söhne Dagoberts im Jahr 639 und bringt dazu eine frühe

Erwähnung des »Königreichs der Franken«, das hier auf den Westteil des fränkischen Machtbereichs beschränkt wird: Sigibert III. erhält das *regnum Austrasiorum* und Chlodwig II. das *regnum Francorum*. Diese Bezeichnung meinte bis dahin aber die Gesamtheit der fränkischen Königreiche.

Zahlreiche Quellenbelege bestätigen, daß sich von nun an die Bewohner des Landes nördlich der Loire als »Franken« betrachteten. Sie kämpften im fränkischen Heer, dem *exercitus Francorum*, und sicherten sich die daraus abgeleiteten Vorrechte. Dabei entwickelten sie ein neues Standesbewußtsein und eine »nationale« Identität, die sich nur auf dieses Heer und seinen König beziehen konnte, also »fränkisch« sein mußte. Ihre ganz selbstverständlichen Vorstellungen sahen so aus: Ihre Vorfahren, die unter Chlodwig dienten wie sie selbst unter Dagobert, hätten in ihrem Siedlungsraum die »Römer« vernichtet oder vertrieben. Nach ihrer Meinung gab es »Römer« nur noch südlich der Loire. Die katholischen Frankenkönige handelten bei der Verteidigung Galliens aber in Wahrheit in Übereinstimmung mit der Landesbevölkerung und gewannen daraus ihren bedeutendsten Vorteil: Sie konnten die Nichtfranken in ihr Heeresaufgebot einbeziehen, während in anderen Germanenreichen am Waffenmonopol der Volksangehörigen festgehalten werden mußte.

Das Menschenreservoir der Frankenkönige war besonders groß, weil ihr Reich in unmittelbarem Kontakt zu den »salisch« besiedelten Gebieten blieb. Die Tatsache, daß diese Regionen politisch durchaus kein Übergewicht hatten, ist ein guter Beleg für die staatlichen und dynastischen Wesenszüge des Frankenreichs. Es förderte gerade die Symbiose mit der einheimischen Bevölkerung, die sich nicht wie ein unterworfenes Volk fühlen mußte. Nach zwei Jahrhunderten des Zusammenlebens und des kulturellen Austauschs zwischen Gallo-Römern und Franken ergab sich die sprachliche Romanisierung des ursprünglich fränkischen Bevölkerungsteils nördlich der Loire sowie die psychologische, politische und weitgehend auch rechtliche Frankisierung – nicht etwa Germanisierung – des ursprünglich gallo-römischen Teils. Zusammen unterschieden sie sich von den Austriern, die ihrer Ansicht nach keine echten Franken waren. Die wirklichen Franken waren für sie ausschließlich die Gefolgsleute Chlodwigs und Dagoberts. Die Vorstellung von einem dritten, weder römischen noch germanischen Ursprung dieses neuen Volkes hatte also durchaus Erfolg: Man glaubte an die trojanische Abstammung. Ganz im

Sinn dieses neuen »Frankentums« erschien Neustrien als die im eigentlichen Sinn »fränkische« Region, als politisches Kerngebiet des künftigen
Frankreich.

Man sollte über dieses erste Morgenlicht der nachfolgenden Entwicklungen nicht sprechen, ohne Religion, Kultur und Zivilisation zu erwähnen. Dagobert war besonders populär auch als Wohltäter der Kirche von
Saint-Denis, was viel zum Ansehen des Königs beitrug und seine Selbst-
darstellung unterstützte. Noch wichtiger war es, daß der junge König
Dagobert sehr bald eine Elite um sich zu sammeln wußte, wie das später
auch Karl der Große tat. So unbestreitbar bei diesem die verdienstvollen
Vorarbeiten seines Vaters Pippin sind, so wenig sollte die entsprechende
Rolle Chlothars II. vergessen werden.

Die Vorstellungen der Merowingerkönige vom Inhalt ihrer Herr-
scheraufgaben standen unter dem Einfluß regelrechter Traktate, die von
bedeutenden Bischöfen für sie verfaßt wurden. Aurelian von Arles beispielsweise predigte Theudebert I. Frömmigkeit und Demut, er zeigte ihm
dabei seine Verantwortlichkeit als »christlicher Herrscher«. Diese Tradition beginnt mit dem heiligen Remigius, der an Chlodwig schrieb, und sie
fand zahlreiche Fortsetzungen, etwa eine an Chlothar II. gerichtete *admonitio* (»Ermahnung«).

Die Verchristlichung der Herrscherideologie erreichte unter Dagoberts Vater einen ersten Höhepunkt. Da die geistige Elite in der Umgebung Chlothars II. versammelt war, konnte Dagobert also seine Auswahl
treffen. Vieles verdankten diese führenden Köpfe dem Gedankengut römischen Ursprungs, das von der Bischofs- und Senatorenaristokratie
tradiert wurde. Die Grabinschriften belegen förmliche römische *laudatio-
nes*, unverändert von der Zeit Ciceros bis zu Bischof Desiderius von
Cahors († 655) (Martin Heinzelmann). Da begegnen *justitia, clementia,
mansuetudo, eloquentia* und *pietas,* teilweise freilich mit offensichtlichem
Bedeutungswandel. Andere Vorstellungen sind auf das Mönchstum zurückzuführen, beispielsweise auf den heiligen Columban, der einen wichtigen Mittelpunkt kirchlichen Lebens in Luxeuil begründete. Tiefgreifend
war sein Einfluß auf die Familie des Audoin, die aus der Gegend um
Meaux stammte und dem Hof Dagoberts wie auch der Kirche Männer von
erstrangiger Bedeutung zur Verfügung stellte. Alle diese Geistlichen aus
der Umgebung Dagoberts – Audoin, Eligius, Desiderius – gründeten
angesehene Klöster, deren Mönche nach strenger Regel lebten. Dazu

gehörte beispielsweise Rébais, dessen von Dagobert verliehenes Immunitätsprivileg häufig als Vorlage verwendet wurde.

Man muß allerdings beachten, daß diese Männer nicht nur für die Kirche tätig waren. Bevor sie Bischof in Rouen, Noyon beziehungsweise Cahors wurden und bevor sie ihre eigenen und viele weitere Kirchen mit großen Schenkungen überhäuften und später als Heilige verehrt wurden, waren sie alle tüchtige Verwaltungsbeamte am Hof König Dagoberts. Audoin war einer der Leiter der königlichen Kanzlei, Eligius war eine Art Finanzminister, daneben aber auch Münzmeister und ein sehr bedeutender Goldschmied, der berühmte Werke schuf. Desiderius bekleidete das Amt eines königlichen Schatzmeisters. Sein Bruder Rusticus leitete die Pfalzkapelle, später wurde er als der Vorgänger seines Bruders Bischof von Cahors. Ein weiterer Bruder namens Syagrius war Graf von Albi, später *dux* und *patricius* in Marseille. Ihr Vater Salvius war Römer, seine Mutter hieß Herchenfreda/Archamfrida. In seinem Bekanntenkreis begegnet man auch einer Angehörigen des römischen Senatorenstandes: Sie war »senatrix«, Witwe des Senators Severus, trug selber aber den germanischen Namen Bobila; ihr Vater war ein Agilenus oder Agilhelm. In der damaligen Welt der Merowinger wurden Unterschiede der »nationalen« Abstammung schnell verwischt, jedenfalls in bestimmten Gesellschaftsschichten.

Durch den Briefwechsel des Desiderius erfährt man einiges über seine Freunde am Hof und die anderen hohen Beamten. Zu diesen Freunden gehörte auch Grimoald, der Sohn Pippins des Älteren und ein Vertreter des übermächtigen Hausmeiertums, das nach Dagoberts Tod einsetzt. Damals verließen der heilige Eligius und sein Freund Audoin den Hof, wurden Priester und im Jahr 641 dann Bischöfe, der eine in Rouen, der andere in Noyon. Sie besaßen weiterhin politischen Einfluß, wandten sich aber auch der Mission zu und mußten den unaufhaltsamen Niedergang des merowingischen Königtums miterleben. Schon wurden Prophezeiungen verbreitet, die man Chlodwigs Gemahlin, der Ahnfrau aller Merowinger in den Mund legte: Auf eine Generation von Löwen werde eine Generation von wilden, aber weniger edlen Tieren folgen, schließlich werde eine Generation von Hunden kommen. Eine pessimistische Weltsicht war weit verbreitet. Unter Dagobert I. gab es eine kurze Besserung, aber das franko-burgundische Reich mit der Hauptstadt Paris war folgenreicher für die fernere Zukunft als für das nächste Jahrhundert.

Das neue Zeitalter war nicht nur das der Hausmeier, es war auch gekennzeichnet durch Regionalismus oder besser durch »regionale Nationalitäten«, deren Kraft keinesfalls unterschätzt werden darf. Dies kann mit einigen Zahlen verdeutlicht werden: Das merowingische Herrscherhaus regierte 263 Jahre lang, und nur während 72 davon stand ein König allein an der Spitze des gesamten *regnum Francorum*. Wenn man die 52 Jahre mit Königen ohne jede eigene Macht am Ende der Dynastie nicht berücksichtigt, bleiben gerade 20 Jahre mit Alleinherrschern (siehe auch Stammtafel S. 330/31). Dagegen hatte Austrien während 138 Jahren seine eigenen Könige, Neustrien während 119 und Burgund während 49 Jahren, für 69 Jahre war es mit Neustrien vereinigt. Diese langen Perioden der Eigenständigkeit verdeutlichen, wie nachdrücklich jene politischen Einheiten geprägt wurden, die später erneut in Erscheinung treten werden: Burgund, Lotharingien, Nordfrankreich. Wenn man die Entwicklungsstadien dieser großen regionalen Einheiten ausschließlich für sich betrachtet, ist man versucht, sie jeweils für eine Ausnahme zu halten. Sieht man sie aber unter dem Gesichtspunkt der langfristigen Entwicklung (*»longue durée«*), stellt man fest, daß sie sicherer im Boden verwurzelt waren als die großen Reiche.

KAPITEL XIII

Das Zeitalter der Hausmeier

DEN KÖNIGEN ENTGLEITET DIE MACHT

Unter Dagoberts sehr jungem Nachfolger Chlodwig II. (639–657) wurde die Regierungsgewalt in Neustrien und Burgund von der Königinmutter Nanthild und dem Hausmeier Aega übernommen, nach dessen Tod von seinem Amtsnachfolger Erchinoald. Dieser Hausmeier regierte nach Nanthilds Tod fünfzehn Jahre lang allein und fast wie ein König. Er war mit Dagoberts Mutter verwandt und verheiratete seine Tochter mit dem König von Kent; deren Sohn trug seinen Namen. Er führte Chlodwig II. eine ebenso schöne wie kluge angelsächsische Sklavin namens Balthild zu. Der König nahm sie zur Frau, was Erchinoalds Stellung noch mehr stärkte. Außerdem stützte sich der Hausmeier auf die hohe Geistlichkeit und die weltlichen Großen in Burgund, folgte darin also der Politik Dagoberts. Balthild, eine bedeutende Frau von großer Tatkraft, übernahm die Regentschaft für ihren Sohn Chlothar III. Der Tod Erchinoalds gab ihr die Gelegenheit, wieder eine Politik zur Stärkung der Zentralregierung einzuleiten. Zur Durchführung dieses Konzepts war Ebroin ausersehen, den sie im Jahr 658 zum Hausmeier ernannte.

Damals hatte Balthild bereits mehrere Bischöfe hinrichten lassen, die im Begriff waren, sich regelrechte autonome »Staaten« in Burgund aufzubauen. Unter ihnen befanden sich der Bischof von Lyon und sein Bruder, der *praefectus* von Lyon. Um das Jahr 665, als die Volljährigkeit des Königs das Ende der Regentschaftsregierung ankündigte, gelang es Ebroin überraschend, eine gegen ihn gerichtete Verschwörung aufzudecken. Anführer des Unternehmens war Sigobrand, den Balthild gerade zum Bischof von Paris gemacht hatte. Sigobrand wurde getötet, während die

Königin sich in das von ihr gestiftete Kloster Chelles zurückziehen mußte. Diese Abtei, später das angesehenste Frauenkloster des karolingischen
Adels, sicherte Nachruhm und Verehrung der heiligen Balthild.

Bemerkenswert an der Regierungszeit dieser Königin bleibt ihre
»Klosterpolitik«, mit der sie entsprechenden Bestrebungen der Karolinger zeitlich vorangig. »Basilika-Klöster« wie Saint-Denis und Saint-
Maurice d'Agaune erhielten Privilegien, durch die sie Kirchen des Königs
wurden, ebenso wie die vom Königtum neugegründeten Klöster. Unter
diesen ist Corbie besonders hervorgehoben durch den Umfang der ihm
übertragenen Landschenkungen, seine Wirtschaftskraft und seine kulturelle Ausstrahlung. Balthilds Pläne mit diesen Kirchen verwirklichten sich
dann unter den Karolingern: Sie wurden zu regionalen Stützpunkten der
Königsgewalt.

Austrien führte sein Eigenleben unter der faktischen Herrschaft von
Pippins Sohn Grimoald. Der Hausmeier hatte alle Mitbewerber am Hof
Sigiberts III. ausgeschaltet und verstand es dann, den kinderlosen König
zur Adoption seines eigenen Sohns zu überreden, der auf den merowingischen Namen Childebert umgetauft wurde. Auch in Austrien kam es
zur Gründung bedeutender Abteien: Sigibert und Grimoald stifteten gemeinsam Stablo und Malmedy als Männerklöster, Pippins Tochter, die
heilige Gertrudis, begründete Nivelles als Frauenkloster. Man erkennt
hier in der Tat nicht etwa einen Zustand der Anarchie, sondern eine funk-
tionsfähige Staatsgewalt, die im Westen von Ebroin und im Osten von
Grimoald ausgeübt wurde, formal aber weiterhin im Namen der jeweiligen Könige.

Sigibert erhielt doch noch einen eigenen Sohn, Dagobert II., aber
Grimoald handelte beim Tod des Königs schnell und entschlossen. Im
Einvernehmen mit Bischof Dido von Poitiers ließ er den unmündigen
Dagobert nach Irland in ein Kloster bringen und machte den eigenen Sohn
zum König, der als »Childebert der Adoptierte« von 656 bis 662 regierte.
Aber Grimoald geriet in einen Hinterhalt der Neustrier, für die nach
Sigiberts III. Tod allein die Söhne Chlodwigs II. rechtmäßige Erben des
Reiches waren. Sie töteten Grimoald und beseitigten seinen Sohn. Den
Austriern gaben sie als neuen König Childerich II., den jüngeren Bruder
Chlothars III. So scheiterte der erste Versuch der Pippiniden, sich die
königliche Gewalt über den klug erdachten Umweg einer Adoption zu
sichern. Der Verbündete der Neustrier in Austrien war offenbar Wulfo-

ald. Sein Besitz lag in der Gegend um Saint-Mihiel; er war ein entschiedener Feind der Pippiniden und wurde austrischer Hausmeier. Mit »seinem« austrischen König Childerich II. konnte er nach einer Adelsverschwörung gegen Ebroin sogar kurzfristig die Herrschaft über Neustrien erringen. Ebroin wollte nämlich den Adel vom Hof fernhalten und hatte den burgundischen Großen den Zutritt zum König verboten. Nach dem Tod Chlothars III. im Jahr 673 hatte er sogar dessen jüngsten Bruder Theuderich als König eingesetzt, ohne vorher die Großen um ihren Rat zu fragen. Der Widerstand sammelte sich um Bischof Leodegar von Autun und seinen Bruder Warin, Graf von Paris. Beide waren Neffen des Bischofs Dido von Poitiers, der ein Parteigänger der Austrier war. Die Opposition wandte sich an die Austrier, erkannte Childerich II. als König an und erhielt von ihm ähnliche Garantien, wie sie Chlothar II. im Jahr 614 den Großen von Austrien und Burgund gegeben hatte: In den drei Teilreichen (den *tria regna*) sollten die Gesetze und Gewohnheiten der jeweiligen *patria* beachtet werden. Der König verzichtete ferner darauf, landfremde Amtsträger an die Spitze eines Sprengels zu stellen. Das bedeutete den Sieg des Adels und die Regionalisierung der Staatsgewalt.

Ebroin und sein König Theuderich wurden zu Klerikern geschoren und nach Luxeuil beziehungsweise nach Saint-Denis ins Kloster verwiesen. Wulfoald hielt sich aber nicht an die Versprechungen des Königs. Die unzufriedenen neustrischen Großen ließen deswegen im Jahr 675 Childerich II. – der einen Angehörigen des hohen Adels entehrend hatte schlagen lassen – und seine schwangere Gemahlin im Forst von Brotonne nahe Rouen ermorden. Danach erhoben sie Leudesius zum Hausmeier, und Wulfoald floh nach Austrien. Die günstige Gelegenheit nützte Ebroin, um sein Exil zu verlassen. Unterstützt auch durch Bischof Audoin von Rouen, übernahm er erneut die Herrschaft. Die Freunde des heiligen Audoin bekamen nun alle Kirchen, die den Feinden des Hausmeiers weggenommen wurden. Vor allem in Burgund mußten viele hohe Geistliche in die Verbannung gehen, Leudesius und Warin wurden ermordet. Leodegar – später als Heiliger verehrt (Saint Léger) – wurde nach Fécamp ins Exil geschickt und schließlich beschuldigt, an der Ermordung Childerichs II. beteiligt gewesen zu sein. Er leugnete vergeblich und wurde hingerichtet.

In Austrien wurde Dagobert II. von Wulfoald aus der Verbannung zurückgeholt und wieder als König eingesetzt. Um das Jahr 677 kam es bei

Langres zu einer Schlacht zwischen den Austriern und dem neustrischen Heer Ebroins, die unentschieden endete. Daraufhin schloß man einen Frieden, der die Grenze zwischen den beiden Teilen des Frankenreichs erneut festlegte. In den letzten Tagen des Jahres 679 wurde aber Dagobert II. ermordet, und Wulfoald stürzte. Man hat in Martin und Pippin dem Mittleren die Anstifter des Verbrechens sehen wollen; tatsächlich haben auch beide austrischen *duces* die Macht ergriffen. Es steht aber ebenso fest, daß der Mörder namens Johannes zu Ebroin geflohen ist. Und ebendieser Ebroin versuchte nochmals, wie drei Jahre zuvor, das *regnum Francorum* zu vereinigen. Er verlangte von den Austriern die Anerkennung Theuderichs II., des einzigen noch lebenden Merowingerkönigs. Er konnte sie bei Laon besiegen, wobei Martin getötet wurde und Pippin entkam. Der siegreiche Ebroin wurde aber schon wenig später, im Jahr 680, in seiner Pfalz von Ermenfred, einem persönlichen Gegner, umgebracht. Diesmal wandte sich der Mörder wirklich an den Hof Pippins; die Beteiligung der Pippiniden und einiger Neustrier an dem Anschlag war offenkundig. Der neue Hausmeier Waratto schloß sofort Frieden mit Pippin. Er wurde zwar von seinem eigenen Sohn Gisilmar abgesetzt, der den Kampf erneuerte und die Austrier bei Namur schlagen konnte. Aber Gisilmars baldiges Ende kam sehr gelegen, sein Vater ergriff wieder die Macht und erneuerte seine Ausgleichspolitik. Als auch Waratto starb, sorgte seine energische Gemahlin Ansefledis für die Nachfolge seines Schwiegersohns Berchar: Die geradezu dynastische Erbfolge im Hausmeieramt kann gar nicht übersehen werden.

Berchar hörte wenig auf die Ratschläge des neustrischen Adels. Mehrere Große, unter ihnen Reolus, Bischof von Reims und ehemaliger *dux* der Champagne, wandten sich an Pippin. Dieser besiegte Berchar im Jahr 687 nahe bei Saint-Quentin, in *Textricio*, wohl Tertry. Berchar starb kurz darauf, und zwar, wie es hieß, nicht ohne Zutun seiner Schwiegermutter.

Dieser eine Sieg war, wie sich zeigen sollte, wichtiger als alle vorhergehenden Niederlagen Pippins und der Austrier. Ausschlaggebend dafür war der Inhalt der Abmachungen, die mit dem neustrischen Adel ausgehandelt wurden. Denn die Austrier hatten Neustrien ja weder erobert noch besetzt. Es ist also stark übertrieben, wenn man behauptet, mit dem Jahr 687 beginne die Alleinherrschaft der Pippiniden und künftigen »Karolinger« im gesamten *regnum Francorum*.

Das Problem eines gemeinsamen Überbaus für die beiden politisch eigenständigen, großen Teilgebiete des Frankenreichs wurde sehr geschickt gelöst: Man hielt an König Theuderich III. von Neustrien fest, dem dann Söhne, Enkel und Urenkel nachfolgten. Es gab also jeweils nur einen König, der weiterhin in der Umgebung von Paris residierte. Er blieb folglich neustrisch und war von einem neustrischen Hof umgeben, so daß sich der regionale Adel politisch betätigen konnte. Dem König zur Seite stand aber stets ein Stellvertreter Pippins: erst Norbert, dann mit dem Titel eines (neustrischen) Hausmeiers Pippins Sohn Grimoald II. Dieses ungeteilte Königtum war keinesfalls eine Farce, die bestehenden Institutionen wurden durchaus geachtet. So verlor zum Beispiel der Hausmeier Grimoald vor dem Gericht des Königs einen Prozeß gegen die Abtei Saint-Denis. Pippin der Mittlere selbst residierte zusammen mit seiner Gemahlin Plektrud weiterhin in Austrien, bevorzugt in Köln, der altehrwürdigen Hauptstadt des Frankenkönigs Sigibert, und ernannte den ältesten Sohn, Drogo, zum *dux* der Champagne, mit der Aufgabe, die Stellung seines Bruders Grimoald in Paris zu stützen.

Es gab also nur einen – neustrischen – König für das Gesamtreich, aber zwei Hausmeier für die beiden Teile des fränkischen Machtbereichs. Mit einer Besonderheit freilich: Ungefähr seit dem Jahr 700 entstammten beide Hausmeier derselben Familie!

Was andere vor ihm angestrebt hatten, konnte Pippin nun verwirklichen: die anerkannte Erblichkeit des Hausmeieramtes. Es gab jetzt, und zwar bis zum Jahr 751, im Frankenreich zwei Dynastien. Die eine stellte den König, die andere führte die Regierung mit voller Rücksichtnahme auf den fränkischen Dualismus.

DIE NEUEN PRINCIPES

Die zu Beginn des 8. Jahrhunderts errichtete erbliche Herrschaft einer nichtköniglichen Familie wurde als *principatus* bezeichnet; der entsprechende Titel war *princeps*. Als Pippin der Jüngere im Jahr 751 König wurde, sagten die Zeitgenossen: Er legt den Titel *princeps* ab und nennt sich statt dessen *rex*. Diese Bedeutung des Wortes *princeps* (»Fürst«) war neu.

Seit der Spätantike war nur der Kaiser *princeps et dominus*, die einzige

Quelle aller staatlichen Gewalt. Die hohen Beamten übten ihre Autorität nur im Auftrag des *princeps* aus. Im Merowingerreich galt in Nachahmung des römischen Vorbilds als *princeps* allein der König, der die »Römer«, die »Franken«, die »Burgunden« und alle anderen Stämme seines Königreichs an Stelle des Kaisers regierte. In den Königsurkunden war von der *clementia principis* die Rede, und diese »Milde« war dem kaiserlichen Vorbild nachgeahmt. In den Quellen sind die Bezeichnungen *potestas regis* (Macht des Königs) und *potestas principis* (Macht des »Fürsten«) praktisch austauschbar. Diese Bedeutungsgleichheit beweist eindeutig, daß der Merowingerkönig in Gallien etwas anderes ist als die einstigen Könige in Germanien und auch etwas anderes als ein »Heerkönig«, wie ihn einige deutsche Historiker definieren wollten. Der merowingische König steht an der Stelle des Kaisers, als alleiniger Herr über das Land und seine Bewohner.

Am Ende des 7. und zu Beginn des 8. Jahrhunderts wechselte aber die oberste Gewalt, die des *princeps*, ihren Inhaber. Die *auctoritas principalis*, die allein Legitimität verleihen konnte, blieb zwar stets an die geheiligte Person des Königs gebunden, aber die *potestas*, die tatsächliche Macht, wurde vom *major domus* ausgeübt, vom Hausmeier, der stellvertretend regierte. Warum sollte da der *dux* eines großen Amtsgebietes mit de facto erblich gewordener, regionaler Ausübung dieser *potestas* auf den Titel *princeps* verzichten? Dementsprechend kam es zur Ausbildung regionaler Prinzipate.

Man begegnet auch Titulaturen, die eindeutig belegen, daß der Hausmeier, aber auch selbständige regionale Machtinhaber wie Eudo von Aquitanien als *princeps* galten. Die von Pippin dem Mittleren ausgeübte Macht wurde als »fürstliche« (nicht königliche, aber königsgleiche) Herrschaft des Hausmeiers bezeichnet. Sie konkretisiert sich in der Auslieferung des neustrischen Königsschatzes an ihn, der als wesentlicher Bestandteil und Symbol der königlichen Gewalt betrachtet wurde.

In einer angelsächsischen Handschrift des 8. Jahrhunderts erscheint Pippins Sohn Drogo, der *dux* der Champagne, als *princeps*. Andere zeitgleiche Texte geben nachträglich auch dem Hausmeier Erchinoald den Titel *princeps*.

Im Frankenreich gab es in der ersten Hälfte des 8. Jahrhunderts nebeneinander Herrscher aus zwei verschiedenen Dynastien, die alle den Rang von *principes* innehatten. Ihnen standen weitere Dynastien in Aquitanien,

Thüringen, Bayern, Alemannien gegenüber, die sich genauso vornehm fühlten wie die Arnulfinger und gar nicht daran dachten, sich vom Königreich der Franken zu lösen. Sie wollten vielmehr die ihnen zustehende Rolle spielen, denn sie fühlten sich dem Hausmeier ebenbürtig und ließen allein dem König einen (nominellen) Vorrang.

Dies also war die politische Realität im Frankenreich, das sich zu einem Konglomerat von Adelsherrschaften entwickelt hatte. In einer Geschichte Frankreichs können die Prinzipate der Germania (Alemannien, Bayern, Thüringen) vernachlässigt werden. Von ganz besonderer Wichtigkeit sind dagegen die Anfänge des Herzogtums Aquitanien. Dessen Herrscher wurde schließlich unter den Merowingern zwar nicht, wie kürzlich behauptet (Michel Rouche), König – wohl aber *princeps*.

AQUITANIEN

Aquitanien hatte zum westgotischen Königreich von Toulouse gehört. Es wurde als erobertes Land betrachtet und deswegen jeweils zwischen den verschiedenen Teilreichen aufgeteilt, die als Folge des merowingischen Erbrechts entstanden. Die einzige Konstante war, daß die Auvergne stets zu Austrien gehörte. Dagegen war beispielsweise der Besitz des Dukats von Tours und Poitiers zwischen den königlichen Brüdern strittig. Die römischen Senatoren aus Aquitanien spielten in allen merowingischen Teilreichen eine führende Rolle, besonders auch in Austrien. Aber für die beiden ehemaligen Provinzen *Aquitania I* mit Bourges und *Aquitania II* mit Bordeaux gab es keinerlei politische Einheit, außer auf dem Gebiet der Kirchenorganisation. Die Novempopulana, die zu Beginn der römischen Zeit allein den Namen »Aquitania« getragen hatte, war sogar von den Basken besetzt. Die Einsetzung des Merowingers Charibert II. (629–632) in Toulouse blieb eine Episode, aber sie brachte eine Entwicklung in Gang, die im Südwesten eine politische Einheit entstehen ließ. Einmal begründet, wurde dieses »Teilreich« beibehalten, weil es sich als nützlich im Kampf gegen die Basken erwies. Es erhielt aber keinen König mehr, sondern wurde einem Herzog *(dux)* unterstellt. Die ersten Namen, die man kennt, sind Felix und Lupus. Felix konnte einen beträchtlichen Teil der Basken unterwerfen, mit der Konsequenz, daß baskische Truppen

schon bald die Elite des aquitanischen Heeres bildeten, dessen jetzt ge-
fürchtete Streitkräfte nun summarisch *Wascones* genannt wurden. Lupus
berief um das Jahr 675 eine Synode in die Nähe von Bordeaux. Der Form
halber wurde dabei noch der König benannt, weil nur er als *princeps* die
Bischöfe mehrerer Provinzen versammeln konnte. Zusätzlich wurde aber
darauf verwiesen, die Synode finde statt »dank der Initiative von Herzog
Lupus, *vir illuster*«. An der Kirchenversammlung beteiligten sich die
Bischöfe der Novempopulana und große Teile des Episkopats der *Aquitania II*, während die *Aquitania I* allein durch den Bischof von Bourges
als Metropolit vertreten wurde.

Für Lupus war es in der Folgezeit günstig, daß der Hausmeier Ebroin
in Kämpfe um die Ausdehnung der eigenen Herrschaft verwickelt war.
Eine zeitgenössische Quelle berichtet über die Einnahme von Limoges:
»Lupus kam und befahl eine Zusammenkunft des Bischofs und aller
Bürger der Stadt, also ihrer führenden Männer. Er zwang sie zum Treueid
und unterwarf sie seiner Herrschaft.« Hier ist weit und breit nichts zu
sehen von einem begeisterten, gemeinsamen Freiheitskampf aller Aquitanier gegen die fränkische Unterjochung, wie dies eine »nationale« Deutung der Ereignisse wahrhaben wollte. Es handelte sich ganz im Gegenteil
um eine von einem fränkischen Herzog, seiner Dynastie und seinen
Gefolgsleuten persönlich geführte Machtausbreitung. Dabei ging es darum, Aquitanien trotz aller Widerstände zum Prinzipat zu machen, obwohl sogar dessen Name selbst schon in Vergessenheit geraten war. Das
aquitanische Nationalbewußtsein war somit nicht die Ursache, sondern
die Folge dieser Herrschaftsgründung!

Lupus' Nachfolger Eudo war ein bedeutender Anführer. Er verteidi-
digte sein Land heldenhaft gegen die Araber und konnte dabei vor den
Mauern von Toulouse im Jahr 721 auch einen Sieg erringen. Der *Liber
pontificalis*, die Geschichte der Bischöfe von Rom, erwähnt diesen Erfolg
und erklärt ihn mit den Geschenken – Stücke von geweihten Schwäm-
men –, die man dem Herzog und seinen »Franken« geschickt habe. Diese
Nachricht ist bemerkenswert, weil sie zeigt, daß der Herzog von Aquitanien, wie gleichzeitig auch der von Bayern, bereits eigene Beziehungen
zur Kurie unterhielt. Daß Aquitanien zum Frankenreich gehörte, war für
die Zeitgenossen völlig selbstverständlich. Selbst die Araber bezeichneten
die Gebiete nördlich des mohammedanisch gewordenen Spanien als
»Ifrandja«, *Francia*. Der *Liber pontificalis* aber gibt dem Herzog einen

sehr bedeutungsvollen Titel: *Aquitaniae princeps*, »First« von Aquitanien. Er hatte das Ziel seiner Dynastie erreicht.

Die aquitanischen Quellen des 8. Jahrhunderts bezeichnen Eudo sowie dessen Nachfolger Hunoald und Waifar mit dem Titel *princeps*, der
sogar vom Papst anerkannt war. Auch die Karolinger selbst mußten ihn
gelegentlich zugestehen. Ihr Ziel war es aber, alle diese Herrschaftsbildungen zugunsten der Zentralgewalt zu beseitigen. Eine Quelle berichtet,
Karl Martell habe sich zur Aufgabe gemacht, die Gewalt der »Tyrannen«
im Frankenreich zu brechen. Gemeint sind damit die nahezu selbständigen *principes*, deren letzter, Tassilo III. von Bayern, erst unter Karl dem
Großen im Jahr 788 stürzte.

KARL MARTELL

Pippin der Mittlere konnte Austrien nicht verlassen, weil er die Angriffe
der Friesen im Norden und die der Sachsen im Osten abwehren mußte.
Utrecht, von den Franken unter Dagobert und Pippin dem Älteren um
625 gewonnen, wurde von den Friesen um 650 zurückerobert. Pippin der
Mittlere konnte es in den Jahren 695 und 696 seinen Gegnern wieder
abnehmen, die es aber gleich nach seinem Tod wieder an sich brachten.
Dagegen konnte die *Frisia Citerior* mit Dorestad nach der Eroberung von
695 und 696 behauptet werden. Unter der Leitung des heiligen Willibrord
kam hier eine intensive Christianisierung in Gang. Mit Dorestad und Tiel
am Waal bildete es das Tor zur Aufnahme von Handels- und Wirtschaftsbeziehungen zwischen Austrien und England. Ebenso große Sorgen
machten Pippin dem Mittleren gleichzeitig die Sachsen. Sie konnten
damals den Franken eines ihrer Herkunftsländer wegnehmen, das Siedlungsgebiet der Brukterer um die heutige Stadt Dortmund.

Die Machtstellung Pippins des Mittleren in Austrien beruhte zum
einen auf den Gütern und Gefolgsleuten der Arnulfinger um Metz und
Verdun, die er von seinem Vater Ansegisel, dem Sohn des heiligen Arnulf,
geerbt hatte. Dazu kam der Besitz der Pippiniden im Maasgebiet um
Lüttich, Malmedy, Nivelles und Andennes, den er seiner Mutter Begga
verdankte, der Tochter Pippins des Älteren. Durch seine Ehe mit Plektrud, der Tochter des Seneschalls Hugobert, übernahm Pippin die Besit-

zungen der einflußreichsten Familie des Trierer Raumes, die auch nördlich von Köln über eine machtpolitisch starke Stellung verfügte. Hier
gründete er auf einer Rheininsel das Kloster Kaiserswerth.

In der Familie Plektruds waren Namen üblich, die bei den Rheinfranken höchstes Ansehen genossen: Der *dux* Theotarius und sein Sohn
Theodardus erinnern an jene Theodrada, die durch ihre Ehe mit einem
Herzog von Thüringen den Namen »Plektrud« in dessen Familie ein-
brachte. Die Arnulfinger wußten genau, daß Plektrud von höherer Abstammung war als sie selber. So erhielt der Sohn Grimoalds II. den Namen
Theudoald. Drogo starb im Jahr 708, Grimoald wurde 714 in Lüttich von
einem heidnischen Friesen ermordet, und im gleichen Jahr verschied auch
Pippin der Mittlere: Theudoald war nun der freilich recht schwache Erbe
aller Familienbesitzungen und zudem des Hausmeieramtes in Neustrien.
Seine Großmutter Plektrud war entschlossen, dieses Erbe gegen die Neustrier zu verteidigen, aber auch gegen Pippins Sohn Karl aus der Neben-
ehe mit Chalpaida. Jedenfalls ließ sie ihn gefangensetzen.

Die Neustrier waren nicht gewillt, die Herrschaft des unmündigen
Theudoald anzuerkennen, und schlugen am 26. September 715 Plektruds
Aufgebot in Saint-Jean-de-Cuise bei Compiègne. Danach verbündeten
sie sich mit den Sachsen und Friesen. Unter ihrem neuen Hausmeier
Raganfred benützten sie den Tod Dagoberts III., um Chilperich II., den
Sohn Childerichs II., zum König zu machen. Schließlich zwangen sie
Plektrud dazu, ihnen einen Teil des Schatzes auszuliefern, und zwar
entsprechend der Stellung von Neustrien und Burgund im Gesamtreich.
Karl, der später den Beinamen *Martellus* (der Hammer) erhielt, konnte
damals aber aus der Gefangenschaft entkommen. Er sammelte seine Anhänger, um die Friesen zu bekämpfen, wurde jedoch geschlagen. Immerhin reichte das Unternehmen aus, um den Austriern zu zeigen, daß es hier
noch einen gab, der sie verteidigen konnte.

Bei Amblève in den Ardennen konnte Karl im Jahr 716 die Neustrier
überraschen und besiegen. Eine Urkunde bewegenden Inhalts zeigt, wie
Chilperich II. am 28. Februar 717 den Wald von Rouvray rechts der Seine
an das Kloster Saint-Denis überschreibt, damit dort »für die Festigkeit des
Reiches und das Wohl des Vaterlands« gebetet werde. Diese Schenkung
geschah vor der Schlacht, die Karl am 28. März 717 bei Vinay, südlich von
Cambrai, gewinnen konnte. Nach seiner Rückkehr zwang er Plektrud,
ihm Köln und den Königsschatz auszuliefern. Als Sieger und unbestritte-

ner Herr über Austrien zeigte Karl jetzt, welchen Mut und welche Fähigkeiten er besaß: Er griff die Sachsen auf ihrem eigenen Gebiet an und kam im Jahr 718 bis an die Weser. Als dann 719 der Friesenherzog Radbod starb, nützte er diese Gelegenheit zur Rückeroberung von Utrecht, das zum Mittelpunkt einer von Willibrord geleiteten Christianisierung bestimmt wurde. Zwischen Senlis und Soissons, am Rand eines großen Fiskalgutes, errang Karl am 14. Oktober 719 bei Néry schließlich den entscheidenden Sieg über die Neustrier. Diese waren mit Herzog Eudo von Aquitanien verbündet, der nach der Niederlage König Chilperich II. an Karl auslieferte. Dafür erhielt er die Anerkennung seiner Stellung als *dux* und *princeps* in Aquitanien und wurde damit als erblicher Herrscher mit einer gewissen Autonomie bestätigt. Karl ging es nach seinem Sieg darum, das Vertrauen der Neustrier zu gewinnen, und erkannte deshalb Chilperich als König an. Als dieser im Jahr 721 starb, wurde Dagoberts III. Sohn Theuderich IV. als Nachfolger eingesetzt.

Karl, dessen bis dahin unüblicher Name mit angelsächsisch »cearl« und deutsch »Kerl« zusammenhängt, also soviel wie »tapferer Krieger« oder »starker Bursche« bedeutet, darf nach seinem Sieg von 719 noch keinesfalls als der unbestrittene Herr des ganzen *regnum Francorum* betrachtet werden. Nicht einmal die Auseinandersetzung mit Raganfred und dessen Gefolgsleuten hatte er endgültig abgeschlossen, denen er eine Art Herrschaftsbereich um Angers überließ, um das er seit 724 Krieg führen mußte. Erst nach dem Tod des ehemaligen neustrischen Hausmeiers im Jahr 731 konnte er das Gebiet hinzugewinnen.

Karl hatte also erst damit begonnen, das Reich für sich zu erobern. Die dabei erworbenen Positionen besetzte er mit ihm ergebenen Leuten, wobei er in der Wahl seiner Mittel durchaus nicht kleinlich verfuhr. Im Jahr 723 ließ er zwei Söhne seines Halbbruders Drogo einkerkern, von denen einer in der Gefangenschaft starb. Milo, der nach den Worten eines Zeitgenossen »nur der Tonsur nach Geistlicher war«, aber einen früheren Bischof von Trier zum Vater hatte, erhielt von Karl nach 719 die beiden Metropolitansitze der *Belgica*, Reims und Trier. Um Raganfred und das Anjou besser überwachen zu können, ernannte Karl zum Grafen von Le Mans den Chrodgarius (Rotger), dem dann sein Sohn Charivius nachfolgte, und setzte als Bischof dessen Bruder Gauciolenus ein. Er war aber gezwungen, vorläufig die Unabhängigkeit Eudos von Aquitanien hinzunehmen und ebenso die der »Fürstbischöfe« in Burgund. Der mächtigste dieser Bischöfe war Savaricus von Orléans und Auxerre, der die Auseinandersetzungen zwischen Austrien und Neustrien benützte, um sich einen regelrechten Staat aufzubauen. Die Gebiete um Nevers, Tonnerre, Avallon und Troyes hatte er bereits erobert. Er starb aber, vom Blitz getroffen, als er gerade das Lyonnais angreifen wollte.

Die weltliche Macht der Bischöfe war eine politische Tatsache, über die schon ein König des 6. Jahrhunderts Klage führte. Karl benützte das bestehende System durchaus zum Vorteil der aus dem Kreis seiner eigenen Gefolgsleute ernannten Bischöfe. Zugleich beabsichtigte er aber, Abhilfe zu schaffen und die Rechte des Staats wiederherzustellen, wie das kurz vor ihm der Hausmeier Ebroin versucht hatte. Der *dux Francorum* war mehr als ein siegreicher Heerführer: Ausgesprochen politisch begabt, wurde er zum Gestalter und Begründer von Verfassungselementen des Frankenreichs.

Er schuf die Grundlagen für das künftige »Feudalsystem«, indem er ein Verfahren institutionalisierte, das allenthalben und ohne feste Regeln angewendet wurde: die Verpflichtung adliger oder zumindest freier Männer zu Gefolgstreue und Kriegsdiensten gegen die Verleihung des Nießbrauchs an einem Stück Land. Die im voraus bezogene Gegenleistung diente dem »Vasall« als Existenzgrundlage. Dank dieser »Wohltat«, dem *beneficium*, konnte er seine *familia* (die von ihm abhängigen Leute) versorgen, dazu den Kauf und Unterhalt seines Kriegspferdes sowie der schweren Waffenausrüstung bestreiten. Das Eigentumsrecht an dem Landstück blieb dem Verleiher erhalten. Bei diesem Verfahren handelte es sich lediglich um die Weiterentwicklung einer Bewirtschaftungsform der Ländereien meist geistlicher Großgrundbesitzer, die Verleihung von Nutzungsrechten als *precaria* auf die Dauer von ein, zwei oder drei Lebzeiten gegen eine jährliche Zinszahlung. Jetzt ersetzte man aber diesen vom Bewirtschafter zu zahlenden Zins durch die Verpflichtung, einen Krieger zu stellen. Bischöfe wie Savaricus und Milo waren auf den Ländereien ihrer Kirchen so vorgegangen und hatten sich damit ein Kriegsgefolge von zunehmender Stärke geschaffen. Karl tat das gleiche; im Namen des Reiches griff er ebenfalls auf den reichen kirchlichen Landbesitz zurück. Nach seinem Tod ließen ihn die geistlichen Verfasser von Geschichtswerken für diese Sünde in der Hölle büßen.

Schon der römische Staat beschenkte die Kirchen reich, verzichtete deswegen aber niemals auf die Dienste, die sie, wie alle Grundbesitzer, der öffentlichen Hand schuldig waren. Unter den Bedingungen ihrer eigenen Zeit erneuerten die Karolinger diesen Grundsatz. Pippin der Jüngere und Karl der Große, Sohn und Enkel Karl Martells, ordneten das Verfahren einigermaßen, indem sie der »beraubten« Kirche wie dem Staat Rechte zuerkannten: Die *precaria verbo regis,* die Verleihung einer Prekarie durch die Kirche auf Befehl des Königs, überließ dem Vasall ein Landstück, für das der Empfänger dem König den Kriegsdienst und der Kirche eine Zinszahlung schuldete.

Zahlenmäßig stärker, überlegen bewaffnet und viel besser geübt, wurden diese Reiterkrieger zum harten Kern der karolingischen Heere und ersetzten mehr und mehr die Masse der Gelegenheitskrieger zu Fuß. Diese Entwicklung hatte vielfältige soziale Folgen. Ausgangspunkt der Neuerung waren die inneren Auseinandersetzungen um die Macht im Frankenreich, nicht etwa die Erfordernisse des Kriegs gegen die Araber, die später auftraten. Die militärische Reorganisation half aber, die Erfolgsaussichten gegen den Landesfeind zu verbessern.

Auch in den östlichen Teilen des Reichs trat Karl Martell als Neuordner und Eroberer auf. Er ließ neue Befestigungsanlagen mit Steinmauern und turmbewehrten Toren errichten; ein Beispiel dafür ist der Christenberg bei Marburg. Diese Verteidigungswerke setzen voraus, daß es an der bedrohten Sachsengrenze ein System fester Garnisonen mit geregelter Ablösung gegeben hat. Neue Straßen wurden östlich des Rheins nach dem Vorbild der Römerstraßen Galliens angelegt. Sie hatten in regelmäßigen Abständen Stationen für den Pferdewechsel. Die Pferde wurden von Bauern gestellt, die durch das Reich auf Königsgut und konfisziertem Land angesetzt wurden und dafür Kriegsdienste zu leisten hatten. Ein Schwerpunkt dieser Ansiedlungen lag in Franken, das eben unter Karl Martell kolonisiert wurde und in mehrfacher Hinsicht strategisch wichtig war: Von hier aus konnte die Verbindung mit Thüringen gefestigt werden, dessen Herzogshaus vor seinem Ausgang in das politische System der Pippiniden integriert wurde. Ferner konnte man die am Rhein so bedrohlichen Sachsen von Süden her angehen, die Alemannen und Bayern aber von Norden, falls sie versuchen sollten, sich gegen die Zentralgewalt aufzulehnen. In diesen beiden Herzogtümern konnte Karl Neufassungen ihres jeweiligen »Volksrechts« durchsetzen, in denen die Interessen des Königs, also des von Karl repräsentierten Reichs, und die der Kirche berücksichtigt wurden. Von Bayern trennte er den Nordgau ab, ein wichtiges Gebiet nördlich von Regensburg. Und Alemannien wurde nach dem Aufstand seines Herzogs Lantfrid im Jahr 730 unterworfen. In diesen nun besser kontrollierten Gebieten wurde die Missionstätigkeit des Angelsachsen Winfrid, dem der Papst zusammen mit der Bischofswürde den Namen Bonifatius gab, wirksam gefördert durch den Herzog der Franken und den Herzog der Bayern. Auch wenn hier noch vieles unsicher blieb, kann die Konsolidierung des Reichs im Osten nicht bestritten werden. Sie war Vorläufer der entsprechenden Erfolge, die Karl während seiner letzten Jahre im Westen und Süden erringen konnte.

Eudo von Aquitanien hatte im Jahr 721 vor Toulouse den Arabern siegreich widerstanden. 725 aber wurde Autun von den Mohammedanern geplündert, und im Jahr 732 schien Aquitanien verloren. Eudo hatte für die Verteidigung der Christen vorteilhafte Bündnisse mit Araberfürsten abgeschlossen, die gegen ihre Zentralregierung eingestellt waren. Als Strafe folgte ein Angriff, den Abdārrahmān, der oberste Heerführer des islamischen Spanien, persönlich leitete. Eudo richtete einen Hilferuf an Karl, der auch ein Heer aufbot, um Tours, die heilige Stadt des Frankenreichs, zu schützen. Sie war ganz offensichtlich das Ziel der Araber. Am 25. Oktober 732 wurden die Angreifer aber bei Moussais, zwischen Poitiers und Tours, abgefangen. Die Schlacht war erbittert und kostete den arabischen Feldherrn sein Leben.

Das fränkische Heer unternahm keinen Versuch, diesen reinen Abwehrsieg weiter auszunützen. Karl dachte gar nicht an einen tollkühnen Vormarsch, der ihn den Angriffen der feindlichen Reiter ausgesetzt hätte, die nun auf einem langsamen Rückzug Aquitanien in aller Ruhe plündern konnten. Karl hatte auch Wichtigeres zu tun, als ausgerechnet Aquitanien zu retten, das ja Unabhängigkeit für sich beanspruchte. Karl setzte sein großes Heer ein, um dem Bischof von Tours die weltliche Macht zu entziehen, außerdem für einen Angriff auf die Bischöfe Eucherius von Orléans und Ainmarus von Auxerre, die Nachfolger des Savaricus. Die langersehnte Stunde war gekommen, beide Bischöfe wurden festgenommen und in Kirchen des Nordostens verbannt. Eucherius starb 738 in Saint-Trond, als Heiliger verehrt. Die Besitzungen der beiden Bistümer wurden vorteilhaft zur Einsetzung fränkischer Grafen verwendet. In der Folgezeit begegnet man in Auxerre einem fränkischen Adelsgeschlecht aus Bayern, das den Karolingern im westlichen Bayern, in Ostschwaben und in Burgund Dienste leistete.

War Karl Martell bei Poitiers der Retter des Abendlandes? Die Tragweite dieses Ereignisses sollte man weder herabsetzen noch übertreiben.
Der glückliche Ausgang wurde von einem unter islamischer Herrschaft in
Córdoba lebenden christlichen Zeitgenossen den *Europenses* zugeschrieben. Er hat als erster das entstehende Karolingerreich mit Europa gleichgesetzt. Nach dem heldenhaften Widerstand Konstantinopels gegen die
arabische Belagerung im Jahr 717 galt das Jahr 732 sicherlich überall, und
ganz gewiß in Rom, als der Wendepunkt, durch den die Grenzen der
Expansion der Araber deutlich wurden. Aber selbstverständlich waren
die Wälder Nordgalliens und des Zentralmassivs nicht von einer länger-
dauernden Eroberung bedroht: Die Araber konnten und wollten sich
dort nicht niederlassen. Die wirklich großen Waffentaten vollbrachte Karl
mit seinen Gefolgsleuten erst nach Poitiers, als er in den Jahren 735, 736,
737 und 739 immer wieder in Südgallien intervenierte. Er wandte sich
gegen die Aquitanier, die durch Eudos Tod (735) geschwächt waren, wie
gegen einen mit den Arabern verbündeten örtlichen Machthaber in der
Provence, und kämpfte auch im westgotischen Septimanien, das jetzt den
Arabern zugefallen war.

Die Franken plünderten ebenso gnadenlos wie die Araber. Für den
Süden war der Preis für die Befreiung von den Mohammedanern die
Unterwerfung unter Karl, dem es wesensfremd war, politische Geschenke
zu machen oder sich für andere zu schlagen. Avignon konnte er den
Arabern entreißen. Mit langobardischer Unterstützung gelang ihm 739
die Rückeroberung der Provence. Sie hatte früher und länger unter römischer Herrschaft gestanden als jede andere Region Galliens und
konnte ihren römischen Charakter unter den Merowingern unversehrt
bewahren. Aber jetzt wurde die Provence zerschlagen unter dem harten
Druck Karls »des Hammers« – eine Interpretation seines im 9. Jahrhundert zuerst bezeugten Beinamens, die einige Wahrscheinlichkeit für
sich hat.

Man muß aber auch die Kehrseite der Medaille berücksichtigen: Das
ist die Unerschrockenheit, die unerläßlich war, um mitten durch das
feindliche Burgund ins Mittelmeergebiet zu ziehen und um die Araber im
Herzen Septimaniens anzugreifen, in einem Gebiet also, das die Franken
noch niemals erobert hatten. Die tapferste Waffentat war die Schlacht des
Jahres 737 »in Gothien an einem Ort namens *Birra*«, südwestlich von
Narbonne. Es gab schreckliche Verluste auf beiden Seiten, und der Kampf

fand Eingang in den Zyklus der »*Chansons de geste*« um Guillaume
d'Orange (Wilhelm von Toulouse). Dieser Wilhelm, später bekannt als
der heilige Wilhelm von Gellone, war übrigens mit den Karolingern
verwandt. Sein Kampf gegen die Araber in der Zeit um 800 wurde mit dem
der Franken unter Karl Martell in der Erinnerung zu einem einheitlichen
Ereignis verschmolzen. Für die Franken im Norden war dies in der Tat
der Beginn eines neuen heroischen Zeitalters, die Grundlage für eine
epische Dichtkunst, die zum Entstehen eines französischen Nationalgefühls sehr viel beigetragen hat. Solche Kämpfe gegen die »Ungläubigen« –
man denke nur an Roland – waren der geeignete Hintergrund, um die
Einheit von Christenglauben und fränkischem Heldenmut um so leuch-
tender darzustellen.

Das harte Gesetz des Stärkeren wandte Karl auch gegenüber den
heidnischen Friesen an, die nach der Mitteilung eines Zeitgenossen im
Jahr 734 »fast bis zur völligen Vernichtung zugrunde gerichtet wurden«.
Dieses Vorgehen fand durchaus den Beifall des Papstes, der damals nach
tatkräftigem Beistand gegen die Langobarden Ausschau hielt. Diese waren zwar katholisch geworden, hatten aber nichts von ihren Zielen aufgegeben: die Unterwerfung von ganz Italien einschließlich aller Gebiete, die
bisher dem Kaiser von Konstantinopel und seinem Stellvertreter, dem
Exarchen von Ravenna, unterstanden. Der Papst bat Karl um seinen
Schutz und übersandte ihm die Schlüssel zum Grab des heiligen Petrus; er
deutete damit die Bereitschaft an, sich vom Byzantinischen Reich loszusa-
gen. Karl bereitete der Gesandtschaft zwar den wärmsten Empfang, aber
er hatte kein Interesse an einer langobardenfeindlichen Politik gegen
König Liutprand, der ihm gerade tatkräftig Beistand in der Provence
geleistet hatte und der nach germanischem Brauch Karls Sohn Pippin zum
»Waffensohn« gemacht hatte. Die legitimierende Bedeutung dieses Vorgangs ist augenfällig, zumal wenn man bedenkt, daß den Pippiniden die
königliche Rangerhöhung ja noch durchaus fehlte. Als Theuderich IV. im
Jahr 737 gestorben war, hatte es Karl riskiert, ohne König allein zu
regieren. Er betrachtete sich von da an als *princeps Francorum*, oder
anders ausgedrückt, als erbrechtliches Oberhaupt der Franken. Als Karl
Martell 741 in Paris verstarb, schienen die Merowinger vergessen. Sein
Haus mit den beiden Söhnen Karlmann und Pippin war ganz offenkundig
zu einer Macht europäischen Ranges aufgestiegen.

EINE BILANZ DER MEROWINGERZEIT

Man muß sich fragen, ob die Welt der Merowinger wirklich so düster und primitiv war, wie sie manchmal dargestellt wird. In einem Land, das doch unmittelbar aus dem fränkischen Königreich hervorgegangen ist, wird gerne behauptet, die Franken hätten keinen »Staatssinn« gehabt. Und man ist der Wahrheit auch nicht näher, wenn man den Merowingern vorwirft, sie hätten auf dem Gebiet der Baukunst keine Spuren hinterlassen. Es ist doch zu bedenken, daß viele romanische und gotische Kirchen eben an der Stelle merowingischer Bauten errichtet wurden, die für immer verschwunden sind. Reims zählte damals zweiundzwanzig Kirchen, und Venantius Fortunatus preist die Pracht der Kathedrale von Nantes mit ihren drei Schiffen und ihrem hohen Turm (der gegen 567 vollendet wurde). Er feiert auch den *dux* Launebodis, der um 570 in Toulouse die Basilika Saint-Sernin-du-Taur errichten ließ und damit, obwohl barbarischer Abstammung, ein Werk vollendet habe, wie es sich die Römer nicht einmal hätten vorstellen können.

Jean Hubert ergänzt, daß sich solches Lob auch die Könige verdient haben: »Sie haben viel und aufwendig gebaut.« Childebert ließ auf dem linken Seineufer eine Kirche errichten, um dort die Reliquien des heiligen Vinzenz aufzubewahren, die von einem Spanienfeldzug mitgebracht wurden: Man sprach von der »Goldenen Kirche« von Saint-Germain, bevor dann der Name Saint-Germain-des-Prés üblich wurde. Schon Königin Chrodechilde hatte über dem Bischofsgrab des heiligen Germanus in Auxerre eine Basilika bauen lassen. Chlodwig ließ in Paris eine Apostelkirche errichten, in der er selbst begraben werden wollte. Man bestattete dort vor ihm auch die heilige Genovefa, deren Name der Kirche dann geblieben ist. Hoch gelobt wurden auch die Mosaiken und Marmorsäulen der Martinsbasilika, deren Bau Ende des 6. Jahrhunderts nahe den Toren von Autun durch die Königin Brunichild veranlaßt wurde. Und von der Martinskirche in Tours weiß man, daß sie mindestens 50 Meter lang war, daß sie 120 Säulen, 8 Tore und 52 Fenster hatte.

Bei Gregor von Tours werden zahlreiche Bauwerke erwähnt, darunter auch königliche Paläste. Der Trierer Bischof Nicetius ließ ein prachtvolles Landhaus errichten, das auch befestigt war; außerdem ließ er seine im 5. Jahrhundert zerstörte Kathedralkirche erneuern. Deren Mauern, in

rein römischer Technik aufgeführt, stehen stellenweise noch bis zu einer
Höhe von 24 Metern.

Die Realität dieser hochentwickelten Kultur wird oft geradezu erbittert bestritten. Man bezweifelt, nach den Feststellungen von Jean Hubert
freilich grundlos, daß das prächtige Baptisterium von Saint-Jean in Poitiers im 7. Jahrhundert gebaut wurde. Seine Bauweise wirkt noch völlig
römisch, und man hätte viel lieber antike Ursprünge als die Datierung in
eine wenig geschätzte Epoche. Richtiger wäre allerdings ein Urteil von
der Unvoreingenommenheit Mabillons, für den das 7. Jahrhundert »das
wahrhaft goldene Zeitalter« Galliens war. Die große Zahl der damals
gestifteten Klöster und Kathedralen steht in Zusammenhang mit einem
demographischen und wirtschaftlichen Aufschwung, den die Forschung
für die Zeit vor den schweren Kämpfen zwischen den Hausmeiern und
vor der Zeit Karl Martells nachgewiesen hat. Erst in dieser Periode ist
dann eine tiefgreifende Erschütterung des Kirchenlebens festzustellen,
angezeigt durch die jetzt auftretenden Lücken in den Bischofslisten: Dies
war die Zeit der »Säkularisation« von Kirchenbesitz durch Karl Martell.
Ein anschauliches Beispiel, mitgeteilt von P. Gras, ist das von Saint-
Cosme bei Chalon, einer Merowingerresidenz, die wie Soissons, Metz
und Paris reichlich mit Kirchen ausgestattet war. Dort gab es eine Coemeterialbasilika des 6. bis 7. Jahrhunderts, die unter anderem mit dem Dorf
Gevrey dotiert war. Dieses Dorf schenkte Karl Martell einem seiner
Gefolgsleute, und noch im 9. Jahrhundert befand es sich in gräflichem
Besitz.

Die Merowingerzeit war eine bruchlose Fortsetzung der Spätantike.
In Trier, Köln (Sankt Gereon), Lyon, Metz (Sankt Peter auf der Zitadelle),
Fréjus, Marseille (Saint Victor) wurden die Baptisterien, Kathedralen und
Klöster des 4. und 5. Jahrhunderts ohne Unterbrechung weiterbenützt
und oft erweitert. Sie wurden dabei zu Vorbildern für eine Baukunst, die
Anregungen in Rom und der Provence, aber auch im Orient suchte.
Wegen der Ursprünge des Christentums in Syrien und Kleinasien, aber
genauso aufgrund der wirtschaftlichen Gegebenheiten des Mittelmeer-
handels vor den Zäsuren des 7. und 8. Jahrhunderts war der Einfluß des
Orients stark ausgeprägt. Natürlich gibt es allenthalben Anzeichen der
»Barbarisierung«, vor allem auf niedrigerem sozialem Niveau. Ein Beispiel dafür ist das »Hypogäum« in der Nekropole von Dunes, eine
bescheidene Krypta, die sich Abt Mellebaudus zu Beginn des 8. Jahrhun-

derts errichten ließ. Andererseits dürfen aber die Eleganz und die künstlerische Qualität der Krypta und Sarkophage von Jouarre nicht unterschätzt werden, die aus der zweiten Hälfte des 7. Jahrhunderts stammen. Sie stehen im Zusammenhang mit hofnahen Kreisen, die sich die besten Künstler aus der Ferne, bevorzugt aus Italien, kommen ließen. Bestätigt wird die gute Qualität der Bauwerke in Gallien durch die Angelsachsen des 7. Jahrhunderts, die sich von dort *caementarii* kommen ließen, die Kirchen in römischem Stil bauen sollten. Die wertvollen Marmorsarkophage wurden zunächst in der Provence hergestellt, dann aber auch in den Steinbrüchen der Pyrenäen. Da das Straßennetz noch funktionierte, konnten sie von dort bis in die Gegend von Paris verfrachtet werden, so beispielsweise nach Soissons für Ebroins Gemahlin Leutrud. Auch auf diesem Gebiet wurde die künstlerische Tradition erst durch die Arabereinfälle und die Kämpfe Karl Martells unterbrochen. Für die Bestattung der karolingischen Großen wurden dann römische und provenzalische Sarkophage des 4. Jahrhunderts wiederverwendet.

Es ist also nicht verwunderlich, daß in der Merowingerzeit zahlreiche Bauhandwerke bezeugt sind: die Baumeister und Maurer – *architecti, caementarii, structores* –, denen die *lapidarii* zuarbeiteten, Steinmetze, wie sie beispielsweise für einen Steinbruch bei Poitiers nachgewiesen werden konnten. Natürlich gab es Zimmerleute und Schreiner, von denen die keltische und gallo-römische Tradition Galliens fortgeführt wurde und die noch vor der Karolingerzeit einen neuen Aufschwung ermöglichten. Säulen gebrauchte man sicherlich oft in Wiederverwendung, aber das war schon im christianisierten Imperium üblich geworden. Damals wurden Hunderte von heidnischen Tempeln zerstört, ohne daß man einen einzigen Barbaren dafür benötigt hätte. Die Säulenkapitelle wurden in spezialisierten Werkstätten angefertigt, wie es sie im 7. Jahrhundert auch für Sarkophage aus Marmor, Stein und Gips gegeben hat, die zu Tausenden hergestellt wurden. Dazu nochmals Jean Hubert: »Die Steinbrüche und Werkstätten der Gegend um Dijon belieferten den Norden und die Champagne. Das Gebiet um Nantes versorgte sich im Poitou. Die aus Gips gegossenen Sarkophage der Umgebung von Paris wurden auf der Seine in die Normandie verfrachtet.« In Gallien gab es also eine Industrie für »vorgefertigte« Bauteile: Das beweist eindeutig, daß man nach den Germaneneinfällen das antike System mit spezialisierten Werkstätten und Ferntransporten wieder aufleben ließ.

Unter diesem Gesichtspunkt am höchsten entwickelt waren die Gebiete zwischen Seine, Rhein und Loire, außerdem Aquitanien. Es ist festzuhalten, daß gerade Aquitanien seit der zweiten Hälfte des 6. Jahrhunderts in vollem Aufschwung begriffen war. Die Zugehörigkeit zu verschiedenen merowingischen Teilreichen hat diese wirtschaftliche Entwicklung in keiner Weise behindert, eher sogar gefördert. Allein Bischof Desiderius von Cahors ließ einen Mauerring, Wasserleitungen, Häuser, ein Kloster und zahlreiche Kirchen erbauen. Acht Klöster und Spitäler entstanden um 600 vor den Mauern von Le Mans. Die Städte wurden stark von den »Kathedralgruppen« geprägt, zu denen meist zwei Kirchen (Kathedrale und Pfarrkirche) sowie ein Baptisterium gehörten. Ein großes Kloster wie Jumièges hatte zwei Kirchen, drei Oratorien, ein Dormitorium von 90 Metern Länge und einen Mauerring mit Türmen. Auch Neuerungen gab es: Die Querschiffe und Glockentürme der Kirchen sind in Gallien in der Merowingerzeit aufgekommen. Wer für diese Periode nur an niedrige Holzhütten denkt, hat eine völlig unzureichende Vorstellung vom merowingischen Gallien, dessen Neuentdeckung eine lohnende Aufgabe wäre. Dazu müßten Hunderte von Fundorten ausgegraben werden, Königspaläste, Klöster und befestigte Märkte; allerdings liegen viele dieser archäologischen Stätten inmitten moderner Ballungszentren.

Fülle und Kostbarkeit der Fundstücke aus Gold und Edelmetall in den Gräbern sind geradezu überwältigend. Die hohe Qualität der Metallverarbeitung und Goldschmiedekunst ist bekannt, die Barbarenvölker »bewiesen hier den Römern weit überlegene Fähigkeiten«. Seit der Mitte des 5. Jahrhunderts entwickelten sie die Technik des Cloisonné (Zellenschmelz), die vielleicht durch Kunsthandwerker vom Hof Attilas mitgebracht worden ist: Dabei wird Email in kleine Einfassungen aus Edelmetall eingeschmolzen. Sidonius Apollinaris war zwar an glänzenden Aufwand gewöhnt, trotzdem verblüffte ihn die Pracht der Kleidung und der Schmuckstücke, die der Frankenfürst Sigismer trug, als er auf Brautschau an den Hof in Lyon kam. Archäologisch ausgewertete Fürstengräber, wie das der Königin Aregunde in Saint-Denis, oder die Grabstätten einer Prinzessin und eines Prinzen unter dem Kölner Dom bestätigen diese Beobachtungen. Die hohen Ansprüche der Fürsten auf diesem Gebiet spiegeln sich in der Karriere des heiligen Eligius, der vornehmer Herkunft und Goldschmied war, aber auch in den Worten Childerichs I., der eine Arbeit aus Gold und Edelsteinen in Auftrag gab: »Ich tat es, um dem

Volk der Franken Glanz zu verleihen.« Soweit wenigstens die Inventare noch ein Urteil erlauben, haben die Kirchenschätze die Grabbeigaben noch bei weitem übertroffen. Da stößt man auf einen Überfluß an Gold und Edelsteinen, der für eine Zeit erstaunlich ist, die oft als wirtschaftlich wenig entwickelt gilt. Es gibt aber gar keinen Zweifel daran, daß die Merowingerzeit reicher war als die der Karolinger, und der Übergang vom Goldgeld zur Silberprägung kann diese Feststellung nur bekräftigen.

Römische Technik und Handwerkstraditionen sind keineswegs unter dem Gewicht »barbarischer« Einflüsse zugrunde gegangen. Das gilt für die Glasindustrie, die bis Skandinavien exportierte, das gilt für die Töpferei, die neue Anregungen erkennen läßt, und das gilt auch für die Elfenbeinschnitzerei, die an der feinen Eleganz der Vorlagen aus dem 5. Jahrhundert festhalten konnte. Dazu muß man sich noch alle Reichtümer vorstellen, die an den zahlreichen Königshöfen und Grafensitzen verwahrt wurden oder sich in Hunderten von Städten und Klöstern angesammelt hatten.

Man ist verblüfft über die raffinierte Kostbarkeit vieler Objekte, die manchmal aus weiter Ferne kamen, beispielsweise Seidenstoff für die Königin Balthild, der aus Konstantinopel stammte. Aber auch technische Fähigkeiten sind festzustellen, etwa bei den Erbauern der »Thermen« in der königlichen Villa Athies oder bei den Bauleuten, die das Kloster der heiligen Radegunde in Poitiers und die Residenz des Bischofs in Bordeaux errichteten.

Die angeführten Beispiele sind ein ausreichender Nachweis dafür, daß es unter den Merowingern einen gewissen Warenaustausch gegeben hat. Auch die nach Hunderten zählenden Münzstätten sprechen dafür. Im Nordosten des Frankenreichs, in Germanien und in England wurden tragbare Feinwaagen verwendet, ein sicheres Zeugnis für das Weiterbestehen von Handelsbeziehungen. Dabei ist an einen oft außerhalb der Städte betriebenen regelrechten Tauschhandel zu denken, bei dem als Wertmesser Edelmetall verwendet wurde, das man gegebenenfalls auch durch das Einschmelzen von Münzen gewann. In den anderen Gebieten Galliens mit ihrer römisch und städtisch geprägten Umwelt hielt man am Münzgeld als Zahlungsmittel fest, wobei der Nominalwert maßgeblich war, weniger der tatsächliche Edelmetallgehalt.

Die Intensität des Handels und die Warenvielfalt zeigt sich auch in der

großen Zahl und Verschiedenartigkeit der Zollzahlungen, von denen
Schiffe, Saumtiere und Wagen der Klöster befreit waren: Der Warenverkehr der Klöster zielte ja nicht auf Handelsgewinn, sondern brachte
beispielsweise Salz aus den Salinen einer Kirche zu deren übrigen Besitzungen. Ein Zollprivileg des 7. Jahrhunderts nennt eine Reihe von Zoll-
stätten: Toulon, Marseille, Fos, Arles, Avignon, Soyons, Valence, Vienne, Lyon, Chalon-sur-Saône. Neben dem generellen *teloneum* (Zoll) gab
es folgende Abgaben im einzelnen: das *rotaticum* für den Transport mit
Frachtwagen, also auf Rädern, das *portaticum* für Transporte mit Lastträ-
gern, das *saumaticum* für Lasttiere, das *barganaticum* für Boote, das
pontaticum für Brückenübergänge, das *exclusaticum* für das Passieren von
Schleusen, das *pedagium* für die Straßenbenutzung zu Fuß und das *pul-
veraticum* für das staubige Durchtreiben von Vieh. Ebendieser Abgabe
für Herden begegnet man schon im *Codex Theodosianus* – ein Beweis
dafür, daß es sich hier nicht um recht naive merowingische Erfindungen
handelt, sondern schlicht und einfach um das Weiterbestehen der spätantiken Steuerverwaltung. Diese fiskalische Kontinuität ist auch bei der
unveränderten Erhebung von Kopf- und Grundsteuern zu beobachten.
Selbst die Kirchen waren, wie in römischer Zeit, zu diesen Abgaben
verpflichtet, die der Staat von den auf seinem Boden lebenden Menschen
forderte, und sie beteiligten sich selbst an ihrer Eintreibung.

Glaubwürdige Quellen berichten, daß Lasten von 100 bis 150 Kilogramm auf Pferden, Maultieren und selbst Eseln pro Tag zwischen 20 und
25 Kilometer weit transportiert werden konnten. Mehrfach sind für das
merowingische Gallien aber auch Dromedare belegt, die 250 bis 300
Kilogramm trugen. Der Landtransport wurde übrigens aus Sicherheitsgründen immer in Karawanen organisiert.

In dieser noch ganz römisch geprägten Welt gab es *negotiatores* unter-
schiedlichster Herkunft. Juden und Syrer, die Spezialisten für mediterrane Handelsbeziehungen, hatten Quartiere in Marseille, Lyon und Paris.
Sie waren stets mit dem Schwert bewaffnet und stellten beispielsweise
beim feierlichen Einzug eines Merowingerkönigs in Orléans eine eigene
Delegation. Ende des 6. Jahrhunderts gab es in Bordeaux einen reichen
Syrer namens Eufron, der in Gefahr geriet, sein Vermögen an den Bischof, einen Verwandten der Merowinger, zu verlieren. Ein anderer Syrer
namens Eusebius kaufte sich einen Bischofsstuhl, wie das sonst die großen
Grundbesitzer römischer Abstammung taten. Er beendete sein erfolgrei-

ches Leben würdig als Bischof von Paris, wo er sich auch bemüht hatte, andere Syrer als Kleriker gut zu versorgen.

Ein weiterer Hinweis auf Einfluß und Reichtum der Kaufleute ist die Urkunde König Chlothars II., mit der er die stattlichen Schenkungen bestätigte, die ein *negotiator* namens Johannes mehreren Pariser Kirchen gemacht hatte. Diese Männer verfügten über Grundbesitz in der Stadt und Güter auf dem Land. Wie in römischer Zeit konnten sie sich spezialisieren: Ein Kaufmann in Lyon handelte ausschließlich mit Wein, ein anderer in Trier verkaufte nur Salz.

Ein besonderes Gewerbe war auch der Sklavenhandel, der durch die Niederlassung der Araber in Spanien eine kräftige Zunahme erfuhr. Man verkaufte ihnen Angelsachsen, vorzugsweise aber Slawen, die auf regelrechten Sklavenjagden an den Ostgrenzen des Reichs eingefangen wurden. Die Bezeichnung ihrer Volkszugehörigkeit – *Sclavi, Sclavones* – wurde so zum Ursprung des Wortes »Sklave«. Die beiden Routen des Sklavenhandels trafen sich in Verdun, wo es bis zum 10. Jahrhundert Fachleute für den Handel mit dem islamischen Spanien gab, meist sprachgewandte Juden. Verdun wird aber schon seit dem 6. Jahrhundert als Handelsplatz erwähnt. Der austrische König Theudebert I. lieh damals auf Ersuchen des Bischofs den Stadtbewohnern die stattliche Summe von 7000 *aurei* zur Unterstützung ihres Handels. Man kann das als eine Art Wirtschaftspolitik bezeichnen.

Das für den Fernhandel unerläßliche Kapital wurde durch Anleihen bei Verwandten und auch bei Kunden aufgebracht. Es ist bezeichnend, daß sich die Kaufleute Flußschiffe mieten konnten, und ebenso bezeichnend ist, daß viele nicht auf eigene Rechnung arbeiteten: Sie standen im Dienst von König, Großen, Kirchen und selbst Klöstern. Diese »Hofkaufleute« waren also die Nachfolger jener Händler, die im 4. und 5. Jahrhundert vom Kaiser beschäftigt wurden. Sie waren zwar unselbständiger, dafür aber besser geschützt und sogar von der Zollzahlung an den Fiskus befreit, dem sie ja selbst angehörten. Vorteilhaft war auch die Zahlungsfähigkeit ihrer Kunden am Hof, die sich vorzugsweise für ausgesprochene Luxuswaren interessierten: Seide, kostbare Tuche, Gewürze, Kleinodien und wohlriechende Essenzen. Die Bischöfe, die Senatorenfamilien und der regionale Adel bildeten ebenfalls einen wichtigen Absatzmarkt. Unter der Herrschaft von Reichen und Mächtigen hatte Gallien seine Vorliebe für Luxus keineswegs eingebüßt. Diese *potentes* bildeten eine abgeschlossene Schicht, weit über den *pauperes* stehend, die aber mit »armen Leuten« in unserem Wortsinn nichts zu tun haben: *Pauperes* sind Freie, die von ihrer Arbeit leben, ohne Vorrechte, ohne Gefolgschaft und ohne Einfluß. Sie konnten aber durchaus über Knechte und Sklaven verfügen.

Neben den Luxusartikeln gab es auch gewöhnlichere Waren und Massengüter: Salz, Wachs, Öl, Getreide, eingesalzenes Fleisch, Fische und sogar eine Fischsauce, das *liquamen*. Das Jurakloster Saint-Claude mußte sich im 5. Jahrhundert sein Salz vom Mittelmeer besorgen, denn der Weg zu den viel näher gelegenen Salinen Lothringens war damals wegen der Alemanneneinfälle zu gefährlich. Unter den Merowingern gehörten diese Salinen dann zum Fiskus, ein weiteres Indiz dafür, daß sich damals die Lebensbedingungen in Gallien gebessert hatten. Das Land erlebte im 6. und 7. Jahrhundert einen Wirtschaftsaufschwung, der erst um das Jahr 700 durch die inneren Unruhen und die Arabereinfälle unterbrochen wurde.

Unter den Produkten, die im Binnenhandel eine wichtige Rolle spielten, darf der Wein nicht übersehen werden, dessen Anbau rings um die Sitze der geistlichen und weltlichen Großen gefördert wurde. Der heilige Remigius erwähnt in seinem Testament einen Weinberg, den er »selbst, unter Mühen« angelegt habe. Auch Bischof Germanus von Paris ließ Reben anpflanzen. Der Weinbau in Gallien dehnte sich also nach Norden aus. Es gibt Belege für den Handel mit Weinfässern, und selbst die Gegend um Paris konnte später Wein nach Nordosten exportieren. Auch Gewänder und Stoffe sind eine eigene Erwähnung wert, weil sie gewerbliche Produktionsweisen voraussetzen, für die es auch Belege gibt. Als Organisationsform behielt man einfach das römische *gynaeceum* bei, »Frauenwerkstätten«, in denen die Frauen gemeinsam arbeiteten. Für die Provence ist im 6. Jahrhundert eine umfangreiche Tuchproduktion minderer Qualität bezeugt. Noch im Jahr 661 erlaubte Chlothar III. dem Kloster Corbie, in der Provence zollfrei Stoff einzukaufen, aus dem Kapuzenumhänge für die Mönche gemacht werden sollten. Die Erzeugung von Wolle und Leinen war aber recht allgemein verbreitet, besonders auf den Königsgütern.

In den verfügbaren Quellentexten werden nur die Reichen, die Mächtigen, die Heiligen und deren Diener erwähnt. Natürlich kann sich ein Wunder auch einmal an einem Elenden vollziehen, dem aber meist die Funktion zukommt, einen reichen Almosenspender als Heiligen erscheinen zu lassen. Im merowingischen Gallien hat sich, verglichen mit den spätantiken Verhältnissen, weder die gesellschaftliche Schichtung noch die bäuerliche Wirtschaftsbasis der Masse der Bevölkerung entscheidend geändert. So haben beispielsweise die germanischen Volksrechte bezüglich der römischen »Sklaven« weitgehend die bestehenden römischen Verhältnisse und sinngemäß das römische Recht übernommen (Hermann Nehlsen). Die gesellschaftliche Stellung war von vornherein durch die Geburt als Freier oder als Knecht bestimmt. Durch das Zugeständnis persönlicher Freiheit, vorbehaltlich von Pflichten gegenüber einem Herrn, wurden Zwischenkategorien geschaffen, die Freigelassenen. Sie spielten vor allem auf Kirchenbesitz eine wichtige Rolle. Die verschiedenen Sozialschichten der germanischen Stämme haben sich in Gallien sehr rasch jeweils auf gleicher Ebene mit den Einheimischen zusammengetan, und dies war eine der Voraussetzungen für den inneren Zusammenhalt der neuen Staatsbildungen. Der Akt der Freilassung stand dem König zu, dann auch den Großen und in erster Linie der Kirche. Sie konnte freilassen gemäß ihrem eigenen Recht, dem römischen Recht. So konnte man noch im 6. und 7. Jahrhundert »römischer Bürger«, *civis romanus*, werden. Das besagte nichts mehr über die Volkszugehörigkeit, sondern bezog sich auf die gesellschaftliche Stellung, die errungene persönliche Freiheit.

Über das Zahlenverhältnis der verschiedenen Volksgruppen und Sozialschichten, auch über die Größe der Gesamtbevölkerung gibt es keine genauen Angaben. Für die Gebiete bis zur Seine, wo die Bestattungsweise der Franken von der einheimischen Bevölkerung weitgehend übernommen wurde, nimmt man aber an, daß der Anteil von Menschen fränkischer Abstammung zehn Prozent kaum überstiegen hat. Und man vermutet, daß er in anderen Regionen noch niedriger gelegen hat. Bei den Ausgrabungen zahlreicher Gräberfelder hat man einen *»type gallo-belgo-franc«* (P. Périn) festgestellt, der dem Norden und Nordosten Galliens eigen ist. Dieser Menschenschlag war stark auch durch gallo-römische Abstammung geprägt. Das »Frankenphänomen« im inneren Gallien hat sich also, anders als in den östlichen Randgebieten, eher politisch und sozial als ethnisch ausgewirkt. Die Nekropolen belegen oft mehr die Lebensweisen und Bestattungsbräuche als die Volkszugehörigkeit und Herkunft.

Das fränkische Recht, die *Lex Salica*, wurde in sehr frühen Bearbei-

tungen schriftlich festgelegt. Nördlich der Loire hat es den Verfahrens-
gang stark beeinflußt. Rasch frankisiert wurden durch die gräflichen
Gerichtsversammlungen (Ding) vor allem das Strafrecht und das Buß-
geldsystem: Je nach dem gesellschaftlichen »Wert« eines Menschen wurden für Verwundungen und Totschlag unterschiedlich hohe Geldbeträge
festgesetzt, das Wergeld (»Manngeld«). Ausgesprochen schwach blieb
der fränkische Einfluß im Bereich des Privatrechts, für den Handel mit
mobilen und immobilen Gütern. Hier wurde auch von den Menschen
germanischer Abstammung das römische Recht übernommen, das sich
dann auf verschiedenen Wegen zum späteren Gewohnheitsrecht entwik-
kelt hat.

Von besonders großem Interesse sind die genossenschaftlich organi-
sierten Daseinsformen, das einzige Mittel zu gegenseitigem Beistand und
die einzige Alternative zum Eintausch von Schutz gegen Unterwerfung.
Lange hat man geglaubt, es handle sich hier um einen rein germanischen
Beitrag zur Entstehung der Dorfgemeinde, die Beachtliches leistete, beispielsweise bei der Nutzung des Gemeineigentums, der Dorfallmende. In
jüngster Zeit hat man aber erkannt (O. G. Oexle), daß die vielfältigen
Formen von Genossenschaften und Berufsorganisationen, von der römischen und gallo-römischen Gesellschaft vorwiegend in den Städten
entwickelt, keineswegs untergegangen sind. Sie bilden vielmehr den unmittelbaren Ursprung der *conjurationes, geldoniae, confratriae*, also der
Bruderschaften und Gilden, die in karolingischer Zeit bei Erzbischof
Hinkmar von Reims erwähnt werden. Ein ausgesprochenes Gemein-
schaftsleben entwickelte sich gerade im merowingischen Gallien durch
die wachsende Anzahl der Kirchen in den größeren Dörfern. Man begegnet ihm bei der Organisation der *fabrica* (der für Unterhalt der Kirchen-
gebäude und des Gottesdienstes zu verwaltenden Vermögensmasse), aber
auch im Klerus, für den das Ideal eines gemeinsamen Lebens erstmals im
Jahr 535 auf dem Konzil von Clermont entwickelt wurde. Auch in den
Zusammenschlüssen von Kaufleuten und anderen Berufen ist das genos-
senschaftliche Prinzip erkennbar. Dies alles belegt das Weiterbestehen
von Vorstellungen, die schon in der gallo-römischen Gesellschaft lebendig waren. Der dichte Nebel zwischen »Antike« und »Mittelalter« beginnt sich also zu lichten. Das schwer durchschaubare Dunkel war aber
durch unsere Unkenntnis der Vergangenheit bedingt und nicht durch die
Unzulänglichkeit der damaligen Menschen.

Die Bauern, die *coloni*, waren Menschen ohne Macht und Einfluß. Wenn sie nicht vom Staat oder von der Kirche geschützt wurden, waren sie den *potentes* ausgeliefert. Diese großen Herren und ihre auf den ausgedehnten Besitzungen eingesetzten Amtleute repräsentierten für die Bauern praktisch die Staatsgewalt, und zwar unverändert seit römischer Zeit. In solchen Umständen lebte die große Mehrheit der bäuerlichen Bevölkerung im Gallien der Merowingerzeit, ihre sozialen und wirtschaftlichen Daseinsbedingungen hatten sich kaum verändert. Das Überleben der großen Besitzungen wurde dadurch erleichtert, daß sie meist in den Händen ihrer alten gallo-römischen Eigentümer verblieben und daß auch die Staatsgewalt in ihrer bisherigen Form vertreten wurde: durch den König anstelle des Kaisers.

Die Methoden der Landwirtschaft wurden allerdings den erheblichen regionalen Unterschieden angepaßt, beispielsweise beim Wiederaufbau des Nordostens nach den Verwüstungen der vorausgehenden Jahrhunderte. Davon abgesehen entsprechen die Organisationsformen nach wie vor dem schon für die Spätantike entworfenen Bild: Es gab das Herrenland und die Hörigen, die ihre Arbeitsleistung teils für den Herrn, teils für ihren »Eigenbesitz« einsetzten. Tatsache ist allerdings, daß vor allem im Nordosten, aber auch in einigen anderen Gebieten zahlreiche Kleinbetriebe im Besitz von Freien erhalten blieben.

Beide Wirtschaftsformen konnten übrigens nebeneinander bestehen. Die Besitzungen der Reichen waren oft zersplittert und aus unzusammenhängenden Teilen verschiedener Größe zusammengesetzt. Dabei spielten die Erbteilungen eine Rolle, wie planmäßige Tauschgeschäfte zur Abrundung des überkommenen Besitzes beweisen. Die bessere Quellenlage der Karolingerzeit ermöglicht es, später nochmals auf die Landwirtschaft und die Lebensumstände der Menschen einzugehen. Man hat oft die Unsicherheit, die Armut, die Hilflosigkeit bei Krankheit und schon in der geringsten Mangellage herausgestellt. Man muß aber sorgfältig auf Ort und Zeit achten. Das merowingische Gallien hat nicht nur Unglücksfälle erlebt, und selbst für Menschen in bescheidenen Verhältnissen hat es gelegentlich so etwas wie Wohlstand gegeben. Karl der Große konnte als Eroberer auf ein beträchtliches Menschenreservoir zurückgreifen. Das deutet auf eine zahlenmäßig vergleichsweise starke Landbevölkerung, die ihre schwersten Zeiten nicht unter den Merowingern, sondern unter den Karolingern erlebte.

Es ist schwierig, die Bevölkerungsgröße des merowingischen Gallien genauer zu ermitteln (Schätzungen liegen für das Gebiet des heutigen Frankreich in merowingisch-karolingischer Zeit bei 3–5 Millionen Bewohnern). Es gab über hundert städtische und viele hundert ländliche Zentralorte, in denen die Einwohnerzahl im 7. Jahrhundert anstieg. Aber Gallien erlebte auch schwere Ausbrüche von Pestepidemien, die aus dem Mittelmeergebiet eingeschleppt wurden: Im 6. Jahrhundert überzogen sie die Provence und den Rhône-Saône-Graben, am Ende des 7. Jahrhunderts traten sie erneut auf.

Die Welt der Merowinger war reich und vielseitig. Da gab es die blühende Stadt Paris mit ihrer Brücke voller Verkaufsstände nach römischer Manier. Der Hauptteil der Bevölkerung lebte auf dem linken Seineufer, wo acht der bisher entdeckten dreizehn merowingischen Gräberfelder liegen. Rings um Paris gab es zahlreiche Klöster und ein Dutzend Königshöfe. Sein Münzatelier entfaltete nach dem von Marseille die lebhafteste Prägetätigkeit. Hier erkennt man auch den Beginn der Buchmalerei auf Pergament, eine neue Kunst, die besonders in den großen Klöstern weiterentwickelt wurde, in Luxeuil, Fleury, Chelles, Corbie, Saint-Denis, die alle merowingische Gründungen sind und den Aufschwung unter den Karolingern erst möglich machten. Bekannt ist auch die mächtige Abtei Ligugé (bei Poitiers), die eigene Goldmünzen prägte und am Ende des 7. Jahrhunderts eine Kirche mit großer Apsis und glasierten Bodenfliesen nach römischer Tradition besaß. Man kann auch das Grab eines Kriegers hervorheben, der um 540 auf dem merowingischen Friedhof von Herouvillette (Calvados) zusammen mit seinen Schmiede- und Goldschmiedewerkzeugen beigesetzt wurde. Fränkische Große erhielten ihre Grabstätten in den kleinen, von ihnen gegründeten Kirchen, die genauso Mittelpunkte der Missionsarbeit waren wie die Kultstätten mit Apsiden, die sich in den Landhäusern ihrer ranggleichen gallo-römischen Zeitgenossen finden. Die Bedeutung dieser Bauwerke für die Kontinuität von Kunst und Religion wurde viel zu wenig beachtet.

Ein solcher Reichtum der Merowingerzeit steht in eigenartigem Kontrast zu der Armut, dem Elend, der wirtschaftlichen und psychischen Depression, über die man oft liest. Hier wiederholen sich sehr alte Klischeevorstellungen, die auf einige Humanisten zurückgehen, deren wirkliche Sachkenntnis nicht groß sein konnte; es waren Männer, die die karolingische Schrift mit der römischen verwechselt haben. Diese Gelehrten der Humanistenzeit konnten nicht begreifen, daß sie die Kenntnis der antiken Literatur zwar karolingischen Schreibern, aber vor ihnen den merowingischen verdankten.

Die laufenden Untersuchungen und die archäologischen Befunde eröffnen zunehmend den Zugang zu einer der lebendigsten Perioden in der Vergangenheit Frankreichs. Der Irrtum derer, die sich über diese Zeit lustig gemacht haben, ist wegen des Verlusts fast aller Bauwerke und Dokumente entschuldbar. Es gab Hunderttausende von Schriftstücken, denn zu einer Bischofserhebung brauchte es mindestens sechs Briefe, und noch der unbedeutendste Besitzwechsel ging schriftlich vor sich, viel regelmäßiger als später unter den Karolingern. Von diesen Aktenmassen blieben aber kaum mehr als etwa einhundert Originale erhalten. Ein glücklicher Zufall hat einige Abrechnungen von Saint-Martin in Tours bewahrt. Sie stammen aus dem späten 7. Jahrhundert und belegen, daß ähnliche Zusammenstellungen, die Karl der Große von den Kirchen seines Reiches einforderte, nur auf die Wiedereinführung römischer und merowingischer Verwaltungsmethoden zurückgehen. Das erwähnte Quellendokument aus Tours enthält über neunhundert lesbare Personennamen und genaue Angaben darüber, was diese Pächter an Weizen, Roggen, Gerste und Hafer zu liefern hatten.

Die aufgeführten Namen sind in überwältigender Mehrzahl germanisch, was zweierlei beweist: Auch gebürtige Franken konnten schlichte Pächter sein, und jedermann nördlich der Loire konnte um 700 einen fränkischen Namen tragen. Seither sind sie dann zu gut französischen geworden: Arnoul, Albert, Oudri, Boson, Robert, Evrard, Gilbert, Lambert, Léonard, Guibert...

Für viele Bereiche wurden in der Merowingerzeit die Grundlagen geschaffen: für die Landwirtschaft, die in den nachfolgenden Jahrhunderten besser belegt ist; für die Kirche mit ihren Diözesansynoden und die Klerikalisierung des Glaubenslebens; für die erfolgreiche Christianisierung Galliens und seiner Nachbarländer; für die römisch-keltisch-germanische Symbiose und schließlich für ein starkes Königtum, aus dem dann das französische Königtum hervorgehen sollte. Diese Periode darf weder mit »Flegeljahren« noch mit »Kinderzeit« im negativen Sinn von Infantilität gleichgesetzt werden. Es war ein Zeitalter voller Leben, in dem alte Traditionen wie die lateinisch-romanische Sprache bewahrt wurden, aber auch neue, vitale Formen entstanden sind.

Gegen Ende des 7. Jahrhunderts erlebte Gallien entscheidende Wandlungen, voran den Niedergang des Südens. Noch lange Zeit hatte der
Handel syrischer und jüdischer Kaufleute für wirtschaftliche Impulse im
Mittelmeerraum gesorgt, der vor allem seit Justinian von der kaiserlichen
Flotte beherrscht wurde. Dieser Handel wurde 656 durch den endgültigen Verlust Ägyptens schwer getroffen. Anschließend eroberten die Araber ganz Nordafrika und im Jahr 711 auch das westgotische Spanien. Jetzt
konnten sie ihre Angriffe auf Südgallien ausdehnen und die Seeherrschaft
über das westliche Mittelmeer erringen. Ein Indiz dafür: Ungefähr von
670 an verwendeten die Merowinger nicht mehr aus Ägypten importier-
ten Papyrus, sondern ließen ihre Urkunden auf Pergament schreiben. Die
Juden konnten sich halten, während die Syrer spurlos in der Bevölkerung
Galliens aufgegangen sind. Sachsen aus England und Friesen wurden jetzt
die wichtigsten Händler, man begegnet ihnen selbst in Marseille.

Dem Niedergang von Marseille und Arles entspricht der Aufstieg des
Nordens und Nordostens. Der wirtschaftliche Schwerpunkt Galliens
verlagert sich nach Paris, nach Neustrien. Ein neuer Markt, später hieß er
»Lendit«, verhalf dem Kloster Saint-Denis zu Reichtum. Seine Bedeutung
beruhte auf dem Handelsaustausch mit Sachsen und Friesen, aber auch auf
Verbindungen mit Maastricht und Dorestad, die den Handel Austriens
mit England beherrschten. Die neustrischen Könige und die austrischen
Hausmeier bemühten sich in diesen Gebieten um die Neubelebung des
Getreidebaus, außerdem gründeten sie zahlreiche Klöster. Jedes davon
hatte zugleich die Funktion eines zusätzlichen Wirtschaftszentrums, das
eine zahlreichere Bevölkerung anzog, und dieser demographische Aufschwung sorgte seinerseits für einen wachsenden Markt. Auch im Geld-
wesen wurde eine Umstellung erforderlich: Von den Goldmünzen, dem
solidus oder *triens*, ging man jetzt zur Silberprägung über. Dies wurde
lange Zeit als karolingische Neuerung nach angelsächsischem Vorbild
angesehen, gehört aber, wie J. Lafaurie gezeigt hat, in die späte Merowingerzeit.

KAPITEL XIV

Von Pippin zu Karl dem Großen

PIPPIN III. BEGRÜNDET DAS
KAROLINGISCHE KÖNIGTUM

Durch sein Auftreten als Eroberer hatte Karl Martell im Adel und in der Kirche Neustriens schwere Erschütterungen verursacht. Wenige Beispiele genügen: Karl Martell machte Hugo, den Sohn seines Halbbruders Drogo, zum Abt von Saint-Denis und zum Bischof von Paris, Rouen, Bayeux, Lisieux, Avranches, ferner zum Abt von Jumièges und gegen den Verzicht auf Saint-Denis schließlich zum Abt von Saint-Wandrille. Auch Graf Agatheus von Nantes und Rennes ließ in diesen beiden Städten eigene Gefolgsleute als Bischöfe einsetzen und wurde selber für kurze Zeit »Bischof« von Chartres.

Die bisher respektierte Balance hinsichtlich neustrischer oder austrischer Vormachtansprüche war gestört – ein auf Dauer unhaltbarer Zustand. Karl hatte eine Lösung dadurch angestrebt, daß er die Erziehung seiner Söhne Karlmann und Pippin den hervorragendsten Geistlichen übertrug. Und weil Pippin zur Herrschaft über Neustrien bestimmt war, wurde er in Saint-Denis unterrichtet. Als er viel später, im Jahr 768, an der unteren Loire erkrankte, ließ er sich nach Saint-Denis bringen, um dort zu sterben und bestattet zu werden. Er befahl seinen Söhnen Karl und Karlmann, in Saint-Denis eine Kirche zu bauen, größer und schöner als die Dagoberts, mit mehr als hundert Säulen und mit Toren aus Gold, Silber und Elfenbein. Dieses Werk war vor 775 vollendet. Pippin und Saint-Denis wurden so zum Symbol eines erneuerten Zusammenlebens, nachdem die zweite Welle der »Germanisierung« unter Karl Martell zu umstürzenden Veränderungen im hohen Klerus geführt hatte. Ein Blick auf die Bischofslisten genügt, um sich davon zu überzeugen. Zum Zeitpunkt seines Todes hatte Pippin aber erreicht, daß Austrien und Neustrien zu einem geeinten karolingischen Machtbereich zusammengeschlossen waren.

Sein Vater hatte ihm ein zusätzliches dynastisches Problem hinterlassen: Die Großen hatten eine Nachfolgeregelung gebilligt, nach der die Teilung des Reiches zwischen Karlmann und Pippin vorgesehen war. Trotzdem hatte Karl Martell kurz vor seinem Tod eine Dreiteilung vorgenommen. Die Mitte des Reiches sollte an Grifo fallen, den jüngsten Sohn, den er von seiner zweiten Gemahlin hatte, der bayerischen Prinzessin Swanahild, unter deren Einfluß er diese Entscheidung traf. Nach dem Tod des Vaters wandte sich Karlmann gegen Grifo und ließ ihn gefangensetzen. Dann traf er sich mit Pippin in Vieux-Poitiers, um Grifos Erbe aufzuteilen.

Die daraus resultierenden Grenzziehungen konnten erst kürzlich geklärt werden. Karlmann erhielt außer Germanien das gesamte Gebiet nördlich einer Linie Paris-Soissons bis zur Seine im Westen, einschließlich Rouen. Pippin erhielt Trier und Metz, wo er im Jahr 742 einen der *referendarii* seines Vaters als Bischof einsetzte: Dies war Chrodegang, eine der herausragenden Persönlichkeiten seiner Zeit. In beiden Teilreichen lebten also Neustrier und Austrier nebeneinander, was die Entstehung einer einheitlichen *Francia* zwischen Seine und Rhein entschieden förderte. »Neustrien« und »Austrien« bezeichneten schließlich nur noch die Randgebiete jenseits von Seine und Rhein. Der peinliche Eindruck, den die Streitigkeiten wegen Grifo hinterlassen hatten, wurde noch verstärkt durch die Eheschließung Hiltruds mit dem Bayernherzog Odilo gegen den Willen ihrer Brüder Karlmann und Pippin. Um dies zu überspielen, besetzten sie den seit 737 vakanten Thron im Jahr 743 wieder mit einem Merowinger; sie erhoben Childerich III., den Sohn Chilperichs II. Gegenüber den von ihrem Vater nie wirklich unterworfenen Fürstentümern wie Aquitanien, Bayern und Alemannien sollte durch diesen Schritt die eigene Legitimität gestärkt werden.

Die beiden Brüder führten die Titel *princeps* oder *dux Francorum* und brachten nun die Kirchenreform in Gang. Dies wird sofort verständlich, wenn man die Grenzziehung ihrer Teilreiche genauer betrachtet. Dabei fällt auf, daß die im Einverständnis mit Rom neu eingeführte Würde eines Erzbischofs je zwei Amtsträgern in beiden Reichen zuteil wurde: Bonifatius in Germanien und Grimo in Rouen (Karlmanns Machtbereich), dem irischen Mönch Abel in Reims und Ardobert in Sens (Pippins Machtbereich). Die Maßnahme hatte der Angelsachse Bonifatius angeregt, dessen Einfluß auf Karlmann von entscheidender Bedeutung war, weil dieser seinerseits im Jahr 743 die politische Lage beherrschte.

Pippin, der jüngere Bruder, leitete im Jahr 744 eine politische Neuorientierung ein. Er verbündete sich mit dem Adel durch seine Eheschließung mit Bertrada (Berta), der Tochter des Grafen Heribert (Charibert) von Laon, die um Meaux und in der Eifel begütert war. Die Ehegatten ließen für ihr Kloster Prüm eine Mönchsgemeinschaft aus Meaux kommen. Im Jahr 744 wurden gleichzeitig zwei Synoden einberufen, die eine in Estinnes, einer Pfalz Karlmanns südlich von Nivelles an der Straße von Lüttich nach Bavay, die andere in Soissons, im Teilreich Pippins. Auf beiden Kirchenversammlungen wurde nahezu übereinstimmend der Wunsch nach besserer Bildung und Disziplin des Klerus ausgesprochen. Aber nur in Karlmanns Reichsteil wurde mit der Neubesetzung von Bischofsstühlen ernst gemacht. So mußte Gewilib auf das Bistum Mainz verzichten, weil er in Sachsen während eines Feldzugs einen Racheakt begangen hatte. Dagegen behielt im Machtbereich Pippins Milo seinen Bischofssitz Trier und sogar die Kontrolle über Reims.

Voll Bitterkeit beklagte Bonifatius seine Machtlosigkeit gegenüber »Milo und seinesgleichen«, die von Pippin geschützt wurden, aber auch vom Klerus unter Chrodegangs Leitung. Chrodegang war fest entschlossen, den Einfluß der Angelsachsen und der römischen Kirche einzuschränken und die Reform im Umkreis des gallo-fränkischen Adels selbst durchzuführen. Er verdeutlichte dies durch die wichtige Regel, die er für den Kathedralklerus einführte. Bonifatius war in Thüringen unter Karl Martell tätig, dann unter den Herzögen in Bayern, wo er Bistümer gründete, und schließlich im Teilreich Karlmanns, wo er die neuen Bischofssitze mit Angelsachsen besetzte. Seine Aktivitäten waren also niemals nennenswert über Karlmanns Reichsteil hinausgegangen. Im Jahr 747 verzichtete Karlmann auf die Herrschaft und suchte sein Exil bezeichnenderweise erst beim Papst, dann in einem Kloster auf langobardischem Reichsgebiet. Durch diese Entwicklung verlor Bonifatius noch mehr an Einfluß. Alles, was er noch erreichen konnte, war die Übertragung seines eigenen Bistums Mainz an einen Angelsachsen. Danach kehrte er zu den

heidnischen Friesen an den Schauplatz seiner ersten großen Erfolge zurück und starb dort als Märtyrer im Jahr 754.

Die angelsächsisch und römisch geprägten Anfänge der Kirche in
Germanien begründeten Traditionen, die sich von denen Galliens deutlich
unterschieden. Auch bedeutete die Ablehnung eines bestimmenden rö-
misch-angelsächsischen Einflusses durch den auf Pippin gestützten gallo-
fränkischen Klerus den gemeinsamen Sieg eines Karolingers und des
vereinigten neustrischen und austrischen Adels. Diese neue Solidarität der
Franken sollte zum Ausgangspunkt der eigenen Kirchengeschichte
Frankreichs werden. Die unmittelbare Folge war aber zunächst die Wahl
Pippins zum König durch ebendiesen Adel. Pippin, der ja in Saint-Denis
aufgezogen worden war, hatte die Lage völlig richtig erfaßt: Selbst wenn
Austrien vorübergehend mächtiger war als Neustrien, konnte eine legitime Nachfolge Chlodwigs und Dagoberts auf dem längst stärker neu-
strisch-burgundisch als austrisch bestimmten Thron ausschließlich in
Übereinstimmung mit dem Adel der Pariser Region erreicht werden. Hier
entstand eine fein ausgewogene neustrisch-austrische Interessenvermi-
schung, mit der schließlich jedermann zufrieden war. Ohne Pippins politische Erfolge wäre Karl der Große nicht denkbar.

Die fränkische Solidarität wurde noch erhärtet im gemeinsamen
Kampf gegen Versuche, die Autorität der Karolinger anzufechten, die fast
unmerklich auch zu Versuchen geworden waren, die Oberhoheit der
Franken zu bestreiten. Nach Karl Martells Tod, dann erneut nach Karl-
manns Abdankung und dem heftigen Wiederaufleben der Probleme mit
Grifo als Folge waren die fürstlichen Machtbildungen in Randlage der
Ausgangspunkt solcher Bestrebungen.

Karlmann und Pippin hatten vereint und getrennt gegen Sachsen,
Alemannen, Bayern und Aquitanier gekämpft. Bei ihrem gemeinsamen
Sieg über Odilo von Bayern im Jahr 743 waren sie auf einen Legaten des
Papstes Zacharias getroffen, der eher die Sache Bayerns begünstigte. Der
Papst verständigte sich damals mit den Langobarden, den Verbündeten
der Bayern. Als Karlmann im Jahr 746 die Unterwerfung der Alemannen
abschließen wollte, verabredete er ein Treffen mit dem Adel des Herzogtums in Cannstatt und ließ dort seine Widersacher in zynischer Ausnutzung des Überraschungseffekts niedermachen. Diese Tat war wohl doch
allzu »machiavellistisch« für das Gewissen des gläubigen Herrschers, der
im folgenden Jahr abdankte. Der vorsichtigere Pippin ließ damals Grifo

frei, den Gefangenen Karlmanns. Grifo betrachtete sich aber als mit
Pippin gleichberechtigter Erbe seines Vaters und zog mit seinen Anhängern erst nach Sachsen und dann im Jahr 748 nach Bayern. Da er der Sohn
einer bayerischen Prinzessin war, wurde er hier als *princeps* anerkannt.

Pippin vertrieb ihn *manu militari* und machte Odilos Sohn Tassilo III.
zum Herzog. Um aber die Opposition zu beruhigen, übertrug er Grifo im
Jahr 749 den Dukat von Le Mans mit zwölf Grafschaften. Als Grifo
erfuhr, daß Pippin seine Wahl zum König betreibe und vielleicht sogar
schon erreicht hatte, fühlte er sich erneut zurückgesetzt. Er wandte sich
an den Aquitanierherzog Waifar, um einen Aufstand anzuzetteln, ließ
aber mächtige Gefolgsleute in Le Mans zurück. So fand Pippin die Tore
der Stadt durch den Grafen und den Bischof verschlossen. Er wandte sich
gegen die mit Grifo verbündeten Bretonen und nahm Vannes, das dann
zusammen mit Nantes und Rennes den *limes Britannicus* bildete. Diese
von Pippin gegen die Bretonen eingerichtete Mark wurde dem gleichen
Trierer Adelsgeschlecht übertragen, dem auch Milo angehörte. Einer der
»Markgrafen« dieser neuen Mark hieß Roland. In Maine konnte Pippin
lediglich dem widerspenstigen Bischof von Le Mans das Kloster Saint-
Calais entziehen, das er unter seinen Schutz stellte. Schließlich wurde im
Jahr 753 in Italien ein gemeinsames Unternehmen Pippins und des Papstes
gegen den Langobardenkönig vorbereitet. Grifo wollte sich eilends mit
dem neuen Gegner seines Bruders vereinen, fiel aber beim Übergang über
die Alpen, abgefangen von Pippins Grafen.

Solche Einzelheiten zeigen, in welchem Maß der Besitz der Macht
gefährdet war. Die geringste Unstimmigkeit innerhalb der herrschenden
Familie wurde von den Randgewalten ausgenützt. Pippin und sein Sohn
Karl – der spätere Karl der Große, 747 geboren und bei seiner Volljährigkeit mit der Verwaltung des Dukats von Le Mans betraut – sahen deswegen ihre Hauptaufgabe darin, Aquitanien, Bayern und Sachsen zu unterwerfen. Sie brauchten dafür ein halbes Jahrhundert.

Das konnte beide freilich nicht daran hindern, gleichzeitig auch weit-
gesteckte politische Pläne nach außen erfolgreich durchzusetzen. Eine
geschickte Politik und rasches Handeln setzte sie in die Lage, innere wie
äußere Probleme zu beherrschen. Sie hatten eine sehr hohe Auffassung
von ihren Herrscherpflichten und waren sich sicher, das Werkzeug Gottes
auf Erden zu sein, wie ehedem die Könige des Alten Testaments. Sie
vereinten in sich die Achtung vor der Priesterwürde, dem Bischofsamt

und dem Nachfolger des heiligen Petrus mit der festen Sicherheit von Menschen, die ihre Stellung innerhalb der Kirche genau kennen und untrennbar mit dem ihnen von Gott anvertrauten Volk verbunden sind. Ihre Politik gegenüber Kirche und Papsttum wird deswegen nur verständlich, wenn man stets berücksichtigt, welches Weltbild dahintersteht. Die Herrscherideologie wurde von Rom unterstützt und gefördert, weil die Kurie hier die Möglichkeit zu einem Bündnis sah, das bis zu einem gewissen Grad aufnahmebereit war für die eigene Argumentation der Kirche. So wurde diese Konzeption des Königtums zur eigentlichen Stärke des neuen fränkischen Herrscherhauses. Die Karolinger waren nicht mehr damit zufrieden, Bischöfe nur zu ernennen. Als Könige, die wie David über das auserwählte Volk herrschten, stellten sie Bischöfe und Äbte mehr noch als bisher üblich in ihren Dienst. Für Gott, den König, den Staat und die Kirche zu wirken wurde zur Verpflichtung ohne Unterschied. Das Zeitalter der Karolinger wurde zum Zeitalter der unauflösbaren Verbindung von geistlichem und weltlichem Bereich. Sie endete erst mit den Reformen Papst Gregors VII., der die Einbindung von Herrscher und Reich in die Kirchenorganisation rückgängig machte.

Unter dieser Perspektive muß Pippins Weg zum Königtum gesehen werden, der in voller Übereinstimmung mit dem Papsttum beschritten wurde. Und der Griff von Pippins Sohn nach der Kaiserwürde war die feierliche Bestätigung dieser Übereinstimmung. Die Könige, denen ein derartiger Aufstieg gelang, waren Diener Gottes auf Erden. Ihr Heer, der *exercitus Francorum*, war ein Werkzeug Gottes, für das in den Kirchen gebetet wurde. Es kämpfte natürlich gegen die Heiden in Sachsen und Spanien, aber vor allem allenthalben gegen die »Feinde Gottes«. Wenn man in Karl dem Großen nur einen gewöhnlichen »Anführer bewaffneter Horden« erkennt, übersieht man nicht nur zweihundert Bistümer, zweihundert Pfalzen, über fünfhundert Grafschaften, siebenhundert Abteien und an die tausend Königshöfe. Man verkennt vielmehr auch die geistige Kraft dieser Epoche, in der rohe Gewalt durch einen glühenden Glauben geläutert wird und die Westeuropa seine erste Staatsidee geschenkt hat. Diese Staatsidee ist in Gallien entstanden, auf ihr konnte das Heilige Römische Reich ebenso aufbauen wie das französische Königtum.

Dafür, daß die Merowinger die Spätantike fortgesetzt haben, genügt ein einziges Beispiel: Chilperich hat in Paris und Soissons wieder Zirkusspiele eingerichtet. Auch die Karolinger haben natürlich Vorbilder nachgeahmt, so das Rom der Päpste, das kaiserliche Konstantinopel und das hebräische Königtum der Bibel; außerdem haben sie angelsächsische Einflüsse mit den fränkischen Traditionen vereint. Aber sie haben daneben völlig Neues entwickelt und eine andersartige Welt geschaffen, die manche gern »das« Mittelalter nennen, ohne zu bedenken, daß *dieses* »Mittelalter« gerade dreihundert Jahre gedauert hat.

Man weiß, wer Pippins Rom- und Italienpolitik konzipiert und durchgesetzt hat: sein bevorzugter Ratgeber Fulrad, der um 750 Abt von Saint-Denis wurde. Er entstammte einer einflußreichen Familie aus der Gegend um Metz (mit Verwandtschaft bis nach Bayern hinein), die im Reichsdienst große Liegenschaften im Elsaß und in Alemannien erworben hatte, die Fulrad später seinem Kloster vermachte. Man könnte ihn regelrecht als Minister Pippins bezeichnen. Er führte den Titel *capellanus* – die *cappa* des heiligen Martin war aus dem Besitz der Merowinger an die Hausmeier übergegangen – und *archipresbyter* (Erzpriester); ihm unterstand der gesamte Klerus am Hof. In Begleitung des Würzburger Bischofs Burchard, eines austrischen Mitarbeiters des an der Kurie hochangesehenen Bonifatius, ging Fulrad in offizieller Mission zu Papst Zacharias. Ihm stellte er die berühmte Frage »wegen der Könige in Francien, die keine Macht als Könige hätten, ob das gut sei oder nicht«. Die Antwort lautete: »Es ist besser, den als König zu bezeichnen, der die Macht hat..., damit die rechte Ordnung nicht gestört wird.«

Childerich III. wurde geschoren und nach Saint-Omer in das Kloster Saint-Bertin verbannt. Im November 751 wurde Pippin zum König gewählt und als erster Frankenherrscher mit dem heiligen Öl gesalbt.

Stephan II. wurde im Jahr 752 Nachfolger von Papst Zacharias. Nach längeren Verhandlungen mit dem Langobardenkönig Aistulf konnte er den neuen König in seiner Pfalz Ponthion aufsuchen, die er nach einem äußerst beschwerlichen Alpenübergang am 6. Januar 754 erreichte. Fulrad hatte ihn schon im Rhônetal empfangen, und vor der Pfalz kam ihm der kleine Königssohn Karl entgegen, der damals sechs Jahre alt war. Schließlich führte Pippin selbst auf dem letzten Wegstück das Pferd des Papstes am Zügel und leistete damit den Stratordienst, wie ihn schon die »byzantinischen« (also römischen) Kaiser dem römischen Bischof erwiesen hatten. Diesen Empfangszeremonien folgte ein bewegender Augenblick, denn der Papst warf sich dem König zu Füßen, den er um Hilfe gegen seine Feinde in Italien anflehte. Nach den ersten Unterredungen begab man sich nach Saint-Denis, wo Stephan II. bei Fulrad wohnte. Dann vollzog der Papst eine erneute Königssalbung, diesmal auch an der gesamten Familie Pippins: Zusammen mit ihren Söhnen Karl und Karlmann erhielt Königin Bertrada diese Weihe. Pippin, Karl und Karlmann führten nun den Titel »König der Franken und Patricius der Römer«. Vielleicht hat damals der Papst den Bannfluch über alle ausgesprochen, die es wagen sollten, den Titel »König der Franken« anzunehmen, ohne von Pippin abzustammen.

Mit der Aufforderung an die Karolinger, in Italien zu intervenieren, vollzog das Papsttum den Bruch mit den Kaisern von Konstantinopel. Gregor III. (731–751) war der letzte Papst, der die kaiserliche Regierung um eine Bestätigung seiner Wahl bat. Paul I. (757–767) hat dann als erster seine Erhebung dem fränkischen Hof angezeigt. Obwohl es gegen das italienische Abenteuer und den Bruch mit den Langobarden eine Adels-opposition gab, unternahm Pippin im Jahr 754 eine energische Militärak-tion gegen Aistulf. Er wiederholte dieses Unternehmen sogar im Jahr 756, weil der Langobardenkönig seine Unterwerfung rückgängig machen wollte.

Fulrad erhielt nun den Auftrag, die von Pippin getroffenen Entschei-dungen durchzuführen: Ein Teil des ehemaligen Exarchats von Ravenna, das die Langobarden 751 erobert und die Franken 756 besetzt hatten, wurde dem Papst »zurückgegeben«, trotz Protesten von seiten des byzan-tinischen Kaisers. Da der Frankenkönig als *patricius Romanorum* zum anerkannten Beschützer der römischen Kirche geworden war, konnte er diese Herausforderung des Kaisers riskieren. Damit war der Grundstein des *patrimonium Sancti Petri*, des künftigen römischen Kirchenstaats gelegt. Sein zweiter Bestandteil, der Dukat von Rom, unterstand seit Stephan II. dem Papst, den der Kaiser als *dux* anerkannt hatte. Es gab also eine zweifache Usurpation, die der merowingischen Rechte in Gallien und die der byzantinischen Rechte in Italien. Gemeinsam Handelnde waren dabei einerseits das Geschlecht der Pippiniden, das sich endgültig über den Adel erhob, dem es selbst entstammte, und andererseits das Papsttum, das jetzt zur Territorialmacht aufstieg. So wurde das Bündnis der beiden Partner besiegelt, die gleichermaßen von ihrem guten Recht überzeugt waren. Auf der Grundlage dieses Zusammengehens ist die neue politische und kirchliche Ordnung des Abendlands errichtet worden.

Die Franken, denen sich die Langobarden Italiens zweimal hatten beugen müssen, sollten nun auch mit ihren Widersachern in Gallien fertig werden. Schon 752 hatte Pippin versucht, Septimanien in seine Gewalt zu bringen, das die Merowinger nie erobern konnten. Er wollte damit der Besetzung dieses früher westgotisch, dann islamisch beherrschten Landes durch die Aquitanier zuvorkommen, die seit 751 Vorstöße unternahmen. Pippin konnte westgotische Große für sich gewinnen, die ihm einige Städte auslieferten, darunter Nîmes. Im Jahr 759 griff er sein schwieriges Vorhaben erneut auf. Unterstützt von den Goten, denen er ein Leben nach westgotischem Recht unter fränkischer Herrschaft zugesichert hatte, konnte er Narbonne einnehmen. Von nun an verwalteten Grafen westgotischer Abstammung gleichberechtigt mit fränkischen Grafen dieses Land. Eine besonders wichtige Rolle spielten sie beim Vorstoß der Karolinger über die Pyrenäen hinaus. Erstmals war nun das gesamte Gallien unter fränkischer Herrschaft vereint.

Die Aquitanier, die mehr oder weniger offen rebellierten, waren damit vom Mittelmeer abgeschnitten. Unter diesen strategisch sehr günstigen Voraussetzungen ging Pippin seit 760 daran, das Problem Aquitanien endgültig zu bereinigen. Von Herzog Waifar, dem Nachfolger Hunoalds, verlangte er mehr Rücksichtnahme auf die Besitzungen fränkischer Kirchen in Aquitanien und erinnerte ihn nachdrücklich an die Oberhoheit des Königs. Die Franken wurden durch die heftige Reaktion Waifars überrascht, der in ihr eigenes Gebiet vorstieß. Die Aquitanier kamen bis Autun, Chalon, später bis Narbonne und selbst in das Gebiet um Tours. Der nun folgende Krieg sollte bis 768 dauern.

Pippin brach den aquitanischen Widerstand in systematischem Vorgehen. Zuerst besetzte er im Norden Aquitaniens eine Reihe von Befestigungsanlagen, die er zerstörte oder zu fränkischen Stützpunkten ausbaute. Er nahm Bourges und drang dann auf seinen Feldzügen tiefer in das Feindesland ein. Der letzte Widerstand schien beendet, als kurz vor Pippins Tod Waifar von seinen eigenen Leuten umgebracht wurde. Als Nachfolger Pippins mußte Karl der Große aber in den Jahren 769 und 770 den Kampf erneut aufnehmen. Siegreich durchzog er die Gascogne und gab dem Land eine geordnete Verwaltung: In den wichtigsten Städten, die fränkische Besatzungen erhielten, setzte er fränkische Grafen ein.

Dieser Sieg war zwar außerordentlich mühsam errungen, aber er bewies, daß man den fränkischen Heeren nicht standhalten konnte, weder im offenen Kampf noch im Belagerungskrieg, noch durch Guerilla-Taktik. In einem Konflikt von noch längerer Dauer sollte Karl genau diesen

Beweis erneut antreten: Die Eroberung Sachsens war schon von Pippin geplant. Seine neue Pfalz in Aachen war als eine der Hauptresidenzen im Hinblick auf den Sachsenkrieg vorgesehen, und nur der Tod hatte ihn an seinem Vorhaben hindern können. Wie auf vielen anderen Gebieten, hat Karl auch hier das Werk seines Vaters weitergeführt.

Man ist betroffen von der unbeugsamen Entschlossenheit der ersten Karolinger, von ihrem Kampfgeist, der auch ihre geistlichen und weltlichen Gefolgsleute erfaßte und der ein halbes Jahrhundert fast ununterbrochener Eroberungskriege überdauerte. Seit Pippins Herrschaft kann man in Annalen (selten!) die Bemerkung lesen: »Dieses Jahr unternahmen die Franken keinen Feldzug.« Der Frieden war also Ausnahmezustand geworden. Man muß sich klarmachen, welche drückende Belastung diese ständigen Feldzüge für die Bauern darstellten, die ihre Felder verlassen mußten, um Krieg zu führen. Man muß auch sehen, welche Erbitterung die Bewohner der unterworfenen Gebiete empfunden haben, ob in Aquitanien oder in Sachsen, ganz im Gegensatz zum Hochgefühl des Adels, dem die Karolinger als Lohn das Land verliehen, das den Besiegten weggenommen wurde.

Angesichts der Erfolge des Königs gab es kaum noch Opponenten, es erschien vorteilhafter, dem Herrscher zu dienen, als sich zu verweigern. Die Bischöfe und die Äbte der großen Königsklöster mußten zugleich dem König und ihrer Kirche dienen, was nicht immer problemlos zu vereinbaren war, aber sie erlebten ihren Aufstieg zu einflußreichen Persönlichkeiten in einem mächtigen Reich. Kurz gesagt, alle fühlten sich, mitgerissen vom Geist innerer und äußerer Eroberungen, einem Staatswesen verpflichtet, das seinerseits im Dienst an Gott aufging. Ausdruck dieser Solidarität von weltlichem und geistlichem Bereich wurde eine Art Gebetsverbrüderung, die auf einer Synode eingerichtet wurde, die 762 unter Pippins Vorsitz in seiner Pfalz Attigny stattfand. Alle beteiligten Bischöfe und Äbte beteten im Dienst dieser großen Sache für das Seelenheil der anderen und verpflichteten sich für jene zu beten, die vor ihnen sterben sollten. Überall legten die Königsklöster Listen derer an, für die sie sich zum Gebet verpflichteten. Ganze Mönchsgemeinschaften beteten für andere in diese »Bruderschaft« aufgenommene Konvente, aber auch für Mitglieder des Königshauses und besonders für Große samt deren Gemahlinnen, die Schenkungen gemacht hatten, beispielsweise beim Klostereintritt eines Sohnes oder einer Tochter.

Die karolingischen Könige und ihr Gefolge besuchten Kirchen und bevorzugt Klöster, um Geschenke zu hinterlegen und um sich in *libri memoriales* eintragen zu lassen, die ihr »Gebetsgedächtnis« sicherten. Der David-König, der ja auch gesalbt war, erneuerte so seinen Bund mit Gott, und der Gottesdienst vereinte im Gebet der Gläubigen die Kirche, den Herrscher und sein Heer: Der Gottesstaat trat sichtbar in Erscheinung. Augustinus' Vorstellung von der *Civitas Dei* – sein Buch darüber war Karls des Großen Lieblingslektüre – war anscheinend auf Erden zu verwirklichen.

Neben der *propagatio fidei*, der Ausbreitung des Glaubens unter den Menschen, gab es auch unverhüllte karolingische Propaganda. Von seinem Onkel Pippin gefördert, verfaßte Childebrand zusammen mit seinem Sohn Nibelung eine Geschichtsdarstellung eindeutig zu dem Zweck, die Erfolge des Herrscherhauses zu feiern und in ein vorteilhaftes Licht zu rücken. Danach entwickelte sich dann mit den am Hof verfaßten *Annales* (»Reichsannalen«) eine regelrechte offizielle Geschichtsschreibung. Auch in den Königsklöstern hatte man damit begonnen, in den Kalendarien außer dem Osterdatum und Lokalereignissen auch die wichtigsten Taten der Karolinger einzutragen. Sehr bald sind diese *Annales* dann unabhängig von den Ostertafeln geführt und von Kloster zu Kloster ausgetauscht worden. In dem ständig vergrößerten Reich blieb man so überall auf dem laufenden, man kannte die auswärtigen Ereignisse, die Handlungen des Königs, der Großen, der Bischöfe. Wie in den Kalendern, aus denen sie entstanden sind, wird auch in den Annalen die Menschwerdung Christi mit einem Fehler von vier Jahren angegeben, nach einer Berechnung des Dionysius Exiguus im 6. Jahrhundert, die von dem gelehrten Angelsachsen Beda übernommen worden war, dessen Tafeln man im Frankenreich benutzte. Unsere Jahreszählung nach christlicher Zeitrechnung ist also ein Nebenprodukt der karolingischen Propaganda. Außerhalb der Klöster und Kanzleien hat sich diese Datierweise übrigens erst wesentlich später durchsetzen können.

KARL DER EROBERER

Karl wurde erst ziemlich lang nach seinem Tod zu »Karl dem Großen«. *Karolus magnus* ist eigentlich nur eine Abweichung vom Formular des Urkundenprotokolls *(Karolus) magnus imperator,* der Nachahmung einer römisch-byzantinischen Herrschertitulatur, die auch für andere Herrscher belegt ist. Zeitgenössische Ausdrücke der Bewunderung gleich nach Karls Tod waren: *bonus, pius, excellentissimus.* Erst später, im 10. Jahrhundert, fixierte sich die Folge der Herrscherbeinamen: »Karl der Große«, »Ludwig der Fromme« etc.

Karl vermochte so viel zu erreichen, weil er der angegebenen Richtung seines Vorgängers folgen konnte, ohne daß er deswegen bloßer Fortsetzer geblieben wäre. Das Reichsganze und viele Dinge im einzelnen beweisen auch seine gestalterische Kraft. Nachdem er die Schwierigkeiten der ersten Jahre bewältigt hatte, konnte er zunächst den Weg einschlagen, den sein Vater Pippin vorgezeichnet hatte. Das galt für die Politik nach außen, die Kriegführung, die Verwaltung des Landes und die Leitung kirchlicher Angelegenheiten. Dabei konnte Karl aber die Methoden seines Vaters verbessern und weiterentwickeln. Es darf nicht verschwiegen werden, daß dazu auch der Einsatz von Furcht und Schrecken als Mittel der Politik gehört hat. Karl war von seinem guten Recht ebenso überzeugt wie von seinen Pflichten vor Gott: Er hatte die *Civitas Dei* gegen die »Feinde Gottes« zu verwirklichen. Aus dieser Auffassung heraus hielt er seine Widersacher durch die Furcht vor unnachsichtiger Vergeltung in Schach. Dem König, dem Gesalbten des Herrn, hatten alle die Treue zu schwören, seine fränkischen Untertanen, voran der Adel, und ebenso die gerade unterworfenen Völker. Wehe dem, der das vergaß!

Ein bezeichnendes Beispiel wird mit Genugtuung in einem der eben erwähnten Annalenwerke erzählt: Einige Große Thüringens hatten sich in eine Verschwörung gegen Karl eingelassen und waren ertappt worden. Man schleppte sie durch das ganze Reich vor die Altäre der höchsten und mächtigsten Heiligen, um sie dem König Treue schwören zu lassen. Dann wurden in Worms die Überlebenden abgeurteilt: Einige wurden verbannt, einige geblendet. Die übliche Strafe für Eidbrüchige war, wie schon bei den Römern, der Verlust der Hand. Als die Sachsen nach der zügig durchgeführten Unterwerfungsaktion der Jahre 775 bis 778 einen Aufstand wagten und dabei dank des Überraschungsmoments eine fränkische Heeresabteilung vernichten konnten, war Karl außer sich über diesen Verrat. Bei Verden ließ er viertausend freie Männer hinrichten. Auch die Gesetze, die den besiegten Sachsen gegeben wurden, waren von beispielloser Härte und verhängten schon für die harmlosesten Vergehen die Todesstrafe. Das stieß auf Kritik selbst am Hof, besonders bei Alkuin, Karls Ratgeber und Freund.

So, wie Karl der Große hier auftritt, entspricht er keineswegs dem Tenor der ihn feiernden Überlieferung. Er handelte aber nicht einfach unmenschlich oder blutdürstig, sondern aus der Überzeugung, nur Unnachsichtigkeit könne zum Erfolg führen. Sein Ruhm als Eroberer verbreitete sich dann ja auch sehr rasch, selbst bei entfernten Völkern. Die Slawenvölker übernahmen seinen Namen als Bezeichnung für ihre Könige: *kral, krol*. Die Bedeutung dieses großen Herrschers ist von wenigstens drei Seiten her ganz unterschiedlich beurteilt worden: von seinen Gegnern, von seiner bewundernden Gefolgschaft und von der Nachwelt. Dazu kommt dann noch das Bild, das neueste Forschungen von seiner Regierung und seiner Person gezeichnet haben.

Es reicht nicht aus, hart, ja grausam zu sein, um ein Eroberer zu werden. Karl war nicht nur ein genialer Stratege und herausragender Organisator, sondern auch an Bildung interessiert. Er umgab sich mit Gelehrten und ließ römische Fachliteratur zur Kriegskunst abschreiben, darunter die Werke des Vegetius. Bewußt griff er auf römische Methoden und Präzedenzfälle zurück. Die als hervorragende Seefahrer bekannten und eben erst in das Frankenreich eingegliederten Friesen nahm er in seinen Dienst und ließ sie mit ihren Schiffen längs der Küste von Sachsen segeln, um Truppen und Nachschub hinter den Rücken seiner Feinde zu schaffen. Genauso hatten Drusus und Germanicus im Kampf gegen die Germanen gehandelt. Mit Hilfe der friesischen Flotte war es möglich, die Slawen an der Odermündung zu unterwerfen und in die kleinen Flußläufe an der Ostseeküste einzudringen. Ähnlich wurde der große Feldzug gegen die Awaren in der ungarischen Tiefebene von Regensburg aus durchgeführt, wo der König überwinterte: Im Sommer marschierten die beiden Heere längs der Donau, das eine am Nordufer und das andere am Südufer. Die friesischen Schiffe aber besorgten zwischen ihnen, auf dem Strom, den Transport des Truppenbedarfs.

Karls Militärorganisation war ihres römischen Vorbilds würdig. Die

rund eintausend Königshöfe, darunter zweihundert Pfalzen, und die Königsklöster mußten die benötigten Pferde züchten, dazu Belagerungsma-
schinen, Panzerhemden sowie Frachtwagen herstellen und unterhalten.
Der König gab den Äbten schriftlich die strikte Anweisung, an den
Heeresversammlungen teilzunehmen und alles mitzubringen, was gebraucht werde, »wenn ihr meine Gnade behalten wollt«. Die schweren
Wagen mit starker Bespannung, die den Römern unbekannt, aber noch
bei den Pionieren des amerikanischen Wilden Westens üblich waren,
hatten einen Überzug aus Leder, damit bei Flußüberquerungen kein
Wasser eindringen konnte. Das Mehl für die Truppen, nach römischer
Weise mitgeführt, mußte ja trocken bleiben.

Die besondere Begabung des Königs zeigte sich vor allem in der
Schnelligkeit seiner Operationen, die ein funktionierendes Nachrichten-
system und eine bereits entwickelte Reiterei zur Voraussetzung hat. Während eines Feldzugs in Sachsen erfuhr Karl von einem Aufstand in Oberitalien. Er zog eilends heran und gab den Befehl zur Sammlung weiterer
Truppen; innerhalb weniger Tage überraschte er seine Gegner und konnte
als Verantwortlichen einen ehemaligen Langobardenherzog gefangensetzen. Bei der Rückkehr aus Spanien wurde Karl in Auxerre von einem
erneuten Einfall der Sachsen im Rheinland benachrichtigt; er eilte sofort
zum Ort des Geschehens und begann einen Gegenangriff. Mit vollem
persönlichen Einsatz hat Karl so während mehr als dreißig Jahren Kriege
geführt. Dazu sollen nur die entferntesten Punkte angegeben werden, die
er erreicht hat: Im Jahr 769 überschritt er die Garonne, 773 und 774 hielt
er sich in Rom auf, 776 war er in Friaul, 778 überquerte er die Pyrenäen.
781 besuchte er wieder Rom, 787 kam er bis Capua. 789 hielt er sich
jenseits der Elbe im Ostseegebiet auf, 791 zog er nach Ungarn, im Jahr 800
ging er erst an die Atlantikküste, dann abermals nach Rom. In Spoleto
weilte er 801, in Salzburg 803. Und lange Zeit zog er fast alljährlich nach
Sachsen – etwas Vergleichbares hat man in Europa vor Napoleon nicht
wieder gesehen.

Durch die zahlreichen Kriegsunternehmen wird klar: Die von Pippin
begonnene Errichtung eines Netzes von Erzbistümern und Bistümern
war nicht nur für die Erneuerung der Kirchendisziplin, für die Ausbildung der Priester und die Mission eine wesentliche Voraussetzung, sondern auch Grundlage für die Organisation von Reich und Militärwesen.
In einem *capitulare* des Jahres 775 mahnte der König zur Besetzung aller

Bistümer und erinnerte an die Gehorsamspflicht der Bischöfe gegenüber den Erzbischöfen. Eine Quelle aus den Anfangsjahren der Herrschaft Ludwigs des Frommen läßt nun aber erkennen, wie eine schnelle Mobilmachung durchgeführt wurde: Der Erzbischof von Trier erhielt einen strengen kaiserlichen Befehl, den er sofort an seine Suffragane weitergab – der Brief an den Bischof von Toul ist noch erhalten. Die Bischöfe hatten ihrerseits die Äbte und Grafen ihrer Diözese zu benachrichtigen. Von den *milites*, die mit ihren Vasallen die Reiterei bildeten, mußten alle, die den Marschbefehl nach Italien am Morgen erhielten, noch am selben Abend aufbrechen. Wer ihn erst abends bekam, mußte am nächsten Morgen auf den Weg. Diese Anordnung setzt ganz offensichtlich voraus, daß die Sammelplätze bekannt waren und genauso auch die Wege, die im Fall eines Italienzugs einzuschlagen waren. Das eilige Heeresaufgebot im Jahr 817 sollte der Revolte eines Kaiserneffen zuvorkommen. Mit Hilfe der von Karl dem Großen übernommenen Militärorganisation konnte sie im Keim erstickt werden.

In seinem Testament vermachte Karl den Hauptteil seines persönlichen Besitzes den Erzbistümern, die er selber erneuert hatte. Dies war eine Geste des Dankes und ein Akt der Frömmigkeit, aber der Herrscher wollte damit zugleich seine Stellung innerhalb der Kirche demonstrieren. Die Metropolitankirchen leisteten einen unverzichtbaren Beitrag zur Machtausübung. So wurden dort die Abschriften der Urkunden angefertigt, die vom Hof ausgingen. Dadurch gelangten die Erlasse und Anordnungen des Herrschers zu den Grafen, die dann ihre Leute zusammenriefen, um ihnen den Wortlaut in den verschiedenen Sprachen der jeweiligen Gegend vorzulesen oder vorlesen zu lassen. Eine weiträumige Festigung der politischen Strukturen war die Folge: Unter Karl dem Großen war das Hexagon wieder, wie einst unter Rom, Teil eines Großreichs.

Von Karl und seinen Ratgebern mußten gewaltige Kräfte ausgehen, damit sie mit den beschränkten Mitteln ihrer Zeit einen ganzen Kontinent unter Kontrolle halten konnten. Das karolingische Reich wurde während eines halben Jahrhunderts, von 775 bis etwa 825, kraftvoll regiert. Diese relative Kurzlebigkeit sollte man, die nur zehnjährige Dauer von Napoleons Kaisertum bedenkend, nicht zur Grundlage eines abwertenden Urteils machen. Zu berücksichtigen ist ja auch die Langlebigkeit von Institutionen und Neuerungen dieser Epoche: die Ausbreitung der Grafschaftsverfassung, die karolingische Schrift, die sich mit ihren Va-

rianten bis heute gehalten hat, die Münzreform, deren Spuren bis ins
20. Jahrhundert reichen (bis zum englischen Pfund von 20 Schillingen à 12
Pence und dem Ausdruck *vingt sous* für einen Franc) und schließlich das
System der Gerichtsschöffen, der *scabini*, das viele Jahrhunderte bestanden hat.

Es soll hier keinesfalls alles den Taten eines einzelnen Mannes zugeschrieben werden, dessen Handlungen zudem teilweise mit Vorbehalten
beurteilt werden müssen. Man bleibt aber nachdenklich angesichts eines
noch immer mythischen Herrscherbildes, das nur wenig mit den heutigen
Forschungsergebnissen gemeinsam hat. Dieses genauere Wissen beruht
auf einigen hundert Urkunden Karls des Großen und Ludwigs des Frommen, einigen Dutzend Gesetzen, vielen hundert Briefen, dazu auch auf
zeitgenössischen Dichtungen und vor allem auf Tausenden nicht vom
König ausgestellten Urkunden, in denen die Namen von Zehntausenden
von Zeugen festgehalten sind.

Es ist eine völlig überholte Annahme, Karls Heer habe nicht mehr als
fünftausend Mann gezählt. Wie wäre damit über eine Million Quadratki-
lometer zu erobern und zu kontrollieren gewesen? Es gab Hunderte von
Bischöfen und Äbten, dazu ungefähr fünfhundert Grafen, jeder mit einem
Gefolge von mindestens 20 bis 30 Mann. Und die eigenen Vasallen des
Königs, die weitaus zahlreicher waren als die Grafen, geboten über je
zehn bis zwölf Mann. Ein anderer Berechnungsversuch, der die siebenhundert Amtssprengel *(pagi)* des Reichs zugrunde legt, führt zu einem
vergleichbaren Ergebnis: ungefähr fünfzigtausend Reiter. Noch viel zahlreicher waren die Fußsoldaten, auch wenn man die umfassendere Pflicht
zur Landesverteidigung bei Einbruch eines Feindes ins Innere des Reichs
unberücksichtigt läßt. So große Menschenmassen wurden aber natürlich
nie auf einmal aufgeboten (das wäre schon aus Gründen der Versorgung
unmöglich gewesen); die angegebenen Zahlen beziehen sich auf das Ge-
samtpotential an Kämpfern, das auf die verschiedenen Reichsgebiete verteilt war. Nur in beschränkter Anzahl waren diese Krieger in den Garnisonen der Marken stationiert, die gegen Araber, Bretonen, Sachsen,
später gegen Dänen, Slawen und Awaren eingerichtet wurden. Die Truppen wurden nach dem Bedarf des jeweils geplanten Feldzugs aufgeboten.
Für die Unterwerfung von Böhmen griff man beispielsweise auf Rheinfranken und Ostfranken, auf Sachsen und Bayern zurück. Für den großen
Kriegszug nach Spanien erließ Karl ein allgemeines Aufgebot, wie zuvor

Pippin im Kampf gegen Aquitanien. So konnte er die Kontingente der Austrier, Bayern, Alemannen, Provenzalen und sogar der eben erst unterworfenen Langobarden durch die Ostpyrenäen nach Spanien einmarschieren lassen. Den Weg über die Westpyrenäen nahmen die Leute aus dem Maasgebiet, die Neustrier, die Krieger aus der Bretonischen Mark mit ihrem Anführer Roland und die Aquitanier. Das Heer war nach landsmannschaftlichen Gesichtspunkten in Abteilungen untergliedert. Das weckte und förderte Gefühle regionaler Zusammengehörigkeit, führte aber auch zu einem nützlichen Wettstreit um den Ruhm der größten Tapferkeit.

Wie jedes Imperium war auch das Karolingerreich gekennzeichnet vom Vorrang des Heeres, von Zwang und Überwachung. Karl benützte die Sachsen, um die Thüringer zur Räson zu bringen, und trieb sie damit zum Aufstand. Langobarden und Aquitanier mußten im Bedarfsfall gegen die Sachsen kämpfen. Der König schickte einzelne Widersacher in die Verbannung, beispielsweise einige Stadtrömer, ließ aber auch ganze Volksgruppen verpflanzen. Widerspenstige Sachsen wurden fast überall im Reich in Kolonien angesetzt (vgl. »Sachsenhausen« bei Frankfurt), die dem Vorbild der Römer bei der Ansiedlung barbarischer Laeten folgten. Er ließ die Grafen von den Bischöfen überwachen, die Bischöfe von den Grafen und alle zusammen durch seine eigenen Vasallen, die *vassi dominici*. Er gab den einen große Besitzungen aus dem beschlagnahmten Vermögen anderer, achtete aber darauf, dabei mächtige Familienverbände nicht zu hart anzufassen: In solchen Fällen wurden zwar die Ländereien den Grundsätzen entsprechend beschlagnahmt, dann aber der Familie entweder direkt zurückgegeben oder wie zufällig einer ihr gehörigen Kirche übertragen.

Der Herrscher konnte Widersacher vernichten, die er mit Vorbedacht isoliert hatte, er mußte aber sehr behutsam sein im Umgang mit dem Adel der einzelnen Teilbereiche, der für seine Machtausübung unentbehrlich war. Er hörte also auf die Ratschläge der Großen und ließ sie an den allgemeinen Reichsversammlungen teilnehmen, die dazu dienten, neue Gesetze zu verkünden und öffentlich bekanntzumachen. Vor diesem Akt wurden die geistlichen und weltlichen Großen befragt, zuerst getrennt, dann auf einer Versammlung aller Beteiligten.

Dem König besonders nahestehende Ratgeber, Heerführer aus den Teilreichen, wie beispielsweise der Präfekt des endlich unterworfenen

Bayern, und Befehlshaber der Grenzmarken bildeten einen inneren Kreis. Sie traten jeweils im Herbst zusammen, um den Feldzug des nächsten Jahres vorzubereiten. Man bestimmte die Grenzabschnitte, an denen notfalls auch unter Opfern der Frieden bewahrt werden mußte, und entschied sich, wo man für einen geplanten Angriff Bundesgenossen suchen sollte, beispielsweise Slawen, die Heiden waren, gegen die Sachsen, die schlechte Christen waren.

Der Präfekt in Bayern war mit dem abgesetzten Herzog, aber auch mit Karl dem Großen verwandt. Der erste Erzbischof der neuen Metropolitankirche Salzburg war zwar Bayer, aber in den Königsklöstern Flanderns herangewachsen.

Karl der Große war kein absolutistischer Herrscher, aber ein fähiges Reichsoberhaupt mit starker Persönlichkeit und wurde schließlich von allen geachtet. Seine Erben standen vor einer schweren Aufgabe, weil sie nur den Hof in seinem Glanz erlebt hatten, aber nicht die schweren Mühen, mit denen diese Herrschaft dauerhaft begründet worden war. Vor allem aber mußte das expandierende Reich an die natürlichen Grenzen seiner möglichen Ausdehnung stoßen. Diese Grenzen hingen ab von der Länge der Wegstrecken, die zu bewältigen, und der Verbindungslinien, die zu sichern waren. Das Reich war aber auch an die Grenzen der Opferbereitschaft des Adels gelangt, der nach erfolgreichem Kampf nun die erzielten Gewinne genießen wollte. Und begrenzt war schließlich die Leidensfähigkeit der einfachen Bevölkerung, von der die unaufhörlichen Kriege geführt und erduldet werden mußten. Karl der Große war deswegen gezwungen, eine neue Vorschrift zu erlassen, wonach es genügte, wenn vier Freie zusammen einen Bewaffneten stellten, und diese Verpflichtung konnte zudem mit einer Geldzahlung abgelöst werden.

Mit den Eroberungen hörten auch die Belohnungen auf. Man konnte sie jedenfalls nicht mehr aus dem Grundbesitz geschlagener Feinde gewinnen, sondern nur noch aus Ländereien, die bereits der Krone gehörten. Das Ende der Eroberungen war also vorprogrammiert und ebenso der Niedergang des karolingischen Groß- und Erobererkönigtums über eine Vielzahl von Völkern, ganz unabhängig von den persönlichen Qualitäten des jeweiligen Herrschers. Mit Pippin dem Mittleren, Karl Martell, Pippin dem Jüngeren und Karl dem Großen war das Reich vier Generationen lang von politisch überragenden Männern geführt worden – das konnte nicht ewig währen.

EIN IMPERIUM ENTSTEHT

Karls eigentliche Herrschaft begann im Jahr 771, als sein jüngerer Bruder Karlmann starb, mit dem er 768 das Frankenreich hatte teilen müssen. Karlmann hatte seinen Bruder im Kampf gegen Aquitanier und Gascogner allein gelassen und eine Italienpolitik betrieben, die in Wirklichkeit, wie schon unter Pippin, von Fulrad, seinem Hauptratgeber, geleitet wurde. Bertrada, die an Karls Hof über großen Einfluß verfügte, schuf eine völlig neue Lage, als sie im Jahr 770 die Eheschließung zwischen Karl und einer Tochter des Langobardenkönigs Desiderius zustande brachte. Die Politik der Königinwitwe erschien für die Langobarden und Bayern derart aussichtsreich, daß die fränkische Partei an der päpstlichen Kurie einem Umsturz zum Opfer fiel. Als aber Karlmann starb, sicherte sich Karl den Reichsteil seines Bruders und fegte die vorausgegangenen Geschehnisse mit einer Handbewegung beiseite: Die Tochter des Langobardenkönigs wurde nach Hause geschickt, Bertrada zog sich in eine Pfalz zurück und Karlmanns Witwe suchte mit ihren Söhnen Zuflucht beim Langobardenherrscher. Desiderius reagierte mit einem Angriff auf Papst Hadrian I. im Jahr 772 und verlangte die Königssalbung für Karlmanns Söhne. Diese Drohung war eindeutig; so mußte Karl dem Hilfeersuchen Hadrians entsprechen.

Von Genf aus erzwangen seine Truppen den Alpenübergang, obwohl die Klausen gesperrt waren, und sammelten sich im Jahr 773 vor Pavia. Die Hauptstadt des Langobardenreichs kapitulierte im Sommer 774. Im Gegensatz zu seinem Vater schloß Karl keinen Frieden mit dem Besiegten, sondern verwies ihn ebenso in ein Kloster wie die Söhne Karlmanns. Danach übernahm er selber die Herrschaft über das Langobardenreich.

In nur drei Regierungsjahren hatte er eine grundlegend neue politische Konstellation geschaffen. Praktisch war er Herr über Italien, auch wenn es in den südlichen Herzogtümern Spoleto und Benevent noch Reste der langobardischen Unabhängigkeit gab. Arichis, der Herzog von Benevent, führte sogar den Titel *princeps gentis Langobardorum*. Aber neben dem Papst stand jetzt ein *patricius Romanorum*, der seine Funktionen direkter auffaßte, als dies Pippin getan hatte. Karl führte den Titel »König der Franken und Langobarden, Patricius der Römer«. Als er zum Osterfest

des Jahres 774 nach Rom kam, erwiesen ihm der Papst und die Römer alle
Ehren, die einem Herrscher zustanden. Doch bei einem weiteren Rombesuch im Jahr 781 mußte er dann erneut klare Verhältnisse schaffen.

Karl ließ seine Söhne Pippin und Ludwig von Hadrian zu Königen
salben und verstärkte damit sicherlich seine Beziehungen zum Papsttum,
dem er eine große Verehrung entgegenbrachte. Gewiß hatte er auch das
Patrimonium Petri bestätigt mit Rom, Perugia, Bologna, Ravenna und
erweiterte es noch um die Sabina. Aber er enttäuschte doch die Erwartungen Hadrians I., der einen weitaus größeren Teil Italiens erhofft hatte. Der
Papst stützte sich dabei auf die angebliche Konstantinische Schenkung,
eine gerade im rechten Augenblick aufgetauchte Fälschung. Doch vor
allem verhinderte Karl die Übernahme des Schiedsrichteramts in Italien
durch den Papst, der für eine kurze Zeit glaubte, zwischen dem fernen
Kaiser in Konstantinopel und dem nicht viel näheren König in Gallien
diese Rolle spielen zu können. Seit der Salbung des jungen Pippin zum
König von Italien im Jahr 781 gab es ein »Königreich Italien« anstelle des
Langobardenreichs, das nur noch in Karls Herrschertitel weiterlebte. Der
junge König war von einer fränkischen Hofhaltung umgeben. Aus allen
Gebieten nördlich der Alpen kamen dutzendweise Grafen und andere
»fränkische« Würdenträger. Auch das Herzogtum Spoleto, das für Rom
wegen seiner Nähe so wichtig war, mußte sich der Herrschaft der Franken
unterwerfen. Der langobardische Herrscher von Benevent erkannte die
fränkische Oberhoheit zeitweise an. Im Jahr 788 kämpfte er sogar zusammen mit den Franken erfolgreich gegen die »Griechen« (Byzantiner). Am
Ende konnte dieses Fürstentum aber seine Unabhängigkeit behaupten,
trotz der Offensiven Pippins in den Jahren von 791 bis 801. Dabei wurde
Benevent von Konstantinopel unterstützt.

Von dieser einen Ausnahme abgesehen war Italien karolingisch, und
der Frankenkönig stand an der Spitze des Abendlandes. Dieses Abendland aber wandte sich damals gegen den Kaiser des Ostens und bestritt
ihm ein grundlegendes Vorrecht, an dem er stets festgehalten hatte: die
Einberufung allgemeiner Konzile zur verbindlichen Festlegung von Dogmen für die gesamte Kirche. Noch im Jahr 787 hatte der Kaiser ein
ökumenisches Konzil in Nicaea abgehalten, an dem auch Vertreter des
Papstes beteiligt waren. Aber im Jahr 794 versammelte Karl in seiner Pfalz
zu Frankfurt ein allgemeines abendländisches Konzil, an dem auch zwei
päpstliche Legaten teilnahmen. Es kamen Bischöfe aus Italien, England,

Galicien und natürlich aus dem gesamten Frankenreich. Das Konzil verwarf den in Spanien aufgetretenen häretischen Adoptianismus, der besagte, Christus sei als Mensch nur der Adoptivsohn Gottes. Besonders heftig verdammt wurden die im Jahr 787 in Nicaea gefaßten Konzilsbeschlüsse zur Bilderverehrung. Die Gewaltexzesse der Ikonoklasten hatten zu Beginn des 8. Jahrhunderts zu einer Entfremdung zwischen dem Ostreich und dem Abendland geführt. 787 erfolgte dann der Umschwung zugunsten der Bilderverehrung, nicht etwa des Bilderkults. Diese Entscheidung wurde von den Theologen an Karls Hof als zu weitgehend verurteilt, unter denen sich besonders Theodulf hervortat, ein Geistlicher spanisch-westgotischer Abstammung. Sie verfaßten auf Anordnung Karls des Großen die *Libri Carolini* (»Bücher Karls«), in denen dem Ostkaiser der Anspruch bestritten wurde, die Geltung seiner Konzilsbeschlüsse für den Westen vorauszusetzen. Die *Libri Carolini* erlaubten nur die Verehrung des Kreuzes und erklärten, der Osten habe in diesem Punkt geirrt.

Hadrian I. befand sich in einer äußerst schwieriger Situation, da er das Konzil von 787 bereits anerkannt hatte. Gewiß, das Papsttum hat später die Frankfurter Versammlung nicht zu den allgemeinen Konzilen gerechnet und an den Beschlüssen von 787 festgehalten: Man durfte ja nicht das gesamte Dogmengebäude erschüttern. Das hat aber nicht gehindert, daß damals das Abendland den Entscheidungen von Frankfurt folgte, die auf der Pariser Synode von 829 erneuert wurden. Erst Thomas von Aquin hat sie im 13. Jahrhundert endgültig widerlegt.

Für Rom bedeutet die Frankfurter Versammlung auf lange Sicht das Ende einer Periode der Kirchengeschichte, in der die Konzile des Ostens für die Kirche maßgeblich waren. Jetzt war die Bahn frei hin zu den abendländischen Konzilen, die, entgegen den Vorstellungen Karls des Großen, nicht vom Kaiser, sondern vom Papst geleitet werden sollten. Karl selbst ging in seinem Reformeifer so weit, Bischöfen selbst in rein kirchlichen Angelegenheiten direkte Weisungen zu erteilen. Diese theokratische Haltung wurde in der Folgezeit von der Kirche schamhaft verhüllt, die dem Herrscher für seine Wohltaten dankbar blieb. Karls theokratische Ansprüche waren zweifellos überzogen und für das Papsttum auf Dauer nicht hinnehmbar. Die römische Kirche, durch Karl von jedem einengenden Druck aus dem Osten befreit, konnte nach seinem Tod ganz selbstverständlich Zuständigkeiten übernehmen, die der Frankenherrscher kurze Zeit für sich beansprucht hatte. Halten wir zur Frankfurter Synode fest: Schon mindestens sechs Jahre vor der Kaiserkrönung konnte sich Karl als Beherrscher des Abendlands und seiner Kirche betrachten.

Er kämpfte gegen Sachsen, Araber, Awaren – alles »Heiden« – und verdiente sich so die Bezeichnung *Magnus rex*, die dem Frankenkönig von den Päpsten nach dem Muster des *Magnus imperator* in Konstantinopel verliehen wurde. Auf seinem ersten Feldzug im Jahr 772 zerstörte er die *Irminsul*, ein heidnisches Heiligtum. Schon 775 empfing er die Huldigung des Adels der drei sächsischen Landschaften: Westfalen, Engern und Ostfalen. Ein Jahr später versprachen die Sachsen ihre Unterwerfung unter die fränkische Herrschaft und ihre Bekehrung zum Christentum. Auf der fränkischen Reichsversammlung von 777 zu Paderborn wurde bei einer Kirche und einer Königspfalz der Sieg gefeiert, und man traf auch schon Vorbereitungen, um die sächsischen Bistümer einzurichten.

Dem König war alles geglückt. Im Vertrauen auf seine militärische Stärke nahm er in Paderborn ein Angebot an, das ihm eine arabische Gesandtschaft überbrachte: Er möge die Herrschaft über Nordspanien, voran Saragossa, übernehmen. So verließ Karl vorzeitig Sachsen und begann im Jahr 778 einen umfassenden Feldzug gegen die Araber. Er plante gleichzeitig auch das Problem des anhaltenden Widerstands der Aquitanier und Basken endgültig zu regeln. In eigener Person zog er vor die Baskenhauptstadt Pamplona, deren Mauern er schleifen ließ. Der Frankenkönig hatte aber den Einfluß und die Zuverlässigkeit seiner anfänglichen arabischen Verhandlungspartner überschätzt, was zu seinem Scheitern vor Saragossa führte. Zudem hatte er andererseits den Widerstandswillen der Basken unterschätzt. Seine Nachhut mit mehreren Großen, darunter Roland, wurde in der Talenge von Roncesvalles in den Westpyrenäen von den Basken vernichtet, während alles, was er in Sachsen erreicht hatte, wieder durch den Aufstand des neuen Anführers Widukind verlorenging.

Diese Krisenlage ließ Karls Herrscherpersönlichkeit eindrucksvoll in Erscheinung treten. Er eilte sofort nach Sachsen zurück und ließ Paderborn wieder aufbauen, das von den Aufständischen niedergebrannt worden war. Dieser Vorgang sollte sich noch zweimal wiederholen. In diesen harten Kriegsjahren zählten Siege in offener Feldschlacht wenig, während jeder Rückschlag empfindlich gespürt wurde. Die Sachsen konnten jeweils den Winter über ihre Kräfte erneuern, während das fränkische Heer nach zeitgemäßer Gewohnheit in die Heimat zurückkehrte. In dieser Situation wählte Karl der Große eine völlig neue Art der Kriegsführung: Er ließ Lager nach römischem Vorbild bauen und überwinterte mit seinen Truppen in Sachsen – einmal, zweimal, um seine Gegner durch Stärke und Zähigkeit zu entmutigen. Im Jahr 785 hatten die Sachsen dann genug, und Widukind sah sich isoliert. Die übrigen Adligen waren längst auf die Seite des Frankenkönigs getreten, der ihnen alle Vorteile einer Mitherrschaft über das Land anbot. Widukind konnte sich nur noch auf das einfache Volk stützen und auf die Hilfe der ebenfalls noch heidnischen Dänen. So erschien er in der Pfalz von Attigny und bot an, sich taufen zu lassen. Karl wurde sein Pate.

Das Land nördlich der Elbe konnte allerdings erst später unterworfen werden, kurz vor 811. Die Geiseln aus den bedeutenden sächsischen Familien verblieben bei den geistlichen und weltlichen Großen in verschiedenen Teilen des Reiches, bis dann 803 in der Pfalz zu Salz Frieden geschlossen wurde. Aber trotz dieser Einschränkungen war Karls Triumph bereits 785 gesichert. Am Ende des 9. und im 10. Jahrhundert wurde er von den Sachsen, obwohl er ihre Ahnen so hart behandelt hatte, als der Mann gefeiert, der ihnen den wahren Glauben gebracht hatte. Sie gaben ihrer Dankbarkeit sogar einen bewegenden Ausdruck: Am Tag des Jüngsten Gerichts, so heißt es, werde Karl alle Völker anführen, die er bekehrt habe, und an erster Stelle die Sachsen. Einhundertfünfzig Jahre nach Karls Tod sollte ein Sachse zum Kaiser über das Abendland werden. Diese Tatsache allein belegt hinreichend die Bedeutung dieser Eroberung, mit der auch die Entstehung Deutschlands ermöglicht wurde.

Bei der Behandlung Aquitaniens wurden Lehren aus der Lektion von 778 gezogen. Mit weiser Mäßigung gab Karl den Aquitaniern 781 einen eigenen König, und zwar seinen Sohn Ludwig, der damals drei Jahre alt war. Das Kind wurde in aquitanischer Tracht gekleidet, und man betonte die Tatsache seiner Geburt in Aquitanien. Die schwangere Königin Hildegard hatte Karl auf seinem Spanienfeldzug bis zur Pfalz Chasseneuil bei Poitiers begleitet. Die Adligen erhielten, was für sie wesentlich war, die Wahrung der Vorrechte und des Besitzstands. Sie verbanden sich bald mit den fränkischen Familien, die den jungen König begleiteten, so, wie andere mit Pippin nach Italien zogen. Dieses System funktionierte ausgezeichnet, aber später mußte man mit der Regionalisierung des Reichs dafür bezahlen. Das örtliche Zusammengehörigkeitsgefühl und die Anziehungskraft des Landes setzten sich auch bei den Franken durch, die dort Dynastien begründeten. Unter König Ludwig wurde Aquitanien um die Dukate Toulouse und Septimanien vergrößert. Die fränkischen Truppen, nominell von Ludwig befehligt, waren sogar stark genug, um sich seit 785 in Nordspanien durchzusetzen. So entstand die sogenannte Spanische Mark, die später dann »Markgrafschaft Barcelona« hieß. Noch im 11. Jahrhundert nannte man die Landesbewohner »los Francos«, erst im 12. Jahrhundert erhielt die Gegend den Namen Katalonien. Sie blieb bis zum Vertrag von Corbeil 1258 »fränkisch« und war mit den Grafschaften nördlich der Pyrenäen politisch wie kulturell eng verbunden.

Gegen Ende des 8. Jahrhunderts unternahmen erst Karl, dann Pippin und die besten Heerführer seines Vaters erfolgreiche Feldzüge gegen die Awaren. Diese Siege ließen das Ansehen des Herrschers noch größer werden. Nach der Vernichtung des Awarenreichs wurde die riesige Beute an die fränkischen Großen und Kirchen verteilt. In dieser Situation wurde Karl durch zunächst eher zufällige Umstände zur höchsten Herrscherwürde geführt.

In Rom war es zu einem Skandal gekommen, mit direkten Angriffen des Stadtadels auf Leo III. Der Papst eilte nach Sachsen, nach Paderborn, und bat den Frankenkönig um sein Eingreifen. Karl bereitete seine Reise sehr sorgfältig vor und besuchte erst das Grab des heiligen Martin, um dort zu beten. Er schickte dann seine *missi* voraus und erreichte Rom gegen Ende des Jahres 800. Von Leo III., dessen Lebenswandel vor dem stadtrömischen Aufstand offenbar zweifelhaft war, verlangte er die Ablegung eines öffentlichen Reinigungseides. Das mußte die Anführer, die den Papst angegriffen hatten, in ein Rechtsverfahren verwickeln, das grundsätzlich nur vor einem kaiserlichen Gericht geführt werden konnte. So kam es außerordentlich gelegen, daß am Weihnachtstag des Jahres 800 der Papst Karl den Großen zum Kaiser krönte, mit einem Zeremoniell, das weitgehend dem der Bischofsweihe entsprach. Von den Römern erhielt Karl die Akklamation und die *laudes* in der einem Kaiser gebührenden Form. Bereits am Tag nach seiner Krönung verurteilte er die am Aufruhr Schuldigen zur Verbannung.

Das Gewicht des Ereignisses vom Weihnachtstag des Jahres 800 hing davon ab, wie Karl der Große seine neue Herrscherwürde mit ihrem Glanz wie mit ihren moralischen und politischen Verpflichtungen einsetzen würde. Mit der These, durch einen bloßen Titel habe der Frankenherrscher nichts erhalten, was er nicht zuvor schon besessen habe, wird die geschichtliche Bedeutung der Kaiserwürde auf ein Minimum reduziert. Dazu gibt aber die neuere Forschung eine ganz klare Antwort: Zunächst muß von dem tiefen Eindruck ausgegangen werden, den die Kaiserkrönung auf Karl selbst gemacht hat. Er fühlte sich als christlicher Kaiser durch den Willen Gottes, der von der Kirche und dem römischen Volk zum Ausdruck gebracht wurde. Sein Leben veränderte sich, sein erklärtes Ziel war nun, noch folgerichtiger zu handeln als in der Vergangenheit und in seinem Herrschaftsbereich Reformen durchzuführen. Dabei übernahm er ganz bewußt die Verantwortung, die ihm seine neue Würde auferlegte. In den nach 800 ausgefertigten Urkunden wird deutlich, daß er sich als Nachfolger Konstantins und der übrigen christlichen Kaiser des Römerreichs fühlte. Damit beanspruchte er Ebenbürtigkeit gegenüber den Kaisern des Ostens, deren Stellung er im übrigen keineswegs bestreiten wollte. In Metz begrüßte man Karl als »neuen Konstantin, auserwählt von Gott zur Herrschaft über die Völker«. Erzbischof Odilbert von Mailand nannte ihn den Nachfolger von Konstantin, Theodosius, Marcianus und Justinian.

Mit seinem vollständigen Kaisertitel folgte Karl dem Vorbild Justinians: *Serenissimus augustus a Deo coronatus magnus pacificus imperator, Romanum imperium gubernans;* dazu kam noch die Schlußformel »und durch Gottes Barmherzigkeit König der Franken und Langobarden«. Der neue Kaiser ließ sich auf seinen Münzen mit Lorbeerkranz und *paludamentum* darstellen, also mit dem römischen Feldherrnmantel, der auf der Schulter von einer Fibel zusammengehalten wird. Das war bis ins Detail die Nachahmung einer Münze Konstantins. Genauso imitierte er Konstantin mit seiner kaiserlichen Bulle, dem angehängten Siegel aus Metall, das die Frankenkönige bis dahin nie verwendet hatten. Karls Siegel trug auf der Rückseite um eine Tor-Darstellung mit der Unterschrift ROMA die Legende RENOVATIO ROMANI IMPERII. Er war sich bewußt, daß er im Unterschied zu den Ostkaisern über Rom herrschte, die Wiege des Imperiums, und deswegen wollte er das christliche Kaiserreich im Westen »erneuern«.

Dabei hat er die bevorrechtigte Stellung der Kirche in Rom nicht in Frage gestellt. Das belegt die Prägung weiterer Münzen, die ein Gotteshaus, die Peterskirche in Rom, zeigten und die Legende CHRISTIANA RELIGIO trugen. Übrigens wird Karls bevorzugte Verehrung der Peterskirche von seinem Biographen Einhard bestätigt. Das christliche Imperium trat in Rom jetzt endgültig an die Stelle des ehemaligen heidnischen Römerreichs, denn Konstantins Schenkung des heidnischen Rom an die römische Kirche wurde von Karl dem Großen anerkannt. Die Zeitgenossen hielten diese Schenkung für echt. Der Rechtsanspruch der römischen Kirche auf die ewige Stadt erschien ihnen ebensowenig als Usurpation wie der Krönungsakt des Weihnachtstags im Jahr 800, mit dem die Kaisergewalt im Westen auf Karl den Großen übertragen wurde: Konstantin hatte ja Verzicht geleistet, jedenfalls dem Wortlaut der »Schenkung« nach. Die römische Kirche hat dem Abendland also zu seinem eigenen christlichen Kaiser verholfen. Dessen Verhalten brachte dafür aber definitiv eine Entwicklung in Gang, die aus der Kirche im Westen die römisch-katholische Kirche machte.

Durch die Kaiserkrönung sind einige römisch-byzantinische Gewohnheiten im Westen übernommen worden. Nur vorübergehend wurde nach byzantinischer Art in roten Buchstaben mit *Legimus* (gelesen und gebilligt) unterschrieben. Nach Karl dem Großen gab es diesen Kanzleibrauch nur noch unter seinem Enkel Karl dem Kahlen, als dieser Kaiser geworden war. Von Dauer war dagegen die Anordnung Karls, daß gemäß der Vorschrift Justinians Urkunden nur gültig waren, wenn sie die Angabe der *indictio* enthielten, also die Stellung des Jahres in einem fünfzehnjährigen Zyklus. Diese Datierungsweise war allgemein verbreitet, so wie auch die Untertanen Karls des Großen einen weiteren Treueid auf den neuen Kaiser ablegen mußten, zusätzlich zu dem, den sie bereits dem König Karl geleistet hatten. Eine Kanzleineuerung nach byzantinischem Vorbild war schließlich auch die Einführung einer *invocatio* (Anrufung Gottes) am Beginn seiner Urkunden durch Karl den Großen: *In nomine Patris et Filii et Spiritus sancti*. Mit zahlreichen Varianten blieb diese Formel über Jahrhunderte in Gebrauch.

Karl dem Großen ging es um die Anerkennung seiner Herrscherwürde durch das Kaiserreich des Ostens. Er erreichte dieses Ziel nach langwierigen Verhandlungen, aber die Gesandtschaft, die diese Nachricht brachte und ihm seiner Stellung entsprechend die *proskynesis* erweisen sollte, fand ihn nicht mehr am Leben. So entledigte sie sich ihres Auftrags vor Ludwig dem Frommen, Karls Sohn und Nachfolger. Diese Anerkennung betraf aber nur den Kaisertitel und die Stellung als »Bruder« des Ostkaisers, nicht dagegen den Titel eines »römischen« Kaisers, den Konstantinopel weiter für sich allein beanspruchte. Karl behielt seinen eigenen Herrschertitel, respektierte aber ab 813 die byzantinischen Vorbehalte. Er befahl seinem Sohn Ludwig, den er selber zum Kaiser erhob, sich *imperator Augustus* zu nennen – was im Osten keinen Anstoß erregen konnte. Ludwig der Fromme hat diesen Titel stets beibehalten. Die politische Wendigkeit Karls des Großen war hier beachtlich: Sobald sein Kaisertum vom Ostreich anerkannt war, konnte er diese Würde seinem Sohn selber verleihen, ohne Mitwirkung der Kirche.

Tatsächlich erfuhr die von Karl verfolgte Reichsidee erhebliche Wandlungen. Die erwähnten *Libri Carolini* hatten 794 einen offenen Angriff auf Byzanz dargestellt, führte er in ihnen doch, in seiner Rolle als Beinahe-Kaiser und Oberhaupt der abendländischen Kirche, den Titel »Karl durch den Willen Gottes König der Franken, durch die Gnade des Herrn Herrscher über Gallien, Germanien und die benachbarten Provinzen«. Damit betonte er den Besitz der wichtigsten Provinzen des Westreichs. Auch zu Beginn seines Kaisertums war er noch von dieser Überzeugung erfüllt: *Romanum imperium gubernans.* Aber die ehemaligen römischen Provinzen, die er erobern konnte, beispielsweise an der Donau, hat er als solche nicht wieder eingerichtet. Sie wurden Bestandteil des Frankenreichs, und das von Byzanz gewonnene Istrien hat er dem Königreich seines Sohnes in Italien zugeschlagen. Diese unsicheren Versuche und Widersprüchlichkeiten zeigen, wie zwiespältig und problematisch der Versuch war, das große Reich der Franken, getragen von ihrem stolzen Selbstgefühl als »auserwähltes Volk«, mit dem Imperium zu vereinen, dessen christliche Tradition im Westen ganz in die Hand der römischen Kirche übergegangen war. Die Gesinnung der Großen aus der Umgebung Karls findet bezeichnenden Ausdruck in der Datumszeile einer Urkunde des Grafen Helmgauz (Helgaud) von Meaux. Er rechnete im Jahr 811 nach den Herrscherjahren des Königs *in Francia* und denen des Kaisers *in Romania:* Das war da unten in Italien, nicht in Gallien!

Aachen, von Karl zur Hauptstadt erhoben, wurde zum greifbaren Ausdruck der karolingischen Reichsidee. Nahezu feste Residenz Karls des Großen in seinem Alter und geschmückt mit Säulen aus dem Palast von Ravenna, war Aachen neben Rom ebenfalls Kaiserstadt, aber auf fränkischem Boden. In gewisser Weise war es ein zweites Rom und ein »Anti-Konstantinopel«. Karl versammelte hier die kirchlichen Reformsynoden, und noch wichtigere wurden, ebenfalls in Aachen, unter Ludwig dem Frommen abgehalten. Hier verkündete Karl auch eigene *Leges* für die verschiedenen Völker, denen bisher ausreichende und von der Zentralregierung überprüfte Rechtszusammenfassungen gefehlt hatten. Von Aachen aus bereisten auch die *missi dominici* ihre im Jahr 802 neu und von da an bleibend festgelegten Amtsbezirke, die *missatica,* deren Grenzziehungen auf die Einteilung des Reichs in Kirchenprovinzen Rücksicht nahmen. Dies war der Rahmen, in dem sich nach langer Vorbereitung eine kulturelle Entwicklung entfalten konnte, die heute oft als »karolingische Renaissance« bezeichnet wird. Es handelt sich dabei um eine Erneuerung der liturgischen Texte, des Kirchengesangs, der Ausstattung von Sakralbauten und Pfalzen, der Wissenschaften wie der Künste, die sich Formen zum Vorbild nahm, die Rom vollendeter und ursprünglicher gekannt hatte.

DIE »KAROLINGISCHE RENAISSANCE«

Das Ideal Pippins und Karls des Großen war der »Gottesstaat« *(civitas dei),* in dem die Menschen Gott wohlgefällig sind, weil sie ihm dienen. Dieses Ziel brachte sie zu der Erkenntnis, daß angesichts der Unvollkommenheiten in ihrer Umgebung Reformen dringend notwendig waren. Diese karolingische Reformbewegung, von den Zeitgenossen *correctio* genannt, berührte sehr verschiedene Bereiche und weckte schließlich eine geistige Richtung, die modern als »Renaissance« bezeichnet wird. Verglichen mit dem ungeordneten Fortleben der gallo-römischen Welt unter den Merowingern handelt es sich wirklich um eine Art Wiedergeburt, denn schon die Konzeption einer geregelten Ordnung in dieser Welt enthält ein ästhetisches Element. Es war vor allem deswegen eine Renaissance, weil die Karolinger Einheitlichkeit in bestimmten Formen durchsetzen wollten. Das neue Kaiserreich suchte seine Vorbilder in der Literatur, bildenden Kunst und Staatlichkeit des römischen Imperiums. Dabei wurde die christliche Spätantike ebenso berücksichtigt wie die »byzantinische« Epoche, man wurde also in der römischen Vergangenheit genauso fündig wie in der Gegenwart des Kaiserreichs im christlichen Osten. Die Anwendungsbereiche waren sehr unterschiedlich: Die Kriegskunst wurde bereits erwähnt, ein weiteres Beispiel ist die Architektur. Die in zahlreichen Handschriften überlieferte Lehre Vitruvs von den rechten Maßproportionen findet man im Sankt Galler Klosterplan verwirklicht, aber auch in einigen Bauwerken Einhards, der leitender Baumeister am Hofe war. Außerdem steht fest, daß unter den Karolingern die Methoden der römischen *agrimensores* (Feldmesser) übernommen wurden. Für den Beginn der kulturellen Erneuerung waren allerdings keine ästhetischen oder »antikisierenden«, sondern religiöse und politische Motive ausschlaggebend.

Der Schlüsselbegriff der Karolinger hieß *norma rectitudinis:* das vor Gott Wohlgefällige als Richtschnur des Handelns. Von diesem spirituellen Ausgangspunkt bezog die karolingische Renaissance ihre ganze Dynamik, vom Einfachsten bis zum Erhabensten. Es war Pflicht des Menschen, an Gott zu glauben, seine Gebote zu befolgen und ihm während des ganzen Lebens zu dienen. Vor allem aber mußte der einzelne seinen Glauben in die Tat umsetzen, am besten indem er Gott im Gottesdienst verehrte und Lobpreisungen, Danksagungen, aber auch Bitten an ihn richtete. Mit seinen Reliquien und Hofgeistlichen war der König in seiner Pfalz der erste unter allen, die für das gesamte Reich und alle seine Einwohner beteten. Karl der Kahle ritt mit verhängtem Zügel, um Saint-Denis zur rechten Festtagsstunde zu erreichen und das Gebet für das Reich nicht zu versäumen, das seine höchste Herrscherpflicht war. Die gesamte karolingische Gedankenwelt ging von der Vorstellung aus, daß das irdische Dasein auf Gottes Schutz und Hilfe angewiesen sei. Wenn man das nicht weiß, bleibt dieses Zeitalter unverständlich, dessen Kunstschaffen im wesentlichen als Ausschmückung des Gottesdienstes, als Opfergabe für den Herrn und als Werbung für das katholische Königtum aufgefaßt wurde.

Gott mußte aber auch zur rechten Zeit gefeiert werden. Deswegen waren Bedas Kalenderberechnungen so wichtig, denn mit ihrer Hilfe konnte das Osterdatum ermittelt werden, von dem alle übrigen Feste im Kirchenjahr abhängig waren. Geistliche sollten den Menschen die Frohe Botschaft verkünden. Wie die Kapitularien zeigen, waren die Herrscher deswegen ständig bemüht, zunächst wenigstens ein Mindestmaß an Ausbildung für die Priester auf dem Land sicherzustellen. Die Mönche dagegen sollten nach der bestmöglichen Regel leben, und so suchte man in Italien nach einer fehlerfreien Textfassung der Regel des heiligen Benedikt von Nursia. Erst damals konnte sie sich dann allgemein als verbindlich durchsetzen. Dieses Bemühen um die beste Textüberlieferung stellt schon eine Art Humanismus dar. Und schließlich sollte die gesamte Kirche entsprechend den kanonischen Vorschriften leben: Man beschaffte sich also bei Papst Hadrian I. die »Dionysiana-Hadriana«, eine Sammlung kirchenrechtlicher Texte, für deren Verbreitung dann gesorgt wurde. Auch die Neubearbeitungen der »Volksrechte« aller Stämme im Reich und die allenthalben davon angefertigten Abschriften sind auf die Absicht zurückzuführen, den Richtern verläßliche Gesetzestexte zu verschaffen.

Um sich an Gott zu wenden, reichte das Latein nicht aus, das man mit stark vereinfachter Grammatik bei den schlichten Priestern lernen konnte. Der König und die Bischöfe brauchten eine weihevolle, reine und bilderreiche Sprache mit anspruchsvoller Grammatik, Rhetorik und Poetik: Ciceros *bene vivere, bene dicere* erlangte wieder Gültigkeit. Rein mußte aber auch die Schriftform der religiösen Texte sein. So entstand eine klare und regelmäßige Schrift, die formschöne »karolingische Minuskel«. Sie erscheint voll entwickelt erstmals im Godescalc-Evangelistar, einem frühen Werk aus der Hofschule Karls des Großen. Von den Humanisten des 16. Jahrhunderts wurde diese Schriftform irrtümlich für »antik« gehalten – daher die Druckbezeichnung »Antiqua«. Buchtitel und Weiheinschriften wurden nun wieder in erstaunlich regelmäßigen Großbuchstaben oder Unzialen nach bester römischer Tradition geschrieben. Besonders hoch entwickelt war die Metallverarbeitung bei den Kunsthandwerkern des Maasgebiets, die auch für die Pfalz in Aachen tätig waren. Bei ihnen bestellte Karl der Große nach dem Tod Hadrians I. eine eherne Grabplatte von ausgezeichneter Schönheit und mit einer Inschrift in vorzüglichem Latein, eingraviert in tadelloser *capitalis quadrata*.

Im 10. Jahrhundert, am Ende der Karolingerzeit, konnte sich der Klerus Galliens und Germaniens höherer Gelehrsamkeit rühmen als die heruntergekommene Geistlichkeit Roms: ein Erfolg der karolingischen Erneuerung.

Auf vielen Gebieten ist eine überquellende Schaffenskraft zu beobachten. Heiligenviten wurden in korrekterem Latein niedergeschrieben, wobei leider die »schlechten« merowingischen Originalfassungen verlorengingen, die jetzt poetisch oder rhetorisch überformt wurden. Man verfaßte auch Inschriften und verfertigte liturgische Gefäße und Geräte. Der Langobarde Paulus Diaconus besuchte den Hof, um seinem Bruder zu helfen, der wegen Beteiligung am Aufstand in Friaul vom Jahr 776 gefangen saß. Er schrieb an seine Freunde in Italien: »Verglichen mit der Ruhe, die bei euch herrscht, ist das Leben hier ein mitreißender Wind, ein Sturm.« Gold, Silber und leuchtende Farben schmücken die liturgischen Handschriften: Evangeliare, Sakramentare, Psalter, Breviarien. Von diesem Reichtum sind nur spärliche Reste erhalten geblieben, aber einige Bilderhandschriften können als Erzeugnisse der Hofschule identifiziert werden: das Godescalc-Evangelistar, das Evangeliar der »Ada«, das Evangeliar von Saint-Médard in Soissons und das Schatzkammer-Evangeliar, schließlich der Dagulf-Psalter.

In den wenigen Jahrzehnten der karolingischen Renaissance entfaltete sich die Produktion von Bilderhandschriften, reich verziert mit Initialen und oft kühnen Illuminationen: Kanontafeln, die von Porphyrsäulen eingefaßt wurden, mit violetten, roten, grünen und sogar silbernen Kapitellen, dazu ganzseitige »Miniaturen«. Damals wetteiferten die Schreibstuben, die *scriptoria* des Hofes, untereinander: die von Tours, Reims, Corbie, Chelles, Saint-Riquier und viele andere. In den Werkstätten des Hofes, der Kirchen und der Klöster wurden aber auch Kunstwerke aus Gold, Silber und Elfenbein geschaffen.

Die Pfalzbauten, Kathedralen und Klöster verdeutlichen den Aufschwung der karolingischen Baukunst, der unter Pippin dem Jüngeren einsetzte. So verrät die »Kathedralgruppe« des Bischofs Chrodegang von Metz römische Einflüsse, und Fulrad von Saint-Denis ließ, wie Pippin auf dem Totenbett befahl, zwischen 768 und 775 eine Kirche von ungewöhnlichen Dimensionen errichten, die zum Vorbild für weitere Bauten wurde. Eine neue Monumentalität erreichte die Architektur mit Saint-Riquier, einer Klosterstadt mit bis zu sechstausend Einwohnern, aber auch mit Fulda, wo zwischen 791 und 819 eine Abteikirche nach dem Vorbild von Sankt Peter in Rom errichtet wurde. Fulda besaß damals und bis zum Bau von Cluny III die größte Kirche nördlich der Alpen. Unter Abt Angilbert wurde zwischen 790 und 799 die Kirche von Saint-Riquier geschaffen, in enger Anlehnung an die gleichzeitig durchgeführten Pfalzbauten in Aachen. Diese Kirche erhielt ein neues Bauschema, mit dem das römische Vorbild überholt wurde. An den Schmalseiten der dreischiffigen Basilika erhoben sich das Westwerk und die Ostgruppe in gleichartiger Ausführung: je ein Querschiff mit zwei Chortürmen und einem Vierungsturm in der Mitte. Die Dreizahl der Türme symbolisierte die Dreifaltigkeit. Im Osten wurde die Klosterkirche wie üblich von einer Apsis abgeschlossen, während das Westwerk eine eigenständige Lösung darstellte; es umfaßte eine geräumige Krypta mit dem Hauptreliquiar der Abtei. Insgesamt wurde in den verschiedenen Kirchen und Kapellen von Saint-Riquier an dreißig Altären von dreihundert Mönchen und hundert Schülern der *schola* Tag und Nacht Gottesdienst abgehalten.

Die Kirche von Kloster Corvey in Sachsen hat ihr Westwerk bewahrt, das von Saint-Riquier ist dagegen unwiederbringlich verloren. Das Westwerk veranschaulicht in seiner Monumentalität die Macht von Kirche und Reich, ihre Sieghaftigkeit durch die Gnade Gottes. Es wurde zum Vorbild für die Baukunst der nachfolgenden Zeit in ganz Europa.

Es ist kein Zufall, daß die wichtigsten Bauwerke jetzt im Osten des Reichs entstanden, auf dem Boden, der durch militärische und religiöse Eroberung gewonnen wurde. Man darf darüber aber nicht vergessen, wie viele Zeugnisse dieser Zeit im Westen – meist durch (gotische) Neubauten – vernichtet worden sind. Zu den Wunderwerken der karolingischen Kunst zählt die Lorscher Torhalle östlich von Worms, der erhaltene Rest einer weitläufigen Klosteranlage, vergleichbar mit Saint-Riquier: Die Erbauer waren aber Mönche aus Metz, von Bischof Chrodegang unterstützt. Bewahrt blieben die Krypten von Saint-Germain in Auxerre mit ihren Wandmalereien und von Saint-Médard in Soissons. Bekannt sind die Mosaiken der Kapelle in Germigny, die Theodulf, Bischof von Orléans und Abt von Fleury, nach dem Vorbild von Aachen errichten ließ. Die Zeichnung des Klosterkomplexes von Saint-Riquier, der Sankt Galler Klosterplan und die erhaltene Beschreibung von Saint-Denis ermöglichen wenigstens die Vorstellung davon, wie einige der bemerkenswertesten Bauten ausgesehen haben; die Mehrzahl ist spurlos untergegangen.

Das Herrscherhaus stand im Mittelpunkt aller dieser kulturellen Aktivitäten. Pippins Halbbruder, der Metropolitanbischof von Rouen, erreichte vom Papst, daß er ihm einen Kantor aus Rom schickte, der die Mönche von Rouen in der Kunst des Psalmodierens nach römischem Ritus unterweisen sollte. Pippin der Jüngere und Papst Stephan II. konnten es durchsetzen, daß der römische oder gregorianische Kirchengesang den alten »gallikanischen« verdrängte. Besonderen Eifer zeigten dabei die Kirchenzentren Rouen, Metz mit Bischof Chrodegang und Soissons, für das Karl der Große von Papst Hadrian I. sogar Choralsänger erlangen konnte.

Eine fränkische Neuerung des gregorianischen Kirchengesangs war die Sequenz. Dabei wurde jeder Note der Melodie des »Alleluja« eine

Silbe des lateinischen Textes unterlegt. Notker von Sankt Gallen, ein Meister des Kirchengesangs, berichtet, daß er diese Kunst von einem Mönch aus Jumièges erlernt habe, der vor den Normanneneinfällen nach Sankt Gallen geflohen war. Als gestaltendes Element des Gottesdienstes war der Kirchengesang aber nur ein Teil des von Karl dem Großen persönlich geleiteten Bildungs- und Reformprogramms. An den Bischofs- und Klosterschulen, wo auch die künftigen Grafen und *missi* ausgebildet wurden, ermunterte er die Zöglinge zum Studium. Er ließ auch die Werke der Kirchenväter abschreiben, um die Belehrung in religiösen Fragen zu verbessern. Dafür wurden ihm Dankgedichte gewidmet. Karl war ja nicht ein bloßer Mäzen oder Liebhaber und Förderer von Kunst und Wissenschaft. Er war vielmehr Seele und Triebkraft einer Entwicklung, deren Sinn und Wert ihm völlig einsichtig waren. Sogar das Konzept einer Art Gesetzgebung für den Kulturbereich wird erkennbar. Die wichtigsten Belege dafür sind ein Kapitular aus der Zeit um 770 und die berühmte *Admonitio generalis* des Jahres 789. Karl folgte dem Vorbild von König Josias im Alten Testament und bemühte sich, Fehler zu verbessern, Unbrauchbares zu beseitigen, den rechten Weg zu empfehlen, den vollen Einsatz der gesamten Kirche zu fordern. Seine Anweisungen gingen bis ins Detail. Sein erklärtes Ziel war die *salus populi*, das (Seelen-)Heil des Volkes, für das der König vor Gott verantwortlich ist.

Und mehr noch: Karl der Große ging über den anfänglichen didaktischen Ansatz und die theologische Ausgangsbasis der Reform deutlich hinaus. Ganz offensichtlich fand er seine eigene Freude an der Beschäftigung mit Fragen des Glaubens, des Geisteslebens und der Kunst. Er selber und kein anderer machte den Hof zum Treffpunkt der führenden Köpfe aus allen Völkern des Abendlandes. Mit diesen Gelehrten unterhielt er sich, abwechselnd ernsthaft und scherzend. Seine Gesprächspartner waren zahlreich: Petrus von Pisa, ein Grammatiker und Dichter aus Italien; der Langobarde Paulinus, ein Theologe und Rhetoriker, den der König zum Patriarchen von Aquileia machte; der Angelsachse Alkuin, an den Schulen von York erzogen, den der König 781 in Parma erstmals traf. Dieser erlangte die Freundschaft Karls, der sich manche Wahrheit und manchen Tadel von ihm sagen lassen mußte. Alkuin wurde Abt von Saint-Martin in Tours, wo neben anderen Rhabanus Maurus zu seinen Schülern zählte, der spätere *praeceptor Germaniae*. Zu den Gelehrten um Karl den Großen gehörte auch der bereits erwähnte Paulus Diaconus, ein weiterer

Langobarde von vornehmer Abstammung. In Metz verfaßte er die Geschichte des Bistums, die zugleich eine Darstellung der Arnulfinger-Geschichte war. Der Westgote Theodulf kam aus Spanien, als Theologe war er an der Ausarbeitung der *»Libri Carolini«* beteiligt, außerdem dichtete er. Er wurde Bischof von Orléans und *missus* für den Süden, wo er die unbarmherzige Anwendung des römischen Strafrechts kritisierte.

Aber auch Franken gab es im Kreis um »David«, wie sich Karl der Große nennen ließ. Übrigens wählten sich alle, die dazugehörten, literarische oder biblische Namen, um wenigstens zeitweise die protokollarischen Zwänge außer Kraft zu setzen. »Antonius« hieß Karls Vetter und in der Spätzeit wichtigster Berater Adalhard, Abt von Corbie und Gründer von Corvey, Verfasser einer Schrift über die Hofordnung und von *Statuta* für sein Kloster. »Homer« war Angilbert, Ratgeber König Pippins von Italien, Laienabt von Saint-Riquier und Vater der beiden Kinder von Karls des Großen Tochter Bertha. Der Herrscher wollte sich nämlich keinesfalls von seinen Töchtern trennen und konnte folglich auch keine von ihnen verheiraten. Er riskierte sogar eine ernste Verstimmung mit dem Hof in Konstantinopel, als von dort der Wunsch nach einer Prinzessin geäußert wurde. Andererseits zögerte Karl nicht, seinen Töchtern Liebhaber am Hof zuzugestehen.

Das Leben an diesem Hof, dessen Atmosphäre untrennbar mit der »Renaissance« verbunden ist, spiegelt sich in zahlreichen Briefen und Gedichten, die überliefert sind, wider. Sie beschreiben die Versammlungen und Feste, nennen die Mitglieder der kaiserlichen Familie, die Freunde, die Großen, die fremden Gäste. Karl der Große glich in Wirklichkeit weniger einem Sultan, als man es behauptet hat, selbst wenn er vor und nach seinen rechtmäßigen Ehefrauen mehrere Konkubinen hatte. Seine Lebensfreude zeigte sich auch, wenn er zusammen mit dem ganzen Hof nach römischer Sitte badete. Trotz aller Glaubensstrenge und trotz der Zwänge von Politik oder Staatsräson gab Karls Vitalität seiner Epoche gewisse Züge von Freiheit gegenüber allen Konventionen. Nach Karls Tod ließ sein Sohn Ludwig den Hof »säubern«, der gegen Ende der Regierungszeit auch durchaus Tadel verdiente, wobei sein Vorgehen jedoch sehr hart war.

Die »Renaissance« mit ihren künstlerischen und literarischen Aktivitäten auf hohem Niveau hat aber Karls Ende überdauert, sie hat sich sogar weiterentwickelt und noch an Reife gewonnen. Da gab es beispielsweise den Ostfranken Einhard, Leiter der Bauten am Hof während Karls letzten Lebensjahren, unter Ludwig dann Laienabt zahlreicher Klöster und Verfasser der berühmten Lebensbeschreibung Karls des Großen. Weitere Träger der »Renaissance« waren Fridugis, zeitweilig Kanzler Ludwigs des Frommen und Abt von Saint-Martin in Tours, Smaragdus von Saint-Mihiel, Jonas von Orléans, Florus von Lyon. Unter Karl dem Kahlen, dem Enkel Karls des Großen, begegnete man dann Männern wie Abt Lupus von Ferrières, einem wahren Humanisten auf der Suche nach Handschriften der Werke Ciceros, deren Varianten er untersuchen wollte, oder Johannes Scotus Eriugena, der seine Vorgänger durch Griechischkenntnisse und Gedankentiefe überragte. Heiric von Auxerre konnte Karl dem Kahlen sagen: »Euch sichert ein ewiges Andenken vor allem Euer unvergleichlicher Eifer, mit dem Ihr das Bemühen Eures berühmten Ahnen Karl um die unsterblichen Wissenschaften erreicht und sogar noch übertrefft.«

Werkstätten und Hofschule Karls des Kahlen waren vermutlich in Compiègne untergebracht. Nach zwischenzeitlichen Schaffensperioden in Reims (Evangeliar des Erzbischofs Ebbo, Utrecht-Psalter) und in Tours (Vivian-Bibel) entstanden hier einzigartige Meisterwerke: die Bibel Karls des Kahlen, das Metzer Sakramentar, das vielleicht zur Krönung Karls zum König von Lothringen angefertigt wurde, und der heute in Regensburg aufbewahrte »Codex aureus«. Tours, Reims, Auxerre, Fleury, Lüttich und Paris konnten das kulturelle Erbe weitergeben, trotz Normanneneinfällen und Bruderkriegen.

Wie Bandinelli gezeigt hat, bedeutet »das Ende der Antike« unter ästhetischen Gesichtspunkten nichts anderes als das Ende des hellenistischen Stils mit seinem hübschen, dem Auge gefälligen Naturalismus. Wenn das zutrifft, war die karolingische Renaissance eine Rückkehr zur Nachahmung dieses Stils. Hier konnte aber wohl gezeigt werden, daß dieser Vergleich nicht ausreicht, um eine ganz andersartige Welt zu erfassen, deren Wesensmerkmal ihre tiefe Glaubensintensität war. Dabei ist die Beobachtung faszinierend, daß auch in der Umgebung Karls des Großen durchaus Raum für Rationalismus und Humanismus vorhanden war. Der Herrscher hat seine Vorbehalte gegenüber einem häufig eifernden Mönchtum nie verborgen. Lieber war ihm ein gebildeter und offener Weltklerus; sein heftiger Tadel traf alle, die Mönche wurden, um dem

Heeresdienst zu entkommen. Der »Gottesstaat auf Erden« mußte allerdings ein Traum bleiben, und in diesem Sinn war das Lebenswerk des Kaisers zum Scheitern verurteilt. Dafür hat er aber im Bereich von Bildungswesen und Verwaltung für das Abendland vorbildhafte Lösungen hinterlassen.

Überlebt hat auch das Andenken an Karl den Großen, der in Frankreich als Glaubenskämpfer, in Deutschland als Begründer von Verfassungseinrichtungen gefeiert wurde. Beide Länder zählen ihn zu ihren eigenen Königen, was natürlich zu Auseinandersetzungen führen mußte. Historisch gesehen stellt sich aber die Frage »Franzose« oder »Deutscher« überhaupt nicht, sie ist ein vollständiger Anachronismus. Es bleibt höchstens die Überlegung, ob Karl der Große mehr Austrier oder Neustrier, Ost- oder Westgallier war. Gewiß gehörte er einer austrischen Adelsfamilie an, die zweisprachig war und deswegen keinen Sprachunterricht in Prüm oder Fulda brauchte wie die Neustrier. Es steht auch fest, daß er sich für Heldensagen, für die althochdeutschen Namen der Monate und der Winde interessierte. Aber seine Jugend verbrachte er in Neustrien, wo er wahrscheinlich auch geboren wurde. Die von ihm in Gang gesetzte »Renaissance« galt Werten und Formen, die sich von denen der germanischen Welt grundsätzlich unterschieden. Karl der Große verkörpert eben in seiner Person die auf Dauer geglückte Verschmelzung der römischen, gallischen und germanischen Elemente im künftigen Europa.

KAPITEL XV

Die Entstehung eines westfränkischen Königtums
814–898

EIN LETZTER TRAUM DER REICHSEINHEIT
UNTER LUDWIG DEM FROMMEN

Das Urteil der Forschung über Ludwig den Frommen war abwertend;
ihm wurden sogar Fehler zugeschrieben, die er nie begangen hat. Die
Deutschen werfen ihm vor, er habe die alten germanischen Traditionen
vernichtet, weil sie ihm zu heidnisch waren – eine Legende! In Ludwigs
»übergroßer Frömmigkeit« sehen sie die Ursache seiner Schwäche, die
ihm im neuzeitlichen Frankreich den Beinamen *le Débonnaire* (etwa: der
Nachgiebige) eingebracht hat. Dies alles ist auf das Attribut *pius,* der
Fromme, zurückzuführen, das Ludwig in Wirklichkeit aber erst in späterer Zeit beigelegt worden ist. Die in den Augen der Zeitgenossen höchst
ehrenvolle Bezeichnung bekam zuerst Karl der Große, dann im Osten
sein Enkel Ludwig der Deutsche (R. Schieffer).

Ludwig der Fromme war in Wirklichkeit der Herrscher, der die
Sachsen durch bessere Behandlung mit dem Reich aussöhnte, die ihn
dafür mit dankbarer Treue belohnten. Seine Vorliebe für den Adel östlich
des Rheins brachte ihm in Gallien Tadel ein. Ludwig war groß und kräftig,
er liebte die Frauen, freilich nur in legitimer Verbindung: Er wählte das
allerschönste der adligen Mädchen, die er sich bald nach dem Tod seiner
ersten Gemahlin – übrigens nach byzantinischem Brauch – vorstellen ließ.
Vor allem aber war er in einer schon übertriebenen Weise der Jagd zuge-
tan, wegen der er sogar seine Herrscherpflichten vernachlässigte. Ludwig
war nicht in mönchischer Weise besonders fromm, er war eher ein »Sports-
typ«, der es mit dem Regierungsalltag zuweilen nicht so genau nahm und

sich bei Entscheidungen Zeit ließ: ein »schwacher« König, der zur eigenen Bestätigung übertrieben heftig zuschlug und dies dann bisweilen nachträglich bereute. Große Staatsmänner sind aus anderem Holz geschnitzt.

Man darf Ludwig deswegen aber nicht als unfähig bezeichnen. Er besaß viel guten Willen und war überzeugt, seinen Vater noch zu übertreffen, wenn er offensichtliche Mißstände beseitigte, die in den letzten Regierungsjahren Karls eingetreten waren: maßloser Machtmißbrauch der Großen, nachlassende Disziplin in der Kirche. Der neue Kaiser war mit Benedikt von Aniane befreundet, einem strengen Erneuerer des Mönchtums und geistigen Vorläufer der cluniazensischen Bewegung. Ludwig unterstützte ihn bei der erfolgreichen Reform der karolingischen Klöster, die auch nach Benedikts Tod im Jahr 821 weitergeführt wurde. Im Zusammenhang damit konnte die Wirksamkeit der kaiserlichen Erlasse nachgewiesen werden, die auf den Aachener Synoden von 817 und 818 verkündet wurden (J. Semmler). Zu den Methoden Pippins des Jüngeren, Karls des Großen und Ludwigs des Frommen bei der Ausweitung der Grundlagen des Königtums gehörte es, von gottesfürchtigen Großen gestiftete Klöster unter den Schutz des Herrschers zu stellen, wodurch sie praktisch zu Reichsabteien wurden. Ludwig gab der Immunität der großen Kirchen, insbesondere der Bischofskirchen, »ihre definitive Gestalt, indem er den Königsschutz, der bisher nur Klöster betraf, mit ihr zu einem einzigen Rechtsinstitut verband. Königsklöster und Bischofskirchen verschmolzen so zu einer einheitlichen Reichskirche« (R. Kaiser).

Ludwig konnte damit vielfache Erfolge ernten, die seine Vorgänger vorbereitet hatten, und vor allem den Einfluß des Herrschers auf die Kirche verstärken. Ausdruck dieser Entwicklung ist ein unter Ludwig angelegtes Verzeichnis von Klöstern, die zum Dienst für den Kaiser verpflichtet waren; die einen hatten militärische und finanzielle Leistungen zu erbringen, andere brauchten nur zu bezahlen, und schließlich gab es einige, die »nur beten« mußten. Das Finanzwesen, die Institution der *missi dominici*, die kaiserliche Gesetzgebung, das Ineinandergreifen des Räderwerks der Verwaltung – dies alles scheint zur Zeit Ludwigs offensichtlich ausgezeichnet funktioniert zu haben. Dazu paßt auch, daß dieser Kaiser über fünfhundert Urkunden hinterlassen hat, mehr als jeder andere Karolinger.

Die Gründe für Ludwigs Scheitern sind also nicht in diesem Bereich zu suchen, es war *politisch* bedingt und erklärt sich aus der Dynamik der Teilungen, die schon sein Vater in die Wege geleitet hatte. Beim Erlaß der *Divisio regnorum* (»Reichsteilung«) traf Karl keine Verfügung über den Kaisertitel, aber er erneuerte beziehungsweise bewahrte den Grundsatz der Teilung zwischen seinen drei Söhnen: Der älteste, Karl, sollte das gesamte fränkische Kerngebiet erhalten, in dem nahezu sämtliche karolingischen Eigengüter lagen. Pippin behielt Italien und sollte dazu noch Bayern bekommen. Ludwig blieb im Besitz von Aquitanien, außerdem sollten ihm die Provence und ein Teil Burgunds zufallen. Karl der Große gab seinem ältesten Sohn zwar den Hauptanteil, wollte aber nicht die Unterordnung der beiden jüngeren verlangen. Gehorsam der Könige von Italien und von Aquitanien gegenüber dem königlichen beziehungsweise kaiserlichen Vater erschien ganz natürlich, aber gegenüber einem Bruder als Mitkönig war das eine andere Sache. Nachdem Pippin im Jahr 810 und Karl im Jahr 811 verstorben waren, gab Karl der Große 812/813 das Königreich Italien an Pippins kleinen Sohn Bernhard, ehe er Ludwig zum Mitkaiser erhob (813). Diese Maßnahme, die Karls Vettern und Beratern Adalhard und Wala einen eigenen italischen Einflußbereich sichern sollte (beide wurden Protektoren Bernhards) und die Möglichkeiten der in Aachen wenig geschätzten aquitanischen Berater Ludwigs einzuschränken bestimmt war, steht am Anfang der verhängnisvollen karolingischen Familienkonflikte. Wie ernst es Karl meinte, geht aus dem feierlichen Eid hervor, den er von Ludwig zum Schutz Bernhards (wie auch seiner eigenen, unehelichen Söhne) verlangte, ehe er ihn zum Kaiser krönte.

Ludwigs Anhänger, und vor allem die Kleriker darunter, waren fest entschlossen, das in ihren Augen von Gott gewollte Überleben eines einzigen Sohnes dafür zu nutzen, ein für allemal die Reichseinheit herzustellen. Alle, die Söhne, Neffen, Brüder, schuldeten dem Kaiser Gehorsam, dem alleinigen Herrn über Reich und Reichskirche. Sie erhielten äußerstenfalls eine unselbständige Herrschaft in Randlage. Die Geschichte des 9. Jahrhunderts wurde beherrscht vom Kampf der Anhänger der Reichseinheit gegen die Verfechter der überkommenen Herrschaftsrechte nachgeborener Söhne und darüber hinaus gegen gewisse Unabhängigkeitsbestrebungen der verschiedenen »Nationalitäten«. Recht und Billigkeit einseitig nur bei den Verfechtern der Reichseinheit zu suchen würde bedeuten, eine Entwicklung zu verleugnen, die zur Entstehung Frankreichs und Deutschlands führte, aber auch zu verkennen, welche politischen und menschlichen Zufälligkeiten in jener Zeit mitgespielt haben. Es ist zum Beispiel eine Tatsache, daß zusammen mit dem stark von seiner Umgebung beeinflußten Ludwig und zum Nachteil der Ratgeber des greisen Karl, die nach den Worten eines Zeitgenossen »das Reich geschaffen hatten«, drei südgallische beziehungsweise hispanische Westgoten an die Macht kamen: Helisachar, erst Kanzler von Aquitanien, dann Kanzler des Gesamtreichs, sein Freund Benedikt von Aniane, der für Ordensangelegenheiten zuständig war, und Agobard, der im Jahr 816 »nicht ohne Widerstände« zum Erzbischof von Lyon ernannt wurde.

Daß dieser Agobard die Gleichheit aller Christen in *einem* Reich unter *einem* Gesetz predigte, ist ohne weiteres verständlich. Andere erinnerten dagegen daran – und dies ist genauso verständlich –, daß die Väter dieser neuen Männer Fremde gewesen waren, die gegen die Franken gekämpft hatten, die doch Herren im eigenen Reich bleiben wollten. Und Ludwigs Vorliebe für Leute von jenseits des Rheins – in den Augen von Neustriern und Austriern, den Franken Galliens, nicht viel besser als Westgoten – fand ebensowenig Zustimmung wie die Besetzung des Reimser Bischofsstuhls mit Ebbo, einem Mann von nichtadliger Abstammung. Man muß dabei an die feste Verbindung zwischen Pippin und den Großen denken, oder an das Zusammenwirken Pippins und Karls mit der fränkisch-aristokratischen Kirche im Reich, das ihnen ermöglichte, jeden einzeln auszuschalten, der dieses Bündnis störte. Dann wird klar erkennbar, daß Ludwig riskante Lösungen anstrebte ähnlich wie Karlmann, der gescheitert war, weil er ebenfalls zu sehr auf Reichsfremde (Angelsachsen) gesetzt hatte.

Karls des Großen Vettern und einflußreiche Ratgeber, die Brüder Adalhard und Wala, wurden nach der Aachener »Machtübernahme« von 814 verbannt: Adalhard, der Abt von Corbie, kam auf die Insel Noirmoutier; Graf Wala wurde geschoren und in das Kloster Corbie gesteckt, das man seinem Bruder entzogen hatte. Ludwigs Halbbrüder Drogo und Hugo, illegitime Söhne Karls des Großen, wurden vom Hof gewiesen. Die Stimmung war von Mißtrauen erfüllt, dem die Begehrlichkeit der neu Emporgekommenen immer wieder Anstöße gab: Eine Epoche der Adelsparteien begann. In der Realität dieser politischen Zustände müssen die großen Worte von der Einheit in Kirche und Staat hohl klingen, was die Aufrichtigkeit einiger der tonangebenden Männer nicht ausschließt.

Ludwig der Fromme ernannte seinen Sohn Pippin zum König von

Aquitanien. Für seinen Erstgeborenen, Lothar, errichtete er ein Unterkönigtum in Bayern, dem ausgedehnte Grenzmarken zugeschlagen wurden. Das war das erste karolingische Teilreich auf dem Boden Germaniens. Bernhard von Italien aber mußte im Jahr 815 ein Truppenaufgebot zur Reichsversammlung nach Paderborn führen, um dem Kaiser seine Unterordnung zu zeigen.

Ein Zwischenfall, der für Ludwig den Frommen beinahe verhängnisvoll geworden wäre, beschleunigte die ausdrückliche Festlegung auf den Grundsatz der Reichseinheit. Am Gründonnerstag, dem 9. April des Jahres 817, stürzte ein Teil des Säulengangs ein, durch den die Aachener Pfalz mit der Kapelle verbunden war. Dies geschah in dem Augenblick, in dem sich der Kaiser und sein Gefolge anschickten. die Säulenreihen zu durchschreiten. Es gab ungefähr zwanzig Verletzte, aber Ludwig kam fast unbeschadet davon. Ganz gleich, wie man zu der These steht, es habe sich hier um einen Anschlag gehandelt – der Zwischenfall wurde jedenfalls als Fingerzeig Gottes aufgefaßt und veranlaßte Ludwig zu einer umgehenden Regelung der Nachfolgefrage: Die *Ordinatio Imperii* (Juli 817) verfügte die Unterordnung der jüngeren Söhne unter den Erstgeborenen, den Nachfolger des Vaters im Kaisertum. Lothar wurde an Ort und Stelle zum Mitkaiser gekrönt, sein Unterkönigreich Bayern ging an den letztgeborenen gleichnamigen Sohn des Kaisers. Der noch sehr jugendliche Ludwig konnte hier aber erst vom Jahr 826 an regieren, während Pippin Aquitanien behielt.

Im Alter von neununddreißig Jahren, nur drei Jahre nach seinem Regierungsantritt, sicherte Ludwig so zwar den Erfolg der »Partei der Reichseinheit«, brachte sich damit aber ganz unnötig in die Lage eines Herrschers, auf dessen Abtreten alle warten. In der Hoffnung auf bessere Zeiten konnten sich alle Unzufriedenen am Kaiserhof um die Söhne versammeln, die ihre Würden bereits erhalten hatten, aber noch nicht die dazugehörende volle Macht. Die *Ordinatio* war überdies keineswegs ausschließlich als Instrument einer langfristig angelegten Ausgleichspolitik gedacht, sondern richtete sich zugleich unmittelbar gegen Bernhard von Italien, dessen Königswürde man mit keinem Wort erwähnte. Als unvermeidliche, wohl von den Urhebern der *Ordinatio* erhoffte Reaktion kam es an seinem Hof in Italien zu einer Verschwörung gegen den Kaiser, die aber entdeckt wurde. Von einer blitzschnellen Aktion der kaiserlichen Truppen überrascht, mußte sich Bernhard Ende 817 ergeben. Er wurde zum Tod verurteilt, aber von Ludwig zur Blendung »begnadigt«, an deren Folgen er nach zwei Tagen starb.

An dem harten Vorgehen gegen Bernhard war die Kaiserin Irmingard und ihre Verwandtschaft offenbar nicht unbeteiligt. Sie starb noch im Jahr 818 – was von manchen als Gottesurteil angesehen wurde –, und Ludwig heiratete Anfang 819 die schöne Judith, die Tochter des Grafen Welf. Damit änderten sich die Einflüsse auf den Kaiser, und man benützte seine Gewissensbisse wegen Bernhard, um Adalhard, Wala, Drogo und Hugo an den Hof zurückkehren zu lassen. Der Kaiser übte öffentliche Buße, bei der er sich für alles Unrecht anklagte, das er seit 814 anderen zugefügt habe. Er sah sich dabei in der Nachfolge der *humilitas* des Kaisers Theodosius, seines Vorbilds, der ebenfalls öffentliche Buße nicht gescheut hatte.

Wala wurde Ratgeber Lothars. Das erklärt den Erfolg des Mitkaisers bei einem Italienaufenthalt in den Jahren 822/823: Lothar regelte die Beziehungen zwischen Reich und Papsttum mit einer Überlegenheit, die an Karl den Großen erinnerte und die Handschrift seines Beraters verriet. Lothars Ansehen bei den Verfechtern der Reichseinheit nahm weiter zu, während das seines Vaters im Sinken begriffen war.

Aus der Ehe Ludwigs mit Judith ging Karl hervor, der spätere Karl der Kahle, der am 13. Juli 823 in Frankfurt geboren wurde. Auf Judiths Verlangen hatte Ludwig Druck auf Lothar ausgeübt und ihn dazu gebracht, zwei Dinge zu beschwören: Er werde seinem Halbbruder jedes Gebiet abtreten, das der Kaiser fordere, und ihm ein zuverlässiger Beschützer sein. (Diese zweite Zusage erinnert an das einst von Karl dem Großen geforderte eidliche Versprechen Ludwigs für Bernhard von Italien.) Aber Graf Hugo von Tours, mit dessen Tochter sich Lothar im Jahr 821 vermählt hatte, benützte seinen ganzen Einfluß auf den Schwiegersohn, um gegen den Sproß der »Welfin« zu intrigieren. Deren Familie rivalisierte nämlich in Lothringen und im Elsaß mit den Etichonen, der merowingerzeitlichen elsässischen Herzogsdynastie, der Hugo entstammte. Die Auseinandersetzungen zwischen den Parteien waren in vollem Gang, und der Kaiser war der erste, der gegen die *Ordinatio* verstieß, die er selber verkündet hatte.

Ludwig hat eine weitere Reform durchgeführt, die in ihrer Tragweite oft nicht erkannt wurde, die der Teilhabe am Herrscheramt: »Zwar stellt unsere Person den Gipfel der Kaiserwürde dar«, erklärte er im Jahr 825,

»aber durch göttlichen Ratschluß und menschliche Ordnung ist sie in der Weise geteilt, daß jeder Inhaber eines *honor* (das heißt einer amtlichen Funktion: Bischöfe, Äbte, Grafen, Königsvasallen) seinem Platz und seinem Stand gemäß Anteil an unserem Herrscheramt *(ministerium)* besitzt.« Das war keine unverbindliche Erklärung guter Absichten. Diese und einige ähnliche Formulierungen sind vielmehr der Ausgangspunkt einer neuartigen Regierungsteilhabe der Bischöfe und Großen, nicht mehr nur als Gruppe auf den Reichsversammlungen, wie das ja bisher ganz üblich war. Jetzt erfolgte die Beteiligung auf zwei Wegen. Einmal durch wertende Äußerungen und sogar Urteile über die Handlungen des Kaisers durch einzelne Bischöfe und Grafen oder durch Adelsgruppen. Zum anderen beruht sie auf einem veränderten gemeinsamen Bewußtsein aller Großen: Sie führten ihre Ämter nicht mehr allein im Auftrag des Herrschers, sondern ebenfalls als Empfänger göttlicher Autorität – was im Titelzusatz *»Dei gratia« (episcopus, comes)* immer häufiger zum Ausdruck kam.

Eine recht anachronistisch als »Privatisierung« gedeutete »Feudalisierung« war die Folge dieser Reform, die eine legalisierte Zersplitterung der höchsten Gewalt bedeutete. Vorbereitet wurde diese Entwicklung allerdings durch die traditionellen Verhaltensweisen der gallo-römischen Aristokratie und die germanischen Adelsideale. Diese Vorstellungen wie auch der Anspruch der Bischöfe, nicht nur die Seelen zu leiten, sondern auch die kaiserliche Politik zu beeinflussen, fanden jetzt offizielle Anerkennung. Der Episkopat machte reichlich Gebrauch von seiner neuen Machtstellung in den Krisen des Reichs, die von 827 an offenkundig wurden. Jeder wollte nun Richter sein über den Kaiser, der fünfzehn oder zwanzig Jahre zuvor noch unbestrittener Alleinherrscher war. Der Niedergang der Kaisermacht, der durch keine neue Ordnung ausgeglichen werden konnte, führte in die Staatskrise.

Als Graf Bernhard von Barcelona im Jahr 827 von einem mohammedanischen Heer belagert wurde, erhielten die Grafen Hugo von Tours und Matfrid von Orléans vom Kaiser den Befehl, ihm Hilfe zu leisten. Sie verzögerten bewußt ihre Aktion (um Bernhard zu schaden) und wurden abgesetzt. Bernhard, der die gefährliche Lage überstehen konnte, wurde zum Kämmerer ernannt, erhielt also eines der wichtigsten Hofämter. Diese Entwicklung steigerte die Erbitterung seiner Gegner, die jetzt Bernhard und Judith sogar des Ehebruchs bezichtigten. Nach verschiede-

nen Mißerfolgen an den Grenzen und im Inneren verlangte der Kaiser 828
von den Bischöfen, die Ursachen des göttlichen Zorns zu ergründen. Im
Jahr 829 berief er vier Synoden für die verschiedenen Reichsteile nach
Mainz, Paris, Lyon und Toulouse. Ihre Aufgabe war, eine Reform vorzubereiten, seine Fehler und die der anderen (auch der Bischöfe selbst)
aufzulisten und künftige Maßnahmen vorzuschlagen. Das Ergebnis waren wohlklingende Absichtserklärungen und ein weiterer Autoritätsver-
lust des Kaisers. Als Ludwig im Jahr 830 den Fehler beging, die Reichs-
und Heeresversammlung im Osten abzuhalten und dann dem Heer den
Befehl zu geben, im äußersten Westen gegen die Bretonen zu kämpfen,
brach der Aufstand los. Lothar übernahm nach einigem Zögern die Führung.

Die jetzt vollzogene erste Absetzung Ludwigs des Frommen wurde
wenig später durch das Eingreifen Pippins I. von Aquitanien und Ludwigs
des Deutschen rückgängig gemacht, die sich durch Lothars hochfahrende
Art enttäuscht sahen. Es folgte eine zweite Absetzung mit wesentlich
ernsteren Folgen. Das Heer Ludwigs des Frommen lagerte im Juni 833 auf
dem Rotfeld bei Colmar, gegenüber den Truppen seiner Söhne. Bei diesen
befand sich auch Papst Gregor IV., der sich vergeblich um eine Aussöhnung der Widersacher bemühte. Zahlreiche Anhänger Ludwigs ließen
den Kaiser im Stich. Bischof Drogo von Metz und Bischof Aldrich von Le
Mans blieben mit wenigen Bischöfen und Grafen bei Ludwig. Den Ort
dieses Verrats nannte man später »Lügenfeld«. Der Kaiser wurde abgesetzt und von jeglichem Herrscheramt ausgeschlossen. Er und seine Gemahlin wurden nach öffentlicher Buße in Klöster verwiesen. Erneut
waren Pippin und Ludwig der Deutsche ungehalten über die unwürdige
Behandlung ihres Vaters, den man – vergeblich – zwingen wollte, Mönch
zu werden. Ein zweites Mal machten sie die Entwicklung rückgängig: Am
1. März 834 wurde Ludwig der Fromme in Saint-Denis feierlich wieder
eingesetzt.

Dennoch erlitt ein Heer Ludwigs unter der Führung des Grafen Odo
von Orléans im Sommer 834 an der Loire eine vernichtende Niederlage
durch den »Widonen« Lambert, einen Anhänger Lothars. Odo selbst und
mehrere Große vom Hof Ludwigs fanden in der Schlacht den Tod. Lothar
mußte jedoch Frieden schließen und die Regierung Italiens – das er nicht
verlassen durfte – für sich und seine Anhänger akzeptieren. Auch Lambert ging mit Lothar nach Italien und wurde Herzog von Spoleto. Auf-

grund dieser Stellung konnten später seine Enkel Wido und Lambert die Kaiserwürde erlangen.

In Ludwigs letzten Jahren blieben an seinem Hof die Anhänger der Kaiserin Judith beherrschend, der es ausschließlich um eine Lösung zugunsten Karls ging. Sie suchte deswegen einen Ausgleich mit Lothar auf Kosten Pippins I. von Aquitanien, und nach dessen Tod im Jahr 838 auf Kosten seines Sohnes Pippins II. und Ludwigs des Deutschen. Ein neuer Plan zur Nachfolgeregelung (837) bedeutete praktisch die Teilung des Reichs zwischen Karl und Lothar. Pippin I. und sein Sohn wurden nicht mehr anerkannt, Aquitanien sollte Karl zufallen. Aber der Kaiser erwies sich 838/40 als unfähig, dieses Aquitanien zu erobern, weil die Bevölkerung Pippin II. die Treue hielt. In den gleichen Jahren mußte er mehrere Aufstandsversuche Ludwigs des Deutschen bekämpfen, der ganz Germanien (das heißt die Lande östlich des Rheins) für sich beanspruchte. Karl der Kahle hatte zunächst als Herzog ein Teilreich erhalten, das aus den alten merowingischen Dukaten Elsaß, Alemannien und Rätien gebildet wurde. Dann erhielt er als Unterkönigtum das verkleinerte Neustrien zwischen Seine und Loire, mit Aussicht auf Aquitanien und mehr! Die Umgebung des Kaisers am Hof bestand nun aus jenen Gefolgsleuten, die willens waren, nach Ludwigs Tod seinem Sohn Karl zu dienen. Unter ihnen ragte der Seneschall Adalhard heraus, dessen Anhang ein Gegengewicht gegen Judith bildete und mehr für eine Lothar feindliche Politik war, die eine Annäherung an Karls Halbbruder Ludwig suchte.

Die Rivalitäten um eine mögliche Teilung des Reichs, das unter der glücklosen Herrschaft Ludwigs des Frommen viel Ansehen verloren hatte, weiteten sich zum offenen Bruderkrieg, als der Kaiser am 20. Juni 840 plötzlich bei Ingelheim verstarb.

DER VERTRAG VON VERDUN

Mit einem Heer eilte Lothar rasch aus Italien herbei. Er wollte seinen Brüdern Ludwig und Karl zuvorkommen und sie von der Macht ausschließen ohne Rücksicht auf die eigenen Versprechungen und die beschworenen Teilungsverträge. Er fand einen Verbündeten in Pippin II. von Aquitanien, der natürlich ein Gegner Karls sein mußte. Lothar beherrschte die Achse Rom—Mainz—Aachen, seine Truppen unternahmen tiefe Vorstöße nach Osten gegen Ludwig den Deutschen und nach Westen gegen Karl, aber ein endgültiger Erfolg wurde nicht erzielt. Lothar konnte seine durch gemeinsame Interessen verbundenen Gegner nicht trennen.

Der Kaiser bestand auf der *Ordinatio Imperii*, seine Brüder beriefen sich auf die späteren Teilungsverträge: Seit den Abmachungen von 831 war eine Unterordnung der Brüder unter Lothar nicht mehr vorgesehen. Karl hatte bei den Kriegshandlungen trotz seiner Jugend viel Mut und Entschlossenheit bewiesen. Das bezeugt sein Kampfgefährte, Graf Nithard, der einen Bericht über die Kampfhandlungen schrieb, die ihn schließlich selbst das Leben kosteten. Zu Karls besonderen Erfolgen zählte es, daß er die Gefolgschaft einflußreicher Männer aus Burgund gewinnen konnte, darunter Graf Warin von Mâcon. Obwohl ein durchaus nennenswerter Teil der geistlichen und weltlichen Großen in Neustrien abfiel und sich dem Hof Lothars zuwandte, blieb Karl dem Kahlen die Unterstützung weiter Kreise des Adels sicher. Den Kern seiner Anhängerschaft bildeten Männer, die schon am Hof Ludwigs des Frommen eine Rolle gespielt und dabei ganz auf die künftige Herrschaft Karls gesetzt hatten. Dazu gehörte, wie erwähnt, auch Ludwigs allmächtiger Seneschall Adalhard, der einer der bedeutendsten fränkischen Adelsfamilien entstammte. Seine Stellung als Beschützer des jungen Karl baute er noch aus, indem er ihn mit seiner Nichte verheiratete.

Lothar marschierte quer durch Burgund, um sich mit dem Heer Pippins II. zu vereinen. Am 25. Juni 841 kam es in Fontenoy-en-Puisaye bei Auxerre zur Entscheidungsschlacht, die sehr hohe Opfer forderte. Die Bischöfe befahlen danach mehrtägiges Fasten und Beten wegen der Sünde, so viel christliches Blut zu vergießen. Die schweren Folgen dieser enormen Opfer an fränkischer Jugend zeigten sich dann im Abwehrkampf gegen die angreifenden Normannen, denen es die innerfränkischen Konflikte ganz offensichtlich ermöglichten, ihre Einfälle noch zu verstärken. Das unmittelbare Ergebnis von Fontenoy war eine begrenzte Niederlage Lothars, die aber einen abschließenden Sieg des Kaisers unmöglich machte: Der Ausgang der Schlacht galt vielen als Gottesurteil.

Bevor die Heere Ludwigs und Karls einen glanzvollen und besonders raschen Feldzug längs des Rheins nach Aachen unternahmen, vereinigten sie sich in Straßburg am 14. Februar 842. Es ging dabei darum, jedes

Sonderabkommen mit Lothar vor einem siegreichen Frieden auszuschließen. Den Wortlaut der gegenseitigen Verpflichtungen beider Könige,
abgelegt von ihren Heeren, hat Nithards Bericht festgehalten: Karl benützte die *lingua Theodisca* (die nicht-romanische Volkssprache, in diesem Fall: Althochdeutsch), um von Ludwigs Kriegern verstanden zu
werden, während dieser in der *lingua Romana* (romanische Volkssprache,
hier: Altfranzösisch) sprach, um von Karls Gefolgsleuten verstanden zu
werden. Dies ist eine Überlieferung von unschätzbarem Wert für die
französische und deutsche Sprache, der älteste bekannte Text in Altfranzösisch: *Pro Deo amur et pro christian poblo et nostro commun salua-
ment*... »Aus Liebe zu Gott«, schwor Ludwig in altfranzösischer Sprache, »und zu des christlichen Volkes und unser beider Heil von diesem
Tag an in Zukunft, soweit Gott mir Wissen und Macht gibt, will ich diesen
meinen Bruder Karl sowohl in Hilfeleistung als auch in anderer Sache so
halten, wie man von Rechts wegen seinen Bruder halten soll, unter der
Voraussetzung, daß er mir dasselbe tut. Mit Lothar aber will ich keine
Abmachung eingehen, die mit meinem Willen diesem meinem Bruder
Karl schaden könnte.«
    Es handelt sich dabei um mehr als ein neustrisch-ostrheinisches Bünd-
nis gegen die Austrier und um mehr als eine bewegende Erinnerung:
»Wenn ich aber, was fern sei, den Eid, welchen ich meinem Bruder
schwöre, zu brechen mich vermesse, so spreche ich einen jeden von euch
vom Gehorsam und dem Eide, welchen ihr mir geschworen habt, los und
ledig.« Diese Worte, die jeder der beiden Könige an sein Volk richtete,
wurden noch durch einen Eid bekräftigt, den beide Völker in ihrer Sprache ablegten: Man werde dem König jeden Gehorsam verweigern, wenn
er seine Verpflichtungen nicht einhalte. Diese übertriebenen Vorsichts-
maßnahmen unterstreichen das tiefe Mißtrauen zwischen den beiden
Parteien, sie zeigen aber auch, daß die im Jahr 825 von Ludwig dem
Frommen verkündete Teilhabe aller an den öffentlichen Angelegenheiten
Wirklichkeit geworden war. Die Königsmacht beruhte strukturell zunehmend auf einer Art Vertragsabschluß mit den Getreuen (*fideles*), die zur
Stärkung ihrer Bindung auch öffentliche Ämter unter lehnsrechtlichen
Bedingungen erhielten. De facto verbesserten sie ihren bisherigen Status
als »Untertanen« des römischen *princeps et dominus*, dessen Erbe der
Frankenkönig war.
    Die neue politische Gewichtsverteilung wurde noch deutlicher beim

Friedensschluß, der ohne Zweifel ein Ruhmesblatt in der Geschichte dieser vielgeschmähten Aristokratie bleibt. In der Leidenschaft des Machtkampfs und die drohende Niederlage vor Augen, war Lothar entschlossen, die Hilfe der heidnischen Normannen anzunehmen und mit einer Volksbewegung in Sachsen gemeinsame Sache zu machen. Diese versprach den Halbfreien die volle Freiheit und drohte zu einem Bündnis der letzten heidnischen Reaktion in Sachsen mit den heidnischen Dänen und Slawen zu führen. Die Gefahr eines Bürgerkriegs, der allenthalben die Grundlagen der adligen Gesellschaftsordnung bedrohte, hat den Instinkt zur Selbstverteidigung im fränkischen Adel sicherlich noch verstärkt: Er nahm die Sache selbst in die Hand und zwang die Herrscher zum Friedensschluß.

Am 15. und 16. Juni 842 trafen sich die drei Brüder erstmals wieder seit dem Tod ihres Vaters und vereinbarten bei Mâcon einen vorläufigen Frieden. Zur Vorbereitung der Teilung wurde eine Kommission eingesetzt, der für jeden der drei Könige vierzig Große angehörten. Am 19. Oktober mußte man in Koblenz feststellen, daß keine Fortschritte erzielt worden waren. Im November verpflichteten die Großen in Diedenhofen die Könige zu einem Waffenstillstand. Danach begannen tatsächlich die Arbeiten an einer *descriptio* (Bestandsaufnahme) der Königsrechte und Besitzungen in allen Teilen des Reichs im Hinblick auf die Teilung. Inzwischen hatte Ludwig der Deutsche den Aufstand in Sachsen blutig unterdrückt, mit tatkräftiger Hilfe des sächsischen Adels.

Im letzten Stadium der Verhandlungen erreichte es Lothar, daß die nördlichen Gebiete seines Teilreichs noch vergrößert wurden: Er sollte zunächst das Gebiet zwischen Maas und Rhein erhalten, der Grenzverlauf folgte dann den Ardennen und schließlich der Maas–Schelde-Linie. Anstatt vier Bistümer, 18 Klöster und rund 20 Grafschaften umfaßte »Lotharingien« damit sieben Bistümer, 43 Klöster und rund 35 Grafschaften. Lothars entscheidendes Argument war der Hinweis auf die Zahl der Gefolgsleute, die er zu versorgen hatte. Das zeigt, daß es keineswegs allein um eine Teilung zwischen den Karolingern ging, sondern um eine Friedensregelung, die für den Adel annehmbar war.

Ebendieser Adel hatte praktischen Nutzen aus der karolingischen Renaissance gezogen. Er bewies dies jetzt genauso wie die karolingische Verwaltung, die schon seit Karl dem Großen von den bedeutenden Königs- und Kirchengütern verlangt hatte, Breviarien anzulegen. Das waren

Besitzverzeichnisse mit der Anzahl der »Mansen«, worunter nicht nur landwirtschaftliche Betriebseinheiten zu verstehen sind, sondern vor allem Steuereinheiten zur Erfassung durch die Finanzverwaltung. Man begann also, die Regionen und das Gesamtreich zu inventarisieren, man zählte dabei die Bistümer, Klöster, Grafschaften, Königsgüter und Pfalzen, die Lehen der Vasallen und die Anzahl der »Mansen«. Natürlich konnte damals niemand voraussehen, daß diese Grenzen, von einer zeitweisen Unterbrechung im 10. Jahrhundert abgesehen, mehr als ein halbes Jahrtausend überdauern sollten. Aber der Ernst und die Entschlossenheit, mit denen das Friedenswerk damals angegangen wurde, haben zu diesem Ergebnis beigetragen.

Der Schlußakt fand im August 843 in Verdun statt, wo das Frankenreich für immer aufgeteilt wurde. Ausgangsbasis waren die Teilherrschaften der drei Brüder: Lothar besaß Italien, Ludwig Bayern und Karl – wenigstens im Prinzip – Aquitanien. Dazu kam jetzt je eines der drei Kerngebiete mit den wichtigsten Königspfalzen. Lothar erhielt die Region um Lüttich, Ludwig die um Frankfurt, Ingelheim und Worms, an Karl fiel das Land um Laon, Soissons und Paris. Dort lagen in den Flußtälern der Oise und der Aisne unter anderem die Pfalzen Samoussy, Quierzy, Compiègne, Verberie und Ver.

Die Grenze zwischen Ludwig und Lothar war der Rhein, aber Friesland auf der östlichen Stromseite ging an Lothar, während die Grafschaften Worms und Speyer westlich des Rheins Ludwig zugeschlagen wurden. Maßgeblich dafür waren die Königspfalzen, aber auch die Lage von Mainz, der Kirchenmetropole Germaniens. Die Grenze zwischen Lothar und Karl folgte den Flußläufen von Schelde und Maas, sie ließ Lothar aber im Besitz der Diözese Cambrai. Weiter im Süden wurde die Grenze im wesentlichen durch die Flüsse Saône und Rhône gebildet, aber Lothar erhielt die Grafschaft Forez und das Gebiet um Viviers. Damit wurde das fränkische Teilreich Burgund einfach zerschnitten, denn Troyes, Langres, Sens, Auxerre, Nevers, Autun, Mâcon und Chalon gingen an Karl.

Dieser westfränkische Teil Gesamtburgunds hieß aber weiterhin »Königreich Burgund« und erhielt um 900, noch immer als *regnum* bezeichnet, einen eigenen Herzog. Später wurde daraus das »Herzogtum Burgund« (Bourgogne).

Kaiser Lothar beherrschte also die Achse Rom – Pavia – Aachen, aber

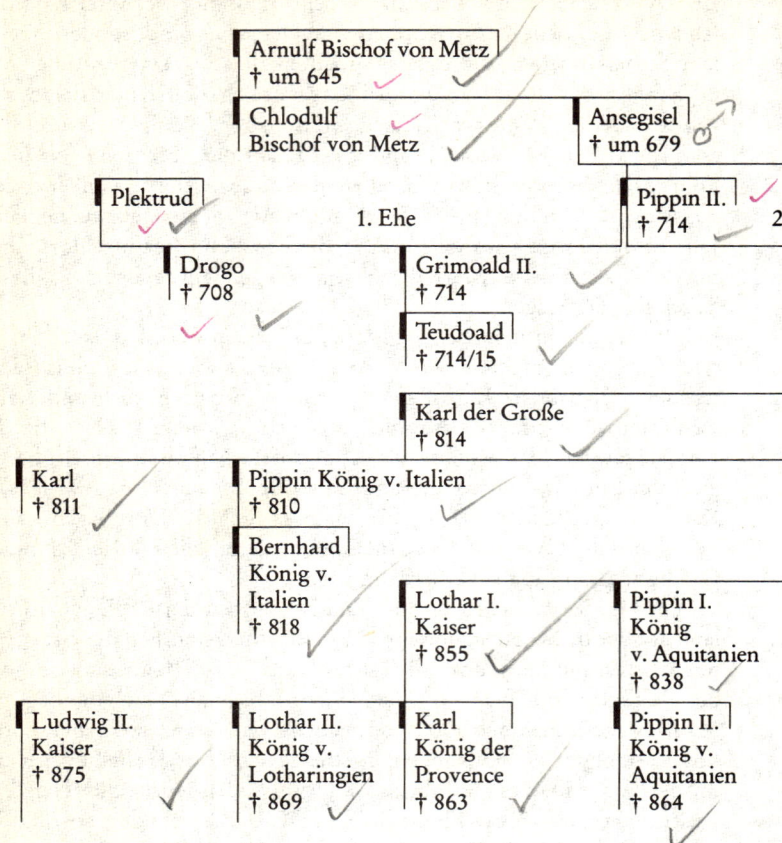

Arnulf Bischof von Metz
† um 645

Chlodulf
Bischof von Metz

Ansegisel
† um 679

Plektrud

1. Ehe

Pippin II.
† 714

2

Drogo
† 708

Grimoald II.
† 714

Teudoald
† 714/15

Karl der Große
† 814

Karl
† 811

Pippin König v. Italien
† 810

Bernhard
König v.
Italien
† 818

Lothar I.
Kaiser
† 855

Pippin I.
König
v. Aquitanien
† 838

Ludwig II.
Kaiser
† 875

Lothar II.
König v.
Lotharingien
† 869

Karl
König der
Provence
† 863

Pippin II.
König v.
Aquitanien
† 864

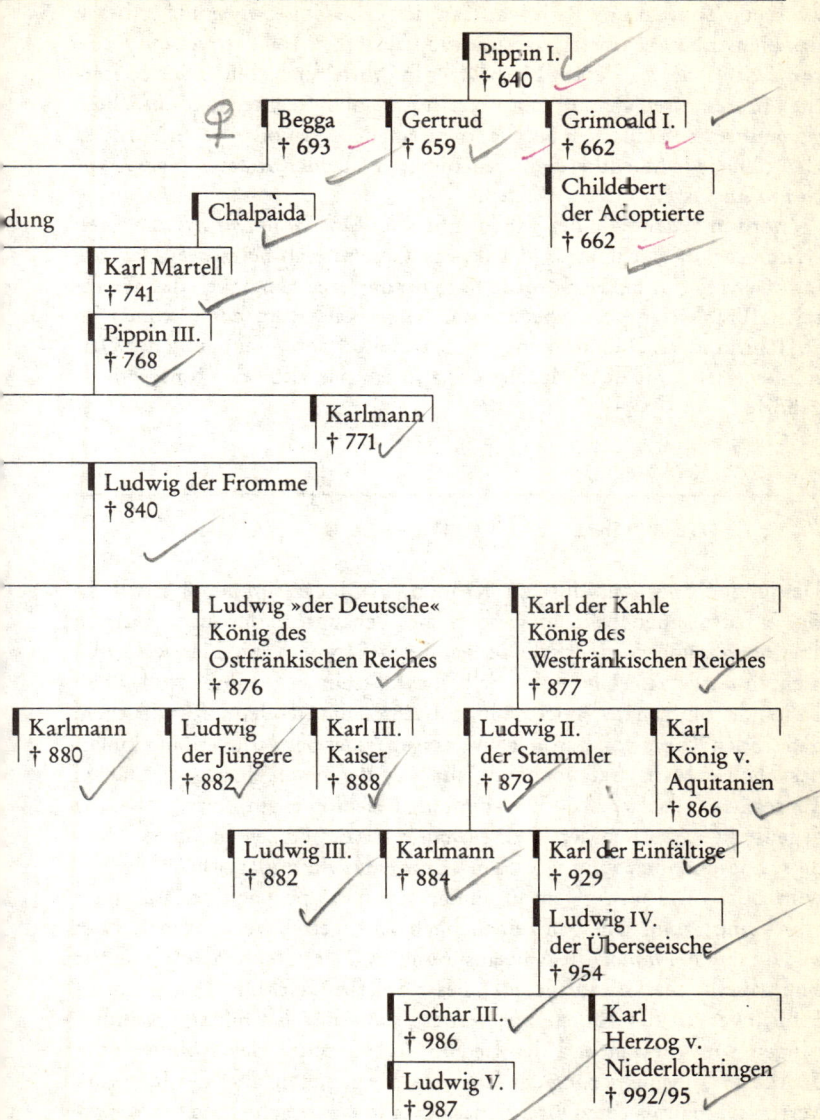

Pippin I.
† 640

Begga
† 693

Gertrud
† 659

Grimoald I.
† 662

Childebert
der Adoptierte
† 662

...dung

Chalpaida

Karl Martell
† 741

Pippin III.
† 768

Karlmann
† 771

Ludwig der Fromme
† 840

Ludwig »der Deutsche«
König des
Ostfränkischen Reiches
† 876

Karl der Kahle
König des
Westfränkischen Reiches
† 877

Karlmann
† 880

Ludwig
der Jüngere
† 882

Karl III.
Kaiser
† 888

Ludwig II.
der Stammler
† 879

Karl
König v.
Aquitanien
† 866

Ludwig III.
† 882

Karlmann
† 884

Karl der Einfältige
† 929

Ludwig IV.
der Überseeische
† 954

Lothar III.
† 986

Ludwig V.
† 987

Karl
Herzog v.
Niederlothringen
† 992/95

zwischen Tournai und Paris war Karl der Erbe Chlodwigs, und er besaß das Neustrien Dagoberts, den traditionsreichsten Teil des *regnum Francorum*. Lothar und dessen Nachfolger im Mittelreich sollten den Kaisertitel führen, freilich nur den Titel mit seinen Rechten und Pflichten gegenüber der römischen Kirche sowie einem protokollarischen Vorrang, aber ohne jede Machtbefugnis gegenüber den beiden anderen *reges Francorum* im Osten und im Westen.

Verdun bedeutet in der Tat das Ende der *Ordinatio Imperii*, die einen Kaiser vorsah, der über das fränkische Gesamtreich herrschte. Der Teilungsvertrag war die Rechtsgrundlage für die Unabhängigkeit des Königreichs Frankreich vom wiedererstandenen Kaisertum der Ottonen im 10. Jahrhundert. Dieser Neubeginn beruhte auf der Vereinigung des Ostfrankenreichs mit dem Mittelreich, zu dem das Erbe der Kaiserwürde gehörte.

DIE REGIERUNGSZEIT KARLS DES KAHLEN

Der junge König war seit seiner Krönung in Quierzy im Jahr 838 volljährig. Er hatte seinen Besitz im wesentlichen behaupten können, befand sich aber noch immer in einer schwierigen Lage. So war Aquitanien weiterhin nicht unterworfen. Und voller Selbstbewußtsein wegen ihrer Rolle beim Zustandekommen der Reichsteilung machten die Großen sofort deutlich, daß sie den König von nun an als Vertragspartner betrachteten. In Coulaines bei Le Mans trat noch im Jahr 843 der erste Hoftag des neuen Teilreichs zusammen. Die Versammlung beschloß einen Vertrag über die gegenseitige Achtung der Rechte *(honores)* jedes einzelnen und des Königs. Diese Abmachung wurde in Form eines Kapitulars verkündet. So wurde der von Ludwig dem Frommen schon 825 propagierte Grundsatz vom *ministerium* jedes einzelnen buchstabengetreu verwirklicht. Nun bildete aber der *honor*, die Amtsausübung im Dienst der *res publica*, selber eine wesentliche Grundlage ebendieser Staatlichkeit. Die Tendenz zum Erblichwerden der Amtsrechte verbarg sich zunächst hinter Formulierungen wie »Bewahrung der Rechte der Getreuen des Königs« oder deutlicher »Respektierung der *honores*«. Sie gab dann aber der Idee vom Vertragsverhältnis eine Durchschlagskraft, die ausreichte, um die Verfassung des Reiches und die Rechtsgrundlagen der Macht durchgreifend umzuformen.

Die sehr frühzeitige Anerkennung der Adelsansprüche durch das westliche Königtum hat auch einen positiven Aspekt. Quer durch die Aristokratie der einzelnen Teile des Königreichs entwickelte sich ein Gemeinschaftsgefühl aus dem Bewußtsein heraus, einem Land anzugehören, in dem man über Rechte verfügte, die in anderen Gebieten der fränkischen Welt noch nicht erreicht waren. Seit Coulaines entstand so beim Adel ein Bewußtsein politischer Zusammengehörigkeit, das neben dem Königtum zum Element einer Art »nationalen Verbundenheit« geworden ist (P. Classen). Im modernen Frankreich hat der Sieg des zentralistischen Königtums, das auf die römische Definition des *princeps* zurückgriff, diese Ansätze der politischen Mitwirkung des Adels wieder zerstört.

Karl hatte die grundsätzliche Übereinstimmung mit dem Adel wiederhergestellt. Er konnte seine Stellung festigen, obwohl er zwei schwere Niederlagen erlitt: die eine am 14. Juni 844 gegen Pippin II., die andere im Kampf gegen die Bretonen unter Nominoë am 22. November 845 in Ballon nahe bei Le Mans. Nominoë war der erste König der Bretagne, deren tatsächliche Unterwerfung die Franken nie erreicht hatten. Unter Ludwig dem Frommen hatte er sich bereit gefunden, als Vasall des Kaisers erst Graf von Vannes und dann »fränkischer« Herzog der Bretagne zu werden. Er hatte fränkische Verfassungselemente (Grafschaften, Schöffen) eingeführt und auf diese Weise die gesamte Bretagne unter seiner Herrschaft vereint. Nominoë hatte dann den Bruderkrieg der Karolinger benützt, um sich zum König zu machen; er hatte die weit entfernte Oberherrschaft Kaiser Lothars I. anerkannt, die Ansprüche Karls des Kahlen aber zurückgewiesen. Nach seinem Sieg im Jahr 845 erreichte er im Friedensschluß von 846 gegen die Anerkennung von Karls Oberhoheit die Bestätigung seiner neuen Würde und seiner Eroberungen auf fränkischem Gebiet. Unter ihm und seinem Nachfolger Erispoë vergrößerte sich die Bretagne auf Kosten der bisherigen fränkischen Grenzmark gegen die Bretonen, die Grafschaften Nantes und Rennes wurden erobert.

Durch einen weiteren Friedensvertrag, im Mai 845 in Fleury-sur-Loire vereinbart, wurde Pippin II. von Karl als König von Aquitanien anerkannt, mußte aber auf das Poitou verzichten. Ein beträchtlicher Teil

des aquitanischen Adels erkannte jedoch, daß Pippin II. das Land nicht
wirksam vor den Normannen zu schützen vermochte, und trat deshalb
auf die Seite Karls des Kahlen, der sich 848 in Orléans zum König von
Aquitanien krönen ließ. Vorausgegangen war eine Wahl durch die geistlichen und weltlichen Großen. Die Salbung und Krönung vollzog Erzbischof Wenilo von Sens. Wahlakt und Legitimation durch eine nicht
vom Papst erteilte Königsweihe traten in der Verfassungspraxis des Westfrankenreichs von da an in Konkurrenz zu den rein dynastischen Rechts-
ansprüchen.

Erzbischof Hinkmar von Reims übernahm dieses Konzept und erhob
die Reimser Bischofskirche zur Krönungsstätte der Frankenkönige. In
seiner *Vita Remigii* machte er durch eine historische Umdeutung aus der
Taufe Chlodwigs in Reims eine *Königssalbung*, zu der das heilige Öl
durch eine Taube vom Himmel gebracht worden sei. Heute weiß man,
daß das Taubenmotiv – das Symbol für den Heiligen Geist – schon vor
Hinkmar mehrfach in der hagiographischen Literatur auftaucht. Es ist das
Zeichen des Himmels, das dem Volk bedeutet, der so mit dem heiligen Öl
gesalbte Bischof sei wahrhaft der Erwählte Gottes. Hinkmar hat also das
Motiv der Bischofssalbung mit dem der Taufe Chlodwigs durch den
Reimser Bischof vermischt und damit eine neue Tradition geschaffen. Sie
war von ausschlaggebender Bedeutung für die Reimser Kirche und ihr
Privileg: Hier sollten die Könige von Frankreich gekrönt und gesalbt
werden. Diese Tradition war aber auch eine der Voraussetzungen für die
Vorrechte der französischen Könige und für die Entwicklung einer »religion royale«, wie man es genannt hat.

Die angeführten Beispiele belegen ohne weiteres die große Bedeutung
des ersten Herrschers über ein Reich, aus dem Frankreich werden sollte.
Karl der Kahle ließ sich sogar im Jahr 869 von Erzbischof Hinkmar in
Metz zum König von Lothringen krönen (Hinkmar erinnerte dabei an
Karls »Ahnherrn« Chlodwig), kaum daß er dieses weitere Teilreich aus
dem fränkischen Erbe an sich gebracht hatte. Der Enkel Karls des Großen
und Träger seines Namens hörte nie auf, an das Gesamterbe zu denken.

Die Rechte der weltlichen Großen nahmen also zu, andererseits verstärkte sich aber das Gewicht von Bischöfen und Kirche, was zur Festigung des königlichen Ansehens beitrug. Angesichts der Fülle von Problemen war Karl ein Meister im Einsatz aller politischen und kirchlichen
Instrumente, die ihm zur Verfügung standen. Früher als andere Könige –

aber auch in Weiterführung des von seinem Vater geschaffenen Systems – stützte er sich auf die Bischofskirchen seines Reichs, denen er Privilegien verlieh. Er zog Vorteile aus ihrer zunehmenden militärischen Stärke, die auf der Ansetzung bischöflicher Vasallen auf Kirchengut beruhte. Außerdem beanspruchte er sein Recht auf »Gastung« (gistum), das heißt Aufnahme seines ganzen Hofstaats. Er traf Verfügungen über den Besitz der großen Klöster; beispielsweise trennte er die *mensa abbatis*, die unmittelbar der Verfügung des Abtes unterstellten Güter, von der *mensa conventualis*, die für die Bedürfnisse der Mönchsgemeinschaft bestimmt war. Unter diesen Umständen konnte der Abt, häufiger noch als unter Karl dem Großen, ein »Laien«-Abt sein: kein Mönch, sondern ein Bischof, ein Hofkaplan und immer öfter sogar ein Graf. Gelegentlich, wie in Saint-Denis, beanspruchte Karl der Kahle die Abtswürde für sich selbst, sonst entsprach er durch Verleihungen den Ansprüchen der Großen, die er brauchte, um das Land zu beherrschen und es gegen Bretonen wie Normannen zu verteidigen.

Unter den Großen im Rheingebiet gab es einige, die nach der Reichsteilung von Verdun nicht unter der Herrschaft des ungeliebten Ludwig leben wollten, aber auch für Lothar nichts übrig hatten. Zu ihnen gehörten Hrabanus und Robert, zwei Männer gräflicher Abstammung. Hrabanus war ein Verwandter des späteren Erzbischofs Hrabanus Maurus von Mainz, Robert war kein anderer als Robert der Tapfere, der Ahnherr der Kapetinger. Sie zogen in Karls Reich und wurden mit Gütern der Reimser Kirche ausgestattet. Dieses Bistum war in den ersten Jahren der Herrschaft Karls vakant geblieben, um dem König die Einkünfte zu sichern. Bald nach seiner Wahl zum Erzbischof von Reims erreichte aber Hinkmar die Rückgabe seiner Güter. Robert konnte sich auf seine Verwandtschaft mit Königin Ermentrud und dem einflußreichen Grafen Adalhard stützen. Im Jahr 852 ernannte ihn Karl zum Grafen von Anjou und der Touraine. Nach dem Verlust von Nantes und Rennes sollte dieses Gebiet die Grundlage einer neuen Bretonischen Mark bilden. Gleichzeitig wurde Robert Laienabt des Klosters Marmoutier bei Tours. Später erhielt er dann noch die Grafschaften Blois und Orléans, dazu die Laienabtwürde von Saint-Martin in Tours, einen der Grundpfeiler für die Macht der Robertiner, der späteren Kapetinger.

Karl der Kahle schuf hier also eine umfassende Befehlsgewalt gegen die Bretonen und vor allem gegen die Normannen, die auf der Loire

angriffen. Das ist aber nur ein Beispiel von mehreren: In Flandern über-
nahm diese Aufgabe die Dynastie des Grafen Balduin, im Poitou die des
Grafen Ramnulf. Eine entsprechende Entwicklung gab es auch in der
Auvergne und in Toulouse, nachdem Karl diese Randgebiete endgültig
unter seine Herrschaft gebracht hatte. Ein siegreicher Feldzug hatte im
Jahr 849 nach langer Belagerung zur Einnahme von Toulouse geführt. Im
Jahr 852 wurde Pippin II. an Karl ausgeliefert, der ihn in einem Kloster in
Soissons verwahren ließ. Aquitanien rührte sich im nachfolgenden Jahr
erneut und richtete einen Hilferuf an Karls Bruder, Ludwig den Deut-
schen. Dieser schickte seinen gleichnamigen Sohn, den er für kurze Zeit
sogar zum König der Aquitanier erheben lassen konnte. Ludwig der
Jüngere wurde im Jahr 854 wieder von Pippin II. verdrängt, der aus der
Klosterhaft entkommen war, aber letztlich dann doch ohne Erfolg blieb.
Obwohl er die Normannen zu Hilfe rief, scheiterte Pippin II. erneut und
kam wieder in Gefangenschaft, diesmal nach Senlis. Im Jahr 855 ließ Karl
der Kahle seinen noch minderjährigen Sohn Karl in Limoges zum Unterkönig von Aquitanien krönen und salben.

Trotz dieser anhaltenden Wirren kam Aquitanien jetzt aber zur Ruhe.
Die Einsetzung von Grafen, die meist aus dem Norden Galliens stammten, bedeutete einen beachtlichen Erfolg für Karl den Kahlen. Neue
Forschungsergebnisse zeigen: Zahlreiche fränkische Adelsfamilien, die
nach salischem Recht lebten, kamen zusammen mit diesen Grafen. Sie
wurden auf (nicht selten konfisziertem) Fiskalland oder auf Kirchengut
angesetzt (E. Magnou-Nortier). Anerkannt wurde Karls Herrscherauto-
rität auch in Septimanien und in der *marca Hispanica*, die mehrfach
reorganisiert wurden, teils mit und teils ohne Einbeziehung des Dukats
von Toulouse sowie Aquitaniens.

Das Königreich wurde im Jahr 858 von einer schweren Krise erschüttert, die man im Zusammenhang der Beziehungen zwischen den einzelnen
fränkischen Teilreichen sehen muß. Die Vorstellung von einer Gemeinschaft der Franken war durch die Teilung von 843 nicht beseitigt worden,
vielmehr hatte man unter dem Begriff der »Brüderlichkeit« ein ganzes
Programm entworfen: Diese *confraternitas* sollte das Verhältnis zwischen
den selbständig regierenden Brüdern bestimmen und nach Lothars Tod
855 das zwischen Brüdern, Onkeln, Neffen beziehungsweise Vettern. Es
gab Synoden, auf denen sich Bischöfe mehrerer Teilreiche versammelten,
um Fragen von gemeinsamem Interesse zu beraten. Aber auch offizielle

Begegnungen fanden statt, Verhandlungen zwischen den drei Königen, so im Oktober 844 in Diedenhofen, im Februar 847 und im März 851 in Meerssen nahe Maastricht. Bei diesen Gelegenheiten wurden gemeinsame Widersacher wie Pippin II. von Aquitanien für schuldig erklärt, aber auch Probleme geregelt, die sich für wichtige Vasallen aus den Reichsteilungen ergeben hatten. Bald kam es auch zu Zweiertreffen, ein Anzeichen für Bündnisbildungen zum Nachteil des jeweils Dritten. Die im Vertrag von Verdun erreichte Stabilität wurde so erneut gestört. Ludwig der Deutsche folgte im Jahr 853 einem Hilferuf der Opposition in Aquitanien, und dieses schlechte Beispiel machte Schule. Im Jahr 858 trat eine weit gefährlichere Oppositionsbewegung auf, der ein Großteil des fränkischen Adels im Königreich Karls des Kahlen angehörte, darunter Robert der Tapfere und Erzbischof Wenilo von Sens. Diese Partei machte Ludwig dem Deutschen das Angebot, die Krone von Karls westfränkischem Reich zu übernehmen. Ludwig nahm an, besetzte mühelos einen großen Teil des Königreichs und vergab schon *honores* an Große, die ihn gerufen hatten.

In dieser Lage bewährte sich Hinkmar als starke Persönlichkeit. Er verhinderte den Abfall der Bischöfe, reagierte mit Festigkeit auf das Drängen Ludwigs und erreichte, daß Wenilos Verhalten ein Einzelfall blieb. Es ist außerordentlich bemerkenswert, daß der Verfasser der *Chanson de Roland* (Rolandslied) den Namen des Erzbischofs Wenilo (frz. Ganelon) für eine der Hauptpersonen verwendete, nämlich für den Verräter!

Ludwig der Deutsche fühlte sich seiner Anhänger so sicher, daß er seine Truppen nach Hause entlassen hatte. Karl nützte das aus und zwang seinen Bruder durch eine rasche Militäraktion zum überstürzten Abzug. Dieser Erfolg in einer äußerst kritisch erscheinenden Lage begründete Karls Aufstieg in der fränkischen Welt. Freilich blieb die Verurteilung der Verschwörer von 858 durch die Synode zu Gondreville weitgehend wirkungslos, an der im Jahr darauf die »lothringischen« und westfränkischen Bischöfe teilnahmen: Karls Gegner waren in die Bretagne geflohen, die damals von der Opposition als Aufenthaltsort bevorzugt wurde. Karl mußte im Jahr 861 diesen Großen, voran Robert dem Tapferen, ihre Besitzungen und *honores* zurückgeben, sie dabei sogar noch vermehren. Aber er konnte trotzdem das Reich nach innen unter Kontrolle halten und eine zunehmend aktive Politik nach außen entfalten.

Lothar I. hatte vor seinem Tod im Jahr 855 das Mittelreich unter seine drei Söhne geteilt: Der Erstgeborene, Ludwig II., erhielt Italien und die Kaiserwürde. Lothar II. wurde König über die Gebiete nördlich von Burgund, die dann *Lotharingia* hießen und deren Einwohner »Lothringer« werden sollten. Karl, der jüngste Sohn, wurde König der Provence, mit der Provence selbst, dem Gebiet um Vienne und allen burgundischen Grafschaften, die nicht zum westfränkischen Reich gehörten (siehe oben). Karl der Kahle konnte nacheinander den Besitz dieser Könige an sich ziehen, die alle ohne legitimen männlichen Erben starben. Im Fall Lothars II. war es so, daß sich Karl und Hinkmar von Reims weigerten, Lothars Wiederverheiratung anzuerkennen, solange seine kinderlose erste Gemahlin noch lebte, von der er sich mit Unterstützung seiner Bischöfe getrennt hatte. Lothar II. starb im Jahr 869 auf dem Rückweg von Rom, wo er sich vergeblich um die Auflösung seiner ersten Ehe durch den Papst bemüht hatte. So blieben die Kinder seiner zweiten Gattin Waldrada illegitim.

Karl der Kahle hatte bereits 861 vergeblich versucht, wenigstens einen Teil des Königreichs Provence an sich zu bringen. Jetzt handelte er aber entschlossen und schnell, besetzte das Reich Lothars und ließ sich im September 869 in Metz zum König krönen. Im Jahr darauf wurde er aber von Ludwig dem Deutschen gezwungen, die Hälfte der Beute abzutreten: Im Vertrag von Meerssen (August 870) wurde das Reich Lothars geteilt. Karls Hauptziel, die Kaiserresidenz Aachen, fiel an Ludwig.

Fünf Jahre später hatte Karl größeren Erfolg in Italien, das er besetzen konnte, als Kaiser Ludwig II. starb. Dazu gewann er noch jenen Teil des Königreichs Provence, der 863 beim Tod Karls von der Provence unter die Herrschaft Ludwigs II. gefallen war. Am Weihnachtstag 875, dem Jahrestag der ersten Kaiserkrönung eines Karolingers, ließ sich Karl der Kahle von Papst Johannes VIII. die Kaiserkrone aufsetzen.

Als Ludwig der Deutsche im Jahr 876 starb, versuchte Karl, zum Nachteil seiner Neffen auch hier das Erbe an sich zu bringen. Von Ludwig dem Jüngeren wurde er aber bei Andernach schwer geschlagen, und danach war die Wiederherstellung von Karls des Großen Reich kein Thema mehr. Trotz aller Rückschläge konnte Karl der Kahle seine Stellung in Italien zunächst behaupten, allerdings nur bis zu dem Augenblick, in dem Ludwigs des Deutschen zweiter Sohn Karlmann heranrückte, um Gleiches mit Gleichem zu vergelten: Er beanspruchte das Königreich Italien und das Kaisertum. Weil die aus Gallien erwarteten Truppen nicht eintrafen, war Karl zu Widerstand unfähig; ihm blieb nur der Rückzug. Am 6. Oktober 877 starb er zu Avrieux in Savoyen auf der Flucht.

Der »lothringische« Graf Boso, dessen Schwester Karl der Kahle schließlich geheiratet hatte, konnte zwar als »Herzog in Italien« kurze Zeit Einfluß ausüben, aber die großen Vasallen im westfränkischen Reich ließen sich auf das italienische Abenteuer nicht mehr ein. Sie wollten lieber ihre Länder gegen die Normannen verteidigen.

Karl hatte anfangs persönlich an diesem Abwehrkampf teilgenommen, so vor Angers und am Unterlauf der Seine, er hatte Sperrwerke und Befestigungen errichten lassen. Dann vergaß er aber die Pflichten gegenüber seinem eigenen Reich und folgte statt dessen dem Trugbild einer »universalen« Kaiserpolitik, zu der ihm die Mittel so offensichtlich fehlten. Der politische Weitblick hatte das Lager gewechselt: Die großen Vasallen, die späteren Fürsten, übten schon einen direkteren Einfluß auf die Bevölkerung aus und waren in örtlichen Angelegenheiten viel leistungsfähiger als ein weit entfernter König. Die nachfolgende Entwicklung sollte diese Ansätze bestätigen. Und trotzdem sind die Verdienste Karls des Kahlen nicht auf den kulturellen Bereich beschränkt: Schwung und Glanz, die er dem Königtum zu geben verstand, sollten später wieder erneuert werden. Er schuf Verfassungsgrundlagen von hoher Bedeutung für die nachfolgende Zeit. Mindestens in der ersten Hälfte seiner Regierung förderte er die Ansätze eines Gemeinschaftsgefühls innerhalb des Teilreichs, dessen erster König er trotz aller denkbaren Vorbehalte gewesen ist.

WESTFRANKEN IM AUSGEHENDEN 9. JAHRHUNDERT

Vor seinem letzten Italienzug hatte Karl der Kahle noch eine Reichsversammlung in Quierzy geleitet und ein Kapitular verkündet, das die Regierung des Reichs während seiner Abwesenheit ordnete. Mehrere Große wurden bestimmt, seinen einzigen noch lebenden Sohn, den jungen Ludwig den Stammler, als Regenten zu unterstützen. Zu ihnen gehörte auch Erzkanzler Gauzlin, Abt von Jumièges, Saint-Amand und Saint-Germain-des-Prés. In Karls letzten Jahren war Gauzlin sein Vertrauter, genauso wie Boso für die Angelegenheiten Lotharingiens, Burgunds und

Italiens. Der Vater des Erzkanzlers war Graf Rorico von Maine, der aus seiner ersten Verbindung mit einer Tochter Karls des Großen einen Sohn Ludwig hatte, den Karl der Kahle vor Gauzlin zum Erzkanzler ernannt hatte. Abt Gauzlin war dann einer der beiden führenden Männer in der Geschichte des Westfrankenreichs nach 877, der andere war Hugo Abbas (Hugo »der Abt«), durch seine Tante Judith ein Vetter Karls des Kahlen. Diese beiden Rivalen repräsentierten die Familienclans der »Rorgoniden« und »Welfen«. Als sie fast gleichzeitig im Jahr 886 starben, würdigte sie ein Mainzer Annalist folgendermaßen: »Die Äbte Hugo und Gauzlin waren die beiden wichtigsten Anführer in Gallien. Auf ihnen ruhte die ganze Hoffnung der Bewohner dieser Gebiete auf Rettung vor den Normannen.« Während der raschen Abfolge der Regierungen Ludwigs II. des Stammlers (877–879), Ludwigs III. (879–882) und Karlmanns (879–884), schließlich Kaiser Karls III. (885–888), also von Sohn, Enkel und Neffe Karls des Kahlen, bildeten Hugo und Gauzlin den eigentlichen Übergang von der Herrschaft Karls des Kahlen zu Odo, dem ersten nichtkarolingischen König im Westreich.

Hugo Abbas, Laienabt von Saint-Germain in Auxerre, erwies sich als einer der fähigsten Heerführer seiner Zeit. Nachdem Robert der Tapfere 866 in Brissarthe im Kampf gegen die Normannen gefallen war, erhielt er den Oberbefehl über die Bretonische Mark, dazu die Grafschaften des Loiregebiets und Saint-Martin in Tours.

Auf die Nachricht vom Tod seines Vaters hatte Ludwig II. der Stammler damit begonnen, Grafschaften, Klöster und Königsgüter zu verteilen, um so Anhänger zu gewinnen. Hugo und Gauzlin stellten sich daraufhin an die Spitze einer bewaffneten Opposition und diktierten mit dem Einverständnis Erzbischof Hinkmars ihre Bedingungen, bevor Ludwig am 8. Dezember 877 zum König gewählt und gekrönt wurde. Damals erhielt Gauzlin die Abtei Saint-Denis. Das Zweckbündnis der Großen ließ Raum für zahlreiche Intrigen. Besonders deutlich zeigte sich dies auf einer Synode, die mit Zustimmung Ludwigs II. im August und September 878 von Johannes VIII. nach Troyes einberufen wurde. Der Papst bemühte sich damals um eine tatkräftige Unterstützung der Karolinger für Italien, das von den Arabern bedroht wurde. Gauzlin geriet in Gefahr, Saint-Denis zu verlieren, sah sich aber für den Augenblick gerettet. Er war Erzkanzler unter Ludwig II., wie er es unter Karl dem Kahlen gewesen war. Für seinen Herrscher konnte er noch am 1. November 878 den

Vertrag von Fouron mit dem ostfränkischen König Ludwig dem Jüngeren abschließen. Die Nachfolge der Erben auf beiden Seiten wurde gesichert, für das Westreich waren dies die beiden Söhne Ludwigs II., also Ludwig III. und Karlmann.

Kurz danach verlor Gauzlin aber sein Amt. Zusammen mit einigen Grafen, darunter Boso, besaß Hugo Abbas die vollständige Kontrolle über den kranken König, der vor seinem Tod am 10. April 879 noch bestimmte, Ludwig III. allein zum König zu krönen. Ganz offensichtlich hoffte Hugo Abbas, auf diese Weise seinen beherrschenden Einfluß über das gesamte Westreich zu bewahren. Gauzlin und der Adel der »Francia« zwischen Seine und Maas, darunter der »Welfe« Konrad, Graf von Paris, reagierten augenblicklich und boten die Krone dem Ostfranken Ludwig dem Jüngeren an. Sie taten dies nicht, um »ihr Vaterland zu verraten«, wie man im 19. Jahrhundert meinte, sondern um die Partei Hugos zu zwingen, die in Fouron vereinbarte Nachfolgeregelung durchzuführen. Das hieß, eine Teilung vorzunehmen, die dem Adel der Francia einen »eigenen« König gab.

Hugo erreichte den Rückzug Ludwigs des Jüngeren gegen die Abtretung des westlichen Teils von Lotharingien, den einst Karl der Kahle erworben hatte. Vor allem aber versprach er, die Nachfolge der beiden Söhne Ludwigs des Stammlers zu verwirklichen. Tatsächlich ließ er im Spätsommer 879 Ludwig III. und Karlmann durch Erzbischof Ansegis von Sens in Ferrières krönen und salben. Aber er behauptete die alleinige Regentschaft über das ungeteilte Westreich.

Dieses Herrschaftsmonopol führte zu einer zweifachen Reaktion: Im Süden ließ sich Boso von sechs Erzbischöfen und siebzehn Bischöfen, die in Mantaille bei Vienne zusammentrafen, am 15. Oktober 879 zum König der Provence und Burgunds wählen. Damit war er der erste König im einstigen Gesamtreich, der nicht von den Karolingern abstammte. Im Norden aber rief die Opposition unter der Führung Gauzlins erneut Ludwig den Jüngeren ins Land. Der Vertrag von Ribemont bei Saint-Quentin bestätigte im Jahr 880 die Abtretung Lotharingiens an Ludwig den Jüngeren, aber auch die Wiedereinsetzung der Anhänger der Oppositionspartei in ihre Rechte. Darum wurde eine Teilung beschlossen, die unmittelbar anschließend in Amiens auch vollzogen wurde. Ludwig III., der Gauzlin zu seinem Erzkanzler machte, erhielt die Francia und Neustrien. Karlmann bekam Aquitanien und Burgund, sein Beschützer und oberster Heerführer war Hugo Abbas, der den Usurpator Boso erfolgreich bekämpfte und die Provence schließlich unterwerfen konnte.

Während sich Ludwig III. an der gemeinsamen Aktion der Karolinger gegen Boso beteiligte, hatte Gauzlin einen Teil seines Heeres gegen die Normannen geführt, war aber erfolglos geblieben. Als dagegen Ludwig III. nach Norden zurückkehrte, gelang ihm am 3. August 881 ein glanzvoller Sieg über die Normannen bei Saucourt an der Sommemündung. Eine althochdeutsche Dichtung, das Ludwigslied, feiert diesen Erfolg. Das Werk ist in einer Handschrift aus dem Kloster Saint-Amand überliefert, dessen Abt Gauzlin war.

Ludwig III. starb am 5. August 882 an den Folgen eines Unfalls, und Karlmann wurde nun auch in der Francia als König anerkannt. Gauzlin, unter dem Einfluß Hugos vorübergehend beiseite geschoben, konnte seine Stellung am Hof sehr schnell wiedererlangen. Er war es, der Odo, den Sohn Roberts des Tapferen, zum Grafen von Paris ernennen ließ. Als Karlmann am 6. Dezember 884 an den Folgen eines Jagdunfalls starb, wurde die Lage von Gauzlin und seinem Verbündeten Theodericus, Graf von Vermandois, beherrscht, nicht mehr von Hugo Abbas. Theodericus (Thierry, Dietrich) führte eine Abordnung, die im Jahr 885 die Krone des Westfrankenreichs Kaiser Karl dem Dicken anbot. Karl war zunächst nur König von Alemannien gewesen, hatte dann aber weitere Erbschaften angetreten: Italien im Jahr 879, das Ostfrankenreich im Jahr 882. Er war seit 881 Kaiser und vereinte nun das gesamte Frankenreich, zum ersten und letzten Mal seit Ludwig dem Frommen. Aber dies war nur eine Personalunion, keine wirkliche Wiederherstellung der Reichseinheit. Karls Herrschaft über das westliche Teilreich wurde oft unterschätzt, weil ihn seine Krankheit gegen Ende nahezu regierungsunfähig machte. Aber er hat, nach Karl dem Kahlen, die zweitgrößte Zahl der für das Westreich überlieferten Urkunden ausgestellt. Und zwischen 885 und 887 ernannte er Bernhard, den Vater Wilhelms I., zum Markgrafen von Aquitanien und verlieh den gleichen Rang in Italien an Berengar von Friaul, den späteren König und Kaiser. Er hat auch den Aufstieg einer Reihe bedeutender nachkarolingischer Dynastien eingeleitet, darunter besonders den der Robertiner-Kapetinger. Zusammen mit Gauzlin, seit 884 Bischof von Paris, wurde Graf Odo von Paris zum heldenhaften Verteidiger der Stadt gegen die Normannen. Als Hugo Abbas im Jahr 886 starb, erhielt er von Kaiser Karl III. sämtliche Grafschaften an der Loire, die einst schon

Robert der Tapfere besessen hatte, und dazu die Würde eines Laienabts von Saint-Martin in Tours. Alles in allem war Odo offensichtlich im Westreich für den Kaiser der Mann seines Vertrauens.

Damit wird verständlich, daß Odo am 29. Februar 888 zum König gewählt und gekrönt wurde, nur kurze Zeit nach dem Eintreffen der Nachricht vom Tod des Kaisers am 13. Januar 888. Die Absetzung Karls im Osten (November 887) hatte das westfränkische Reich nicht anerkannt. Odo hat das Andenken an seinen Förderer mit Dankbarkeit bewahrt. Über kurz oder lang konnte er das gesamte Erbe Gauzlins an sich bringen, der im Jahr 886 während der Belagerung von Paris gestorben war. Es handelte sich dabei um die Klöster Saint-Germain-des Prés, Saint-Denis und Saint-Amand. Odo vereinte in seiner Hand also zahlreiche Kirchen mit ihren vielen Vasallen und verfügte über den starken kriegstüchtigen Adel der Loire-Grafschaften von Orléans bis Angers. Das machte ihn zum mächtigsten Mann im Reich, ganz unabhängig von seiner Königswürde. Am 24. Juni 888 konnte Odo bei Montfaucon in den Argonnen die Normannen besiegen; danach war sein Ansehen so groß, daß er die Anerkennung seines Königtums durch den ostfränkischen Karolinger Arnulf erreichte. Arnulf übersandte ihm die Herrscherinsignien, woraufhin sich Odo mit diesen ein zweites Mal krönen ließ.

Odo respektierte von da an Arnulfs Lehnshoheit. Man kann ihn darin mit Bosos Sohn Ludwig von der Provence vergleichen, der Vasall Kaiser Karls des Dicken wurde und dadurch seine Legitimation erlangte. Zwar regierte ein Nicht-Karolinger, aber das Westfrankenreich hatte sich keineswegs von der karolingischen Dynastie abgewendet. Weitere Könige, die in anderen Gebieten des ehemaligen Frankenreichs gewählt wurden – Berengar in Italien, Rudolf I. in Hochburgund –, folgten Odos Beispiel oder wurden gezwungen, die Vorherrschaft des Karolingers Arnulf anzuerkennen. Das hat natürlich nicht das geringste zu tun mit einer Abhängigkeit »Frankreichs« von »Deutschland«: Beide hat es damals noch nicht gegeben. Aber diese Fragen der dynastischen Legitimität machen verständlich, daß Ludwigs des Stammlers jüngster Sohn, Karl III. der Einfältige, seine Ansprüche anmelden konnte, als er dann der einzige Karolinger in regierungsfähigem Alter war. Ebendies war er aber nicht, als er im Jahr 888, noch ein Kind, am Hof Graf Ramnulfs III. von Poitou weilte. Die Franken, die Odo wählten, brauchten einen König, der die Verteidigung des Reichs gegen die Normannen organisieren konnte. Die Notwendigkeit einer Herrschaftslegitimierung für Odo wird besonders augenfällig, wenn man die Unsicherheit der Lage nach dem Tod Karls des Dicken betrachtet: Ramnulf II. dachte momentan daran, sich selber zum König wählen zu lassen, ob von Aquitanien oder von Westfranken ist ungewiß. Außerdem kehrte Wido von Spoleto nach Gallien zurück und ließ sich von Bischof Geilo in Langres zum König krönen, noch vor der Wahl Odos. Erzbischof Fulco von Reims aber bot Arnulf die Krone des Westreichs an, mußte aber wohl oder übel Odo anerkennen, dann krönte und salbte er schließlich im Jahr 893 in Reims den jungen Karl III. den Einfältigen, der tatsächlich einige Große gegen Odo aufbieten konnte.

Odo war teilweise selber verantwortlich für diese Krise. Selbst der Mönch Abbo von Saint-Germain, der Verfasser eines lateinischen Preisgedichts auf die Heldentaten Gauzlins und Odos während der Belagerung von Paris durch die Normannen, mußte schließlich eine gewisse Enttäuschung eingestehen. Allzu offensichtlich hatte Odo nur an die Mehrung seiner Hausmacht gedacht. Sämtliche Grafschaften, die er nach karolingischer Tradition als König nicht mehr selbst verwalten konnte, übertrug er seinem Bruder Robert, dazu noch alle seine Abteien, voran Saint-Martin in Tours. Er machte Robert zum Markgrafen von Neustrien und unterstützte ihn auch noch bei der Ausdehnung nach Aquitanien. Nur den Verlust der Grafschaften Troyes und Sens konnte Odo nicht verhindern, die ihm im Jahr 895 von Richard von Autun entrissen wurden. Am Ende zeigte Odo aber seine geistigen und machtpolitischen Kraftreserven: Er besiegte zuerst die Aquitanier, dann schlug er Karl den Einfältigen so gründlich, daß diesem nur die Flucht nach Lotharingien übrigblieb. Trotzdem kam es zu einem Ausgleich – auf den wir zurückkommen werden –, und Karl der Einfältige wurde zum Nachfolger Odos bestimmt. Odos Herrschaft, vom Karolinger Arnulf anerkannt, erschien im Lichte des erzielten Kompromisses als bloßes Zwischenspiel in der Reihe der karolingischen Könige. Man hatte keinen Grund zu der Annahme, die Tage der Karolinger in Gallien seien gezählt.

Dagegen hatte sich der Niedergang des Königtums als Institution rasch vollzogen. Dank seiner Autorität und der Kontrolle durch die *missi* hatte es die Dienste von Bischöfen, Äbten und Grafen beanspruchen können; jetzt war es auf den Stand eines »Partners« abgesunken, der vom Klerus und den Großen nicht selten streng getadelt wurde. Noch zur Zeit Karls des Kahlen konnte das Königtum Gruppierungen oder Parteien rivalisierender Adliger gegeneinander ausspielen, sah sich dabei allerdings genötigt, eine in Ungnade gefallene Gruppe sofort durch deren Gegner zu ersetzen. Das Königtum fiel aber noch tiefer: Um gewählt zu werden, mußte der König Versprechungen machen, an die man ihn erinnerte, wenn er die frühere Ordnung wieder herstellen wollte. Man betrachtete ihn schließlich als einen Anführer, der verpflichtet war, das Reich für die anderen zu verteidigen, ohne von den Grafen wirksame Unterstützung erwarten zu dürfen. Jeder wollte nur sein eigenes Gebiet sichern. Die Normannen verwüsteten nicht nur das Land, sie zerstörten auch die Reichsgesinnung.

Die Moral in der Kirche hatte nicht weniger gelitten. Das zeigen Fälschungen, die um 850 auftauchten, wahrscheinlich in Reims in den Kreisen der Opposition gegen Hinkmar, der als Erzbischof seinen Suffraganen zu autoritär erschien. Ihre Unechtheit wurde erst im Jahr 1628 entlarvt, man bezeichnet sie seitdem als die Pseudoisidorischen Fälschungen. Diese Kirchenrechtssammlung wurde im 9. Jahrhundert mit der Absicht hergestellt, den Kampf gegen die Stellung des Metropoliten wie gegen die Gewalt des Königs zu unterstützen. Die Stoßrichtung gegen die weltliche Macht sollte sich viel später im Investiturstreit für das Papsttum bezahlt machen.

Wie am Ende der Merowingerzeit waren es auch jetzt nicht mehr die Könige, die das Reich nach Belieben aufteilten und dabei ihre Wahl trafen. Vielmehr wurden nach den Interessen der Führungsschicht Teilreiche gebildet oder abgesondert, für die dann ein König gesucht wurde. Und bei Gelegenheit wurden Herrscher von den Großen gegeneinander ausgespielt. Aber auch hier gab es eine Art »historische Gerechtigkeit«: Die Bischöfe, die Grafen und ihre Gefolgschaft waren in diesen schwierigen Zeiten bessere Interessenvertreter »ihres« Landes, ihrer Region als die Könige, die zunehmend von den lebendigen und zukunftsträchtigen Kräften ihres Reichs isoliert wurden.

DIE WELT DER KAROLINGER

Lange Zeit wurde Geschichte verkehrt herum gedacht: Um das Mittelalter zu erklären, ging man von der Neuzeit und ihren Begriffen aus statt von der Antike und deren Vorstellungen. Das römische Gallien war nicht untergegangen, als die Herrschaft der römischen Kaiser aufhörte, es begann vielmehr damals, sich ganz langsam zu wandeln. Die Deutschen wie die Franzosen haben sich ein überwiegend germanisches Mittelalter vorgestellt, aus dem die Römer samt ihrem Imperium verschwunden waren. So glaubte man, die *servi* des Frühmittelalters seien nahezu identisch mit den »Leibeigenen« (frz. *serfs*) des 13. Jahrhunderts, weil ja beide Begriffe »mittelalterlich« waren. In Wirklichkeit waren die *servi* aber noch in der Karolingerzeit Sklaven im antiken Sinn, die gleichen Wörter *(servus, mancipium)* bezeichneten noch nahezu die gleiche Sache.

Man käme der Wirklichkeit entschieden näher, wenn man sich entschließen könnte, die frühe Neuzeit trotz der einsetzenden Veränderungen als Fortsetzung des »Mittelalters« zu betrachten und das Frühmittelalter als eine sehr späte Antike. Die fränkische Gesellschaft war eine keltisch-römische Gesellschaft, sie beruhte auf Gutswirtschaft und Handel. Daran beteiligt waren gleichermaßen der Staat wie die *potentes*, die Reichen und Mächtigen. Die Kirche und der Adel germanischer Abstammung wurden in diese Gesellschaft problemlos integriert: durch Verwandtschaftsbeziehungen zwischen gallo-römischen und germanischen Familien sowie durch die Verbindung von Staat und Kirche. Der Staat machte dabei der Kirche Schenkungen, verwendete sie aber für sich; die Kirche leistete dem Staat Dienste, beeinflußte aber zugleich die politische Richtung. Um diese Zusammenhänge zu verstehen, sind die protestantischen, »aufgeklärten«, nationalistischen und marxistischen Theorien weniger hilfreich als die griechisch-römische Philosophie. Sie erklärt nämlich, warum der Sklave seinem Herrn gehört: Der eine ist geboren, um zu befehlen, der andere, um zu gehorchen, gemäß der richtigen Ordnung in Haus und Staat. Das Alte Testament war Vorbild für den Aufbau der Gesellschaft und lieferte die Grundbegriffe. Die Kirchenväter erkannten hinter den Worten die Erklärung des göttlichen Willens. Bei Vertragsabschlüssen wurde weiterhin das römische Recht angewendet.

Die großen Güter waren gewiß nicht mehr die gleichen wie in der

Spätantike, besonders hinsichtlich topographischer Einteilung und Bauweise der Hofanlagen. Der Wald nahm an Bedeutung zu, sowohl für die
Bewohner von Herrenland wie für die Dorfbevölkerungen außerhalb der
Gutswirtschaft. Im Wald sammelte man Früchte und Holz, man ließ hier
auch mit bestimmten Einschränkungen die Schweine weiden, während
die Jagd dem Grundherrn vorbehalten war. Nach wie vor gab es das
Prinzip der Aufteilung in Leihegüter und Salland (Herrenland, Reserve),
das dem Eigentümer (Staat, Klerus, Adliger) vorbehalten war und von
Sklaven und Tagelöhnern sowie im Rahmen der Fronarbeit auch von
»freien« Pächtern bearbeitet wurde. Seit der Zeit des römischen Kolonats
hatten sich freilich einzelne Veränderungen ergeben. Die Zahl der Sklaven
ging allmählich zurück, aber man holte sie sich, solange in erreichbarer
Nähe von Heiden bewohnte Gebiete angrenzten. Unter dem Einfluß der
Kirche wurde dagegen die Versklavung von Christen seltener. Eine einzige *precaria* (Landleihe) des Klosters Montiérender umfaßte 163 Sklaven,
eine andere 44 Sklaven, die zusammen mit dem Boden vergeben wurden.
Andererseits wurde die wirtschaftliche Abhängigkeit, die Unterordnung
der theoretisch freien Pächter immer deutlicher spürbar. Diese Tendenz
wurde durch die Politik der Karolinger verstärkt, von denen die Großen
ermutigt und unterstützt wurden, in ihrem jeweiligen Bereich eine umfassende Herrschaft auszuüben. Ein von seinem Herrn wohlversorgter
Freigelassener konnte unter diesen Umständen materiell besser leben als
ein freier Mann, der immer stärker in Abhängigkeit geriet: der »gemeine
Mann« (herabsetzend: »vilain«) der nachfolgenden Epoche.

Ein großes Rätsel der Merowingerzeit bleibt die Existenz von freien,
wirtschaftlich selbständigen Menschen, die teils in Einzelgehöften, teils in
Dorfgemeinschaften lebten. Je nachdem, wie sie sich behaupten konnten,
müssen einige von ihnen durch den Dienst mit der Waffe Anschluß an jene
Schicht gefunden haben, die später den Niederadel bildete. Ihre Zahl mag
in bestimmten Gebieten bedeutend gewesen sein, sie hat aber sicher nicht
spürbar zugenommen angesichts zunächst der Eroberungskriege, dann
der inneren Kämpfe, von denen die Karolingerzeit erfüllt war. Diese
Gesellschaftsgruppe wurde durch den Kriegsdienst ganz besonders belastet. Anscheinend erhielt sie aber, wenn auch spät und in beschränktem
Umfang, gesetzgeberischen Schutz von Karl dem Großen: Er bestimmte,
daß jeweils vier freie Kleinbesitzer nur einen Bewaffneten stellen mußten.
Schutz eines Herrn mit den damit verbundenen Pflichten oder Auf-

stieg im Dienst eines Herrn – es gab praktisch keinen anderen Ausweg. Jede »Verschwörung« (*coniuratio*, Zusammenschluß mit eidlicher Verpflichtung) war bei harter Strafe verboten. Am Ende der hier dargestellten Epoche entbrannte ein Aufstand der bretonischen Bauern gegen ihre Herren. Unterstützt von Graf Alan konnten die Großen des Landes die Bauernscharen überraschen und mühelos erschlagen oder zersprengen: Sie »hatten ja weder einen Anführer noch einen Kriegsplan«, bemerkte ein Zeitgenosse. Die Überlegenheit der Bewaffnung und noch mehr der Ausbildung des Berufskriegers, der in sachverständig geführter Formation angriff, war im vollen Wortsinn vernichtend, wenn der Gegner ein *rusticus* und dazu wohl noch schlecht genährt war. Man machte auch Jagd auf einzelne, die fliehen und anderswo ein freieres Leben führen wollten. Um so höher geschätzt wurden die Angebote geistlicher und weltlicher Herren, unter vorteilhafteren Bedingungen Land zu roden. Diese Entwicklung begann im 10. Jahrhundert aufgrund der wirtschaftlichen Erholung nach dem Ende der Normannen- und Arabereinfälle. Ein anderer Bereich aber, der Aussichten eröffnete, Stand und Lebensumstände zu verändern, konnte die Stadt sein.

Man spricht gern von der »Entstehung der Städte« zwischen dem 10. und 12. Jahrhundert. Doch Gallien hat auch nach der Spätantike immer Städte besessen. Man sollte besser drei wesentliche Phasen der Stadtentwicklung in Westeuropa unterscheiden: erstens die antike *civitas*, eine Art Stadtrepublik, die sich innerhalb des römischen Reichs lange behaupten konnte, durch dessen *pax* sie begünstigt wurde. Zweitens die spätantike und frühmittelalterliche *civitas*, deren Kennzeichen die führende Stellung des Bischofs ist, und zwar schon deutlich vor dem Ende der Kaiserherrschaft im Westen. Drittens schließlich die »Stadt des Mittelalters« mit ihren bekannten Wesensmerkmalen wie Stadtrecht und Mauerring. Ihre Bewohner – Kaufleute, Handwerker, aber auch Besitzer von Vermögen und Renteneinkünften – erreichten Selbstverwaltung und Eigenbestimmung in inneren Angelegenheiten, außerdem entwickelten sie Wirtschaftsinitiativen. In bezug auf diesen dritten Stadtbegriff können die früheren Entwicklungsstadien nur als »Vorformen der Stadt« erscheinen. Schließlich ist noch ein geographischer Aspekt zu berücksichtigen: In Germanien und sogar im Nordosten Galliens erfolgte die Stadtentstehung später als im übrigen Gallien. Wenn man den Begriff nicht strikt auf seine spezifisch mittelalterliche Bedeutung beschränkt, kann man feststellen, daß die Städte – oder präurbanen Ansätze – in Germanien auf das karolingische Gallien zurückgehen.

In der karolingischen Stadt waren die beherrschenden und bestimmenden Faktoren die örtliche Gewalt des Bischofs und die übergeordnete Autorität des Reichs. Soweit stand sie in der Kontinuität der spätantiken Stadt. Die Karolinger brachen durch Karl Martell erst die übergroße Machtfülle der Bischöfe, benützten sie dann als Amtsträger und verliehen ihnen angemessene Einkünfte. Pippin der Jüngere erließ schon 744 Anordnungen, Märkte in den Bischofsstädten abzuhalten. Die Zolleinnahmen wurden zur Hälfte den Bischöfen überlassen, die am Ende aber das Eigentumsrecht an Markt und Münze erhielten, auch wenn das Prägerecht unter den Karolingern grundsätzlich wieder ein Monopol des Königs wurde: Man schlug die Münzen gewöhnlich dort, wo es einen Markt von größerer Bedeutung gab.

Weitere Ansatzmöglichkeiten für die Stadtentwicklung entstanden und bestanden allenthalben, beispielsweise bei Klöstern und Königspfalzen: Compiègne, Aachen und Frankfurt wurden richtige Städte. Manche Siedlungskerne waren *castra,* also meist gallo-römische befestigte *vici,* aber es gab auch ganz neue Befestigungsanlagen. Ein neuartiges Phänomen der Karolingerzeit war die Entstehung der *suburbia* oder *burgi,* Siedlungen um »suburbane« Klöster außerhalb der Stadtmauern. Ihre Zahl wuchs angesichts der Normannengefahr, vor der die Mönche Schutz suchten. Das führte dann zur Erweiterung des Mauerrings um die Vorstadt, in der auch Kaufleute ansässig waren. Es gab aber auch *burgi,* die sich nicht an *civitates* anlehnten; sofern sie Handelsplätze waren, werden sie häufig als *portus* bezeichnet.

Dies alles bedeutet kein eigenständiges Wirtschaftswachstum als frühes Anzeichen für eine allgemeine Ausweitung des Warenaustauschs, sondern ist in erster Linie ein Ergebnis der fiskalischen Kontrolle: Wenn der Staat einen *portus* einrichtete, verbot er im betreffenden Gebiet jeden Handel außerhalb dieses Platzes und konnte so den Warenverkehr beaufsichtigen, um daraus Einkünfte zu erzielen.

Zumindest einige der Jahrmärkte des römischen Gallien haben offenbar ohne Unterbrechung weiterbestanden. Die Zeitspanne zwischen den letzten Zeugnissen für ihre Durchführung und den ersten Anzeichen einer »Wiedergeburt« wird immer kürzer, je weiter die Forschungen fortschreiten. Besonders deutlich belegt wird diese Kontinuität durch das Festhalten an den Markterminen, die an christlich gewordene heidnische Feste gebunden sind, beispielsweise an die Sommersonnenwende, aus der man den Johannistag machte. Dazu kommt noch, daß »neue« Jahrmärkte bei ihrer ersten Erwähnung stets schon in voller Entfaltung auftreten. Im nördlichen Burgund gab es Jahrmärkte (*nundinae*) bereits im 9. Jahrhundert in Chappes, unweit der Region, in der sich später die Champagne-Messen entwickeln sollten.

Man hat lange geglaubt, diese Handelsaktivitäten seien ohne größere Bedeutung geblieben, weil die Kaufleute nur Luxusgüter und exotische Waren auf den Markt gebracht hätten. Entsprechend der Lehre von der »geschlossenen Gutswirtschaft« glaubte man, jeder Gutshof habe seinen gesamten Bedarf selbst erzeugt. Auch wenn es Warentransporte von einer Domäne zur anderen gab, sei das kein Handel gewesen, weil es sich nicht um echten Austausch gehandelt habe. Dagegen betonte man die Bedeutung nicht-kommerzieller Güterbewegungen, so durch den Austausch von Geschenken zwischen den Reichen und Mächtigen. Diese gegenseitigen Gaben hätten die Bedeutung des wirklichen Handels noch weiter verringert.

Den absolut autarken Gutshof hat es aber nie gegeben. Große Landwirtschaftsbetriebe produzierten häufig für den Markt, besonders für den Getreidehandel. Der Hinweis auf die im Tuchhandel spezialisierten Friesen mit ihren *pallia frisonica* (friesische Tuche) reicht aus als Zeugnis für das Vorhandensein von Textilgewerbe und Textilhandel. Es gab auch Handel mit Salz, Wein und Holz; für die beiden letzteren Produkte wie auch für Getreide wird er im Elsaß durch Quellen der Karolingerzeit ausdrücklich bestätigt. Gerade für Straßburg – das antike Argentoratum wurde zu *Strataburg*, zur »Stadt an der Straße« – ist ein Privileg Ludwigs des Frommen überliefert: Auf Intervention des Bischofs verlieh der Kaiser den Straßburger Kaufleuten mit ihrem günstigen Standort an der großen Straßenverbindung von Westen nach Osten Zollfreiheit im ganzen Reich. Ausgenommen waren nur Quentowik und Dorestad, wichtige Hafenorte für den Englandhandel, sowie die Alpenpässe. Diese Erwähnung der Alpen erinnert daran, daß die Bedeutung Italiens nicht unterschätzt werden darf, dessen wirtschaftliche Entwicklung bereits unter den Langobardenkönigen weiter fortgeschritten war. Man muß bedenken, daß hier Goldprägungen in Umlauf waren, aber die karolingische Verwaltung konnte sich problemlos auch diesem System anpassen, obwohl sie in zwei Münzreformen den Silberdenar zum einzigen offiziellen Zahlungsmittel gemacht hatte.

Der Fernhandel unter Aufsicht des Königs wird durch das berühmte Kapitular von Diedenhofen des Jahres 805 belegt, das die vorgeschriebenen Märkte an der Ostgrenze des Reichs aufzählt. Dabei handelt es sich um Umschlagplätze, die durch hohe Amtsträger im Rang von Grafen überwacht wurden, so Bardowik bei Lüneburg, Erfurt, Hallstadt bei Bamberg, Fürth, Regensburg und Lorch an der Donau. Karl der Große erließ in diesem Kapitular präzise Anordnungen, zum Beispiel ein Ausfuhrverbot für Kettenhemden. Das zeigt, wie gesucht fränkische Waffen waren.

Byzanz und den Arabern, den beiden Wirtschaftsmächten des Ostens, hatte man wenig zu bieten, was sie nicht selber besaßen. Die Ausnahme waren Sklaven, mit denen besonders unter den Karolingern ein blühender Handel getrieben wurde. Besser gestellt waren die slawischen und skandinavischen Länder, die im Handel mit dem Orient ihre Pelze als Tauschware anzubieten hatten. Diese Wirtschaftsbeziehungen sind eine der Ursachen für die weite Verbreitung byzantinischer und besonders arabischer Münzen in Nordeuropa, aber auch für das Interesse arabischer Autoren an den slawischen Ländern.

Vom karolingischen Gallien aus wurden Klöster, Märkte und Städte in Germanien und besonders in Sachsen gegründet, was zweifellos auf wirtschaftliche Lebenskraft schließen läßt. Für die Zeitgenossen war das so selbstverständlich, daß in den Quellen nur ganz beiläufig Mitteilungen zu diesem Bereich zu finden sind. So erfährt man beispielsweise, daß Andegarius († 790), der Vorgänger Alkuins als Abt von Saint-Martin in Tours, einen englischen Vater namens Botto hatte, der »Kaufmann in der Stadt Marseille« war. In der Klostergeschichte von Fontenelle (Saint-Wandrille) wird berichtet, daß Abt Gerwold, ein Mann von vornehmer Abstammung, erst Kaplan der Königin Bertrada war. Dann ernannte ihn Karl der Große zum »Aufseher über den Handel des Reichs mit England« und beauftragte ihn dadurch mit der Zollerhebung in den verschiedenen Märkten und Städten, voran in Quentowik. Einmal war Karl der Große erzürnt, weil Offa von Mercia, der mächtigste König in England, kühn um die Hand Berthas, einer Tochter des Frankenherrschers, angehalten und dafür eine angelsächsische Prinzessin für dessen Sohn Karl angeboten hatte. Karl der Große wollte deswegen den englischen Kaufleuten den

Zugang zu den Küsten Galliens verbieten. Aber Gerwold war mit Offa befreundet, den er häufig als Gesandter in England aufgesucht hatte und mit dem er in Briefwechsel stand. Er verstand es in dieser Situation, die Vernunft durchzusetzen und eine so unangemessene Maßnahme zu verhindern: Die Familienpolitik und die Laune des Königs durften sich nicht über wirtschaftliche und fiskalische Interessen hinwegsetzen. Es bleibt noch zu vermerken, daß sich der karolingische Hof unter Ludwig dem Frommen direkt mit Handelsfragen befaßte: Der fränkische Adlige Eberhard wurde zum *praefectus Judeorum* ernannt und protegierte den fiskalisch sehr einträglichen, vornehmlich von jüdischen Kaufleuten betriebenen Sklavenhandel quer durch Gallien in das islamische Spanien. Erzbischof Agobard von Lyon, selbst Westgote aus Spanien, hat diesen Handel scharf verurteilt. Er beschuldigte die Juden, eine Bekehrung der Sklaven zu behindern, weil Getaufte nicht mehr in die Fremde verkauft werden durften.

Es gab also eine sehr vielschichtige Wirklichkeit. Die Forschung versucht, ihr mit Hilfe statistischer und archäologischer Befunde näherzukommen. So kennt man beispielsweise die Region um Paris recht gut durch die Angaben im berühmten Polyptychon von Saint-Germain-des-Prés (um 829), einem Verzeichnis der Bauern des Klosters und ihrer Abgaben: Die zahlreichen Dörfer, die hier aufgezählt werden, hatten damals ungefähr die gleiche Bevölkerungszahl wie im 18. Jahrhundert. In unmittelbarer Nähe zu Klöstern und Königspfalzen gab es in diesem Gebiet mindestens sechs Münzateliers: Paris, Saint-Denis, Chelles, Senlis, Melun und Meaux, was gleichbedeutend war mit ebenso vielen Märkten. Außerdem gab es Wochenmärkte in Pontoise und Cormeilles-en-Vexin, vielleicht auch in Mours und Plaisir. Die Quellen belegen einen allgemein verbreiteten Geldumlauf, sogar bei der Bevölkerung, die von den grundbesitzenden großen Kirchen abhängig war.

Es bleibt ein Problem, wie man die Bedeutung der karolingerzeitlichen Wirtschaftstätigkeit einschätzen soll. Der Österreicher K. Th. von Inama-Sternegg hat um 1900 das enthusiastische Bild eines gleichsam von einem Übermenschen, Karl dem Großen, angeregten Aufschwungs entworfen. Der Belgier Henri Pirenne ermittelte um 1930 das Weiterleben von so vielen Grundelementen der antiken und mediterranen Wirtschaft im merowingischen Gallien, daß er als Konsequenz den »Niedergang« in die nachfolgende Epoche, in die Zeit der Karolinger verlegen mußte. Für ihn war dies die Periode der eigentlichen Barbarisierung Galliens, das damals durch die arabische Expansion von der Mittelmeerwelt abgeschnitten wurde. Aber es gab einen beachtlichen arabischen Warenverkehr selbst im südlichen Abendland (M. Lombard), und noch wichtiger waren die Handelsaktivitäten der Byzantiner und Araber auf dem Weg durch Rußland in Richtung Nordeuropa: Davon profitierten auch England und der Norden Galliens.

Was in Gallien an gallo-römischen Traditionen weiterlebte, erweist sich als so wichtig, daß die »übermenschlichen« Leistungen Karls des Großen zum Teil bestätigt und auch verständlich werden: Das spätantike Steuersystem wurde leicht modifiziert, aber die Finanzverwaltung ist nie ganz verschwunden, so wenig wie Maße und Gewichte, Städte und bestimmte Handwerke. Die Kontinuität des *caput*, das als Grundlage der Abgabenerhebung im *mansus* weiterlebt, dem man seit dem 7. Jahrhundert begegnet, zeigt die fränkischen Steueraufseher auf den Spuren der römischen Beamten (Jean Durliat). Der Morgen *(arpennus)*, eine Flächeneinheit, wird schon von dem Römer Columella als Ackermaß im antiken Gallien erwähnt, und das ist er auch noch in einem Erlaß König Chlothars II. um das Jahr 600, jedoch mit einem Unterschied: Die Fläche war nicht mehr quadratisch, und die Felder der Karolingerzeit, wie sie in zahlreichen Rodungsgebieten abgesteckt wurden, sind zehnmal so lang wie breit. Wie Raymond Delatouche ironisch bemerkt, hat es einen Verfall der karolingischen Agrarwirtschaft nicht wirklich, sondern nur »in den Köpfen der Historiker« gegeben. Statt solcher Vorstellungen vom Niedergang vermittelt die gegenwärtige Forschung zutreffendere Interpretationen der Quellenüberlieferung zum Fiskus (Königshof) Annappes als einem instruktiven Beispiel für einen königlichen Agrarbetrieb (R. Delatouche, S. Calonne, H. Platelle). Man wollte aus dem etwas dürftigen Werkzeuginventar aus Annappes den Schluß ableiten, die karolingische Landwirtschaft sei nur »ärmlich« mit Geräten ausgestattet gewesen.

Die kürzliche Aufdeckung einer bedeutenden karolingischen Siedlung am Zusammenfluß von Seine und Yonne hat aber eine Fülle vorzüglicher Geräte aller Art geliefert. Auch da löst sich also eine Wissenschaftslegende in nichts auf. Inzwischen wurde ein weiteres, der Abtei Saint-Denis gehörendes Dorf, für das zugleich schriftliche Belege vorliegen, archäologisch erschlossen und in einer Ausstellung mit interdisziplinärem Katalog präsentiert. Somit kann die Erforschung des »karolingischen« Agrarwesens auf einer viel sichereren Grundlage fortgeführt werden.

Der Umfang karolingischer Gutsverwaltungen, der Wille zur Ertragssteigerung und Diversifikation werden eindeutig durch das *Capitulare de villis* belegt, das ein allgemein gültiges Modell entwickeln sollte. Diese Anstrengungen haben gewiß nur befristete und unvollständige Erfolge gebracht, aber das Erreichte war bemerkenswert und hatte Auswirkungen auf die nachkarolingische Zeit. Die Normannen wurden die besten Schüler der Franken: Das »Domesday Book«, ein auf Befehl Wilhelms des Eroberers angelegtes Verzeichnis der Einkünfte des Königs und der Lehnsgüter in England, zeigt deutliche Spuren karolingischer Vorbilder. Die Epoche der Karolinger war für die Wirtschaftsentwicklung kein ganz großes Zeitalter, sie war aber mehr als eine bloße Überlebensphase, mehr als ein »Überwintern«. Sie war auch wirtschaftlich ein lebenskräftiges Zeitalter mit Neuansätzen auf vielen Gebieten, in dem die Anfänge der künftigen Entwicklung bereits sichtbar werden. Die neue Anschirrmethode mit dem Kummet, die einen besseren Einsatz der Zugkraft des Pferdes für Wagen und Pflug und damit die Verwendung eines schwereren Pflugs ermöglichen sollte, mit dem viel tiefer umgepflügt werden konnte, wurde vor 880 erfunden: Die »Agrarrevolution« konnte beginnen.

KAPITEL XVI

Die ersten Prinzipate 897–936

DAS 10. JAHRHUNDERT: EIN EISERNES ZEITALTER?

Erzbischof Hinkmar von Reims starb im Jahr 882 auf der Flucht vor den Normannen. Die von ihm seit 861 weitergeführten Annalen des Westfrankenreichs brachen dadurch unvermittelt ab. Nur ein Mönch des stark befestigten Klosters Saint-Vaast in Arras schrieb noch recht gut informierte Annalen bis zum Jahr 900. Danach herrscht Schweigen, genauso wie in Lotharingien und im Ostfrankenreich. Glücklicherweise wurde die Tradition aber von dem Reimser Kanoniker Flodoard fortgesetzt, der ab 919 ein vorzügliches Annalenwerk verfaßte. In den beiden ersten Jahrzehnten des Jahrhunderts fehlen aber zeitgenössische Nachrichten völlig, wenn man von ein paar Lokaltraditionen absieht. Dieser Mangel trägt stark zu dem Eindruck bei, das Abendland sei, ohne Schriftüberlieferung, nach dem kulturellen Aufschwung des 8. und 9. Jahrhunderts wieder in Finsternis zurückgefallen.

Im Jahr 1602 wurde dann das 10. Jahrhundert nicht nur ein *saeculum obscurum* genannt, sondern auch als »eisernes und bleiernes Zeitalter« bezeichnet. Der Kardinal Cesare Baronio wollte damit in seinen *Annales ecclesiastici* die Auffassung nahelegen, man müsse die etwaigen Verirrungen der Päpste jenes Jahrhunderts im Zusammenhang eines besonders düsteren Geschichtsabschnitts der Menschheit und des Christentums sehen. Das war seine Antwort auf die Magdeburger *Centuriatores* (Kirchengeschichtsschreiber nach Jahrhunderten), eine Gruppe protestantischer Geschichtsschreiber unter dem maßgeblichen Einfluß des Matthias Flacius, die das »Jahrhundert« als besonderen Begriff in die Historiogra-

phie eingeführt hatten. In ihrer Kirchengeschichte zitierten sie in dem
Kapitel über das 10. Jahrhundert alte Quellentexte, die sehr geeignet
waren, ein wenig rühmliches Bild vom geistigen und moralischen Zustand
der damaligen römischen Kirche – im Unterschied zu der in Gallien und
Germanien – zu entwerfen. Später, zur Zeit der Romantik, glaubte man,
die Menschen des 10. Jahrhunderts seien von »chiliastischen« Vorstellungen beherrscht worden: Tausend Jahre nach der Geburt oder dem Tod
Christi – beide Ansichten wurden vertreten – müsse das Ende der Welt
kommen. Man stellte sich also vor, die Menschen hätten damals die
normalen Daseinsformen völlig aufgegeben, zugunsten entweder maßloser Ausschweifungen oder aber von Bußübungen und Gebeten. Schließlich wurde dann unter einer mehr wissenschaftlichen Betrachtungsweise
die Auflösung des Karolingerreichs und die Schwächung der Königsmacht in den Vordergrund gerückt. Man sah darin den eindeutigen Beleg
für politische Anarchie und den Kampf aller gegen alle: Gewalt und das
Recht des Stärkeren kennzeichneten allein den Zustand der Gesellschaft,
mit den traurigsten Konsequenzen für die unteren Bevölkerungsschich-
ten, für die Schwachen, für alle, die von den Zeitgenossen mit dem
Ausdruck *pauperes*, Arme, bezeichnet wurden.

Allmählich wurden die Meinungen differenzierter. In Deutschland
galt das 10. Jahrhundert als Entstehungszeit der Nation unter den Ottonen, die 962 das westliche Kaisertum übernahmen. Neubewertungen gab
es aber auch in Frankreich, wo man dazu geneigt hatte, die politische
Zersplitterung und die Schwäche des Landes vor dem Einigungswerk der
Kapetinger zu verdammen. Schluß gemacht hat man mit »den Schrecken
des Jahres 1000«, einem Mythos, dem jede Quellengrundlage fehlt. Natürlich gibt es in Schenkungsurkunden Formeln wie »in der Gewißheit,
daß das Ende der Welt naht«, aber sie tauchen schon lange vor dem
10. Jahrhundert auf. Zu keiner Zeit belegen sie etwas anderes als die
gläubige Erwartung der Christen, Gott werde zum Jüngsten Gericht
wiederkehren. Und weder gegen das Jahr 1000 noch gegen das Jahr 1030
nimmt die Häufigkeit dieser Urkundenformeln zu. Gegenüber ganz vereinzelten Personen, die ihr angeblich sicheres Wissen vom Weltende
verkündeten, bezog die Kirche entschieden Stellung: Gott allein kennt die
Stunde! Auffällige Veränderungen im Verhalten der Menschen sind nicht
nachweisbar, das gilt für ihr Streben nach vermehrtem und gesichertem
Besitz wie für ihre Zukunftsplanung.

Der hübsche Satz des Cluniazensermönchs Rodulf Glaber vom »weißen Mantel aus Kirchen«, der das Abendland eintausend Jahre nach Christus zu bedecken begann, enthält post eventum bereits eine zweifelhafte chiliastische Ausdeutung, zudem ist er ungenau: Der Aufschwung der Bautätigkeit, die Errichtung von Kirchen und großen Kathedralen kam schon lange vor den Jahren 1000 oder 1030 in Gang. Das ist ein wichtiges Argument dafür, die politische Lage in diesem Jahrhundert anders zu beurteilen, den inneren Frieden ebenso wie die wirtschaftlichen Verhältnisse und die Zustände im geistigen Bereich.

Die vorromanische Kathedrale von Châlons-sur-Marne geht auf das Jahr 963 zurück, die von Sens wurde 982 geweiht. Die Bischofskirchen von Beauvais, Senlis, Troyes im Westfrankenreich sowie die von Verdun und von Metz (begonnen vor 984) im Imperium wurden gegen Ende des 10. Jahrhunderts errichtet. Die Kathedrale von Orléans ist Ende des 10. und zu Beginn des 11. Jahrhunderts entstanden, und in diese Zeit gehört auch der stattliche und vielbeachtete Kirchenneubau in Chartres unter Bischof Fulbert. Diese für die Geschichte der Sakralarchitektur besonders bedeutsame Epoche wird einigermaßen durch die Tatsache verdunkelt, daß diese Kathedralen alle verschwunden sind: Sie wurden im 12. und 13. Jahrhundert durch großartige gotische Bauwerke ersetzt.

Dieser für sich allein schon eindrucksvollen Reihe muß noch die Vielzahl der Klöster angefügt werden, die damals reformiert, reorganisiert und oft neu errichtet wurden. Seit etwa 920 sind solche Aktivitäten in den Grafschaften Anjou und Poitou nachweisbar, dann folgen Cluny 926 bis 927 und 963 bis 981, ferner Fleury, Jumièges, Saint-Pierre-aux-Nonnains in Metz sowie die Abtei Tournus an der Saône – sie alle im Zug der machtvollen Reformbewegung, die von dem 910 gegründeten Kloster Cluny ausging. Von dieser einen, allerdings ungewöhnlich bedeutenden Abtei ist der Text von über zweitausend Urkunden des 10. Jahrhunderts erhalten, und dabei hat man behauptet, in dieser Zeit sei die Aufzeichnung schriftlicher Zeugnisse über Rechtsvorgänge praktisch zum Erliegen gekommen.

Auch in den beiden ersten Jahrzehnten dieses Jahrhunderts hat die Schriftlichkeit nie ganz aufgehört. Überliefert sind aus dieser Zeit sechzig Urkunden der westfränkischen »Kanzlei« und über einhundert aus der des Ostfrankenreichs; unter den damaligen Verhältnissen und angesichts der unvollständigen Überlieferung ein respektabler Durchschnittswert. Vor allem aber sind zahlreiche antike Autoren, frühmittelalterliche Texte und besonders die Schriften der Kirchenväter durch Handschriften des 10. Jahrhunderts überliefert. Die *scriptoria* der Klöster blieben also keineswegs untätig.

Die beachtliche Zahl von Abschriften der *Lex Salica* und anderer Gesetzesvorschriften aus dieser Zeit gibt Aufschluß darüber, daß solche Texte tatsächlich benutzt wurden. Außerdem erfährt man durch die *placita* (Aufzeichnungen über Gerichtsverfahren) von den Gerichtsversammlungen unter dem Vorsitz von Grafen oder Bischöfen, ein Beleg für die Kontinuität des öffentlichen Lebens und Gerichtswesens. Zur Frage nach dem Niveau des Geisteslebens im engeren Sinn konnte ein amerikanischer Historiker aufgrund von rund einhundert Handschriften die Aktivitäten der Bischofsschule und des *scriptorium* von Laon in den Jahren 850 bis 930 nachweisen. Die Bedeutung der Schulen von Reims, Lüttich und auch Utrecht in der zweiten Hälfte des 10. Jahrhunderts ist allgemein bekannt. Erzbischof Brun von Köln, der Bruder Ottos I., hat seine Ausbildung in Utrecht erhalten. Später gründete er dann in Köln selber eine Bildungsstätte für künftige Bischöfe, die Zeugnis ablegt für den hohen Standard der Schulen Lotharingiens. Am Ende des Jahrhunderts wurde Abbo von Fleury nach England gerufen, um dort den Ausbildungsstand der Reformklöster zu heben.

Der berühmteste Vertreter des intellektuellen Fortschritts im ausgehenden 10. Jahrhundert ist Gerbert von Aurillac, der Leiter der Reimser Domschule. Durch Gerbert und seine Studien in Katalonien, die der Graf von Barcelona förderte, kam das Abendland in Berührung mit den Kenntnissen der arabischen Welt. Dazu gehörte Astronomie ebenso wie die Kunst, mit dem Rechenbrett (Abakus) zu rechnen. Der Abakus war die Voraussetzung für den berühmten »échiquier« (von *échec*, Schachspiel). Dieses schachbrettgemusterte Tuch ermöglichte in den nachfolgenden Jahrhunderten die Abrechnungen der Finanzverwaltungen des Herzogtums Normandie und des Königreichs England. Beide Behörden – *Échiquier normand* beziehungsweise *Exchequer* – erhielten danach ihren Namen. Gerberts Schüler Fulbert von Chartres gründete die Schulen, die bis zum 12. Jahrhundert Chartres' Ruhm ausmachten.

Ein anderer Schüler Gerberts, der Historiograph Richer, berühmt für seinen an Sallust geschulten Stil, besuchte Chartres, um hier seine Medizinkenntnisse zu vervollständigen. Sein Unterfangen ist besonders bemerkenswert, weil Richers Vater nachweislich *miles* war, ein *vassus domi-*

nicus (Kronvasall) des Karolingerkönigs Ludwig IV. Die Adelsfamilien hatten sich niemals ganz vom geistigen und religiösen Leben abgewendet: Kinder, Brüder, Schwestern machten ihren Weg innerhalb der Kirche, wurden Mönche und Nonnen, Kanoniker und Kanonissen, Bischöfe und Äbte. Manche Adelsherren waren Kirchenräuber, andere aber vermehrten durch Schenkungen den Reichtum ihrer »Hauskirchen«, in der sie die Grablege ihrer Familie hatten. Beide Verhaltensweisen sind nur scheinbar ein Widerspruch, sie waren allein eine Frage der Persönlichkeit. Oft findet man sogar beide zugleich im selben Menschen vereint, je nachdem, ob er es mit einer Kirche seines eigenen Schutzheiligen zu tun hatte oder aber mit der Kirche eines rivalisierenden Fürsten.

Den Erfolg von Cluny und seiner Reform haben aber in erster Linie die im 10. Jahrhundert neu emporgekommenen Fürsten gesichert. Sie beschenkten oder stifteten cluniazensische Priorate. Sie verjagten unwürdige Insassen aus den von ihnen kontrollierten Klöstern und übergaben sie Mönchen aus Cluny.

Zu den Besonderheiten Galliens im 10. Jahrhundert gehört die Gottesfriedensbewegung und die sich in ihr entwickelnde *Treuga Dei* (»Trêve de Dieu«-Waffenruhe), die den Fehden Grenzen setzte und der Landbevölkerung Schutz geben sollte. Man hat darin eine von den Bischöfen geförderte Volksbewegung gesehen, aber selbst diese Friedenssicherung konnte genauer erklärt werden als gemeinsame Unternehmung von Fürsten und Hochadel einerseits, ihren Brüdern und Vettern in Kirchenämtern andererseits. Das Ziel der Aktion war die Unterdrückung anarchischer Kräfte, die aus kleinen »Rittern« und Räuberbanden bestanden. Beide waren ohne diese neuen Formen des Zusammenwirkens kaum unter Kontrolle zu halten. Die Bewegung war alles andere als ein Aufstand der Bauern gegen den Hochadel, sie hat vielmehr einen Beitrag zur Konsolidierung der Fürstentümer geleistet.

Die vorangehende Revision bestimmter Vorstellungen soll nicht als Idealisierung der Verhältnisse mißverstanden werden. Sie erlaubt es aber, ein Zeitalter mit weniger Vorurteilen zu untersuchen und zu beurteilen, in dem das fränkische Gallien auf vielfältige Herausforderungen reagieren mußte und dazu auch in der Lage war. Zu den Invasionen der Normannen und Araber im 9. Jahrhundert waren noch die furchteinflößenden Einfälle der Ungarn gekommen. Über das südliche Germanien und die Lombardei stießen sie in der ersten Hälfte des 10. Jahrhunderts mehrfach bis nach

Gallien vor. Hier verursachten sie schwere Verwüstungen bis in die
Champagne um Reims und bis ins nördliche Aquitanien. Den ottonischen
Herrschern gelang es in den Jahren 933 und vor allem 955, das Abendland
auf Dauer vor den Ungarn zu schützen. Gallien seinerseits löste in diesem
Jahrhundert das Normannenproblem.

Sobald dies erreicht war, begann ein unbestreitbarer Wirtschaftsaufschwung. Allenthalben wurden Felder wieder unter den Pflug genommen, die während der Invasionszeit brachgelegen hatten. Ihre Fruchtbarkeit war jetzt um so größer. Es kam sogar wieder zu Rodungen unter der
Leitung kirchlicher Institutionen und weltlicher Großer, die vorteilhafte
Nutzungsbedingungen für die *hospites* anboten. Das waren die Neusied-
ler, die willens waren, das Land, das ihnen ein Grundherr anbot, zu
kultivieren und dadurch wertvoller zu machen. Es gab also einen Wirtschaftsaufschwung, begleitet und gefolgt vom Wachstum der Bevölkerung, das den Handel belebte und in Frankreich nicht vor dem 13. Jahrhundert zum Stillstand kam. Neue Zentren bildeten sich, vor allem durch
die *burgi;* sie entstanden im Umkreis von Bischofsstädten und von *castra,*
befestigten Plätzen von regionaler Bedeutung. Insgesamt gesehen erscheint das 10. Jahrhundert also nicht mehr als die düstere Zeit zwischen
dem glanzvollen Reich Karls des Großen und dem Aufstieg Frankreichs.
Es war eine schwierige Periode, in der dennoch wichtige positive Entwicklungen vorbereitet und eingeleitet wurden. »Das 10. Jahrhundert
war keineswegs ein eisernes und bleiernes Zeitalter voller Finsternis, wie
es früher einige Historiker geschildert haben« (Pierre Riché).

DIE ANERKENNUNG DER PRINZIPATE

Graf Balduin II. von Flandern suchte im Jahr 900 um jeden Preis die
wichtigsten Ratgeber des jungen Königs Karl III. (des »Einfältigen«) für
sich zu gewinnen. Das waren nach wie vor Erzbischof Fulco von Reims
und Graf Heribert, die gleichen Männer, die 893 für Karls Königswahl
gesorgt hatten. Balduin ging es darum, vom König wieder als Laienabt
von Saint-Vaast in Arras eingesetzt zu werden. Der Erzbischof und der
Graf lehnten das ab, weil es ihren eigenen Interessen in der Region
zuwider lief. Balduins Abgesandter Winemar unternahm einen letzten

Versuch direkt bei Fulco, blieb aber ebenfalls erfolglos. Daraufhin ließ der ergrimmte Flame den Erzbischof ermorden (17. Juni 900). Heribert, der seinerseits im Jahr 896 Balduins Bruder Rudolf im Kampf getötet hatte, wurde wenig später ebenfalls durch Leute des Grafen von Flandern umgebracht. Solche Ereignisse scheinen leider alles Schlimme zu bestätigen, das man über die Leidenschaftlichkeit und Gewalttätigkeit dieser Zeit und selbst ihrer angesehensten Persönlichkeiten gesagt hat. Es gab aber auch ganz anders geartete Männer, die es verstanden, in ihrem Verhalten politische Klugheit und Pflichtbewußtsein zu vereinen.

Von dieser Art war Karls III. Kanzler Heriveus. Der König ließ ihn augenblicklich zum Nachfolger Fulcos wählen und weihen. Er wurde, »obwohl das die Nachwelt noch nicht richtig erkannt hat, einer der großen Erzbischöfe von Reims« (R. H. Bautier). Fulco entstammte einer der bedeutendsten Familien Neustriens und war mütterlicherseits der Neffe des Grafen Hucbald von Senlis, eines wichtigen Gefolgsmannes von König Odo. Dieser Hucbald war seinerseits der Schwager Berengars I., der seit 888 König von Italien und seit 915 Kaiser war. Daß Heriveus bei der Regelung des Normannenproblems eine wichtige Rolle gespielt hat, konnte erwiesen werden. Er leistete in den Jahren 896 und 897 aber auch einen weniger bekannten Beitrag zum Zustandekommen des Ausgleichs zwischen dem siegreichen Robertiner Odo und dem unterlegenen Karolinger Karl III. Diese Politik sollte dem Westfrankenreich Frieden sichern durch die Einigung zwischen den beiden stärksten Kräften: den Anhängern der Dynastie der Karolinger und den Robertinern mit ihren zahlreichen Vasallen. Die Übereinkunft sah vor, daß nach Odos Tod Karl III. den Thron übernehmen solle. Heriveus war seit dem Jahr 894 Kanzler und vertrautester Ratgeber von König Odo, aber sofort nach dem Tod seines Herrn übernahm er die gleiche Funktion für dessen karolingischen Nachfolger, wurde dann – wie erwähnt – Erzbischof von Reims und im Jahr 910 schließlich Erzkanzler. Mit gutem Grund kann man also diesen Mann als Symbolfigur für den Ausgleich und für die außergewöhnliche Kontinuität betrachten, die genau dem Willen Odos bei den Abmachungen von 897 entsprach.

Seit langem wird schon betont, wie wichtig die Einigung zwischen Odo und Karl gewesen ist. »Sie ermöglichte in der Folgezeit den Zusammenschluß aller Kräfte des Landes gegen die Angreifer aus dem Norden…« (Charles Eckel). Aber es war kaum erklärbar, was Odo zu so viel

»Großmut« gegenüber Karl veranlaßte, daß er ihn zum Nachfolger machte und ihm einstweilen einen Teil des Königreichs überließ. Man ging
soweit, dies als Anzeichen von Resignation zu deuten.

Es handelt sich hier um einen entscheidenden Augenblick in der
Geschichte des fränkischen Gallien, denn damals siegten tatsächlich einmal Vernunft und Einigungswille über Zwietracht und Haß; man fand
einen Weg, die doch offenkundig gegensätzlichen Interessen auszuglei-
chen. Um das besser verstehen zu können, muß man die wichtigsten
Vertragsbedingungen rekonstruieren, soweit sie in den Quellen aufspür-
bar sind oder aus den nachfolgenden Ereignissen erschlossen werden
können.

An erster Stelle vereinbarten beide Könige, wechselseitig ihre Legitimität und damit die Wahlen von 888 und 893 anzuerkennen. Diese
Absprache stellte sicher, daß die Großen, die den einen unterstützten,
vom anderen nicht als treulose Verräter betrachtet wurden und keine
Konsequenzen fürchten mußten. Die gegenseitige Anerkennung wird
zunächst durch die Tatsache belegt, daß die beiden Könige weiterregier-
ten, der eine in einem kleinen Teilgebiet, der andere im gesamten Westfrankenreich. Dazu kommt aber vor allem die Art, in der Kanzler Heriveus dann die Regierungsjahre in den Datumszeilen der Urkunden Karls
berechnete: Er zählte die Jahre ab 893, seit 898 gab er aber zusätzlich die
Jahre nach Odos Tod an. Damit erschien Karl als der »Nachfolger von
König Odo«. Es muß wohl nicht eigens hervorgehoben werden: Das
Recht der Großen, gegebenenfalls die Königswürde einem Nicht-Karolinger zu übertragen, wurde damit vom Karolingerkönig selbst anerkannt!

An zweiter Stelle verzichtete Odo für die Robertiner darauf, weiter
Anspruch auf das Königtum zu erheben, was vor allem seinen Bruder
Robert betraf. Angesichts der großen Zahl seiner Vasallen, die eben einen
glänzenden Sieg über ihre Widersacher errungen hatten, wäre es Odo
leichtgefallen, diese Würde für sein Haus zu behaupten. Statt dessen hatte
er aber versprochen, die Gefolgsleute würden nach seinem Tod den
Karolinger als legitimen Thronfolger anerkennen. Dagegen verzichtete er
auf nahezu nichts von dem, was er sich als König in den Gebieten
angeeignet hatte, in denen er zuvor Graf gewesen war; das betraf also
Neustrien und das Gebiet um Paris. Im Gegensatz dazu verzichtete Karl
auf zahlreiche Pfalzen, Königshöfe und vor allem Reichsklöster samt

ihren Ländereien und Vasallen. Die Karolinger verloren damals endgültig Saint-Denis, wo so viele ihrer Ahnen bestattet worden waren. Odo aber fand hier seine Grabstätte, die nach ihm zur wichtigsten Grablege der Kapetinger wurde. Für Saint-Germain-des-Prés (hier war Heriveus' Onkel Hucbald im Jahr 890 Laienabt geworden, später folgte dann Robert) und für Fleury (Saint-Benoît-sur-Loire bei Orléans) konnte der Karolinger eine Art *condominium* (Mitherrschaft) behaupten. Das blieb aber leere Form, denn die Mönche und die Leute dieser Klöster gehörten bereits zum »Staat der Robertiner«, der sich damals herausbildete.

Auf längere Sicht hatte also der Karolinger den höheren Preis zu zahlen, er mußte das bereits erheblich zusammengeschmolzene Krongut auf einen Schlag nochmals verringern. Von da an stießen die karolingischen Könige auf eine »robertinische Mauer«. Sie entzog Paris und Neustrien – im 9. und 10. Jahrhundert verstand man darunter das Land zwischen Seine und Loire – der direkten Herrschaft des Königs.

Dies war die Folge einer weiteren Vertragsklausel von größter Bedeutung: Odo sanktionierte tatsächlich die Stellung, die Richard seit den Jahren 894 und 895 im *regnum Burgundiae* erreicht hatte. So bezeichnete man den Teil des fränkischen Teilreichs Burgund, der 843 an Westfranken gefallen war. Die Gegenleistung Karls bestand darin, daß er die Stellung und Rechte des *marchio* (Markgrafen) von Neustrien anerkannte, die Odos Bruder Robert 892 und 893 aus der Hand »seines« Königs erhalten hatte. Über diesen Punkt der Vertragsbestimmungen besteht Gewißheit. Robert und Richard erscheinen nach 898 in den Urkunden Karls III. mit dem Titel *marchio*. Außerdem weiß man, daß Robert im Jahr 914 mit Erfolg darum nachsuchte, Karl möge seinen Sohn Hugo schon damals als Nachfolger in sämtlichen *honores* seines Vaters bestätigen: in der Stellung eines Markgrafen von Neustrien, im Besitz der Grafschaften und Klöster.

Diese Übereinkunft zwischen Robertinern und Karolingern bedeutete eine beträchtliche Neuerung, die allerdings die gewissermaßen vizeköniglichen Machtbefugnisse eines *marchio* innerhalb seines Herrschaftsbereichs nicht erst geschaffen hat. Diese markgräflichen Zuständigkeiten tauchen bereits im Zusammenhang einiger mehr peripher gelegenen Herrschaftsbildungen auf. Das beste Beispiel ist die Stellung, die im südlichen Gallien Bernhard Plantapilosa erringen konnte, dem Kaiser Karl III. den Titel eines *marchio* verlieh. Wirklich neu war etwas anderes: Diese Rechte, jetzt gleichbedeutend mit der Loslösung der Bischofskirchen, der

Grafschaften, selbst der Fiskalgüter eines ganzen Teilreichs vom Einfluß
der königlichen »Zentralgewalt«, wurden jetzt in einem fränkischen Gebiet vergeben, das zum Kern des *regnum Francorum* gehörte. Es handelte
sich dabei um das Gesamtterritorium der ehemaligen merowingischen
Teilreiche Neustrien, Austrien und Burgund, in denen Karl der Große das
direkt dem kaiserlichen Hof unterstellte System der *missi* eingerichtet
hatte. Von nun an gab es nicht nur einen Wilhelm I. den Frommen von
Aquitanien, den Sohn Bernhards Plantapilosa, und seinen Sohn Wilhelm II., der in einer Urkunde Karls des Einfältigen mit dem Titel *magnus
marchio* erscheint, dazu Bernhard III. Pontius Graf von Toulouse, seit 924
oder später Markgraf von Septimanien-Gotien, das Karl III. als »unser
Königreich Septimanien« bezeichnete. Neben sie traten jetzt die »Ober-
häupter« über Neustrien und Burgund, die zu legitimen Herren ihres
jeweiligen Machtbereichs *(regnum)* aufstiegen. Freilich nicht als König –
diese Stellung blieb stets dem König des westfränkischen Gesamtreichs
vorbehalten –, sondern als *princeps,* eine Bezeichnung, der man in den
Quellen nun häufig begegnet. Diese neuen »Fürsten« folgten bald der
Entwicklung in der Mitte und im Osten des Reichs und nahmen den
Herzogtitel an. Wilhelm I. tat dies im Jahr 898, und im Jahr 909 nannte er
sich *dux et marchio Aquitanorum;* Richard folgte zwischen 918 und 920.
Die Robertiner warteten bis 936, aber dann hatte ihr Titel auch besonderes Gewicht und eine Bedeutung, die in Analogie zum seinerzeitigen Ende
der Merowinger für das Königtum bedrohlich war: Sie beanspruchten
und erhielten den Titel eines *dux Francorum* (936).

Ohne diese Beobachtungen versteht man weder die Geschichte der
Regierung Karls des Einfältigen noch die des 10. Jahrhunderts. Es ging
damals nicht mehr um die so viel erörterte Erblichkeit der Lehen, auch
nicht um die Erblichkeit des Grafenamts, sondern letztlich um eine neue
Verfassung des Königreichs. Ihr wesentlicher Inhalt wird am besten greifbar in den darauffolgenden Urkunden; man zählte nach den »Herrscherjahren« des Königs über das Gesamtreich, nannte aber den Fürsten (Herzog, Markgraf), der das Land wirklich regierte.

Das erklärt also, warum der König, dessen Reich insgesamt rund
fünfundsiebzig Bistümer umfaßte, nur über etwa fünfzehn davon unmittelbar verfügen konnte. Außerdem bezeichnen die Königsdiplome als
fideles des Königs – Gefolgsleute, die persönliche Huldigung leisten – nur
noch einerseits die Fürsten und andererseits die engeren Kronvasallen des

begrenzten Gebiets zwischen Seine und Maas. Von da an nannte man diese Region die westliche *Francia,* im Unterschied zur mittleren *Francia* – Lothringen – und zur östlichen *Francia* oder Franken. Die Grafen und Vasallen, alle Großen in den anderen Prinzipaten Frankreichs, also außerhalb der engeren, westlichen *Francia,* traten früher oder später in die Vasallität der neuen regionalen Fürsten. Man wollte darin Usurpation in großem Ausmaß sehen, in Wirklichkeit handelte es sich aber um die Übernahme staatlicher Gewalt mit Zustimmung des Königs.

Langfristig gesehen kann man diese Schwächung der Zentralregierung für verderblich halten. Unter den bestehenden Zeitverhältnissen muß man aber auch die vorteilhaften Aspekte sehen; es handelte sich um eine erfolgreiche Anpassung an die wirklichen Gegebenheiten im Land. Auf die Außenbedrohung durch Normannen, Araber, wenig später auch Ungarn, und auf die Gefährdung durch Räubereien im Inneren konnten nur die regionalen Kräfte wirksam reagieren. Auch viel mächtigere Könige als die jener Epoche hätten nicht die erforderliche Allgegenwärtigkeit besessen, um den Gefahren überall und schnell genug begegnen zu können.

Im Gegensatz zu der bei Historikern lange vorherrschenden Meinung war das nicht das Ende der Staatsmacht, der *res publica* und jeder gesetzlichen Ordnung, folglich also die Anarchie. Es handelte sich vielmehr um die legale Übertragung eines großen Teils der Vorrechte des Königs auf die Fürsten, die in der Lage waren, sie innerhalb von Herrschaften auch auszuüben, die als Bestandteile des fränkischen Reichs vorangehend bereits beschrieben worden sind. Natürlich gab es Rivalität zwischen verschiedenen Adelsfamilien, denen es um königliche Bestätigung in einem bestimmten Gebiet, zum Beispiel Aquitanien, ging, aber die Entscheidung fiel im Rahmen der Legalität, geschah also mit offizieller Zustimmung des Königs. Als Beweis ist anzuführen: Im Osten wie im Westen des Frankenreichs waren es stets die höchsten Amtsträger, Angehörige der vornehmsten Adelsfamilien, die ihren Söhnen die neue Würde eines Markgrafen, Herzogs oder Fürsten vermachen konnten.

Lange Zeit hat man beispielsweise gemeint, in Septimanien und im Gebiet um Toulouse habe sich jede *gens,* jeder kleine Familienverband, ein Oberhaupt aus den eigenen Reihen gegeben... »Die Geschichte ist viel einfacher. Das Haus Raimund – die Familie der Grafen von Toulouse und Markgrafen in Gotien – geht direkt zurück auf einen hohen fränkischen

Amtsträger und bewahrte dessen staatliche Gewalt, die er im Namen des Königs ausübte« (E. Magnou-Nortier). Die Regierung der Region wurde von den Grafen sichergestellt sowie von Vizegrafen, die vom Grafen abhingen. Der König wurde dennoch als über allen stehend anerkannt. Er war der Quell aller Legitimität, auch wenn ihm die konkrete, regionale Machtausübung entglitten war.

Solange die Übereinkunft mit den Fürsten, voran den Robertinern, Bestand hatte, wurde die politische Handlungsfreiheit des Königs – namentlich gegen äußere Feinde – sogar ausgeweitet. In ebendiesem Sinn verstand Heriveus das Ziel seiner politischen Aktion. Auf längere Sicht wurden aber die Möglichkeiten des unmittelbaren königlichen Eingreifens erheblich vermindert. Sicherlich spielen dabei die Zugeständnisse eine Rolle, die Karl III. machen mußte, um von Odo als Nachfolger im Königtum anerkannt zu werden: In manchen *Chansons de geste* wird er »König von Laon« genannt. Laon war in der Tat, zusammen mit einigen benachbarten Bistümern, die »letzte Bastion«, das Machtzentrum der späten Karolinger. Genau dieses Gebiet hatte Karl gemäß dem Vertrag von 897 für die Zeit erhalten, in der er darauf warten mußte, die Nachfolge Odos anzutreten. Der weitere Verlauf der karolingischen Geschichte bestand aus dem oft heldenhaften Kampf der Könige um Befreiung aus der allzu drückenden Beschränkung auf diese Region und die *Francia*.

DIE LÖSUNG DER NORMANNENFRAGE

Die Funktionsfähigkeit dieses »neuen Systems« der Machtübertragung an Fürsten wurde sehr bald auf die Probe gestellt. Die *principes* konnten sich dabei eine dauerhafte Legitimität sichern, denn ihr Erfolg kam dem ganzen Land und seinen Bewohnern zugute. Bei Argenteuil-sur-Armançon nahe Tonnerre überraschte Richard von Burgund am 28. Dezember 898 die Normannen, die gerade mehrere Klöster geplündert hatten – Bèze, Saint-Florentin, Saint-Vivant. Er konnte ihnen eine schwere Niederlage beibringen, weil er eine neue Taktik anwandte: Verfolgung der Normannen auf ihrem Marsch durch Elitereiter und Übergang zum Angriff, sobald der Feind mit Beute beladen war. Dadurch verloren die Normannen nämlich ihre Beweglichkeit, sonst die Hauptstärke dieser

Eindringlinge. Man hatte endlich gelernt, einen Feind zu schlagen, den man bis dahin nie fassen konnte.

Der Sieg war ein Vorspiel des Triumphs, den die vereinten Streitkräfte der Fürsten im Jahr 911 vor Chartres erringen konnten. Die »Seine-Normannen« hielten das Flußmündungsgebiet etwa seit dem Jahr 900 besetzt. Sie trafen hier kaum auf Widerstand, denn eine organisierte Abwehr gab es nur entlang der Eure und Oise. Im Jahr 900 kam König Karl mit seinen Großen hierher und sicherte den Sommer über die Verteidigung des Landes diesseits beider Flußläufe. Aber von 910 an expandierten die Normannen unter ihrem Anführer Rollo (Hrolf) erneut, unter anderem durch Angriffe auf Bischofsstädte wie Bourges, Auxerre, Chartres.

Diesmal funktionierte die Nachrichtenübermittlung zwischen den wichtigsten fränkischen Anführern tadellos; ein Exemplar solcher schriftlicher Botschaften blieb sogar im Wortlaut erhalten. Die Zusammenarbeit zwischen diesen Fürsten gegen den Reichsfeind war gewährleistet. Chartres, dessen Verteidigung Bischof Gauciolenus (Gauzhelm) heldenhaft leitete, wurde von einem starken normannischen Heer belagert. Am 20. Juli 911 erfolgte der Gegenangriff der zu Hilfe gerufenen und konzentrisch vereinigten Streitkräfte der Markgrafen Robert von Neustrien und Richard von Burgund, den sein mächtiger Vasall Manasses begleitete; außerdem beteiligten sich noch die Leute des Grafen Ebalus von Poitiers. Sechstausend Normannen fielen im Kampf. Kein Zweifel, diese Schlacht zählt zu den wenigen, denen wirklich historische Bedeutung zukommt. Der König war weder unmittelbar beteiligt, noch leitete er die Operation; den Sieg errangen die Fürsten allein, die so ihr Ansehen nachhaltig stärkten. Ihr Ruhm entsprach dem Ausmaß der Angst, ja des Schreckens, den die Normannen bisher verbreitet hatten. Wer durch die Gnade Gottes über die Feinde Gottes siegen konnte, durfte auch seinen Titel *Dei gratia* führen. Die Fürstentümer blieben für drei Jahrhunderte eine unbestrittene Realität des staatlichen Lebens in Frankreich.

Sehr bemerkenswert ist auch, daß das Zusammenwirken der im Land vertretenen Kräfte nach dem Sieg fortgesetzt wurde. Im Unterschied zu anderen Normannenführern zog Rollo nicht aus Gallien ab, um erneut England anzugreifen: Er entschloß sich zur Niederlassung auf Dauer mit Zustimmung des christlichen Königs, was natürlich voraussetzte, daß er selber zum Christentum übertrat. Die Großen aber fanden sich vollständig damit ab, daß der König die Früchte eines Sieges ernten konnte, den andere errungen hatten. Das interne Einvernehmen erklärt die erstaunliche Schnelligkeit, mit der dieser historische Vertrag abgeschlossen wurde. Der König empfing Huldigung und Treueid des getauften Rollo, den er zum Grafen von Rouen ernannte. Zusätzlich überließ er ihm einige *pagi* im Umkreis der Grafschaft Rouen. Die Grenze bildete nördlich der Seine der Flußlauf der Epte, dann eine Linie zwischen Chartres und Seine quer durch die Grafschaft Méresais.

Was den Franken davon blieb, bildete künftig die kleine Grafschaft Ivry (Ivry-la-Bataille), und der fränkische Teil des *pagus Velcassini* wurde als »französisches Vexin« vom »normannischen Vexin« unterschieden. Der Titel »Graf von Rouen« bedeutet, daß Rollo als einziger unter den Normannen eine legitime Machtstellung besaß; er war auch ihr einziger Vertreter als Gesprächspartner des Königs. Gleichzeitig war er auch der rechtmäßige »fränkische« Graf für die gallo-fränkische Bevölkerung seines Gebiets.

Rollo erhielt aber noch mehr: Die Ernennung zum Grafen bedeutete zugleich die Verpflichtung, zusammen mit den Gefolgsleuten dieses Gebiet und damit auch die Seinemündung gegen mögliche Angriffe anderer, noch heidnischer Normannen zu verteidigen. Als Gegenleistung durfte er in ein *foedus* mit dem König eintreten. Er sicherte sich damit die vertragliche Anerkennung als »Fürst der Normannen« *(princeps Normannorum)*, als einziger Anführer der auf seinem Gebiet ansässigen Normannen. Die einige Jahre zuvor schon von den Fürsten Neustriens und Burgunds erreichte Sonderstellung erhielt jetzt also auch der Normannenführer, sogar noch uneingeschränkter, wenn man die Geschlossenheit der »Seine-Normannen« berücksichtigt, mit denen der König nicht mehr direkt zu verhandeln hatte; sein alleiniger Ansprechpartner war der neue Graf von Rouen, der sein »eigenes« Land nach Belieben gestalten konnte.

Am wichtigsten war dabei die gründliche und bleibende Christianisierung der in Gallien ansässigen Normannen. Bei diesem Missionswerk trifft man erneut auf die Schlüsselfigur der Zeit, Erzbischof Heriveus von Reims. Die Durchführung war gut vorbereitet, denn Erzbischof Wido von Rouen war ein Freund von Heriveus und unterstützte ihn auf Provinzialsynoden, auch wenn sie im Grunde nur die Reimser Kirchenprovinz betrafen. Solche Versammlungen leitete Heriveus in den Jahren 900 und

909. Außerdem sind noch Teile des Briefwechsels zwischen Wido und Heriveus sowie Heriveus und dem Papst erhalten.

In einer beachtenswerten Gedenkschrift erteilt Heriveus wichtige Ratschläge zur Vorgehensweise bei der Normannenmissionierung. Schließlich hatte er sich persönlich an den Unterlauf der Seine begeben, wo Reimser Besitzungen lagen, um dort das Problem der Bekehrung zu untersuchen, das er mit großer Umsicht behandelte: Man durfte nicht zu nachgiebig und entgegenkommend sein, mußte aber bei der Mission Rücksicht nehmen auf die Besonderheiten der Menschen und auf ihre Traditionen, die sie nicht mit Aufrichtigkeit von einem Tag auf den anderen ablegen konnten. Entscheidend für den ziemlich raschen Erfolg der Christianisierung im Verlauf des 10. Jahrhunderts, zuerst in Rouen, dann bei den von ihrer Hauptstadt weiter entfernt wohnenden Normannen, waren mehrere Faktoren: Da war zunächst der tatkräftige Einsatz von Heriveus, Erzbischof Wido von Rouen und dessen Amtsnachfolger Franco; dazu kam aber vor allem die loyale Unterstützung Rollos, der nach dem *marchio* von Neustrien den christlichen Namen Robert wählte, und die aktive Hilfe seines Sohnes Wilhelm, der als christlichen Namen den des Herzogs von Aquitanien trug. Man ersieht daraus auch, auf welchem Niveau sich der »Fürst der Normannen« bewegte.

Zeitgleich mit der Christianisierung erfolgte im sprachlichen Bereich eine ebenso schnelle Romanisierung, auch wenn natürlich einige skandinavische Ausdrücke bewahrt wurden. Manche davon sind in das Französische übernommen worden: *écraser* (zerschmettern) von *krasa* (zerschlagen), *bâbord* (Backbord), *tribord* (Steuerbord), *quille* (Kiel), *tide* (Gezeiten), *crique* (kleine Bucht). Die Terminologie der Marine wurde also stark normannisch geprägt. Das 10. Jahrhundert führte mit der Lösung des Normannenproblems zu Veränderungen beträchtlicher Tragweite, die über die Geschichte des fränkischen Gallien hinausreichen, dem aber das Verdienst bleibt, den Normannen seinen Glauben, seine Kultur und seine Sprache vermittelt zu haben. Vom nachfolgenden Jahrhundert an sollten diese christianisierten und romanisierten Normannen die Geschicke wie auch die Sprache Englands verändern. Die Auswirkungen auf die Geschichte der »englisch sprechenden Welt« sind bekannt.

Dennoch darf man die unmittelbaren Folgen nicht übertreiben, die das Übereinkommen der Franken mit »Rollo und den Seinen« hatte, wie es in einer Urkunde Karls III. aus dem Jahr 918 heißt. Die Normannengefahr war keineswegs über Nacht völlig beseitigt. Gewiß stabilisierte das *foedus* den Frieden in Nordgallien, aber ab 925 entzweiten neue Konflikte Rollo und den fränkischen Adel. Noch über Jahre hinweg war der Normannen- fürst ohne weiteres bereit, die heidnischen Dänen um Hilfe zu bitten. Bei Flodoard sind die »im Tal der Seine operierenden Normannen« zu christ- lichen »Normannen von Rouen« geworden, aber der Geschichtsschreiber notiert weiterhin die Untaten der anderen »Normannen, die im Tal der Loire operieren«. Sie waren heidnisch geblieben und setzten ihre Angriffe fort, weil sie hofften, ein Stück des Reichs zu erlangen wie die Norman- nen von Rouen. Trotzdem bleibt es aber eine Tatsache, daß die Befriedung der einen es möglich machte, mit den anderen leichter fertig zu werden.

Ebendiese »Loire-Normannen« hatten vor 919 die Bretagne in ihre Gewalt gebracht und nötigten dadurch Markgraf Robert von Neustrien, das Land gegen einen stets aufs neue gefährlichen Feind zu verteidigen. Sein Vasall Fulco, *vicecomes* von Angers, verlor in diesen Auseinander- setzungen sogar die Grafschaft Nantes, die er seit 907 in Besitz hatte. Die Franken Neustriens, lange Jahre zugleich von Angriffen der Bretonen wie der Normannen geplagt, sahen es natürlich lieber, wenn sich ihre Feinde gegenseitig bekämpften. Daher nahmen sie es leichten Herzens hin, daß westlich von Rouen weitere Grafschaften in die Hände der »Normannen von Rouen« fielen. Offiziell, also nach dem faktischen Zugriff, übertru- gen ihnen die Franken im Jahr 924 alles Land bis Bayeux und im Jahr 933 den Westen der zukünftigen Normandie. Es war dann Sache der neuen Oberherren, diese Gebiete entweder den »Loire-Normannen« oder den Bretonen zu entreißen, und sie taten das auch mit Erfolg. Die Franken des westlichen Reichsteils überließen fast den gesamten Norden Neustriens zwischen Seine und Loire den Normannen. Dabei stellten sie aber sicher, daß die Macht hier schließlich an Grafen überging, die willens waren, die Autorität der Kirche wie die des Königs anzuerkennen, und die bereit waren, sich mit den Ihren in den Adel des Reichs zu integrieren. Durch diese Maßnahmen bewahrten die Franken den Rest ihres Reichs weitge- hend vor einer Plage, die bis dahin Politik und Wirtschaft des Landes belastet und in Unordnung gebracht hatte. In Anbetracht der gegebenen Umstände war das eine hervorragende Politik; es bedeutete aber zugleich auch einen Erfolg der letzten großen Einwanderungsbewegung auswärti- ger Völkerschaften mit spürbarem Einfluß auf die Bevölkerung Galliens.

KARL DER EINFÄLTIGE – EIN KAROLINGER
UND DIE WELT DER FRANKEN

Die Frage ist, welche Stellung König Karl in der fränkischen Welt eingenommen hat. Zu Beginn des 10. Jahrhunderts muß man nämlich noch von der fränkischen Welt sprechen, nicht von Frankreich oder Deutschland, denn diese Bezeichnungen gab es in ihrer späteren Bedeutung damals noch nicht. Selbst nach dem Tod Kaiser Karls III. im Jahr 888 wurde deutlich, daß Arnulf, damals der einzige Karolinger in der vollen Kraft der Jahre, eine Art Oberhoheit über die allenthalben gewählten neuen Könige ausüben konnte. Ebendeswegen bemühten sich Odo und Karl III. der Einfältige um seine Anerkennung. Die Kirche unterstützte es, daß alle Königreiche, die zum Kaiserreich Karls des Großen gehört hatten, weiter eine Gemeinschaft bildeten. Bis zum Ende des 10. Jahrhunderts wurden von der Kirche Synodalversammlungen einberufen, an denen Bischöfe aus zwei oder mehr Königreichen teilnahmen und dabei Fragen berieten, die das Nachbarreich betrafen oder die von allgemeinem Interesse waren.

Diese Welt der Franken blieb vor allem das gemeinsame Feld für die Politik der großen rivalisierenden Adelsfamilien, trotz aller Regionalisierungstendenzen, die sie zum eigenen Vorteil auszunützen suchten. Die Bande der Abstammung, der Eheverbindungen, der gemeinsamen politischen Interessen, verfestigt in der Zeit der Reichseinheit, blieben natürlich bestehen. Es genügt der Hinweis, daß die seit 879 und 888 aufgekommenen neuen Herrscherdynastien im allgemeinen keine »nationale« Abstammung aufzuweisen hatten, auf die sie sich bei ihren neuen Untertanen hätten berufen können. Die »Bosoniden« in der Provence und in Burgund kamen aus Lotharingien, die Berengare in Italien hatten ihre Familienbindungen in Flandern, die Wido und Lambert – auch sie schließlich Könige und Kaiser in Italien – stammten aus dem Trierer Raum und dem Gebiet von Pfalz und Saar, vor der Übernahme einer leitenden Funktion in der Bretonischen Mark. Es gab gewiß eine zunehmende Solidarität des Adels und auch der übrigen Bevölkerung in den verschiedenen »Vaterländern« *(patriae)*, zu denen sich die kleineren Teilreiche wie Aquitanien, die Provence, Bayern und Lotharingien entwickelt hatten. Aber ebendeswegen wäre eine verfrüht nationale Geschichtsdeutung im Sinn der späteren großen Nationen nur dabei hinderlich, die Handlungen,

Gefühle und Motive der Menschen des beginnenden 10. Jahrhunderts zutreffend zu erfassen.

Seit der Nationalismus im 19. Jahrhundert das Denken bestimmte, haben französische und deutsche Historiker bereitwillig Lotharingien als Objekt der französisch-deutschen Rivalität angesprochen und das Land für bestimmte Zeiträume als »deutsch« beziehungsweise »französisch« bezeichnet. Das ist aus einem ganz einfachen Grund ungenau: Das »Reich Lothars«, später in Erinnerung an das Kaisertum Lothars I. und die regionale Machtstellung Lothars II. »Lotharingien« genannt, galt als eigenständige politische Einheit. Das wurde nicht nur von der eigenen Bevölkerung so gesehen, sondern auch von den Nachbarn im Osten wie im Westen. Für die Ostfranken lag dieses Land in Gallien, nicht in Germanien – beide geographischen Bezeichnungen wurden übrigens auch von der Kirche angewendet. Die Westfranken sprachen, meist in feindseliger Weise, von den *Lotharienses* wie von einem fremden Volk. Wohlüberlegt gab Arnulf im Jahr 894 den Lotharingiern seinen illegitimen Sohn Zwentibold als eigenen König. Und es war auch keineswegs ein Zufall, daß nach 900 die wechselnden Herren des Landes diesem Teilreich erlaubten, seine eigene Kanzlei beizubehalten (Th. Schieffer). Zumindest aber ließen sie dem Erzbischof von Trier seinen Ehrentitel *summus cancellarius* oder Erzkanzler – er sollte diesen Titel für »Gallien« (nämlich die linksrheinischen Gebiete des Imperiums) bis zum Ende des Heiligen Römischen Reichs führen. Mit Ausnahme der deutschsprachigen Rheinlande, die ganz selbstverständlich im späteren Deutschland aufgingen, blieb Lotharingien immer das »Land dazwischen«. Es gehörte seit dem 10. Jahrhundert zum (Heiligen) Römischen Reich, aber nicht zu Deutschland.

Die Lotharingien-Politik Karls III. des Einfältigen muß unter Berücksichtigung der dynastischen Zusammenhänge und der Interessen des Adels gesehen werden. Der König folgte im Jahr 898 einem Hilferuf seines Verwandten Reginar, der ein mächtiger Graf im Haspengau und Hennegau war. Er hatte sich die Ungnade Zwentibolds zugezogen und versuchte nun, seine Stellung zu retten. Karls schneller Vorstoß nach Aachen und Nimwegen mit ihren prächtigen Karolingerpfalzen traf auf den Widerstand Zwentibolds, den Herzog Otto von Sachsen unterstützte. Dessen Tochter Oda war mit Zwentibold verheiratet. Es kam zu einem Waffenstillstand, und 899 wurde in Sankt Goar am Rhein Friede geschlossen.

Maßgeblich dafür war die Vermittlung der Ostfranken, deren Herrscher Arnulf schwer erkrankt war. Er starb wenig später und hinterließ als Erben Ludwig IV., der noch ein Kind war. Deswegen muß man die beiden Vertreter des Ostfrankenreichs näher betrachten, die faktisch die Regentschaft ausübten: Konrad, *marchio-dux* von Franken, und sein ständiger Verbündeter, Erzbischof Hatto von Mainz. Sie einigten sich insgeheim mit den Großen darauf, Lotharingien vorläufig Zwentibold zu überlassen. Zugleich trafen sie aber Vorbereitungen für seinen Sturz in der Zeit nach dem Tod seines Vaters.

Zwentibold fiel im folgenden Jahr unter den Schlägen seiner lothringischen Gegner, die den jungen Ludwig IV. das Kind als König anerkannten. Die Anhängerschaft Herzog Konrads veranlaßte den jungen König, Konrads Bruder Gebhard zum *dux regni Lotharii* zu ernennen. Der Konradiner-Clan wurde immer mächtiger.

Im Jahr 906 gelang es den Konradinern, ihre einzigen gefährlichen Rivalen in Franken und Thüringen, die mit den sächsischen Ottonen verwandten Adalbert und Heinrich samt Anhängern, niederzuwerfen, zu verurteilen und hinrichten zu lassen. Im Jahr 908 nötigten die Konradiner Herzog Otto zur Abtretung des wichtigen Klosters Hersfeld im südlichen Sachsen und brachten eigene Familienangehörige in Thüringen unter. Als dann im Jahr 911 Ludwig das Kind starb, wurde Konrad zum König erwählt und von seinem Bundesgenossen, dem Mainzer Erzbischof Hatto, zum König gekrönt.

Die Lotharingier wollten durchaus nicht mit den anderen *regna* zusammenbleiben, die Ludwig dem Kind gehört hatten, sondern wandten sich dem Karolinger, König Karl von Westfranken, zu. Dabei spielte anscheinend erneut Reginar die entscheidende Rolle. Begünstigt durch den Tod Gebhards, der 910 in einer Schlacht gegen die Ungarn fiel, hatte er sich bereits eine weitgehend selbständige Stellung verschafft. Möglicherweise hatte er gar nicht bis zum Tod des Karolingers Ludwig gewartet, um seine Hinwendung zum König im Westen einzuleiten. Wie dem auch sei, Karl zog gegen Ende des Jahres 911 nach Lotharingien, um sich anerkennen zu lassen. Er konnte sich dann 912 auch rasch in ganz Lotharingien durchsetzen, außer im Norden, in Friesland. Dann belohnte er Reginar großzügig und übertrug ihm praktisch alle wichtigen Klöster, so Echternach, Sankt Maximin in Trier, Sankt Servatius in Maastricht, die fast alle den Konradinern entzogen wurden. Vor allem aber wurde

Reginar zum *marchio* für das *regnum Lotharii* erhoben. Eine Urkunde
Karls III. des Einfältigen für das Kloster Sankt Lambert in Lüttich beweist
eindeutig, daß Reginar in Lotharingien die gleiche Stellung einnahm wie
Robert in Neustrien: Die beiden Fürsten werden als Fürsprecher des
Klosters beim König erwähnt und gleichlautend als *Reynerus demarcus et
Rotbertus comes et demarcus* bezeichnet. *Demarcus* ist ganz offensichtlich
eine antikisierende (demos, Volk) Spielart von *marchio*. Karl besaß also
keineswegs die unmittelbare Herrschaft über das Land, auch nicht die
volle Verfügung über die Einkünfte daraus.

Sein Erfolg war also begrenzt, aber doch recht beachtlich. König Karl,
dessen Schicksal in den Jahren 896 und 897 besiegelt schien, stand jetzt an
der Spitze eines befriedeten Westreichs und wurde in Lotharingien ohne
Vorbehalt anerkannt. Dazu kam noch, daß ihn die Lösung des Normannenproblems mit Ruhm überstrahlte. Gewiß machte ihm der neue König
im Osten Lotharingien streitig. Aber Konrad I. scheiterte nach 912 in
zwei Anläufen, und obwohl er beide Male Straßburg besetzte, konnte er
sich nicht einmal im Elsaß behaupten.

Karl III. hatte eine sehr geschickte Heiratspolitik betrieben und im
Jahr 907 Frederun geehelicht, eine sächsische Adlige. Wie zufällig war sie
verwandt mit Mathilde, der zweiten Gemahlin Heinrichs von Sachsen,
die dieser, der Sohn Herzog Ottos, nach der Trennung von seiner ersten
Frau im Jahr 909 geheiratet hatte. Die westfränkisch-sächsische Eheverbin-
bindung spielte dann eine wichtige Rolle im Kampf gegen den gemeinsamen Feind, die Konradiner. In der Geschichtsschreibung des 19. Jahrhunderts wurde sie allerdings kaum erwähnt, so sehr widersprach sie den
Vorstellungen der Zeit über den bereits »nationalen« Charakter und die
nationalen Pflichten der Könige auf beiden Seiten. Und Heinrich, das darf
nicht übersehen werden, galt ja jetzt als »Begründer Deutschlands«.

Der Einfluß Frederuns am Hof Karls zeigt sich in der Anwesenheit
ihrer Verwandten Ekbert und Ernust; dazu wurde ihr Bruder Bovo im
Jahr 917 zum Bischof von Châlons-sur-Marne ernannt. Gleichzeitig ist zu
beobachten, wie Konrad I. in seiner Unternehmungslust gegen Lotharin-
gien durch das Eingreifen Heinrichs gehemmt wurde, der 912 seinem
Vater Otto als Herzog von Sachsen nachgefolgt war. Als der König des
Ostreichs sich in den Jahren 912/3 und 915 gegen diesen mächtigen
Herzog wandte, unternahm Karl Feldzüge ins Elsaß und kam mit starken
Streitkräften nach Lotharingien; auch die Leute Roberts von Neustrien

beteiligten sich. Unter diesen Umständen wurde Karl III. nach 914 sogar in Friesland als König anerkannt. Konrad I. hatte andere Kämpfe zu bestehen, vor allem gegen die Ungarn sowie gegen die regionalen Machthaber in Bayern und Alemannien. Schließlich resignierte er und empfahl im Jahr 918 Heinrich von Sachsen als seinen Nachfolger. Die Herrschaft über Franken behielt er aber seinem Bruder Eberhard vor. Diese Regelung erinnert auffällig an die Bestimmungen im Westreich vom Jahr 897. Auch hier im Ostreich war ein Wiederaufstieg des Reichs durch Vernunft und Eintracht die Folge.

Im Jahr 911 konnte es für Karl III. und seinen wichtigsten Ratgeber, Erzbischof Heriveus von Reims, wohl so aussehen, als befände man sich seit 897 auf dem Weg zu einer wirklichen *renovatio regni Francorum*. So erinnerte die 909 von Heriveus in Trosly einberufene Synode in ihren Beschlüssen an die Pflichten des Königs und an das Gebot, daß Laien die Rechte der Kirche wie der Geistlichkeit zu achten haben. Dabei berief man sich auf Reformvorschläge, die unter Ludwig dem Frommen verkündet worden waren. Es ging darum, wieder Ordnung in die Angelegenheiten des Reiches zu bringen, dabei aber die neuerworbene Stellung der Großen zu respektieren, die zu regelrechten Fürsten aufgestiegen waren. Ihr Mitwirken ermöglichte es, das äußere Ansehen, sogar den Glanz des Reiches wiederherzustellen. Das fand seinen Ausdruck, im zeitlichen Zusammenhang mit der Thronbesteigung in Lotharingien, durch eine veränderte Titulatur: Anstelle des einfachen »rex« lautete sie, gleich dem, den Karl der Große vor der Eroberung Italiens führte: *Carolus rex Francorum, vir illustris.*

Nach dem Tod Ludwigs des Kindes war innerhalb des fränkischen Machtbereiches Karl der einzige Karolinger, und er betrachtete sich als legitimen Erben aller Rechte dieses Kaiser- und Königsgeschlechts. Unumwunden verkündete er dies in der Datumsangabe seiner Urkunden: Seit der Erwerbung des lotharingischen Teilreichs ließ Heriveus die Worte *largiore vero hereditate* (!) *indepta* anfügen. Sein König besaß jetzt ein »vergrößertes« *Erbe*, was aber nicht bedeutet, daß es bereits vollständig war – trug er doch einen Namen, den bereits drei Kaiser geführt hatten. Grundlage dieses Besitzes war für ihn, den letzten Karolinger, nicht nur der Wille der Großen, sondern auch das Erbrecht. Nach 912 konnte man ruhig auf die übertrieben vergangenheitsbezogene Wendung *vir illustris* verzichten, und selbst *rex Francorum* blieb nur mit Unterbrechungen in

Gebrauch. Aber die Nachfolger Karls haben diesen 911 wiedereingeführten Titel weiterbenützt, wie auch die Könige von Frankreich daran festgehalten haben: *rex Francorum*, später *rex Franciae*. Ihre Untertanen wurden vom Ausland noch im 11. Jahrhundert *Karlenses* genannt, das heißt, Einwohner des Reiches, das Karl dem Kahlen gehört hatte, genauso wie die Menschen im Reich Lothars als *Lotharingienses* bezeichnet wurden. Schließlich übernahm man aber auch außerhalb ihren Namen *Franci, Francigenae, Franceis*, »Franzosen«.

DER STURZ KARLS III. DES EINFÄLTIGEN

Karls Pläne besaßen eine gewisse Größe. Heriveus folgte ihm darin, konzipierte seine Politik aber mit wesentlich mehr Voraussicht und Überlegung als sein Herr. Es war möglich, große Erfolge zu erzielen, solange mit dem Beistand von Verbündeten und von Fürsten, die in ihrem eigenen Bereich anerkannt waren, Gegner isoliert und dann geschlagen werden konnten. Aber das empfindliche Gleichgewicht durfte nicht gestört werden, und genau dies tat Karl, der seine Stärke überschätzte. Damit gab er denen recht, die ihm seit dem 10. Jahrhundert aus einem uns nicht näher bekannten Grund den Beinamen *stultus, hebetus* (französisch *sot*, der Dumme) gaben. Weniger eindeutig und vielleicht mit etwas Nachsicht, weil dieses Wort auch als gute Eigenschaft gedeutet werden konnte, nannte man ihn auch *simplex* (der Ehrliche, Arglose): Daraus wurde (wörtlich: Charles le Simple) »Karl der Einfältige«. Nach dem Tod seiner Gemahlin Frederun heiratete Karl eine Tochter des Königs von Wessex und geriet unter den unseligen Einfluß des lotharingischen Günstlings Hagano. Dieser Mann gehörte noch im Jahr 916 zu den *vassi dominici*, aber seit 917 verfügte er anscheinend über Einfluß am Hof. 918 wurde er Graf und wie ein Mitglied der Königsfamilie behandelt: Wie für den König und die Königin stiftete man ihm ein Anniversar (Jahresgedächtnis) mit Gebeten der Mönche.

Eben in dieser Zeit entfremdete sich Karl III. in völliger Fehleinschätzung seiner Möglichkeiten alle Helfer, deren Unterstützung ihn zum angesehensten König im Abendland gemacht hatte. Als Reginar im Jahr 915 starb, verweigerte er dessen ältestem Sohn Giselbert die Bestätigung der Markgrafenwürde und nahm ihm sogar den ersten Rang unter den Großen Lotharingiens. So schuf er sich einen gefährlichen Gegner, denn als Heinrich I. in Ostfranken zum König gewählt wurde, trat Giselbert auf dessen Seite und betrachtete sich mit Heinrichs Rückhalt als *princeps* Lotharingiens (919). Karl reagierte mit einem Angriff auf Heinrich I. Daraufhin kam es 921 zunächst zu einem Waffenstillstand, dann folgte gegen Ende des Jahres der Vertragsabschluß in Bonn: Giselbert erhielt seine Stellung wieder und erneuerte dafür seine Anerkennung Karls III. und seiner Herrschaft über Lotharingien. Aber welcher Preis mußte dafür bezahlt werden! Der Vertrag wurde auf einem Schiff abgeschlossen, das in der Flußmitte verankert war. Alles Land westlich des Rheins wurde uneingeschränkt Karl zugesprochen. Zum Vertragsinhalt gehörte aber auch, daß der Karolingerkönig das nichtkarolingische Königtum Heinrichs I. als absolut gleichrangig innerhalb des fränkischen Machtbereichs anerkannte: Dem *rex Francorum occidentalium* stand der *rex Francorum orientalium* gegenüber. Das war ein Zugeständnis, das dem Traum von der *renovatio regni Francorum* unter Führung des einzigen Karolingers ein Ende setzte. Giselbert konnte jedoch auf diese Weise nur kurzfristig ruhiggestellt werden. Schon bald wurde nämlich aus vergleichbaren Gründen, also infolge einer Störung des Gleichgewichts zwischen König und Fürsten, Karls Autorität im Westfrankenreich angefochten. Giselbert verbündete sich daraufhin erneut mit Heinrich I.

Die Anwesenheit der Konradiner in Lotharingien war zuvor für die Großen des Landes störend und nachteilig für den Einfluß des ostfränkischen Königs in diesem Land. Daß Heinrich I. die Konradiner ausgeschaltet hatte, verbesserte also seine Aussichten. Karl III. seinerseits zeigte zu offen, daß er eine direkte Herrschaft über Lotharingien durchsetzen wollte, entweder aus mangelnder Voraussicht, oder weil ihn die Beschränktheit seiner eigenen Mittel in der *Francia occidentalis* dazu zwang. Diese Politik war die Ursache für den Verlust Lotharingiens, zumindest aber hat sie dazu beigetragen. Das gleiche Verhalten führte im Westreich zum gleichen Ergebnis: Karls Sturz.

Dieser Sturz erscheint unverständlich, wenn man feststellt, daß Robert von Neustrien noch im Jahr 918 als »Rat und Beistand unseres Reichs« angeredet wurde, daß er sich noch 919 und 920 am Hof aufhielt. Es besteht aber ein Zusammenhang mit der Person Haganos und der Stellung, die ihm der König um jeden Preis auch im Westreich verschaffen wollte. Damit stieß er die Fürsten vor den Kopf, denen er einen Mann vorzog, der zwar adlig, aber doch von deutlich niedrigerer Abstammung war. Außerdem verstieß er gegen einen wesentlichen Grundsatz dieser Zeit: Die Angelegenheiten eines Königreichs mußten von dessen eigenen Großen im Einvernehmen mit dem König geregelt werden. Sie nahmen es nicht mehr hin, daß sich landfremde Ratgeber einmischten.

Die Unzufriedenheit zeigte sich erstmals im Jahr 920 und führte dazu, daß sich der Adel des Reiches regelrecht vom König lossagte, erzürnt über dessen Weigerung, Hagano fallenzulassen. Allein der Reimser Erzbischof Heriveus, der über beträchtliche Streitkräfte verfügte, konnte damals den König aus seiner mißlichen Lage befreien und ihm für mehrere Monate Schutz gewähren. Heriveus rechnete mit dem Dank des Königs, der offensichtlich darin bestehen sollte, daß Hagano von allen Regierungsgeschäften des Westfrankenreichs entfernt wurde. Als Karl aber meinte, durch den Bonner Vertrag Rückendeckung gewonnen zu haben, hielt er sich nicht mehr an seine Verpflichtungen. Er sah, daß Hagano entsprechend der Verfassung von den Angelegenheiten des Westreichs ausgeschlossen werden sollte, weil er nicht zu den Großen des Landes gehörte. Um ihn im Königreich zu verankern, verlieh er ihm im Jahr 922 einfach eines der wenigen Klöster, über das die Dynastie noch verfügen konnte: Chelles, wo Karls des Kahlen Tochter Rothild Äbtissin war. Sie war außerdem auch die Schwiegermutter von Hugo dem Großen, dem Sohn Roberts von Neustrien. Diese äußerst unkluge Handlung hatte sofort zur Folge, daß das Heer der Robertiner unter Hugos Führung aufgeboten wurde und daß sich nahezu alle Großen vom König lossagten.

Dem politischen Scheitern folgte der moralische Verfall: In seiner verzweifelten Lage rief der König einen Heiden zu Hilfe, den Normannenführer Rögnvald. Daraufhin wurde Karl von den Großen abgesetzt, die statt seiner Robert von Neustrien erwählten. Robert wurde am 30. Juni 922 in Reims durch Erzbischof Walter von Sens gekrönt, der auch schon Odos Königsweihe vollzogen hatte. Zur gleichen Zeit starb Erzbischof Heriveus von Reims in seiner Bischofsstadt. Auch er hatte sich mit Karl verfeindet, der ihn als Erzkanzler durch den Trierer Erzbischof Ruotger ersetzt hatte. In dem Bemühen, alles zusammenzuhalten, was ihm geblieben war, machte der König keinen Unterschied mehr zwischen beiden Reichen. Außerdem hatte Karl auch den Aufstand eines Vasallen gegen

Heriveus unterstützt. Der Erzbischof hätte unmöglich ein Bündnis mit den Heiden billigen können, das schon sein Amtsvorgänger Fulco verworfen hatte, als der junge Karl in einem schwierigen Moment seiner Auseinandersetzung mit Odo an diese Möglichkeit dachte.

Karl konnte noch einige Truppen in Lotharingien aufbieten und war so mutig, damit bei Soissons Robert entgegenzutreten. In dieser Schlacht fiel Robert am 15. Juni 923. Aber Karl unterlag, und die Sieger beharrten auf ihrer Entscheidung, den Karolinger abzusetzen. Sie wählten als Nachfolger Roberts den Gemahl seiner Schwester Emma, Herzog Rudolf von Burgund, den Sohn von Herzog Richard Justitiarius. Am 13. Juli fand in Soissons die Krönung statt.

Selbst Heribert II. von Vermandois, der von den Karolingern abstammte und ein Sohn jenes Heribert war, der Karl im Jahr 893 zum König gemacht hatte, wechselte jetzt die Partei: Er verständigte sich mit dem neuen König Rudolf, um den Karolinger durch List zu Fall zu bringen. Man mußte Schluß machen mit diesem Staatsfeind, und als solcher galt Karl in Nordgallien, wo man gerade von seinem Bündnis mit den Heiden gehört hatte. Als Rudolf die *Francia* zwischen Seine und Maas verließ, um in sein Burgund zurückzukehren, schickte Heribert Boten zu Karl, die ihm ein Treffen und, kaum zu glauben, auch die Aussöhnung anboten. Karl ließ sich darauf ein und wurde gefangengenommen. Wie Flodoard ausdrücklich bestätigt, begab sich Heribert sofort anschließend zu Rudolf, ein sicherer Beweis für die Verwicklung des Königs in eine Aktion, die offenbar weder gegen seine Ehre noch gegen seine Treue verstieß. Es gab ja keine Treue oder andere Verpflichtungen gegenüber einem abgesetzten König, der mit den Landesfeinden verbündet war.

Eine ganz andere Version des Geschehens wurde lange Zeit von »der Geschichte« festgehalten. Allerdings nicht von der kritischen Forschung – eine Errungenschaft jüngeren Datums –, sondern in der bewahrten Erinnerung, die zum Kollektivgedächtnis werden kann. Zunächst einmal begriffen die Menschen im Süden gar nicht, was sich im Norden zugetragen hatte, und wollten es auch nicht begreifen. Sie datierten ihre Urkunden weiterhin nach König Karl und verdammten freimütig die »verräterischen *Franci*« (das heißt die Bewohner Nordfrankreichs). Aber niemand rührte sich, um Karl zu helfen. Das beweist, und die Folgezeit bestätigt dies, daß die Großen im Süden vor allem damit rechneten, Geschäfte machen zu können bei der späteren Anerkennung eines Königs, den sie zunächst ablehnten. Später hatte dann weder das karolingische noch das kapetingische Königshaus ein Interesse, den Sturz eines Königs durch die Großen hinzunehmen. So blühten dann die schönsten Legenden über das »Verbrechen« Heriberts II., und über seinen Tod wurden schauerliche Dinge berichtet.

Die Gefühle der Zeitgenossen, die über Karls schlimme Tat Bescheid wußten, werden durch eine von Flodoard mehrfach betonte Nachricht belegt: Der gleiche Papst Johannes X., der den Karolinger gegen Giselbert und die Großen unterstützt hatte, zögerte jetzt keinen Augenblick, Roberts Königswürde anzuerkennen. Ferdinand Lot hat zu Roberts Tod bei Soissons bemerkt: »Ohne das unglückliche Geschehen in der Schlacht von Soissons hätte er weiter regiert, die Dynastie der Robertiner hätte sich verfestigt, und fruchtlose Auseinandersetzungen über zwei Drittel eines Jahrhunderts wären dem französischen Königreich erspart geblieben.« In diesem »wenn... wäre«, das hier auf die Geschichte angewendet wird, ist die Überzeugung inbegriffen, Robert und sein Sohn Hugo der Große wären stärkere Herrscher gewesen, als dies Hugo Capet und dessen erste Nachfolger waren, weil nach Rudolf das Königtum erneut geschwächt wurde.

Die meisten Historiker haben es übrigens versäumt, den Tod Roberts und den Verlust Lotharingiens für das Westfrankenreich in Zusammenhang zu bringen. Robert wurde nicht nur vom Papst als König anerkannt. Heinrich I. war mit ihm an der Roer zusammengetroffen, um einen Vertrag zu schließen, der die Übereinkunft von 921 zwischen Karl und Heinrich bekräftigte: Gegenseitige Anerkennung des westlichen und östlichen Frankenkönigs – beide waren jetzt keine Karolinger mehr. Außerdem bestätigte Heinrich die Herrschaft Roberts über Lotharingien. Erst der Tod Roberts und die Wahl Rudolfs von Burgund befreiten dann Heinrich I. von seinen Verpflichtungen. Nachdem diese Entwicklung eingetreten war, kam der sächsische König dann nach Lotharingien.

Giselbert, der ihn rief, hatte dafür einen sehr einleuchtenden Grund. Der neue König Rudolf war der Bruder Bosos, eines der mächtigsten Großen im südlichen Lotharingien und ein unmittelbarer Rivale von Reginars Sohn. Giselbert weigerte sich also, Rudolf anzuerkennen, und wandte sich an Heinrich, dem er sich nach einigen Winkelzügen im Jahr 924 dann auch wirklich anschloß. Heinrich konnte ihm bieten, was er schon immer erstrebt hatte: die Herzogswürde in Lotharingien, und obendrein die Hand der Königstochter Gerberga. Obwohl die Normannen Rögnvalds im Jahr 924 angriffen und die Rouen-Normannen König Rudolf im Jahr 925 bedrohten, versuchte dieser entschlossen und mit Waffeneinsatz, sich in Lotharingien bleibend durchzusetzen. Aber nachdem der militärisch klar überlegene ostfränkische König das Land im Jahr 925 zum zweiten Mal besetzt hatte, gab er nach. Schuld an diesem Ergebnis war in erster Linie der Adel des westfränkischen Reiches, der nicht um Lotharingien kämpfen wollte, genauso wie er sich schon im Jahr 876 geweigert hatte, wegen Italien in den Krieg zu ziehen. Aber es war nicht »Frankreich«, das damals »Lothringen verlor«, und zwar aus dem einfachen Grund, daß es ein Frankreich gar nicht gab, in dem es gemeinsames Ziel gewesen wäre, sich in allen Gebieten Galliens mit romanischer Sprache durchzusetzen. Dafür ist eine Einzelheit bezeichnend: Als Heinrich I. später (935, siehe unten) bereit war, Rudolfs Bruder Boso seine lothringischen Besitzungen zurückzugeben, war für König Rudolf die gesamte Angelegenheit erledigt.

Wir sollten nicht verurteilen, was ein Gebot der Klugheit war: die Beschränkung darauf, das eigene Land gegen die Normannen zu verteidigen. Von den zeitgenössischen Vorstellungen und Handlungsmotiven der Menschen einmal abgesehen muß aber beachtet werden, welche Tragweite die Ereignisse der Jahre von 923 bis 925 für die Geschichte des Abendlands gehabt haben. Lotharingien, das Kaisererbe Lothars I., und später auch Italien blieben unter der Herrschaft der Ottonen. Zugleich erlebte das ostfränkische Reich einen Aufschwung, zu dem der Reichtum und die höher entwickelte Kultur der lothringischen und rheinischen Gebiete sehr viel beigetragen haben. Das künftige Frankreich aber, auf die Grenzen von 843 beschränkt, gelangte durch diese Konzentration seiner Kräfte schließlich zu mehr Macht als die römisch-deutschen Könige, die dazu verleitet wurden, sich im fernen Italien und in einer »universalen« Politik zu erschöpfen.

KÖNIG RUDOLF

Wenn die Tatsache, daß Rudolf die Nachfolge seines Schwagers Robert antrat, das Westfrankenreich wirklich vor so heikle Probleme stellte, muß man sich fragen, warum die zahlreichen Vasallen der Robertiner nicht Roberts Sohn Hugo zum König wählten, der sich doch schon als Heerführer ausgezeichnet hatte. Mit diesem Rätsel haben sich bereits mittelalterliche Geschichtsschreiber beschäftigt: Hugo, den man zuweilen den Großen nennt, aber auch den Weißen, um ihn von einem Bruder König Rudolfs, Hugo dem Schwarzen, zu unterscheiden, habe sich, so wird unter anderem behauptet, wegen des plötzlichen Schlachtentods seines Vaters, als Fingerzeig des Himmels zu dessen (später so interpretierten) Untreue, nicht für würdig gehalten, König zu werden. Es gibt aber eine viel konkretere Erklärung. Nach einem im karolingischen Gallien stets beachteten Grundsatz mußte der König seine Herrschaft durch die Grafen ausüben lassen; er durfte nicht sein eigener Graf sein. Für einen Großen, dem es gelungen war, zehn Grafschaften oder mehr in seine Gewalt zu bringen, hätte die Annahme der Königswürde also gewissermaßen den politischen Selbstmord bedeutet. Er verlor in diesem Fall ja auf einen Schlag seine sämtlichen Grafschaften, weil er sie als König anderen übertragen mußte. Anders sah die Sache aus, wenn er einen Sohn in regierungsfähigem Alter oder einen absolut zuverlässigen Bruder hatte.

Das Verhalten der Robertiner ist unter diesen Voraussetzungen leicht zu erklären. Als Odo im Jahr 888 die Königskrone annahm, stand ihm sein ergebener Bruder zur Seite, dem er sofort sämtliche Grafschaften übertrug und dazu alle Klöster, deren Laienabt er war. Die Macht seines Hauses erlitt also keinen Schaden, sondern wurde noch vermehrt, weil Robert großzügige Verleihungen des Königs erhielt. Im Jahr 922 hatte Robert selbst einen Sohn, der alle Grafschaften übernehmen und so den Robertinern erhalten konnte. Folglich nahm auch er jetzt die Krone an. Dagegen hatte Hugo der Große beim Tod seines Vaters im Jahr 923 weder Bruder noch Sohn, die das politische Erbe der Robertiner hätten bewahren können. Er konnte deshalb eine Wahl zum König nicht annehmen. Man mußte also einen »Ersatzmann« für die Übernahme der königlichen Gewalt suchen, deren eigentliche Aufgabe die Landesverteidigung blieb. Allerdings gab es eine neue Grundbedingung: An die Position, die sich die

Fürsten geschaffen hatten, durfte nicht gerührt werden. Der Ersatzkandidat war bereits gefunden; man entschied sich für Rudolf, den Schwager Hugos des Großen. Der hatte einen Bruder, Hugo den Schwarzen, der den Weiterbestand der Dynastie in Burgund und ihre dortige Machtstellung sichern konnte.

Man sieht, daß nicht etwa das gesamte Frankenvolk einen Thronanwärter nach Prüfung seiner Fähigkeiten auswählte. Die Fürsten allein entschieden und mußten ihren Kandidaten aus den eigenen Reihen bestimmen. Keiner unter ihnen wäre bereit gewesen, einen Mann geringeren Standes als König und Oberherrn anzuerkennen. Es ist ja bekannt, welche Reaktionen im Fall Hagano allein die Tatsache auslöste, daß ein Mann geringerer Herkunft über Einfluß am Königshof verfügte.

Es gab eine weitere Besonderheit mit schwerwiegenden Auswirkungen für Rudolfs Königtum. Wie in Ostfranken unter Heinrich I. seit 919, war auch im Westfrankenreich der König kein Karolinger mehr. Und hier wie dort entstammte der Herrscher noch nicht einmal einem der beiden *regna Francorum* (*Francia* und *Neustria* im Westen, *Francia*/Franken und seit 925 *Lotharingia* im Osten). In Franken gab es aber einen Herzog Eberhard und in Lotharingien einen Herzog Giselbert. In der *Francia* zwischen Seine und Maas fehlte dagegen die Herrschergewalt, das Ende des Karolingerkönigs hatte hier ein gefährliches politisches Vakuum hinterlassen. Für Heribert II. war daher die Versuchung groß, das Fehlen des Karolingerkönigs und Rudolfs lange Aufenthalte in »seinem« Burgund auszunützen und seine eigene Hegemonie über das Land zwischen Seine und Maas zu begründen.

In der langwierigen Auseinandersetzung, die deswegen auf dem Boden der *Francia* ausgetragen wurde, sind vier Phasen zu unterscheiden: von 923 bis 926, von 927 bis 929, von 929 bis 934 und abschließend von 935 bis 936. Während der ersten Phase war König Rudolf mit Heribert verbündet. Der Graf von Vermandois mußte sich im Norden gegen den mächtigen Grafen von Flandern verteidigen. Er leistete dem König mit seinen Kriegern treue Dienste, in der Schlacht von Fauquembergues (926) gegen die Normannen rettete er ihm sogar das Leben. Rudolf seinerseits machte ein königliches Geschenk: Im Jahr 925 bestätigte er eine ziemlich anstößige Abmachung, der zufolge Heriberts damals fünfjähriger Sohn Hugo zum Erzbischof von Reims bestimmt wurde. Zum geistlichen Administrator ernannte man den Bischof von Soissons, die weltliche

Verwaltung übernahm Heribert selbst. Dadurch erhielt er das Kommando über die sehr beachtlichen Reimser Streitkräfte *(militia),* außerdem konnte er aus dem Landbesitz der Kirche große Einkünfte ziehen, die es ihm ermöglichten, seine eigene Stellung und die seiner Vasallen zu festigen. Das frühere Gleichgewicht in der *Francia* zwischen dem karolingischen König, dem Reimser Erzbischof, dem Haus Vermandois und den Interessen der Robertiner war damit gestört. Hugos des Großen Verärgerung über die allzu enge Verbindung zwischen Burgund und Vermandois führte zu einer folgenschweren Maßnahme: In Absprache mit Herzog Wilhelm II. von Aquitanien, der König Rudolf noch immer nicht anerkannt hatte, verständigte er sich mit den Loire-Normannen. Die verschonten von da an Neustrien und Aquitanien, dafür durften sie ungehindert nach Burgund durchziehen.

Die zweite Phase des Konflikts ist durch den Bruch zwischen Rudolf und Heribert gekennzeichnet. Der Graf von Vermandois war einfach unersättlich. Beim Tod des Grafen von Laon verlangte er diese Grafschaft, obwohl die Stadt Laon, wie oben bereits erwähnt, die letzte Bastion des Königtums war. Rudolf wies ihn glatt ab, und Heribert zeigte sich daraufhin als Meister der politischen Erpressung. Er benützte zwei Könige als Werkzeuge gegen seinen eigenen. Im Jahr 927 huldigte er Heinrich I. und sicherte sich damit eine wertvolle Unterstützung, die noch durch Verwandtschaftsbeziehungen im Ostreich, vor allem in Sachsen, verstärkt wurde. Im gleichen Jahr entließ er Karl den Einfältigen aus seiner Haft und drohte, ihn wieder als *rex Francorum* einzusetzen. Angesichts dieser Gefahr mußte Rudolf Laon preisgeben. Außerdem überließ er Karl die Pfalz Attigny gegen dessen endgültigen Verzicht auf die Königswürde. Übrigens starb Karl wenig später im Jahr 929.

Jetzt gab der Robertiner Hugo der Große seine zurückhaltende Politik auf, denn Heribert war zu mächtig und zu gefährlich geworden. Er verbündete sich mit Rudolf und unternahm in den Jahren 930 bis 934 mehrere, oft sehr strapaziöse Feldzüge, um Heriberts Machtstellung zu vernichten. Im Jahr 932 wurde Reims genommen, wo der junge Hugo von Vermandois durch den neuen Erzbischof Artold ersetzt wurde.

Die letzte Phase wurde von Heinrich I. bestimmt, der seinen Vasallen und Verbündeten Heribert nicht im Stich ließ. Erst erzwang der ostfränkische König einen Waffenstillstand, dann kam es im Jahr 935 zu einem Dreikönigstreffen am Chiers und zum Friedensschluß. Beteiligt waren

Rudolf, Heinrich und Rudolf II. von Hochburgund. Rudolfs Bruder
Boso bekam seine Besitzungen in Lotharingien zurück, das im übrigen
Heinrich I. von niemandem mehr streitig gemacht wurde. Heribert erlangte seine Grafschaften und Festungen fast alle wieder. Als im besonderen Fall von Saint-Quentin die Auslieferung durch Hugo den Großen
verweigert wurde, zwang ihn ein sächsisch-lothringisches Heer Heinrichs I. dazu.

Wenig später erkrankte Rudolf schwer und starb im Januar 936. Hugo
der Große zögerte keinen Augenblick: Nur ein Karolingerkönig konnte
mit Unterstützung der Robertiner den Sturz des Hauses Vermandois
herbeiführen. Nun gab es ja einen karolingischen Thronanwärter in Ludwig IV., dem Sohn Karls des Einfältigen. Der Prinz lebte zusammen mit
seiner Mutter Eadgifu, einer angelsächsischen Königstochter, am Hof
seines Onkels Aethelstan, des Königs von Wessex. Die Annäherung war
schon vorbereitet worden durch die Eheschließung zwischen Hugo dem
Großen und einer Tochter Aethelreds. Der Interimscharakter von Rudolfs Königtum wird damit in aller Deutlichkeit unterstrichen.

Seine Regierungszeit bedeutet zweifellos einen Tiefpunkt der königlichen Gewalt im Westreich. Dabei kann Rudolf persönliche Tüchtigkeit
keineswegs abgesprochen werden, er kämpfte energisch gegen die Normannen und konnte im Jahr 930 sogar einen Sieg über die Loire-Normannen erringen. Unter den westfränkischen Königen ist Rudolf der einzige,
der in Katalonien niemals anerkannt wurde. Man zählte dort nach den
Herrscherjahren Karls III. bis 929 und dann die Jahre nach seinem Tod. In
anderen Regionen wurde Rudolf erst sehr spät anerkannt, beispielsweise
im Jahr 932 vom Graf von Toulouse und marchio von Gotien, Raimund III. Pontius. Um seine Anerkennung bei Wilhelm II. von Aquitanien durchzusetzen, konnte Rudolf mit der Unterstützung Heriberts II.
und Hugos des Großen rechnen. Er mußte sie aber erkaufen und dem
einen Péronne, dem anderen Maine versprechen. Danach war es Rudolf
zwar möglich, an der Spitze eines starken Heeres Wilhelm an der Loire
entgegenzutreten, aber er mußte ihm die Grafschaft Berry zurückgeben,
die der Burgunde unter Karl dem Einfältigen und mit Hilfe Roberts von
Neustrien den Aquitaniern abgenommen hatte. Erst danach war der
Herzog von Aquitanien zur Huldigung bereit. Trotzdem unternahm er
im Jahr 926 einen Aufstand, und trotzdem verweigerte sein Nachfolger
Acfred dem König die Anerkennung. Allerdings wurde dann Rudolfs

Autorität von Graf Ebalus Manzer von Poitou respektiert, der im Jahr 927 die Auvergne und die Oberhoheit über Aquitanien erbte.

Insgesamt bleibt also ein wenig erfreulicher Eindruck. Es überrascht nicht, daß während dieser Regierung einige Fürsten begannen, Münzen unter eigenem Namen zu prägen, ohne den des Königs auch nur zu nennen. Das taten Wilhelm II. von Aquitanien in der Auvergne, in Brioude, und Rollos Sohn Wilhelm Langschwert in der Normandie, in Rouen.

Für die christianisierte Normandie von Rouen bedeutete die Regierungszeit Rudolfs einen wichtigen Abschnitt ihrer Entwicklung. Als im Jahr 924 Rögnvald, von Karl herbeigerufen, mit einer Schar heidnischer Loire-Normannen den Norden der *Francia* angriff, ließen sich einige Normannen von Rouen diese günstige Gelegenheit zum Beutemachen nicht entgehen. Die Franken nahmen diesen Bruch des Vertrags von 911 zum Anlaß für einen Angriff auf die Normannen von Rouen und brachten ihnen 925 bei Eu eine schwere Niederlage bei. Die Zeiten hatten sich geändert, und jetzt hatten die auf Dauer seßhaft gewordenen Normannen ihrerseits mit Vergeltungsmaßnahmen zu rechnen. Rollo, der noch vor diesem Konflikt die Abtretung des Bessin verlangt und durchgesetzt hatte, war ebenso schnell wie sein Sohn Wilhelm bereit, die Dänen als Verstärkung zu rufen. Am Ende mußte sich Rudolf wohl glücklich schätzen, daß er im Jahr 933 von Wilhelm anerkannt wurde, der lange Karl III. die »Treue« gehalten hatte. Den König kostete das den »Küstenstreifen bei der Bretagne«. Das heißt, er mußte das Cotentin und das Gebiet um den Mont-Saint-Michel abtreten, wo das berühmte Kloster als herzogliche Gründung entstand. Die Normannen von Rouen mußten die Region zunächst aber von den Loire-Normannen erobern, die in der Bretagne ebenfalls beherrschenden Einfluß ausübten. Durch diesen normannischen Druck und infolge eines Aufstands der Bretonen, den ihr Herzog Alan I. im Exil, von Wales aus, vorbereitet hatte, konnte sich die Bretagne wenig später aus der Herrschaft der Heiden befreien (937).

Wenigstens eine gewisse Genugtuung erlebte Rudolf in einem Land, das ihm seit seiner Jugendzeit vertraut war. Sein Vater hatte ihn damit beauftragt, Ludwig den Blinden zu beschützen. Als Sohn von Richards Bruder Boso war dieser ephemere Kaiser (902 geblendet) Nachfolger im Königtum über die Provence; er starb im Jahr 928. Die Regentschaft über das Reich fiel an Hugo von Arles, Markgraf der Provence, der eben zum König von Italien gewählt worden war. Von ihm erhielt Rudolf Rechte über den ausgedehnten Dukat von Vienne und Lyon. Im Jahr 931 konnte er dann Karl-Konstantin, den illegitimen Sohn Ludwigs des Blinden und Grafen von Vienne, dazu veranlassen, ihm zu huldigen. Allerdings ging der größte Teil des Königreichs für Rudolf verloren: Hugo von Arles, König von Italien, übergab diese Gebiete um 933 an König Rudolf II. von Hochburgund. So konnten Rudolf und seine Nachfolger zwischen Basel und dem Mittelmeer ein Reich begründen, das im 12. Jahrhundert dann »Königreich Arelat« *(regnum Arelatense)* hieß.

Nach erfolgversprechenden Ansätzen erlebte diese problembeladene Epoche den Niedergang der Königsmacht. Aber mit der aktiven Politik der neuen Fürsten entstand damals auch die neue Welt der großen Regionen und künftigen französischen Provinzen.

KAPITEL XVII

Restitution und Ende der Karolinger 936–999

DIE DEMÜTIGUNGEN EINES KÖNIGS

Die Restauration der Karolinger nach der Regierung Roberts I. und Rudolfs war das Werk Hugos des Großen, damals der mächtigste Mann im Reich. Wir erwähnten die Gründe, die ihn dazu veranlaßten, die Krone dem fünfzehnjährigen Sohn Karls des Einfältigen anzubieten. Bis in die kleinsten Einzelheiten wurde vorweg mit König Aethelstan von Wessex vereinbart, wie die Machtübernahme des Karolingers verlaufen sollte. Als Ludwig, der wegen seines englischen Exils den Beinamen *Transmarinus (d'Outremer)* erhielt, im Sommer 936 bei Boulogne landete, huldigten ihm Hugo und die übrigen Großen noch am Strand. Dann geleiteten sie ihn nach Laon, wo er am 19. Juni gekrönt wurde. Es gab keinerlei formellen Wahlakt, vielmehr wurde Ludwig unmittelbar als legitimer Herrscher anerkannt.

Auch die Belohnung des Königsmachers erfolgte sofort. Schon in der ersten Urkunde des Königs erhielt Hugo den neuen und doch so traditionsreichen Titel *dux Francorum*. In der zweiten ließ Ludwig dazu eine genauere Erklärung geben: »Hugo, der in allen unseren Reichen nach uns der zweite ist.« Der neue Herzog der Franken erhielt also die vom Karolingerkönig anerkannte und legitimierte Oberhoheit über sämtliche Franken und über die anderen Fürsten. Selbst in der *Francia* zwischen Seine und Maas, dem einzigen *regnum*, das bisher dem Königtum unmittelbar vorbehalten war, stand der Herzog jetzt trennend zwischen dem König, seinen Vasallen und seinen Untertanen. Als Ludwig nach der Salbung durch das Gebiet der Robertiner geführt wurde, wirkte er wie eine Marionette in den Händen des Herzogs. Er begleitete Hugo sogar auf einem Feldzug gegen Rudolfs Bruder Hugo den Schwarzen, der dem Robertiner den Norden Burgunds mit der Grafschaft Sens abtreten mußte, den sein Vater Richard in den Jahren 894 und 895 erobert hatte.

Der Grundsatz, wonach die einzelnen Prinzipate den territorialen Rahmen bildeten, in dem die Fürsten ihre schon weitgehend erbliche Macht ausübten, wurde so von Hugo dem Großen verletzt. Er betrachtete sich jetzt als *princeps* über das fränkische Gesamtreich, und wie ein König schickte er den Bischof von Orléans als Gesandten zu Papst Leo VII., der ihn als Herzog und »ruhmreichen Fürsten der Franken« anerkannte.

Die übrigen Fürsten wurden sich schnell darüber klar, daß der Robertiner eine Form von Zentralgewalt ausübte, die für ihre eigenen Interessen weitaus gefährlicher war als die des Königs. Ludwig, der trotz seiner Jugend sehr beherzt war, sah und benützte diese einzige Möglichkeit, Rückhalt für das Königtum zu finden. Sobald er in das Gebiet der karolingischen Pfalzen, nach Compiègne und Laon zurückgekehrt war, befreite er sich im Jahr 937 aus der Bevormundung des Herzogs. Er ließ seine Mutter Eadgifu an den Hof kommen und ernannte einen neuen Erzkanzler, den Reimser Erzbischof Artold. So konnte Ludwig über die zahlreichen Vasallen dieser Kirche verfügen. Anschließend verbündete er sich mit Hugo dem Schwarzen, der gerade vom Robertiner gedemütigt worden war, und ernannte ihn zum *marchio*. Damit gab er ihm die legitime Herrschaft über Burgund zurück, und das bedeutete Krieg mit Hugo dem Großen.

Der König konnte auf die Fürsten im Süden zählen, die der karolingischen Sache ganz ergeben waren. Ein bewegender Beweis für diese Haltung in Katalonien ist die Tatsache, daß Bischof Gotmar von Gerona im Jahr 939 eine knappe Chronik der Franken verfaßte, die von Chlodwig bis zu Ludwig IV. reicht. Unter praktischen Aspekten wichtiger war es, daß sich Wilhelm »Werghaupt« *(Tête d'Étoupe)*, Graf von Poitou und Auvergne, an den König anschloß. Er gab sich mit dem Titel eines *marchio* zufrieden, auch als Ludwig einen anderen, Raimund III. Pontius von Toulouse-Gotien, zum »Fürsten der Aquitanier« ernannte.

Hugo der Große reagierte auf Ludwigs IV. Verhalten damit, daß er die bisherige Bündniskonstellation auf den Kopf stellte: Er schloß sich mit Heribert II. zusammen, den er doch gerade hatte niederzwingen wollen.

Dieser Frontwechsel verschaffte Hugo auch das Bündnis mit Otto I., dem Nachfolger Heinrichs I. Im Jahr 937 vermählte er sich mit dessen Schwester Hadwig.

Dieses kunstvolle Bündnisgefüge, das Ludwig IV. zu vernichten drohte, zerfiel im Jahr 939: Herzog Eberhard von Franken, den der junge, allzu impulsive Otto gedemütigt hatte, empörte sich zusammen mit Giselbert von Lothringen, wodurch das ottonische Reich in ernste Gefahr geriet. Giselbert bot dem Karolinger die Oberhoheit über das *regnum Lotharii* an, und der König willigte ein, allerdings erst nach einigem Zögern, denn Otto und er hatten sich Freundschaft geschworen. In Verdun wurde Ludwig dann von mehreren Grafen und Bischöfen als König anerkannt. Aber Eberhard und Giselbert kamen am 2. Oktober 939 bei Andernach am Rhein ums Leben, im Verlauf einer Schlacht mit den Leuten Ottos. Diese Gelegenheit nutzte Otto, um für Franken keinen eigenen Herzog mehr zu ernennen.

Ludwig konnte jedoch nach Lotharingien zurückkehren und sich dort mit Giselberts Witwe Gerberga, einer Schwester Ottos I., vermählen. Er vermochte sich aber nicht im Land zu behaupten und hatte sich im Jahr 940 sogar mit einem Einfall von Ottos Heer in sein eigenes Reich auseinanderzusetzen. Hugo der Große und Heribert huldigten Otto in der karolingischen Pfalz Attigny. Die Verbündeten eroberten Reims und setzten erneut Heriberts Sohn Hugo ein, der bereits 925 gewählt worden war, diesmal aber zum Erzbischof geweiht und sogar vom Papst anerkannt wurde. Der König erlitt hier einen schwerwiegenden Verlust und mußte auch zusehen, wie Hugo der Schwarze von seinen Gegnern gezwungen wurde, den Kampf aufzugeben.

Die Wechselfälle dieses langen Konflikts sollen nicht im einzelnen dargestellt werden. Festzuhalten ist, daß die Fürsten uneingeschränkt über die Dienste ihrer jeweiligen Vasallen verfügten und den politischen wie militärischen Schauplatz allein beherrschten. Sie schlossen und lösten ihre Bündnisse allein nach der Interessenlage des Augenblicks. Im November 942 wurde in Visé bei Lüttich Friede geschlossen: Otto I. und Ludwig IV. erneuerten ihren Freundschaftsbund. Otto versöhnte Hugo und Heribert mit Ludwig, dessen Vasallen sie wieder wurden. Lotharingien blieb ottonisch, zusätzlich mußte Ludwig IV. auch auf den Dukat von Vienne und Lyon verzichten, den sein Vorgänger Rudolf aus dem Erbe Bosos an sich gebracht hatte. Das Gebiet ging jetzt an Konrad I., den

Sohn und Nachfolger (im Jahr 937) Rudolfs II., über den Otto I. eine weitgehende Schutzherrschaft ausübte.

Ludwig IV. hatte viel verloren, voran seinen Stützpunkt Reims. Andererseits hatte er sich aber vom dominierenden Einfluß Hugos des Großen befreit und nahm jetzt mit ottonischer Unterstützung die eines Königs würdige Stellung ein. Er konnte seine Macht in Francien sogar festigen und erhielt Aussicht auf einen Ersatz für seine Verluste in Lotharingien, weil sich innerhalb weniger Wochen die Möglichkeit zu zwei bedeutenden Erbschaften eröffnete: Am 27. Dezember 942 wurde Wilhelm von der Normandie durch Leute des Grafen von Flandern heimtückisch ermordet, und am 23. Februar 943 starb Heribert II.

Hugo der Große, dessen Schwester Adela mit Heribert vermählt war, machte sich sehr geschickt zum Beschützer seiner Neffen. Er zwang den König dazu, das Erzbistum Reims Artolds Widersacher Hugo von Vermandois zu lassen und die übrigen Söhne Heriberts »als Getreue anzunehmen«. Die Nachfolge wurde allerdings erst 946 durch einen Schiedsspruch Hugos des Großen endgültig geregelt: Robert erhielt die Grafschaft Meaux, Albert die von Vermandois, und an Heribert III. fielen mehrere kleine Grafschaften um Soissons, wo er das wichtige Kloster Saint-Médard behielt. Odo kämpfte weiter darum, die Grafschaft Amiens zu behaupten beziehungsweise zu erobern. Sie ging aber schließlich an das flandrische Grafenhaus verloren.

Diese Regelung brachte Ludwig IV. zunächst keinerlei unmittelbaren Vorteil. Er gewann dann aber einen der Söhne Heriberts, Albert von Vermandois, dauerhaft für die Sache der Karolinger. Er gab ihm nämlich die Hand seiner Stieftochter Gerberga. Diese Verbindung hatte weitreichende Folgen, weil sie den Anschluß weiterer Parteigänger vorbereitete.

Eine noch wichtigere und wesentlich gefährlichere Angelegenheit war die Nachfolge in der Normandie. Der Tod von Wilhelm Langschwert, der einem feigen Mordanschlag der Gefolgsleute eines christlichen Fürsten zum Opfer fiel, mußte eine heidnische Reaktion im Land hervorrufen. Über die See gekommene Dänen versuchten, die Lage für sich auszunützen. Man kann sich die Verwirrung bei den christlichen Normannen in Rouen und anderen Orten vorstellen. Sie hatten große Hoffnungen auf Wilhelm gesetzt, der die Christianisierung der Normandie aufrichtig unterstützte, auch den Wiederaufbau und die Neugründung von Klöstern förderte, beispielsweise in Jumièges. Ein Mönch dieser Abtei verfaßte damals ein Klagelied auf den Tod ihres Wohltäters und widmete es Richard, dem Sohn Wilhelms und einer bretonischen Konkubine. Der Klostergeistliche betrachtete Richard ganz selbstverständlich als rechtmäßigen Nachfolger des Fürsten und gab ihm die Titel »Graf von Rouen« und *princeps*, die Rollo im Jahr 911 erhalten hatte. Ludwig IV. hatte übrigens Richard sofort zum künftigen Erben erklärt und beanspruchte zugleich seine Rechte als Lehnsherr im Fall der Minderjährigkeit, um den jungen Prinzen an seinem Hof erziehen zu lassen und bis zu dessen Volljährigkeit die Verwaltung seiner Länder in die Hand nehmen zu können. Dazu brauchte er die Unterstützung Hugos des Großen, dem sich ein Teil der Normannen, die christlich bleiben wollten, angeschlossen hatte, während andere Ludwig IV. huldigten. Unter beträchtlichen Verlusten brachte der Robertiner Évreux in seine Gewalt. Ludwig mußte ebenfalls heidnischen Widerstand überwinden, bevor er in Rouen einziehen konnte, wo er seinen treuen Truppenführer, Graf Herluin von Ponthieu, als Grafen einsetzte. Bei der Nachfolgeregelung für die Söhne Heriberts gab er Hugo nach, und im Jahr 943 gestand er ihm auch wieder den Titel *dux Francorum* zu, den er ihm seit 937 verweigert hatte. Es hat den Anschein, daß Ludwig freie Hand in der Normandie behalten wollte, wo er sogar Évreux besetzte. Als gegen Ende des Jahres 944 ein erneuter Feldzug in die Normandie notwendig wurde, konnte Ludwig IV. nochmals die Unterstützung Hugos des Großen gewinnen, dem er die Stadt Bayeux versprach.

Ludwig setzte sich rasch in Rouen durch, von wo jener Teil der Normannen, der seine Herrschaft ablehnte, über See entwich. Er stützte sich auf ein starkes Heer, das die Bischöfe Franciens und Burgunds sowie Arnulf von Flandern auf die Beine gebracht hatten, und glaubte jetzt, seine Zusagen an Hugo vergessen zu können: Er selbst nahm die Unterwerfung der Normannen von Bayeux entgegen. Mit diesem Wortbruch war das Schicksal des Königs besiegelt. Seinen normannischen Widersachern mißfiel die Rolle, die die früheren Feinde Arnulf und Herluin spielten. Es nützte auch nichts, daß dieser ihnen die abgehackten Hände von Wilhelms Mörder schickte, den er bei einem Kampf gegen Arnulf gefangen hatte. Zusammen mit den Gegnern, die der König im eigenen Lager hatte, planten die Normannen sein Verderben.

Am 13. Juli 945 wollte sich Ludwig, begleitet von mehreren Grafen und Vasallen, mit dem Dänenführer Harold treffen, der Bayeux beherrschte. Sein Gefolge, darunter Herluin, wurde Opfer eines Hinterhalts, der König selbst konnte mit knapper Not entkommen. Aber bei der Rückkehr nach Rouen nahmen ihn die Normannen gefangen. Königin Gerberga stellte zwei Bischöfe und einen sehr jungen Sohn des Königs als Geiseln und erreichte damit schließlich seine Freilassung. Die Normannen schickten ihn aber zu Hugo dem Großen zurück, der ihn seinem Vasallen Tedbald, Graf von Blois und Vizegraf von Tours, übergab. Für Ludwigs Heimkehr zur Königin forderte Hugo von Gerberga die Auslieferung der Stadt Laon. Nur unter derart erniedrigenden Bedingungen, die zugleich eine echte politische Katastrophe bedeuteten, konnte der König Ende Mai 946 seine Freiheit wiedergewinnen. Die ersten Urkunden nach diesem Zwischenfall haben die Datumszeile: »Nachdem der König Frankreich (*Franciam*) wiedergewonnen hatte.« In der Tat begegnen wir unter diesen unglücklichen Umständen einem der frühesten Belege dafür, daß *Francia* offiziell die Bedeutung erhält: das ganze westliche Reich. Und das war eben nun »Frankreich«.

Es war gegen Ludwigs Wesen, sich mit Unehre und Machtlosigkeit abzufinden. Der Papst und die übrigen Könige im Abendland, voran Otto I. und Edmund, der Nachfolger Aethelstans im Königreich Wessex, konnten weder die Demütigung der Königswürde in »Frankreich« hinnehmen noch das empörende Vorgehen der Gegner Ludwigs. Von seiner Schwester Gerberga zu Hilfe gerufen, zog Otto mit einem starken Heer nach Gallien. Auch König Konrad I. von Provence-Burgund beteiligte sich an dem Unternehmen. Zusammen mit Ludwig IV. belagerte Otto die Stadt Reims. Da die Heribertiner ja mit dem ostfränkischen Adel versippt waren, ließ er Hugo von Vermandois durch dessen sächsische Verwandte den dringenden Rat übermitteln, keinen Widerstand zu wagen. Andernfalls würde man ihm nach Einnahme der Stadt die Augen ausreißen. Hugo zog es vor, Reims zu verlassen, die Sieger aber setzten Erzbischof Artold wieder ein, den seine Amtskollegen aus Trier und Mainz feierlich inthronisierten.

Das war der einzige Erfolg dieses Feldzugs, dafür aber ein Erfolg von entscheidender Bedeutung. Vor den anderen Festungen und Städten dagegen, vor Laon, Senlis und anderswo, erwies sich das zahlenmäßig weit überlegene »französisch-deutsche« Heer als machtlos gegenüber der Verteidigung dieser seit der Zeit der Normanneneinfälle durch Hugo und seine Vasallen hervorragend befestigten Plätze.

Gedrängt vom Papst und von den Königen entfalteten daneben in den Jahren 947 und 948 die Bischöfe Lothringens und Ostfrankens fieberhafte Aktivitäten im Zusammenwirken mit einigen westfränkischen Amtsbrüdern. Das führte zu einer Reihe von Synoden in Verdun, Mouzon, Ingelheim und Trier. Unter dem Vorsitz eines päpstlichen Legaten und in Gegenwart der Könige Otto I. und Ludwig IV. war die »heilige und allgemeine Synode« vom 7. bis 9. Juni 948 in Ingelheim ein bedeutendes Ereignis. Die Einheit der fränkischen Welt schien wiederhergestellt. Ludwig brachte seine Klagen vor und erreichte, daß Hugo der Große und Hugo von Vermandois ohne Vorbehalte verurteilt wurden. Die Verkündigung des Spruchs erfolgte in der Basilika des heiligen Remigius, des »Apostels der Franken«. Wie die übrigen Teile der Pfalz zu Ingelheim stammte diese Kirche aus der Zeit Karls des Großen. Zur Frage der weltlichen Gewalt im allgemeinen erklärte die Synode: »Niemand wage es in Zukunft, der Königsgewalt Nachteil zuzufügen oder sie durch ruchlosen Anschlag verräterisch zu entehren.« Die Anspielung war eindeutig, sie bezog sich auf die wenig rühmlichen Methoden Hugos des Großen. Sollte er sich nicht unterwerfen, würde er für immer aus der Kirche ausgeschlossen werden. Dies war eine besonders schwere Strafandrohung.

Flodoard, der die Synode als Augenzeuge erlebte, berichtet, daß der lateinische Text der Anklage, die Erzbischof Artold gegen seine Feinde erhob, »wegen der Könige« deutsch (*Teutisca lingua*) vorgelesen wurde. Wie es bei den Herrschern zur Zeit der Reichseinheit üblich gewesen war, konnte also auch Ludwig IV. diese Sprache noch verstehen.

Die Drohungen der Synoden mit Kirchenstrafen dürfen in ihrer Wirkung nicht unterschätzt werden. Sie führten beispielsweise dazu, daß einige Bischöfe die Partei wechselten, unter ihnen Wido von Soissons. Durch erneute Feldzüge unterstützt, hatten sie auch auf längere Sicht Erfolg: Herzog Konrad der Rote von Lothringen beispielsweise befolgte die Anweisungen der Synode von Ingelheim und eroberte in Absprache mit Ludwig IV. das feste Mouzon, das er Hugo von Vermandois abnahm. Die beiden Verbündeten konnten außerdem Amiens und die starke Burg Montaigu einnehmen, scheiterten aber erneut vor Laon, das Graf Tetbald von Blois verteidigte. Ihn exkommunizierte dann die Trierer Synode. Einer der Vasallen Ludwigs, der Vater des Geschichtsschreibers Richer von Saint-Remi, verhalf dem König schließlich durch List zur Einnahme der Stadt. Nur die Zitadelle wurde noch von Tetbald gehalten.

Die geistlichen Strafandrohungen zeigten offenbar weiter ihre Wirkung, als Papst Agapet II. auf einer römischen Synode im Jahr 949 die Verurteilungen bestätigte, die von den vorhergegangenen Kirchenversammlungen ausgesprochen worden waren. Unter der Vermittlung Konrads des Roten war Hugo der Große jetzt damit einverstanden, daß Verhandlungen eröffnet wurden. Sie führten im Jahr 950 zu einem ersten Friedensschluß an den Ufern der Marne. Hugo lieferte die Zitadelle von Laon aus und bekannte sich erneut als Vasall des Königs. Schon bald kam es allerdings zu erneuten Streitigkeiten zwischen den Vasallen beider Fürsten, und erst am 20. März 953 – das Datum wurde erst kürzlich in einer Handschrift im Escorial entdeckt – konnte in Soissons endgültig Frieden geschlossen werden.

Kurz darauf wurde Ludwig das Opfer eines Reitunfalls, als er an der Aisne zwischen Laon und Reims einen Wolf verfolgte, der ihm über den Weg gelaufen war – was zu seltsamen Legendenbildungen Anlaß gab. Der König starb am 10. September 954 und wurde zu Reims in Saint-Remi bestattet. Er war nur dreiunddreißig Jahre alt geworden.

Die tragischen Aspekte dieses Schicksals sind nicht zu bestreiten. Das politische Problem Ludwigs IV. waren nicht allgemeine Anarchie und Widerspenstigkeit sämtlicher Fürsten, sondern die übermächtige Stellung eines einzigen von ihnen. Dieser Fürst wollte als *dux Francorum* die tatsächliche Macht ausüben und dabei den König als Werkzeug benützen, um seinen ohnehin schon enormen Besitz an Ländern, Rechten und Privilegien immer weiter zu vergrößern. Dabei wollte Ludwig aber nicht mitspielen. Seine würdige Haltung und der Mut, den er bewies, verdienen Achtung, trotz der Ungeschicklichkeiten und politischen Fehler, die er beging, bevor sich am Ende seine Lage zu bessern schien. Als er starb, sah es so aus, als wären seine Anstrengungen umsonst gewesen. Seine Witwe Gerberga und sein minderjähriger Sohn Lothar mußten die gleichen Bedingungen annehmen wie Ludwig im Jahr 936, um die Zustimmung Hugos zur Königskrönung Lothars zu erhalten. Wie einst sein Vater, mußte jetzt Lothar die Länder der Robertiner bereisen und den Herzog auf einem Feldzug ins Poitou begleiten, das zeitweise in die Gewalt des Robertiners geriet. Selbstverständlich wurde der Titel *dux Francorum* erneuert.

Wenn man die Machtfülle der Robertiner betrachtet, die sie fast ohne jeden Rückschlag in der ersten Hälfte des 10. Jahrhunderts und darüber hinaus besaßen, liegt die Frage nach dem Ursprung nahe und nach den Fundamenten, auf denen diese Stellung errichtet wurde. Die Quellen erlauben wenigstens teilweise eine Antwort sowie die Feststellung, daß es einen regelrechten »Staat« der Robertiner gegeben hat, wobei man bei dieser Bezeichnung natürlich die Möglichkeiten der Zeit zu berücksichtigen hat. Seine Bedeutung für das Verständnis der Politik und Gesellschaft des 10. Jahrhunderts und für die Entstehung des kapetingischen wie des »feudalen« Zeitalters ist lange nicht erkannt worden.

»FEUDALE« WIRKLICHKEIT IM NEUSTRIEN DER ROBERTINER

Die Nachfolger von Hugo Capet, die heute Kapetinger genannt werden, sind von der nationalen Geschichte zu Recht als Architekten der französischen Einheit gefeiert worden. Die Robertiner dagegen, die »frühesten« Kapetinger, deren Name auf Robert den Tapferen, ihren Ahnherrn und ihre eigentliche Heldengestalt, zurückgeht, erhielten wesentlich weniger Beifall. Betrachtet man sie aus der Perspektive einer karolingischen Zentralgewalt, die mit der Bestimmung der Nation gleichgesetzt wurde, konnten die Robertiner zumindest in einigen Situationen zu den ersten gerechnet werden, die an der Schwächung der Königsmacht beteiligt waren. Sieht man das 10. Jahrhundert ganz unter dem Gesichtspunkt der Kämpfe, die sich im engeren Francien zwischen Seine und Maas abgespielt haben, dann ergibt sich in der Tat ein vernichtender Eindruck von den politischen und verfassungsmäßigen Zuständen im Land.

Das ändert sich aber vollständig, wenn man sich in das Neustrien der Robertiner versetzt, in ein Gebiet, das dem Königtum seit dem Jahr 897 faktisch versperrt war, wenn man von ein paar königlichen Privilegienverleihungen einmal absieht. Es gab hier Vasallen, die sich nicht untereinander bekriegten, sondern pünktlich zu den Gerichtstagen der Grafen erschienen, und die sich vor allem an den vom *marchio-princeps* einberufenen Versammlungen beteiligten. Sie kämpften heldenhaft gegen die Feinde von außen, gegen Normannen, Bretonen, Ungarn (beispielsweise 936) oder auch gegen die Widersacher ihres robertinischen Fürsten. Damit förderten sie natürlich Frieden und Stabilität in diesem Gebiet. Aus der

Region um die mittlere und untere Loire sind Urkunden des 10. Jahrhunderts mit umfangreichen Zeugenreihen erhalten. Darin sind diese Vasallen verzeichnet, sorgfältig angeordnet entsprechend ihrem Platz in der Gesellschaftshierarchie, hinter den Bischöfen, die den Robertiner mehr und mehr wie einen König umgaben. Zusammen mit der unbestreitbaren Machtentfaltung und politischen Zusammengehörigkeit sind auch geschickt eingerichtete oder angewendete Verwaltungsstrukturen zu beobachten. Sie erlaubten es den Robertinern, mitten im Westfrankenreich einen regelrechten »Staat« zu lenken. Man sollte diesen für die nationale Geschichte Frankreichs doch höchst bedeutsamen Geschichtsabschnitt nicht mehr länger vernachlässigen, schon deshalb, weil das kapetingische Königtum in vielfacher Hinsicht die Fortsetzung der robertinischen Fürstenherrschaft gewesen ist.

Daß mit König Odo von 888 bis 898 erstmals ein Robertiner regierte, konnte als Episode erscheinen. In Wirklichkeit war dies aber der Ausgangspunkt des robertinischen Staates. Der Besitz der Herrschaft ermöglichte es König Odo, seinen Bruder, Graf Robert, zu privilegieren und ihn zum *marchio* Neustriens zwischen Seine und Loire zu ernennen. Außerdem konnte er im Jahr 897 durchsetzen, daß der Karolinger Karl der Einfältige die neue und praktisch selbständige politische Einheit anerkannte. Von da an sind die Robertiner nie mehr ins Glied zurückgetreten. Ihr »Staat« hat also ein Jahrhundert von 888 bis 987 überdauert und war das Vorspiel zu den achthundert Jahren Königsherrschaft ihrer direkten Nachfahren.

Diese lange Dauer war im Jahr 987 natürlich nicht vorhersehbar. Aber die eben festgestellte Beständigkeit des vorbereitenden Jahrhunderts verringert doch deutlich das Gewicht häufig wiederholter Bemerkungen über den zufälligen und unsicheren Charakter von Hugo Capets Königtum, zu dem es, nach dem Tod des letzten karolingischen Königs, in Wahrheit keine Alternative gegeben hat. Die typischen Eigenschaften der Kapetinger als Sammler von Provinzen, als geduldige Erbauer und Verwalter eines Staates, zeigen sich bereits ganz offenkundig bei ihren Vorfahren, den Robertinern.

Den Aufstieg dieser Robertiner, insofern dem der Karolinger vergleichbar, bestimmte das langjährige Wirken von drei Herrscherpersönlichkeiten in Vater-Sohn-Nachfolge: Robert von 888 bis 923, Hugo der Große von 923 bis 956, Hugo Capet von 956/960 bis 987, dann als König bis 996. Außerdem sollte man die Ursprünge der Macht der Robertiner einbeziehen, so daß man vier Zeitabschnitte zu unterscheiden hat.

Robert der Tapfere und Hugo Abbas, der einer feindlichen Familie angehörte, aber Roberts Werk fortsetzte, verkörpern die Vorbereitungsphase von 852 bis 886: Eine beträchtliche Vasallenklientel entstand auf der Grundlage eines Militärkommandos, das die Karolinger für Robert im Loiregebiet zwischen Orléans und Angers eingerichtet hatten, um die Bretonen und Normannen zu bekämpfen. Von dieser Basis ausgehend sicherten sich Robert beziehungsweise Hugo der Abt (Abbas) auch einige große Klöster, voran Saint-Martin in Tours, und wurden dort Laienäbte. Das ermöglichte ihnen, zahlreiche Vasallen auf Klosterbesitz anzusetzen.

Unter Odo und Robert erstreckt sich die Ausbauphase des robertinischen Staates von 886 bis 898: Karl III. der Einfältige bestätigte die Verleihung des *marchio*-Titels an Robert von Neustrien, der als »Erbe« Odos, der Graf von Paris gewesen war, die Lehnshoheit über den Pariser Raum erhielt und sie mit den Lehen an der Loire vereinte. Er wurde ferner der Herr mehrerer wichtiger Klöster im Gebiet um Paris, die König Odo in seinen Machtbereich einbezogen hatte. Dadurch konnte Robert unter anderem auch über die Vasallen von Saint-Denis und Saint-Germain-des-Prés verfügen.

Seinen Höhepunkt erreichte der Staat der Robertiner unter Robert und Hugo dem Großen zwischen 898 und 956. Hugo war in allen Rechten und Besitzungen Nachfolger seines Vaters. Im Jahr 936 wurde er *dux Francorum* und führte diesen Titel erneut ab 943. In Neustrien besaß er unbestrittene Autorität, auch über die Bistümer. Oberhoheit beanspruchte er auch in Francien, Burgund und Aquitanien. Wegen seines Eingreifens in der Bretagne und in der Normandie nennen ihn die *Annales* von Fleury im Jahr 956 »Fürst der Franken, Bretonen und Normannen«. Die Vielschichtigkeit und Ausdehnung seiner Macht kennzeichnet auch der Titel *tremarcus:* »Markgraf in drei Reichen«.

Schließlich folgte die Periode der Krisen und Umgestaltungen unter Hugo Capet zwischen 956 und 987. Ursachen dafür waren vor allem die Minderjährigkeit der Söhne Hugos des Großen und der Drang der robertinischen Großvasallen nach mehr Unabhängigkeit, der sie zur Annäherung an das karolingische Königtum veranlaßte. Ein Verlust an direktem Einfluß im neustrischen Westen wurde aber teilweise ausgeglichen durch Gewinne im Osten und im Norden der *Francia*. Der Schwerpunkt des robertinischen Staates verlagerte sich dadurch in Richtung der Achse Paris–Orléans, die dann zum Zentrum des kapetingischen Machtbereichs wurde.

Ein Robertiner vereinte in seiner Person mehrere Zuständigkeiten von höchster Wichtigkeit, die sich überlagerten und ergänzten. Der *marchio* oder *dux*, eine Art Stellvertreter des Königs, war Anführer und bald auch Lehnsherr der Grafen in seinem Gebiet. Er war aber außerdem selber Graf über rund zehn Grafschaften, natürlich nicht die unbedeutendsten. In einer Reihe von Fällen kam zu diesem grundlegend wichtigen Rang noch die Stellung als Laienabt bedeutender Klöster, namentlich von Saint-Martin in Tours. Die Zeitgenossen haben das übrigens genau erkannt und beide Titel zu einem Begriff vereinigt, dem *abbacomes* oder »Grafen-Abt«, im speziellen Fall der Graf von Tours und Abt von Saint-Martin.

Dieses Bündel aus weltlichen und kirchlichen Machtbefugnissen ermöglichte es den Robertinern, jungen neustrischen Adligen Karrieren als Vasallen anzubieten, die reich dotiert waren mit Ländereien oft kirchlicher Herkunft. Sie konnten ihnen aber auch die Aussicht auf eine geistliche Laufbahn eröffnen, sei es als Kanonikus von Saint-Martin in Tours oder sogar als Bischof. Hier liegt das Geheimnis des festen Zusammenhalts im Staat der Robertiner, der selbst in den kritischsten Augenblicken erkennbar wird. Ein rascher Überblick über die Möglichkeiten, die sich aus den verschiedenen Zuständigkeiten des Fürsten ergaben, verdeutlicht die Grundstrukturen dieses Staatsgebildes, von dem das 10. Jahrhundert in Gallien politisch beherrscht wurde.

Die Robertiner waren in direktem Besitz der wichtigsten neustrischen Grafschaften, die jeweils einer Bischofsstadt entsprachen: Anjou (Angers), Touraine (Tours), Chartrain (Chartres), Orléanais (Orléans), Parisis (Paris) und seit 936/941 das Sénonais (Sens in Burgund). Außerdem waren sie Grafen im Blésois (Blois), Dunois (Châteaudun), Pincerais (Poissy) und im nichtnormannischen Teil des Méresais (auch »Madrie« genannt, *pagus Madriacensis*) um Ivry-la-Bataille. Seit dem Ende des 9. Jahrhunderts ernannte der Graf dort überall je einen *vicecomes*, dem er einen Teil des Grafschaftsguts übertrug. Das heißt, er verlieh ihm Ländereien und Rechte als wirtschaftliche Grundlage seines Amtes. Die Vizegrafen waren natürlich direkte Vasallen des Grafen, konnten aber nichts dagegen tun, daß ihm auch die übrigen Vasallen weiterhin unmittelbar unterstanden. So konnten sie nur sehr langsam eine eigene Gefolgschaft aufbauen.

Die übrigen Grafschaften Neustriens hatten ihre eigenen Grafen, deren jeweiliges Verhältnis zum Robertinerfürsten eine Einteilung in drei Gruppen nahelegt: Da ist zunächst der Graf von Rouen, selbst Fürst – *princeps Normannorum* – und folglich in seinem Gebiet sein eigener Herr; er war außerdem auch Kronvasall. Zu einem Zeitpunkt, den man im Augenblick nicht genau festlegen kann, der aber sicher vor 967 und wahrscheinlich vor 956 liegt, bekannte er sich als Vasall des Robertiners für die weiten Gebiete der Normandie westlich der Seine, die zu Neustrien gehörten. Zu den achtzehn Gerichtstagen und Versammlungen des neustrischen Herrschers zwischen 911 und 980, die in unseren Quellen greifbar werden, erschien er kein einziges Mal, aber er schickte ihm Truppen für seine Feldzüge. Und solange der Robertiner *marchio* war, blieb der Normanne Graf. Sobald der Neustrier zum *dux Francorum* aufgestiegen war, konnte der Graf den Titel *marchio* erhalten. Als der Herzog dann schließlich im Jahr 987 König wurde, war für den Normannen der Weg zum Herzogtitel frei. Er ist offiziell erstmals für das Jahr 1007 nachweisbar. Es bestand also eine enge institutionelle Bindung zwischen Neustrien und der Normandie, die übrigens in der Folgezeit gelegentlich selber die Bezeichnung »Neustrien« führte.

Die ausgedehnte Grafschaft Maine, deren Inhaber über einen eigenen Vizegrafen verfügte, war von ihrer Lage her nicht ganz so wichtig, aber doch auch zu beachten. Robert I. hielt es immerhin für vorteilhaft, seinen Sohn Hugo den Großen mit Judith, der Tochter des Grafen von Maine, zu verheiraten. Der Graf dieses Landes, das die Tradition des merowingischen *ducatus Cenomanicus* fortsetzte, erschien nur unregelmäßig in der Umgebung des *marchio – dux*, aber wenn er sich dort einfand, wurde er stets nach dem Fürsten an zweiter Stelle genannt.

Die übrigen Grafen Neustriens und einige von denen aus den Randgebieten dieses »Teilreichs«, die früher oder später in den Bannkreis der robertinischen Macht einbezogen wurden, waren Grafen-Vasallen: Für sie war nicht mehr der König, sondern der robertinische Herzog der unmittelbare Oberherr. Es ist zu beachten, daß ein solcher »Vasallengraf« ohne weiteres zugleich Vasall eines Bischofs sein konnte. So war der Graf von Vendôme Lehnsmann des Bischofs von Chartres, was ihn nicht hinderte, zugleich dem Fürsten von Neustrien zu dienen.

Von ihrem Titel abgesehen, waren diese Vasallengrafen kaum ranghöher als ein *vicecomes*. Als Vasallen der Robertiner erscheinen in dieser Stellung: die Grafen des Corbonnais (Mortagne), der Grafschaft Dreux, des Châtrais (der *pagus Castrensis* südlich von Paris, dessen Hauptort seit dem 18. Jahrhundert Arpajon heißt), das Melunois mit den beiden Grafschaften Corbeil und Melun, ferner die Grafen des »französischen« Vexin (Meulan), des Chamblios (*pagus Camliacensis*, später Grafschaft Beaumont-sur-Oise), der Grafschaft Beauvais, des Gâtinais (nordöstlich von Orléans), der Grafschaften Étampes und Senlis. Dazu kamen weiter östlich zeitweise noch die Grafen von Valois, Soissons und schließlich die von Montdidier (südlich von Amiens), wo man erneut der Familie der Grafen von Étampes begegnet.

Für den Gesamtbesitz der Robertiner, den Flodoard zur Zeit Hugos des Großen sehr bestimmt als *terra Hugonis* bezeichnet, ergibt das also gut zwanzig Grafschaften. Das Kerngebiet bildete der unmittelbare Besitz des Herzogs selbst, überwiegend entlang der Loire gelegen. Eine zweite Zone, hauptsächlich um Paris, bestand vornehmlich aus Grafschaften, die dem Herzog lehnspflichtig waren. Mehr am Rand schließlich lagen die Grafschaften Maine und, besonders deutlich, die Normandie.

Die erste Erschütterung in diesem wohlgeordneten Ganzen verursachte der Aufstieg der Vizegrafen. Sehr früh schon eigneten sich die Vizegrafen von Blois den Grafentitel an oder erhielten ihn verliehen. Die Vicomtes von Angers wurden Grafen von Anjou. In dieser Hinsicht konnte es gewiß Auswirkungen haben, daß der Robertinerfürst 936 vom König als *dux Francorum* anerkannt wurde. Tedbald I., Vizegraf von Tours und bereits Graf von Blois, suchte dazu noch den Grafentitel für Tours zu erlangen, so wie es Teudo in Paris gelang, der 925 und 937 *vicecomes*, im Jahr 942 aber, wie wir zeigen konnten, Graf war. Auch die Vizegrafen von Sens (»Leitnamen« Frotmund und Rainald) erreichten den Aufstieg zur Grafenwürde. In der Touraine wehrten sich die Robertiner lange und behaupteten noch 973 den Grafentitel für sich, mußten schließlich aber auch hier nachgeben. Wie tiefgreifend der Wandel war, wird vor allem in der Tatsache faßbar, daß diese neuen Grafen, beispielsweise die von Anjou, sofort ihre eigenen Vizegrafen ernannten. Es erscheint paradox, ist aber trotzdem wahr: Der Herzog der Franken stieg allzu hoch in die der Königswürde allernächsten Sphären und verlor dabei den festen Stand auf dem sicheren Boden der gräflichen Gewalt. Hier konnten sich zunehmend seine großen Vasallen durchsetzen, einfach deswegen, weil sie stets präsent waren. Der Robertiner blieb nicht einmal mehr Graf von Paris, wo Burchard von Vendôme auf Teudo folgte, wohl aber blieb er Graf von Orléans, was die geographische Verschiebung unterstreicht: Unter Hugo Capet entglitten die Grafen an der unteren Loire zunehmend dem Einfluß des Robertiners, dessen eigentliche Residenz nun Orléans wurde. Dies war auch noch so am Beginn des kapetingischen Königtums.

DER »ABBACOMES« UND DIE KLOSTERREFORM

Auf eine spezielle Würde haben die Robertiner-Kapetinger niemals verzichtet: auf die des Abts von Saint-Martin in Tours. Dazu muß man wissen, wie wichtig in dieser Zeit ganz allgemein die Stellung eines Laienabts gewesen ist und die eines Abts von Saint-Martin im besonderen. Wie schon erwähnt, behielten die Karolingerkönige manchmal den weltlichen Besitz großer Klöster für sich oder verliehen ihn ihren Großvasallen. Den Mönchen oder Kanonikern ließen sie dabei nur einen Teil des Gesamtbesitzes. Diese Praxis verstieß gegen das kanonische Recht und gegen die religiöse Bestimmung dieser Niederlassungen, aber sie war ein wichtiger Faktor in der Geschichte des Frankenreichs, das seit der Mitte des 9. Jahrhunderts schlimmsten Belastungen ausgesetzt war. Man hat dabei oft nur den negativen Aspekt der Usurpation gesehen und die Klagen der kirchlichen Quellen über die daraus resultierenden Mißstände wiederholt. So wurden andere und sehr bemerkenswerte Gesichtspunkte bei diesem Verfahren viel zu wenig beachtet, das die Verfügungsgewalt über ausgedehnte Ländereien eröffnete, die an Vasallen vergeben werden konnten. Die Laienäbte waren – was nicht vergessen werden darf – gläubige Christen, die den Kirchen nicht grundsätzlich schaden, sondern sie durchaus auch beschützen wollten. Spätestens in der zweiten Generation befaßten sich Laienäbte wohlwollend mit den ihnen anvertrauten Gemeinschaften, gaben Teile des Landbesitzes zurück und machten ansehnliche Stiftungen. Sie besuchten häufig die Kanoniker oder Mönche, besonders zur Teilnahme an Kirchenfeiern und Gerichtstagen. Die Anrede für Laienäbte war

»ehrwürdiger Abt«, und alle die »ehrwürdiger Graf« *(venerabilis comes)* genannten Grafen waren demnach Laienäbte. Darin dem König vergleichbar, wenn auch auf niedrigerer Ebene, nahmen sie kirchlich geprägte, fast klerikale Verhaltensformen an. Der Heilige ihrer jeweiligen Kirche wurde so zum besonderen Schutzpatron ihrer Dynastie, und die Kirche selbst entwickelte sich zur Begräbnisstätte für die Familie des Grafen und seine Vasallen. Dem Beispiel ihres Herrn gemäß ließen auch die Gefolgsleute dem Heiligen stattliche Geschenke zukommen, und kurz vor ihrem Tod wurden sie oft noch Mönche ihres Klosters. In diesen Kontext müssen Stellung und Handlungen der Robertiner eingeordnet werden, die ja Laienäbte von Saint-Martin in Tours, Saint-Aignan in Orléans, Saint-Denis, Saint-Germain-des-Prés und zahlreichen weiteren Klöstern waren. Man versteht dann besser, daß sie zu Förderern der Kirchen und ganz besonders der Mönche werden konnten. Sie leisteten dadurch einen oft unterschätzten, aber entscheidenden Beitrag zum eindrucksvollen Erfolg der Erneuerung des Mönchtums, zur cluniazensischen Reform, die von Frankreich aus das gesamte Abendland erfaßte.

Zunächst ist die Bedeutung von Saint-Martin in Tours festzuhalten. Diese Stiftskirche war zeitweise geradezu eine Art Hauptstadt im robertinischen Staat. Ihr *abbacomes* zählte Bischöfe, Kanoniker, Grafen, Vizegrafen zu seiner Umgebung und hatte es durchaus nicht nötig, einen anderen Titel anzunehmen. Seine Urkunden wurden von den Kanonikern seiner »Kanzlei« geschrieben und diktiert. Er konnte Ländereien der *mensa abbatis* (Tafelgut des Abts) als Prekarie verleihen, also befristet auf ein, zwei oder drei Leben. Sofern die Kanoniker zustimmten, konnte er aber auch Besitzungen der *mensa conventualis* vergeben. Die weltlichen Interessen der Kanoniker von Saint-Martin vertrat der Vogt. Von 892 bis mindestens 930 wurde diese Aufgabe von Adalmar und seinem Sohn Herveus besorgt. Danach war der entscheidende Mann in diesem Bereich offenbar der Schatzmeister *(thesaurarius, trésorier),* dessen Amt bezeichnenderweise von einem Kanoniker auf einen weltlichen Vasallen des *abbacomes* überging.

Zu Saint-Martin gehörten bis zu zweihundert Kanoniker, während die bedeutendste Stiftskirche der letzten Karolinger, Saint Corneille in Compiègne, »nur« rund einhundert zählte. Saint-Martin war also ein echter Mittelpunkt kirchlichen Lebens und eine Schule für künftige Bischöfe, die ihre Erhebung nicht selten der Gunst des Abt-Grafen verdankten. Dazu gehörten beispielsweise Bischof Walter von Orléans und sein Neffe, Erzbischof Walter von Sens (er krönte robertinische Könige und Rudolf), ferner die Erzbischöfe Robert und Teotolo von Tours, die Bischöfe Raino von Angers, Wido von Soissons (ein Sohn des Grafen Fulco von Anjou) und viele andere.

Zu den Kanonikern von Saint-Martin gehörte auch ein gewisser Odo, der Sohn des Vasallen Abbo. Nach der Zerstörung der Basilika durch die Normannen im Jahr 903 tadelte er seine Mitbrüder heftig: Ihr Leben sei nicht asketisch genug, und das sei schuld an dem Unglück, denn der erzürnte Heilige habe deswegen seinen Schutz versagt. Dieser unerbittlich strenge Mann, ein Freund des späteren Erzbischofs Teotolo, wurde Mönch von Cluny. Und er, der heilige Odo, war es dann, der dem von Berno in Gigny begonnenen, später in Cluny fortgesetzten Reformwerk auf der Grundlage der Regel Benedikts von Aniane seine umfassende Weite gab. Odo, der erste große Abt von Cluny, stammte aus der Gegend um Tours. Dort ließ er sich auch bestatten, und zwar im Jahr 942 in Saint-Julien zu Tours durch seinen Freund Teotolo, der dann die Reform dieses Klosters durchführte. Man hat viel zu wenig beachtet: Nach dem Gründer von Cluny, dem aquitanischen Herzog Wilhelm I. dem Frommen, und nach Herzog Rudolf, dem nachmaligen König, dem Cluny mit dem Mâconnais zugefallen war, folgten die Robertiner und ihre Großvasallen als die Förderer, vielleicht sogar die Initiatoren des Ausgreifens der cluniazensischen Bewegung auf ganz Frankreich.

Fleury-sur-Loire (Saint-Benoît-sur-Loire) wurde um 930 reformiert. Was den weltlichen Besitz angeht, war der entscheidende Mann bei diesem Reformwerk Graf Elisiernus/Elisiardus (er trug, wie einige Verwandte, beide Namensformen), ein Vasall der Robertiner und Angehöriger der Familie der Grafen von Corbie und Paris. Angeleitet von Odo wurde Elisiernus Mönch in Fleury, und der erste Zeuge in einer Urkunde für Fleury, in der sein Name erscheint, war Hugo der Große. Die gleiche Grafendynastie veranlaßte in Paris die Reform von Saint-Maur-des-Fossés. Hier verfaßte dann ein Mönch die Lebensbeschreibung eines Wohltäters des Klosters, die Vita des Grafen Burchard von Paris, des wichtigsten Beraters von Hugo Capet. Burchard förderte auch die Gründung von Saint-Pierre in Melun durch Erzbischof Seguin von Sens. Hugo Capet betraute im Jahr 994 Abt Majolus von Cluny mit der besonders wichtigen Reform von Saint-Denis. Der Abt starb zwar unterwegs in dem cluniazensischen Priorat Souvigny in der Auvergne, dennoch konnte sich seine Reform in Saint-Denis durchsetzen.

Majolus reformierte auch Marmoutier, die berühmte Klostergründung des heiligen Martin von Tours, die lange Zeit eine recht schlecht verwaltete, praktisch von Saint-Martin in Tours abhängige Stiftskirche war. Einer der robertinischen Großvasallen, Graf Odo von Blois und Tours, erhielt das Kloster von Hugo Capet, setzte vor 984 Cluniazensermönche ein und machte es zur Begräbnisstätte für seine Dynastie.

Sein Vater Tedbald I. hatte schon um 950 den Mönchen von Saint-Florent, die nach ihrer Flucht vor den Normannen in Tournus im Exil lebten, Schutz in seinem *castrum* Saumur gewährt: Saint-Florent de Saumur wurde eine der wichtigsten Loire-Abteien. Er erlaubte auch den Mönchen von Saint-Lomer die Niederlassung in seiner gräflichen Stadt Blois. Sehr wahrscheinlich wurde die Reform in beiden Klöstern durchgeführt. Auch Gauzfrid von Anjou ließ sein bedeutendes Kloster Saint-Aubin in Angers reformieren, dessen Laienabt er war. Er übertrug dieses Amt seinem Sohn Wido, und als dann zusätzlich ein regulärer Abt eingesetzt wurde, nahm er selber den Titel *archiabbas* (»Erzabt«) an.

Die Reformbewegung, die in den Klöstern eine neue Ordnung schuf, ließ den Laienäbten schließlich nur gewisse Patronatsrechte. Man muß diesen wichtigen Tatbestand berücksichtigen, zusammen mit dem nachfolgenden Aufschwung eines Klosters wie Marmoutier, das im 11. Jahrhundert mehr als einhundert cluniazensische Priorate in ganz Nordfrankreich entstehen ließ, oft als Gründungen von Vasallen und Aftervasallen. Damit gewinnt man eine Vorstellung davon, wie tiefgreifend sich die Lage der Kirchen und das Verhalten der Laien geändert haben. Dieser Wandel vollzog sich aber unter dem starken Einfluß der Robertinerfürsten und ihrer Großvasallen, die dann nicht zuletzt dank ihres Ansehens in der Kirche schließlich selber in den Fürstenstand aufstiegen. Man sollte auch die Motive wirtschaftlicher Natur nicht übersehen, die für die Großen eine Rolle gespielt haben. Die praktischen Fähigkeiten der Cluniazensermönche, ihre ernste Beharrlichkeit, die Ordnung, die sie in alle Klosterangelegenheiten brachten, bewirkten gewöhnlich einen wirtschaftlichen Aufschwung der klösterlichen Besitzungen und oft auch der ganzen Region. Es wäre aber ein grober Anachronismus, solchen Erwägungen ein Übergewicht gegenüber den geistlichen Gesichtspunkten zu geben. Diese Mönche strenger Observanz besaßen offensichtlich eine derartige innere Kraft zur Anrufung Gottes und der Heiligen, daß die Mächtigen dieser Welt in ihnen die Vermittler sahen, mit deren Gebet und Hilfe sie die Vergebung der Sünden erlangen konnten, für sich selbst und für ihre verstorbenen Anverwandten. Sie hofften aber genauso, die Mönche würden ihnen Glück und Erfolg bei ihren irdischen Angelegenheiten verschaffen.

Die Robertiner und ihre Vasallen standen also früher als andere in enger Beziehung zu dieser Klosterreform. Das erklärt, warum die Geschichtsschreiber am Ende des 10. und im 11. Jahrhundert geradezu darin wetteiferten, die Liebe dieser Dynastie zu den Kirchen und ganz besonders zu den Mönchen in jeder Weise herauszustreichen: Sie sahen darin einen der Gründe für den Aufstieg der Robertiner zum Königtum. Die Karolinger hätten dagegen die Kirche vernachlässigt. Dieses Urteil ist zwar nicht ganz zutreffend, aber es charakterisiert den eher konservativen Zug der Kirchenpolitik der Karolinger. Manche Bischöfe, beunruhigt über den Erfolg der Cluniazenser, waren damit übrigens ganz einverstanden. Die so folgenreiche Stellung der Robertiner als Grafen-Äbte hat schließlich auch zu dem Beinamen *Cappatus, Capetus* geführt, der zuerst bei Hugo dem Großen begegnet, dann aber auf dessen Sohn Hugo »Capet« übertragen wurde. Es handelt sich dabei um eine Anspielung auf die *cappa,* den kurzen Mantel des heiligen Martin, der schon unter den Merowingern und Karolingern zu den Reichsreliquien gehörte. Dieser Mantel hatte schon den »Kaplänen« in der geistlichen Umgebung – der »Kapelle« – der ersten Karolinger ihren Namen gegeben. In diesem Fall hatte die Volkstradition tatsächlich recht, die eine Dynastie als »Kapetinger« bezeichnete, deren Anfänge und ersten Erfolge so eng mit Saint-Martin in Tours verbunden sind, einer Kirche, von der sich die Robertiner zu keiner Zeit trennen wollten. Es ist wichtig, auch an diesen Ursprung des »dritten Königsgeschlechts« zu denken, und nicht nur an seine angeblichen Anfänge als Grafen von Paris.

Es stellt sich sogar die Frage, ob die später so bezeichnete »Welt des Feudalismus« nicht im 10. Jahrhundert entstanden ist, und zwar eher im Loiregebiet als an irgendeiner anderen Stelle. In dieser Region bewährte sich das »Feudalsystem« im Bereich eines Fürsten, der kein König war: Es konnte Ordnung und Frieden zwar nur bis zu einem gewissen Grad sichern, aber doch in einer für die Zeit bemerkenswerten Weise. Dieses Gebiet besitzt, wie durch Zufall, die frühesten Beispiele »feudaler« Großburgen, von Doué-la-Fontaine bis Langeais, von Saumur bis Châteaudun und Chartres. Die Welt dort war strikt hierarchisch geordnet, vom Fürsten über Grafen und Vizegrafen bis zu den Vasallen, deren unterschiedlicher Rang bei den Versammlungen und in den Urkunden sorgfältig beachtet wurde. Sie war auch eine Welt des Adels, in der die kirchlichen Würdenträger Positionen einnahmen, die dem Rang ihrer Familien entsprachen. Es war eine Welt, in der weltlicher und geistlicher Bereich eng verbunden waren, in der die Mönche von Cluny als die nützlichsten Menschen galten, in der aber auch die »ehrwürdigen Äbte« unter den Großen, selbst nach dem Verzicht auf die direkte Leitung der Klöster im letzten Drittel des 10. Jahrhunderts, ihre besondere Beziehung zum Sakralen bewahrten. Die »feudale« Welt dürfte kaum aus den verzweifelten Kämpfen der Karolinger im Nordosten hervorgegangen sein. Wahrscheinlicher sind die Ursprünge im robertinischen Neustrien zu suchen, einem Gebiet, das zum Mittelpunkt herausragender kultureller Leistungen werden sollte, von denen England noch im 12. Jahrhundert profitierte. Der Schwerpunkt der neuen, in der gallo-fränkischen Welt entstandenen Kultur befand sich an der Loire, bevor er sich nach Paris verlagerte.

LOTHAR UND DAS BÜNDNIS MIT DEN OTTONEN

Es wurde bereits dargestellt, unter welchen Umständen Königin Gerberga mit Unterstützung ihres Bruders Brun, des Erzbischofs von Köln, von dem mächtigen *dux Francorum* die Zustimmung zur Krönung ihres Sohnes Lothar erhalten hatte. Am 12. November 954 kam es auch zur Königssalbung Lothars in Saint-Remi. Jetzt war die Frage, ob sich der damals gerade dreizehnjährige König jemals aus der erdrückenden Vorherrschaft Hugos des Großen würde befreien können. Dieser hatte seine Besitzungen und die Zahl seiner Vasallen in Francien erheblich vergrößert, verglichen mit dem, was dort Odo und Robert erwerben konnten. Auf diese Weise gab Hugo seinen Titel »Herzog der Franken« realen Gehalt.

Außerhalb der *Francia* gewann Hugo einen treuen Verbündeten gegen die Karolinger durch die Verlobung (951) und Eheschließung (954) seiner Schwester Beatrix mit dem lothringischen Grafen Friedrich, der dadurch

Gemahl einer Nichte Ottos I. wurde und wenig später, im Jahr 959, die neugeschaffene Würde eines Herzogs von Oberlothringen erhielt. Sein Kerngebiet bildete das spätere Lothringen. Diese bleibende Verbindung zwischen Robertinern und Ottonen spielte am Ende des 10. Jahrhunderts eine ganz entscheidende Rolle. Genauso klug berechnet war die Verlobung von Hugos Tochter Emma mit Richard von der Normandie. Hier, wo Ludwig IV. mit dem Versuch gescheitert war, als Lehnsherr dauerhaften Einfluß zu begründen, gewann Hugo einen Verbündeten und nützlichen Gefolgsmann. Den größten Erfolg seiner Heiratspolitik erzielte der Frankenherzog in Burgund. Giselbert war im Jahr 952 Hugo dem Schwarzen als *princeps* von Burgund nachgefolgt und starb im Jahr 956 während eines Aufenthalts in Paris. Er vermachte seinem Schwiegersohn Otto, dem Sohn Hugos des Großen, alle seine Grafschaften und Rechte. Nur die Grafschaft Troyes fiel an Robert von Meaux, den Gemahl seiner zweiten Tochter und Sohn Graf Heriberts II. Otto wurde im Jahr 960 vom Karolingerkönig als Herzog von Burgund anerkannt und starb 965. Nachfolger wurde sein Bruder Odo, der als Herzog (965–1002) den Namen Heinrich führte. Von 956 an waren die Robertiner praktisch Herrscher über Burgund, das Geschlecht der Bosoniden, eine wichtige Stütze der Karolinger, war untergegangen.

Große Veränderungen brachte ein Ereignis, das sich als spürbare Zäsur in der Geschichte des Westfrankenreichs auswirkte: Am 16. Juni 956 starb Hugo der Große und hinterließ drei minderjährige Söhne – Hugo »Capet«, Otto und Odo. Erzbischof Brun von Köln, der »*archidux*« von Lotharingien, wie ihn eine Quelle nennt, dem Otto I. die Angelegenheiten im Westen übertragen hatte, konnte jetzt noch mehr als in der Vergangenheit seine Rolle als Schutzherr spielen. Er führte eine Art Regentschaftsregierung für seine Schwestern Gerberga und Hadwig – die eine war die Mutter der Karolinger Lothar und Karl, die andere die Mutter der drei jungen Robertiner. Die beiden Fürstinnen gingen ohne weiteres nach Köln, um sich Rat zu holen, während Brun seinerseits mehrmals im Westfrankenreich militärisch intervenierte, um seinen Schwestern gegen widerspenstige Vasallen beizustehen. Es kam aber auch zu einem gemeinsamen Vorgehen der Truppen Lothars und Bruns im Jahr 957 bei der Unterwerfung des Grafen Reginar III. von Hennegau, der es gewagt hatte, ohne Zustimmung des Königs seinen Verwandten Balderich zum Bischof von Lüttich wählen zu lassen. Reginar wurde gefangen, verurteilt und nach Böhmen verbannt. Das Bündnis beider Herrscher erlebte seinen Höhepunkt im Jahr 965: Otto I., seit 962 Kaiser, war eben aus Italien zurückgekehrt und feierte zusammen mit seinem bereits zum König gewählten Sohn Otto II. in Köln die Verlobung seiner Stieftochter Emma mit dem jungen Lothar.

Ferdinand Lot geht wohl zu weit, wenn er feststellt, Lothar erscheine in einer Urkunde wie ein karolingischer Unterkönig, weil er nach den beiden Ottonen mit dem bloßen Titel *rex* unterschreibt. Aber zweifellos ist Lothar vollständig in den Verband der Königsfamilie und in das ottonische Herrschaftssystem einbezogen worden.

Der »Familienpatriarch«, wie es der Schweizer Historiker G. A. Bezzola formulierte, war eben Otto I. Das erklärt, warum diese Konstellation bis zum Tod des Kaisers im Jahr 973 Bestand hatte.

Die Periode des ottonischen Einflusses auf das Westfrankenreich hatte beträchtliche Auswirkungen. Es kam dazu, daß Prälaten, die bedeutenden Adelsfamilien des ottonischen Lothringen entstammten, zwei für das karolingische Königtum entscheidende Bischofssitze einnahmen: Reims und Laon. Der Metzer Kanoniker Odelrich wurde Lothar im Jahr 962 von Brun als Reimser Erzbischof und Nachfolger Artolds »vorgeschlagen«. Adalbero, der Bruder des Grafen von Verdun und des Ardennenlands, stammte aus einer den Ottonen besonders ergebenen Familie und wurde 969 zum Nachfolger Odelrichs gewählt; er krönte später Hugo Capet. Schließlich war Adalbero-Azelin von 977 bis 1030 Bischof von Laon und verriet Karl, den letzten karolingischen Thronanwärter. Diese einfache Aufzählung zeigt, daß es am Ende des 10. Jahrhunderts noch kein nach außen fest abgegrenztes »Frankreich« gegeben hat. Das Westfrankenreich war noch immer ein Bestandteil des karolingischen Systems in seiner Überformung durch die Ottonen.

Die Kaiserkrönung Ottos I. war zugleich die Krönung dieser neo-karolingischen Reichsbildung. Sie hatte tiefgreifenden Einfluß auf die Einstellung des lothringischen und ostfränkischen Klerus, zumal dieser Klerus von der ottonischen Bischofspolitik begünstigt wurde. Nach einem zuerst unter Karl dem Kahlen entwickelten Vorbild bestand diese Politik darin, den Bischöfen mehr Macht zu geben, neben den Grafen oder an deren Stelle, in den Bischofsstädten, aber auch im Umland. Die Ottonen schufen so eine »Reichskirche«, die zu den Italienzügen wesentlich größere Kontingente stellte als die Herzöge und Grafen. Sie untergruben zugleich die herzogliche und gräfliche Machtstellung, besonders in Lotharingien, halfen damit aber auch dem Karolingerkönig, das gleiche zu tun, zumindest im verbliebenen Rest seines Einflußbereichs.

Damit wurde die gräfliche Gewalt der Bischöfe begründet oder wieder hergestellt, die im militärischen Bereich von Vögten oder Vasallengrafen wahrgenommen wurde. Diese Entwicklung ist erkennbar in einer Reihe von Bistümern der Kirchenprovinz Reims (Reims, Laon, Châlons, Beauvais, Noyon) und in Langres. Hier verlieh Lothar dem Bischof zu eigen außer »Stadtmauern, Markt und Münze der Stadt auch die gräflichen Rechte und die Zolleinnahmen an den Toren von Langres«. Lothar hatte durch mehrere Feldzüge die Kontrolle des Königs über dieses Bistum gesichert, dazu auch über die feste Stadt Dijon, die dem Bischof von Langres gehörte. Im Heiligen Römischen Reich stiegen allenthalben die Grafen-Bischöfe zu mächtigen Kirchenfürsten auf. In Frankreich dagegen gab es nur sechs Bistümer, in denen die Bischöfe auch gräfliche Gewalt besaßen, in Reims sogar mit dem Rang eines Herzogs. Nicht zufällig bildeten diese sechs Bischöfe dann im 13. Jahrhundert unter den zwölf Pairs von Frankreich das geistliche Kollegium.

Die Krondomäne der ersten Kapetinger war auf den Kernbereich Paris–Orléans reduziert. Trotzdem konnten sie sich behaupten, und in der Folgezeit vermochten sie sogar, ihr Einflußgebiet nach dem Nordosten auszudehnen, der im 11. und 12. Jahrhundert wirtschaftlich ständig an Bedeutung zunahm. Sie verdankten diesen Erfolg weitgehend ihrem karolingischen Erbe königsnaher Bistümer, ein Tatbestand, der manchmal bei der Einschätzung ihrer Machtmittel übersehen wird.

DIE »JÜNGEREN FÜRSTENTÜMER«

Die letzte Konsequenz der nach 956 eingetretenen Veränderungen betraf den Staat der Robertiner und ganz allgemein die Machtstellung der Grafen in den verschiedenen *regna*, das heißt also, ihre Position in einem System, das bis dahin weitgehend bestimmt wurde durch die Fürsten, die *dux* oder *marchio* eines ganzen *regnum* waren. Unter dem Einfluß der Ottonen wurde das königliche Recht, die Herzogswürde zu verleihen und den neuen Herzog als Vasall anzunehmen, wieder zur Geltung gebracht.

Dadurch verzögerte sich die Einsetzung Hugo Capets als Frankenherzog und die seines Bruders Otto als Herzog von Burgund bis zum Jahr 960. Der robertinische Staat mußte so ein regelrechtes Interregnum durchmachen, das ihn fast zum Einsturz gebracht hätte.

Die ehemaligen Vizegrafen, deren Aufstieg zur Grafenwürde bereits erörtert wurde, haben die für sie günstige Gelegenheit reichlich ausgenützt. Sie schufen sich eine selbständigere, quasi fürstliche Stellung, wobei sie ihre Gebiete auf Kosten des Herzogs und der Kirchen erweiterten. So brachte Tedbald I. von Blois vor 960 die Grafschaft und die Stadt Chartres in seine Gewalt. Auf einen Schlag beendete er die politischen Machtansprüche des Bischofs und die direkten Herrschaftsrechte der Robertiner über die Grafschaft. In der Folge begegnet man den Vizegrafen von Chartres, im Jahr 937 noch Vasallen des Herzogs, in Lehnsabhängigkeit vom Hause Blois. Den gleichen Erfolg hatte Tedbald offenbar in der benachbarten Grafschaft Châteaudun, wo der Vizegraf im Jahr 962 ein Vasall des Hauses Blois und mit dem Geschlecht der Herren von Chinon verwandt war. Auch diese Familie war aus der robertinischen Lehnsabhängigkeit in die des Hauses Blois übergegangen. Der schwere Rückschlag für die Macht der Robertiner war nicht mehr als eine Episode in der spektakulären Laufbahn dieses Tedbald, dem spätere legendenhafte Quellen den Beinamen *Tricator* (»der Täuscher«) gegeben haben: Um Chartres in seine Gewalt zu kommen, habe er den Normannen Harding hintergangen.

Diese für die politischen und verfassungsmäßigen Veränderungen exemplarische Karriere hatte auch beträchtliche Auswirkungen auf die politische Landkarte des mittelalterlichen Frankreich. Das mächtige Fürstentum von Blois und Champagne-Brie, das im 12. Jahrhundert für die Kapetinger so bedrohlich war, geht letztlich auf Tedbald zurück. Der Vater dieses Helden, Tedbald der Ältere, war von vornehmer fränkischburgundischer Abstammung und verwandt mit *marchio* Hugo von Arles, seit 926 König von Italien. Zu Beginn des 10. Jahrhunderts erschien er an der unteren Loire und wurde sofort zum Vizegrafen von Tours ernannt (vor 908), wenig später dann zum Vizegrafen von Blois. Tedbald I., der ihm um 940 nachfolgte, war Graf von Blois. Er kämpfte für Hugo den Großen in Francien, wo seine Familie über ausgedehnten Besitz verfügte. Er war dort, wie schon erwähnt, der Kerkermeister Ludwigs IV. und der Verteidiger von Laon gegen die Truppen des Königs und der Ottonen.

Zu dieser Zeit hatte er schon den ersten Schritt zur politischen Selbständigkeit getan: Die Söhne Heriberts II. gaben ihr Einverständnis zu seiner Eheschließung mit ihrer Schwester Lietgard, der Witwe Wilhelms von der Normandie. So konnte er sich im Jahr 946 einen Anteil an der Erbschaft Heriberts sichern, durch den er ein direkter Vasall des Karolingerkönigs wurde. Zugleich ist zu beobachten, daß Tedbald eine Heiratspolitik betrieb, die der herausragenden Stellung seines Hauses entsprach; er verheiratete seine Schwester mit Alan II. Barbetorte, dem Herzog der Bretagne. Dieser unterstellte kurz vor seinem Tod sein Land und seinen sehr jungen Sohn Drogo dem Schutz und der Obhut Tedbalds. Seine Schwester vermählte Tedbald in zweiter Ehe mit seinem Verbündeten, Graf Fulco II. dem Guten von Anjou. Zugleich übertrug er ihm die Aufsicht über seinen Neffen Drogo und die Kontrolle über die südliche Bretagne mit der beherrschenden Grafschaft Nantes. Für sich behielt er den Norden der Bretagne, dessen wichtigste Grafschaft Rennes war. Für dieses Übereinkommen hatte Tedbald eine beträchtliche Geldsumme erhalten. Er verwandte sie für den Bau sehr fester steinerner Türme, die zu den ersten großen »Donjons« (Wohntürme, lat. *dominatio*) gehören: Er errichtete sie in Blois, Saumur und Chinon, außerdem in Chartres und Châteaudun, nachdem er diese beiden Städte übernommen hatte.

Während des »Interregnums« der Robertiner trafen sich die beiden verbündeten Grafen Tedbald und Fulco im Jahr 958 in Verron, an der Grenze ihrer beiden Gebiete, mit Großen und Bischöfen der Bretagne. Sie gaben sich die Titel »Grafen von Gottes Gnaden« und »durch das Geschenk Gottes Herrscher und Verwalter dieses Reichs«. Noch im September 960 trafen sich die Grafen Tedbald von Blois, Gauzfrid I. Graumantel von Anjou, soeben Nachfolger Fulcos geworden, und Hugo von Le Mans in Rivarennes bei Tours, um Probleme des Landes zu beraten.

Hugo Capet, der im selben Jahr durch königliche Verleihung endlich die Titel und Rechte seines Vaters zurückerhielt, konnte nie vollständig wiedergewinnen, was er damals in Neustrien verloren hatte. Er stand neuen »Fürsten« gegenüber, die eigene Vasallengrafen hatten: das Haus Blois in Rennes, das Haus Anjou in Nantes. Zugleich waren diese Männer selber Kronvasallen und Vasallen anderer Fürsten, so Gauzfrid von Anjou, wegen seines Lehens Loudun ein einflußreicher Gefolgsmann am Hof des Herzogs von Aquitanien.

Wie bedeutend die politischen Veränderungen waren, machen auch

die Urkunden sehr deutlich, die sich die Kirchen von weltlichen Großen
ausstellen ließen. Für die Zeit vor 956 sind neunzehn Urkunden der
Robertiner überliefert gegenüber fünfzehn von allen Grafen und Vizegrafen zusammen; nach 956 lautet das Verhältnis sieben zu dreiundvierzig.
Aber auch der Wortlaut der Urkunden ändert sich. Die neuen Fürsten
verwendeten den Stil der Königskanzlei und den *pluralis maiestatis*, denn
ihre Urkunden galten als Privilegien anstelle königlicher Verleihungen.
Auch ihr Handzeichen in Kreuzesform wurde statt der Unterzeichnung
durch den robertinischen Herzog bei der Bestätigung von Rechten und
Besitzungen anerkannt. Entsprechend den Wünschen der neuen Fürsten
und nicht mehr nach denen des Königs oder des Herzogs wurden jetzt
Bischöfe und Äbte ernannt oder vielmehr »gewählt«. Der Graf von Anjou
leitete die Wahlen in Angers, während der Graf von Blois und Tours
seinen Druck auf das Erzbistum von Tours ausübte. Nachdem er seinen
Einfluß auch auf das nördliche Berry ausgedehnt hatte, brachte er zweimal einen Bruder auf den Bischofsstuhl von Bourges: Richard, den Halbbruder Tedbalds, und Hugo, den Bruder des Grafen Odo I. Den Robertinern blieb nur die Oberherrschaft über diese Gebiete, die ihnen entglitten
waren. Das zwang sie dazu, um Orléans, Paris und gegen Francien hin ein
neues Kerngebiet ihrer Macht zu errichten.

So kann man also von jüngeren Fürstentümern sprechen, die anders
sind als die älteren: Diese waren begründet von Markgrafen-Herzögen,
die über ein ganzes Teilreich *(regnum)* herrschten, beispielsweise Aquitanien, Neustrien und Burgund.

Neben den »Grafschaftensammlern« der zweiten Gründungswelle
gab es eine Zwischenkategorie. Zu ihr gehörte der Graf von Rouen, weil er
zusätzlich der Anführer einer geschlossenen Volksgruppe war: Er war
Fürst der Normannen. Zu ihr gehörte aber auch der Graf von Flandern,
das Oberhaupt der *Flandrenses*. Denn diese Flamen gehörten zwar zum
Frankenreich, unterschieden sich aber von den »Franken«. Die beiden
Fürsten konnten fast gleichzeitig, spätestens bis zu den Jahren 967 und
962, den Titel *marchisus* erlangen – das ist bereits die französische Umformung von *marchio*. Dieser Titel wurde von König Lothar verliehen. Es ist
sehr bezeichnend, daß in beiden Fürstentümern seit dieser Zeit vom
regnum (»Reich«) die Rede war, dessen Herrscher der Markgraf war. Das
Vorbild der Fürstentümer der ersten Gründungswelle ist unbestreitbar.
Die Konsequenz war, daß die Normannen und Flamen jetzt ihren eigenen

Herrn hatten, ranghöher als ein gewöhnlicher fränkischer Graf. Das gleiche hatten schon seit einiger Zeit die Bretonen, Aquitanier, Gascogner, die Goten Septimaniens und die Burgunden erreicht. So nehmen die großen französischen Provinzen im karolingischen Gallien des 10. Jahrhunderts Gestalt an.

Odo I., der Sohn Tedbalds von Blois, versuchte ebenfalls, den Markgrafentitel zu führen, aber trotz seiner großen Macht ohne bleibenden Erfolg. Seinen zahlreichen Grafschaften in Neustrien und Francien fehlte ein gemeinsames ethnisches Unterscheidungsmerkmal, auch wenn er, als einziger neben den Robertinern, östlich und westlich der Seine begütert war. Sein Vetter Heribert III. aber nannte sich *comes Francorum* in Analogie zu *dux Francorum* und wurde vom Karolingerkönig zum Pfalzgrafen ernannt. Dieser Titel blieb dem Geschlecht der Grafen von Blois als Erben der Heribertiner. Sie wurden damit in der *Francia* immerhin die Begründer einer ganzen Region im heutigen Wortsinn: der Champagne.

Man muß den Mut und die Hartnäckigkeit von Herzog Hugo II. bewundern, der den Versuch nie aufgegeben hat, durch Kampf und mit Hilfe einer listenreichen Politik die Stellung wiederzugewinnen, die ihm für einen Herzog der Franken angemessen erschien. Die Historiker haben diesen Abschnitt seines Lebens wenig beachtet, weil sie sich auf »Hugo Capet«, den ersten Kapetingerkönig, also auf die Zeit nach 987 konzentriert haben. Doch ist auch die vorausgehende Phase von Interesse, denn sie hilft verstehen, warum der Sohn eines so mächtigen Herzogs nur ein schwacher König war.

Gegen die Intrigen Tedbalds stützte sich Hugo, ohne seine Feindseligkeit offen zu zeigen, auf die Nachbarn, die ebenfalls wegen der wachsenden Macht des Grafen von Blois und Chartres beunruhigt waren: Gauzfrid I. von Anjou und Richard von der Normandie. Richard heiratete im Jahr 960 die Schwester des Robertiners, eine Verbindung, die noch von Hugo dem Großen in die Wege geleitet worden war. Das neue Bündnis trug Früchte während eines Konflikts zwischen Franken und Normannen, der nach 960 einige Jahre andauerte. Als Tedbald im Juli 962 Rouen angriff, schlug ihn Richard bei Ermentrouville, vor den Toren seiner Hauptstadt. Der gleichnamige Sohn Tedbalds fiel in diesem Kampf. Jetzt konnten die Normannen ihrerseits das Gebiet um Chartres verwüsten und die Stadt niederbrennen.

Wie Flodoard berichtet, faßte deswegen Tedbald I. einen tiefen Haß auf Hugo. Dieser hatte ihm die übliche Hilfeleistung vorenthalten, die er ihm entsprechend den wechselseitigen Verpflichtungen zwischen Lehnsherr und Vasall schuldig gewesen wäre. Tedbald begab sich an den Hof Lothars, wo er freundlich aufgenommen wurde. Über die beteiligten Personen hinaus blieben Feindseligkeit und Mißtrauen zwischen den Robertinern-Kapetingern und dem Haus Blois für lange Zeit eine politische Konstante, ebenso wie das Bündnis zwischen Robertinern-Kapetingern und dem Haus Anjou.

Hugo II. übernahm im Jahr 962 die Initiative. Er sprach sich dafür aus, daß dem 961 verstorbenen Reimser Erzbischof Artold jetzt Hugo von Vermandois nachfolgen solle, der, wie bereits erwähnt, in den Jahren 946 bis 948 aus dem Erzbistum verdrängt worden war. In dieser Frage konnte der Herzog mit den Brüdern des Ex-Erzbischofs rechnen, also mit Graf Robert von Meaux und Troyes sowie mit Heribert III. Robert hatte übrigens 960 dem König vorübergehend die wichtige Festung Dijon entreißen können, außerdem richtete er weiter seine Angriffe gegen Bistümer, die zum König hielten, und bekriegte zum Beispiel 963 Châlons-sur-Marne. Eine Synode von dreizehn Bischöfen entschied sich für Hugo von Vermandois, ein Anzeichen dafür, wie weit Hugo II. seine Macht zurückgewonnen und reorganisiert hatte. Indessen konnte sich Lothar gut behaupten; er rechnete mit der Unterstützung durch Erzbischof Brun von Köln und durch Otto I., den Johannes XII. eben zum Kaiser gekrönt hatte. Dieser Papst war sofort bereit, Hugo von Vermandois zu exkommunizieren, der kurz darauf in Meaux verstarb. Im Einverständnis mit Brun ließ Lothar den bereits erwähnten Odelrich zum Erzbischof von Reims wählen. Dieser schwere Mißerfolg der Robertiner war begreiflicherweise für Robert und Heribert III. der Anlaß, dem Schritt des Bruders, des Grafen Albert von Vermandois, und des Schwagers Tedbald zu folgen: Sie verbündeten sich mit den Karolingern.

WESTFRANKEN LÖST SICH AUS DEM EINFLUSSBEREICH DER OTTONEN

Die Heribertiner wurden nun zur stärksten Stütze König Lothars. Sie ermöglichten ihm mit ihren beträchtlichen Machtmitteln eine aktivere Politik zu führen, unabhängig von der Hilfe der Ottonen. Selbst die Probleme, die seit jeher zwischen dem Familienclan der Heribertiner und dem Erzbistum Reims standen, schienen sich einer Lösung anzunähern: Im Jahr 965 wurden Epernay von Heribert und Coucy von Tedbald »zurückgegeben«, beides Besitzungen der Reimser Kirche. Die von Odelrich über die zwei Grafen verhängte Exkommunikation wurde aufgehoben, und sie erhielten auch die gleichen strategischen Positionen wieder, aber als Prekarie, als Lehen der Kirche also. Es ist zu beachten, daß Tedbald dabei auf die Vermittlung seines Sohnes Odo zurückgriff, der damit in den Umkreis der Karolinger einbezogen wurde.

Das war ein Wendepunkt in der Geschichte Westfrankens mit entscheidender Bedeutung für das Schicksal der Karolinger. Die Reimser Kirche war bisher ein Pfeiler des karolingischen Königtums gewesen. Sie konnte aber nicht auf Dauer und zum Nachteil ihrer eigenen Vasallen die Vergünstigungen hinnehmen, die Lothar bereitwillig den Heribertinern zugestand. Er förderte Heribert III., der 967 in Troyes und Meaux seinem Bruder Robert nachfolgte, dann Heribert IV., den Sohn Roberts von Meaux, der um 980 bis 983 in allen Grafschaften seines Onkels Heribert III. die Nachfolge antrat, und schließlich Odo I., der 974 oder 975 seinen Vater Tedbald I. beerbte.

Trotz kurzfristiger Vorteile wurde dieses Bündnis mit den Heribertinern verhängnisvoll für die letzten noch herrschenden Nachkommen Karls des Großen. Denn Reims suchte, wenn auch zunächst kaum merklich, eine Annäherung an den Herzog der Franken. Noch schwerwiegender war es, daß die Erzbischöfe, eng verbündet mit den Ottonen, dem Karolinger die Unterstützung des Imperiums entzogen und gleichzeitig dessen Annäherung an die Robertiner förderten. Diese Neuorientierung erklärt auch, warum König Lothar eine zunehmend ottonenfeindliche Politik betrieb. Er hoffte, in Lotharingien das zu erreichen, was sein Vater nicht hatte durchsetzen können. Auf diese Weise würde es ihm möglich sein, seine wertvollen Verbündeten aus dem Haus Vermandois zu belohnen, deren Ziele genau in diesen Gebieten lagen, die ihren eigenen Ländern benachbart waren. Diese Politik wäre für einen wirklich mächtigen Karolinger völlig legitim gewesen. Unter den eben dargestellten Umständen erscheint sie aber geradezu als selbstmörderisch: Sie isolierte den König, der nun zwischen dem Reich und einem wiedererstarkten Herzog der Franken stand. Sobald die Unterstützung durch die Reimser Kirche wirklich wegfiel, die faktisch über die kirchliche Legitimierung des Königtums verfügen konnte, mußte sich der Untergang der Karolingerdynastie als logische Folge ankündigen.

Man muß sich fragen, ob die letzten Karolinger diesen Gefahren gegenüber völlig blind waren. Ein kürzlich von Heinz Löwe gemachter Fund erlaubt es, klarer zu erkennen, welche Hintergründe die Veränderungen am Königshof gehabt haben und wie es zu dem unseligen Ereignisablauf kam, dem die karolingischen Könige zum Opfer fielen. An diesem Hof begegnen wir Rorico, einem natürlichen Sohn Karls des Einfältigen und seit 949 Bischof der karolingischen Hauptstadt Laon; ferner Ragenoldus (Renaud) von Roucy, dem Grafen von Reims und Vasallgrafen des Erzbischofs, verheiratet mit Alberada, der Tochter der Königin Gerberga aus ihrer ersten Ehe mit Giselbert von Lotharingien. Im Jahr 961 verfaßte Rorico eine Schrift »Über die Lage der Kirche«, in der er vor allem das Problem von Kirchengut im Besitz von Laien behandelte. Dabei äußerte er den Willen zu Reformen, beeinflußt durch Odo von Cluny, durch Verfechter der Klosterreform in Lotharingien und durch einige Angehörige seines eigenen Klerus, die aus Irland stammten.

Dazu muß man wissen, daß die meisten bischöflichen Vasallen auf Ländereien saßen, die zu Klöstern gehört hatten, die während der Normannenstürme zerstört oder vom Bischof eingezogen worden waren. Im 10. Jahrhundert hatte man diese Klöster weitgehend wieder eingerichtet und neu aufgebaut, oft durch Mönche der Reformbewegung. Die Idee einer mehr oder weniger vollständigen Rückgabe dieser Klosterbesitzungen und von Kirchengut ganz allgemein bedrohte unmittelbar die Vasallen und dadurch auch den König. Er stützte sich bisher ja weitgehend auf die Reimser *militia*, die Ragenoldus von Roucy im Kampf zu führen hatte. So versteht man besser, warum ein Königtum, das weitgehend auf die bischöfliche Macht angewiesen war, wenig Interesse daran hatte, über zurückhaltende Ansätze hinaus ein Reformmönchtum zu unterstützen, das auf dem besten Weg war, übermächtig zu werden. Diese Reformbewegung war andererseits aber durchaus vereinbar mit den Interessen der Robertiner und der übrigen Fürsten, denen sehr daran gelegen war, die Stellung der Bischöfe in den Grafschaften unter fürstlicher Herrschaft militärisch und politisch zu schwächen. Erkennbar wird auch, daß die aus Lotharingien stammenden Reimser Erzbischöfe ihre reformfreundliche Politik fortführten und verstärkten. Hier liegt eine der Ursachen für die geänderte Politik Lothars: Gegenüber einem Bündnis mit Bischöfen, die weniger mächtig und vielleicht auch weniger verläßlich waren, weil sie sich mehr ihren geistlichen Aufgaben als ihren weltlichen Verpflichtungen zuwandten, bevorzugte jetzt der König das Zusammengehen mit heribertinischen Grafen, die ihm bereitwillig bei lohnenden Unternehmungen folgten.

Der Abbau der Beziehungen zum Reich geschah in Etappen, die durch den Tod Bruns im Jahr 965 und Ottos Tod im Jahr 973 bestimmt wurden. Zwischen diesen beiden Ereignissen ist eine Abkühlung feststellbar, aber es gab noch keine offenen Feindseligkeiten. Aber gegen Ende der siebziger Jahre kam es erstmals zu einem heftigen Konflikt zwischen dem Kaiserreich und dem Königreich der Franken im Westen. Fast sofort nach dem Tod des großen Kaisers begannen Reginar und Lambert, die Söhne des 958 abgesetzten und verbannten Grafen Reginar, Lotharingien zu verwüsten und die Grafen umzubringen, die von den Ottonen in den Gebieten ihres Vaters eingesetzt worden waren. Otto II. griff im Jahr 974 persönlich ein, konnte die Angreifer aber nur hinter die Grenze zurückwerfen. Im Jahr 976 fanden sie Verstärkung durch Verbündete, die dem königlichen Hof nahestanden: Otto, der Sohn Graf Alberts I. von Vermandois, und Karl, der Bruder Lothars. Karl hatte keinen Anteil am Königreich geerbt und war auf der Suche nach einer eigenen Herrschaft – das blieb sein Schicksal bis zuletzt. Die Verbündeten errangen einen Sieg über die Truppen des Kaisers, und im Verlauf der Schlacht wurde Graf Gottfried von Verdun verwundet, der ein Gefolgsmann der Ottonen und der Bruder Erzbischof Adalberos von Reims war.

Otto II. kam bei seinen Gegenmaßnahmen ein ernster karolingischer Familienkonflikt zugute. Er gab den Söhnen Reginars die Grafschaften ihres Vaters zurück und verlieh Karl die Würde eines Herzogs von Niederlothringen. Damit machte er einen Karolinger zum Reichsvasallen, der eben vom Hof in Laon verjagt worden war. Er hatte nämlich Königin Emma beschuldigt, ein Verhältnis mit Bischof Adalbero von Laon zu unterhalten. Was der Kaiser für einen diplomatischen Geniestreich hielt, war in Wirklichkeit ein schwerer Schlag gegen die Ehre Lothars und des Westfrankenreichs. So empfanden es jedenfalls alle Vasallen, auch Hugo Capet.

Der überraschende Angriff Lothars auf die Pfalz in Aachen im Jahr 978, mit dem er Otto II. und dessen Gemahlin, die byzantinische Prinzessin Theophanu, in seine Hand bekommen wollte, erklärt sich richtig erst durch diese Ehrenfrage, jenseits aller weiteren Schlußfolgerungen aus den verschlechterten Beziehungen zwischen Karolingern und Ottonen. Otto II. wurde von seinen Leuten über den geplanten Angriff unterrichtet, aber an eine solche Tollkühnheit Lothars wollte er lange nicht glauben. Erst im allerletzten Augenblick ergriff er die Flucht. Die Kaiserpfalz wurde verwüstet. Lothar ließ sogar den Adler auf dem Dachfirst der Aachener Pfalz wieder nach Osten wenden, den einst Karl der Große aufgestellt hatte und den die Ottonen nach Westen gerichtet hatten.

Der Kaiser dachte nur an Rache und erließ das Aufgebot zu einem allgemeinen Krieg gegen Lothar. Alle *regna* des Kaiserreichs mußten ihre Kontingente stellen. So begann Otto gegen jede Vernunft seinen Feldzug am 1. Oktober, also gerade vor Beginn der schlechten Jahreszeit. Seine Truppen hatten den Befehl zur Schonung der Kirchen erhalten, aber als Vergeltung für Aachen verbrannten sie die karolingischen Pfalzen Attigny und Compiègne. Lothar fand Zuflucht im Gebiet des Frankenherzogs, dessen Städte, voran Paris, den Angriffen tapfer standhielten. Der Kaiser sah sich durch das schlechte Wetter zum Rückzug gezwungen. Er ließ seine auf dem Montmartrehügel versammelte Geistlichkeit ein *Te Deum* anstimmen und heftete seine Lanze an eines der Stadttore von Paris. Dann trat er den Heimweg an, der beinahe in einer Katastrophe geendet hätte: Dank der von Adalbero von Reims gestellten Führer kam zwar der Hauptteil des Heeres davon, aber die Nachhut, aufgehalten vom Hochwasser der Aisne, erlitt durch die Angriffe von Lothars Truppen schwere Verluste.

In diesem Krieg, der als Zank zwischen zwei Herrscherhäusern begonnen hatte, sind erste Spuren eines Nationalgefühls zu beobachten. So heißt es in der Datumszeile einer Urkunde aus Marmoutier bei Tours, also aus dem Machtbereich der Robertiner: »Unter dem großen König Lothar, in seinem sechsundzwanzigsten Jahr, als er die Sachsen angriff und den Kaiser in die Flucht schlug.« Die Chronik von Saint-Maixent im Poitou berichtet: »Der Kaiser Otto stand vor Paris, aber die Franken schlugen ihn in die Flucht.« Noch um 1015 behauptet ein Chronist aus Sens, der Kaiser und seine Truppen seien in größter Unordnung heimgekehrt, und fügt hinzu: »Danach kam es weder Otto noch seinem Heer erneut in den Sinn, nach Frankreich zu ziehen.« Beide Reiche gingen von da an eigene Wege, auf denen sie sich zunehmend voneinander entfernten.

DAS SCHEITERN DER KAROLINGER

König Lothar scheint nicht erfaßt zu haben, welche weitreichende Bedeutung dieser erste und denkwürdige Zusammenschluß des Königreichs hatte. Statt dessen hat er die Zugehörigkeit Lotharingiens zum Kaiserreich schon 979 anerkannt. Aus der Tatsache, daß wenig später Karl erneut am Hof in Laon anwesend war, darf gefolgert werden, daß sich Otto und Karl für ihren Angriff auf Lothars Ehre entschuldigt haben. Ganz offensichtlich ist es also Lothar in erster Linie um diese Genugtuung gegangen. Die heftige Kritik, die damals gegen den König und seine »Verzichtpolitik« geäußert wurde, belegt einen schweren Prestigeverlust zu einem Zeitpunkt, der eigentlich den Wiederaufstieg hätte einleiten müssen.

Wie der Inhalt der Abmachungen hatte die überstürzte Eile der Aussöhnung befremdet: Sie richtete sich gegen denselben Hugo Capet, der eben noch Lothar militärisch gerettet hatte. Hugo ging auch ohne Zögern 981 zum Kaiser nach Italien, um die Annäherung zwischen Otto II. und Lothar zu durchkreuzen.

Lothar, der entsprechend dem byzantinisch-ottonischen Vorbild seinen Sohn Ludwig V. im Jahr 979 zum Mitkönig gemacht hatte, mußte wegen erneuter Fehler weitere Rückschläge hinnehmen. Er hatte für seinen Sohn die Eheschließung mit der Witwe eines Grafen von Gévaudan akzeptiert, weil er hoffte, dadurch, wie früher, ein karolingisches Königtum Aquitanien errichten zu können. In Wirklichkeit machte er sich damit lächerlich, denn die Ehe des jugendlichen Königs mit einer wesentlich älteren Frau wurde ein völliger Fehlschlag, und Ludwig mußte wieder nach Laon zurückkehren. Otto II. erlitt in Süditalien 982 einen eklatanten Mißerfolg und starb im Jahr 983. Danach konnte Lothar kurzfristig hoffen, östlich des Rheins als Schiedsrichter aufzutreten: Auf der einen

Seite standen die Witwen Ottos I. und Ottos II., Adelheid und Theophanu, zusammen mit dem sehr jungen Otto III.; ihr Widersacher war der Vetter (im Mannesstamm) des verstorbenen Königs, Herzog Heinrich »der Zänker«, der die Großen für seine eigene Thronkandidatur zu gewinnen suchte. Lothar unterstützte zunächst Heinrich und verfeindete sich damit für immer mit dem ottonischen Hof, der sich um Otto III. geschart hatte. Otto verdankte seinen schließlichen Erfolg nicht zuletzt der tatkräftigen Hilfe von Hugo Capets Schwester Beatrix, die Oberlothringen nach dem Tod ihres Gemahls mit fester Hand regierte.

Für die Karolinger hatte sich so die denkbar nachteiligste Lage ergeben, nämlich ein enges Bündnis zwischen dem Kaiserreich und Hugo Capet. Vermittler dabei war Erzbischof Adalbero von Reims, der Lothar besonders feindlich gesonnen war, weil sein Bruder Gottfried bei dem Versuch, Verdun gegen die Angriffe der Truppen des Königs, Odos von Blois und Heriberts IV. zu verteidigen, in Gefangenschaft geraten war. Er wurde über lange Jahre in Geiselhaft gehalten. Die damaligen Verhandlungen und Intrigen sind uns gut bekannt dank der Korrespondenz Gerberts von Aurillac, der zu dieser Zeit Domscholaster in Reims war.

Gerbert gab Kaiserin Theophanu verläßliche und wertvolle Nachrichten. Er hatte der Sache des Reichs schon in Italien gedient, als ihn Otto II., der seine Kenntnisse bewunderte, zum Abt von Bobbio ernannt hatte. Bobbio war ein Reichskloster, das der Gelehrte im Jahr 983 verlassen mußte, als nach dem Tod seines Herrn Unruhen in Italien ausbrachen.

Adalbero, der indirekt für seinen Bruder Gottfried und für die Interessen des Kaiserreichs eintrat, geriet in eine schwierige Lage. Die Könige Lothar und Ludwig V. entschieden sich dafür, ihn wegen Hochverrats anzuklagen. Das Verfahren wurde aber zweimal vorzeitig abgebrochen: Der unerwartete Tod erst Lothars (2. März 986), dann Ludwigs V. (21. Mai 987) rettete den Erzbischof. Das mögliche Ergebnis dieses Verfahrens, zu dem das Einverständnis der Großen Westfrankens erforderlich war, bleibt sehr zweifelhaft, zumal, wenn man an das immer engere Bündnis zwischen Adalbero und Hugo Capet denkt.

Es war also keine Überraschung und kein revolutionärer Akt, daß die vom Reimser Erzbischof einberufenen Großen, die alle der Sache Hugo Capets anhingen, zur Königswahl des Herzogs der Franken schritten. Adalbero krönte ihn am 3. Juli 987. Gewiß war Hugo mit den Ottonen verbündet, und eine seiner ersten Herrscherhandlungen war die Rückgabe von Verdun an das Kaiserreich. Aber er war in keiner Weise ihre Kreatur, so wie dies Karl von Lothringen gewesen war.

Die neue Dynastie hatte mit Odo und Robert I. dem Land bereits zwei Könige gestellt und nur das Erlöschen der Karolinger in direkter Linie abgewartet; ihre Übernahme der königlichen Gewalt vollzog sich jetzt in aller Ruhe. Selbst Katalonien, das den Karolingern doch besonders anhing, erkannte den neuen König an. Markgraf Borell bat ihn sogar um Hilfe gegen die Araber. Sehr geschickt benützte Hugo diesen Vorwand. Unter Hinweis auf die angeblich beabsichtigte gefahrvolle Heerfahrt in weite Ferne erreichte er, nach dem auch hier wirksamen byzantinisch-ottonischen Vorbild, daß sein Sohn Robert am 30. Dezember 987 in Orléans zum Mitkönig *(consors regni)* gewählt und gekrönt wurde.

Ungefähr im Mai 988 konnte Karl von Lothringen jedoch durch einen Überraschungsangriff Laon einnehmen und dann als Thronanwärter auftreten. Mit ihm verbündeten sich Odo von Blois und Chartres sowie Heribert von Troyes und Meaux. Zweimal scheiterten die Könige Hugo und Robert bei dem Versuch, Laon zurückzugewinnen. Danach hielten sie es für einen schlauen Schachzug, Lothars illegitimen Sohn Arnulf 989 in Reims zum Nachfolger Adalberos wählen zu lassen. Dadurch sollte er der Partei seines Onkels abspenstig gemacht werden. Arnulf aber lieferte Reims an Karl aus, und die beiden Könige mußten im Jahr 990 einsehen, daß sie die Stadt angesichts der vereinten Reimser und heribertinischen Streitkräfte nicht militärisch zurückgewinnen konnten.

Wie im Jahr 858 haben aber erneut die Bischöfe das Westfrankenreich gerettet. Arnulf war der einzige Verräter, so daß sich Karl nicht zum König wählen und krönen lassen konnte; er blieb Thronanwärter. Ein Bischof sorgte auch für die Entscheidung, zwar durch eine häßliche Treulosigkeit, die aber nur dem Verrat Arnulfs entsprach: Bischof Adalbero von Laon, der 988 Gefangener Karls geworden war, täuschte nach seiner Freilassung einen Übertritt auf dessen Seite vor. Er wurde wieder als Bischof von Laon eingesetzt, und in der Nacht vom 29. auf den 30. März 991 lieferte er seine Stadt samt Karl an die beiden Könige aus. Karl wurde in Hugo Capets Turm zu Orléans eingeschlossen und starb wohl bald darauf.

Niemand dachte daran, sich für einen Sohn Karls einzusetzen, der in Freiheit geblieben war, während die anderen Söhne als Gefangene in

Orléans saßen: Otto, wie sein Vater Herzog von Niederlothringen, starb ohne Erben im Jahr 1012.

Diese wenig großartigen Anfänge wurden den ersten Kapetingern von den Geschichtsschreibern im Königreich vorgeworfen. Trotzdem, sie haben eine überlegte Entscheidung getroffen, als sie sich uneingeschränkt auf den Episkopat stützten und rasch aufeinanderfolgende »Nationalsynoden« einberiefen. Besonders zu denken ist an die Synode von Saint-Basle zu Verzy im Juni 991, die den Verräter Arnulf verurteilte und absetzte. An seine Stelle trat Gerbert von Aurillac. Vom Papst wurde dieses Verfahren, das den Regeln des kanonischen Rechts zuwiderlief, allerdings nicht anerkannt. Er zwang schließlich König Robert II. zum Nachgeben, der durch eine leidige Eheaffäre moralisches Ansehen eingebüßt hatte. Aber das änderte nichts an den nachfolgenden Ereignissen: Gerbert ging nach Italien und wurde erst Erzbischof von Ravenna, dann als Silvester II. sogar Papst. Arnulf aber, der endlich klüger geworden war, wurde erneut als Erzbischof eingesetzt. Das Bündnis des Königs mit den Bischöfen sicherte die völlige Unabhängigkeit des Königreichs gegenüber dem Kaiserreich wie gegenüber dem Papsttum. Das Westfrankenreich hatte die Welt der karolingischen Einheit hinter sich gelassen und ging seinen eigenen Weg.

Die Ursprünge Frankreichs sind mit dem Land und seinem Klima verknüpft. Beide Faktoren förderten einen Prozeß der ständigen Erneuerung, in dem aufeinanderfolgende Völkerschaften zu einer Einheit verschmolzen. Gemeinsam entwickelten sie auf diesem Boden und in diesem Klima besondere Lebensformen, eine reiche Kultur und eine besonders ausgeprägte Liebe zu ihrem Land. Diese Voraussetzungen sind von den vergangenen Generationen zum eigenen Vorteil akzeptiert worden, sie sollten auch von der Gegenwart nicht im nachhinein gedanklich abgelehnt werden. Schon Michelet hat dem von Augustin Thierry so besonders herausgestellten Gegensatz der Rassen widersprochen. Für Michelet besteht das Volk eben gerade aus einer »Verschmelzung der Rassen«. Der geschichtliche und kulturell-zivilisatorische Reichtum Frankreichs ist das Ergebnis eines Akkumulationsprozesses, in dem alle ethnischen, demographischen, technischen und kulturellen Einzelbeiträge zusammengefaßt wurden. Wollte man nach dem jeweiligen Geschmack die Kelten oder die Römer oder die Franken oder die Völker davor einfach ausschließen, würde man einem Trugbild nachlaufen: dem Bild einer schon damals vorhandenen französischen Nation, mit ihren Idealen, ihren Fähigkeiten und ihren großen geistigen Gaben. Diese Nation, eine der bedeutendsten Europas, steht nicht am Anfang ihrer Geschichte, sondern ist deren Ergebnis.

Die Verschmelzung der unterschiedlichen Elemente zu einem erst regionalen, dann nationalen Zusammengehörigkeitsgefühl konnte sich nicht ohne ein aktives Gemeinwesen, nicht ohne Staat und Verwaltung vollziehen. Der Staat, um damit zu beginnen, ist unentbehrlich für die Ausbildung der politischen und administrativen Grenzen, deren Spuren noch in den Dialekten des heutigen Frankreich zu finden sind. Die Staatsgewalt wirkte innerhalb eines jeweils umgrenzten Territoriums und führte zu einer »Territorialisierung« der Bevölkerung, die dabei an Einheitlichkeit gewann. Die Kontinuität dieser öffentlichen Gewalt läßt sich gut beweisen: Nicht nur der Ausdruck, auch die Auffassung von der *res publica* hat in Frankreich überdauert, die *chose publique* ist nie untergegangen.

Der *princeps* mit Sitz in seinem Palast – dies letztere Wort hat bereits in der westgotischen Gesetzgebung die abstrakte Bedeutung von »Regierung« – bleibt stets der einzige, von dem öffentliche Funktionen legitim ausgehen können. Solche Funktionen verliehen Gewalt über die Menschen und behielten ohne jede Unterbrechung die römische Bezeichnung *honor*. Wer Karriere machen konnte, gehörte fast ausnahmslos zur Adelsschicht, die in der Spätantike entstand und die dann durch den Anschluß vornehmer Franken und Goten erweitert wurde. In jenen Jahrhunderten war man von Geburt dazu bestimmt, in der Welt oder in der Kirche über Menschen zu gebieten, und in der obersten Adelsschicht konnte man auch dazu geboren sein, vielleicht König zu werden. Es war eine Welt der aristokratischen Hierarchie, in der man sich auch den Himmel hierarchisch geordnet vorstellte. Nach den Worten des Apostels Paulus war diese Ordnung gottgewollt. Der Schlüssel zum Verständnis dieser von Konstantin bis zu Karl dem Großen vorherrschenden Mentalität ist das Alte Testament. Es lieferte ein Modell der Gesellschaftsordnung und des Königtums für jene, die ein »neuer David« sein wollten, aber auch für das fränkische Volk, das sich als das neue auserwählte Volk verstand und dies auch vernehmlich verkündete. Dieses stolze Selbstgefühl ist unmittelbar übergegangen in die »Königsreligion« (*religion royale*, Ernest Renan) wie in die nationale Hochstimmung des »französischen Mittelalters« und der »*Chanson de Roland*«.

Auf solchen theokratischen Grundlagen ging die christliche Epoche der politischen Ursprünge Galliens von der Idee der Einheit von Kirche und Staat aus, die einander durchdrangen und wechselseitig beherrschten. Die Vorstellung getrennter Verantwortlichkeit und Legitimation ist vor der Jahrtausendwende niemandem in den Sinn gekommen. Die gregorianische Reform forderte dann die Gewaltenteilung, aber selbstverständlich mit deutlichem Übergewicht für die Kirche, während in Reaktion darauf spätere Konzeptionen vom Übergewicht des Staates ausgingen.

Hier ist eine der Bruchstellen erkennbar, durch welche die Periodisierung der beiden ersten Bände dieser »Geschichte Frankreichs« gerechtfertigt wird. Daneben stehen aber die oft erstaunlichen Kontinuitäten, die zeigen, wie wichtig die »Ursprünge« für den weiteren Verlauf der Geschichte sind. Dem Gottesfrieden, der sich gegen Ende des 10. Jahrhunderts von Südgallien ausgehend verbreitete, lag die Rechtsvorstellung der *convenientia* zwischen weltlichen Herren und Bevölkerung zugrunde (Elisabeth Magnou-Nortier). Karl der Kahle hatte diese Idee in seinen »Verträgen« mit dem Adel entwickelt, den er dadurch in die Eide bei der Königssalbung einbezogen hatte. Der Begriff tritt schon unter den Merowingern auf, und zwar als Bestandteil eines römischen Vertragsformulars, nach dem die Partner einer *convenientia* als *pares* bezeichnet werden, als *Pairs*. Und so sprechen noch die Troubadours des 12. und 13. Jahrhunderts bei Erwähnung der *Treuga Dei* auf provenzalisch von *convinensa* und *pariers*. Frankreich hat – wie auch dieses Beispiel zeigt – eine in sich geschlossene Geschichte.

Eine weitere Kontinuität ist hervorzuheben, die sehr früh im Dualismus zwischen Neustrien und Austrien greifbar wird. Seit sich Chlodwig in Köln als König anerkennen ließ, ohne als Eroberer aufzutreten, seit sich seine Dynastie dafür entschieden hatte, die Traditionen der rheinischen *Francia* zu respektieren, die zum Kernland von Austrien wurde, kann man von zwei fränkischen Gallien ausgehen. Die Sprache des einen war romanisch, das andere war zweisprachig. Das eine dominierte politisch in der Zeit der Merowinger, die große Stunde des anderen kam unter den Karolingern. Die Grenzen mochten sich noch verschieben, aber dieser Dualismus war das Vorspiel zu der Auseinanderentwicklung, die in Gallien nach 843 zur Trennung zwischen »Frankreich« und »Lotharingien« führte. »Frankreich« ist eben nicht identisch mit »Gallien«.

Die Dunkelheit über den Ursprüngen Frankreichs lichtet sich zunehmend dank der Geschichtsforschung, der Archäologie und anderer Nachbarwissenschaften. Die Methoden dieser Disziplinen verfeinern sich ständig. Zugleich erhellen sich aber auch die Köpfe, in denen es lange Zeit nur nebelhafte Vorstellungen über diese fernen Jahrhunderte gegeben hat. In diesem Buch sollte gezeigt werden, daß wesentliche Grundlagen für Frankreichs bedeutende historische Rolle in Europa schon während der langen Periode, die seiner eigentlichen Entwicklung vorausging, gelegt worden sind.

(−) 4,5 Milliarden Jahre	Entstehung der Erde
570–225 Mio.	Paläozoikum
300 Mio.	Entstehung der Vogesen, des Zentralmassivs, des armoricanischen Gebirges
225–65 Mio.	Mesozoikum
65–1,5 Mio.	Tertiär
37 Mio.	Entstehung der Pyrenäen
12 Mio.	Entstehung der Alpen
4 Mio.	Erste Hominiden
2,3 Mio.	Erste Werkzeuge
1,5 Mio.	Beginn des Quartärs
600 000	Günz-Eiszeit
500 000	Paläolithikum
480 000	Mindel-Eiszeit
380 000	Gebrauch des Feuers
235 000	Riß-Eiszeit
120 000	Würm-I-Eiszeit
100 000	Neandertaler
90 000	Mittleres Paläolithikum. Moustérien
80 000	Würm-II-Eiszeit
40 000	Würm-III-Eiszeit
35 000	Cro-Magnon-Mensch
25 000	Aurignacien
15 000	Höhlenmalereien von Lascaux
15 000	Solutréen, Magdalénien

10 000	Würm-IV-Eiszeit. Mesolithikum
8 000	Auftreten der Eiche. Jungpaläolithikum
5 000	Neolithikum
um 4 650	Ackerbauernsiedlung von Courthezon
3 500	Beginn der Megalithkultur
3 000	Höhepunkt des Chasséen
2 700	Pfahlbauten vom Lac Paladru
2 500	Seine-Oise-Marne-(SOM-)Kultur
2 200	Glockenbecher-Kultur
2 000	Schnurkeramik. Wagen mit Pferdegespann
1 800	Bronzezeit
1 200	Urnenfelder-Kultur
1 000	Auftreten der Proto-Kelten
800	Eisenzeit. Hallstatt-Kultur
620	Gründung von Marseille
500	Beginn der keltischen Expansion
um 450	Kratér von Vix
450–50	La-Tène-Kultur
300	Verstärkter Druck der germanischen Völker
250	Wanderung der Belger
124	Gründung von Aix-en-Provence
118	Gründung von Narbonne
107	Sieg der TIGURINI über die Römer bei Agen
102	Marius schlägt die Teutonen bei Aix-en-Provence
101	Marius schlägt die Kimbern bei Vercelli
61	Hilfeersuchen der Häduer an Rom
58–52	Caesar in Gallien
43	Gründung von Lyon
12 v. Chr.	Errichtung des Altars von Condate
9 n. Chr.	Niederlage des Varus
70	Aufstand von Civilis und Classicus
um 88	Beginn der Errichtung des Limes
161–180	Kaiser Mark Aurel
177	Die Märtyrer von Lyon
212	CONSTITUTIO des Kaisers Caracalla
	Allgemeine Verleihung des römischen Bürgerrechts
260	Gallisches Sonderreich. Postumus Kaiser

	275	Einfall der Alemannen und Franken
	283	Soziale Unruhen in der Armorica
	293	Kaiser Constantius Chlorus
	313	Sogenanntes Edikt von Mailand: freie Glaubensausübung für die Christen
	337	Tod Kaiser Konstantins
	355	Erneuter Ansturm der Franken und Alemannen
	360	Julian Apostata in Paris zum Kaiser ausgerufen
um	395	Tod des Ausonius
	406	Einfall der Alanen, Sueben und Vandalen
	418	Niederlassung der Westgoten in Aquitanien
	435	Aëtius wird zum Patricius ernannt
	451	Einfall der Hunnen
	454	Tod des Aëtius
	476	Ende des weströmischen Kaisertums
	481–511	Chlodwig
um	496	Sieg der Franken über die Alemannen
um	498	Taufe Chlodwigs
	506	LEX ROMANA BURGUNDIONUM
	507	Chlodwig schlägt die Westgoten bei Vouillé
um	509	Chlodwig wird König der Rheinfranken
	511	Synode von Orléans. Tod Chlodwigs. Erste Teilung des Frankenreichs
	536	Die Franken in der Provence
um	550	Gründung von Saint-Germain-des-Prés
	558–561	Wiederherstellung der Reichseinheit unter Chlothar I.
	568	Einfall der Awaren
	594	Columban in Luxeuil. Tod Gregors von Tours
	600	Tod des Venantius Fortunatus, Dichter und Bischof von Poitiers
	613–629	Chlothar II.
	629–639	Dagobert I.
	639	Balthild regiert für Chlodwig II.
	640	Tod Pippins des Älteren
	641	Erchinoald Hausmeier in Neustrien
	642–662	Grimoald I. Hausmeier in Austrien

657–664	Balthild regiert für Chlothar III.
658	Ebroin Hausmeier in Neustrien
um 660	Gründung von Corbie und Chelles
um 675	Münzreform des Ebroin
678	Hinrichtung Leodegars, Bischof von Autun
680	Ermordung Ebroins
um 680	Sarkophage von Jouarre
687	Schlacht von Tertry
	Vormachtstellung Pippins des Mittleren
711	Arabische Invasion in Spanien
714	Tod Grimoalds II. und Pippins des Mittleren
716–719	Siege Karl Martells über die Neustrier
720–725	Arabische Eroberung von Septimanien
721	Herzog Eudo von Aquitanien schlägt die Araber bei Toulouse
732	Die Araber werden bei Poitiers zurückgeschlagen
736–739	Feldzüge Karl Martells in Septimanien und in der Provence
741	Tod Karl Martells
742	Chrodegang wird Bischof von Metz
743–751	Childerich III., letzter Merowingerkönig
743	Synode Karlmanns in Lestinnes
744	Synode Pippins des Jüngeren in Soissons
747	Abdankung Karlmanns
751–768	König Pippin der Jüngere
752 und 759	Septimanien wird fränkisch
754	Papst Stephan II. in Gallien
	Italienzug der Franken
756	Anfänge des Kirchenstaats
760–768	Unterwerfung Aquitaniens
768	Thronbesteigung Karls und Karlmanns
768–775	Kirchenneubau in Saint-Denis
771	Karl wird Alleinherrscher
772	Beginn der Sachsenkriege
773–774	Eroberung des Langobardenreichs
778	Roncesvalles
781	Ludwig wird König von Aquitanien

	785	Taufe Widukinds. CAPITULARE SAXONICUM
	785–801	Eroberung der Spanischen Mark
	787	Unterwerfung Herzog Tassilos von Bayern
	789	ADMONITIO GENERALIS
	790–799	Errichtung der Pfalz in Aachen
	794	Synode in Frankfurt
	795–796	Sieg über die Awaren
	796–804	Alkuin, Abt von Saint-Martin in Tours
	800	Kaiserkrönung Karls des Großen
	802	Verwaltungsreformen
	806	DIVISIO REGNORUM
	812–814	Konstantinopel erkennt das karolingische Kaisertum an
	814	Tod Karls des Großen
	816	Synode in Aachen
	817	ORDINATIO IMPERII
		Aufstand Bernhards von Italien
	817–821	Klosterreform des Benedikt von Aniane
um	818	Sankt Galler Klosterplan
um	820	Evangeliar des Ebbo von Reims
	823	Geburt Karls des Kahlen
	829	Synoden in Paris, Lyon, Toulouse, Mainz
	830	Erste Absetzung Ludwigs des Frommen
	833	Zweite Absetzung Ludwigs des Frommen
	834	Wiedereinsetzung des Kaisers
	840	Tod Ludwigs des Frommen
	841	Schlacht von Fontenoy-en-Puisaye
	842	Die Straßburger Eide
	843	Teilungsvertrag von Verdun. Hoftag in Coulaines
	848	Krönung Karls des Kahlen in Orléans
um	850	Fresken von Saint-Germain in Auxerre
	855	Tod Lothars I.
	856	Die Normanneneinfälle werden heftiger
	860	Johannes Scotus am Hof Karls des Kahlen
	866	Tod Roberts des Tapferen
		Die Bibel Karls des Kahlen
	869	Krönung Karls in Metz

875	Karl der Kahle wird Kaiser
876	Schlacht bei Andernach
877	Kapitular von Quierzy
	Tod Karls des Kahlen
877–879	König Ludwig der Stammler
879	Synode in Troyes
879–882	König Ludwig III.
879–884	König Karlmann
880	Reichsteilung in Amiens zwischen Ludwig III.
	und Karlmann
881	Sieg Ludwigs III. bei Saucourt über die Normannen
882	Tod Bischof Hinkmars von Reims
885–886	Belagerung von Paris durch die Normannen
885–887	Karl der Dicke König in Westfranken
888–898	König Odo
893	Karl der Einfältige wird gekrönt
897	Verständigung zwischen Odo und
	Karl dem Einfältigen
898–922	Karl der Einfältige regiert allein
910	Gründung von Cluny
911	Der Normanne Rollo wird Graf von Rouen
921	Tod des Richard Justitiarius
922–923	König Robert I.
923–936	Rudolf von Burgund, westfränkischer König
um 933	Begründung des Gesamtkönigreichs Burgund
936–954	Ludwig IV., westfränkischer König
936	Hugo der Große wird DUX FRANCORUM
942	Wilhelm Langschwert wird ermordet
	Frieden von Visé-sur-Meuse
943	Tod Heriberts II.
	Ludwig IV. in der Normandie
948	Synode von Ingelheim
953–965	Erzbischof Brun, Herzog von Lotharingien
954–986	Lothar III., westfränkischer König
956	Tod Hugos des Großen
vor 960	Tedbald von Blois bringt die Grafschaft Chartres
	in seine Gewalt

960	Hugo Capet wird Herzog der Franken,
	sein Bruder Otto Herzog von Burgund
960–987	Gauzfrid I. Graumantel, Graf von Anjou
965–1002	Herzog Heinrich von Burgund
962	Kaiserkrönung Ottos I.
965	Die Heribertiner verbünden sich mit Lothar
969–989	Erzbischof Adalbero von Reims
um 975	Errichtung von Cluny II
976	Karl wird Herzog von Niederlothringen
978	Kaiser Otto II. vor Paris
986–987	Ludwig V., westfränkischer König
987	Königswahl Hugo Capets
	Krönung seines Sohnes Robert II.
988–991	Auseinandersetzung der beiden Könige
	mit Karl von Lothringen
989	Beginn der Gottesfrieden-Bewegung in Aquitanien
991	Synode von Saint-Basle in Verzy
994–1031	Abt Odilo von Cluny
996	Tod Hugo Capets, Alleinherrschaft Roberts II.
999	Gerbert von Aurillac wird Papst (Silvester II.)

GESAMTDARSTELLUNGEN
1. Europa, besonders Westeuropa 540
2. Frankenreich/Frankreich 541

SAMMELWERKE UND HILFSMITTEL VON ALLGEMEINER BEDEUTUNG
1. Sammelwerke 542
2. Hilfsmittel (Bibliographien, Quellenkunden, Nachschlagewerke) 545
3. Zeitschriften 550

REGIONAL- UND STADTGESCHICHTE
1. Allgemeines zur Regionalgeschichte 551
2. Einzelne Regionen 552
3. Allgemeines zur Stadtgeschichte 555
4. Einzelne Städte 557

KIRCHE, STAAT, GESELLSCHAFT, WIRTSCHAFT, KULTUR
1. Kirche, Kirchenrecht und Verfassung, Spiritualität 559
   A. Allgemeines 559
   B. Kirchenrecht, Verfassung, Synoden, Episkopat 561
   C. Spiritualität, Liturgie, Hagiographie, Mönchtum 564
2. Herrscher und Dynastien, Hof, Adel, Verwaltung und Heer 568
3. Wirtschaft und Gesellschaft, »materielle Kultur« 574
4. Kultur, Kunst, Literatur 580

HISTORISCHE URSPRÜNGE IM GESCHICHTLICHEN BEWUSSTSEIN 585
GEOGRAPHIE, KLIMA, GRENZEN, DEMOGRAPHIE 587
VORGESCHICHTE, ARCHÄOLOGIE, ANTHROPOLOGIE,
NEUE METHODEN 589
INDOEUROPÄER, KELTEN UND GRIECHEN IN »GALLIEN« 591
DAS RÖMISCHE GALLIEN BIS ZUR REICHSKRISE DES 3. JAHRHUNDERTS . 594
VON KONSTANTIN ZU CHLODWIG (4.–5. JAHRHUNDERT):
DER SIEG DES CHRISTENTUMS 596
DIE MEROWINGERZEIT (6.–7. JAHRHUNDERT) 601
DIE KAROLINGERZEIT (8.–9. JAHRHUNDERT) 606
DAS 10. JAHRHUNDERT 614

BIBLIOGRAPHISCHE HINWEISE

Die Bibliographie der französischen Ausgabe wird hier um zahlreiche deutsche Titel, um Neuerscheinungen seit 1984 und wichtige Spezialliteratur ergänzt, um dem Fachmann wie dem nach näherer Auskunft suchenden Laien einen selektiven Einblick in die Fülle der internationalen Forschung zu geben.

GESAMTDARSTELLUNGEN (BIS ZUM JAHR 1000)

I. EUROPA, BESONDERS WESTEUROPA

M. BANNIARD, Le Haut moyen âge occidental, Paris 1980 (»Que sais-je?«)

The Cambridge Medieval History, Cambridge 1911 ff., 2. A. (8 Bde. in 9 Teilen) 1924 ff., (internat. Autorengremium; IV 1–2, 1966 in Neufassung)

H. DANNENBAUER, Die Entstehung Europas, 2 Bde., Stuttgart 1959–62 (Bd. 2 Fragment aus dem Nachlaß)

J. DHONDT, Das frühe Mittelalter, Frankfurt 1968 (Fischer Weltgeschichte Bd. 10; französische, von M. ROUCHE überarb. Neuausgabe: Le Haut Moyen Age. VIIIᵉ–XIᵉ siècles, Paris 1976)

R. FOLZ u. a., De l'Antiquité au monde médiéval, Paris 1972 (Peuples et Civilisations, Neuausgabe, Bd. 5)

R. FOSSIER (Hrsg.), Le Moyen Âge, Bd. 1, Paris 1982

G. FOURNIER, L'Occident de la fin du Vᵉ siècle à la fin du IXᵉ siècle, Paris 1970 (Collection »U«)

F. L. GANSHOF, Le Moyen Âge, 2. A. Paris 1958 (Histoire des Relations internationales, Bd. 1)

L. GENICOT, Das Mittelalter. Geschichte und Vermächtnis, Graz 1958 (Übersetzung von: Les lignes de faîte du Moyen Âge, jetzt 7. A. Tournai 1975)

Handbuch der Europäischen Geschichte, hrsg. v. T. SCHIEDER, Bd. I: Europa im Wandel von der Antike zum Mittelalter, hrsg. v. T. SCHIEFFER, Stuttgart 1976

Historia Mundi. Ein Handbuch der Weltgeschichte, hrsg. v. F. VALJAVEC, Bd. 1–5, Bern (Lizenzausgabe München) 1952–56

G. LIVET, R. MOUSNIER, Histoire générale de l'Europe, Bd. 1: P. GRIMAL, J.-P. MILLOTTE, M. PACAUT, R. RAYNAL, L'Europe des origines au début du XIVᵉ siècle, Paris 1980 (s. Karte S. 14f., Text S. 65–94, J.-P. MILLOTTE)

R. S. LOPEZ, Naissance de l'Europe, Paris 1962

F. LOT, La fin du monde antique et le début du Moyen Âge, Paris 1927 (u. ö.)

F. LOT, C. PFISTER, F. L. GANSHOF, Les destinées de l'Empire en Occident 395–888, 2 Bde., Paris 1940–41 (Histoire générale, hrsg. v. G. GLOTZ, Le Moyen Âge I/1,2)

L. MUSSET, Les invasions. Les vagues germaniques, Paris 1965 (S. 66ff.)

H. PIRENNE, Mahomet et Charlemagne, Brüssel 1937 (Neudruck Paris 1961 u. ö.; dt. Übers. v. P.-E. HÜBINGER, Geburt des Abendlandes, o. J. ⟨1941⟩)

J. M. WALLACE-HADRILL, The Barbarian West, 400–1000 A. D., 2. A. London 1957

H. ZIMMERMANN, Das Mittelalter, Bd. 1: Von den Anfängen bis zum Ende des Investiturstreites, Braunschweig 1975

2. FRANKENREICH/FRANKREICH

F. BRAUDEL, L'identité de la France, 3 Bde., Paris 1986–87 (s. Bd. 2, S. 11–114)

P. CHAUNU, L'obscure mémoire de la France. De la première pierre à l'an mille, Paris 1988

H. D. CLOUT (Hrsg.), Themes in the Historical Geography of France, London 1977

G. DUBY (Hrsg.), Histoire de France, Bd. 1: Naissance d'une nation. Des origines à 1348, Paris 1970 (u. ö.)

G. DUBY, Le Moyen Âge. De Hugues Capet à Jeanne d'Arc, 987–1460, Paris 1987 (Histoire de France Hachette, Bd. 1)

J. DUNBABIN, France in the Making, 843–1180, Oxford 1985

J. EHLERS, Geschichte Frankreichs im Mittelalter, Stuttgart 1987 (ab 9./10. Jh.)

E. EWIG, Die Merowinger und das Frankenreich, Stuttgart 1988 (Urban-Bücher; letzter Forschungsstand, auch bibliographisch wertvoll)

J. FLACH, Les Origines de l'ancienne France, Xᵉ-XIᵉ siècles, 4 Bde., Paris 1886–1917 (materialreich, s. vor allem Bd. 3, S. 506ff.; gesamter Bd. 4)

P. J. GEARY, Before France and Germany. The Creation and Transformation of the Merovingian World, New York/Oxford 1988

E. HLAWITSCHKA, Vom Frankenreich zur Formierung der europäischen Staaten- und Völkergemeinschaft 840–1046, Darmstadt 1986 (gute Diskussion der Forschungsprobleme S. 175–237; reiche Bibliographie)

E. JAMES, The Origins of France. From Clovis to the Capetians 500–1000,

London 1982; franz. Ausgabe: Les Origines de la France. De Clovis à Hugues Capet (de 486 à l'an mil), Paris 1986 (mit guter Bildausstattung durch P. PÉRIN u. L. C. FEFFER; originelles Buch, leider nicht ohne Flüchtigkeiten)

    C. JULLIAN, De la Gaule à la France. Nos origines historiques, Paris 1922

    E. LAVISSE (Hrsg.), Histoire de France depuis les origines jusqu'à la Révolution, 9 Bde. in 18 Teilen, Paris 1900–11 (Bd. I,1–II,2)

    F. LOT, La France des origines à la Guerre de Cent ans, Paris 1941

    F. LOT, Naissance de la France, Paris 1948. Überarbeitung durch J. BOUSSARD, 1970 (von Chlodwig bis 987)

    P. PÉRIN, L. C. FEFFER, Les Francs, Bd. 1: A la conquête de la Gaule, Paris 1987; Bd. 2: A l'origine de la France, 1987 (bis Ende Merowingerzeit, unter guter Berücksichtigung der archäologischen Gesichtspunkte)

    J.-R. PITTE, Histoire du paysage français, Bd. 1: Le Sacré: de la Pré-histoire au XVᵉ siècle, Paris 1983

    X. de PLANHOL, Géographie historique de la France, Paris 1988 (zusammenhängende Darstellung der geographisch-historischen Wechselwirkung: wichtig und originell)

    R. SCHNEIDER, Das Frankenreich, München/Wien 1982 (Oldenbourg Grundriß der Geschichte, Bd. 5)

    P. E. SCHRAMM, Der König von Frankreich. Das Wesen der Monarchie vom 9. zum 16. Jahrhundert, 2 Bde., 2. A. Darmstadt 1960

    F. STEINBACH, Das Frankenreich, Konstanz 1957 (Sonderausgabe aus BRANDT-MEYER-JUST, Handbuch der Deutschen Geschichte I)

    B. TÖPFER, Von den Anfängen bis zum Tode Heinrichs IV., 4. A. Berlin (Ost) 1980 (Bd. 1 von H. KÖLLER u. B. TÖPFER, Frankreich. Ein historischer Abriß)

SAMMELWERKE UND HILFSMITTEL VON ALLGEMEINER BEDEUTUNG

I. SAMMELWERKE

Adel und Kirche. Gerd TELLENBACH zum 65. Geburtstag. Hrsg. v. J. FLECKENSTEIN u. K. SCHMID, Freiburg/Basel/Wien 1968 (S. 1–204 für die Zeit bis 1000)

    H. ATSMA (Hrsg.), La Neustrie. Les pays au nord de la Loire de 650 à 850, 2 Bde., Sigmaringen 1989 (Akten des Kolloquiums Rouen 1985 des DHI Paris: 48 Studien, zahlr. Karten u. Pläne, Bibliographie, Register; zitiert: La Neustrie 1 bzw. 2)

    H. BEUMANN (Hrsg.), Beiträge zur Bildung der französischen Nation im Früh- und Hochmittelalter, Sigmaringen 1983 (NATIONES, Bd. 4; dort periodenübergrei-

fend J. EHLERS, Kontinuität und Tradition als Grundlage mittelalterlicher Nationsbildung in Frankreich, S. 15–47)

H. BEUMANN, W. SCHRÖDER (Hrsg.), NATIONES. Historische und philo-
logische Untersuchungen zur Entstehung der europäischen Nationen im Mittelalter, (bisher) 7 Bde., Sigmaringen 1978–87 (einzelne Bände bzw. Beiträge
werden zum Sachgebiet bzw. Zeitalter genannt)

H. BEUMANN, W. SCHRÖDER (Hrsg.), Aspekte der Nationenbildung im Mittelalter, Sigmaringen 1978 (NATIONES, Bd. 1; vor allem die Beiträge von EWIG,
PFISTER, SCHMIDT-WIEGAND)

M. BLOCH, Mélanges historiques, 2 Bde., Paris 1963 (mit Schriftenverzeichnis;
vgl. vor allem S. 61 ff., 177 ff., 800 ff.)

K. BOEHNER u. a. (Hrsg.), Das Erste Jahrtausend. Kultur und Kunst im werdenden Abendland an Rhein und Ruhr, 2 Textbände, 1 Tafelband, Düsseldorf
1962–64

K. BOSL, Frühformen der Gesellschaft im mittelalterlichen Europa. Ausgewählte Beiträge, München/Wien 1964

W. BRAUNFELS (Hrsg.), Karl der Große. Lebenswerk und Nachleben, 4 Bde.,
Düsseldorf 1965–67, Registerband 1968 (mit Namen- und Sachregister S. 61 ff.)
(grundlegend, thematisch und chronologisch das Thema überschreitend)

P. CLASSEN, Ausgewählte Aufsätze, hrsg. v. J. FLECKENSTEIN, Sigmaringen
1983 (wichtige Studien, u. a. 23 ff., 85 ff., 187 ff., 205 ff., 249 ff.)

H. DANNENBAUER, Grundlagen der mittelalterlichen Welt. Skizzen und
Studien, Stuttgart 1958 (vor allem 44 ff., 94 ff., 121 ff., 179 ff.)

G. DUBY, Hommes et structures du moyen âge. Recueil d'articles, Paris/Den
Haag 1973 (u. a. 111 ff., 145 ff., 227 ff., 267 ff., 325 ff.)

E. EWIG, Spätantikes und fränkisches Gallien, hrsg. v. H. ATSMA, 2 Bde., München 1976–79 (durch umfassendes Register erschlossen. Einzelbeiträge werden
zitiert EWIG, Gallien)

Fälschungen im Mittelalter, hrsg. von den MGH (siehe unten), 6 Bde., Hannover
1988–89 (fast 4000 Seiten, internationales Kolloquium München 1986)

J. FAVIER (Hrsg.), La France médiévale, Paris 1983 (mit Bibliographie 591 ff.;
u. a. die Beiträge von M. MOLLAT, R. FOSSIER, R.-H. BAUTIER, M. BUR,
P. CONTAMINE, F. AUTRAND, H. DUBOIS, J. FAVIER, M. BOULET-SAUTEL)

M. FRANÇOIS (Hrsg.), La France et les Français, Paris 1972 (Coll. de la Pléiade)

L. HALPHEN, A travers l'histoire du moyen âge, Paris 1950

Mélanges dédiés à la mémoire de Louis HALPHEN, Paris 1951

Œuvres de Julien HAVET (1853–1893), 2 Bde., Paris 1896, Bd. 1: Questions
mérovingiennes; Bd. 2: Opuscules divers

G. KURTH, Études franques, 2 Bde., Paris/Brüssel 1919 (u. a. 1, 67 ff., 169 ff.,
183–264; 2, 97 ff.)

E. Le Roy Ladurie, Le territoire de l'historien, Paris 1973 (anregend zur »Histoire quantitative«, Demographie, Klimageschichte)

W. Levison, Aus rheinischer und fränkischer Frühzeit. Ausgewählte Aufsätze, Düsseldorf 1948 (u. a. S. 118 ff., 202 ff., 229 ff., 390 ff.)

F. Lot, Recueil des travaux historiques, 3 Bde., Genf/Paris 1968–72

T. Manteuffel, A. Gieysztor (Hrsg.), L'Europe aux IXe-XIe siècles. Aux origines des États nationaux, Warschau 1968 (wichtige Beiträge von J.-F. Lemarignier, G. Duby, J. Le Goff, F. Graus u. a.)

P. Périn, L.-C. Feffer (Hrsg.), La Neustrie. Les pays au nord de la Loire de Dagobert à Charles le Chauve (VIIe-IXe siècles), Créteil 1985 (Katalog der Ausstellung aus Anlaß des Neustrien-Kolloquiums des DHI Paris ⟨s. o. H. Atsma⟩ mit einführenden bzw. kommentierenden Kurzbeiträgen von über 50 Autoren; hervorragende Bildausstattung)

F. Petri (Hrsg.), Siedlung, Sprache und Bevölkerungsstruktur im Frankenreich, Darmstadt 1973 (Wege der Forschung, Bd. 49, künftig zitiert: WdF; vereinigt die Forschungsdiskussion in Beiträgen von 1894 bis 1973)

W. Schlesinger, Ausgewählte Aufsätze 1965–1979, hrsg. v. H. Patze u. F. Schwind, Sigmaringen 1987 (vor allem S. 1 ff., 49 ff., 125 ff., 173 ff., 587 ff.)

Person und Gemeinschaft im Mittelalter. Karl Schmid zum 65. Geburtstag. Hrsg. v. G. Althoff u. a., Sigmaringen 1988 (wichtige Beiträge u. a. von H. Steuer, O. G. Oexle, H. Mordek, E. Hlawitschka, M. Parisse, G. Althoff)

P. E. Schramm, Herrschaftszeichen und Staatssymbolik. Beiträge zu ihrer Geschichte vom 3. bis zum 16. Jahrhundert, 3 Bde., Stuttgart 1954–56, dazu »Nachträge aus dem Nachlaß«, hrsg. v. H. Fuhrmann, München 1978 (fundamental zum Verständnis von Herrschertum u. Adel)

P. E. Schramm, Kaiser, Könige und Päpste. Gesammelte Aufsätze zur Geschichte des Mittelalters, 4 Bde. (in 5), Stuttgart 1968–71 (mit Nachträgen des Autors zu seinen Aufsätzen)

Settimane di studio del Centro italiano di studi sull'alto medioevo, Spoleto 1954 ff. (alljährliche thematische internationale Tagungen zum Frühmittelalter, unentbehrlich; zitiert als: Settimane).

G. Tellenbach, Ausgewählte Abhandlungen und Aufsätze, 4 Bde., Stuttgart 1988–89 (vgl. vor allem Bd. 2, S. 343 ff., 426 ff., 503 ff., 633 ff., Bd. 3, S. 793–962; klassische Studien u. a. zu Königtum, Adel, Personenforschung)

F. Thelamon, Sociabilité, Pouvoirs et Société. Actes du Colloque de Rouen 1983, Rouen 1987 (anregende Studien, S. 7 ff., 205 ff., 235 ff. etc.)

Vorträge und Forschungen, hrsg. v. Konstanzer Arbeitskreis für mittelalterliche Geschichte, (bisher) über 30 Bde., Konstanz, dann Sigmaringen 1952 ff. (zitiert als VuF; dazu gibt es VuF Sonderband, bisher 36 Bände. Ergebnisse internat. Tagungen auf der Reichenau; viele Bände sind Themen des Frühmittelalters gewidmet.)

J. M. WALLACE-HADRILL, Early Medieval History, Oxford 1975 (gesammelte Studien zum fränkischen Gallien: S. 19ff., 96ff., 138ff., 15;ff., 181ff., 201ff., 217ff.)

K. F. WERNER, Structures politiques du monde franc (VIe-XIIe siècles). Études sur les origines de la France et de l'Allemagne, London 1979 (6 Aufsätze in französischer, 4 in deutscher Sprache)

K. F. WERNER, Vom Frankenreich zur Entfaltung Deutschlands und Frankreichs. Ursprünge – Strukturen – Beziehungen. Ausgewählte Beiträge, Sigmaringen 1984 (6 deutsche u. 6 französische Studien)

2. HILFSMITTEL
(BIBLIOGRAPHIEN, QUELLENKUNDEN, NACHSCHLAGEWERKE)

X. BARRAL I ALTET (Hrsg.), Le Paysage monumental de la France autour de l'An mil, Paris 1987 (zahlreiche Mitarbeiter katalogisieren und beschreiben nach Regionen – Katalonien ist im Anhang einbegriffen – die in Betracht kommenden Monumente bzw. Überreste)

Dom BEAUNIER, Recueil historique des archévêchés, évêchés, abbayes et prieurés de France, 2 Bde., Paris 1726. Neuausgabe durch die Benediktiner von Ligugé, Bde. 1–8, vor allem durch Dom BESSE, Bde. 9–12 durch Spezialisten, Paris 1905–1941

Bibliographie annuelle de l'Histoire de France du Ve siècle à 1945 (zunächst nur bis 1939), hrsg. v. Comité français des Sciences historiques, Paris 1956ff.

A. de BOÜARD, Manuel de diplomatique française et pontificale, 2 Bde. u. 2 Tafel-Bde., Paris 1929–48

J. BOUSSARD, Atlas historique et culturel de la France, Paris 1957

A. BRUCKNER, R. MARICHAL (Hrsg.), Chartae Latinae Antiquiores (ChLA). Facsimile-Edition of the Latin Charters Prior to the Ninth Century, Part XIII-XIX = France, Bd. I-VII, bearb. v. H. ATSMA, J. VEZIN, Dietikon-Zürich 1981–87 (Facsimile der merowingischen Papyrus- u. Pergament-Urkunden sowie der karolingischen bis 800 erstmals in Originalgröße, mit Umschrift; vgl. H. WOLFRAM, Mitteil. des österr. Inst. f. Gesch. 93 [1985] S. 107ff., 451ff., 96 [1988] 133ff.)

R. C. VAN CAENEGEM, Kurze Quellenkunde des Westeuropäischen Mittelalters. Eine typologische, historische und bibliographische Einführung. Unter Mitarbeit von F. L. GANSHOF, Göttingen 1963 (niederländ. (belg.) Originalausgabe Gent 1962; beschreibt die wichtigen Hilfsmittel)

Catalogue général des manuscrits des bibliothèques publiques de France, 7 Bde., 4. A. Paris 1849–85; über 50 Bde., 8. A. Paris 1886ff.

Catholicisme. Hier, Aujourd'hui, Demain. Encyclopédie générale, Paris 1947 ff.

P. CLASSEN, Kaiserreskript und Königsurkunde. Diplomatische Studien zum Problem der Kontinuität zwischen Altertum und Mittelalter; Neudruck Saloniki 1977 (Erstausgabe Archiv für Diplomatik 1–2, 1955–56)

Clavis Patrum Latinorum, bearb. v. E. DEKKERS, 2. A. Brügge/s'Gravenhage 1961 (Überlieferung u. beste Ausgabe der christl. Autoren bis 8. Jh.)

Corpus des Inscriptions de la France médiévale, hrsg. v. Centre d'Études supérieures de Civilisation médiévale u. dem Institut de Recherche et d'Histoire des Textes, Bd. I, 1 ff., Poitiers 1974 ff.

Dom L. H. COTTINEAU, Répertoire topobibliographique des abbayes et prieurés, 2 Bde., Mâcon 1935–39

Dictionnaire d'Archéologie chrétienne et de Liturgie (DACL), hrsg. v. Dom F. CABROL u. Dom H. LECLERCQ, 15 Bde., Paris 1902–53 (s. dort V, 2, 1923, col. 2116–2363 den Artikel »France« v. H. LECLERCQ, zur Geschichte und Archäologie der Merowinger- und Karolingerzeit)

Dictionnaire de Biographie française, hrsg. v. J. BALTEAU u. a., Paris 1933 ff.

Dictionnaire de Droit canonique, hrsg. v. R. NAZ, Paris 1924 ff.

Dictionnaire d'Histoire et de Géographie ecclésiastiques, begründet v. A. BAUDRILLART, hrsg. v. R. AUBERT, Paris 1912 ff. (s. dort »France«, fascicules 102–103, 1973; S. 1–33 zur Frühzeit)

Dictionnaire de Théologie catholique, hrsg. v. E. AMANN (15 Bde. in 30), Paris 1909–35

Dictionnaire topographique de la France, Paris 1861 ff. (bis 1954 wurden 33 Départements mit Verzeichnung der alten Belege für alle Orte erfaßt)

L. DUCHESNE, Fastes épiscopaux de l'ancienne Gaule, 3 Bde., Paris 1894–1915, Bd. 1, 2. A. 1907 (gibt bis zum Jahr 900 Listen der Bischöfe Galliens mit kritischer, zum Teil inzwischen überholter Begründung)

J. EHLERS, Frankreich im Mittelalter. Von der Merowingerzeit bis zum Tode Ludwigs IX. (5./6. Jh. bis 1270), Literaturbericht 1961–1979: Historische Zeitschrift, Sonderheft 11, München 1982 (auf 306 Seiten werden, mit Register, rund 2000 Titel erfaßt und zum Teil eingehend besprochen; unentbehrlich)

O. ENGELS, S. WEINFURTER (Hrsg.), Series episcoporum ecclesiae catholicae occidentalis ab initio usque ad annum 1198, Stuttgart 1982 ff. (soll in internat. Zusammenarbeit sowohl DUCHESNE als auch GAMS – s. dort – ersetzen, für das ganze Abendland)

J. FAVIER, Les Archives, 3. A. Paris 1975

J. FAVIER (Hrsg.), Les Archives nationales. État général des fonds, Paris 1978 (s. S. 185–230, 232 ff. zu den ältesten Urkunden)

Gallia christiana, 16 Bde., Paris 1715–1865; Bd. 1–14 hrsg. v. den Benediktinern der Congrégation de Saint-Maur; 15–16 v. B. HAUREAU: verzeichnet nach Diöze-

sen geordnet die wichtigeren Kirchen und ihre Leiter; jeder Band mit Urkunden-
anhang)

P. B. GAMS, Series episcoporum ecclesiae catholicae..., 2 Bde., Regensburg
1873–86, Neudrucke Stuttgart 1931, Graz 1957 (in einem Band)

L. GENICOT (Hrsg.), Typologie des sources du moyen âge occidental,
Turnhout 1972 ff. (bisher über 50 Faszikel erschienen, in denen jeweils eine
Quellengattung knapp analysiert wird; stellt bedeutende methodische
Bereicherung der Forschung dar; zitiert als: Typologie des sources)

L. GENICOT, P. TOMBEUR (Hrsg.), Index Scriptorum Operumque Latino-
Belgicorum Medii Aevi. Nouveau répertoire des œuvres médiolatines belges,
1. Teil: VIIᵉ–Xᵉ siècles, Brüssel 1973 (verzeichnet alle »erzählenden« Quellen
aufgrund der elektronischen Erfassung ihrer Texte)

Geschichtliche Grundbegriffe. Historisches Lexikon zur politisch-sozialen
Sprache in Deutschland, hrsg. v. O. BRUNNER (†), W. CONZE (†), R. KOSELLECK,
5 Bde., Stuttgart 1972–84 (Abschluß mit 6, 1 u. 6, 2 in Vorbereitung; verfolgt
wesentliche historische Termini von der Antike bis zur Gegenwart, dadurch auch
für Frühmittelalter wichtig)

A. GIRY, Manuel de diplomatique, Paris 1894

J. GLÉNISSON (Hrsg.), Le Livre au Moyen Âge, Paris 1988 (alle Aspekte von
Schrift, Buchmalerei, Textüberlieferung von führenden Sachkennern nach neue-
stem Stand behandelt; vorzügliche Abbildungen)

GRAESSE-BENEDICT, Orbis Latinus. Lexikon lateinischer geographischer
Namen. Handausgabe, 4. A. hrsg. v. H. PLECHL, Braunschweig 1971

Großer historischer Weltatlas, hrsg. v. Bayerischen Schulbuch-Verlag,
1. Teil: Vorgeschichte und Altertum, München, 5. A. 1972; 2. Teil: Mittelalter
(Redaktion J. ENGEL), 1970 (mit Register, vorzüglich)

Handwörterbuch zur deutschen Rechtsgeschichte (HRG), hrsg. v. A. ERLER u.
E. KAUFMANN, (bisher) 3 Bde., Berlin 1971–84, zuletzt Lieferung 35, 1993
(zahlreiche Artikel zur fränkischen Rechtsgeschichte und Verfassung)

Institut de Recherche et d'Histoire des Textes (IRHT). Paris und Orléans
(zentrale Forschungseinrichtung des CNRS [Centre national de la Recherche
scientifique] für die gesamte Überlieferung literarischer und nichtliterarischer
Texte der verschiedenen Literaturen, darunter der lateinischen und französischen.
Die umfassenden Mikrofilm- und Mikrofiche-Sammlungen und Register sind
zugänglich; das Institut gibt die »Revue d'Histoire des Textes« heraus)

Lexikon des Mittelalters (etwa 60 Herausgeber), (bisher) 3 Bde., München/
Zürich 1980–86, zuletzt Lieferung IV, 7, 1988 (internationaler Mitarbeiterstab,
Fülle an Information aus allen Lebensbereichen; unentbehrlich)

Lexikon für Theologie und Kirche (LTK), begr. v. M. BUCHBERGER,
10 Bde., 3. A. Freiburg i. Br. 1994

A. LONGNON, Atlas historique de la France. Bd. I (Atlas) Paris 1884–89; (Text) 1884–1907 (bis 1380, mehr nicht erschienen)

L. u. A. MIROT, Manuel de géographie historique de la France, 2. A. Paris 1947

A. MOLINIER, Les sources de l'histoire de France des origines aux guerres d'Italie (1494), 6 Bde., Paris 1901–06 (zum Frühmittelalter Bd. 1, 5 u. Register Bd. 6)

G. MONOD, Bibliographie de l'histoire de France, Paris 1888

Monumenta Germaniae Historica (MGH). (Umfassendes Editionsunternehmen, begründet 1819, Veröffentlichungen seit 1826, jetzt hrsg. v. der Zentraldirektion in München; vgl. Gesamtverzeichnis von 1989, MGH, Postfach 23, München 34, das über den Stand der Serien Scriptores, Leges, Diplomata, Epistolae, Antiquitates u. a. informiert. Die MGH haben zum Frühmittelalter fast alle Quellen Westeuropas auch außerhalb des späteren Deutschland ediert.)

J. MOREAU, Dictionnaire de géographie historique de la Gaule et de la France, Paris 1972, Supplement-Band 1983 (verzeichnet Territorien der verschiedenen Perioden)

J. F. NIERMEYER (Hrsg.), Mediae Latinitatis Lexicon Minus, Leiden 1954–76 (nach Tod des Hrsg. von C. VAN DE KIEFT abgeschlossen, mit Quellenregister in Beiheft; wichtig namentlich für die lat. Urkundensprache)

W. PARAVICINI, Das Nationalarchiv in Paris. Ein Führer zu den Beständen aus dem Mittelalter und der Frühen Neuzeit, München 1980 (verzeichnet Inventare u. Repertorien mit wesentlichem Inhalt; praktische Hinweise)

W. PARAVICINI, Die Nationalbibliothek in Paris. Ein Führer zu den Beständen aus dem Mittelalter und der Frühen Neuzeit, München 1981

J. M. PARDESSUS, Diplomata, Chartae, Epistolae, Leges aliaque instrumenta ad res Gallo-Francicas spectantia, 2 Bde., Paris 1843–49 (für die nichtköniglichen Urkunden noch unentbehrliche Sammlung zur Merowingerzeit)

Realencyclopädie der classischen Altertumswissenschaft (RE), begründet von A. PAULY, fortges. v. G. WISSOWA in 2. erweit. A. Stuttgart 1890 ff., vollendet v. K. ZIEGLER in 80 Bänden und Supplementbänden (umfassende, direkt auf den Quellen fußende Artikel, u. a. zur spätrömischen Gesch., z. B. ›Magister militum‹)

Reallexikon für Antike und Christentum (RACH), begr. v. T. KLAUSER, Stuttgart 1941, 1950 ff. (bis zum 6. Jh. einschließlich; vgl. z. B. den Artikel »Gallia« [I] von E. DEMOUGEOT, über 50 Seiten)

Reallexikon der germanischen Altertumskunde (RGA), begründet v. J. HOOPS, 2. A. hrsg. v. H. BECK u. a., (bisher) 8 Bde., Berlin 1973–94, bis »Fichte« (weit über den germanischen Bereich hinaus die europäische Frühzeit bis um 1000 in meist erstklassigen Artikeln umfassend)

Reallexikon der indogermanischen Altertumskunde, begr. v. O. SCHRADER. 2. A., hrsg. v. A. NEHRING, 2 Bde., Berlin 1917/23–1929 (archäologisch meist

überholt, philologisch jedoch materialreich und für Vergleich und Zusammenhänge der frühen europäischen Kulturen nützlich)

Regesta Imperii, begründet v. J. F. BÖHMER, Bd. I: Die Regesten des
Kaiserreiches unter den Karolingern 751–918, neubearb. v. E. MÜHLBACHER u.
J. LECHNER, Innsbruck 1908, Neudruck mit Ergänzungen durch C. BRÜHL u.
H. H. KAMINSKY, Hildesheim 1966 (kritisch kommentierte chronologische
Liste der Urkunden und Amtshandlungen der karolingischen Herrscher)

Répertoire des bibliothèques et organismes de documentation, hrsg. v. der
Direction des Bibliothèques et de la Lecture publique, Paris 1971

Repertorium Fontium Historiae Medii Aevi, hrsg. (in internationaler Zusammenarbeit) vom Istituto storico italiano per il medioevo; (bisher) 5 Bde., Rom
1962–84 (verzeichnet Entstehungszeit, Überlieferung und beste Druckorte der
mittelalterlichen Quellen aller Länder)

Les Sources de l'histoire de France des origines à la fin du XVe siècle (soll das
Werk v. A. MOLINIER – siehe dort – ersetzen, bisher erschienen nur Bd. 1:
P.-M. DUVAL, La Gaule jusqu' au milieu du Ve siècle, 2 Bde., Paris 1971; ganz
vorzügliche Verzeichnung der Belege zum vorrömischen und römischen Gallien)

H. STEIN, Bibliographie générale des cartulaires français ou rélatifs à l'histoire
de France, Paris 1907 (im Institut de Recherche et d'Histoire de Textes, IRHT –
siehe dort – übertreffen die inzwischen erfaßten Chartulare die etwa 1000
Nummern nach STEIN um mehr als das Doppelte. Die Masse der nichtedierten
Texte meist nach 1000)

G. TESSIER, Diplomatique royale française. Paris 1962 (S. 1–124 für die
Königsurkunden der vorkapetingischen Zeit)

A. TILLEY (Hrsg.), Medieval France. A Companion to French Studies, New
York/London 1964

Tusculum-Lexikon griechischer und lateinischer Autoren des Altertums und
des Mittelalters, 3. A. bearb. v. W. BUCHWALD, A. HOHLWEG, O. PRINZ,
München/Zürich 1982 (überaus nützliches, die wichtigsten Ausgaben der
Werke gebendes Verzeichnis, das die Einheit der griechischen und lateinischen
Literatur bis weit ins »Mittelalter« sinnfällig macht)

W. WATTENBACH, R. HOLTZMANN, Deutschlands Geschichtsquellen im
Mittelalter. Die Zeit der Sachsen und Salier, Neuausgabe besorgt v. F.-J. SCHMALE,
3 Bde., Darmstadt 1967–71 (zu Frankreich 1, S. 290 ff.; 2, S. 765 ff. u. die Nachträge
– von D. SCHELER – 3, S. 86*–100* sowie 194*–214*)

WATTENBACH-LEVISON, Deutschlands Geschichtsquellen im Mittelalter.
Vorzeit und Karolinger, Heft I–V, Weimar 1952–1973; sowie Beiheft, Die Rechts-
quellen, von R. BUCHNER, 1953 (von Heft II an ist das Werk durch H. LÖWE neu
bearbeitet; Heft V [S. 495–645] ist nur dem Westfränkischen Reich gewidmet und
von hohem Wert; der Abschluß für das Ostfränkische Reich steht noch aus)

M. Weidemann, Kulturgeschichte der Merowingerzeit nach den Werken Gregors von Tours, 2 Bde., 4. A. Mainz 1982 (unter einem unpassenden Titel wird die Materialfülle der Werke Gregors von Tours nach Sachgebieten ausgebreitet; bei kritischer Benutzung von Wert für die Realien des spätrömischen und fränkischen Gallien)

K. F. Werner, Frankreich (Allgemeines; Mittelalter), in: G. Franz (Hrsg.), Bücherkunde zur Weltgeschichte, München 1956, S. 159–190

K. F. Werner, Literaturbericht über französische Geschichte des Mittelalters. Veröffentlichungen 1952/54–1960, in: Historische Zeitschrift, Sonderheft 1, München 1962, S. 467–612

K. F. Werner, Frankreich, in: Dahlmann-Waitz. Quellenkunde zur deutschen Geschichte, 10. A. hrsg. v. H. Heimpel u. H. Geuss, Bd. 3, Stuttgart 1984, Abschnitt 101 (419 Nummern, als Lieferung 1974 erschienen)

K. Ziegler, W. Sontheimer (Hrsg.), Der Kleine Pauly. Lexikon der Antike, 5 Bde., Stuttgart 1964–75 (auf Basis der RE – siehe oben – durchaus eigenwertig erarbeitete, zum Teil auf neueren Stand gebrachte Information)

3. ZEITSCHRIFTEN

Neben den allgemein bekannten historischen Zeitschriften wie Revue historique, Le Moyen Age, Annales E.-S.-C., Bibliothèque de l'Ecole des Chartes, Historische Zeitschrift, Deutsches Archiv, Historisches Jahrbuch, Mitteilungen des Instituts für Österreichische Geschichtsforschung (MIÖG) seien hier einige genannt, die für die Archäologie und Geschichte der frühen Perioden vor 1000 von besonderem Informationswert sind bzw. sich speziell mit Westeuropa und Frankreich befassen. Vgl. auch die Zeitschriften zu: Regional- und Stadtgeschichte.

Archäologie in Deutschland, Stuttgart 1985 ff. (vierteljährlich; behandelt römische u. fränkische Geschichte auch außerhalb Deutschlands)

Archéologia, Dijon 1966 ff. (veröffentlicht auch thematische Hefte: »Dossiers«, »Histoire et archéologie«)

Bulletin de l'Association Guillaume Budé, Paris (neben philologischer Thematik häufig Studien zum spätrömischen Gallien)

Bulletin de la Société nationale des Antiquaires de France, Paris 1857 ff. (besonders reichhaltig zu Spätantike und Frühmittelalter)

Cahiers archéologiques. Fin de l'Antiquité et Moyen Âge, Paris 1946 ff.

Cahiers de Civilisation médiévale (X^e–XIIe siècles) (CCM), Poitiers 1958 ff. (hrsg. v. Centre des Études médiévales in Poitiers, mit den Schwerpunkten Geschichte, Kunst, Literatur; jährlich erscheint dazu eine laufende Bibliographie)

Francia. Forschungen zur westeuropäischen Geschichte, hrsg. v. Deutschen Historischen Institut Paris, München 1973 ff., dann Sigmaringen 1984 ff. Ein Register der Bde. 1–10, hrsg. v. M. HEINZELMANN, erschien 1985 (die Zeitschrift, mit umfangreichem zweisprachigem Aufsatz- und Rezensionsteil, wird ergänzt durch »Beihefte der Francia«, die neben den »Pariser Historischen Studien« eine zweite Buchreihe zur französischen Geschichte darstellen)

Frühmittelalterliche Studien (FMSt.), Berlin/New York 1967 ff. (hrsg. vom Institut für Frühmittelalterliche Forschung Münster i. W.: Beispiel internat. Zusammenarbeit von Geschichtswissenschaft und Archäologie)

Gallia. Fouilles et monuments archéologiques en France métropolitaine, hrsg. vom Comité technique de la Recherche archéologique en France, Paris 1943 ff. (mit einer Sektion: Gallia Préhistoire)

Journal des Savants, Paris 1665–1792, 1816 ff. (seit 1905 Organ des Institut de France, seit 1909 hrsg. von der Académie des Inscriptions et Belles Lettres)

L'Histoire, Paris 1978 ff. (erscheint monatlich, außer Juli und Dezember; wendet sich an ein breiteres Publikum, wird aber von Fachhistorikern geleitet und geschrieben; sehr informativ für die Bereiche außerhalb des engeren eigenen Fachgebiets)

Medieval Prosopography, hrsg. v. B. BACHRACH, G. BEECH, J. T. ROSENTHAL, Western Michigan University, Kalamazoo, Mich., USA, 1980 ff. (wertvoll zur Adelsgeschichte des Frühmittelalters, vgl. etwa der Forschungsbericht zum 5.–10. Jh. von M. HEINZELMANN 3, 1982, S. 113–140)

Revue des études anciennes, Bordeaux/Paris 1899 ff. (ab 1953 mit: Chronique gallo-romaine)

Revue d'histoire ecclésiastique, Louvain 1900 ff., jetzt Louvain-la-Neuve (bibliographisch besonders wertvoll, verzeichnet auch Rezensionen)

Revue du moyen âge latin, Lyon, dann Straßburg, 1945 ff.

Rheinische Vierteljahrsblätter, hrsg. v. Institut für geschichtliche Landeskunde der Rheinlande, Bonn, 1931 ff. (berücksichtigt in Aufsätzen und Rezensionen stark die Geschichte Frankreichs und des Frankenreichs)

REGIONAL- UND STADTGESCHICHTE

I. ALLGEMEINES ZUR REGIONALGESCHICHTE

R. H. BAUTIER (Hrsg.), Atlas historique français; soll alle französischen Provinzen von der Antike zur Gegenwart jeweils in einem Band mit Karten, Plänen, Diagrammen, Zeittafeln und Registern behandeln; erschienen sind u. a.: E. BARATIER, G. DUBY, E. HILDESHEIMER, Provence, Comtat, Orange, Nice,

Monaco, Paris 1969; R. Favreau (Hrsg.), in Zusammenarbeit mit J.-M. Bienvenu, Anjou, 1 Karten- und 1 Textband, Paris 1973

Collection Hexagone. L'Histoire de France par les documents. Étude des départements français de la Préhistoire à nos jours, geleitet v. J. Brignon (Editions Bordessoules), Saint-Jean-d'Angély (1985 waren von diesen Départements-Geschichten mit kommentierter Quellensammlung durch gute Spezialisten erschienen: Charente-Maritime, Ille-et-Vilaine, Indre-et-Loire, Loire-Atlantique, Loir-et-Cher, Mayenne, Paris, Sarthe, Vendée)

E. Jarry, Provinces et pays de France, 3 Bde., Paris 1942–48, Bd. 1²1950

W. Kienast, Studien über die französischen Volksstämme des Frühmittelalters, Bonn 1968

M. Le Lannou, Les régions géographiques de la France, 2 Bde., 3. A. Paris 1967/68

K. F. Werner, Die wichtigsten Fürstentümer (9.–11. Jh.); Fürstentum und Lehnswesen, Gottesfrieden und Klosterreform, in: Handbuch der Europäischen Geschichte; siehe oben, Bd. 1, S. 767–783 (Überblick mit Literaturangaben)

P. Wolff (Hrsg.), Univers de la France. Collection d'histoire régionale, (Éditions Privat) Toulouse 1967 ff. (einige Bände unten zu den betreffenden Provinzen, zitiert: »Univers…«)

E. Zöllner, Die Stellung der Völker im Frankenreich, Wien 1950

Wichtigere regionalgeschichtliche Zeitschriften:

Revue du Nord, Lille 1910 ff.
Annales de l'Est, Nancy 1887 ff.
Revue d'Alsace, Colmar 1850 ff.
Annales de Bourgogne, Dijon 1929 ff.
Bulletin de la Société de l'histoire de Paris et de l'Ile de France, Paris 1874 ff.
Annales de Normandie, Caen 1951 ff.
Annales de Bretagne, Rennes 1886 ff.
Annales du Midi, Revue de la France méridionale, Toulouse 1889 ff.

2. EINZELNE REGIONEN

P. Dollinger (Hrsg.), Histoire de l'Alsace, Toulouse 1970 (mit Band »Documents«, 1972, »Univers…«)

O. Guillot, Le comte d'Anjou et son entourage au XIᵉ siècle, 2 Bde., Paris 1972 (Textband u. Regestenband; auch für die vorhergehende Periode)

C. Higounet (Hrsg.), Histoire de l'Aquitaine, Toulouse 1971. Dazu ein Band »Documents«, 1973 (»Univers…«)

M. ROUCHE, L'Aquitaine des Wisigoths aux Arabes, 418–781. Naissance d'une région, Paris 1979 (für die folgende Periode ist noch zu benutzen: L. AUZIAS, L'Aquitaine carolingienne [778–987], Toulouse/Paris 1937)

E. EWIG, Les Ardennes au Haut moyen âge, in: EWIG, Gallien (siehe oben Sammelwerke) 1, S. 523–52

P. PÉRIN, Les Ardennes à l'époque mérovingienne. Études archéologiques: Études Ardennaises n° 50 (1967), 46 S.

A.-G. MANRY (Hrsg.), Histoire de l'Auvergne, Toulouse 1974 (»Univers ...«)

G. FOURNIER, Le peuplement rural en Basse Auvergne durant le Haut moyen âge, Paris 1962 (bleibt grundlegend, u. a. zum Kontinuitätsproblem der Vici und Castra)

C. LAURANSON-ROSAZ, L'Auvergne et ses marges (Velay, Gévaudan) du VIIIᵉ au XIᵉ siècle. La fin du monde antique? Le Puy-en-Velai 1987 (originelles Buch, auch zur Adelsforschung)

J. ALLIÈRES, Les Basques, Paris 1977 (Coll. »Que sais-je?«)

P. VEYRIN, Les Basques, 5. A. Paris 1976

G. DEVAILLY, Le Berry du Xᵉ siècle au milieu du XIIIᵉ. Étude politique, religieuse, sociale et économique, Paris/Den Haag 1973

J. RICHARD (Hrsg.), Histoire de la Bourgogne, Toulouse 1978 (»Univers ...«)

J. RICHARD, Les ducs de Bourgogne et la formation du duché (XIᵉ–XIVᵉ siècles), Paris 1954

Abbé M. CHAUME, Les Origines du duché de Bourgogne, 2 Bde. (in 4 Teilen), Dijon 1925–31, Neudruck Aalen 1977

G. DUBY, La Société aux XIᵉ et XIIᵉ siècles dans la région mâconnaise, Paris 1953 (u. ö.)

R. POUPARDIN, Le royaume de Bourgogne (888–1038), Paris 1907

J. RICHARD u. K. F. WERNER, Artikel »Burgund«, »Burgunder«, in: Lexikon des Mittelalters, Bd. 2, 1062–87; 1092–95: dort M. MARTIN zur Archäologie

J. DELUMEAU (Hrsg.), Histoire de la Bretagne, Toulouse 1969 (»Univers ...«)

L. FLEURIOT, Les origines de la Bretagne, Paris 1982

A. CHÉDEVILLE, H. GUILLOTEL, La Bretagne des saints et des rois, Vᵉ–Xᵉ siècles, o. O. (Rennes) 1984

M. CRUBELLIER (Hrsg.), Histoire de la Champagne, Toulouse 1975 (»Univers ...«)

M. BUR, La formation du comté de Champagne, v. 950–v. 1150, Nancy 1977 (grundlegend)

A. DEBORD, La société laïque dans les pays de la Charente, Xᵉ–XIIᵉ siècles, Paris 1984 (grundlegend, auch zur Verfassungsgeschichte)

J.-N. Luc (Hrsg.), La Charente-Maritime. L'Aunis et la Saintonge des origines à nos jours, Saint-Jean-d'Angély 1981 (»L'Histoire par les documents«)

J. Dhondt, Les origines de la Flandre et de l'Artois, Arras 1944

F. L. Ganshof, La Flandre sous les premiers comtes, Brüssel 1949

K. H. Krüger, Sithiu/Saint-Bertin als Grablege Childerichs III. und der Grafen von Flandern: Frühmittelalterliche Studien 8 (1974), S. 71–80

M. Bordes (Hrsg.), Histoire de la Gascogne des origines à nos jours, Roanne 1978

C. Samaran, Les institutions féodales en Gascogne au Moyen Âge, in: Lot-Fawtier, Hist. des institutions (siehe unten) Bd. 1, 1957, S. 185–207

P. Bonnassie, Des refuges montagnards aux États pyrénéens, in: Les Pyrénées, Toulouse 1975 (»Univers…«) S. 103–163

P. Bonnassie, La Catalogne du milieu du Xᵉ à la fin du XIᵉ siècle. Croissance et mutation d'une société, 2 Bde., Toulouse 1975–76 (grundlegend; Katalonien gehörte damals zum Westreich)

Ph. Wolff (Hrsg.), Histoire du Languedoc, Toulouse 1967 (mit Band »Documents«, 1969, »Univers…«)

E. Magnou-Nortier, La société laïque et l'Église dans la province ecclésiastique de Narbonne (zone cispyrénéenne) de la fin du VIIIᵉ à la fin du XIᵉ siècle, Toulouse 1974

A. R. Lewis, The Development of Southern French and Catalan Society, 718–1050, Austin (Texas) 1965

M. Zimmermann (Hrsg.), Les marches méridionales du royaume aux alentours de l'An mil, Nancy 1987 (»inventaire typologique des sources documentaires«; wichtig zur Haltung des Adels)

(Loiregrafschaften) (vgl. auch oben: »La Neustrie« hrsg. v. H. Atsma)

F. Lebrun (Hrsg.), Histoire des pays de la Loire. Orléanais, Touraine, Anjou, Maine, Toulouse 1972 (»Univers …«)

A. Chédeville, Chartres et ses campagnes, XIᵉ-XIIIᵉ siècles, Paris 1973

A. Bouton, Le Maine. Histoire économique et sociale. Des origines au XIVᵉ siècle, Le Mans 1962, 2. A. 1975 (erweitert; siehe vor allem S. 119 ff.)

J.-P. Brunterc'h, Le Duché de Maine et la Marche de Bretagne, in: La Neustrie, Bd. 1, S. 29–127 (mit deutschem Resümee; eine viel Neues bringende, grundlegende Untersuchung)

M. Parisse, (Hrsg.), Lothringen – Geschichte eines Grenzlandes. Deutsche Ausgabe besorgt von H.-W. Herrmann, Saarbrücken 1984 (Übersetzung der von M. Parisse hrsg. Histoire de la Lorraine, Toulouse 1978, in der Coll. »Univers…«)

M. Parisse, Noblesse et chevalerie en Lorraine médiévale, Nancy 1982

M. de BOÜARD (Hrsg.), Histoire de la Normandie, Toulouse 1970
(»Univers ...«)

K. F. WERNER, Quelques observations au sujet des débuts du »duché« de
Normandie: Droit privé et institutions régionales. Études historiques offertes à
Jean Yver, Paris 1976, S. 691–709 (es hat im 10. Jh. kein »Herzogtum Normandie«
gegeben, wohl einen Prinzipat des »Grafen von Rouen«; dieses Ergebnis wurde
von der Forschung akzeptiert)

R. FOSSIER, (Hrsg.), Histoire de la Picardie, Toulouse 1974 (»Univers ...«)

R. FOSSIER, La terre et les hommes en Picardie jusqu'à la fin du XIIIᵉ siècle,
2 Bde., Paris/Löwen 1968

E.-R. LABANDE (Hrsg.), Histoire du Poitou, du Limousin et des pays charen-
tais (Vendée, Aunis, Saintonge, Angoumois), Toulouse 1976 (»Horizons ...«)

R. POUPARDIN, Le royaume de Provence sous les Carolingiens (855–933),
Paris 1901, Neudruck Genf/Marseille 1974

E. BARATIER (Hrsg.), Histoire de la Provence, Toulouse 1969 (»Univers ...«)

J.-P. POLY, La Provence et la société féodale, 879–1166. Contribution à l'étude
des structures dites féodales dans le Midi, Paris 1976

O. GUYOTJEANNIN, Noyonnais et Vermandois aux Xᵉ et XIᵉ siècles:
Bibliothèque de l'École des Chartes 139 (1981) S. 143–189

K. F. WERNER, Zur Geschichte des Hauses Vermandois, in: Die Welt als
Geschichte 20 (1960) S. 87–103

R. FOSSIER, Le Vermandois au Xᵉ siècle, in: Media in Francia... Recueil de
Mélanges offert à K.F. WERNER, Maulévrier 1989, S.177–86

3. ALLGEMEINES ZUR STADTGESCHICHTE

Atlas historique des Villes de France, hrsg. v. C. HIGOUNET, J. B. MARQUETTE,
P. WOLFF, Paris 1981 ff. (im Gang, 1 Faszikel pro Stadt)

Bibliographie d'Histoire des Villes de France, hrsg. v. P. DOLLINGER, P. WOLFF
zus. mit S. GUENÉE, Paris 1967

C. BRÜHL, Königspfalz und Bischofsstadt in fränkischer Zeit, in: Rheinische
Vierteljahrsblätter 23 (1958), S. 161 ff.

C. BRÜHL, Palatium und Civitas, Bd. 1: Gallien, Köln 1975 (verfolgt für einige
wichtige Civitates die erstaunliche topographische Kontinuität vom römischen
zum fränkisch-französischen Verwaltungszentrum in der zur Stadt gewordenen
Civitas)

La Città nell' alto medioevo: Settimane, Bd. 6, Spoleto 1959

G. DUBY, Les villes du Sud-Est de la Gaule du VIIIᵉ au XIᵉ siècle, in:
Settimane, Bd. 6, S.231–58

G. DUBY (Hrsg.), Histoire de la France urbaine, 4 Bde., Paris 1980 ff., wovon hier Bd. 1: La ville antique des origines au IXᵉ siècle, 1980 (Beitr. v. P. A. Février, M. Fixot, C. Goudineau, V. Kruta, Bd. 2, hrsg. v. J. Le Goff, La Ville médiévale des Carolingiens à la Renaissance, 1980; hier der Abschnitt v. A. Chédeville, De la cité à la ville, S. 29–181)

E. Ennen, Die europäische Stadt des Mittelalters, Göttingen 1972

E. Ennen, Gesammelte Abhandlungen, Bonn 1977

P. A. Février, Le développement urbain en Provence de l'époque romaine à la fin du XIVᵉ siècle. Archéologie et histoire urbaine. Paris 1964

F. L. Ganshof, Étude sur le développement des villes entre Loire et Rhin au Moyen Âge, Paris/Brüssel 1943

H. Jankuhn, W. Schlesinger, H. Steuer (Hrsg.), Vor- und Frühformen der europäischen Stadt im Mittelalter, 2 Bde., Göttingen 1975 ff. (Abhandlungen der Akad. d. Wiss. in Göttingen)

R. Kaiser, Bischofsherrschaft zwischen Königtum und Fürstenmacht. Studien zur bischöflichen Stadtherrschaft im westfränkisch-französischen Reich im frühen und hohen Mittelalter, Bonn 1981 (Pariser Historische Studien, 17) (quellennahe Untersuchung sämtlicher Civitates des kapetingischen Frankreich von der Spätantike an im politischen Machtdreieck Bischof-Graf-Königtum innerhalb der Stadt; ist für jede französische Bischofsstadt heranzuziehen)

Die Stadt in der europäischen Geschichte. Festschrift für Edith Ennen, Bonn 1972

Die Stadt des Mittelalters, hrsg. v. C. Haase, 3 Bde., Darmstadt 1969

Studien zu den Anfängen des europäischen Städtewesens, Konstanz/Lindau 1958 (VuF; dort zu Frankreich vor allem H. Ammann, S. 105–50; H. Büttner, S. 151–89)

Topografia urbana e vita cittadina nell'alto medioevo in Occidente, Settimane, Bd. 21 (in 2 Teilen), Spoleto 1974

»Univers de la France«, Toulouse, 1973 ff. (bringt auch eine Serie »Histoire des Villes«; einige werden unten zu den einzelnen Städten genannt)

F. Vercauteren, Étude sur les Civitates de la Belgique seconde, Brüssel 1934, Neudruck Hildesheim 1974 (behandelt die Städte der später französischen Kirchenprovinz Reims bis zum 11. Jh.)

A. Verhulst, Les origines urbaines dans le Nord-Ouest de l'Europe. Essay de synthèse, in: Francia 15 (1988), S. 57–81 (von spätrömischer Zeit bis 10./11. Jahrhundert)

F. Vittinghoff (Hrsg.), Stadt und Herrschaft. Römische Kaiserzeit und Hohes Mittelalter, München 1982 (Historische Zeitschrift, Beiheft 7, Neue Folge) (Sektion des deutschen Historikertages Hamburg 1978, mit wichtigen Beiträgen zur Civitas von W. Dahlheim, H. Galsterer und vor allem F. Vittinghoff:

Zur Entwicklung der städtischen Selbstverwaltung..., S. 107 ff., während zum
Thema Mittelalter Deutschland und Reichsitalien im Vordergrund stehen)

P. WOLFF (Hrsg.), Pays et villes de France, Toulouse 1984 ff. (behandelt
mittlere Städte mit ihrem Umland, also zwischen Regional- und Stadtgeschichte,
siehe unten ein Beispiel)

4. EINZELNE STÄDTE

PARIS

R.-H. BAUTIER, Quand et comment Paris devint capitale? in: Bull. de la
Société de L'Hist. de Paris et de l'Île-de-France 105 (1979), S. 17–46

P.-M. DUVAL, Paris antique des origines au IIIᵉ siècle, Paris 1961

E. EWIG, Résidence et capitale pendant le Haut moyen âge: Revue historique
230 (1963) S. 25–72, erneut in EWIG, Gallien, 1, S. 362–408 (dort S. 384–94 über die
insgesamt doch begrenzte Rolle von Paris als »Hauptstadt« in merowingischer
und den Bedeutungsverlust in karolingischer Zeit)

M. FLEURY, Paris du Bas-Empire au début du XIIIᵉ siècle, in: Paris. Croissance
d'une capitale, Paris 1961, S. 73–96

M. FLEURY, J. TULARD (Redaktionsleitung), Nouvelle Histoire de Paris (von
diesem auf 20 Bände angelegten repräsentativen Werk ist für unseren Zeitraum
erschienen: J. BOUSSARD, Paris. De la fin du siège de 885–886 à la mort de Philippe
Auguste, Paris 1976)

M. LE CLÈRE, Paris de la Préhistoire à nos jours, Saint-Jean-d'Angély 1985
(Collection Hexagone; die Periode bis 987, S. 17–103, von M. FLEURY u.
J. DÉRENS)

Lutèce. Paris de César à Clovis, Paris 1984 (Katalog einer Ausstellung des
Musée Carnavalet gemeinsam mit dem Musée national des Thermes et de l'Hôtel
de Cluny; siehe auch zu: »Merowingerzeit«)

Paris Mérovingien: Bulletin du Musée Carnavalet 33 (1980), S. 1–64 (Katalog
einer Ausstellung, 1981/82 erschienen mit Einleitung v. P. PÉRIN)

M. POÈTE, Une vie de cité: Paris de sa naissance à nos jours, 3 Bde., Paris
1924–31

M. ROBLIN, Le terroir de Paris aux époques gallo-romaine et franque. Peuplement et défrichement dans la Civitas des Parisii (Seine, Seine-et-Oise), Paris,
2. erweiterte A. 1971 (grundlegend für den Raum Paris, mit seinen Pfalzen und
Abteien, seine wirtschaftliche und politische Bedeutung)

J. Lestocquoy, Études d'histoire urbaine … Arras au moyen âge,
Arras 1966

G. Fohlen (Hrsg.), Histoire de Besançon, 2 Bde., Paris 1964–65, Bd. 1:
Des origines à la fin du XVIᵉ siècle

M. Clavel, Béziers et son territoire dans l'Antiquité, Paris 1970

C. Higounet (Hrsg.), Histoire de Bordeaux, 7 Bde., Bordeaux 1962–72, hier
Bd. 1: Bordeaux antique, und Bd. 2: Bordeaux médiéval, I), 1962–63

P. Héliot, Histoire de Boulogne et du Boulonnais, Lille 1937

A. E. Verhulst, Les origines et l'histoire ancienne de la ville de Bruges
(IXᵉ–XIIᵉ siècles): Le Moyen Âge 66 (1960), S. 37–63 (Brügge)

L. Trenard (Hrsg.), Histoire de Cambrai, Lille 1984

M. Rouche (Hrsg.), Histoire de Douai, Dünkirchen 1985

L. Trenard (Hrsg.), Histoire de Lille, Bd. 1: Des origines à l'avènement de
Charles Quint, hrsg. v. G. Fourquin, Lille 1970

A. Kleinclausz (Hrsg.), Histoire de Lyon, 3 Bde., Lyon 1939–52

E. Baratier (Hrsg.), Histoire de Marseille, Toulouse 1973 (»Horizons«)

C. Pfister, Histoire de Nancy, 3 Bde., Paris 1902–09

G. Dez, Histoire de Poitiers, Poitiers 1969

G. Boussinesq, G. Laurent, Histoire de Reims depuis les origines jusqu'à
nos jours, 2 Bde., Reims 1933

P. Desportes, Reims et le Rémois aux XIIIᵉ et XIVᵉ siècles, Paris 1979
(geht einleitend auch auf die älteren historischen Grundlagen ein)

L. Maurin, Saintes antique, des origines à la fin du VIᵉ siècle, Saintes 1978

R. Kaiser, Untersuchungen zur Geschichte der Civitas und Diözese Soissons
in römischer und merowingischer Zeit, Bonn 1973

P. Wolff, Histoire de Toulouse, Toulouse 1958, 2. A. 1970

M. Labrousse, Toulouse antique des origines à l'établissement des Wisigoths,
Paris 1968 (umfassende, auch archäologische Darstellung)

L. Pietri, La ville de Tours du IVᵉ au VIᵉ siècle: Naissance d'une cité
chrétienne, Rom 1983 (Coll. de l'École française de Rome, 69)

A. Blanc, Valence des origines aux Carolingiens, o. O., o. J. (Valence 1964)
(S. 127 ff. zur spätrömischen Zeit, S. 149 ff. Bibliographie)

P. Wagret, Histoire de Vendôme et du Vendômois, Toulouse 1984 (Collection »Pays et villes de France«)

KIRCHE, STAAT, GESELLSCHAFT, WIRTSCHAFT, KULTUR

Diese Bereiche sind vor 1000 noch viel enger verflochten als danach, da der von Gott an seinen Platz gestellte Princeps (ob Kaiser oder König) leitend in der Kirche steht, deren Synoden er in seine Residenzen beruft, zugleich aber mit allen Christen der geistlichen Autorität der Bischöfe unterworfen ist, die ihrerseits wichtige staatliche Funktionen, einzeln und als Gruppe, ausüben und sozial dem unter dem Princeps alles beherrschenden Adel (Nobilitas) angehören, mit ihm aber auch Besitzer nahezu aller Reichtümer und Auftraggeber nahezu aller uns überlieferten kulturellen Leistungen der Zeit sind. Die im folgenden ausgewählten Gesamtdarstellungen und Monographien sind also mehr äußerlich nach Materien getrennt, die von der modernen Forschung nicht mehr so isoliert betrachtet werden können, wie das etwa im 19. Jahrhundert oft geschah.

I. KIRCHE, KIRCHENRECHT UND VERFASSUNG, SPIRITUALITÄT

A. ALLGEMEINES
(SIEHE AUCH OBEN: HILFSMITTEL)

E. CASPAR, Geschichte des Papsttums, 2 Bde., Tübingen 1930–33 (bis zum 8. Jahrhundert.)

Le Chiese nei regni dell'Europa occidentale e i loro rapporti con Roma sino all'800: Settimane, Bd. 7 (in zwei Teilen), Spoleto 1960 (S. 45–330 zum Frankenreich E. EWIG, E. DELARUELLE, F. L. GANSHOF, T. SCHIEFFER, C. VOGEL)

L. DUCHESNE, Histoire ancienne de l'Église, 3 Bde., 1, 3. A. Paris 1907, 2, 1907, 3, 2. A. 1910, dazu, nach seinem Tod veröffentlicht: L'Église au VIᵉ siècle, Paris 1925

L. DUCHESNE (Hrsg.), Le ›Liber Pontificalis‹, 2 Bde., 1886–92; Supplement 1957 (Folge mehr oder weniger zeitgenössischer Darstellungen der einzelnen Pontifikate)

A. FLICHE, V. MARTIN (Hrsg.), Histoire de l'Église depuis les origines jusqu'à nos jours, 24 Bde., hier Bd. 3–7 (Von Konstantin bis zum 11. Jh.), Paris 1936–48

H. FROHNES, u. a. (Hrsg.), Kirchengeschichte als Missionsgeschichte, München 1977 ff. (vor allem Bd. 2, I, 1978, Beiträge unter anderem von E. EWIG, H. LÖWE, F. PRINZ, K. SCHÄFERDIECK)

H. FUHRMANN, Von Petrus zu Johannes Paul II. Das Papsttum: Gestalt und Gedanken, München 1980 (vorzüglicher Überblick, S. 218–236 Bibliographie)

A. HAUCK, Kirchengeschichte Deutschlands, hier Bd. 1–2, 3.–4. A. Leipzig 1904–12, ND (6. bzw. 7. A.) Berlin 1952

(quellennah zu den ostgallisch-rheinischen Anfängen und zum Franken-reich)

P. JAFFÉ (Hrsg.), Regesta Pontificum Romanorum (bis 1198; in der maßgeblichen 2. A. bearb. v. F. KALTENBRUNNER bis 590, P. EWALD bis 882, u. S. LOEWENFELD), 2 Bde., Leipzig 1885–88 (die hier verzeichneten Papsturkunden werden entsprechend den Bearbeiten J.-K., J.-E., J.-L. nebst laufender Nummer zitiert. Der Vervollständigung dient das von P. F. KEHR inaugurierte Papsturkundenwerk der Pius-Stiftung und der Göttinger Akademie der Wissenschaften, dessen Abteilung für Gallien »Gallia Pontificia« unter Leitung von D. LOHRMANN in Vorbereitung ist; siehe unten Papsturkunden in Frankreich)

H. JEDIN (Hrsg.), Handbuch der Kirchengeschichte, Bd. 1; 2, 1; 2, 2; 3, 1, Freiburg/Basel/Wien 1962–75 (bis zur gregorianischen Reform; für Gallien besonders die Beiträge von E. EWIG zu 2, 1–2 u. 3)

A. LATREILLE, E. DELARUELLE, J.-R. PALANQUE, Histoire du Catholicisme en France, Bd. 1: Des origines à la chrétienté médiévale, 2. A. Paris 1963

J. LE GOFF, R. REMOND (Hrsg.), Histoire de la France religieuse, 2 Bde., Paris 1988

H. LIETZMANN, Geschichte der Alten Kirche, 4 Bde.; Bd. 1 in 4., Bd. 2–4 in 3. A. Berlin 1961 (»klassisches« Werk)

C. MIRBT, Quellen zur Geschichte des Papsttums und des römischen Katholizismus, 6. völlig neu bearb. A. durch K. ALAND, Bd. 1, Tübingen 1967

B. MOELLER (Hrsg.), Die Kirche in ihrer Geschichte. Ein Handbuch, begründet v. K. D. SCHMIDT u. E. WOLF (erscheint in Faszikeln, hier vor allem: C 1: R. LORENZ, Das 4.–6. Jh. [Westen], Göttingen 1970; E 2: G. HAENDLER, Geschichte des Frühmittelalters und der Germanenmission, G. STÖKL, Geschichte der Slavenmission, 1961 [knapp, aber reiche Bibliographie]; F 1: G. TELLENBACH, Die westliche Kirche vom 10. bis zum frühen 12. Jh., 1988 [272 S. umfassende, reife Darstellung, unter anderem des Prozesses der Klerikalisierung der Kirche])

E. DE MOREAU, S. J., Histoire de l'Église en Belgique, hier Bd. 1 (bis Mitte 10. Jh.) u. 2 (bis Anf. 12. Jh.), 2. A. Brüssel 1945

Papsturkunden in Frankreich, Neue Folge hrsg. in den Abhandlungen der Akademie der Wissenschaften in Göttingen, Bd. 1, bearb. v. H. MEINERT, Champagne und Lothringen (Text) 1932 (Anhang: Urkunden und Regesten, 1933); Bd. 2, bearb. v. J. RAMACKERS, Normandie, 1937; Bd. 3, Artois, 1940; Bd. 4, Picardie, 1942; Bd. 5, Touraine, Anjou, Maine u. Bretagne, 1956; Bd. 6, Orléanais 1958, sämtlich bearb. v. J. RAMACKERS; Bd. 7, Nördliche Île-de-France und Vermandois, 1976; Bd. 8, 1 (Diözese) Paris (1. Teil), 1989, beide bearb. v. D. LOHRMANN (das der Vorbereitung der »Gallia Pontificia« – eine nach Diözesen geordnete

Erfassung aller erhaltenen Papsturkunden bis 1198 – dienende Werk verzeichnet, Archiv für Archiv, die erhaltene Original- und Kopialüberlieferung und gibt im Anhang bisher nicht oder ungenügend gedruckte Stücke)

C. POULET, Histoire de l'Église de France, Bd. 1 (476–1516), Paris 1946 Revue d'Histoire de l'Église de France (RHEF), Paris 1910ff.

L. J. ROGIER u. a. (Hrsg.), Geschichte der Kirche in fünf Bänden, Einsiedeln 1963ff., hier Bd. 1: H. DANIÉLOU, H.-I. MARROU, Von der Gründung der Kirche bis zu Gregor d. Gr.; Bd. 2: D. KNOWLES, D. OBOLENSKY, Früh- und Hochmittelalter

H. v. SCHUBERT, Geschichte der christlichen Kirche im Frühmittelalter, Tübingen 1921

F. X. SEPPELT, Geschichte der Päpste, hier Bd. 1–2 (bis Mitte 11. Jh.), 2. A. München 1954–55

H. ZIMMERMANN, Papstregesten 911–1024, Wien/Köln/Graz 1969 (erschienen im Rahmen der »Regesta Imperii« – s. o. Hilfsmittel – Bd. II, 5)

H. ZIMMERMANN, Papsturkunden 896–1046, 1. Bd.: 896–996, Wien 1984 (Österreich. Akad. d. Wiss, Phil.-hist. Kl., Denkschriften, Bd. 174) (in beiden Werken des Hrsg. zahlreiche Urkunden, Briefe und Amtshandlungen der Päpste mit Bezug auf das Westfränkische Reich: Inhaltsangabe und kritische Analyse bzw. voller Wortlaut der Stücke)

B. KIRCHENRECHT, VERFASSUNG, SYNODEN, EPISKOPAT

M. AUBRUN, La Paroisse en France des origines au XVe siècle, Paris 1986

M. AUBRUN, L'ancien diocèse de Limoges des origines au milieu du XIe siècle, Clermont-Ferrand 1981 (Beispiel einer modernen Diözesangeschichte)

J. BALON, L'Église de France du Haut moyen âge dans le centre et dans l'ouest de la France et spécialement en Berry: Revue d'histoire du Droit français et étranger 1967, S. 1–33

H. BARION, Das fränkisch-deutsche Synodalrecht des Frühmittelalters, Bonn/Köln 1931

W. BRANDMÜLLER (Hrsg.), Konziliengeschichte, Paderborn/München/Wien/Zürich 1983 ff. (umfassendes, internationales Sammelwerk, das in Einzelbänden das ältere Werk von HEFELE ersetzen soll)

C. DE CLERCQ, La législation religieuse francue de Clovis à Charlemagne (507–814), Löwen/Paris 1936; Bd. 2: De Louis le Pieux à la fin du IXe siècle, Antwerpen 1958

C. DE CLERCQ (Hrsg.), Concilia Galliae A. 511–A. 695, Turnhout 1963 (Corpus Christianorum, Series Latina, 148 A)

Églises et pouvoir politique. Actes des Journées internat. d'Hist. du Droit

(Angers 1985), Angers 1987 (vgl. A. Diaz-Bautista, L'intervention des évêques dans la justice séculière d'après les Nouvelles de Justinien, S. 83–92, und Y. Bongert, L'interdit, arme de l'Église contre le pouvoir temporel, S. 93–116)

H. E. Feine, Kirchliche Rechtsgeschichte. Die katholische Kirche, 4. A. Köln/Graz 1964

F. Felten, Äbte und Laienäbte im Frankenreich. Studie zum Verhältnis von Staat und Kirche im früheren Mittelalter, Stuttgart 1980

P. Fournier, G. le Bras, Histoire des collections canoniques en Occident depuis les Fausses Décrétales jusqu'au Décret de Gratien, 2 Bde., Paris 1931–32

G. Fransen, Les Décrétales et les collections de décrétales, Turnhout 1972 (Typologie des sources, hrsg. v. L. Genicot, fasc. 2)

H. Fuhrmann, Einfluß und Verbreitung der pseudoisidorischen Fälschungen, 3 Bde., Stuttgart 1973 (Schriften der MGH 24, I–III)

J. Gaudemet, Les sources du droit de l'Église en Occident du IIe au VIIe siècle, Paris 1985

O. Guyotjeannin, Episcopus et comes. Affirmation et déclin de la seigneurie épiscopale au nord du royaume de France (Beauvais-Noyon, Xe–début XIIIe siècle), Genf/Paris 1987 (wichtige, auch komparative Bibliographie neuesten Standes)

C. J. Hefele, Conciliengeschichte, 7 Bde., 1855–74, 2. A., 6 Bde., 1873–90; zu benutzen in der erweiterten französischen Ausgabe v. H. Leclercq, Histoire des Conciles, hier Bd. II,2–IV,2, Paris 1908–1911

M. Heinzelmann, Bischofsherrschaft in Gallien. Zur Kontinuität römischer Führungsschichten vom 4. bis 7. Jh., München/Zürich 1976 (Francia Beihefte, 5)

M. Heinzelmann, L'aristocratie et les évêchés entre Loire et Rhin du IVe au VIIe siècle, Revue d'Hist. de l'Église de France 62 (1976), S. 75–90

M. Heinzelmann, Bischofsherrschaft vom spätantiken Gallien bis zu den karolingischen Hausmeiern, in: F. Prinz (Hrsg.), Herrschaft und Kirche, Stuttgart 1988, S. 23–82

P. Imbart de la Tour, Les Paroisses rurales du IVe au XIe siècle, Paris 1900; Neudruck Paris 1979

E. Jarry, J.-R. Palanque (Hrsg.), Histoire des diocèses de France, Paris (Serie knapper – ca. 250 Seiten Kleinoktav – Diözesangeschichten, von guten Sachkennern hrsg. und verfaßt. Erschienen sind unter anderem Bourges [hrsg. v. G. Devailly], Metz [1970] etc.)

R. Kaiser, Bischofsherrschaft (siehe oben Allgemeines zur Stadtgeschichte; wichtig für alle Diözesen des Westreichs für den ganzen Zeitraum)

R. Kaiser, Royauté et pouvoir épiscopal au nord de la Gaule (VIIe–IXe siècles) in: La Neustrie 1, 1989, S. 143–60 (mit deutschem Resümee)

G. Le Bras (Hrsg.), Histoire du droit et des institutions de l'Église en Occident, Paris 1955 ff.; vor allem Bd. II, 3 und III zum 3./4.–5. Jh. von C. Munier u. J. Gaudemet, Paris 1979 bzw. 1958

E. Lesne, Histoire de la propriété ecclésiastique en France, 6 Bde., Lille 1910–43

J. D. Mansi, Sacrorum conciliorum nova et amplissima collectio, hier Bde. 8 ff., Florenz 1762 ff., Neudruck Paris/Leipzig 1901

T. P. Mc Laughlin, Le très ancien droit monastique de l'Occident, Ligugé/Paris 1935 (von Benedikt v. Nursia bis Benedikt v. Aniane)

Monumenta Germaniae Historica (MGH), Concilia I: Concilia aevi Merovingici, hrsg. v. F. Maassen, Hannover 1893; II, 1 und II, 2: Concilia aevi Karolini, hrsg. v. A. Werminghoff, Hannover/Leipzig 1906–08 (bis 840) sowie Supplement, 1924: Libri Carolini, hrsg. v. H. Bastgen; Bd. III: Die Konzilien der karolingischen Teilreiche 843–859, hrsg. v. W. Hartmann, Hannover 1984 (besonders wichtig für das Westreich, ebenso wie die in Arbeit befindlichen folgenden Bände); Bd. VI: Die Konzilien Deutschlands und Reichsitaliens 916–1001, hrsg. v. E.-D. Hehl, Hannover 1987 (mit mehreren direkt das Westreich berührenden Synoden, vor allem Ingelheim 948)

H. Mordek, Kirchenrecht und Reform im Frankenreich. Die Collectio Vetus Gallica, die älteste systematische Kanonessammlung des fränkischen Gallien. Studien und Edition, Berlin/New York 1975

W. M. Plöchl, Geschichte des Kirchenrechts, Bd. 1 Das Recht des ersten christlichen Jahrtausends, 2. erweit. A. Wien/München 1960

A. Pöschl, Bischofsgut und mensa episcopalis. Ein Beitrag zur Geschichte des kirchlichen Vermögensrechts, Bonn 1908

O. Pontal, Die Synoden im Merowingerreich, Paderborn/München/Wien/Zürich 1986 (Konziliengeschichte, hrsg. v. W. Brandmüller, Reihe A)

F. Prinz, Klerus und Krieg im frühen Mittelalter. Untersuchungen zur Rolle der Kirche beim Aufbau der Königsherrschaft, Stuttgart 1971

K. Schäferdieck, J. Müller-Volbehr, Artikel »Bischof«, in: RGA (siehe oben Hilfsmittel) 3, S. 35–40

G. Scheibelreiter, Der Bischof in merowingischer Zeit, Wien/Köln/Graz 1983

G. Scheibelreiter, Der frühfränkische Episkopat. Bild und Wirklichkeit: Frühmittelalterliche Studien 17 (1983), S. 131–47

T. Schieffer, Die päpstlichen Legaten in Frankreich vom Vertrag von Meersen (870) bis zum Schisma von 1130, Berlin 1935

I. Schröder, Die westfränkischen Synoden von 888 bis 987 und ihre Überlieferung, München 1980 (MGH, s. oben Hilfsmittel)

A. M. Stickler, Historia Iuris canonici latini, I: Historia fontium, Turin 1950

G. TANGL, Die Teilnehmer an den allgemeinen Konzilien des Mittelalters, Weimar 1932

P. TIMBAL, Le droit d'asile, Paris 1939

J. DE VIGUERIE (Hrsg.), L'Évêque dans l'histoire de l'Église, Angers 1984 (Akten der 7ᵉ Rencontre d'Histoire religieuse 1983. Dort: E. MAGNOU-NORTIER, Les évêques et la paix dans l'espace franc, VIᵉ–XIᵉ siècles, S. 33–50)

C. VOGEL, La discipline pénitentielle en Gaule des origines à la fin du VIIᵉ siècle, Paris 1952

C. VOGEL, Les »Libri Paenitentiales«, Turnhout 1978 (Typologie des sources, 27); dazu, nach Tod des Vf., eine »Mise à jour« v. A. J. FRANTZEN, 1985

J. M. WALLACE-HADRILL, The Frankish Church, Oxford 1983

M. WEIDEMANN, Bischofsherrschaft und Königtum in Neustrien vom 7. bis zum 9. Jh. am Beispiel des Bistums Le Mans, in: La Neustrie, 1, S. 161–93 (mit deutschem Resümee)

K. F. WERNER, Le roi et les évêques en Gaule et en France (Vᵉ–XIᵉ s.) Observations sur le rôle des évêques dans le mouvement de Paix aux Xᵉ et XIᵉ siècles, in: Mediaevalia christiana, XIᵉ–XIIIᵉ siècles. Hommage à Raymonde Foreville, Löwen/Brüssel 1989, 155–95

H. WIERUSZEWSKI, Die Zusammensetzung des gallischen und fränkischen Episkopats bis zum Vertrag von Verdun (843): Jahrbücher des Vereins von Altertumsfreunden im Rheinlande 127 (1922), S. 1–83

Zeitschrift (der Savigny-Stiftung) für Rechtsgeschichte, Kanonistische Abteilung (ZRG Kan.-Abt.)

H. ZIMMERMANN, Papstabsetzungen des Mittelalters, Graz/Wien/Köln 1968 (vgl. außerdem J. DURLIAT – siehe unten: Herrscher und Dynastie – zur Einbindung des Klerus in den fiskalischen Bereich in römischer u. fränkischer Zeit)

C. SPIRITUALITÄT, LITURGIE, HAGIOGRAPHIE, MÖNCHTUM

(in alle vier Bereiche sind Herrscher und Adel einzubeziehen, deren spiritueller Aspekt in diesem bibliographischen Abschnitt berücksichtigt ist)

Analecta Bollandiana, Brüssel 1882 ff. (Organ der »Bollandisten«, Hrsg. der Acta sanctorum, ca. 70 Bde.)

A. ANGENENDT, Monachi peregrini. Studien zu Pirmin und den monastischen Vorstellungen des frühen Mittelalters, München 1972

A. ANGENENDT, Kaiserherrschaft und Königstaufe. Kaiser, Könige und Päpste als geistliche Patrone in der abendländischen Missionsgeschichte, Berlin/New York 1984

H. H. ANTON, Fürstenspiegel und Herrscherethos in der Karolingerzeit, Bonn 1967

La Bibbia nell'alto medioevo: Settimane Bd. 10, Spoleto 1963, dort u. a.

P. E. Schramm, Das alte und neue Testament in der Staatslehre und Staatssymbolik des Mittelalters, S. 229 ff.

M. Bloch, Les rois thaumaturges. Étude sur le caractère surnaturel attribué à la puissance royale particulièrement en France et en Angleterre, Straßburg 1924, Neudruck Paris 1961, Neuausgabe mit Einleitung von J. le Goff (S. I–IXL), Paris 1983

H. Brémond, Histoire littéraire du sentiment religieux en France, 11 Bde., Paris 1916–33, dort Bd. 1

Dom J. Dubois, Les martyrologes du moyen âge latin, Turnhout 1978, nebst Nachtrag 1985 (Typologie des sources, 26)

L. Duchesne, Origines du culte chrétien. Étude sur la liturgie latine avant Charlemagne, 3. A. Paris 1902

A. Erlande-Brandenburg, Le Roi est mort. Étude sur les funérailles, les sépultures et les tombeaux des rois de France jusqu'au XIIIᵉ siècle, Paris 1975

E. Ewig, Zum christlichen Königsgedanken im Frühmittelalter, in: Das Königtum, hrsg. v. T. Mayer, Konstanz 1956 (VuF 3), erneut in Ewig, Gallien 1, S. 3–71

R. Folz, Les saints rois du moyen âge en Occident (VIᵉ–XIIIᵉ siècles), Brüssel 1984 (Soc. des Bollandistes, Subsidia hagiographica, 68)

K. S. Frank (Hrsg.), Frühes Mönchtum im Abendland, 2 Bde., Zürich/München 1975 (gibt als »Lebensformen« und »Lebensgeschichten« wesentliche Auszüge aus Mönchsregeln und Mönchsviten in deutscher Übersetzung, bis zum 7. Jh.)

K. S. Frank (Hrsg.), Askese und Mönchtum in der Alten Kirche, Darmstadt 1975 (Wege der Forschung 409; hier vor allem die deutsche Übersetzung der Studien von E. Griffe, Der hl. Martin und das gallische Mönchtum, zuerst 1961 veröff., S. 255–280, u. J. Fontaine, Antike und christliche Werte in der Geistigkeit der Großgrundbesitzer des ausgehenden 4. Jh. im westlichen Römerreich, zuerst 1972, S. 281–324)

K. S. Frank, Artikel »Abtei«, in: Lexikon des Mittelalters 1, S. 62 f. (mit Literatur; s. dort S. 60 f. zu »Abt«)

F. Graus, Volk, Herrscher und Heiliger im Reich der Merowinger. Studien zur Hagiographie der Merowingerzeit, Prag 1965

K. Hauck, Politische und asketische Aspekte der Christianisierung (von Reims und Tours nach Attigny und Paderborn): Dauer und Wandel in der Geschichte. Aspekte europäischer Vergangenheit, Festgabe für K. v. Raumer, Münster 1966, S. 45–61 (zu Chlodwig in Konstantinsnachfolge und zur Bedeutung der Peregrinatio aus südgallischen Wurzeln bis zu Karls Sachsenchristianisierung)

M. Heinzelmann, Translationsberichte und andere Quellen des Reliquien-
kultes, Turnhout 1979 (Typologie des sources, 33)

M. Heinzelmann, Sanctitas und ›Tugendadel‹: Francia 5 (1977), S. 741–52

M. Heinzelmann u. a., Artikel »Charisma«, in: Lexikon des Mittelalters 2,
S. 1719–1723 (wichtig)

C. Heitz, Recherches sur les rapports entre architecture et liturgie à l'époque
carolingienne, Paris 1963

J. Heuclin, Les abbés des monastères neustriens, 650–850: La Neustrie 1
(1989), S. 321–40 (mit Karten)

H. Hoffmann, Gottesfriede und Treuga Dei, Stuttgart 1964

M. Huglo, Les Livres de chant liturgique, Turnhout 1988 (Typologie des
sources, 52)

N. Huyghebaert O. S. B., Les documents nécrologiques, Turnhout 1972
(nebst Nachtrag, Turnhout 1985, v. J.-L. Lemaître; Typologie des sources, 4)

D. Iogna-Prat, Continence et virginité dans la conception clunisienne de
l'ordre du monde autour de l'An mil: Acad. des Inscriptions et Belles-Lettres,
Comptes rendus 1985, Paris 1985, S. 127–46

F. J. Jakobi, Früh- und hochmittelalterliche Sozialstrukturen im Spiegel litur-
gischer Quellen: Geschichte in Wissenschaft und Unterricht 31 (1980), S. 1–20

T. Klauser, Kleine abendländische Liturgiegeschichte, Bonn 1965

R. Kottje, Studie zum Einfluß des alten Testaments auf Recht und Liturgie
des frühen Mittelalters (6.–8. Jh.), 2. A. Bonn 1964

K. H. Krüger, Königsgrabkirchen der Franken, Angelsachsen und Langobarden bis zur Mitte des 8. Jh. Ein historischer Katalog, München 1971

G. le Bras, Introduction à l'histoire de la pratique religieuse en France, 2 Bde.,
Paris 1942–45 (methodisch wichtig)

J.-L. Lemaître, Les obituaires français. Perspectives nouvelles: Revue
d'Hist. de l'Église de France 64 (1978), S. 69–81

J.-L. Lemaître (Hrsg.), Répertoire des documents nécrologiques français,
2 Bde., 4. A. Paris 1980 (AIBL, Obituaires, Bd. VII, dazu demnächst Supplement)

O. G. Oexle, Forschungen zu monastischen und geistlichen Gemeinschaften
im westfränkischen Bereich, München 1978 (mit neuen Ergebnissen namentlich
zum 9. Jh.)

O. G. Oexle, Die Gegenwart der Toten, in: H. Braet, W. Verbeke, Death in
the Middle Ages, Löwen 1983, S. 19–77

G. Philippart, Les Légendiers latins et autres manuscrits hagiographiques,
Turnhout 1977 (Typologie des sources, 24–25)

J.-C. Poulin, L'idéal de sainteté dans l'Aquitaine carolingienne, d'après les
sources hagiographiques (750–950), Québec 1975 (vgl. zu dieser bedeutenden
Studie W. Pohlkamp, Frühmittelalterliche Studien 11 [1977], S. 229–40)

F. PRINZ, Frühes Mönchtum im Frankenreich. Kultur und Gesellschaft in Gallien, den Rheinlanden und Bayern am Beispiel der monastischen Entwicklung (4. bis 8.Jh.), München/Wien 1965, 2.A. 1988

F. PRINZ, Askese und Kultur. Vor- und frühbenediktinisches Mönchtum an der Wiege Europas, München 1980

F. PRINZ (Hrsg.), Mönchtum und Gesellschaft im Frühmittelalter, Darmstadt 1976 (10 wichtige Studien, unter anderen die deutsche Übersetzung eines anregenden Aufsatzes des früh verstorbenen C. COURTOIS von 1957: Die Entwicklung des Mönchtums in Gallien vom hl.Martin bis zum hl.Columban)

Revue bénédictine, Maredsous 1884 ff.

Revue Mabillon. Archives de la France monastique 1905 ff., hrsg.v. den Benediktinern von Ligugé (enthält ein Bulletin d'histoire monastique mit eigener Seitenzählung)

K. SCHMID, J. WOLLASCH (Hrsg.), Memoria. Der geschichtliche Zeugniswert liturgischen Gedenkens im Mittelalter, München 1984 (grundlegende Sammlung von Einzelstudien, die zusammen mit dem folgenden Werk methodisch wie inhaltlich eine neue Teildisziplin geschaffen hat)

K. SCHMID (Hrsg.), Die Klostergemeinschaft von Fulda im früheren Mittelalter, 3 Bde. in 5 Teilen, München 1978 (die Bezüge greifen tief in die gesamtfränkische und damit auch französische Geschichte hinein)

P. SCHMITZ, Geschichte des Benediktinerordens, 4 Bde., Einsiedeln 1947–60 (französische Ausgabe: Histoire de l'Ordre de saint Benoît, 7 Bde., Maredsous 1948–56, die beiden ersten Bde. in 2.A.)

J. SEMMLER, Mönche und Kanoniker im Frankenreich Pippins III. und Karls des Großen, in: Untersuchungen zu Kloster und Stift, Göttingen 1980, S.78–111 (Studien zur Germania sacra)

J. SEMMLER, Saint-Denis: von der bischöflichen Coemeterialbasilika zur königlichen Benediktinerabtei, in: La Neustrie 2 (1989), S.75–121

J. SEMMLER, Episcopi potestas und karolingische Klosterpolitik, in: A. BORST (Hrsg.), Mönchtum, Episkopat und Adel zur Gründungszeit des Klosters Reichenau, Sigmaringen 1974, S.305–95 (grundlegend, zum Gesamtreich)

Studien und Mitteilungen zur Geschichte des Benediktinerordens, 1880 ff.

A. VAUCHEZ, La spiritualité au moyen âge occidental, VIIIe–XIIe siècles, Paris 1975

A. DE VOGÜÉ, Les règles monastiques anciennes (400–700), Turnhout 1985 (Typologie des sources, 46)

K. VOIGT, Staat und Kirche von Konstantin dem Großen bis zum Ende der Karolingerzeit, 1936

K. WEITZMANN (Hrsg.), Age of Spirituality. Late Artique und Early Christian

Art, Third to Seventh Century, New York 1979 (Text und Katalog mit 596
Nummern; hier wegen des Ideengehalts, nicht des Kunstwerts)

K. F. WERNER, Gott, Herrscher und Historiograph. Der Geschichtsschreiber
als Interpret des Wirkens Gottes in der Welt und Ratgeber der Könige (4.–12. Jh.):
Deus qui mutat tempora, Festschrift A. BECKER, Sigmaringen 1987, S. 1–31

K. F. WERNER, Le rôle de l'aristocratie dans la christianisation du nord-est de
la Gaule: Revue d'Hist. de l'Église de France 63 (1976), S. 45–73

2. HERRSCHER UND DYNASTIEN, HOF, ADEL, VERWALTUNG UND HEER

A. ALFÖLDI, Die Ausgestaltung des monarchischen Zeremoniells am römischen Kaiserhofe: Mitteilungen des Deutschen Archäolog. Instituts, Röm. Ab-
teil. 49 (1934), S. 1–156. Zusammen mit »Insignien und Tracht der römischen
Kaiser« in: ALFÖLDI, Die monarchische Repräsentation im römischen Kaiserrei-
che, Darmstadt 1970, u. ö.

P. ARIÈS, G. DUBY (Hrsg.), Histoire de la vie privée, I: De l'Empire romain à
l'An mil, hrsg. v. P. VEYNE, Paris 1985; II: De l'Europe féodale à la Renaissance,
hrsg. v. G. DUBY, 1985 (sowohl in »Haut moyen âge occidental« von M. ROUCHE,
I, S. 399–529, als auch in »Féodalité et pouvoir privé«, II, S. 32 ff. und »La vie privée
dans les maisonnées aristocratiques de la France féodale«, II, S. 49–161 v. G. DUBY
und D. BARTHELEMY werden weitgehend Bereiche des öffentlichen Lebens der
Träger öffentlicher Gewalt behandelt. Fürstenhöfe waren bis zum 12. Jh. zum Teil
glanzvoller als der Königshof)

J. BARBIER, Aspects du fisc en Neustrie (VIᵉ–Xᵉ siècles). Résultats d'une
recherche en cours: La Neustrie 1 (1989), S. 129–42, s. Bibliographische
Nachträge, S. 15

A. BERGENGRUEN, Adel und Grundherrschaft im Merowingerreich,
Wiesbaden 1958

M. BLOCH, La société féodale, 2 Bde., Paris 1939–40 (u. ö.), Bd. I: La formation
des liens de dépendance; Bd. 2: Les Classes et le gouvernement des hommes.
(dt. Übersetzung »Die Feudalgesellschaft«, Berlin 1982 v. E. BOHM u. a.)

Y. BONGERT, Recherches sur les cours laïques du Xᵉ au XIIIᵉ siècle, 2. A. Paris
1948

R. BOUTRUCHE, Seigneurie et féodalité, 2 Bde., 2. A. Paris 1968

C. BRÜHL, Fodrum, Gistum, Servitium regis. Studien zu den wirtschaftlichen
Grundlagen des Königtums im Frankenreich und in den fränkischen Nachfolgestaaten ..., 2 Bde., Köln/Graz 1968 (hier: S. 9–115, 220 ff.)

M.-B. BRUGUIÈRE, Littérature et droit dans la Gaule du Vᵉ siècle, Paris 1974

M.-B. BRUGUIÈRE, H. GILLES, G. SICARD, Introduction à l'histoire des institutions françaises des origines à 1792, Toulouse 1983

K. BRUNNER, Oppositionelle Gruppen im Karolingerreich, Wien 1979

CHATEAU GAILLARD. Études de Castellologie médiévale, 1 ff., 1964ff. (internat. Zusammenarbeit, verschiedene Erscheinungsorte: Information Centre de recherches archéologiques médiévales, Université de Caen, F-14032 Caen Cedex)

H. CHICKERING, T. H. SEILER (Hrsg.), The Study of Chivalry, Kalamazoo (Mich.) 1988 (dort B. S. BACHRACH, *Caballus* et *Caballarius* in Medieval Warfare, S. 173–211)

P. CONTAMINE, La Guerre au moyen âge, Paris 1980 (Nouvelle Clio)

P. CONTAMINE (Hrsg.), La noblesse au moyen âge, XIᵉ–XVᵉ siècles. Essais à la mémoire de R. Boutruche, Paris 1976

Deutsche Königspfalzen. Beiträge zu ihrer historischen und archäologischen Erforschung, 3 Bde., Göttingen 1963–79 (greift mehrfach in die mit Frankreich gemeinsame fränkische Vergangenheit zurück, ebenso wie das ebenfalls vom Max-Planck-Institut für Geschichte in Göttingen hrsg. »Repertorium der Pfalzen, Königshöfe … im deutschen Reich des Mittelalters« unter dem Titel »Die deutschen Königspfalzen«, Göttingen 1984ff., mit eingehender Beschreibung der historischen und archäologischen Überlieferung.)

G. DUBY, La noblesse dans la France médiévale. Une enquête à poursuivre: Revue historique 226 (1961), S. 1–22; Les origines de la chevalerie: Settimane Bd. 15, Spoleto 1968, S. 739–61 (beide Artikel erneut in G. DUBY, Hommes et structures … – siehe oben Allgemeines – S. 145–66 bzw. S. 325–34)

J. DURLIAT, Les finances publiques de Dioclétien aux Carolingiens (erscheint 1989 im Rahmen der Beihefte der Francia; weist erstmals die erhebliche Kontinuität der weströmisch-fränkischen Steuerverwaltung und die Rolle nach, die von der Kirche in ihr seit römischer Zeit gespielt wurde)

J. DURLIAT, Le manse dans le polyptique d'Irminon: nouvel essai d'histoire quantitative: La Neustrie 1 (1989), S. 467–504 (mit deutschem Resümee)

J. DURLIAT, Du ›caput‹ antique au manse médiéval: PALLAS. Annales hrsg. von der Université de Toulouse-Mirail 29 (1982), S. 67–77

J. DURLIAT, ›De conlaboratu‹: faux rendements et vraie comtabilité publique à l'époque carolingienne: Revue historique de droit français et étranger (1978), S. 445–457

H. EBLING, Prosopographie der Amtsträger des Merowingerreiches von Chlothar II. (613) bis Karl Martell (741), München 1974

H. C. FAUSSNER, Die staatsrechtliche Grundlage des ›rex Francorum‹: ZRG, German. Abt. 103 (1986), S. 42–103

R. FÉDOU, L'État au Moyen Âge, Paris 1971

J.-F. FINÓ, Forteresses de la France médiévale, Paris 1970

J. FLECKENSTEIN, Die Hofkapelle der deutschen Könige, Bd. 1, Stuttgart 1959 (Schriften der MGH; behandelt einleitend die fränkische Hofkapelle)

J. FLORI, L'Idéologie du glaive. Préhistoire de la Chevalerie, Genf 1983

J. FLORI, D'où vient la noblesse française? in: L'histoire n°120 (1989), S. 18–25

R. FOSSIER, Polyptiques et censiers, Turnhout 1978 (Typologie des sources, 28)

G. FOURNIER, Le château dans la France médiévale. Essai de sociologie monumentale, Paris 1978

G. FOURQUIN, Seigneurie et féodalité au moyen âge, Paris 1970

J. FOVIAUX, De l'Empire romain à la féodalité, Paris 1986 (obwohl in den Rahmen eines Handbuchs, »Droit et institutions«, integriert, bietet der Text neben reichem Lehrstoff eine die Kontinuität von der römischen zur fränkischen Entwicklung gut herausarbeitende Darstellung)

N. D. FUSTEL DE COULANGES, Histoire des institutions politiques de l'ancienne France, 6 Bde., Paris, Bd. 1, 2. A. 1877–Bd. 6, 4. A. 1922 (ein »Klassiker«, in dem ungeachtet gewisser Einseitigkeiten vieles erkannt wurde, das sich heute bestätigt)

F. L. GANSHOF, Qu'est-ce que la féodalité? 4. A. Brüssel 1968 (dt. Übersetzung von R. u. D. GROH, Darmstadt 1961: »Was ist das Lehnswesen?«)

F. L. GANSHOF, Was waren die Kapitularien? Darmstadt 1961 (aus dem Niederländ. übersetzt v. W. A. ECKHARDT)

L. GENICOT, La Noblesse dans l'Occident médiéval, London 1982 (18 Studien in französischer Sprache)

W. GOFFART, Old and New in Merovingian Taxation: Past and Present 96 (1982), S. 3–21

W. GOFFART, From Roman Taxation to Mediaeval Seigneurie: Three notes, Speculum. A Journal of Mediaeval Studies 47 (1972), S. 165–87; S. 373–94

H. GRAHN-HOEK, Die fränkische Oberschicht im 6. Jahrhundert. Studien zu ihrer rechtlichen und politischen Stellung, Sigmaringen 1976 (VuF Sonderheft 21); vgl. die Rez. v. W. STÖRMER, Blätter für deutsche Landesgeschichte 1980, S. 631–633

R. GROSSE, Römische Militärgeschichte von Gallienus bis zum Beginn der byzantinischen Themenverfassung, Berlin 1920, Neudruck New York 1975 (weitere Literatur zum spätrömisch-frühfränkischen Heerwesen unten zu den Zeitaltern)

P. GUILHIERMOZ, Essai sur l'origine de la noblesse en France au moyen âge, Paris 1902 (Neudruck New York 1960)

J.-L. HAROUEL u. a., Histoire des institutions de l'époque franque à la Révolution, Paris 1987 (dort J. THIBAUT-PAYEN zur Merowinger- und Karolingerzeit, S. 13–98; E. BOURNAZEL zur Zeit vom 10. zum 13. Jh., S. 99–252)

R. Hennebicque, Espaces sauvages et chasses royales dans le nord de la Francie, VIIe–IXe s.: Revue du Nord 62 (1980), S. 35–57

R. Hennebicque, Structures familiales et politiques au IXe s. Un groupe familial de l'aristocratie franque: Revue historique 265 (1981), S. 289–333

R. Hennebicque-Le Jan, Prosopographica Neustrica: les agents du roi en Neustrie de 639 à 840: La Neustrie 1 (1989), S. 231–269 (dt. Resümee)

E. Hlawitschka (Hrsg.), Königswahl und Thronfolge in fränkisch-karolingischer Zeit, Darmstadt 1975 (Wege der Forschung 247; 12 Aufsätze 1889–1970)

E. Hlawitschka, Stirps regia. Forschungen zu Königtum und Führungsschichten im früheren Mittelalter. Ausgewählte Aufsätze, Bern 1988

R. Holtzmann, Französische Verfassungsgeschichte von der Mitte des 9. Jh. bis zur Revolution, München/Berlin 1910

F. Irsigler, Untersuchungen zur Geschichte des frühfränkischen Adels, Bonn 1969 (gute Problemstellung und Analyse)

H. Kammler, Die Feudalmonarchien. Politische und wirtschaftlich-soziale Faktoren ihrer Entwicklung und Funktionsweise, Köln/Wien 1974

F. Kern, Gottesgnadentum und Widerstandsrecht im früheren Mittelalter, Tübingen 1914, 2. A. hrsg. v. R. Buchner, Darmstadt 1954

W. Kienast, Untertaneneid und Treuvorbehalt in England und Frankreich, Weimar 1952 (S. 5–30, vor allem S. 16 ff. zur Karolingerzeit)

W. Kienast, Der Herzogstitel in Frankreich und Deutschland (9.–12. Jh.), München/Wien 1968 (gute Übersichten mit Belegen)

W. Kienast, Die fränkische Vasallität von den Hausmeiern bis zu Ludwig dem Kind und Karl dem Einfältigen (wird aus dem Nachlaß veröffentlicht)

W. Kimmig, F. Fischer, K. Raddart, H. Steuer, H. Jankuhn, R. Wenskus, P. Johanek, M. Last, Artikel »Bewaffnung«, in: RGA 2, S. 361–482 (archäologisch und historisch grundlegend für Frühzeit, Kelten, Römer, Franken, etc.)

A. Krah, Absetzungsverfahren als Spiegelbild von Königsmacht. Untersuchungen zum Kräfteverhältnis zwischen Königtum und Adel im Karolingerreich und seinen Nachfolgestaaten, Aalen 1987 (wichtig)

A. Krah, Zur Kapitulariengesetzgebung in und für Neustrien: La Neustrie 1 (1989), S. 565–80

K. Kroeschell, Verfassungsgeschichte und Rechtsgeschichte des Mittelalters, in: Gegenstand und Begriffe der Verfassungsgeschichtsschreibung, Berlin 1983, S. 47–77 (generell wichtige Überlegungen)

J.-F. Lemarignier, La France médiévale: institutions et société, Paris 1970 (greift auf das antike Erbe zurück, S. 41 ff. Frankenreich)

G. Lepointe (mit A. Vandenbossche), Éléments de bibliographie sur l'histoire des institutions et des faits sociaux, 987–1875, Paris 1958

G. Lepointe, dann M. Boulet-Sautel u. a., Bibliographie en langue française d'Histoire du Droit, Bde. 1 ff., Paris 1961 ff.

A. W. Lewis, Royal Succession in Capetian France. Studies on Familial Order and the State, Cambridge, Mass./London 1981 (frz. Ausgabe: Le sang royal. La famille capétienne et l'État. France, X^e–XIVe siècles; greift auf die robertinische Vorgeschichte der Dynastie zurück)

F. Lot, Fidèles ou vassaux? Essai sur la nature juridique du lien qui unissait les grands vassaux à la royauté depuis le milieu du IXe à la fin du XIIe siècle, Paris 1904, Neudruck Genf 1977

F. Lot, R. Fawtier (Hrsg.), Histoire des institutions françaises au moyen âge, Paris 1957 ff.; erschienen sind I: Institutions seigneuriales (14 Beiträge zu den großen französischen Fürstentümern, von denen einige über 987 hinaus frühmittelalterliche Grundlagen behandeln) 1957; II: Institutions royales, 1958; III: Institutions ecclésiastiques, 1962

E. Magnou-Nortier, Foi et Fidélité. Recherches sur l'évolution des liens personnels chez les Francs du VIIe au IXe siècle, Toulouse 1976

E. Magnou-Nortier, La terre, la rente et le pouvoir dans les pays du Languedoc pendant le Haut moyen âge, Francia 9 (1982), S. 79–116; 10 (1983), S. 21–66; 12 (1985), S. 53–118

E. Magnou-Nortier, La gestion publique en Neustrie: les moyen et les hommes (VIIe–IXe) siècles): La Neustrie 1 (1989), S. 271–319 (mit dt. Resümee)

M. McCormick, The Liturgy of War in the Early Middle Ages: Crisis, Litanies, and the Carolingian Monarchy: Viator 15 (1984), S. 1–23

H. Mitteis, Lehnrecht und Staatsgewalt, Weimar 1933

H. Mitteis, Der Staat des Hohen Mittelalters, 4. A. Weimar 1953 (spätere Aufl. unverändert. Zu Frankenreich S. 39 ff., Frankreich S. 127 ff., 155 ff., etc.)

A. Murray, Reason and Society in the Middle Ages, Oxford 1978 (S. 81 ff., S. 317 ff., auch zur Nobilitas)

H. Nehlsen, Artikel »Lex Burgundionum«, »Lex Romana Burgundionum«, »Lex Visigothorum«, in: HRG (siehe oben Hilfsmittel) 2, Berlin 1978, Sp. 1901–1915; 1927–1934; 1966–1979 (neuester Stand der Materie)

K. Nehlsen-v. Stryk, Die boni homines des frühen Mittelalters unter Berücksichtigung der fränkischen Quellen, Freiburg 1981

Ordinamenti militari in Occidente nell'alto medioevo: Settimane, Bd. 15 (in 2 Teilen) Spoleto 1968 (zu den Franken: J. Werner, F. L. Ganshof, J. Boussard, M. Mollat, K. F. Werner; dort S. 793 ff., S. 813 ff. zu den Heeresstärken, gegen F. Lot)

H. Planitz, T. Buyken, Bibliographie zur deutschen Rechtsgeschichte, Frankfurt 1952 (mit Registerband; hier für die fränkische Periode)

J.-P. Poly, E. Bournazel, La mutation féodale, X^e–XIIe siècles, Paris 1980 (Nouvelle Clio, 16) (bibliographisch wie inhaltlich sehr ergiebig)

F. Prinz, Klerus und Krieg … (siehe oben Kirchenrecht)

Le Sacre des rois. Actes du Colloque international…, Reims 1975, Paris 1985 (u.a. Abbé Sainsaulieu, M. Bur, K.F. Werner)

M. Schaab, Die Blendung als politische Maßnahme im abendländischen Früh- und Hochmittelalter, Diss. Heidelberg 1955

K. Schmid, Gebetsgedenken und adliges Selbstverständnis… Ausgewählte Beiträge, Sigmaringen 1983

R. Schmidt-Wiegand, Artikel »Lex Francorum Chamavorum«, »Lex Ribuaria«, »Lex Salica«, »Lex Saxonum«, »Lex Thuringorum«, in: HRG 2, Sp. 915 f., 1923–1927, 1949–1966 (sämtliche Emanationen der fränkischen Zentrale, erst Paris, dann Nordostgallien, mit Aachen)

R. Schneider, Königswahl und Königserhebung im Frühmittelalter. Untersuchungen zur Herrschaftsnachfolge bei den Langobarden und Merowingern, Stuttgart 1972

C. Schott, Artikel »Lex Alamannorum«, in: HRG 2, Sp. 1879–1886

H. Siems, Artikel »Lex Baiuvariorum«, »Lex Frisionum«, »Lex Romana Visigothorum«: in HRG 2, Sp. 1887–1901, 1916–1922, 1940–1949

R. Sprandel, Verfassung und Gesellschaft im Mittelalter, Paderborn 1975

R. Sprandel, Der merowingische Adel und die Gebiete östlich des Rheins, Freiburg i. Br. 1957 (geographische Ausgangsbasis: Gallien)

K. Sprigade, Die Einweisung ins Kloster als politische Maßnahme im frühen Mittelalter, Diss. Heidelberg 1964

W. Störmer, Früher Adel. Studien zur politischen Führungsschicht im fränkisch-deutschen Reich vom 8. bis 11. Jh., 2 Bde., Stuttgart 1973

F. Täger, Charisma. Studien zur Geschichte des antiken Herrscherkultes, 2 Bde., Stuttg. 1960

G. Tellenbach (Hrsg.), Studien und Vorarbeiten zur Geschichte des großfränkischen und frühdeutschen Adels, Freiburg i. Br. 1957 (vor allem J. Fleckenstein S. 9–39, S. 71–136 zu den Welfen, F. Vollmer S. 137–84 zu den Etichonen, J. Wollasch S. 185–224 zum Machtkampf um Auxerre, Tellenbach S. 40–70 u. S. 335 ff. zu den fränkischen Großen in Italien und Welfen im Ost- und Westreich)

J. F. Verbruggen, De Krijgskunst in West-Europa in de Middeleeuwen, Brüssel 1954

R. Wenskus, Stammesbildung und Verfassung. Das Werden der frühmittelalterlichen gentes, Köln/Graz 1961 (methodisch grundlegend; S. 458 ff. die einzelnen Völker – die Franken S. 512–41 –, unter denen Burgunden und Bretonen fehlen)

K. F. WERNER, Artikel »Adel« (Fränkisches Reich, Imperium, Frankreich), in: Lexikon des MA, 1, 1977, Sp. 119–128 (mit reicher Bibliographie)

K. F. WERNER, Du nouveau sur un vieux thème. Les origines de la ›noblesse‹ et de la ›chevalerie‹, in: Comptes rendus 1985, Académie des Inscriptions et Belles-Lettres, Paris 1985, S. 186–200

K. F. WERNER, Bedeutende Adelsfamilien im Reich Karls d. Gr., in: BRAUNFELS, Karl d. Gr. (siehe oben Sammelwerke) 1, S. 83–142

K. F. WERNER, Die Nachkommen Karls d. Gr. bis um das Jahr 1000 (1.–8. Generation: BRAUNFELS, Karl d. Gr., 4, S. 403–482)

K. F. WERNER, ›Missus‹, ›Marchio‹, ›Comes‹. Entre l'administration centrale et l'administration locale de l'Empire carolingien, in: W. PARAVICINI, K. F. WERNER (Hrsg.), Histoire comparée de l'administration, IVᵉ–XVIIIᵉ siècles, München 1980, S. 191–239, sowie dort die Einführung S. IX–XXXIV

J. M. VAN WINTER, Cingulum Militiae: Revue d'Histoire du Droit/Tijdschrift voor Rechtsgeschiedenis 44 (1976), S. 1–92

A. WLOSOK (Hrsg.), Römischer Kaiserkult, Darmstadt 1978 (Wege der Forschung 372; Einführung, 27 Studien und Rezensionen sowie Bibliographie, bis zu Konstantin d. Gr. und Julian)

H. WOLFRAM, Intitulatio, I. Lateinische Königs- und Fürstentitel bis zum Ende des 8. Jahrhunderts, Graz/Wien/Köln 1967

H. WOLFRAM (Hrsg.), Intitulatio II. Lateinische Herrscher- und Fürstentitel im 9. und 10. Jahrhundert, Wien/Köln/Graz 1973 (WOLFRAM, S. 19–169 »Lateinische Herrschertitel«, K. BRUNNER, S. 179–340 »Fränkische Fürstentitel«, H. FICHTENAU, S. 453–548 »Politische Datierungen«; die Beiträge jeweils mit eigenem Register)

Zeitschrift (der Savigny-Stiftung) für Rechtsgeschichte (ZRG), Germanistische Abteilung

Zeitschrift (der Savigny-Stiftung) für Rechtsgeschichte (ZRG), Romanistische Abteilung

T. ZOTZ, Adel, Oberschicht, Freie. Zur Terminologie der frühmittelalterlichen Sozialgeschichte: Zeitschr. f. Gesch. d. Oberrheins 125 (1977), S. 3–20

3. WIRTSCHAFT UND GESELLSCHAFT, »MATERIELLE KULTUR«

Agricoltura e mondo rurale in Occidente nell'alto medioevo: Settimane Bd. 13, Spoleto 1966 (u. a. A. VERHULST, La genèse du régime domanial classique en France au haut moyen âge, S. 135–60; G. DUBY, Le problème des techniques agricoles, S. 267–84; C. HIGOUNET, Les forêts de l'Europe occidentale du Vᵉ au XIᵉ siècle, S. 343–98; B. H. SLICHER VAN BATH, Le climat et les récoltes en haut moyen âge, S. 399–425)

H. AUBIN (†), W. ZORN (Hrsg.), Handbuch der deutschen Wirtschafts- und Sozialgeschichte, Bd. 1, Stuttgart 1971 (zur fränkischen Zeit S. 83 ff., S. 169 ff., etc.)

R.-H. BAUTIER, The Economic Development of Medieval Europe, London 1971

M. BEAULIEU, Le Costume antique et médiéval, 5. A Paris 1974

H. BECK u. a. (Hrsg.), Untersuchungen zur eisenzeitlichen und frühmittelalterlichen Flur und zur agrarischen Bodennutzung in Mitteleuropa, 2 Bde., Göttingen 1980 (Abh. d. Akad. d. Wiss. in Göttingen; unter anderem A. STEENSBERG, Agrartechnik der Eisenzeit und des frühen Mittelalters)

W. BLEIBER, Naturalwirtschaft und Ware-Geld-Beziehungen zwischen Loire und Somme während des 7. Jh., Berlin (Ost) 1981

M. BLOCH, Les caractères originaux de l'histoire rurale française, Oslo 1931, 2. A., 2 Bde., Paris 1952–56. Neuausgabe durch P. TOUBERT, Paris 1989

M. BLOCH, Esquisse d'une Histoire monétaire de l'Europe, Paris 1954

M. BLOCH, Le problème de l'or au moyen âge, in: M. BLOCH, Mélanges hist. (siehe oben Sammelwerke) Bd. 2, S. 839–67 (zuerst 1933 veröffentlicht)

K. BOSL, Die ›familia‹ als Grundstruktur der mittelalterlichen Gesellschaft: Zeitschr. f. Bayer. Landesgeschichte 38 (1975), S. 403–24

Byzance et la France médiévale. Catalogue de l'exposition de la Bibliothèque Nationale, Paris 1958 (zum technischen Einfluß)

The Cambridge Economic History of Europe, Bd. 1: The Agrarian Life of the Middle Ages, 2. A. hrsg. v. M. M. POSTAN, Cambridge 1966 (Beiträge von A. DOPSCH, M. BLOCH, F. L. GANSHOF)

C. M. CIPOLLA, K. BORCHARDT (Hrsg.), Europäische Wirtschaftsgeschichte, Bd. 1: Mittelalter, Stuttgart/New York 1978 (wichtige Einführung von CIPOLLA; J. C. RUSSELL, S. 13 ff. zur Bevölkerungsgeschichte)

D. CLAUDE, Der Handel im westlichen Mittelmeer während des Frühmittelalters, Göttingen 1985 (Abh. d. Akad. d. Wiss. in Göttingen: Untersuchungen zu Handel und Verkehr der vor- und frühgeschichtlichen Zeit in Mittel- und Nordeuropa, Teil II; s. auch zu Merowingerzeit)

F. DESPORTES, Le Pain au moyen âge, Paris 1987

G. DESPY, Les tarifs de tonlieux, Turnhout 1976 (Typologie des sources, 19)

R. DION, Histoire de la vigne et du vin en France, des origines au XIXᵉ siècle, Paris 1959

R. DOEHAERD, Le Haut moyen âge occidental. Économies et sociétés, Paris 1971 (Nouvelle Clio, 14)

G. DUBY, L'économie rurale et la vie des campagnes dans l'Occident médiéval (France, Angleterre, Empire, IXᵉ–XVᵉ siècles), 2 Bde., Paris 1962

G. Duby, Guerriers et paysans, VIIe–XIIe siècles. Premier essor de l'économie européenne, Paris 1973

G. Duby, R. Mandrou, Histoire de la civilisation française, 2 Bde., 2. A. Paris 1975

G. Duby, A. Wallon (Hrsg.), Histoire de la France rurale, 4 Bde., Paris 1975, Bd. 1: La formation des campagnes françaises des origines au XIVe siècle (u. a. M. Le Glay zum römischen Gallien, G. Fourquin zum 6. Jh. ff.)

E. Ennen, W. Janssen, Deutsche Agrargeschichte. Vom Neolithikum bis zur Schwelle des Industriezeitalters, Wiesbaden 1979 (bis S. 144 Behandlung der frühen Perioden bis zum Ende der Karolingerzeit, mit ertragreicher Einbeziehung der Archäologie von W. Janssen)

F. M. Feldhaus, Die Technik der Antike und des Mittelalters, Potsdam 1930. Neu hrsg. mit Vorwort u. Bibliographie v. H. Callies, Hildesheim/New York 1971

R. Fossier, Enfance de l'Europe. Aspects économiques et sociaux, 2 Bde., Paris 1982 (Nouvelle Clio, 17 u. 17 bis)

E. Fournial, Histoire monétaire de l'Occident médiéval, Paris 1970

G. Franz (Hrsg.), Deutsche Agrargeschichte, Stuttgart 1963 ff. (in getrennten Bänden erschienen: W. Abel, Geschichte der deutschen Landwirtschaft; F. Lütge, Geschichte der deutschen Agrarverfassung; G. Franz, Geschichte des Bauernstandes, sowie H. Jankuhn, Vor- und Frühgeschichte; wertvoll für die Agrargeschichte des fränkischen Gesamtreichs)

B. Geremek, Geschichte der Armut. Elend und Barmherzigkeit in Europa, München/Zürich 1988 (poln. 1978)

Gilden und Zünfte. Kaufmännische und gewerbliche Genossenschaften im frühen und hohen Mittelalter, hrsg. v. B. Schwineköper, Sigmaringen 1985 (VuF 29; u. a. R. Sprandel, Handel und Gewerbe vom 6.–11. Jh., S. 9–30, O. G. Oexle, Conjuratio und Gilde im frühen MA. Ein Beitrag zum Problem der sozialgeschichtlichen Kontinuität zwischen Antike u. MA, S. 151–214, besonders wichtig; vgl. die Rezension v. R. Kaiser, Francia 14 (1987), S. 586–93)

B. Gille, Esprit et civilisation technique au Moyen Âge, Paris 1952

J. Gimpel, La révolution industrielle du Moyen Âge, Paris 1975 (S. 245 die Liste der Erfindungen vom 6.–10. Jh.)

J.-L. Goglin, Les misérables dans l'Occident médiéval, Paris 1976

P. Grierson, Dark Age Numismatics. Selected Studies, London 1979 (29 Studien quer durch die Geld- und Münzgeschichte des 1. Jahrtausends)

D. Hägermann, Die rechtlichen Grundlagen der Wirtschaftsentwicklung im Nordwesten des fränkischen Reiches: La Neustrie 1, S. 341–65

H. Jankuhn u. a. (Hrsg.), Das Handwerk in vor- und frühgeschichtlicher Zeit, Teil I, Göttingen 1981 (Abh. d. Akad.; dort u. a. D. Timpe über das keltische,

H. v. Petrikovits u. a. über das römische Handwerk, O. G. Oexle über Gilden als soziale Gruppen in der Karolingerzeit, vor allem D. Claude, Die Handwerker der Merowingerzeit nach den erzählenden und urkundlichen Quellen, S. 204–266, und H. Nehlsen, Die rechtliche und soziale Stellung der Handwerker in den germanischen Leges, S. 267–83)

H. Kellenbenz (Hrsg.), Handbuch der Europäischen Wirtschafts- und Sozialgeschichte, vor allem Bd. 2 (Mittelalter) hrsg. v. J. A. van Houtte, Stuttgart 1980, dort F. L. Ganshof, Das Fränkische Reich, S. 151–205, sowie J. Favier zu Frankreich, S. 297 ff., sowie G. Fasoli zu Italien, 6.–10. Jh.)

M. Lachiver, Vins, vignes et vignerons. Histoire du vignoble français, Paris 1988 (Kap. 1 bis zum 10. Jh., Kap. 2 vom 10. Jh. an; erneuert und erweitert das Werk Dions)

J. Lafaurie, Les routes commerciales indiquées par les trésors et trouvailles monétaires mérovingiens: Settimane Bd. 8, Spoleto 1961, S. 231–78.

R. Latouche, Les origines de l'économie occidentale (IV⁰–XI⁰ siècle), Paris 1956 (L'Évolution de l'Humanité, 43), Neudruck 1970 (mit enttäuschendem bibliographischem Nachtrag)

S. Lebecq, Marchands et navigateurs frisons du Haut moyen âge, 2 Bde., Lille 1983 (Bd. 2 gibt wertvollen Quellenanhang)

S. Lebecq, La Neustrie et la mer: La Neustrie : (1989), S. 405–441 (mit dt. Resümee)

S. Lebecq, Pour une histoire des équipages (mers du Nord, V⁰–XI⁰ siècles): Revue du Nord, n°1 spécial hors série (1986); S. 233–55

Commandant Lefebvre des Noëttes, L'Attelage. Le Cheval de Selle à travers les âges, Paris 1931, mit Bildband (Bedeutung neuartiger Bespannung [mit Kummet] für Wagen und Pflug im Frühmittelalter; Bedeutung von Steigbügel und Hufbeschlag für Bewaffnung und Taktik der Reiterei seit etwa 8./9. Jh.)

J. Le Goff, Les métiers et l'organisation du travail dans la France médiévale, in: M. François (Hrsg.), La France (siehe oben Sammelwerke), S. 296–342

A. R. Lewis, Naval Power and Trade in the Mediterranean A. D. 500–1000, Princeton 1951 (wichtige Rezension von C. Cahen, Revue historique 218 [1957], S. 120–122)

D. Lohrmann, Energieprobleme im Mittelalter: Zur Verknappung von Wasserkraft und Holz in Westeuropa bis zum Ende des 12. Jh.: Vierteljahrschrift für Sozial- u. Wirtschaftsgeschichte 66 (1979). S. 297–316

D. Lohrmann, Le Moulin à eau dans le cadre de l'économie rurale de la Neustrie (VII⁰–IX⁰ siècles): La Neustrie 1 (1989), S. 367–404

D. Lohrmann (Hrsg. zus. mit W. Janssen), Villa-curtis-grangia. Landwirtschaft zwischen Loire und Rhein von der Römerzeit bis zum Hochmittelalter, München 1983 (Francia-Beihefte; für die gallorömische Periode H. v. Petri-

KOVITS, R. AGACHE, Luftarchäologie der zahllosen Großbetriebe, u. a.; für den fränkisch-westfränkischen Bereich M. ROUCHE, P. PÉRIN, W. JANSSEN u. vor allem: R. FOSSIER, Habitat, domaines agricoles et main-d'œuvre en France du Nord-Ouest au IXᵉ siècle, S. 123–32, und A. VERHULST, La diversité du régime domanial entre Loire et Rhin à l'époque carolingienne, S. 133–48)

M. LOMBARD, Les métaux dans l'ancien monde du Vᵉ au XIᵉ siècle, Paris/Den Haag 1974

R. S. LOPEZ, The Commercial Revolution of the Middle Ages. 950–1350, Cambridge 1976, geht ausführlich auf die römisch-fränkische Vorgeschichte der späteren Entwicklung ein

F. LÜTGE, Deutsche Sozial- und Wirtschaftsgeschichte, Berlin/Göttingen/ Heidelberg, 2. erweit. A. 1960 (ausgereifte Darstellung eines führenden Kenners vor der jüngsten Forschungsentwicklung)

E. MAGNOU-NORTIER, Le grand domaine: des maîtres, des doctrines, des questions: Francia 15 (1988), S. 1 ff.

Manger et boire au Moyen Âge, Paris 1984 (Publications de la Faculté des Lettres... de Nice; hier vor allem M. ROUCHE, Les repas de fête à l'époque carolingienne, S. 265–96)

M. MOLLAT, Les Pauvres au moyen âge. Étude sociale, Paris 1978, S. 25–72

H. MOMMSEN, W. SCHULZE (Hrsg.), Vom Elend der Handarbeit. Probleme historischer Unterschichtenforschung, Stuttgart 1981 (dort Teil I: Armut, Unfreiheit und Sklaverei in Antike und Mittelalter, vor allem H.-W. GOETZ, »Unterschichten« im Gesellschaftsbild karolingischer Geschichtsschreiber und Hagiographen, S. 108–130)

Y. MORIMOTO, État et perspectives des recherches sur les polyptiques carolingiens: Annales de l'Est 40 (1988), S. 99–149 (guter Forschungsbericht mit internationaler Diskussion)

L. MUSSET, La renaissance urbaine des Xᵉ et XIᵉ siècles dans l'ouest de la France: problèmes et hypothèses de travail, in: Mélanges E.-R. LABANDE. Études de Civilisation médiévale, Poitiers 1974, S. 563–76 (Nachweis von Kirchenneubauten im frühen 10. Jh.!)

La navigazione mediterranea nell'alto medioevo: Settimane Bd. 25, Spoleto 1978 (in 2 Tln.)

H. NEHLSEN, Sklavenrecht zwischen Antike und Mittelalter. Germanisches und römisches Recht in den germanischen Rechtsaufzeichnungen, I. Ostgoten, Westgoten, Franken, Langobarden, Göttingen 1972 (grundlegend, weist überraschend starke Elemente römischen Sklavenrechts in der fränkischen Gesetzgebung nach, deren staatlicher Charakter damit zugleich unterstrichen wird)

A. I. NJEUSSYCHIN, Die Entstehung der abhängigen Bauernschaft als Klasse der frühfeudalen Gesellschaft in Westeuropa vom 6. bis 8. Jahrhundert. Deutsche

Ausgabe besorgt von B. Töpfer, Berlin (Ost) 1981 (»konservative«, stark von der früheren deutschen Forschung abhängige sowjetische Darstellung)

H. Pirenne, Histoire économique et sociale du moyen âge, überarb. Fassung von H. van Werveke, Paris 1963, 2. A. 1969; ältere Fassungen von 1933 u. 1951 (zur Kontroverse um die Hauptthese der Zäsur zwischen Merowinger- und Karolingerzeit durch die Ausbreitung des Islam siehe unter. zum Zeitalter und die gute Stellungnahme von E. Perroy, Encore Mahomet et Charlemagne, Revue historique 212 [1954], S. 232 ff.)

M. Prou, Les Monnaies mérovingiennes, Paris 1896; Les Monnaies carolingiennes, Paris 1892; beide Werke im Neudruck Graz 1969 (die wichtigsten Ergänzungen zu diesem Hauptwerk, nach dem die Münzen in der Regel zitiert werden, rühren von J. Lafaurie; vgl. seine zahlreichen Artikel in der Revue numismatique u. a.)

M. Rouche, La faim à l'époque carolingienne: essai sur quelques types de rations alimentaires: Revue historique 250 (1973), S. 295–320

G. Roupnel, Histoire de la Campagne française, Paris 1932; Neuausgabe mit Bemerkungen u. a. von E. Le Roy Ladurie und P. Chaunu, 1974

Les Routes de France, depuis les origines jusqu'à nos jours (hrsg. v. J. Hubert), Paris 1959

R. Schmidt-Wiegand, Fränkische und frankolateinische Bezeichnungen für soziale Schichten und Gruppen in der Lex Salica: Nachrichten der Akad. der Wiss. in Göttingen, Jahrgang 1972, S. 219–57 (mit Register)

R. Sprandel, Das Eisengewerbe im Mittelalter, Stuttgart 1968

F. Vercauteren, La circulation des marchands en Europe occidentale du VIᵉ au Xᵉ siècle: aspects économiques et culturels: Settimane, Bd. 11, Spoleto 1964, S. 393–411

A. Verhulst (Hrsg.), Die Grundherrschaft im frühen Mittelalter/Le grand domaine aux époques mérovingienne et carolingienne, Gent 1985 (Akten eines internat. Kolloquiums in Gent 1983)

C. Verlinden, Wo, wann und warum gab es einen Großhandel mit Sklaven während des Mittelalters? Köln 1970 (Kölner Vorträge zur Sozial- und Wirtschaftsgeschichte, Heft 11)

Un Village au temps de Charlemagne. Moines et paysans de l'abbaye de Saint-Denis du VIIᵉ siècle à l'An Mil, Paris 1988 (Katalog einer Ausstellung über den zweiten nennenswerten Siedlungsbefund aus karolingischer Zeit in Frankreich, über den, im Gegensatz zum ersten, zugleich schriftliche Nachrichten des 8./9. Jh. vorliegen. Wurde im Text der deutschen Ausgabe bereits berücksichtigt)

L. White jr., Medieval Technology and Social Change, Oxford 1962 (franz. Ausgabe v. M. Le Eune, Technologie médiévale et transformations sociales, Paris/Den Haag 1969)

D. M. WILSON (Hrsg.), Wealth of the Roman World. Gold and Silver
A.D. 300–700, London 1977 (Ausstellung des British Museum)

H. WITTHÖFT, Maß und Gewicht im 9. Jahrhundert. Fränkische Traditionen
im Übergang von der Antike zum Mittelalter: Vierteljahrschrift für Sozial- und
Wirtschaftsgeschichte 70 (1983), S. 457–82 (weist verblüffende Konstanzen und
Kontinuitäten für Maß und Gewicht aus römischer Zeit nach)

4. KULTUR, KUNST, LITERATUR

N. ABERG, The Occident and the Orient in the Art of the Seventh Century,
3 Bde., Stockholm 1945–47

G. ALTHOFF, Der frieden-, bündnis- und gemeinschaftstiftende Charakter des
Mahles im früheren Mittelalter: I. BITSCH u. a. (Hrsg.), Essen und Trinken in
Mittelalter und Neuzeit, Sigmaringen 1987, S. 13–25 (dort für die folgende Periode
ganz entsprechend D. RIEGER, S. 27 ff.)

Annuaire des Musées de France, Paris

R. ASSUNTO, Die Theorie des Schönen im Mittelalter, Köln 1963, 2. A. 1982
(artes mechanicae neben artes liberales als antike Tradition; S. 166 f. Zitat aus
Virgilius Maro Grammaticus, 7. Jh., Südgallien).

J.-P. BABELON, Die Provinzmuseen Frankreichs, München 1966

X. BARRAL I ALTET, Le décor des monuments religieux de Neustrie:
La Neustrie 2 (1969), S. 209–24 (siehe auch oben unter Hilfsmittel das
vom Verfasser hrsg. große Sammelwerk)

J. BÉDIER, Les légendes épiques, 4 Bde., Paris 1908–13

J. BÉDIER, R. HAZARD, Histoire de la littérature française illustrée, 2 Bde.,
Paris 1923–24, 2. A. hrsg. v. P. MARTINO, Bd. 1, 1948

W. BERSCHIN, Biographie und Epochenstil im lateinischen Mittelalter, Bd. 1:
Von der Passio Perpetuae zu den Dialogi Gregors des Großen, Stuttgart 1986;
Bd. 2: Merowingische Biographie. Italien, Spanien und die Inseln im frühen
Mittelalter, 1988

W. BERSCHIN, Griechisch-lateinisches Mittelalter. Von Hieronymus zu
Nikolaus von Kues, Bern 1980

B. BISCHOFF, Mittelalterliche Studien. Ausgewählte Aufsätze zur Schriftkun-
de und Literaturgeschichte, 3 Bde., Stuttgart 1981

B. BISCHOFF, Paläographie des römischen Altertums und des abendländischen
Mittelalters, Berlin 1979; mit dem Autor durchgesehene französische Neubearbeitung v. H. ATSMA u. J. VEZIN, Paléographie de l'antiquité romaine et du moyen
âge occidental, Paris 1985

B. BLUMENKRANZ (Hrsg.), Art et archéologie des Juifs en France médiévale,
Toulouse 1980

A. Boeckler, Abendländische Miniaturen bis zum Ausgang der romanischen Zeit, Berlin/Leipzig 1930

K. Böhner, D. Ellmers, K. Weidemann, Das Frühe Mittelalter. Führer durch das Römisch-germanische Zentralmuseum in Mainz. Mainz 1970

R. Bossuat, Manuel bibliographique de la littérature française du Moyen Âge, Melun 1951; dazu Supplemente 1955 und 1961

F. Brunhölzl, Geschichte der lateinischen Literatur des Mittelalters, Bd. 1, München 1975

Bulletin monumental, Paris

D. Bullough, A. L. H. Correa, Texts, Chant, and the Chapel of Louis the Pious: Charlemagne's Heir, Oxford 1990, 489–508

J. Calvet (Hrsg.), Histoire de la littérature française, 3 Bde., Bd. 1, Paris 1931

Centri e vie di irradiazione della civiltà nell'alto medioevo: Settimane, Bd. 11, Spoleto 1964 (hier P. Riché, Les foyers de culture en Gaule franque du VIᵉ au IXᵉ siècle, S. 297–321)

K. J. Conant, Carolingian and Romanesque Architecture, 800 to 1200, 2. A. Harmondsworth/Baltimore 1966

Congrès archéologique de France, organisiert alljährlich in einer anderen Stadt Frankreichs durch die Société Française d'Archéologie, wobei der entsprechende Aktenband (C. arch. de Fr., Jahr u. Stadt) Beiträge zu Monumenten der betreffenden Region bringt

P. Courcelle, Histoire littéraire des grandes invasions germaniques, 3. A. Paris 1964

La Cultura antica nell'Occidente latino dal VII all'XI secolo: Settimane, Bd. 22, Spoleto 1975

A. Dain, Les manuscrits, 2. A. Paris 1964 (auch zur Codicologie)

R. C. Dales, The Scientific Achievement of the Middle Ages, Philadelphia 1973 (mehr Forschungs- als Technikgeschichte)

R. Delort, Le Moyen Âge. Histoire illustrée de la vie quotidienne, Paris 1983 (eine »Kulturgeschichte« von einem hervorragenden Sachkenner)

G. Démians d'Archambaud, Histoire artistique de l'Occident médiéval, Paris 1968

P. Deschamps, M. Thibout, La peinture murale en France. Le Haut moyen âge et l'époque romane, Paris 1951

G. Duby (Hrsg.), Civilisation latine, (Paris) 1986 (Reflexionen über die lateinischen Wurzeln auch des modernen Bewußtseins und die Herkunft der romanischen Sprachen und Literaturen)

V. H. Elbern, Die Goldschmiedekunst im frühen Mittelalter, Darmstadt 1988

D. Fossard, M. Vieillard-Troiekouroff, E. Chatel, Recueil général des monuments sculptés en France pendant le Haut moyen âge (IVᵉ–Xᵉ siècles), Bd. 1: Paris et son département, Paris 1978

J. FONTAINE, Étude sur la poésie latine tardive d'Ausone à Prudence. Recueil de travaux, Paris 1980 (unter anderem zum Verständnis der christlichen Dichtung; vgl. etwa S. 355 zur Rolle der »martyres militaires«, die im Frankenreich voll übernommen wird; nach Prudentius »glänzt der Name Christi über den Waffen« der christlichen Heere)

J. FONTAINE, Quelques vicissitudes des Carmina Triumphalia dans la littérature latine du Haut moyen âge: La Neustrie 2 (1989), S. 349–62

J. FONTAINE, Postclassicisme, Antiquité tardive, Latin des chrétiens: L'évolution de la problématique d'une histoire de la littérature romaine du IIIᵉ au VIᵉ siècle depuis Schanz: Bull. de l'Assoc. G. Budé (1984), S. 195–212 (wichtig)

D. GABORIT-CHOPIN, Les trésors de Neustrie du VIIᵉ au IXᵉ siècle d'après les sources écrites: orfèvrerie et sculpture sur ivoire: La Neustrie 2 (1989), S. 259–93 (mit dt. Resümee, reicher Literatur und vielen Abbildungen)

M. GALLY, C. MARCHELLO-NIZIA, Littératures de l'Europe médiévale, Paris 1985 (Coll. Textes et Contextes; pädagogisch gelungener Versuch einer Zusammenschau mit Textbeispielen mehrerer Literatursprachen des Westens und der verschiedensten Gattungen)

L.-F. GENICOT, L'Architecture, Turnhout 1978 (Typologie des sources, 29)

J. DE GHELLINCK, Littérature latine au Moyen Âge, 2 Bde., Paris 1939

E. GILSON, La philosophie au moyen âge, 3. A. Paris 1947 (u. ö.)

G. GLAUCHE, Schullektüre im Mittelalter. Entstehung und Wandlungen des Lektürekanons bis 1200 nach den Quellen dargestellt, München 1970

A. GRABAR, C. NORDENFALK, Le Haut moyen âge, Paris 1957 (Kunstgeschichte)

B. GUENÉE, Histoire et culture historique dans l'Occident médiéval, Paris 1980

A. J. GURJEWITSCH, Das Weltbild des mittelalterlichen Menschen, München 1980 (russ. Original Moskau 1972); 3. A. 1986

C. HEITZ, Gallia Praeromanica. Die Kunst der merowingischen, karolingischen und frühromanischen Epoche in Frankreich, Wien/München 1982 (Fotos von J. ROUBIER; siehe auch unten zur Karolingerzeit)

C. HEITZ, Architecture et monuments de Neustrie: La Neustrie 2, S. 187–208 (mit dt. Resümee)

J. HUBERT, L'Art préroman, Paris 1938; Neudruck Chartres 1974 (mit bibliographischem Nachtrag auf Beiblatt)

J. HUBERT, L'architecture religieuse du haut Moyen Âge en France. Plans, notice et bibliographie, Paris 1952 (mit 179 Plänen, Skizzen und 1 Karte; grundlegende Bestandsaufnahme)

J. HUBERT, Arts et vie sociale de la fin du monde antique au Moyen Âge.
Études d'archéologie et d'histoire, Genf 1977. – Nouveau recueil d'Études
d'archéologie et d'histoire. De la fin du Monde antique au Moyen Âge,
Genf/Paris 1985 (35 bzw. 45 Studien)

J. HUBERT, J. PORCHER, W. F. VOLBACH, Frühzeit des Mittelalters. Von der
Völkerwanderung bis an die Schwelle der Karolingerzeit, München 1968
(vgl. auch unten zur Karolingerzeit)

D. ILLMER, Formen der Erziehung und Wissensvermittlung im frühen
Mittelalter. Quellenstudien zur Frage der Kontinuität des abendländischen
Erziehungswesens, München 1971

D. ILLMER, Totum namque in sola experientia usuque consistit. Eine Studie
zur monastischen Erziehung und Sprache, in: F. PRINZ (Hrsg.), Mönchtum
und Gesellschaft im Frühmittelalter, 1976, S. 430–455 (Originalbeitrag)

W. KOEHLER (Hrsg.), Die karolingischen Miniaturen, Bd. 1–5, Berlin
1933–82 (Bd. 5: Die Hofschule Karls des Kahlen, abgeschlossen von
F. MÜTHERICH; jeweils Textbände mit großen Tafelbänden)

R. KOTTJE, Claustra sine armario? Zum Unterschied von Kloster und Stift im
Mittelalter: Consuetudines monasticae. Festgabe für K. Hallinger, Rom 1982,
S. 125–44 (zur Pflege von Literatur und Schriftwesen)

U. LINDGREN, Gerbert von Aurillac und das Quadrivium. Untersuchungen
zur Bildung im Zeitalter der Ottonen, Wiesbaden 1976 (siehe ferner: 10. Jh.)

R. LOUIS, Autessiodurum christianum. Les églises d'Auxerre des origines au
XIe siècle, Paris 1952

R. LOUIS (Hrsg.), Études Ligériennes d'Histoire et d'Archéologie médiévales,
Auxerre 1975 (wichtige Studien zur Literatur- und Kunstgeschichte des Loiretals)

M. MANITIUS, Geschichte der lateinischen Literatur des Mittelalters, hier:
Bde. 1 und 2, München 1911–23 (wegen der materialreichen Notizen im Anhang
zu den einzelnen Autoren immer noch von Wert)

H.-I. MARROU, Histoire de l'éducation dans l'antiquité, 6. A. Paris 1965 (dt.:
Geschichte der Erziehung im klassischen Altertum, 1957; mit Ausblick auf Frühmittelalter)

H.-J. MARTIN, Le livre et la civilisation écrite, Bd. 1 Paris 1968

R. McKITTERICK, The Diffusion of Insular Culture in Neustria between 650
and 850: the Implications of the Manuscript Evidence: La Neustrie 2, S. 395–432
(mit dt. Resümee)

B. MERLETTE, Écoles et bibliothèques à Laon, du déclin de l'antiquité au
développement de l'Université: Enseignement et vie intellectuelle (IXe–XVIe s.).
Actes du 95e Congrès national des Sociétés savantes, Bd. 1, Paris 1975, S. 21–53

P. MEYER, Europäische Kunstgeschichte, Bd. 1: Vom Altertum bis zum Ausgang des Mittelalters, 4. A. München 1978

M. Monstert, The Library of Fleury. A Provisional List of Manuscripts, Hilversum 1989

F. Mütherich, Les manuscrits enluminés en Neustrie: La Neustrie 2 (1989), S. 319–38 (mit zahlreichen Abbildungen und dt. Resümee)

J. Ottaway, Traditions architecturales dans le nord de la France pendant le premier millénaire: Cahiers de Civil. médiév. 23 (1980), S. 141–239 (mit 68 Abbildungen; es handelt sich um den neustrischen Raum)

R. Oursel, A.-M. Oursel, Les églises romanes de l'Autunois et du Brionnais. Cluny et sa région, Mâcon 1956 (auch zum 9. Jh.)

J. Paul, Histoire intellectuelle de l'Occident médiéval, Paris 1969

F. Picavet, La littérature française en langue latine, in: G. Hanotaux (Hrsg.), Histoire de la nation française, Bd. XII, 1, Paris 1921, S. 3–174 (zu Unrecht vergessene Darstellung, die breit auf die Zeit vor 1000 eingeht)

Propyläen Geschichte der Literatur. Literatur und Gesellschaft der westlichen Welt, Bd. 2: Die mittelalterliche Welt, 600–1400, Berlin 1982 (22 Beiträge, unter anderem W. Ullmann, Politisches Denken und politische Organisation, L. Boehm, Das mittelalterliche Erziehungs- und Bildungswesen, P. Klopsch, Latein als Literatursprache)

Recht und Schrift im Mittelalter, hrsg. v. P. Classen, Sigmaringen 1977 (VuF)

Revue archéologique, Paris 1844–1940, 1946ff.

P. Riché, Éducation et culture dans l'Occident barbare, VIe–VIIIe siècles, 3. A. Paris 1973

P. Riché, École et enseignement dans le Haut moyen âge, Paris 1979, 2. A. 1989

P. Riché, Instruction et vie religieuse dans le Haut moyen âge, London 1981 (23 Studien, von denen Nr. IV, VI–XIV die Rolle des Hofs und den unterschätzten Umfang der geistigen Ausbildung der hohen Laienaristokratie behandeln)

P. Riché, Apprendre à lire et à écrire dans le haut Moyen Âge: Bulletin de la Soc. nat. des Antiquaires de France, 1978–79, Paris 1982, S. 193–202

A. Riegl, Spätrömische Kunstindustrie, 2. A. Wien 1927, Neudruck Darmstadt 1964

Romanobarbarica, hrsg. v. B. Luiselli, M. Simonetti, Bd. 1 ff., Rom 1976ff. (Beiträge zu den kulturellen Beziehungen der lateinischen und barbarischen Welt)

H. Roth, Kunst und Handwerk im frühen Mittelalter. Archäologische Zeugnisse von Childerich I. bis zu Karl dem Großen, Stuttgart 1986 (mit neuem Material, wertvoller Bilddokumentation und Karten)

C. Sapin, La Bourgogne préromane, Paris 1986

M. Smeyers, La Miniature, Turnhout 1974 (Typologie des sources, 8; mit Nachtrag 1985)

W. von den Steinen, Homo caelestis. Das Wort der Kunst im Mittelalter, Bd. 1 (Textband), Bd. 2 (Bildband), Bern/München 1965

G. Steinhausen, Geschichte der Deutschen Kultur, 2. A. Leipzig/Wien 1913 (behandelt S. 74 ff. eingehend die »Romanisierung und Kultivierung der Franken«, um ihren Einfluß auf die [später] deutschen Gebiete zu würdigen; in der 3. A. 1929 wurden diese Partien, mit der ganzen Frühzeit, weggelassen)

J. Vezin, Les Scriptoria de Neustrie, 650–850, in: La Neustrie 2, S. 307–18

M. Vieillard-Troiekouroff, Les monuments religieux de la Gaule d'après les œuvres de Grégoire de Tours, Paris 1975

M. Vieillard-Troiekouroff, La sculpture en Neustrie, in: La Neustrie 2, S. 225–58 (mit zahlreichen Abbildungen und dt. Resümee)

F. Weissengruber, Monastische Profanbildung in der Zeit von Augustinus bis Benedikt, in: F. Prinz (Hrsg.), Mönchtum und Gesellschaft 1976, S. 387–429

P. Wolff, L'éveil intellectuel de l'Europe, Paris 1971 (9.–12. Jh.)

HISTORISCHE URSPRÜNGE IM GESCHICHTLICHEN BEWUSSTSEIN

C. Amalvi, De l'art et la manière d'accomoder les héros de l'histoire de France. Essais de mythologie nationale, Paris 1988 (Einband-Untertitel: De Vercingétorix à la Révolution; grundlegend)

B. Barret-Kriegel, La constitution de l'histoire savante aux XVIIe–XVIIIe siècles, 4 Bde., Paris 1988 (Thèse Sorbonne)

Père Baudrillart (Hrsg.), La France chrétienne dans l'histoire, Paris 1896 (siehe S. IX)

C. Beaune, Naissance de la nation France, Paris 1985 (Geschichtsbewußtsein im Spätmittelalter; siehe vor allem S. 19 ff., 77 ff.)

Dom Besse, Église et monarchie. La tradition religieuse et nationale, Paris o. J. (1910) (siehe S. 185, 341)

P. den Boer, Geschiedenis als Berop. De professionalisering van de geschiedbeoefening in Frankrijk (1818–1914), Nimwegen 1987

H. Buchthal, Historia Troiana. Studies in the History of the Medieval Secular Illustration, London/Leiden 1971 (Bibliographie S. XVI ff.)

P. Chaunu, La France. Histoire de la sensibilité des Français à la France, Paris 1982

S. Citron, Le mythe national. L'histoire de France en question, Paris 1987

A. Demandt, Der Fall Roms. Die Auflösung des Römischen Reiches im Urteil der Nachwelt, München 1984

D. Drews, Das fränkisch-germanische Bewußtsein des französischen Adels im 18. Jahrhundert, Berlin 1940

C.-G. Dubois, Celtes et Gaulois au XIVe siècle. Le développement littéraire d'un mythe nationaliste, Paris 1972

H. Duranton, »Nos ancêtres, les Gaulois«. Genèse et avatars d'un cliché historique: Cahiers d'Histoire 14 (1969), S. 339–70

J. Ehrard, G. Palmade, L'Histoire, Paris 1964 (Textauszüge, siehe S. 33)

E. Ewig, Gallien (siehe oben Sammelwerke), vor allem Bd. 1, S. 72 ff., 105 ff., 231–273 (Volkstum und Volksbewußtsein im Frankenreich des 6. Jh.)

E. Ewig, Xanten dans la »Chanson de Roland«: Mélanges René Louis. Paris 1982, S. 481–90

E. Faral, La légende arthurienne, Bd. I, 1, Paris 1929 (S. 262–93, Trojasage)

R. Folz, Sur la légende d'origine des Francs: Mémoires de l'Académie de Dijon 126 (1983/4, S. 187–99)

D. Gembicki, Histoire et politique à la fin de l'Ancien régime. Jacob-Nicolas Moreau (1717–1803), Paris 1979

L. de Gerin-Ricard, L'histoire des institutions politiques de Fustel de Coulanges, Paris 1936 (dort S. 56)

W. Goffart, The Narrators of Barbarian History (550–800), Princeton 1988

F. Graus, Lebendige Vergangenheit. Überlieferung im Mittelalter und in den Vorstellungen vom Mittelalter, Köln/Wien 1975 (S. 81 ff., 254 ff.)

A. Grenier, Camille Jullian ... 1880–1930, Paris 1944 (dort S. 247)

F. Hartog, Le XIXe siècle et l'Histoire. Le cas Fustel de Coulanges, Paris 1988

H. Le Bras, E. Todd, L'invention de la France. Atlas anthropologique et politique, Paris 1981

J. Lestocquoy, Histoire du patriotisme en France, Paris 1968

G. Lottes, Der Umbruch von der Antike zum Frühmittelalter im politischen Denken des 18. Jahrhunderts in Frankreich. Festschrift für P. Klopsch, Göppingen 1988, S. 324–44

M. Lugge, »Gallia« und »Francia« im Mittelalter, Bonn 1960

B. Luiselli, Il mito dell'origine troiana dei Galli, dei Franchi e degli Scandinavi: Romanobarbarica 3 (1978), S. 89–121

R. McKitterick, The Study of Frankish History in France and Germany in the XVIth and XVIIth Centuries: Francia 8 (1981), S. 556–72

G. Melville, Troja: Die integrative Wiege europäischer Mächte im ausgehenden Mittelalter, in: W. Eberhardt, F. Seibt (Hrsg.), Europa 1500, Stuttgart 1986, S. 415–32

K. H. Metz, Die Resurrektion der Geschichte. Ein Beitrag zum historischen Denken Jules Michelets und zur Entstehung des Nationalismus im 19. Jahrhundert: Archiv für Kulturgeschichte 65 (1983), S. 451–78

P. Nora (Hrsg.), Les Lieux de mémoire, Bd. I: La République, Paris 1984; Bd. II (in 3 Tln.): La Nation, Paris 1986 (bedeutendes Sammelwerk)

K. PANICK, La Race latine. Politischer Romanismus im Frankreich des 19. Jahrhunderts, Bonn 1978 (Pariser Historische Studien)

J.-D. PARISET, La France et les princes allemands (1545–1557): Francia 10 (1983), S. 229–301 (mit Textdokumentation)

L. POLIAKOV, Le mythe arien, Paris 1971 (dort Kapitel 2)

E. QUINET, La Révolution, Paris 1865

J. RICHARD, Au temps de la celtomanie ... (XVIe siècle): Deutschland und Frankreich in der frühen Neuzeit. Festschrift für Hermann Weber, München 1987, S. 163–86

J. RICHER (Hrsg.), L'Empereur Julien. De la légende au mythe. De Voltaire à nos jours, Paris 1981 (mit zahlreichen Textauszügen)

J.-P. RIOUX, Autopsie de »Nos ancêtres les Gaulois«. L'histoire 27 (1980), S. 85 f.

B. SCHNEIDMÜLLER, Nomen Patriae. Die Entstehung Frankreichs in der politisch-geographischen Terminologie (10.–13. Jahrhundert), Sigmaringen 1987 (Folge ertragreicher Teilstudien, siehe S. 17 ff., 34 ff., 167 ff. »Trojaner – Franken – Franzosen ... unter Philipp II.«, S. 191 ff., etc.)

P. STADLER, Geschichtsschreibung und historisches Denken in Frankreich 1789–1871, Zürich 1958

J. VOSS, Das Mittelater im historischen Denken Frankreichs, München 1972

P. WAPNEWSKI (Hrsg.), Mittelalter-Rezeption. Ein Symposion, Stuttgart 1986

E. WEIS, Geschichtsschreibung und Staatsauffassung in der französischen Enzyklopädie, Wiesbaden 1956

K. F. WERNER, Die literarischen Vorbilder des Aimoin von Fleury, in: Medium Aevum Vivum. Festschrift für Walther Bulst, Heidelberg 1960, S. 69–103.

GEOGRAPHIE, KLIMA, GRENZEN, DEMOGRAPHIE

P. ALEXANDRE, Le climat en Europe au Moyen Âge. Contribution à l'histoire des variations climatiques de 1000 à 1425, d'après les sources narratives de l'Europe occidentale, Paris 1987

A. ARMENGAUD, L'évolution démographique, in: M. FRANÇOIS (Hrsg.), La France (s. o. Sammelwerke), S. 1297–1329

Atlas et géographie de la France moderne (Einzelbände zu den Provinzen, z. B. P. FÉNÉLON, Pays de la Loire, Paris 1978; P. CLABAL, Haute-Bourgogne et Franche-Comté, 1978)

Art. »Bevölkerung«, in: RGA 2, S. 331–361 (u. a. H. JANKUHN u. R. WENSKUS, 349 ff. zum Problem der Schätzungen)

J. BOULAINE, Les sols de France, Paris 1970

C. M. CIPOLLA, The Economic History of World Population, Harmondsworth 1962, 7. A. 1979; frz. Übers.: Histoire économique de la population mondiale, Paris 1965

R. DELORT, La vie au moyen âge, Paris 1982 (S. 15 ff. zu Klima, Bewaldung etc.)

E. DEMOUGEOT, Variations climatiques et invasions, Revue historique 233 (1965), S. 1–22

R. DION, Les frontières de la France, Paris 1947

J. DUPÂQUIER (Hrsg.), Histoire de la population française, Bd. 1: Des origines à la Renaissance, Paris 1988 (zahlreiche Mitarbeiter, überholt ältere Literatur. Bevölkerung um Christi Geburt auf dem Gebiet des heutigen Frankreich auf 7 Millionen geschätzt)

J. GOGUEL, Géologie de la France, 3. A. Paris 1961

B. HERRMANN, R. SPRANDEL (Hrsg.), Determinanten der Bevölkerungsentwicklung im Mittelalter, Weinheim 1987 (wichtige Beiträge, davon mit Überblickscharakter: D. HERLIHY, S. 1–24, R. SPRANDEL, S. 25–36)

H. L. LAMB, Climate: Present, Past and Future, 2 Bde., London 1972–77

M. LE LANNOU, Les régions géographiques de la France, 2 Bde., 3. A. Paris 1967

M. LE LANNOU, Les sols et les climats, in: FRANÇOIS (Hrsg.), La France, 3–26

E. LE ROY LADURIE, Histoire du climat depuis l'an mil, Paris 1957

E. LE ROY LADURIE, Le territoire de l'historien, Paris 1973 (S. 424 ff. zur Klimageschichte)

E. DE MARTONNE, Géographie physique de la France, Paris 1942 (Géographie universelle, hrsg. v. P. VIDAL DE LA BLACHE u. L. GALLOIS, VI, 1)

N. J. G. POUNDS, An Historical Geography of Europe, 450 B. C.–A. D. 1330, Cambridge 1973 (vgl. S. 182 ff. »Population«, zur Karolingerzeit)

M. REINHARD, A. ARMENGAUD, Histoire générale de la population mondiale, Paris 1961 (vgl. S. 49–54)

P. RICHÉ, Problèmes de démographie historique du Haut moyen âge (Ve–VIIIe siècles): Annales de démographie historique 1966, S. 37–55

J. C. RUSSEL, Late Ancient and Medieval Population, Philadelphia 1958 (Transactions of the American Philosoph. Society, XLVIII, part 3)

F. SCHEFFER, Artikel »Boden in Mitteleuropa«, in: RGA 3, S. 109–17 (mit Karte)

VORGESCHICHTE, ARCHÄOLOGIE, ANTHROPOLOGIE, NEUE METHODEN

R. Agache, La Somme pré-romaine et romaine d'après les prospections aériennes à basse altitude, Amiens 1978
Archäologisches Korrespondenzblatt. Urgeschichte – Römerzeit – Frühmittelalter, hrsg. v. Röm.-Germ. Zentralmuseum, Mainz 1971 ff.
Atlas archéologique de la France, Paris 1985 ff. Als 1. Bd. erschien: L'Art des Cavernes. Atlas des grottes ornées paléolithiques françaises (mit Beschreibung, Plänen, Kartenskizzen, Abbildungen)

G. Bailloud, P. Mieg de Boofzheim, Les civilisations néolithiques de la France dans leur contexte européen, Paris 1950

G. Barker, Prehistoric Farming in Europe, Cambridge 1985

J. Bernard, Le Sang et l'Histoire, Paris 1983

A. Bocquet u.a. (Hrsg.), L'Age du Bronze en France, 3 Bde., Paris 1984 ff.

J. Boessneck (Hrsg.), Archäologisch-biologische Zusammenarbeit in der Vor- und Frühgeschichtsforschung, Wiesbaden 1969 (dort B. Becker, Die Bedeutung der Jahrringchronologie für die Datierung von Hölzern, S. 31–38)

J. Briard, L'Âge du Bronze en Europe, Paris 1976

J. Briard, Mythes et symboles de l'Europe préceltique. Les religions de l'âge du Bronze, Paris 1987

D. R. Brothwell, E. Higgs (Hrsg.), Science in Archeology, London/ New York 1963 (B. Bannister, Dendrochronology, S. 161–76)

Die Cambridge Enzyklopädie der Archäologie hrsg. v. A. Sherratt, München 1980 (engl. Originalausgabe Cambridge/London 1980), besonders S. 25 ff., 51 ff., 101 ff., 222 ff., 284 ff., 295–303, jeweils von guten Sachkennern)

J.-P. Changeux, Der neuronale Mensch, Reinbek 1984 (frz. Originalausgabe: L'homme neuronal, Paris 1983; Hirnentwicklung lebensgeschichtlich von den gestellten Anforderungen abhängig)

G. Childe, What happened in History, 2. A. London 1964 (zuerst 1942; Hauptthesen: die »neolithische Revolution« und die »Demokratisierung« der Elitebewaffnung durch die Eisenzeit)

Y. Coppens (Hrsg.), Le premier homme: »Histoire et Archéologie. Les Dossiers«, n° 60, Februar 1982

J. Déchelette, Manuel d'Archéologie préhistorique et celtique, 4 Bde., Paris 1908 ff., 2. A. 1927, fortgesetzt durch A. Grenier, Manuel d'archéologie galloromaine, 3 Bde. 1931–60 (Werk noch unvollendet, einige Bde. im Neudruck)

Découvertes d'archéologie aérienne: »Dossiers de l'archéologie«, n° 43 April–Mai 1980, mit Bibliographie S. 91

J. Filip, Enzyklopädisches Handbuch zur Ur- und Frühgeschichte Europas, Prag 1966

H. Findeisen, H. Gehrts, Die Schamanen. Jagdhelfer und Ratgeber, Seelenfahrer, Künder und Heiler, Köln 1983

J. Guilaine (Hrsg.), Les civilisations néolithiques du Midi de la France, Carcassonne 1970

J. Guilaine, La France d'avant la France. Du néolithique à l'âge du fer, Paris 1980 (wertvolle Bibliographie S. 281–92, auch zu den Lebensformen)

Le Grand Atlas de l'Archéologie, hrsg. durch die Encyclopaedia Universalis, Paris 1985 (gute Mitarbeiter, nützliche Karten, sehr knapp)

P. Honoré, Es begann mit der Technik. Das technische Können der Steinzeitmenschen, Stuttgart 1969

F. Hours, Les civilisations du paléolithique, Paris 1982

H. Jankuhn u. a. (Hrsg.), Das Dorf der Eisenzeit und des frühen Mittelalters. Göttingen 1977 (Abhandl. d. Akad.)

K. Jazdzewski, Urgeschichte Mitteleuropas, Warschau 1984 (gekürzte Ausgabe der polnischen Originalausgabe von 1981)

R. Joffroy, A. Thénot, Initiation à l'archéologie de la France. Préhistoire et Protohistoire, Paris 1983 (mit guter, knapper Charakteristik der Fund- und Kulturmerkmale der prähistorischen Perioden)

K. Kowalski, Die Tierwelt des Eiszeitalters, Darmstadt 1986 (S. 116ff. u. 123ff. über das Jagdwesen und das Aussterben eiszeitlicher Tiere)

A. Leroi-Gourhan, Préhistoire de l'art occidental, Paris 1980

A. Leroi-Gourhan u. a., La Préhistoire, Paris 1968 (Nouvelle Clio, 1)

C. Lévy-Strauss, Die elementaren Strukturen der Verwandtschaft, Frankfurt 1982 (Les structures élémentaires de la parenté, 1949)

H. de Lumley, J. Guilaine (Hrsg.), La Préhistoire française. Les civilisations néolithique et protohistorique de la France, 3 Bde. Paris 1976 (Standardwerk)

J. R. Maréchal, Zur Frühgeschichte der Metallurgie, Aachen 1962

J.-P. Mohen, L'âge du Bronze dans la région parisienne, Paris 1977

H. Müller-Karpe, Handbuch der Vorgeschichte, München 1966ff. (Bd. 1: Altsteinzeit; Bd. 2 in 2 Tln.: Jungsteinzeit; Bd. 3 in 3 Tln.: Kupferzeit; Bd. 4 in 3 Tln.: Bronzezeit; eine Kurzfassung, mit Schwerpunkt Jungsteinzeit, erschien für die beiden ersten Bände: Geschichte der Steinzeit, 2. A. München (1976)

A.-V. Munaut, Les Cernes de croissance des arbres (La Dendrochronologie), Turnhout 1988 (Typologie des sources, 53) (S. 34ff. gute Anwendungsbeispiele)

K. J. Narr (Hrsg.), Handbuch der Urgeschichte, Bd. 2: Jüngere Steinzeit und Steinkupferzeit, Bern 1975

R. Noël, Les dépôts de pollens fossiles, Turnhout 1972 (Typologie des sources, 5)

A.-M. u. P. Petrequin, Le Néolithique des Lacs. Préhistoire des lacs de Chalain et de Clairvaux, Paris 1988 (zu den »Pfahlbauten«)

S. Piggott, Vorgeschichte Europas. Vom Nomadentum zur Hochkultur, München 1974 (Ancient Europe from the Beginnings of Agriculture to Classical Antiquity, Edinburgh 1963)

M. Sahlins, Âge de pierre, âge d'abondance. L'économie des sociétés primitives, Paris 1976 (= Stone Age Economics, 1972)

N. K. Sandars, Bronze Age Cultures in France, Cambridge 1957

M.-R. Sautier, Les races de l'Europe, Paris 1952

H. Schwabedissen u. a., Pollenanalyse, Jahrringanalyse und C 14-Datierung in ihrem Zusammenwirken für die urgeschichtliche Chronologie: Archäologisches Korrespondenzblatt 3 (1973), S. 139–62

I. Scollar, Archäologie aus der Luft, Düsseldorf 1965

E. Shee Twohig, The Megalithic Art of Western Europe, Oxford 1981

G. Weisgerber u. a., 5000 Jahre Feuersteinbergbau, Bochum 1980

U. Willerding, Die Paläo-Ethnobotanik und ihre Stellung im System der Wissenschaften: Berichte der deutschen Botanischen Gesellschaft 91 (1978) S. 3–30 (S. 129–60 über Anwendung in mittelalterlicher Geschichte)

INDOEUROPÄER, KELTEN UND GRIECHEN IN »GALLIEN«: VON DER EISENZEIT ZUR RÖMISCHEN EROBERUNG

L'Âge du Fer en France septentrionale, Mém. de la Société archéologique champenoise, 1981

D. F. Allen, The Coins of the Ancient Celts, Edinburgh 1980

G. Barruol, Les peuples pré-romains du Sud-Est de la Gaule. Étude de géographie historique, Supplément I, Revue archéol. de Narbonnaise, 1969

F. Benoit, Recherches sur l'hellénisation du Midi de la Gaule, Aix-en-Provence 1965

K. Bittel u. a. (Hrsg.), Die Kelten in Baden-Württemberg, Stuttgart 1981 (vor allem W. Kimmig, Die frühen Kelten und das Mittelmeer, S. 248–78)

A. Blanchet, Traité des monnaies gauloises, Paris 1905

D. P. Blok, Ortsnamen (Typologie des sources, 54) (Die Toponymie ist Hauptquelle zur Erkenntnis der Verbreitung der ersten namentlich bekannten »Völker«.)

J. Boardman, The Greeks Overseas. Their Early Colonies and Trade, 2. A. London 1980 (Kolonien und Handel der Griechen, München 1981)

P. Bosch-Gimpera, Les mouvements celtiques. Essai de reconstitution: Études celtiques 5 (1950/51), 6 (1953/54), 7 (1955/56)

D. Bretz-Malher, La civilisation de La Tène I en Champagne. Le faciès marnien, 23. Supplement zu Gallia, Paris 1971

R. Busquet, Marseille, a-t-elle ou n'a-t-elle pas civilisé la Gaule? Revue historique 211 (1954), S. 1–10

M. Clerc, Massalia, 2 Bde., Marseille 1927–29

A. Dauzat, La toponymie française, Paris 1971

R. Dion, Tartessos, l'Océan homérique et les travaux d'Hercule: Revue historique 224 (1960) S. 27–44

P.-M. Duval, Les dieux de la Gaule, Paris 1957, 2. A. 1976

P.-M. Duval, La Gaule jusqu'au milieu du V⁰ siècle (s. oben unter Hilfsmittel: »Les Sources de l'histoire de France...«)

D. E. Evans, Gaulish personal names, Oxford 1967

G. Fabre, Les civilisations protohistoriques de l'Aquitaine, Paris 1952

P. Faure, La vie quotidienne des colons grecs de la Mer noire à l'Atlantique au siècle de Pythagore (VI⁰ s. av. J.-C.), Paris 1978 (dt. Übersetzung: Die Griechische Welt im Zeitalter der Kolonisation)

J. Filip, Die keltische Zivilisation und ihr Erbe, Prag 1961

J. Gagé, Gadès, l'Inde et les navigations atlantiques dans l'Antiquité: Revue historique 205 (1951) S. 189–216

H. Gallet de Santerre, L'hellénisation du Languedoc méditerranéen et du Roussillon jusqu'à la conquête romaine, Bull. de l'Assoc. G. Budé 1983, S. 345–62 (mit Karte u. reicher Bibliographie)

A. Grenier, La Gaule celtique, Paris 1945

H. Gröhler, Über Ursprung und Bedeutung der französischen Ortsnamen, I: Ligurische, iberische, phönizische, griechische, gallische, lateinische Namen, Heidelberg 1913; II: Romanische, germanische Namen, 1933

J. Harmand, Vercingétorix, Paris 1984

A. Heuss, Das Zeitalter der Revolution, in: Propyläen Weltgeschichte, hrsg. v. G. Mann u. a., Bd. IV, Berlin 1963 (mit vorzüglicher Darstellung der Unterwerfung Galliens durch die Römer)

H. Hubert, Les Celtes, 2 Bde., Paris 1932; Bd. 2, 2. A. 1950

M. Jannoray, Ensérune. Contribution à l'étude des civilisations préromaines de la Gaule méridionale, Paris 1955

R. Joffroy, L'Oppidum de Vix et la civilisation hallstattienne finale dans l'Est de la France, Dijon 1960

C. Jullian, Histoire de la Gaule, 8 Bde., Paris 1907–26

L. Kilian, Zum Ursprung der Indogermanen: Forschungen aus Linguistik, Prähistorie und Anthropologie, Bonn 1983 (bester Überblick)

W. KIMMIG, Die Heuneburg an der oberen Donau, 2. neu bearb. A. Stuttgart 1983 (wichtiges Zeugnis der griechisch beeinflußten Keltenkultur um 500 v. Chr. Vgl. auch die Karten S. 142, 147, 152 für den weiteren Rahmen)

V. KRUTA, Les Celtes, Paris 1976 (vorzügliche, knappe Synthese, die überholten Ideen gallischer Identität vor Caesar entgegentritt)

V. KRUTA, Les Celtes en Occident, Paris 1985 (mit Abbildungen)

P. LAMBRECHTS, Geschichte des Westkeltentums und der Iberer, in: Abriß der Geschichte antiker Randkulturen, hrsg. v. W.-D. v. BARLOEWEN, München 1961, S. 1–16

R. LANTIER, Die Kelten, in: Historia Mundi 3, 1954, S. 400–58

J. LE GALL, L'identification du Mont Auxois (commune d'Alise-Sainte-Reine, Côte-d'Or) avec Alésia du ›De Bello Gallico‹: Bull. de la Soc. des Antiquaires de France 1984, Paris 1986, S. 210–217 (tritt Versuchen entgegen, eine andere Lokalisierung durchzusetzen)

F. LOT, La Gaule. Les fondements ethniques, sociaux et politiques de la nation française, neu bearb. von P.-M. DUVAL, Paris 1967

F. MAIER, Artikel »Oppida«, in: HRG 3, S. 1252 ff.

J.-P. MILLOTTE, Précis de protohistoire européenne, Paris 1970

Y. ROMAN, De Narbonne à Bordeaux. Un axe économique au Ier siècle av. J.-C. (125 av. J.-C. – 14 apr. J.-C.), Lyon 1983

A. SCHERER (Hrsg.), Die Urheimat der Indogermanen, Darmstadt 1968

U. TÄCKHOLM, Tartessos und die Säulen des Herakles, in: Opuscula Romana V, Lund 1965, S. 143–200

P. TASSLER, Artikel »Caesar«, in: RGA 4, S. 310 ff. (312 ff. zur Eroberung Galliens; erst Caesar führt die Rheingrenze, auch begrifflich, zwischen »Gallien« und »Germanien« ein)

A. THÉNOT, La civilisation celtique dans l'Est de la France, Paris 1982

Trésors des princes celtes (Katalog, hrsg. v. Réunion des Musées nationaux, mit Beiträgen v. A. DUVAL, A. FRANCE-LANORD, W. KIMMIG u. a.) Paris 1987

J. UNTERMANN, Kelten, in: Der Kleine Pauly 5, München 1975, S. 1612 ff. (mit reicher Bibliographie u. wichtiger Karte)

P. S. WELLS, Culture Contact and Culture Change. Early Iron Age Central Europe and the Mediterranean World, Cambridge 1981

R. WENSKUS, Pytheas und der Bernsteinhandel, in: WENSKUS, Ausgewählte Aufsätze zum frühen und preußischen Mittelalter, Sigmaringen 1986, S. 40–64

J. WHATMOUGH, The Dialects of Ancient Gaul, Cambridge (Mass.) 1970

J. WIESNER, Fahren und Reiten in Alteuropa und im Alten Orient, Leipzig 1939, Neudruck Hildesheim/New York 1971

DAS RÖMISCHE GALLIEN BIS ZUR REICHSKRISE
DES 3. JAHRHUNDERTS

Aufstieg und Niedergang der römischen Welt (ANRW). Geschichte und Kultur Roms im Spiegel der neueren Forschung, hrsg. v. H. TEMPORINI u. W. HAASE (3 Teile mit jeweils zahlreichen Großoktavbänden u. mehreren hundert internationalen Beiträgen) Berlin/New York 1972 ff.

T. BECHERT, ›Germania Inferior‹. Römische Provinz zwischen Rhein und Maas, München 1982

H. BECK (Hrsg.), Germanenprobleme in heutiger Sicht, Berlin/New York 1986 (wesentliche Beiträge für die Zeit der Bedrohung Galliens)

R. BEDON, R. CHEVALLIER, P. PINON, Architecture et urbanisme en Gaule romaine, 2 Bde., Paris 1988

J. BLEICKEN, Verfassungs- und Sozialgeschichte des Römischen Kaiserreichs, 2 Bde., Paderborn 1978

P. BOUSSEL, La Gaule romaine, in: Histoire de la vie française, hrsg. v. P. BOUSSEL, Bd. 1, Paris 1971, S. 85–234 (ergiebig, gute Bildausstattung)

E. BRÖDNER, Die römischen Thermen und das antike Badewesen, Darmstadt 1983

R. CHEVALLIER, Les Voies romaines, Paris 1972 (Straßennetz in Gallien)

K. CHRIST, Römische Geschichte. Eine Bibliographie, Darmstadt 1976

K. CHRIST, Geschichte der römischen Kaiserzeit von Augustus bis zu Konstantin, München 1988

Corpus Inscriptionum Latinarum (CIL), hrsg. v. d. Berliner Akad. d. Wissenschaften, 1862 ff., hier Bd. XII u. XIII, 1888 bzw. 1899–1943 für die Gallia Narbonensis bzw. die Tres Galliae u. die beiden Germaniae (bearb. v. O. HIRSCHFELD u. a.) (wichtigste aller Quellengattungen)

G. COULON, Les Gallo-romains, Paris 1984

W. DAHLHEIM, Geschichte der römischen Kaiserzeit, München 1984

E. DEMOUGEOT, L'image officielle du barbare dans l'Empire romain d'Auguste à Théodose: KTEMA 9 (1984) S. 123–43

E. DEMOUGEOT, Autun et les invasions germaniques de la seconde moitié du IIIᵉ siècle: Sept siècle de civilisation gallo-romaine vus d'Autun (Société Eduenne des Lettres, Sciences et Arts, 1985) S. 111–44

P.-M. DUVAL, La Vie quotidienne en Gaul pendant la Paix romaine, Paris 1952

A. FERDIÈRE, Les Campagnes en Gaule romaine, 2 Bde., Paris 1988

E. FRÉZOULS (Hrsg.), Les villes antiques de la France, Straßburg 1982 ff. (Bd. 1 für die Belgica prima)

P. Grimal, Rome, Paris 1983

P. Grimal, Ce que l'Empire de Rome apportait aux Gaulois: Bull. de l'Association G. Budé 1985, S. 202–13

K. Grewe, Atlas der römischen Wasserleitungen nach Köln. Köln 1987

J. H. Hatt, Histoire de la Gaule romaine (120 av. J.-C. – 451 apr. J.-C.). Colonisation ou Colonialisme?, 2. A. Paris 1966

R. Joffroy, A. Thénot, Initiation à l'archéologie de la France. Gallo-Romain et Mérovingien, Paris 1983

H. Koethe, Zur Geschichte Galliens im 3. Viertel des 3. Jahrhunderts: 32. Bericht der Röm.-Germ. Kommission (1942), S. 199–224

B. Krüger (Hrsg.), Die Germanen, 2 Bde., Berlin (Ost) 1983

J. Lafaurie, L'Empire gaulois: ANRW II 2, Berlin 1975, S. 853–1012

C. Landes, Verres gallo-romains: Bull. du Musée Carnavalet 1983, S. 1–115 (wichtige Teile dieser Produktion lebten im Frankenreich fort)

F. Lot, Recherches sur la population et la superficie des cités remontant à la période gallo-romaine, 4 Bde., Paris 1945–53

Les Martyrs de Lyon (177) (Internat. Kolloquium in Lyon 1977) Paris 1978

La Patrie gauloise d'Agrippe au VIᵉ siècle. Actes du Colloque Lyon 1981, Lyon 1983

A. Pelletier, La Femme dans la société gallo-romaine, Paris 1984

A. Pelletier, L'Urbanisme romain sous l'Empire, Paris 1983

A. Pelletier (Hrsg.), La Médecine en Gaule. Villes d'eau, sanctuaires des eaux, Paris 1985

H. von Petrikovits, Altertum, in: F. Petri, G. Droege, Rheinische Geschichte, Bd. I, 1, Düsseldorf 1978 (S. 53–186 umfassende Darstellung des östlichen [rheinischen] Galliens bis zur Bewältigung der Krise)

H. Schoppa, Die Kunst der Römer in Gallien, Germanien und Britannien, Berlin 1957

H. Stern, Recueil général des mosaïques de la Gaule, 2 Bde. (4 Tle.), Paris 1957–67

A. Tchernia, P.-A. Gianfrotta, Archéologie sous la mer, Paris 1982 (u. a. zum Weinhandel, Amphorentransport über See, im römischen Mittelmeer)

C.-M. Ternes, Römisches Deutschland, Stuttgart 1986 (Bibliographie von über 700 Titeln; sehr lebendige Darstellung; anachronistischer Titel)

G. Walser, T. Pekáry, Die Krise des Römischen Reiches, Berlin 1962 (Forschungsbericht für die Zeit von 193 bis 284 n. Chr.)

Die Wasserversorgung antiker Städte, hrsg. v. d. Frontinus-Gesellschaft Mainz 1987 (mit zahlr. Abb.)

L. Wickert, Artikel »Princeps«, in RE (s. o. Hilfsmittel) 22 (1954) Sp. 1998–2296 (grundlegend; 2148 ff. zum gallischen Sonderkaisertum)

VON KONSTANTIN ZU CHLODWIG (4.–5. JAHRHUNDERT): DER SIEG DES CHRISTENTUMS

F. ALTHEIM, Geschichte der Hunnen, 5 Bde., Berlin 1959–1962

H. H. ANTON, Die Trierer Kirche und das nördliche Gallien in spätrömischer und fränkischer Zeit, in: La Neustrie 2 (1969), S. 53–72

M. T. W. ARNHEIM, The Senatorial Aristocracy in the Later Roman Empire, Oxford 1972

D. VAN BERCHEM, L'armée de Dioclétien et la réforme constantinienne, Paris 1952

J. BIDEZ, Julian der Abtrünnige, München 1946 (Le Vie de l'empereur Julien, 1930)

M. BLOCH, Observations sur la conquête de la Gaule romaine par les rois francs, Revue historique 154 (1927) S. 161–178

K. BÖHNER (Hrsg.), Les relations entre l'Empire romain tardif, l'empire franc et ses voisins (Colloque 30 du UISPP de Nice), Nizza 1976 (dort H. W. BÖHME, wichtig zu Germanen in Gallien, 4. und 6. Jahrhundert)

P. BROWN, The World of Late Antiquity from Marcus Aurelius to Muhammad, A.D. 150–750, New York 1971

P. BROWN, The Making of Late Antiquity, Cambridge (Mass.) 1978

P. BROWN, Die Heiligenverehrung. Ihre Entstehung und Funktion in der lateinischen Christenheit, Leipzig 1991 (Originalausgabe 1981)

P. BROWN, Die Gesellschaft und das Übernatürliche. Vier Studien zum frühen Christentum, Berlin 1993 (Originalausgabe 1982)

A. CHASTAGNOL, Problèmes fiscaux du Bas-Empire, in: H. VAN EFFENTERRE (Hrsg.), Points de vue sur la fiscalité antique, Paris 1979, S. 127–140

A. CHASTAGNOL, Le repli sur Arles des services administratifs gaulois...: Revue historique 249 (1973) S. 23–40 (interessant)

Childéric-Clovis, rois des Francs, 482–1983: de Tournai à Paris, naissance d'une nation, Tournai 1983 (Ausstellungskatalog, Einleitung v. K. F. WERNER, Conquête franque de la Gaule ou changement de régime? S. 5–14)

K. CHRIST (Hrsg.), Der Untergang des Römischen Reiches, Darmstadt 1970

La Conversione al Cristianesimo nell'Europa dell'alto medioevo: Settimane, Bd. 14, Spoleto 1967 (u. a. G. TESSIER, La conversion de Clovis)

F. DAHN, Die Könige der Germanen, 12 Bde. in 20 Tln., Leipzig 1866–1911

A. DEMANDT, Artikel »Magister militum«, in: RE Suppl. XII, Stuttgart 1970, (I) Sp. 553–684; (II) Sp. 685–790 (unentbehrlich für die Karriere germanischer Heerführer u. Dynastien im Römischen Reich und in seinen Nachfolgestaaten)

E. Demougeot, La formation de l'Europe et les invas.ons barbares, 2 Bde. (in 3 Tln.), Paris 1969–79 (vorzüglich; bis Anfang 6.Jh.)

G. Depeyrot, Le Bas-Empire romain. Economie et numismatique, Paris 1987

H. Doerries, Konstantin der Große, Stuttgart 1958

J. Durliat, Le salaire de la paix sociale dans les royaumes barbares (V^e–VIe siècles), in: H. Wolfram, A. Schwarcz (Hrsg), Anerkenrung und Integration. Zu den wirtschaftlichen Grundlagen der Völkerwanderungszeit 400–600, Wien 1988 (Denkschriften Österr. Akad.) S. 21–72 (Neuinterpretation der ›hospitalitas‹. Vgl. auch das oben S. 569 angekündigte Buch).

W. Ensslin, Theoderich der Große, München 1947 (2. A. 1959 offenbar unverändert, aber ohne Abb.; grundlegend)

J. Fischer, Die Völkerwanderung im Urteil der zeitgenössischen Schriftsteller Galliens, Heidelberg/Waibstadt 1948 (Diss. Würzburg 1942)

M. Fleury, P. Périn (Hrsg.), Problèmes de chronologie relative et absolue concernant les cimetières mérovingiens d'entre Loire et Rhin, Paris 1977 (Internat. Kolloquium Paris 1973)

Gallien in der Spätantike. Von Kaiser Konstantin zu Frankenkönig Childerich, Mainz 1980 (vorzügl. Ausstellungskatalog mit wertvollen Karten, bearb. v. H. W. Böhme, K. Böhner, K. Weidemann u. a.)

P. Galliou, La défense de l'Armorique au Bas-Empire: Mémoires de Bretagne 57 (1980), S. 235–285

E. Gamillscheg, Romania Germanica, Bd. 1: Zu den ältesten Berührungen zwischen Römern und Germanen. Die Franken, 2. A. Berlin 1970 (Neubearb.)

N. Gauthier, L'évangélisation des pays de la Moselle, Paris 1980

W. Goffart, Barbarians and Romans, A. D. 418–534. The Techniques of Accomodation, Princeton 1980

E. Griffe, La Gaule chrétienne à l'époque romaine, 3 Bde., Paris 1964–1966 (Bd. 1 u. 2 in 2. A.; maßgebliche Darstellung)

R. Günther, Laeti, Foederati und Gentilen in Nord- und Nordostgallien im Zusammenhang mit der sog. Laetenzivilisation: Zeitschrift für Archäologie 5 (1971); Einige neue Untersuchungen zu den Laeten und Gentilen im 4.Jh. und zu ihrer histor. Bedeutung: Klio 59 (1972)

M. Gysseling, La genèse de la frontière linguistique dans le Nord de la Gaule: Revue du Nord 44 (1962), S. 5–37

M. Heinzelmann, J.-C. Poulin, Les Vies anciennes de sainte Geneviève de Paris. Études critiques, Paris 1986 (neue Bewertung der lange umstrittenen Vita, von Bedeutung für die Geschichte Childerichs)

D. Hoffmann, Das spätrömische Bewegungsheer, 2 Bde., Düsseldorf 1969–1979 (auch zu den gallofränkischen Heeresteilen; wichtig)

P. E. Hübinger (Hrsg.), Kulturbruch oder Kulturkontinuität im Übergang von der Antike zum Mittelalter, Darmstadt 1968; Zur Frage der Periodengrenze zwischen Altertum und Mittelalter, 1969 (WdF 201 bzw. 51) (insgesamt 27 Studien)

Institut des Hautes Études de Belgique, D'une déposition à un couronnement, 467–800. Rupture et continuité dans la naissance de l'Occident médiéval, Brüssel 1976 (Akten eines Kolloquiums 1975)

A. H. M. JONES, The Later Roman Empire 284–602. A Social, Economic and Administrative Survey, 2 Bde., Oxford 1973 (Hauptwerk; 2, 796f. zeigt, wie die engen, »mittelalterlichen« Bindungen der Stände auf römische Kaisergesetze zurückgehen, »for fiscal motives«)

R. KLEIN (Hrsg.), Julianus Apostata, Darmstadt 1978 (WdF 509)

H. KRAFT (Hrsg.), Konstantin der Große, Darmstadt 1974 (WdF 131)

G. KURTH, Clovis, 2 Bde., 2. A. Paris 1901

G. LANGGÄRTNER, Die Gallenpolitik der Päpste, Bonn 1964 (5.–6. Jh.)

R. LATOUCHE, Les Grandes invasions et la crise de l'Occident au Ve siècle, Paris 1946

R. LATOUCHE, De la Gaule romaine à la Gaule franque: aspects sociaux et économiques de l'évolution: Settimane, Bd. 9, Spoleto 1962, S. 379–409 (anregende Studie)

A. LIPPOLD, Theodosius d. Gr. und seine Zeit, 2. A. München 1980

A. LIPPOLD, Artikel »Clodovechus«, in: RE, Suppl. Bd. XIII, 139ff.

F. LOT, Du régime de l'hospitalité: Revue Belge de Philol. et d'Hist. 7 (1928), S. 975–1011

A. LOYEN, Sidoine Apollinaire et les derniers éclats de la culture classique dans la Gaule occupée par les Goths: Settimane, Bd. 3, Spoleto 1956, S. 265–84

F. G. MAIER, Die Verwandlung der Mittelmeerwelt, Frankfurt 1968 (Fischer Weltgeschichte Bd. 9)

E. MÂLE, La Fin du paganisme en Gaule et les plus anciennes basiliques chrétiennes, Paris 1950

H.-I. MARROU, Décadence romaine ou antiquité tardive? IIIe–IVe siècle, Paris 1977

J. MARTIN, Spätantike und Völkerwanderung, München 1987 (Grundriß der Geschichte, Bd. 4, mit Forschungsdiskussion, 880 Titel, neuester Stand)

R. W. MATHISEN, Resistance and Reconciliation: Majorian and the Gallic Aristocracy after the Fall of Avitus: Francia 7 (1980), S. 597–627

G. MICKWITZ, Geld und Wirtschaft im römischen Reich des 4. Jh., Helsingfors/Leipzig 1932

D. VON DER NAHMER, Martin von Tours: Sein Mönchtum – seine Wirkung: Francia 15 (1988), S. 1–40

H. NEHLSEN, Alarich II. als Gesetzgeber. Zur Geschichte der Lex Romana

Visigothorum: Studien zu den germanischen Volksrechten. Gedächtnisschrift für Wilhelm Ebel, Frankfurt/Bern 1982, S. 143–203

H. NESSELHAUF, Die spätrömische Verwaltung der gallisch-germanischen Länder, Berlin 1938 (Preuß. Akad. d. Wiss., Phil.-hist. Kl., Abhandl. 2)

J.-R. PALANQUE, Le Bas-Empire, Paris 1971

P. PÉRIN, La datation des tombes mérovingiennes, Genf 1980 (siehe auch Francia 8 [1980] S. 537–52)

P. PÉRIN, La tombe de Clovis, in: Media in Francia ... Recueil offert à K. F. Werner, Maulévrier 1989, S. 363–78

F. PETRI, Die fränkische Landnahme und die Entstehung der germanisch-romanischen Sprachgrenze in der interdisziplinären Diskussion, Darmstadt 1977 (enthält 2 Forschungsberichte von 1954 u. 1977) (siehe auch oben Sammelwerke: Petri [Hrsg.], 1973)

Le Phénomène des grandes »invasions«. Réalité ethnique ou échanges culturels. L'Anthropologie au secours de l'Histoire, Valbonne 1982 (Akten eines Kolloquiums 1981, S. 88 zu fränk. Einfluß auf das Verhalten der Bevölkerung)

A. PIGANIOL, L'Empire chrétien, 2. A. bearb. v. A. CHASTAGNOL, Paris 1972

Prosopographie chrétienne du Bas-Empire, hrsg. v. H.-I. MARROU (†) u. J.-R. PALANQUE, Bd. 1, Prosopographie de l'Afrique chrétienne, 303–533, Paris 1982 (vgl. die eingehende Rez. v. H. CHANTRAINE: Francia 11 [1984] 697–712)

The Prosopography of the Later Roman Empire (PLRE). Begründet v. A. H. M. JONES, bisher 3 Bde. in 4 T.; Cambridge 1971–92 (I: 260–395; II: –527; III.: –651; bearb. im wesentl. v. J. R. MARTINDALE). Unbedingt heranzuziehen sind 180 S. Ergänzungen allein für Gallien durch M. HEINZELMANN, Gallische Prosopographie 260–527:

Recueil des Inscriptions chrétiennes de la Gaule antérieures à la Renaissance carolingienne, begründet v. H.-I. MARROU, Bd. 1: Première Belgique, bearb. v. N. GAUTHIER, Paris 1986

R. REMONDON, La Crise de l'Empire romain de Marc Aurèle à Anastase, Paris 1964 (Nouvelle Clio, 11)

M. REYDELLET, La Royauté dans la littérature latine de Sidoine Apollinaire à Isidore de Séville, Rom 1981

M. ROUCHE, Le changement de nom des chefs-lieux de cité en Gaule au Bas-Empire: Mémoires de la Soc. des Antiquaires de France, 9ᵉ série, 4 (1969), S. 47–64 (gallische Bevölkerungsnamen ersetzen z. T. den römischen)

G. RUHBACH, Die Kirche angesichts der konstantinischen Wende, Darmstadt 1976 (WdF 306)

O. SEECK, Regesten der Kaiser und Päpste (311–476), Stuttgart 1919

O. SEECK, Geschichte des Untergangs der antiken Welt, Bd. 1, 4. A. Stuttgart 1921 – Bd. 6, 1920

Spätantike und frühes Christentum (Katalog Ausstellung Frankfurt), Frankfurt 1983 (Beschreibung von 272 Exponaten)

Von der Spätantike zum Frühen Mittelalter. Aktuelle Probleme in historischer und archäologischer Sicht, hrsg. v. J. WERNER u. E. EWIG, Sigmaringen 1979 (VuF 25) (u.a. G. MOYSE, La Bourgogne septentrionale et particulièrement le diocèse Besançon ... (Ve–VIIIe s.) S. 467–488 u. weitere Studien zur Maxima Sequanorum v. G. FINGERLIN, M. MARTIN u. J. WERNER)

B. STALLKNECHT, Untersuchungen zur römischen Außenpolitik ... 306–395, Bonn 1969

E. STEIN, Histoire du Bas-Empire, Bd. 1 (frz. Ausgabe der deutschen Erstfassung (Gesch. d. spätröm. Reiches, Wien 1928) durch J.-R. PALANQUE, Brüssel/Paris 1959): De l'État Romain à l'État Byzantin (184–476); Bd. 2 (Paris/Brügge 1949): 476–565 (vorzüglich geschriebenes, gediegenes Werk)

W. VON DEN STEINEN, Chlodwigs Übergang zum Christentum, 2. A. Darmstadt 1963 (zuerst 1932)

K. F. STROHEKER, Eurich, König der Westgoten, Stuttgart 1937

K. F. STROHEKER, Der senatorische Adel im spätantiken Gallien, Tübingen 1948 (mit einer Prosopographie S. 137–227)

K. F. STROHEKER, Germanentum und Spätantike, Zürich/Stuttgart 1965 (9 Studien, vor allem: Zur Rolle der Heermeister fränkischer Abstammung im späten 4. Jh., S. 9–29)

G. TESSIER, Le Baptême de Clovis, Paris 1964 (behandelt auch die weitere merowingische Entwicklung)

E. A. THOMPSON, Romans and Barbarians. The Decline of the Western Empire, Madison (Wisconsin) 1982 (12 Abhandlungen, vgl. die gehaltvolle Rez. v. A. LIPPOLD: Gnomon 55 [1983] S. 704–08)

Topographie chrétienne des cités de la Gaule des origines au milieu du VIIIe s., hrsg. v. N. GAUTHIER u. J.-C. PICARD, bisher I–V, Paris 1986 (die Kirchenprovinzen Trier, Aix, Embrun, Vienne, Arles, Lyon u. Tours)

J. VOGT, Der Niedergang Roms. Metamorphose der antiken Kultur, Zürich 1965 (Kindlers Kulturgeschichte)

M. WAAS, Germanen im römischen Dienst (im 4. Jh. n. Chr.), 2. A. Bonn 1971

R. WEISS, Chlodwigs Taufe: Reims 508. Versuch einer neuen Chronologie ..., Diss. Zürich 1970, Zürich 1971

N. A. WES, Das Ende des Kaisertums im Westen des römischen Reiches, s'Gravenhage 1967

H. WOLFRAM, Geschichte der Goten. Von den Anfängen bis zur Mitte des 6. Jh. Entwurf einer historischen Ethnographie, München 1979, 3. A. 1989

E. ZÖLLNER, Geschichte der Franken bis zur Mitte des 6. Jh., München 1970 (wie das Werk von WOLFRAM über die Goten als Neubearbeitung von

L. SCHMIDT, Geschichte der deutschen Stämme ..., gedacht, deshalb auch die dessen Werk folgende Begrenzung mit der Mitte des 6. Jh. – Bei den archäologischen Aspekten der Neubearbeitung durch ZÖLLNER hat J. WERNER mitgewirkt. Da DEMANDT, Magister militum, s. o., ZÖLLNER nicht mehr rechtzeitig bekannt wurde, sind entscheidende Berichtigungen der Interpretatio germanica SCHMIDTS [vgl. etwa DEMANDT Sp. 643 ff. u. vor allem 687 ff.] nicht mehr berücksichtigt.)

DIE MEROWINGERZEIT (6.–7. JAHRHUNDERT)

H. AMENT, Archäologie des Merowingerreiches, Literaturbericht 1971 ff., in: Bericht der Römisch-Germanischen Kommission, 51/52 ff., 1970/71 ff. (diese vorbildlichen Kurzrezensionen u. Hinweise, mit einer eigenen Rubrik zu Frankreich, wurden bis 1978 [Bericht ... 59] durchgeführt, jährlich 250–350 lfd. Nummern)

H. AMENT, Zum Ring der Königin Arnegunde: Germania 43 (1965) S. 324–27

H. H. ANTON, Trier im frühen Mittelalter, Paderborn 1987

H. ATSMA, Les monastères urbains du Nord de la Gaule avant 700: Revue d'Hist. de l'Église de France 62 (1976) S. 160–187

H. ATSMA, Merowinger-Archäologie in Frankreich: Francia 7 (1980) 527–36

H. ATSMA, Die christlichen Inschriften Galliens als Quelle für Klöster und Klosterbewohner bis zum Ende des 6. Jh.: Francia 4 (1977) S. 1–57

H. ATSMA, Klöster und Mönchtum im Bistum Auxerre bis zum Ende des 6. Jahrhunderts: Francia 11 (1984) S. 1–96 (mit Karte)

G. BEHRENS, Das frühchristliche und merowingische Mainz, Mainz 1950 (mit Abbildungen u. a. wichtiger Inschriften)

F. BEISEL, Studien zu den fränkisch-römischen Beziehungen von ihren Anfängen bis zum Ausgang des 6. Jh., Idstein 1987 (Diss. Trier)

P. BERGHAUS, Wirtschaft, Handel und Verkehr der Merowingerzeit im Licht numismatischer Quellen: Untersuchungen zu Handel ... (s. u. zu D. CLAUDE, Aspekte) Göttingen 1985, S. 193–213

W. BERGMANN, Verlorene Urkunden des Merowingerreichs nach den Formulae Andegavenses. Katalog: Francia 9 (1982) S. 3–56 (im Rahmen des von H. ATSMA geleiteten Katalogs der »Urkunden des Merowingerreichs«)

W. BEYER, König Guntchram, Leipzig (Diss.) 1935

F. BEYERLE, Das legislative Werk Chilperichs I., in: ZRG, Germ. Abt. 78 (1961) S. 1–38 (zur Bedeutung dieses Herrschers)

L. BIELER, Ireland and the Culture of Early Medieval Europe, hrsg. v. R. SHARPE, London 1987 (Sammlung seiner Aufsätze, bes. zu Columban)

R. BUCHNER, Die Provence in merowingischer Zeit. Verfassung, Wirtschaft, Kultur. Stuttgart 1933

D. A. Bullough, Artikel »Colombano«, in: Dizionario Biografico degli Italiani, Bd. 27 (1982) S. 113–29 (wichtige Darstellung des hl. Columban)

R. Butzen, Die Merowinger östlich des mittleren Rheins, Würzburg 1987 (Diss. Bamberg 1985; tritt der Unterschätzung des merowingischen Einflusses östlich des Rheins zurecht entgegen; wichtig zu Dagobert I.)

Caratteri del secolo VII in Occidente: Settimane, Bd. 5, Spoleto 1958

F. Cardot, L'Espace et le pouvoir. Étude sur l'Austrasie mérovingienne, Paris 1987

D. Claude, Aspekte des Binnenhandels im Merowingerreich auf Grund der Schriftquellen, in: K. Düwel u. a. (Hrsg.), Untersuchungen zu Handel u. Verkehr der vor- und frühgesch. Zeit, Teil III, Göttingen 1985, S. 9–99 (Abhandl. d. Akad. d. Wiss. in Göttingen)

D. Claude, Zu Fragen der merowingischen Geldgeschichte: Vierteljahrschrift für Sozial- u. Wirtschaftsgeschichte 48 (1961), S. 236–50

Corbie, Abbaye royale. Ouvrage scientifique du XIIIᵉ centenaire, Lille 1963

S. Corsten, Rheinische Adelsherrschaft im 1. Jahrtausend: Rhein. Vierteljahrsblätter 28 (1963) S. 84–130; S. 85–108 wichtig zur Verwendung südgallischer Magnaten für die Verwaltung des rheinischen Austrasien)

Cristianizzazione ed organizzazione ecclesiastica delle campagne nell'alto medioevo: espansione e resistenze: Settimane, Bd. 28, Spoleto 1981

K. H. Debus, Studien zu merowingischen Urkunden und Briefen: Archiv für Diplomatik 13 (1967) S. 1–109; 14 (1968) S. 1–192 (gibt verbesserte Texte)

A. Dierkens, Prolégomènes à une histoire des relations culturelles entre les Iles britanniques et le continent pendant le Haut moyen âge: La Neustrie 2 (1989), S. 371–94 (mit dt. Resümee)

A. Dierkens, Cimetières mérovingiens et histoire du Haut moyen âge. Chronologie-Société-Religion: Acta historica Bruxellensia IV: Histoire et méthode, Brüssel 1981, S. 15–70

O. Doppelfeld, Das Fortleben der Stadt Köln vom 5. bis 8. Jh.: Early Medieval Studies 1 (1970) S. 35–42

L. Dupraz, Le Royaume des Francs et l'ascension politique des maires du palais (656–680), Freiburg (Schweiz) 1948

K. A. Eckhardt (Hrsg.), Die Gesetze des Merowingerreiches 481–714, I, 2. A. Göttingen 1955 (wegen 6 kgl. Dekrete u. Kommentare von Wert, die Lex Salica jetzt in MGH Leges, vom gleichen Hrsg.)

Études mérovingiennes. Actes des Journées de Poitiers 1952, Paris 1953

E. Ewig, Die fränkischen Teilungen und Teilreiche, 511–613; Die fränkischen Teilreiche im 7. Jh., in: Ewig, Gallien Bd. 1, S. 114–230 (1952 u. 1953 zuerst erschienen, unverändert, maßgebliche Darstellung des Themas)

E. Ewig, Die Merowinger und das Imperium, Opladen 1983 (Rhein.-Westf. Akad. der Wiss., Vorträge, G 261)

E. Ewig, Die Rheinlande in fränkischer Zeit (451–919/31`, in: F. Petri, G. Droege (Hrsg.), Rheinische Geschichte Bd. I, 2, Düsseldorf 1980, S. 7–274 (mit neuen Erkenntnissen zur Geschichte der ›Francia Rinersis‹ u. Austrasiens; s. auch oben Gesamtdarstellungen: Ewig, Die Merowinger)

E. Ewig, Studien zur merowingischen Dynastie: Frühmittelalterliche Studien 8 (1974) S. 15–59

G. Faider-Feytmans, La Belgique à l'époque mérovingienne, Brüssel 1964 (verbindet archäologische und historische Quellen)

E. Felder, Zur Münzprägung der merowingischen Könige in Marseille: Mélanges de numismatique ... offerts à Jean Lafaurie, Paris 1980, S. 223–29

J. Fischer, Der Hausmeier Ebroin, Bonn (Diss.) 1954

Formulae Marculfi, hrsg. v. K. Zeumer, MGH Formulae, Hannover 1886 (mit anderen Formelsammlungen Hauptquelle zur merowingischen Verwaltung)

G. Fournier, Les Mérovingiens, Paris 1966 (sehr guter Überblick)

A. France-Lanord, M. Fleury, Das Grab der Arnegundis in Saint-Denis: Germania 40 (1962) S. 341–359

W. H. Fritze, Zur Bedeutung der Awaren für die slawische Ausdehnungsbewegung im früheren Mittelalter, in: W. H. Fritze, Frühzeit zwischen Ostsee und Donau. Ausgewählte Beiträge, hrsg. v. L. Kuchenbuch u. W. Schich, Berlin 1982, S. 47–99 (Ostrom setzt Awaren gegen Franken ein, um deren Expansionsversuche in Italien zu stören, 561–62; S. 80f.)

F. L. Ganshof, Merowingisches Gesandtschaftswesen: Aus Geschichte und Landeskunde ... Franz Steinbach zum 65. Geb., Bonn 1960, S. 166–83

F. L. Ganshof, Quelques aspects principaux de la vie économique dans la monarchie franque au VIIe s.: Settimane, Bd. 5, Spoleto 1958, S. 73–101

D. Ganz, Corbie in the Carolingian Renaissance, Sigmaringen 1990

P. Gasnault (Hrsg.), Documents comptables de Saint-Martin de Tours à l'époque mérovingienne, Paris 1975 (zum merowingischen Rechnungswesen)

A. Gauert, Der Ring der Königin Arnegundis aus Saint-Denis: Festschrift für Hermann Heimpel, Bd. 3, Göttingen 1972, S. 328–47 (Tafel 9)

W. Goffart, Old and New in Merovingian Taxation: Past and Present 96 (1982) S. 3–21

P. Goubert, S. J., Byzance avant l'Islam, Bd. II: Byzance et l'Occident sous les successeurs de Justinien, Tl. I: Byzance et les Francs, Paris 1956

P. Gras, Une abbaye chalonnaise aux époques mérovingienne et carolingienne: St-Cosme: Mém Soc. d'Hist. et d'Arch. de Chalon-s.-Saône 35 (1958/59) S. 1–9

K.-H. Haar, Studien zur Entstehungs- und Entwicklungsgeschichte des fränkischen Maior-domus-Amts, Augsburg 1970 (Diss. Heidelberg; bis um 600)

W. Hartung, Süddeutschland in der frühen Merowingerzeit. Studien zu Gesellschaft, Herrschaft, Stammesbildung bei Alamannen und Bajuwaren, Wiesbaden 1983 (bis Mitte 6. Jh.)

K. Hauck, Von einer spätantiken Randkultur zum karolingischen Europa: Frühmittelalterliche Studien 1 (1967)

I. Heidrich, Südgallische Inschriften des 5.–7. Jh. als historische Quellen: Rhein. Vierteljahrsblätter 32 (1968) S. 167 ff.

P. E. Hübinger (Hrsg.), Bedeutung und Rolle des Islam beim Übergang vom Altertum zum Mittelalter, Darmstadt 1968 (WdF 202)

F. Irsigler (Hrsg.), Hauptprobleme der Siedlung, Sprache und Kultur des Frankenreichs: Rhein. Vierteljahrsblätter 35 (1971) S. 1–106 (Kolloquiumsakten Bonn 1969)

E. James, The Merovingian Archaeology of South-West Gaul, 2 Bde., Oxford 1977

P. Johanek, Der »Außenhandel« des Frankenreiches der Merowingerzeit nach Norden und Osten im Spiegel der Schriftquellen: Untersuchungen zu Handel und Verkehr der vor- und frühgeschichtlichen Zeit …, Tl. III: Der Handel des frühen Mittelalters, Göttingen 1985, S. 214–254 (Abhandl. der Akad. Gött.)

R. Kaiser, Steuer und Zoll in der Merowingerzeit: Francia 7 (1980) S. 1–17

F. Kiener, Verfassungsgeschichte der Provence … (510–1200), Leipzig 1900

F. Kloss, Goldvorrat und Geldverkehr im Merowingerreich, Baden bei Wien 1929

B. Krusch, Chronologia regum Francorum stirpis merovingicae: MGH Scriptores rerum Merovingicarum Bd. 7, 1919, S. 458–516 (maßgebend für die Regierungszeiten der Herrscher, soweit nicht berichtigt wie bei Ewig, Studien … 1974, s. o.)

J. Lafaurie, Eligius monetarius: Revue numismatique 6ᵉ série 19 (1977) S. 111–51 (mit 3 Tafeln)

J. Lafaurie, Les routes commerciales indiquées par les trésors et trouvailles monétaires mérovingiens: Settimane, Bd. 8, Spoleto 1961, S. 231–78

J. Lafaurie, Trésor de deniers mérovingiens trouvé à Savonnières (Indre-et-Loire): Revue numismatique 6ᵉ série 5 (1963) S. 65–81 (mit Tafel; Nachweis, daß die Silberdenare merowingischen und nicht karolingischen Ursprungs sind. Vgl. auch Lafaurie: Francia 2 (1975) S. 26–48, und in: Périn/Feffer (Hrsg.), La Neustrie (s. o. Sammelwerke) S. 318–21

C. Lelong, La vie quotidienne à l'époque mérovingienne, Paris 1963

H. Löwe (Hrsg.), Die Iren und Europa im früheren Mittelalter, 2 Bde.,

Stuttgart 1982 (bedeutendes Sammelwerk, für Gallien vor allem A. ANGENENDT, K. SCHÄFERDIEK, F. PRINZ)

A. LOHAUS, Die Merowinger und England, München 1974

A. LOMBARD-JOURDAN, Les Foires aux origines des villes: Francia 10 (1983) S. 429–48 (erwägt Kontinuität spätrömischer und merowingischer Jahrmärkte)

F. LOT, L'impôt foncier et la capitation personnelle au Bas-Empire et à l'époque franque, Paris 1928; Nouvelles recherches sur l'impôt foncier …, Paris 1955

U. NONN, Merowingische Testamente. Studie zum Fortleben einer römischen Urkundenform im Frankenreich: Archiv für Diplomatik 18 (1972) S. 1–129

U. NONN, Eine fränkische Adelssippe um 600. Zur Familie des Bischofs Berthram von Le Mans, Frühmittelalterliche Studien 9 (1975) S. 186–201

L'Occidente e l'Islam nell'alto medioevo: Settimane, Bd. 12 (in 2 Tln.), Spoleto 1965

P. PÉRIN, Les caractères généraux des nécropoles mérovingiennes de la Champagne du Nord et de Paris: Septentrion 3 (1973) S. 23–36

P. PÉRIN (Hrsg.), Collections mérovingiennes (Catalogues d'art et d'histoire du Musée Carnavalet, II), Paris 1985 (859 S., Großoktav)

W. POHL, Die Awaren. Ein Steppenvolk in Mitteleuropa, 567–822 n. Chr., München 1988

F. PRINZ, Der fränkische Episkopat zwischen Merowinger- und Karolingerzeit: Settimane, Bd. 27, Spoleto 1981, S. 101–33

M. PROU, La Gaule mérovingienne, Paris 1897

G. REVERDY, Les relations de Childebert II et de Byzance, Revue historique 114 (1913) S. 61–86

E. ROTTER, Abendland und Sarazenen. Das okzidentale Araberbild und seine Entstehung im Frühmittelalter, Berlin/New York 1986 (behandelt in dieser Frankfurter Diss. von 1979 die bisher vernachlässigte Periode des 7. Jh. und beginnenden 8. Jh.)

M. ROUCHE, La dotation foncière de l'abbaye de Corbie 657–661: Revue du Nord 55 (1973) S. 219–30 (wichtig zur Klosterpolitik Balthildes)

M. ROUCHE (Hrsg.), Saint Géry et la christianisation dans le nord de la Gaule, Vᵉ–IXᵉ siècles (Kolloquiumsakten): Revue du Nord 68 (1986), S. 273–563

E. SALIN, La civilisation mérovingienne d'après les sépultures, les textes et le laboratoire, 4 Bde., Paris 1950–59

G. SCHEIBELREITER, Audoin von Rouen. Ein Versuch über den Charakter des 7. Jh.: La Neustrie 1 (1989) S. 195–216

The Seventh Century: Change and Continuity, Kolloquium des Warburg Institute in London Juli 1988; s. bibliogr. Nachtr. XI.; dort: K. F. WERNER, La place du VIIᵉ s. dans l'évolution politique de la Gaule franque)

M. Silber, The Gallic Royalty of the Merovingians in its Relationship to the ›Orbis Terrarum Romanus‹ during the 5th and 6th Centuries A.D., Zürich (Diss. 1970), 1971

S. Teillet, Des Goths à la nation gothique. Les origines de l'idée de nation en Occident du Ve au VIIe siècle, Paris 1984

L. Theis, Dagobert. Un roi pour un peuple, Paris 1982

H. Thomas, Die Namenliste des Diptychon Barberini und der Sturz des Hausmeiers Grimoald: Deutsches Archiv 25 (1969) S. 17–63

L. Ueding, Geschichte der Klostergründungen der frühen Merowingerzeit, Berlin 1935

E. Vacandard, Vie de S. Ouen, évêque de Rouen (641–684), Paris 1902

A. Verhulst, Der Handel im Merowingerreich: Gesamtdarstellung nach den schriftlichen Quellen: Early Medieval Studies 2 (1970) S. 2–54 (Quellenanhang S. 25–52, zusammengestellt v. W. Blockmans, mit Vollzitaten)

J. M. Wallace-Hadrill, The Long-haired Kings and other Studies in Frankish History, London 1962

M. Weidemann, Das Testament des Bischofs Berthramn von Le Mans vom 16. März 616. Untersuchungen zu Besitz und Geschichte einer fränkischen Familie im 6. und 7. Jh., Mainz 1986

R. Wenskus, Amt und Adel in der frühen Merowingerzeit: Mitteilungen des Universitätsbundes Marburg, 1959, S. 40–56

J. Werner, Münzdatierte austrasische Grabfunde, Berlin 1935

J. Werner (Hrsg.), Die Ausgrabungen in St. Ulrich und Afra in Augsburg 1961–1966, 2 Bde. (Text- u. Tafelbd.), München 1977 (bemerkenswerte Funde, u. a. Bestattungen fränkischer Machtboten des 7. Jh.)

K. F. Werner, Les principautés périphériques dans le monde franc du VIIIe s.: Settimane, Bd. 20, Spoleto 1973, S. 483–514 (geht stark auf 7. Jh. ein, vor allem das Bündnis Dagoberts I. mit der Germania gegen Austrasien)

DIE KAROLINGERZEIT (8.–9. JAHRHUNDERT)

R. d'Abadal i de Vinyals, La domination carolingienne en Catalogne: Revue historique 225 (1961) S. 319–40

S. Abel, B. Simson, Jahrbücher des Fränkischen Reiches unter Karl dem Großen, Bd. 1 2. A. Leipzig 1888, Bd. 2 1883 (Bd. 1 durch Simson voll überarbeitet)

W. Affeldt, Untersuchungen zur Königserhebung Pippins: Frühmittelalterliche Studien 14 (1980) S. 95–187

J. Allières, La formation de la langue française, Paris 1982

H. H. Anton, Zum politischen Konzept karolingischer Synoden und zur karolingischen Brüdergemeinschaft: Historisches Jahrbuch 99 (1979) S. 55–132

H. Arbman, Schweden und das karolingische Reich. Studien zu den Handelsverbindungen des 9. Jh., Stockholm 1937

R.-H. Bautier, La campagne de Charlemagne en Espagne (788). La réalité historique, in: Bull. de la Société des Sciences… de Bayonne 135 (1979) S. 1–52 (beste Darstellung)

R.-H. Bautier, Le poids de la Neustrie ou de la France du nord-ouest dans la monarchie carolingienne unitaire d'après le diplômes de la chancellerie royale (751–840): La Neustrie 1, S. 535–563 (mit dt. Resümee)

H. Berschin u. a., Französische Sprachgeschichte, München 1978

H. Bischoff, Anecdota Novissima. Texte des 4. bis 16. Jh., Stuttgart 1984; mehrere Beiträge zur Karolingerzeit, u. a. XXVIII: Eine Beschreibung der Basilika von St.-Denis aus dem Jahr 799; XV: Briefe des 9. Jh. (wichtig zu König Odo)

L. Boehm, Rechtsformen und Rechtstitel der burgundischen Königserhebungen im 9. Jh.: Historisches Jahrbuch 80 (1961) S 1–57

S. Bolin, Mohammed, Charlemagne and Ruric: The Scandinavian Economic History Review 1 (1953) S. 5–39

H. E. Bonnell, Die Anfänge des karolingischen Hauses, Berlin 1866

E. Boshof, Odo von Beauvais, Hinkmar von Reims und die kirchenpolitischen Auseinandersetzungen im westfränkischen Reich: Ecclesia et regnum, Festschrift für F. J. Schmale, hrsg. v. D. Berg u. H.-W. Goetz, Bochum 1989, S. 39–59

E. Boshof, Erzbischof Agobard von Lyon, Köln/Wien 1969 (Diss. Köln)

K. Bosl, Franken um 800. Strukturanalyse einer fränkischen Königsprovinz, 2. A. München 1969

T. Breysig, Jahrbücher des fränkischen Reiches 714–741. Die Zeit Karl Martells, Leipzig 1869

P. Brommer, Die bischöfliche Gesetzgebung Theodulfs von Orléans: ZRG, Kanonist. Abt. 60 (1974) S. 1–20

C. Brühl (Hrsg.), Capitulare de villis, Stuttgart 1971 (Faksimile-Reproduktion des Helmstedter Codex Guelf. 254, mit Umschrift, Glossar, Regesten einschlägiger Briefe, Einleitung u. Bibliographie; dt. Übers. nach G. Franz)

C. Brühl, Karolingische Miszellen: Deutsches Archiv 44 (1988) S. 1–30 (zum Thronwechsel von 877)

F. Brunot, Histoire de la langue française des origines à nos jours. Bd. 1: De l'époque latine à la Renaissance, 5. A. Paris 1966 (neue Bibliographie v. J. Batany)

D. Bullough, The Age of Charlemagne, 2. A. London 1980

J. Calmette, La diplomatie carolingienne du traité de Verdun à la mort de Charles le Chauve (843–877), Paris 1901

E. Caspar, Pippin und die Römische Kirche, Berlin 1914

Charlemagne's Heir: New Perspectives on the Reign of Louis the Pious, hrsg. v. P. GODMAN u. R. COLLINS, Oxford 1990 (Kolloquium 1986)

Chartes et diplômes, hrsg. Académie des Inscriptions, Paris 1908 ff. (für die westfränkisch-französischen Könige ab Karl d. Kahlen)

P. CLASSEN, Die Verträge von Verdun und von Coulaines 843 als politische Grundlage des westfränkischen Reiches: Hist. Zeitschr. 196 (1963), S. 1–35

P. CLASSEN, Karl der Große, das Papsttum und Byzanz. Die Begründung des karolingischen Kaisertums, hrsg. v. H. FUHRMANN, München 1987 (grundlegende Studie, zuerst 1965 erschienen)

J. J. CONTRENI, The Cathedral School of Laon from 850 to 930. Its Manuscripts and Masters, München 1978

R. DELATOUCHE, Regards sur l'agriculture aux temps carolingiens: Journal des Savants 1977, S. 73–100

J. DEVISSE, Hincmar, archévêque de Reims, 845–882, 3 Bde. Genf 1975–76 (siehe die wichtige Rezension H. SILVESTRE: Scriptorium 34 [1980] S. 112–19)

J. DHONDT, Études sur la naissance des principautés territoriales en France, IXᵉ–Xᵉ siècle, Brügge 1948

J. DHONDT, Les problèmes de Quentovic: Studi in onore di Amintore Fanfani, Bd. 1, Mailand 1962, S. 181–248

A. DIERKENS, Abbayes et chapitres entre Sambre et Meuse (VIIᵉ–XIᵉ s.), Sigmaringen 1985 (Beihefte der Francia, 14)

A. DOPSCH, Die Wirtschaftsentwicklung der Karolingerzeit, 2 Bde., 3. A. Darmstadt 1962 (mit Ergänzungen durch E. PATZELT)

A. M. DRABEK, Die Verträge der fränkischen und deutschen Herrscher mit dem Papsttum von 754 bis 1020, Wien/Köln/Graz 1976

E. DÜMMLER, Geschichte des Ostfränkischen Reiches, 3 Bde., 2. A. Leipzig 1887–88 (von 826 bis 911, mit eingehender Behandlung Westfrankens)

J. DURLIAT, Le Manse dans le Polyptique d'Irminon: nouvel essai d'histoire quantitative: La Neustrie 1, S. 467–504 (mit dt. Resümee)

G. EITEN, Das Unterkönigtum im Reiche der Merovinger und Karolinger, Heidelberg 1907 (ab S. 18 zu dieser überwiegend karolingischen Erscheinung)

O. ENGELS, Zum päpstlich-fränkischen Bündnis im 8. Jh., in: Ecclesia et regnum, Festschrift Schmale (S. O. BOSHOF), 1989, S. 21–38

R. ERNST, Die Nordwestslaven und das fränkische Reich, Gießen 1976

E. EWIG, Saint Chrodegang et la réforme de l'Église franque, in: EWIG, Gallien Bd. 2, S. 232–259; ebd. 220 ff. eine Chrodegang-Studie (knapper, in dt.)

E. EWIG, »Milo et eiusmodi similes«, in: EWIG, Gallien Bd. 2, S. 189–219 (die wichtige Studie erschien zuerst 1954)

F. FALC'HUN, Perspectives nouvelles sur l'histoire de la langue bretonne, Paris 1963

R. Faulhaber, Der Reichseinheitsgedanke in der Literatur der Karolingerzeit bis zum Vertrag von Verdun, Berlin 1931

E. Favre, Eudes, comte de Paris et roi de France, Paris 1893

H. Fichtenau, Das karolingische Imperium. Soziale und geistige Problematik eines Großreichs, Zürich 1949

J. Fischer, Oriens-Occidens-Europa. Begriff und Gedanke »Europa« in der späten Antike und im frühen Mittelalter, Wiesbaden 1957 (belegt die Identifizierung der karolingischen Welt mit »Europa« vom 8. zum 10.Jh.)

D. Flach, Untersuchungen zur Verfassung und Verwaltung des Aachener Reichsgutes, Göttingen 1976 (siehe auch RGA 1, 1–4 zu Aachen, W. Sage)

J. Fleckenstein, Die Bildungsreform Karls des Großen als Verwirklichung der Norma rectitudinis, Bigge/Ruhr 1953

B. Fois Ennas, Il »Capitulare de Villis«, Mailand 1981

R. Folz, Le Couronnement impérial de Charlemagne, 25 décembre 800, Paris 1964 (behandelt Vorgeschichte und Entwicklung des Kaisertums im 9.Jh.)

W. H. Fritze, Papst und Frankenkönig. Studien zu den päpstlich-fränkischen Rechtsbeziehungen von 754–824, Sigmaringen 1973

H. Fuhrmann, Das frühmittelalterliche Papsttum und die konstantinische Schenkung: Settimane, Bd. 20, Spoleto 1973, S. 257–329

H. Fuhrmann, Einfluß und Verbreitung der Pseudoisidorischen Fälschungen, 3 Bde., Stuttgart 1972–74 (siehe auch Fuhrmann, HRG 4, Sp. 80–85)

F. L. Ganshof, The Carolingians and the Frankish Monarchy. Studies in Carolingian History, London 1971

F. L. Ganshof, Frankish Institutions under Charlemagne, Providence, Rhode Island, 1968 (vgl. auch die Beiträge in »Karl der Große«)

P. J. Geary, Aristocracy in Provence. The Rhône Basin at the Dawn of the Carolingian Age, Stuttgart 1985

H.-U. Geiger, Der Münzschatz von Ilanz. Zur Entstehung des mittelalterlichen Münzsystems: Schweizerische Zeitschrift für Geschichte 1988

R. A. Gerberding, The Rise of the Carolingians and the ›Liber Historiae Francorum‹, Oxford 1987

H. Gerner, Lyon im Frühmittelalter. Studien zur Geschichte der Stadt, des Erzbistums und der Grafschaft im 9. u. 10.Jh., Köln 1968

D. Geuenich, Die volkssprachige Überlieferung der Karolingerzeit aus der Sicht des Historikers: Deutsches Archiv 39 (1983) S. 104–30

M. Gibson, J. Nelson (Hrsg., zus. mit D. Ganz), Charles the Bald: Court and Kingdom, Oxford 1981; erw. Neuausgabe s. bibliogr. Nachträge II.

M. Gockel, Karolingische Königshöfe am Mittelrhein, Göttingen 1970

P. Godman, Poets and Emperors. Frankish Politics and Carolingian Poetry, Oxford 1987

H.-J. GRAF, Orientalische Berichte des Mittelalters über die Germanen. Eine Quellensammlung, Krefeld 1971 (in Wahrheit zu Wikingern und karolingischem Europa; vgl. auch RGA 1, S. 376–380 A. DIETRICH)

O. GUILLOT, L'exhortation au partage des responsabilités entre l'empereur, l'épiscopat et les autres sujets vers le milieu du règne de Louis le Pieux: Prédication et propagande au Moyen Age: Islam, Byzance, Occident, Paris 1982, S. 87–110 (vgl. auch den Beitrag des Vf. zu Charlemagne's Heir, s. o.)

O. GUILLOT, Les étapes de l'accession d'Eudes au pouvoir royal, in: Media in Francia ... Recueil offert à K. F. Werner, Maulévrier 1989, S. 199–223

H. HAHN, Jahrbücher des fränkischen Reichs 741–752, Berlin 1863

L. HALPHEN, Charlemagne et l'Empire carolingien, Paris 1947, 2. A. 1968 (mit durch J. DEVISSE ergänzter Bibliographie)

K. HAUCK, Karl als neuer Konstantin. Die archäologischen Entdeckungen in Paderborn in historischer Sicht: Frühmittelalterliche Studien 20 (1986) S. 513–540, mit 3 Tafeln

I. HEIDRICH, Titulatur und Urkunden der arnulfingischen Hausmeier: Archiv für Diplomatik 11/12 (1965/6) S. 71–279

C. HEITZ, L'architecture religieuse carolingienne, Paris 1980

C. HEITZ, Reims et l'art carolingien, in: Media in Francia ... Recueil offert à K. F. Werner, Maulévrier 1989, S. 243–256

E. HLAWITSCHKA, Zur landschaftlichen Herkunft der Karolinger: Rhein. Vierteljahrsblätter 27 (1962) S. 1–17 (siehe auch in »Karl der Große« 1, S. 51–82)

J. HUBERT, J. PORCHER, W. F. VOLBACH, L'Empire carolingien, Paris 1968 (Architektur, Buchmalerei, Elfenbein und andere Kleinkunst)

W. JACOBSEN, Die Abteikirche von Saint-Denis als kunstgeschichtliches Problem: La Neustrie 2 (1969), S. 151–84

J. JARNUT, Quierzy und Rom. Bemerkungen zu den ›Promissiones donationis‹ Pippins und Karls: Histor. Zeitschr. 220 (1975) S. 265–297

H. KELLER, Zum Sturz Karls III.: Deutsches Archiv 22 (1966) S. 333–384

A. KLEINKLAUSZ, L'Empire carolingien. Ses origines et ses transformations, Paris 1902

R. KONTZI (Hrsg.), Zur Entstehung der romanischen Sprachen, Darmstadt 1978 (WdF 162)

R. KOTTJE, Karl der Große und der Alte Bund: Trierer Theolog. Zeitschr. 76 (1967) S. 15–31

L. KUCHENBUCH, Bäuerliche Gesellschaft und Klosterherrschaft im 9. Jh., Studien zur Sozialstruktur der Familia der Abtei Prüm, Wiesbaden 1978 (über das Thema hinaus von Bedeutung)

J. LE GOFF, Travail, techniques et artisans dans les systèmes de valeur du Haut moyen âge (V^e–Xe s.): Settimane, Bd. 18 (1971) S. 239–266 (257ff. »La Renaissance carolingienne du travail«)

P. LE MAÎTRE, L'Œuvre d'Aldric du Mans et sa signification (832–857): Francia 8 (1981) S. 43–64

W. LEVISON, England and the Continent in the Eighth Century, Oxford 1946

E. LEVY-PROVENÇAL, Histoire de l'Espagne musulmane, 3 Bde., 2. A. Paris/Leiden 1950–1953 (maßgeblich für die Auseinandersetzung der Karolinger mit diesem Nachbarn. Unzureichend: G. LOKYS, Die Kämpfe der Araber mit den Karolingern bis zum Tode Ludwigs II., Heidelberg 1906)

H. LÖWE, ›Religio Christiana‹. Rom und das Kaisertum in Einhards Vita Caroli, in: Storiografia e Storia. Studi in onore di Eugenio Dupré Theseider, Rom 1974, S. 1–20 (wichtig)

F. LOHIER, J. LAPORTE (Hrsg.), Gesta ss. patrum Fontanellensis coenobii, Rouen/Paris 1936 (wegen der dort erwähnten Urkunden Hauptquelle für die frühe Karolingerzeit im Westen)

J. MAROUZEAU, Du Latin au Français, Paris 1957

J. MARTINDALE, The Kingdom of Aquitaine and the ›Dissolution of the Carolingian Fisc«: Francia 11 (1984) S. 131–91 (mit Tabellen)

W. METZ, Das Karolingische Reichsgut, Berlin 1960

W. METZ, Zur Erforschung des karolingischen Reichsgutes, Darmstadt 1971

H. MÜLLER, Die Kirche von Lyon im Karolingerreich. Studien zur Bischofsliste des 8. u. 9. Jh.: Historisches Jahrbuch 107 (1987) S. 225–53

E. MÜLLER-MERTENS, Karl der Große, Ludwig der Fromme und die Freien. Wer waren die liberi homines der karolingischen Kapitularien (742/43–832)? Berlin (Ost) 1963

Nascita dell'Europa ed Europa carolingia: un'equazione de verificare: Settimane, Bd. 27, Spoleto 1981, in 2 Tln. (u. a. E. EWIG zu den karolingischen Teilungen, S. 225–254; H. BEUMANN zur Entwicklung »von der imperialen Reichseinheitsidee zur Einheit der Regna«, S. 531–72; K. F. WERNER, La genèse des duchés en France et en Allemagne, S. 175–208; H. FUHRMANN, Das Papsttum und das kirchliche Leben im Frankenreich, S. 419–56. Wichtig auch: C. LEONARDI, Alcuino e la Scuola palatina: le ambizioni di una cultura unitaria, S. 459–96)

J. L. NELSON, Legislation and Consensus in the Reign of Charles the Bald, in: Ideal and Reality in Frankish and Anglo-Saxon Society, hrsg. v. P. WORMALD, Oxford 1983, S. 202–27

L. OELSNER, Jahrbücher des fränkischen Reiches unter König Pippin, Leipzig 1871

R. PARISOT, Le royaume de Lorraine sous les Carolingiens (843–923), Genf 1975

E. PATZELT, Die fränkische Kultur und der Islam, 2. A. Aalen 1978

E. Patzelt, Die karolingische Renaissance, Graz 1965 (Neudruck, zusammengebunden mit dem wichtigen Beitrag von C. Vogel, La réforme culturelle sous Pépin le Bref et sous Charlemagne)

U. Penndorf, Das Problem der »Reichseinheitsidee« nach der Teilung von Verdun 843, München 1974

E. Perroy, Le monde carolingien, Paris 1974 (mit Schwerpunkt Wirtschaft, Sozialstruktur, politische und Verwaltungsinstitutionen)

M. van Rey, Die Münzprägung Karls des Kahlen und die westfränkische Königslandschaft: Die Stadt ... Festschrift E. Ennen (s. o. Stadtgeschichte) 1972, S. 153–84

Rhein und Ruhr. Kunst und Kultur 800–1400, 2 Bde., Köln 1972–73 (reiches Material aus dem rheinischen und dem heute belgischen Raum, was im Titel nicht zum Ausdruck kommt)

P. Riché, La Vie quotidienne dans l'Empire carolingien, Paris 1973 (dt.: Die Welt der Karolinger, 2. A. Stuttgart 1984)

P. Riché, Les Carolingiens. Une famille qui fit l'Europe, Paris 1983. (Dt. Übersetzung von C. und U. Dirlmeier: Die Karolinger. Eine Familie formt Europa, Stuttgart 1987)

Sankt Bonifatius, Gedenkgabe zum 1200. Todestag, 2. A. Fulda 1954

T. Schieffer, Winfried-Bonifatius und die christliche Grundlegung Europas, Freiburg 1954; 2. A. 1972 mit Nachwort des Verfassers

T. Schieffer, Angelsachsen und Franken. Zwei Studien zur Kirchengeschichte des 8. Jh., Mainzer Akad. Abhandl. Jg. 1950, Wiesbaden 1951

W. Schlesinger, Zur Erhebung Karls des Kahlen zum König von Lothringen 869 in Metz, in: H. Patze, F. Schwind (Hrsg.), Ausgewählte Aufsätze von Walter Schlesinger, Sigmaringen 1987, S. 173–98 (zuerst 1970 veröffentlicht)

G. Schneider, Erzbischof Fulco von Reims (883–900) und das Frankenreich, München 1973 (Diss. Heidelberg 1972)

H. J. Schüssler, Die fränkische Reichsteilung von Vieux-Poitiers (742) und die Reform der Kirche in den Teilreichen Karlmanns und Pippins. Zu den Grenzen der Wirksamkeit des Bonifatius: Francia 13 (1986) S. 47–111 (aus Diss. Mannheim 1974; neue Nachweise zur Grenze zwischen Karlmanns und Pippins Teilreich und zu beider Kirchenpolitik)

J. Semmler, Zur pippinidisch-karolingischen Sukzessionskrise 714–723: Deutsches Archiv 33 (1977) S. 1–36 (maßgebliche Studie)

J. Semmler, Die Beschlüsse des Aachener Konzils im Jahre 816: Zeitschr. für Kirchengeschichte 1963, S. 15–82 (und jetzt Semmlers Beitrag zu: Charlemagne's Heir, Oxford 1989, dort seine Arbeiten zu den Reformen des 9. Jh.)

B. Simson, Jahrbücher des Fränkischen Reiches unter Ludwig dem Frommen, 2 Bde., Leipzig 1874–76

J. M. SMITH, The »Archbishopric« of Dol and the Ecclesiastical Politics of Ninth-Century Brittany: Studies in Church History 18 (1982) S. 59–70 (zur Kirchenpolitik der Bretonenkönige des 9. Jh.)

N. STAUBACH, Das Herrscherbild Karls des Kahlen. Formen und Funktionen monarchischer Repräsentation im früheren Mittelalter, Diss. Münster 1981

N. STAUBACH, Hofkultur und Politik in der Spätzeit der »karolingischen Renaissance«, Habilitationsschrift Münster 1985 (im Druck; wichtig)

A. J. STOCLET, Fulrad de St. Denis (v. 710–784), abbé et archiprêtre de monastères »exempts«: Le Moyen Âge 88 (1982) S. 205–235

A. J. STOCLET, Autour de Fulrad de Saint-Denis [710–784], Thèse Toronto 1994

G. TANGL, Die Sendung des ehemaligen Hausmeiers Karlmann in das Frankenreich im Jahre 754 und der Konflikt der Brüder: Quellen und Forschungen aus italienischen Archiven und Bibliotheken 40 (1960) S. 1–42

E. TREMP, Studien zu den Gesta Hludowici imperatoris des Trierer Chorbischofs Thegan, Hannover 1988 (Editor der Neuausgabe in den MGH)

A. VERHULST, Karolingische Agrarpolitik. Das ›Capitulare de villis‹ und die Hungersnöte von 792/793 und 805/806: Zeitschr. f. Agrargeschichte u. Agrarsoziologie 13 (1965) S. 175–89

H. H. VÖLCKERS, Karolingische Münzfunde der Frühzeit (751–800). Pippin. Karlmann. Karl d. Gr. (I. u. II. Münzperiode), Göttingen 1965

W. VOGEL, Die Normannen und das Fränkische Reich … (799–911), Heidelberg 1906 (immer noch wertvoll)

I. VOSS, Herrschertreffen im frühen und hohen Mittelalter. Untersuchungen zu den Begegnungen der ostfränkischen und westfränkischen Herrscher im 9. u. 10. Jh. sowie der deutschen und französischen Könige vom 11. bis 13. Jh., Köln/Wien 1987 (Diss. Gießen 1985/86)

L. WEINRICH, Wala. Graf, Mönch und Rebell. Die Biographie eines Karolingers, Kiel 1963 (Diss. FU Berlin, 1954)

K. F. WERNER, Gauzlin von Saint-Denis und die westfränkische Reichsteilung von Amiens (März 880). Ein Beitrag zur Vorgeschichte von Odos Königtum: Deutsches Archiv 35 (1979) S. 395–462

K. F. WERNER, Untersuchungen zur Frühzeit des französischen Fürstentums (9.–10. Jh.): Die Welt als Geschichte 18 (1958) S 256–89; 19 (1959) S. 146–93 (dort: Rotberti complices. Die Vasallen Roberts des Tapferen); 20 (1960) S. 87–119 (dort: Zur Geschichte des Hauses Vermandois [mit Anfängen im 9. Jh.])

K. F. WERNER, Zur Arbeitsweise des Regino von Prüm: Die Welt als Geschichte 19 (1959) S. 96–116 (zu Kämpfen Karls des Kahlen mit den Loire-Normannen)

K. F. WERNER, Hludovicus Augustus. Gouverner l'Empire chrétien – Idées et réalités: Charlemagne's Heir (s. o.), Oxford 1990, S. 3–123

K. F. WERNER, L'Empire carolingien et le Saint Empire, in: M. DUVERGER (Hrsg.), Le Concept d'Empire, Paris 1980, 151–98

M. WERNER, Adelsfamilien im Umkreis der frühen Karolinger. Die Verwandtschaft Irminas von Oeren und Adelas von Pfalzel, Sigmaringen 1982

M. WERNER, Der Lütticher Raum in frühkarolingischer Zeit. Untersuchungen zur Geschichte einer karolingischen Stammlandschaft, Göttingen 1978

C. WILSDORF, Le ›monasterium Scottorum‹ de Honau et la famille des ducs d'Alsace au VIIIᵉ s. Vestiges d'un cartulaire perdu: Francia 3 (1976) S. 1–87

H. WITTHÖFT, Spuren islamischen Einflusses in der Entwicklung des fränkischen Münzwesens des 8. Jh.: Miscellanea Mediaevalia 17 (1985) S. 400–20

L. WOLF, W. HUPKA, Altfranzösisch. Entstehung und Charakteristik, Darmstadt 1981

H. ZATSCHEK, Die Reichsteilungen unter Kaiser Ludwig dem Frommen, Darmstadt 1969 (zuerst veröffentlicht 1935)

P. ZUMTHOR, Charles le Chauve, Paris 1957

DAS 10. JAHRHUNDERT

L'Atlas de la France de l'an Mil (hrsg. v. M. PARISSE; in Vorbereitung)

B. S. BACHRACH, The Angevin Economy, 960–1060: Ancient or Feudal?, in: Studies in Medieval and Renaissance History 10 (1988) S. 1–55

B. S. BACHRACH, Geoffrey Greymantle, Count of the Angevins 960–987, in: Studies in Medieval and Renaissance History 17 (1985)

B. S. BACHRACH, Robert of Blois, Abbot of Saint-Florent de Saumur and Saint-Mesmin (985–1011): Revue bénédictine 88 (1978) S. 127–36

B. S. BACHRACH, Some Observations on the Origins of Countess Gerberga of the Angevins: An Essay in the Application of the Tellenbach-Werner Prosopographical Method: Medieval Prosopography 7 (1986) S. 1–24

D. BARTHELEMY, Dominations châtelaines de l'an Mil, in: R. DELORT, La France de l'an Mil Paris 1990, 101–113

R.-H. BAUTIER, Le monastère et les églises de Fleury-sur-Loire sous les abbatiats d'Abbon, de Gauzlin et d'Arnaud (988–1032), Paris 1969 (Mémoires de la Soc. nat. des Antiquaires de France IX/4, 1968)

R.-H. BAUTIER, Les origines de l'abbaye de Bouxières-aux-Dames au diocèse de Toul, Nancy 1987 (Soc. d'Archéologie Lorraine)

R.-H. BAUTIER, La prise en charge du Berry par le roi Philippe Ier et les antécédents de cettes politiques de Hugues le Grand à Robert le Pieux, in: Media in Francia... Recueil offert à K.F. Werner, 1989, S. 31–60 (neue Erkenntnisse)

G. A. BEZZOLA, Das Ottonische Kaisertum in der französischen Geschichtsschreibung des 10. und beginnenden 11. Jh., Graz/Köln 1956

H. BITSCH, Das Erzstift Lyon zwischen Frankreich und dem Reich im Hohen Mittelalter, Frankfurt/Zürich 1971

M. DE BOUARD, De l'Aula au Donjon. Les fouilles de la motte de La Chapelle à Doué-la-Fontaine (X[e]–XIe s.): Archéologie médievale 3/4 (1973/4) S. 5–110 (Befestigung im Bereich der einstigen Pfalz Ludwigs des Frommen: auf die Zeit König Odos zurückzuführen; zum robertinischen Machtausbau)

C. B. BOUCHARD, Patterns of Women's Names in Royal Lineages, 9th–11th Centuries: Medieval Prosopography 9 (1988) S. 1–32

C. B. BOUCHARD, Family Structure and Family Consciousness among the Aristocracy in the 9th to 11th Centuries: Francia 14 (1987)

C. B. BOUCHARD, Sword, Miter, and Cloister: Nobility and the Church in Burgundy 980–1198, Ithaca 1987

J. BOUSSARD, L'origine des familles seigneuriales dans la région de la Loire moyenne: Cahiers de Civil. médiév. 5 (1962) S. 303–22

J. BOUSSARD, Les destinées de la Neustrie du IXe au XIe siècle: Cahiers de Civil. médiév. 11 (1968) S. 15–28

J. BOUSSARD, Les évêques en Neustrie avant la réforme grégorienne (950–1050 environ): Journal des Savants 1970, S. 161–96

H. BÜTTNER, Heinrichs I. Südwest- und Westpolitik, Konstanz 1964

N. BULST, Untersuchungen zu den Klosterreformen Wilhelms von Dijon (962–1031), Bonn 1973 (dazu seine Neuausgabe der Biographie Wilhelms von Rodulfus Glaber: Deutsches Archiv 30 [1974] S. 450–87)

M. BUR, Saint-Thierry et le renouveau monastique dans le diocèse de Reims au Xe s.: Saint-Thierry, une abbaye du VIe au XXe s., St.-Thierry 1979, S. 39–49 (u. a. zu Adalbero von Reims und Adso)

M. BUR (Hrsg.), Inventaire des sites archéologiques non monumentaux de Champagne, II: Vestiges d'habitat seigneurial fortifié des Ardennes et de la vallée de l'Aisne: Cahiers des Lettres et Sciences humaines de l'Université de Reims, n°2 (1980) (Siten ab 10. Jh.)

C. CAROZZI, Le dernier des Carolingiens: de l'histoire au mythe: Le Moyen Âge 82 (1976) S. 453–76 (zu König Ludwig V.)

P. DESPORTES, Les archévêques de Reims et les droits comtaux aux Xe et XIe siècles, in: Mélanges E. PERROY, Paris 1973, S. 78–89

J. DHONDT, Election et hérédité sous les Carolingiens et les premiers Capétiens, Revue Belge de Philol. et d'Hist. 18 (1939)

A. Dumas, L'Église de Reims au temps des luttes entre Carolingiens et Robertiens, 888–1027, Revue d'Hist. de l'Église de France 30 (1944)

F. Dumas, Le Trésor de Fécamp et le monnayage en Francie occidentale pendant la seconde moitié du Xe s., Paris 1971 (Publikation eines 1963 entdeckten Hortes, um 980/85 vergraben, von 8500 Münzen des 10. Jh. Eine der historischen Auswertungen durch Vf. in: »Emma Regina«: Actes du 8e Congrès inernat. de Numismatique New York/Washington 1973, Paris/Basel 1976, S. 405–13 mit 2 Tafeln)

C. Eckel, Charles le Simple, Paris 1899

J. Ehlers, Die Anfänge der französischen Geschichte: Hist. Zeitschr. 240 (1985) 1–44 (siehe auch Hist. Zeitschr. 231, 565 ff.)

J. Ehlers, Karolingische Tradition und frühes Nationalbewußtsein in Frankreich: Francia 4 (1977) S. 213–35

S. Fanning, Family and Episcopal Election 900–1050 and the Case of Hubert, Bishop of Angers (1006–47): Medieval Prosopography 7 (1986) S. 39–56

E. Fournial, La souveraineté du Lyonnais au Xe s.: Le Moyen Âge 62 (1956) S. 413–52

N. Gädeke, Eine Karolingergenealogie des frühen 10. Jh.: Francia 15 (1988) S. 777–92

H.-W. Goetz, Kirchenschutz, Rechtswahrung und Reform. Zu den Zielen und zum Wesen der frühen Gottesfriedensbewegung in Frankreich: Francia 11 (1984) S. 193–239

P. Grierson, L'origine des comtes d'Amiens, Valois et Vexin: Le Moyen Âge 49 (1939) S. 81–125

O. Guillot, La conversion des Normands peu après 911. Des reflets contemporains à l'histoire ultérieure, X[e]/XIe s.: Cahiers de Civil. médiév. 24 (1981) S. 101–16; 181–219

R. Hiestand, Byzanz und das Regnum Italicum im 10.Jh., Zürich 1964 (wichtig auch für Beziehungen zu Provence, Burgund etc.)

E. Hlawitschka, Die Anfänge des Hauses Habsburg-Lothringen. Genealogische Untersuchungen zur Geschichte Lothringens und des Reiches im 9., 10. und 11.Jh., Saarbrücken 1969 (auch zu Burgund etc.)

E. Hlawitschka, Lotharingien und das Reich an der Schwelle der deutschen Geschichte, Stuttgart 1968

E. Hlawitschka, Franken, Alemannen, Bayern und Burgunder in Oberitalien. Zum Verständnis der fränkischen Königsherrschaft in Italien (774–962), Freiburg 1960 (aufschlußreich für die engen Bindungen des Adels im West- und Ostfrankenreich zu Italien auch nach der »Auflösung« des karolingischen Gesamtreichs)

E. Hlawitschka, Die verwandtschaftlichen Verbindungen zwischen dem hochburgundischen und dem niederburgundischen Königshaus. Zugleich ein Beitrag zur Geschichte Burgunds in der 1. Hälfte des 10. Jh., in: Grundwissenschaften und Geschichte, Festschrift für P. Acht, Kallmünz 1976, S. 28–57

E. HLAWITSCHKA, Die Königsherrschaft der burgundischen Rudolfinger, Hist. Jahrbuch 100 (1980) S. 444–56

P. C. JACOBSEN, Flodoard von Reims, Leiden/Köln 1978

K.-U. JÄSCHKE, Burgenbau und Landesverteidigung um 900. Überlegungen zu Beispielen aus Deutschland, Frankreich und England, Sigmaringen 1975

W. KIENAST, Der Wirkungsbereich des französischen Königtums von Odo bis Ludwig VI. (888–1137) in Südfrankreich: Hist. Zeitschr. 209 (1969) S. 529–65

W. KIENAST, Comes Francorum und Pfalzgraf von Frankreich, in: Festgabe für Paul Kirn, Berlin 1961, S. 80–92

W. KIENAST, Magnus = Der Ältere: Hist. Zeitschr. 205 (1967) S. 1–14 (zu Hugo dem Großen und seinem Sohn Hugo Capet)

J. LAFAURIE, Numismatique. Des Carolingiens aux Capétiens. Cahiers de Civil. médiév. 13 (1970) S. 117–137 (mit 6 Tafeln)

R. LATOUCHE, Histoire du comté du Maine pendant le Xe et le XIe s., Paris 1910 (dazu K. F. WERNER, Untersuchungen II: Die Welt als Geschichte 18, 1958)

P. LAUER, Robert Ier et Raoul de Bourgogne, rois de France (923–36), Paris 1910

P. LAUER, Le règne de Louis IV d'Outre-Mer, Paris 1900

P. LAUER (Hrsg.), Les Annales de Flodoard, Paris 1906 (mit Abstand wichtigste Quelle für das Westfrankenreich im 10. Jh.)

C. LELONG, La Basilique Saint-Martin de Tours, Chambray 1985 (ersetzt nur teilweise E.-R. VAUCELLE, La Collégiale de Saint-Martin de Tours … (397–1328), Paris 1908; seinerseits unzulänglich)

J. F. LEMARIGNIER, Les Fidèles du roi de France, in: Recueil de travaux offert à M. Clovis Brunel, Bd. 2, Paris 1955, S. 138–62 (wichtig)

J. F. LEMARIGNIER, Encadrement religieux des campagnes et conjoncture politique … au nord de la Loire … (840–987): Settimane, Bd. 28, Spoleto 1982, S. 765–800

J. F. LEMARIGNIER, Le gouvernement de la France aux premiers temps capétiens (987–1108), Paris 1965

A. R. LEWIS, Count Gerald of Aurillac and Feudalism in the South Central France in the Early Xth Century: Traditio 20 (1964)

W. LIPPERT, König Rudolf von Frankreich, Leipzig 1886

F. LOT, Les derniers Carolingiens. Lothaire – Louis V – Charles de Lorraine (954–991), Paris 1891

F. LOT, Étude sur le règne de Hugues Capet et la fin du Xe s., Paris 1903 (wichtige Anhänge, u. a. kapetingischer Besitzstand um 1000)

F. Lot, La langue de commandement dans les armées romaines et le cri de guerre français au moyen âge, in: Mélanges dédiés à la mémoire de Félix Grat, Paris 1946, S. 203–209 (»Deus adiúta!« wird »Damnes [dominus] deus nos aït!« in der Chanson de Roland)

R. Lüttich, Die Ungarnzüge in Europa im 10. Jh., Berlin 1910

C. E. Lutz, Schoolmasters of the Tenth Century, Hamden (Conn.) 1977

G. de Manteyer, Les origines de la Maison de Savoie en Bourgogne, 910–1060, Rom 1899; dazu: Notes additionnelles, Paris 1901, sowie ein 3. Teil, Grenoble 1904; das Ganze im Neudruck Genf 1978 (stoffreich, auch für den Adel in Innerfrankreich)

M. Mostert, The Political Theology of Abbo of Fleury, Hilversum 1987

L. Musset, Les peuples scandinaves au Moyen Âge, Paris 1951

L. Musset, Relations et échanges d'influences dans l'Europe du nord-ouest (Xᵉ–XIᵉ siècles): Cahiers de Civil. médiév. 1 (1958) S. 63–82 (wichtige Karte)

L. Musset, in: Mélanges Labande, Poitiers 1974, S. 563–75 (dort S. 567f. zum Kirchenneubau im 10. Jh.)

L. Mussot-Goulard, Les Princes de Gascogne 768–1070, Marsolan 1982

W. M. Newman, Le Domaine royal sous les premiers Capétiens (987–1108), Paris 1937

I Normanni e la loro espansione in Europa nell'alto medioevo: Settimane, Bd. 16, Spoleto 1969 (u. a. A. d'Haenens, Les invasions normandes dans l'Empire franc au IXᵉ s.; J. Yver, Les premières institutions du Duché de Normandie; P. Riché, Conséquences des invasions normandes sur la culture monastique dans l'Occident franc)

E. Poulle, L'Astronomie de Gerbert, in: Gerberto. Scienza, storia e mito, Bobbio 1985, S. 597–617 (klärend zum Forschungsstand)

R. Poupardin, Le Royaume de Bourgogne (888–1038), Paris 1907

I Problemi comuni dell'Europa post-carolingia: Settimane, Bd. 2, Spoleto 1955

Recueil des chartes de Cluny, hrsg. v. A. Bernard, B. Bruel, 6 Bde., Paris 1876–1903 (enthält allein für das 10. Jh. rund 2000 Urkunden. Die EDV-gestützte historische Auswertung erfolgt durch das Institut für Frühmittelalterforschung in Münster unter Leitung v. J. Wollasch)

P. Riché, Gerbert d'Aurillac. Le pape de l'an mil, Paris 1987

P. Riché, Nouvelles vies parallèles: Gerbert d'Aurillac et Abbon de Fleury, in: Media in Francia … Recueil offert à K. F. Werner, 1989, S. 419–27

P. Riché u. a. (Hrsg.), Xᵉ siècle. Recherches nouvelles, Paris 1987

H. Richter (Hrsg.), Cluny, Beiträge zu Gestalt und Wirkung der cluniazensischen Reform, Darmstadt 1975 (WdF 241) (zum 10. Jh. u. a. K. Hallinger, T. Schieffer, G. Tellenbach, C. Violante)

E. SABBE, Étude critique sur la biographie et la réforme de Gérard de Brogne, in: Mélanges Félix Rousseau, Brüssel 1958, S. 497–524 (zu Robert I.)

E. SACKUR, Die Cluniazenser, 2 Bde., Halle 1892–94, Neudruck Darmstadt 1965

Y. SASSIER, Hugues Capet. Naissance d'une dynastie, Paris 1987 (behandelt auch die lange Herzogszeit Hugos vor 987)

Y. SASSIER, Recherches sur le pouvoir comtal en Auxerrcis du Xe au début du XIIIe s., Auxerre/Paris 1980 (überregional wichtig)

T. SCHIEFFER, Die rheinischen Lande an der Schwelle der deutschen Geschichte, Wiesbaden 1960 (zur engen Verflechtung Lotharingiens mit dem Ost- und Westreich zu Beginn des 10. Jh.)

K. SCHMID, Zur amicitia zwischen Heinrich I. und dem westfränkischen König Robert im Jahre 923: Francia 12 (1985) S. 119–47

B. SCHNEIDMÜLLER, Karolingische Tradition und frühes französisches Königtum, Wiesbaden 1979

B. SCHNEIDMÜLLER, Französisches Sonderbewußtsein in der politisch-geographischen Terminologie des 10. Jh., in: BEUMANN, Nationes (s. o. Sammelwerke) Bd. 4, 1983, S. 49–91

M. SOT, Séulf, archévêque de Reims (922–925) et les origines de la crise rémoise dans l'œuvre de Flodoard, in: Media in Francia... Recueil offert à K. F. Werner, 1989, S. 471–84

H. SPROEMBERG, Die lothringische Politik Ottos des Großen: Rhein. Vierteljahrsblätter 11 (1941) S. 1–101

G. STRAKA, Les sons et les mots. Choix d'études de phonétique et de linguistique, Paris 1979, dort S. 501–31 (Einsetzen der nordfrz. Nasalierung, d. h. des »Französischen« um 1000; durchgesetzt im 12. Jahrhundert)

U. STUTZ, Reims und Mainz in der Königswahl des 10. und zu Beginn des 11. Jh.: Sitzungsberichte der Preuß. Akad. XXIX, Berlin 1921

G. TELLENBACH (Hrsg.), Neue Forschungen über Cluny und die Cluniacenser, Freiburg 1959 (vor allem J. WOLLASCH, Königtum, Adel und Klöster im Berry während des 10. Jh., S. 17–165)

L. THEIS, L'avènement d'Hugues Capet, Paris 1984

K. u. M. UHLIRZ, Jahrbücher des Deutschen Reiches unter Otto II. und Otto III., 2 Bde., Berlin 1902–1954 (gehen intensiv auf Westreich ein)

K. VOIGT, Die karolingische Klosterpolitik und der Niedergang des westfränkischen Königtums. Laienäbte und Klosterinhaber, Stuttgart 1917

J. M. WALLACE-HADRILL, The Vikings in Francia, in: WALLACE-HADRILL, Early Medieval History 1975, S. 217–236 (betont, anders als D'HAENENS, die verheerenden Folgen der Einfälle für Gallien im 9. u. 10. Jh.)

F. WEIGLE (Hrsg.), Die Briefsammlung Gerberts von Reims, Weimar 1966

(MGH. Die Briefe der deutschen Kaiserzeit, II) (für das ausgehende 10. Jh. unschätzbare Korrespondenz in kritischer, die bereits gute Ausgabe von J. HAVET, Lettres de Gerbert, 983–997, Paris 1889, ergänzender Edition, zu der noch die engl., kommentierte Übersetzung v. H. P. LATTIN, The Letters of Gerbert, New York 1961 Erwähnung verdient, die auch seine Briefe als Papst Silvester II. berücksichtigt)

K. F. WERNER, Westfranken-Frankreich unter den Spätkarolingern und frühen Kapetingern, 888–1060: Handbuch der Europäischen Geschichte (s. o. Gesamtdarstellungen), S. 731–83

K. F. WERNER, Zur Überlieferung der Briefe Gerberts: Deutsches Archiv 17 (1961) S. 91–144

K. F. WERNER, Die Legitimität der Kapetinger und die Entstehung des ›Reditus regni Francorum ad stirpem Karoli‹: Die Welt als Geschichte 12 (1952) S. 203–225 (zur Verzerrung der Ereignisse von 987ff. in der späteren Historiographie)

K. F. WERNER, Les nations et le sentiment national dans l'Europe médiévale: Revue historique 244 (1970) S. 285–304 (die sekundären Großnationen der »Franzosen« und »Deutschen« existieren im 10. Jh. noch nicht)

K. F. WERNER, Quelques observations au sujet des débuts du »duché« de Normandie: Droit privé et institutions régionales, in: Études hist. offertes à Jean Yver, Rouen 1976, S. 691–709 (einen »Herzog der Normandie« gab es nicht vor Beginn des 11. Jh.; der Titel war Graf von Rouen, dann »marchio« und princeps der Normandie)

K. F. WERNER, L'acquisition par la Maison de Blois des comtés de Chartres et de Châteaudun, in: Mélanges … offerts à Jean Lafaurie, Paris 1980, S. 265–72 (Krise der Robertiner nach Tod Hugos d. Gr. 954, von der der Großvasall Tedbald von Blois profitiert)

K. W. WERNER, La région parisienne aux IXe et Xe siècles: Bull. Soc. des Antiquaires de France 1975, Paris 1977, 74 f. (Résumé)

J. WOLLASCH, Wer waren die Mönche von Cluny vom 10. bis 12. Jh.? Mélanges Jacques Stiennon, Lüttich 1982, S. 663–78

H. ZIMMERMANN, Der Streit um das Lütticher Bistum 920/921: Mitteilungen d. Inst. f. österr. Geschichtsforschung 65 (1957) S. 15–52 (zu Karl dem Einfältigen)

H. ZIMMERMANN, Im Bann des Mittelalters. Ausgewählte Beiträge …, Sigmaringen 1986 (dort Wiederabdruck der »Ottonischen Studien«, vor allem I: Frankreich und Reims in der Politik der Ottonenzeit, S. 1–25; Zu Flodoards Historiographie und Regestentechnik, S. 81–95. Vgl. ferner die oben zitierten Papsturkunden und Regesten zum 10. Jh., hrsg. v. H. Zimmermann)

INHALTSVERZEICHNIS

Vorwort 3
Einleitung 5
Bibliographische Nachträge 10

KAPITEL I HISTORISCHE URSPRÜNGE UND
GESCHICHTLICHES BEWUSSTSEIN

Das Auftreten eines fränkischen Geschichtsbewußtseins in Gallien 27
Der »fränkische Mythos« 34
Der »gallische Mythos« 43

KAPITEL II DAS HEXAGON

Der Mensch und seine Umwelt 57
Das Dunkel der Vorzeit lichtet sich 60
Das Hexagon in der Erdgeschichte 65
Geographie und Geschichte 69
Das Klima 78

KAPITEL III VOM AUFTRETEN DES MENSCHEN
ZU DEN FRÜHESTEN KULTUREN

»Der prähistorische Mensch« 82
Das Paläolithikum 87
Das Jungpaläolithikum: die Geburtsstunde der Kunst 94
Das Mesolithikum 100

KAPITEL IV VON DER »NEOLITHISCHEN REVOLUTION«
ZUM ENDE DER VORGESCHICHTE

Der »Fortschritt« beginnt im Orient   103
Das Neolithikum im Hexagon   109
Die Megalithkultur   111
Das Chalkolithikum und die Bronzezeit   118
Das Ende der Vorgeschichte: eine Bilanz   126

KAPITEL V DIE KELTEN

Keltische Wanderbewegungen und die ältere Eisenzeit   133
Der Beitrag des Mittelmeerraums. Marseille und die Kelten   140
Die keltische Expansion   150
Niedergang und Zusammenbruch der Kelten   156

KAPITEL VI GALLIEN

»Gallien« – eine römische Bezeichnung   164
Politische und geographische Strukturen Galliens   167
Die religiösen Kräfte der keltischen Kultur   171
Die Kunst in der keltischen Kultur   176
Gesellschaft und Wirtschaft in der keltischen Kultur   178
Caesar   182

KAPITEL VII DIE PAX ROMANA

Der wiedergewonnene Frieden   192
Die gallisch-römische Kultur: Religion, Gesellschaft, Wirtschaft . .   207

KAPITEL VIII DIE GERMANEN UND DAS
CHRISTIANISIERTE IMPERIUM

Risse in der Pax Romana 220
Die Germanen 223
Die Katastrophen des 3. Jahrhunderts und die Reichserneuerung . . 229
Auf dem Weg zum Sieg des Christentums 236

KAPITEL IX GALLIEN IM CHRISTLICHEN IMPERIUM

Konstantin der Große 242
Die Reformen: der Kaiser und die neuen Senatoren in Gallien 244
Die Verwaltungsreformen 252
Die Heeresreformen und ihre Folgen 261

KAPITEL X VON KONSTANTIN ZU AËTIUS

Die Verteidigung Galliens im 4. Jahrhundert 269
Julian in Gallien 274
Macht und Einfluß der fränkischen Heerführer im
römischen Reich. 277
Gallien bis zum Tod des Aëtius (454) 283

KAPITEL XI CHLODWIG

Childerich 296
Vom Reich aufgegeben 304
Burgunden, Rheinfranken und salische Franken 307
Chlodwig: die Übernahme der Macht 313
Chlodwig: ein großer Herrscher 320

KAPITEL XII DIE MEROWINGER

Das »regnum Francorum« 329
Das Herrscherhaus und die Reichsteilungen 337
Austriens Machtentfaltung 340
Das Auftreten eines fränkischen Teilreichs Burgund 342
Die Entwicklung der drei »Vaterländer« 343
Dagobert I. 346

KAPITEL XIII DAS ZEITALTER DER HAUSMEIER

Den Königen entgleitet die Macht 355
Die neuen *principes* 359
Aquitanien 361
Karl Martell 363
Eine Bilanz der Merowingerzeit 371

KAPITEL XIV VON PIPPIN ZU KARL DEM GROSSEN

Pippin III. begründet das karolingische Königtum 385
Karl der Eroberer 396
Ein Imperium entsteht 403
Die »karolingische Renaissance« 412

KAPITEL XV DIE ENTSTEHUNG EINES
WESTFRÄNKISCHEN KÖNIGTUMS 814–898

Ein letzter Traum der Reichseinheit unter Ludwig dem Frommen . . 421
Der Vertrag von Verdun 429
Die Regierungszeit Karls des Kahlen 436
Westfranken im ausgehenden 9. Jahrhundert 443
Die Welt der Karolinger 450

KAPITEL XVI DIE ERSTEN PRINZIPATE 897–936

Das 10. Jahrhundert: ein eisernes Zeitalter? 459
Die Anerkennung der Prinzipate 464
Die Lösung der Normannenfrage 470
Karl der Einfältige – ein Karolinger und die Welt der Franken 475
Der Sturz Karls III. des Einfältigen 480
König Rudolf 486

KAPITEL XVII RESTITUTION UND ENDE DER
KAROLINGER 936–999

Die Demütigungen eines Königs 492
»Feudale« Wirklichkeit im Neustrien der Robertiner 500
Der »abbacomes« und die Klosterreform 506
Lothar und das Bündnis mit den Ottonen 511
Die »jüngeren Fürstentümer« 514
Westfranken löst sich aus dem Einflußbereich der Ottonen 520
Das Scheitern der Karolinger 524

Schluß 528

Zeittafel 532
Bibliographische Hinweise 539
Inhaltsverzeichnis 621
Personenregister 626
Ortsregister 646

PERSONENREGISTER

ABBO VON FLEURY, Abt 40f., 462
ABBO VON SAINT-GERMAIN,
Mönch 448
ABDĀRRAHMĀN, islam. Heerführer
in Spanien 368
ABEL, Erzbischof von Reims 387
ACFRED, Herzog von Aquitanien
489
ADALBERO (Azelin), Bischof von
Laon 513, 522f., 526
ADALBERO, Erzbischof von Reims
513, 525
ADALHARD, Abt von Corbie 418,
423f., 426
ADALHARD, Seneschall Ludwigs des
Frommen 429f., 439
ADALMAR, Vogt von Saint-
Martin 507
ADELA, Gemahlin Heriberts II.
495
ADELHEID, Gemahlin Ottos I. 525
AEGA, Hausmeier Dagoberts I.
347, 355
AEGIDIUS, Heermeister 295, 299ff.,
312, 315
AELIANUS, Anführer der Bauern und
Sklaven 270
AETHELBERG, Gemahlin König
Edwins von Northumbrien 335
AETHELBERHT, König von
Kent 335
AETHELRED 489

AETHELSTAN, König von Wessex
489, 492, 497
AËTIUS, Flavius, röm. Feldherr u.
Staatsmann 269, 283, 288–291,
293–296, 298f., 302, 311
AFRIKANER 203
AGACHE, Roger 214
AGAPET II., Papst 499
AGATHEUS, Graf von Nantes 385
AGATHIAS, Geschichtsschreiber
332
AGENARICH (Serapio), Sohn
Medrichs 272
AGOBARD, Erzbischof von
Lyon 424, 456
AGRIPPA, Marcus Vipsanius, röm.
Feldherr u. Staatsmann 199f.
AGRIPPINUS, röm. Heerführer
299f.
ÄGYPTER 114
AIMOIN, Mönch 40ff.
AINMARUS, Bischof von
Auxerre 368
AISTULF, König der Lango-
barden 391f.
ALAN I., breton. Herzog 452, 490
ALAN II., Barbetorte, Herzog der
Bretagne 516
ALANEN, iran. Reitervolk 282,
285f., 288, 290, 294
ALARICH I., König der Westgoten
281f., 284ff., 289

ALARICH II., König der Westgoten 308, 321, 323, 326f.

ALBERADA, Tochter der Königin Gerberga 521

ALBERT, Graf von Vermandois 495, 519, 522

ALDRICH, Bischof von Le Mans 428

ALEMANNEN 32, 73, 224–228, 230ff., 234f., 269, 271–276, 278, 285, 289f., 308–312, 314f., 322f., 326, 349, 367, 378, 388, 401

ALEXANDER DER GROSSE, König von Makedonien 151, 155

ALEXANDER SEVERUS, röm. Kaiser 225

ALKUIN, Abt von Saint-Martin von Tours 417

ALKUIN, Ratgeber Karls des Großen 35, 397, 455

ALLOBROGER, kelt. Volksstamm 170, 189

AMANDUS, Anführer der Bauern und Sklaven 270

AMBIANER 159

AMBROSIUS, Heiliger, Bischof von Mailand 280f.

AMMIANUS MARCELLINUS, röm. Geschichtsschreiber 69

AMPSIVARIER, german. Volksstamm 227

ANASTASIOS, oström. Kaiser 317

ANDEGARIUS, Abt von Saint-Martin von Tours 455

ANGELN, german. Volksstamm 291

ANGELSACHSEN 335, 373, 377, 387, 424

ANGILBERT, Abt von Saint-Riquier 415, 418

ANIANUS, Bischof von Orléans 293

ANSEGIS, Erzbischof von Sens 445

ANSEGISEL, Vater Pippins des Mittleren 362

ANSELFLEDIS, Gemahlin von Warato 358

ANTHEMIOLUS, Sohn des Anthemius 305

ANTHEMIUS, Schwiegersohn Kaiser Marcianus' 304f.

ANTONIUS, Marcus, röm. Staatsmann 193, 196

AQUITANIER 40, 169, 171, 179, 205f., 362, 369, 388, 393, 401, 403, 406f., 448, 489, 518

ARABER 71ff., 362, 367, 369f., 373, 377f., 384 400, 406, 444, 452, 455, 457, 463, 526

ARBOGAST, röm. Heermeister 279ff., 311

ARBOGAST, Bischof von Chartres 310

ARCADIUS, Sohn des Theodosius I. 279, 281, 283

ARDOBERT, Bischof von Sens 387

AREGUNDE, Königin 374

ARICHIS, Herzog von Benevent 403

ARIGIUS, Vater des Arbogast 309

ARIOVIST, german. Heerführer 183ff.

ARISTOTELES, griech. Philosoph 127

ARMINIUS, Cheruskerfürst 47, 201, 223

ARMORICANER, s. Bretonen

ARNULF VON KÄRNTEN, dt. Kaiser 447f., 475ff.

ARNULF, Bischof von Metz 346ff., 363

ARNULF, Herzog von Flandern 496

ARNULF, Erzbischof von Reims, Sohn Lothars 526f.

ARTOLD, Erzbischof von
Reims 488, 493, 495, 497 f., 513,
519

ARVERNER (Arverni), kelt. Volk
158, 169 f., 188 ff.

ASPAR 297

ASSYRER, semit. Volk 106

ATHAULF, Westgotenkönig
286 f., 311

ATREBATER 159

ATTALUS, gall. Märtyrer 211

ATTALUS, Kaiser 286, 311

ATTILA, Hunnenkönig 73, 229, 289,
291–296, 374

AUDOIN, Leiter der königl. Kanzlei
Dagoberts I., später Bischof von
Rouen 352, 357

AUGUSTINUS, Aurelius, Kirchenlehrer, Heiliger 280, 395

AUGUSTUS, Gajus Oktavianus, erster
röm. Kaiser 174, 191, 193, 196,
198–201, 203, 205, 213

AURELIAN, Ludius Domitius,
röm. Kaiser 225, 232, 234, 237

AUSONIUS, Decimus Magnus,
röm. Dichter 160, 270

AUSPICIUS, Bischof von Toul 310

AUSTRIER, Merowingerstamm
346–351, 357 f., 364, 386, 401,
424, 431

AVITUS, Eparchius, Heermeister,
späterer Kaiser 296, 298 f., 305,
312

AVITUS, Bischof von Vienne, Heiliger 32, 308, 310, 321, 324 f., 334

AWAREN, tatar. Volksstamm 334,
336, 348, 397, 400, 408

BAGAUDEN 270, 290, 297

BAIERN, german. Stamm 228, 326

BAJUWAREN, s. Baiern

BALDERICH, Bischof von Lüttich 512

BALDUIN, Herzog von Flandern
440, 464

BALTHILD, Gemahlin Chlodwigs II.
355 f., 375

BALZAC, Honoré de, franz.
Erzähler 53

BANDINELLI, Kunsthistoriker 419

BARBAREN 30–33, 36, 39, 45 f., 51 ff.,
151, 178, 212, 220, 222 f., 230, 232,
234 ff., 249, 260–268, 270, 272 ff.,
287, 290, 298, 332 f., 374

BASKEN 72, 75, 206, 348, 361, 406

BATAVER (Niederländer) 227,
271 f., 274

BAUTO, röm. Heermeister
279 f., 283

BAYERN 326, 367 f., 388, 401, 403

BÉARN, Grafen von 75

BEATRIX, Schwester Hugo
Capets 511, 525

BEDA VENERABILIS, angelsächs.
Mönch u. Gelehrter 395, 413

BEGGA, Tochter Pippins des
Älteren 363

BELGER 159–162, 166 f., 169, 174,
181, 184 ff., 190, 203, 215

BELLOVAKER (Bellovaci), belg.
Volksstamm 159, 174, 185

BENEDIKT VON ANIANE,
Heiliger 422, 424, 508

BENEDIKT VON NURSIA,
Heiliger 413

BERCHAR, Hausmeier 358

BERENGAR I., Markgraf von Friaul,
später König u. Kaiser 446 f., 465

BERNHARD, König von Italien
423, 425 f.

BERNHARD, Markgraf von Aquitanien 446

BERNHARD Plantapilosa 467f.

BERNHARD, Graf von Barcelona 427

BERNHARD III. PONTIUS, Markgraf von Toulouse 468

BERNO, Abt von Cluny 508

BERTA, Tochter Chariberts I. 335

BERTHA, Tochter Karls des Großen 418, 455

BERTHACHAR, Frankenkönig 334

BERTRADA (Berta), Gemahlin Pippins III. 387, 392, 403, 455

BITUIT, König der Arverner 158

BITURIGER (Bituriges), kelt. Volk 169, 188

BLANDINA, gall. Märtyrer 211

BLEDA, Hunnenkönig 289, 291

BOBILA, Gemahlin von Severus 353

BOIER, kelt. Volk 154, 158, 161

BONIFATIUS, Heiliger, Erzbischof v. Germanien 335, 368, 386f., 391

BONITAS, Vater des Silvanus, fränk. General 271

BORELL, Markgraf von Gotien 526

BOSO, lotharingischer Graf 485, 489

BOSO, König der Provence 443, 445f., 490, 494

BOTTO, Vater des Abts Andegarius 455

BOULAINVILLIERS, Henri de, Graf von Saint-Saire 49f.

BOULANGER, Georges, franz. General u. Politiker 55

BOVO, Bischof von Châlons-sur-Marne 478

BRETONEN 40, 60, 111, 137, 304, 336, 389, 400, 428, 437, 439, 474, 490, 500, 502, 518

BRUKTERER, german. Volk 227, 363

BRUN, Erzbischof von Köln 462, 511f., 519

BRUNICHILD, Gemahlin Sigiberts I. 344ff., 371

BRUTUS, Decimus Junius, röm. Offizier 193

BURCHARD, Bischof von Würzburg 391

BURCHARD VON VENDÔME, Graf von Paris 506, 508

BURGUNDEN, ostgerman. Volk 37, 52, 224, 285f., 290f., 294, 297, 299, 304f., 307f., 315, 323f., 328, 333, 340, 346, 360, 489, 518

CALIGULA, Gaius Cäsar, röm. Kaiser 174, 203, 220

CARACALLA, als Cäsar Marcus Aurelius Antonius röm. Kaiser 225, 236f.

CARETENA, Mutter der Chrodechilde 321

CARNUTEN, kelt. Volksstamm 188

CAESAR, Julius 46, 74, 79, 132, 148ff., 159ff., 164–169, 171, 173, 175, 178, 180, 182–190, 192ff., 197f., 202, 204, 215, 229

CASSIODORE (Cassiodorus), Flavius Magnus Aurelius, röm. Senator u. Gelehrter 261, 328

CASTINUS 311

CATO, Marcus Porcius C., der Ältere 175, 220

CATULL, Gaius Valerius Catullus, röm. Dichter 165

CATUVELLAUNI, kelt. Stamm der Belgen 160

CESARE BARONIO, Kardinal 459

CHALPAIDA, Mutter von Karl
Martell 364
CHAMAVEN, Teilstamm der alten
Franken 227, 235, 274f.
CHARARICH, Frankenkönig
314, 338
CHARIBERT I., Sohn Chlothars II.,
fränk. König 335, 342f., 347
CHARIBERT II., fränk. König
347f., 361
CHATEAUBRIAND, François René,
Vicomte de, franz. Dichter u.
Staatsmann 51
CHATTEN, german. Stamm 222, 227
CHATTUARIER, german. Stamm
227, 235
CHAUKEN, german. Stamm 227f.
CHILDEBERT I., Sohn Chlodwigs I.,
Frankenkönig 339–342, 346, 371
CHILDEBERT II., Sohn Sigiberts I.,
Frankenkönig 344, 346
CHILDEBERT DER ADOPTIERTE,
Sohn Grimoalds 356
CHILDERICH I., Vater Chlodwigs I.,
Frankenkönig 283, 296, 300–303,
312–316, 329, 374
CHILDERICH II., Sohn Chlodwigs II.,
Frankenkönig 356f., 364
CHILDERICH III. (der letzte Mero-
winger), Frankenkönig 386, 391
CHILPERICH I., Sohn Chlothars I.,
Frankenkönig 290, 342, 344
CHILPERICH III., Sohn Childe-
richsII.,Frankenkönig 364f., 386
CHILPERICH I., Burgundenkönig
305, 307
CHILPERICH II., Burgundenkönig
321
CHILPERICH, Sohn Chariberts II.
348

CHLODIO, König der sal. Franken
290
CHLODOMER, Sohn Chlodwigs I.,
Frankenkönig 333, 339f.
CHLODOSWINTHA 335
CHLODWIG I., Sohn Childerichs I.,
merowing. König, Gründer des
Frankenreichs 31 ff., 35 ff., 40ff.,
53, 71, 74f., 268, 277, 283, 296,
301 ff., 310, 312–329, 332f.,
337–341, 344, 346, 351 ff., 371, 388,
436, 438
CHLODWIG II., Sohn Dagoberts I.,
König von Neustrien u. Burgund
350f., 355f.
CHLOTHAR I., Sohn Chlodwigs I.,
Frankenkönig 303, 325, 333f.,
339, 342, 346
CHLOTHAR II., Sohn Chilperichs I.,
Frankenkönig 344f., 346f., 352,
357, 377, 457
CHLOTHAR III., Sohn Chlodwigs II.,
Frankenkönig 355ff., 378
CHRODECHILDE, Gemahlin
Chlodwigs I. 316, 321, 324, 335,
339, 341f., 371
CHRODEGANG, Bischof von
Metz 386f., 415f.
CHRODOALD, Agilolfinger
347
CICERO, Marcus Tullius, röm.
Staatsmann 257, 352, 414, 419
CID (Rodrigo Díaz), span. National-
held 75
CINNA, Lucius Cornelius, röm.
Staatsmann 183
CIVILIS, Julius, german. Führer der
Bataver 204
CLASSICUS, Julius, Treverer-
fürst 204

CLAUDIUS, Tiberius C. Nero Germanicus, röm. Kaiser 160, 174, 199, 203 f., 214

CLAUDIUS II., Marcus Aurelius C. Goticus, röm. Kaiser 232, 234

CLAUDIUS, röm. Hausmeier 345

CLODIUS ALBINUS, Kaiser 222

COLUMBAN, Heiliger 352

COLUMELLA, L. Junius Moderatus, röm. Landwirt 457

COMMODUS, Lucius Aelius Aurelius, Sohn Mark Aurels, röm. Kaiser 222

CONSTANS, Flavius Julius, röm. Kaiser 272

CONSTANTIUS I. Chlorus (»der Blasse«), röm. Kaiser 239 f., 242 f.

CONSTANTIUS II., Sohn Konstantins des Großen, röm. Kaiser 271–274, 276 ff.

CONSTANTIUS III., Flavius, Vater Valentinians III., röm. Kaiser 302, 311

COTTIUS, König 196

CRASSUS, Marcus Licinius, hoher röm. Beamter 183

CRO-MAGNON-MENSCH 86, 90, 94

DAGOBERT I., Sohn Chlothars II., Frankenkönig 35, 72, 339, 346–353, 355, 363, 385, 388, 436

DAGOBERT II., Sohn Sigiberts von Austrasien, Frankenkönig 356 ff.

DAGOBERT III., Frankenkönig 364 f.

DÄNEN 400, 432, 490, 495

DARIUS I. D. GR., pers. König 225

DECIUS, Gaius Messius Quintus Traianus, röm. Kaiser 230, 239

DESIDERIUS, König der Langobarden 403

DESIDERIUS, Bischof von Cahors 352 f., 374

DEUTSCHE 45 f., 181, 332, 421, 450

DIDO, Bischof von Poitiers 356 f.

DIODOR, Diodorus Siculus, griech. Geschichtsschreiber 144 f.

DIOKLETIAN, Gaius Aurelius Valerius, röm. Kaiser 206, 235 ff., 240, 242–246, 248 f., 251 f., 256 f., 260, 264, 269

DIONYSIUS EXIGUUS, röm. Mönch 335

DOMITIAN, Titus Flavius, röm. Kaiser 130

DOMITIUS, Alexander Lucius 243

DONATISTEN, afrik. Sekte 240

DROGO, Sohn Pippins des Mittleren 359 f., 364 f., 385

DROGO, Sohn Karls des Großen 424, 426

DROGO, Sohn Alan Barbetortes 516

DROGO, Bischof von Metz 428

DRUSUS, Nero Claudius D., röm. Statthalter 194, 199 f., 204, 227, 397

EADBALD, Sohn Aethelberts von Kent 335

EADGIFU, Mutter Ludwigs IV. 489. 493

EBALUS MANZER, Graf von Poitou 471, 490

EBBO, Erzbischof von Reims 419, 424

EBERHARD, Herzog von Franken 479, 487, 494

EBROIN, Hausmeier 356 ff., 362, 366, 373

EBURONEN, kelt. Stamm der Belgen 160, 187

ECDICIUS, Sohn Kaisers Avitus 305

EDIKA, Vater Odowakars 292

EDMUND, König von Wessex 497

EDOBECH, fränk. Heermeister 311

EDWIN, König von Northum-
brien 335

EINHARD, Gelehrter u. Vertrauter
Karls d. Gr. 410, 413, 419

ELIGIUS, Finanzminister u.
Goldschmied, später Bischof v.
Noyon 352f., 374

ELISIERNUS / ELISIARDUS, Graf von
Corbie 508

EMMA, merow. Prinzessin 335

EMMA, Tochter Adelheids,
Gattin König Lothars 513, 522

EMMA, Tochter Hugos d. Großen 512

ENGLÄNDER 48, 72, 230

ERCHINOALD, Hausmeier in
Neustrien u. Burgund 355, 360

ERISPÖE, König der Bretonen 437

ERMENFRED 358

ERMENTRUD, Königin 439

ESKIMOS 99

ESUVIER, gall. Volksstamm 132

ETRUSKER 141ff., 146, 151, 153, 217

EUCHERIUS, Sohn Stilichos 284

EUCHERIUS, Bischof von Orléans
368

EUDO, Herzog von Aquitanien
360, 362f., 365, 368f.

EUGENIUS, Rhetor 281

EUGENIUS, Kaiser 311

EURICH, Westgotenkönig
298, 304ff., 315, 320f.

EUROPÄER 152

EUSEBIUS, Bischof von Paris 376f.

EUSEBIUS VON CAESAREA,
Kirchenhistoriker, Bischof von
Caesarea 211

FAUSTA, Flavia Maxima, Tochter des
röm. Kaisers Maximian 242

FELIX, Heerführer 289

FELIX, Herzog von Aquitanien 361

FINNO-UGRIER 99

FLACIUS, Matthias, protestant.
Geschichtsschreiber 459

FLAVIUS CONSTANTIUS, Heerführer
des Kaisers Honorius 286ff.

FLODOARD, franz. Geschichtsschreiber 459, 474, 483f., 498, 505, 518

FLORUS VON LYON 419

FRANCO, Erzbischof von Rouen 473

FRANKEN 28, 30, 32–43, 45–54, 73,
75, 77, 131f., 194, 226–229, 231f.,
234f., 240, 251, 257, 259, 267, 269,
271–277, 279, 281ff., 285, 287, 289,
294f., 298f., 301f., 304, 307, 309,
311ff., 315ff., 319–329, 332ff.,
339f., 344ff., 348f., 351, 360–363,
368–371, 375, 379, 383, 392, 394,
403f., 408f., 411, 418, 424, 437,
440, 447, 458, 472–477, 486, 490,
492f., 502, 517f., 521, 524, 528f.

FRANZ I., franz. König 47

FRANZOSEN 43, 45–48, 53f.

FREDEGAR (»Chronik des sogenannten Fredegar«) 39, 348

FREDEGUNDE, Gemahlin Chilperichs I. 344

FREDERUN, Gemahlin Karls III. des
Einfältigen 478, 480

FRIDUGIS, Abt von Saint-Martin von
Tours 419

FRIEDRICH, Bruder des Westgotenkönigs Theoderich II. 297, 300,
303

FRIEDRICH, lothr. Graf 511

FRIESEN 363f., 384, 388, 397

FRIGA, Anführer der Trojaner 39

FRONTINUS, Sextus Julius, röm.
Schriftsteller 210
FROTMUND, Vizegraf von Sens 505
FULBERT, Bischof von Chartres
461 f.
FULCO, Graf von Anjou 508
FULCO, Erzbischof von Reims 448,
464 f., 474, 483
FULCO DER GUTE, Graf von
Anjou 516
FULRAD, Abt von Saint-Denis 391 f.,
403, 415
FUSTEL DE COULANGES, Numa-
Denis, franz. Historiker 55

GALATER, Bund kelt. Stämme 287
GALERIUS, Gaius, G. Valerius
Maximianus, röm. Kaiser 242 f.
GALLA PLACIDIA, Tochter des
röm. Kaisers Theodosius I.
284, 286–289
GALLIENUS, Publius Licinius
Egnatius, röm. Kaiser 231, 248
GALLIER 28 f., 40 f., 44, 46–49,
51–55, 132, 140, 144, 153–157,
164 f., 174 f., 179, 181 f., 185 ff.,
189 f., 193 f., 200, 202–205, 208, 276
GARIBALD, Herzog von Bayern 335
GASCOGNER 40, 403, 518
GAULLE, Charles de, franz. General
u. Staatsmann 55
GAUZFRID, Graf von Anjou
509, 516, 518
GAUZLIN, Abt von Jumièges
443–448
GEBHARD, Herzog von Lotharin-
gien 477
GEILO, Bischof von Langres 448
GENNOBAUDES, Frankenkönig 235
GENOVEFA, Heilige 267, 315, 371

GEPIDEN, ostgerman. Volk 294
GERBERGA, Gemahlin Ludwigs IV.
485, 494, 497, 499, 511 f., 521
GERBERGA, Tochter Ludwigs IV.
495
GERBERT VON AURILLAC, Gelehrter, später Papst Silvester II. 41,
462, 525, 527
GERMANEN 28, 38, 40, 45–48, 52, 54,
73 f., 121, 12 ̣, 132, 136, 138, 148,
151, 155, 159 f., 162, 165 f., 169,
178, 180, 182, 184–187, 189 f., 194,
198, 201, 204, 206, 211, 222–226,
228, 230, 232–235, 251, 253, 262 f.,
265 ff., 271 ff., 275 ff., 284, 287 f.,
291 f., 294–297, 306, 309, 311, 397
GERMANICUS, röm. Feldherr
199, 201, 397
GERMANUS, Heiliger, Bischof von
Auxerre 267, 290, 371
GERMANUS, Bischof von Paris 378
GERTRUDIS, Heilige, Pippins
Tochter 356
GERWOLD, Kaplan der Königin
Bertrada 455 f.
GEWILIB, Erzbischof von Mainz
387
GIBBON, Edward, engl. Geschichts-
schreiber 32 f., 221
GISELBERT, Herzog von Lotharin-
gien 481, 484, 487, 494, 521
GISELBERT, Herzog von Burgund
512
GISELMAR, Mönch von Saint-
Germain-des-Prés, Geschichts-
schreiber 41
GISELMAR, Sohn von Warato 358
GLABER, Rodulf, Cluniazenser-
mönch 461
GLYCERIUS, Kaiser 305

GOAR, König der Alanen 286, 290
GOBINEAU, Joseph-Arthur de,
    franz. Diplomat u. Schriftsteller
    50
GORDIANUS III., röm. Kaiser 230
GOETHE, Johann Wolfgang von 57
GOTEN, s. a. Ost- u. Westgoten 194,
    224f., 230, 234, 278f., 282, 287,
    291f., 295f., 298, 327, 393, 518, 529
GOTMAR, Bischof von Gerona 493
GOTTFRIED, Graf von Verdun
    522, 525
GRATIAN, Flavius, weström. Kaiser
    270, 277ff., 291
GREGOR I. der Große, Papst 335
GREGOR III., Papst 392
GREGOR IV., Papst 428
GREGOR VII., Papst 390
GREGOR VON TOURS, Bischof,
    Geschichtsschreiber 32, 250, 308,
    310, 313f., 316, 318f., 321f., 324f.,
    328, 332, 336f., 371
GRIECHEN 126, 130, 135, 141–149,
    155, 158, 162, 165, 177, 180ff., 210,
    217, 238f., 325, 404
GRIFO, Sohn von Karl Martell 386,
    388f.
GRIMO, Erzbischof von Rouen
    387
GRIMOALD, Sohn Pippins des Älte-
    ren, Hausmeier 353, 356, 359
GRIMOALD II., Hausmeier 364
GUIZOT, François, franz. Staatsmann
    u. Geschichtsschreiber 51
GUNDAHAR, Burgundenkönig 286,
    290, 342
GUNDIOK (Gundowech), Burgun-
    denkönig 297, 303ff., 312
GUNDOBAD, Burgundenkönig 305,
    307f., 310, 312, 321, 323, 326

GUNTRAM, Sohn Chlothars I.,
    Burgundenkönig 342, 344, 346

HADRIAN I., Papst 403ff., 414, 416
HÄDUER, gall. Volksstamm 169f.,
    183f., 188, 190, 198, 201, 208,
    213, 215
HADWIG, Gemahlin Hugos des
    Großen 494, 512
HAGANO, lotharing. Graf 480ff.,
    487
HANNIBAL, karth. Feldherr 157, 160
HARDING 515
HAROLD, Dänenführer 496
HATTO, Erzbischof von Mainz
    477
HEBRÄER 239
HEINRICH I., Herzog von Sachsen,
    dt. König 478f., 481, 484f.,
    487ff., 494
HEINRICH II., der Heilige, dt.
    Kaiser 41, 47, 81
HEINRICH III., König von England
    72
HEINRICH DER ZÄNKER, Herzog
    von Bayern 525
HEIRIC VON AUXERRE 419
HELMGAUZ, Graf von Meaux 411
HELISACHAR, Kanzler von Aquita-
    nien 424
HELVETIER, kelt. Stamm 149, 166,
    168f., 184, 198, 202, 255
HERAKLEIOS, Heraclius, byzant.
    Kaiser 349
HERIBERT (Charibert), Graf von
    Laon 387, 464f.
HERIBERT II., Graf von Vermandois
    483f., 488f., 493–496, 516, 526
HERIBERT III., Graf von Champagne
    518ff.

HERIBERT, III., Graf von Soissons, dann v. Troyes/Meaux 495, 520

HERIBERT, IV., Graf von Troyes 520, 525

HERIVEUS, Erzbischof von Reims 465 ff., 470, 472 f., 479 f., 482 f.

HERLUIN, Graf von Ponthieu 496 f.

HERMINAFRID, König der Thüringer 333 f.

HERODOT, griech. Geschichtsschreiber 139, 144

HERVEUS, Sohn Adalmars 507

HESIOD, griech. Dichter 142

HETHITER, indogerman. Volk 121, 124, 133 f.

HIERONYMUS, Heiliger, Kirchenlehrer 226, 286

HILARIUS, Heiliger, Kirchenlehrer 240, 302 f.

HILDEGARD, Gemahlin Karls des Großen 407

HILTRUD, Tochter Karl Martells 386

HINKMAR, Erzbischof von Reims 36, 380, 438 f., 441 f., 444, 449, 459

HIRTIUS, Aulus, röm. Feldherr u. Staatsmann 198

HONORIA, Schwester Kaiser Valentinians III. 293

HONORIUS, Sohn des Theodosius I., röm. Kaiser 284, 286, 288 f.

HOSIUS, Bischof von Córdoba 243

HRABANUS MAURUS, Erzbischof von Mainz 417, 439

HUCBALD, Graf von Senlis 465, 467

HUGO, Sohn Drogos, Abt von Saint-Denis 385

HUGO, Sohn Karls des Großen 424, 426

HUGO, Graf von Tours 426 f.

HUGO, Graf von Le Mans 516

HUGO, Sohn Karls des Einfältigen 467

HUGO ABBAS (Hugo der Abt), Abt von Cluny 444 ff., 502

HUGO VON ARLES, König von Italien, Markgraf der Provence 491, 515

HUGO VON BLOIS, Erzbischof von Bourges 517

HUGO CAPET, König von Frankreich 40, 46, 484, 500 ff., 506, 508 ff., 512 ff., 516, 518 f., 523–526

HUGO DER GROSSE, Sohn Roberts von Neustrien 482, 484, 486–489, 492–499, 501 f., 504 f., 508, 510 ff., 515, 518

HUGO DER SCHWARZE, Herzog von Burgund 486, 493 f., 512

HUGO VON VERMANDOIS, Erzbischof von Reims 487 f., 494 f., 497 f., 519

HUGOBERT, Seneschall 363

HUNNEN, ostasiat. Nomadenvolk 73, 288–294

HUNOALD, Herzog von Aquitanien 363, 393

IBBA, ostgot. Heerführer 327

IBERER 28, 129, 190

ILLYRER 134, 136, 230, 234

INDIANER 99

INGUNDE, Gemahlin Chlothars I. von Franken 334

IRENÄUS, griech. Kirchenvater, Bischof von Lyon 239

IRMINGARD, Gemahlin Ludwigs des
    Frommen 426

JEANNE D'ARC 33, 42
JOHANNES VIII., Papst 442, 444
JOHANNES X., Papst 484
JOHANNES XII., Papst 519
JOHANNES, Usurpator 289
JOHANNES ANTIOCHENUS 279
JOHANNES SCOTUS (Eriguena),
    scholast. Philosoph u.
    Theologe 419
JONAS VON ORLÉANS 419
JOSEPHUS, Flavius, jüd. Geschichts-
    schreiber 69, 165
JOVINUS, Usurpator 285 f., 309,
    311
JUDEN 246, 376, 384, 456
JUDITH, Gemahlin Ludwigs des
    Frommen 426 f., 429, 444
JUDITH, Gemahlin Hugos des
    Großen 504
JULIAN, Flavius Claudius Julianus
    (»Apostata«), röm. Kaiser 244,
    265, 272–278, 289
JULIUS NEPOS, gall. Heermei-
    ster 304 f., 307
JULLIAN, Camille, franz. Histo-
    riker 229
JUSTINIAN, oström. Kaiser 258, 260,
    307, 332 ff., 384, 409 f.
JUSTINUS, Geschichtsschreiber 149

KAPETINGER, franz. Herrscherge-
    schlecht 27, 42, 52, 74, 439, 446,
    467, 500 f., 506, 510, 514 f., 519, 527
KARL I., der Große, röm. Kaiser, Kö-
    nig der Franken 35 f., 52, 72, 247,
    258, 308, 320, 336, 352, 363, 367,
    381, 383, 388, 391–412, 414–424,

426, 432, 438 f., 442, 444, 451,
    455 ff., 464, 468, 475, 479, 498, 520,
    523, 529
KARL II., der Kahle, röm. Kaiser
    349, 410, 413, 419, 426, 429 ff.,
    433, 436–446, 448, 480, 482,
    513, 530
KARL III., der Dicke, röm.
    Kaiser 444, 446 ff.
KARL, Sohn Karls des Großen 423,
    455
KARL III., der Einfältige, König von
    Frankreich 447 f., 464–468, 470 f.,
    473, 475–484, 488 ff., 492, 501 f.,
    521
KARL, Sohn Ludwigs IV. 512 f., 522,
    524, 526
KARL V., röm.-dt. Kaiser 47
KARL MARTELL, Hausmeier, Sohn
    Pippins des Mittleren 72, 363–370,
    372 f., 385–388, 402, 453
KARL, König von Aquitanien, Sohn
    Karls des Kahlen 440
KARL, König der Provence, Sohn
    Lothars I. 442
KARL-KONSTANTIN, Graf von
    Vienne, Sohn Ludwigs des Blinden
    491
KARLMANN I., Hausmeier, Sohn Karl
    Martells 370, 385–389,
KARLMANN II., Sohn Pippins III.
    385, 392, 403
KARLMANN, Sohn Ludwigs des
    Deutschen 442
KARLMANN, König von Frank-
    reich 444 ff.
KAROLINGER 27, 34, 36, 42, 52, 71,
    75, 77, 247, 253, 332, 334, 337, 340,
    350, 356, 358, 363, 367–370, 373,
    375, 381 ff., 388, 390, 392–395,

412ff., 432, 437, 444–448, 450f.,
453–460, 465ff., 470, 483, 501f.,
510ff., 519ff., 523–526, 530
KARTHAGER 143, 158, 174
KASSITEN, Volk im westpers.
Gebirgsland 121
KELTEN 28, 46, 54, 68, 73f., 121,
124, 127, 130–140, 142, 144f.,
147ff., 151, 156, 158, 162, 164–167,
169–173, 176ff., 181f., 186ff., 194,
197, 201, 206, 238
KIMBERN, german. Volk 46, 160f.,
222f., 229
KIMMERIER, Stamm der Thraker
137
KONRAD I., dt. König 477ff.
KONRAD I., König der Provence
494, 497
KONRAD DER ROTE, Herzog von
Lothringen 498f.
KONSTANTIN I., der Große, röm.
Kaiser 30, 32f., 206, 217, 238ff.,
242–245, 247, 249, 251f., 256ff.,
260ff., 264f., 267, 269, 271f., 283,
324, 409f., 529
KONSTANTIN II., röm. Kaiser
272
KONSTANTIN III., röm. Kaiser
284ff., 311
KONSTANTIN VII., Porphyrogenne-
tos, byzant. Kaiser 283
KRUTA, Venceslas 138, 151, 156, 164

LAMBERT, Herzog von Spoleto 428
LAMBERT VON SPOLETO, Kaiser
429, 475
LANGÉNIEUX, Kardinal 35
LANGOBARDEN, german. Volk
34, 73, 335, 341, 349, 370, 388f.,
392, 401, 403f., 409

LANTECHILDE, Schwester Chlod-
wigs I. 303
LANTFRID, Herzog von Alemanien
368
LAUNEBODES, Herzog von
Toulouse 371
LAVINIUS 30
LEFEBVRE, Georges 50
LEMAIRE DE BELGES, Jean, franz.
Dichter der Frührenaissance 45
LEO I., der Große, Papst 295
LEO III., Papst 408
LEO VII., Papst 493
LEO I., der Große, byzant.
Kaiser 297, 304
LEODEGAR, Bischof von Autun 357
LEPIDUS, Marcus Aemilius, röm.
Staatsmann 198
LEROI-GOURHAN, André 95f.
LEUDESIUS, Hausmeier 357
LEUTRUD, Gemahlin des Ebroin
373
LEXOVIER, gall. Volksstamm
132
LIBANIOS, Sophist, Rhetoriklehrer
des 4. Jhs. 278, 280
LICINIUS, Valerius Licinianus, röm.
Kaiser 243
LIETGARD, Gemahlin Tedbalds von
Blois 516
LINGONEN (Lingones), kelt. Stamm
154, 169, 182, 189, 202, 207
LIUTPRAND, König der Lango-
barden 370
LONGINUS, L. Cassius, röm.
Konsul 161
LOT, Ferdinand 318, 484, 513
LOTHAR I., röm. Kaiser 349, 425f.,
428–433, 436f., 439ff., 476, 480,
485

LOTHAR II., Sohn Lothars I., fränk.
König 442, 476
LOTHAR, Sohn Ludwigs IV., König
von Frankreich 499, 512ff., 517,
519f., 522–525
LOUIS-PHILIPPE, der »Bürger-
könig« 53
LUDWIG I., der Fromme, röm.-dt.
Kaiser 36, 336, 396, 399f., 404,
407f., 410ff., 418f., 421–431,
436f., 446, 454, 456, 479
LUDWIG II., Sohn Lothars I., fränk.
König 442
LUDWIG III., der Blinde, röm.
Kaiser 491
LUDWIG DER DEUTSCHE, Sohn
Ludwigs I., ostfränk. König 349,
421, 425, 428–433, 439–442, 445
LUDWIG II., der Stammler, König
von Frankreich 443ff., 447
LUDWIG III., der Jüngere, Sohn
Ludwigs des Deutschen, ostfränk.
König 440, 442, 444ff.
LUDWIG IV., das Kind, Sohn
Arnulfs von Kärnten, ostfränk.
König 463, 477, 479
LUDWIG IV., Sohn Karls des Ein-
fältigen, König von Frankreich
489, 492–495, 497ff., 512, 515
LUDWIG V., Sohn Lothars, König
von Frankreich 524f.
LUDWIG VII., der Junge, König von
Frankreich 81
LUDWIG IX., der Heilige, König von
Frankreich 33, 43, 72
LUDWIG XIV., der »Sonnenkönig«
46
LUKAN, Marcus Annaeus Lucanus,
lat. Dichter 173
LUPUS, Abt von Ferrières 419

LUPUS, Herzog von Aquitanien
361f.

MABILLON, Jean, franz. Historiker
372
MAGNENTIUS, Magnus, fränk.
Usurpator 271–274
MAIORIAN, Julius, weström. Kaiser
295, 297
MAJOLUS, Abt von Cluny 508f.
MALLOBAUDES 278
MANASSES, Graf von Burgund 471
MARBOD, Maroboduus, König der
Markomannen 194
MARCELLINUS 299, 304f.
MARCIANUS, byzant. Kaiser
304, 409
MARIUS, Gaius, röm. Feldherr
161, 183
MARK AUREL, eigtl. Marcus
Aurelius Antoninus, röm. Kaiser
222f., 265
MARKOMANNEN, german.
Volk 194, 222f.
MARKOMER, fränk. Heerführer
279, 311
MARTIN, Heiliger 35, 240
MARTIN, Henri, franz. Politiker u.
Geschichtsschreiber 53f.
MASSILIOTEN 143, 149, 157
MATERNUS, Rebell 223
MATFRID VON ORLÉANS, Graf 427
MATHILDE, Gemahlin Heinrichs
von Sachsen 478
MAXENTIUS, Marcus Aurelius
Valerius, Sohn Maximians, röm.
Kaiser 30, 242f.
MAXIMIAN, Marcus Aurelius
Valerius Maximianus. röm.
Mitkaiser 235, 242, 269f.

MAXIMINUS, C. Galerius Valerius M., genannt »Daia«, röm. Kaiser 242 f.

MAXIMINUS, Gaius Julius Varus M. Thrax, »der Thraker«, röm. Kaiser 225

MAXIMUS, Magnus, röm. Kaiser 278, 280

MEDARD, Bischof von Noyon 334

MEDERICH, alemannischer Fürst 272

MEDIOMATRICI (Mediomatriker), kelt. Volksstamm 169

MELLEBAUDUS, Abt 372

MENAPIER (Menapii), kelt. Volk 169

MEROBAUDES, fränk. Heermeister 277 ff., 291, 311

MEROBAUDES II., Flavius, fränk. Heermeister 291

MEROWINGER 27, 42, 62, 75, 247, 256 f., 313, 319 f., 322, 327, 329–332, 334–341, 349, 353, 360 f., 369–375, 378, 381–384, 390 ff., 412, 449, 468, 510, 530

MICHELET, Jules, franz. Geschichtsschreiber 52 f.

MILO, Bischof von Reims u. Trier 365 f., 387, 389

MONTESQUIEU, Charles de Secondat, Baron de la Brède et de M., franz. Schriftsteller 48

MORINER (Morini), kelt. Volk 169

MOUSNIER, Roland, franz. Historiker 48

MUMMOLUS, fränk. Feldherr 73

MUSELMANEN 75

NANNIENUS 278

NANTHILD, Gemahlin Dagoberts I. 350, 355

NAPOLEON BONAPARTE 51, 398 f.

NARSES, Feldherr des byzant. Kaisers Justinian I. 341

NAZARIUS V. BORDEAUX, gallischer Panegyriker 249

NEANDERTALER 64, 85 f., 90, 93 f., 101

NEPOS, Julius, röm. Heerführer 304 f., 307

NERO, Claudius Drusus Germanicus, röm. Kaiser 205, 220

NERVIER, Volk belg. Stammes 160, 185

NEUSTRIER 347, 350, 364 f., 386, 401, 424

NICETIUS, Bischof von Trier 335, 371

NIETZSCHE, Friedrich Wilhelm, Philosoph 221

NITHARD, Graf 430 f.

NOMINOE, König der Bretonen 437

NORBERT, Hausmeier 359

NORMANNEN 40, 52, 72, 229, 417, 430. 438 ff., 443 f., 446 ff., 452 f., 458 f., 463 ff., 469–474, 478, 485, 487–490, 495 ff., 500, 502, 508 f., 517 f.

NOTKER VON ST. GALLEN, Dichter 417

ODA, Tochter Herzog Ottos von Sachsen 476

ODELRICH, Erzbischof von Reims 513, 519 f.

ODILBERT, Erzbischof von Mailand 409

ODILO, Herzog von Bayern 386, 388 f.

ODO, Sohn Roberts des Tapferen, westfränk. König 444, 446 ff., 465 ff., 470, 475, 482 f., 486, 501 f.

ODO, Graf von Amiens 495

ODO I., Graf von Blois 509,
517–520, 525 f.

ODO, Graf von Orléans 428

ODO, Abt von Cluny 508, 521

ODO-HEINRICH, Herzog von
Burgund 512

ODOWAKAR, german. Heer-
führer 292, 306 f., 314 f., 321

OFFA VON MERCIA, König von
England 455 f.

OLYBRIUS, Kaiser 305

OPIMIUS, Quintus, Konsul 157

ORESTES, Vater des Romulus
Augustulus 292, 305 f.

ORIENTALEN 211

OROSIUS, Paulus, span. Presbyter u.
theolog. Schriftsteller 31, 286

ÖSTERREICHER 73

OSTGOTEN 333, 341

OTTO I., der Große, Sohn Heinrichs I., Kaiser 462, 494 f., 497 f.,
512 f., 524

OTTO II., Sohn Ottos I., Kaiser
513, 522–525

OTTO III., Sohn Ottos II., Kaiser
41, 525

OTTO, Herzog von Nieder-
lothringen 527

OTTO, Herzog von Burgund
512, 514

OTTO, Herzog von Sachsen
476 ff.

OTTO, Sohn von Albert von
Vermandois 522

PARIS, Gaston, franz. Philologe 52

PARISET, Jean-Daniel 47

PARTHER, nordiran. Volksstamm
222, 225

PASQUIER, Étienne, franz. Rechts-
gelehrter 46, 48

PAUL I., Papst 392

PAULINUS VON AQUILEIA, Theologe u. Rhetoriker 417

PAULUS DIACONUS, langobard.
Geschichtsschreiber 414, 417

PERSER 135, 142, 225, 230

PETRONIUS MAXIMUS, Kaiser 296 f.

PETRUS VON PISA, ital. Grammatiker u. Dichter 417

PHILIPP IV., der Schöne, König von
Frankreich 43, 251

PHILIPPUS ARABS, röm. Kaiser 230

PHOINIKER 141 f.

PICTONEN 215

PIKTEN, kelt. Volk 242

PIPPIN DER ÄLTERE, fränk. Hausmeier 346 ff., 353, 356, 359, 363

PIPPIN DER MITTLERE, fränk.
Hausmeier 350, 358 ff., 363 f., 402

PIPPIN III. DER JÜNGERE, Sohn
Karl Martells, fränk. Hausmeier,
später König der Franken 34, 318,
352, 359, 367, 370, 385–396, 398,
401 ff., 412, 415 f., 422, 453

PIPPIN I., König von Aquitanien,
Sohn Ludwigs des Frommen
424 f., 428 f.

PIPPIN II., König von Aquitanien
430, 437 f., 440 f.

PIPPIN, Sohn Karls des Großen,
König v. Italien 404, 407 f., 423

PIRENNE, Henri 456

PLEKTRUD, Tochter des Herzogs
von Thüringen 364

PLEKTRUD, Gemahlin Pippins des
Mittleren 359, 363 f.

PLINIUS DER ÄLTERE, Gaius P. Se-
cundus, röm. Schriftsteller 79, 181

POLYKARP, Heiliger, Märtyrer, Bischof von Smyrna 239

POMPEJUS, Gn. P. Magnus, röm. Feldherr u. Staatsmann 183, 195

POSTUMUS, röm. Kaiser 225, 231 f., 234 f.

PRIAMUS, König von Troja, Sohn des Laomedon 39

PROBUS, Marcus Aurelius P., röm. Kaiser 231 f., 235, 265, 274, 289

PROKOP VON CAESAREA, griech. Geschichtsschreiber 314, 317

PROTADIUS, röm. Hausmeier 345

PTOLEMÄUS, Claudius, griech. Geograph, Astronom u. Mathematiker 199

PYTHEAS AUS MASSILIA, Geograph, Astronom u. Mathematiker 151

QUADEN, westgerman. Stamm 222

QUINET, Edgar, franz. Schriftsteller 54

RABELAIS, François, franz. Schriftsteller, Arzt u. Humanist 45

RADBOD, Friesenherzog 365

RADEGUNDE, Gemahlin Chlotars I. von Franken 334, 375

RADULF, Herzog von Thüringen 350

RAGANFRED, Hausmeier 364 f.

RAGENOLDUS (Renaud) VON RONCY, Graf von Reims 521

RAGNACHAR, Frankenkönig 314

RAIMUND III. PONTIUS, Graf von Toulouse-Gotien 469, 489, 493

RAINALD, Vizegraf von Sens 505

RAINO, Bischof von Angers 508

RAMNULF, Graf von Poitou 440

RAMNULF II., Graf von Poitou 447 f.

RANKE, Leopold, Historiker 162

REGINAR, Graf im Haspengau u. Hennegau 476 ff., 480, 484, 522

REGINAR III., Graf von Hennegau 512

REMER (Remi) 159, 185, 189, 207, 214

REMIGIUS, Heiliger, Bischof von Reims 35 f., 302 f., 315 f., 323 ff., 352, 378

RENATUS FRIGERIDUS, röm. Geschichtsschreiber 285

REOLUS, Bischof von Reims 358

RICHARD I. OHNEFURCHT, Herzog der Normandie 496, 512, 518

RICHARD VON BLOIS, Erzbischof von Bourges 517

RICHARD VON AUTUN 448

RICHARD JUSTITIARIUS, Herzog von Burgund 467 f., 470 f., 483, 490, 493

RICHER, Historiograph 462, 498

RICHER, Mönch von Saint-Remi von Reims 41, 44

RICHOMER, Sohn des Teutomer, röm. Offizier 278, 280 f., 311

RIKIMER, Flavius, weström. Heerführer 297–300, 304 ff., 312, 333, 338

RIOTHAMUS, König der Bretonen 304

RIOUX, Jean-Pierre 54

ROBERT I. VON NEUSTRIEN, König von Frankreich 448, 467, 471, 474, 478, 481–484, 486, 489, 492, 501 f., 504

ROBERT II. DER FROMME, König von Frankreich 40, 526 f.

ROBERT, Graf von Meaux 495, 512, 519f.

ROBERT, Erzbischof von Tours 508

ROBERT DER TAPFERE, Graf von Anjou u. der Touraine 439, 441, 444, 446f., 500, 502

ROBERTINER 465–468, 470, 484, 486, 488f., 492, 499–503, 505–508, 510, 512, 514–520, 522f.

RÖGNVALD, norm. Heerführer 482, 485, 490

ROLAND, Graf Hruotlant aus der breton. Mark 389, 401, 406

ROLLO (als Christ Robert), erster Herzog der Normandie, Graf von Rouen 471–474, 490, 496

RÖMER 28–32, 34, 36–40, 45f., 49, 53f., 70, 73f., 79, 125, 131, 142f., 145, 147ff., 153, 155–162, 165f., 168–175, 177ff., 181f., 185–190, 193f., 196f., 199, 202, 204f., 207–210, 212, 215, 217f., 224ff., 231, 233, 236, 238f., 244, 266ff., 272, 279, 287f., 290, 295, 298, 300f., 303f., 307–310, 315, 320, 327f., 332f., 336, 338, 351, 360, 371, 374, 396, 398, 401, 403, 408, 450, 528

ROMULUS AUGUSTULUS, letzter weström. Kaiser 305f.

RONSARD, Pierre de, franz. Dichter 45

RORGONIDEN 444

RORICO, Bischof von Laon 521

RORICO, Graf von Maine 444

ROTHILD, Äbtissin von Chelles, Tochter Karls des Kahlen 482

RUA, Hunnenkönig 289

RUDOLF I., König von Burgund 447

RUDOLF V. BURGUND, König von Frankreich 483ff., 487, 489, 491f., 494, 508

RUDOLF II. VON HOCHBURGUND 488, 490f., 495

RUFINUS, Minister in Konstantinopel 284

RUOTGER, Erzbischof von Trier 482

RUSTICUS, Bischof von Cahors 353

SACHSEN 72, 227ff., 231, 272, 274, 291, 333f., 349, 364f., 367, 384, 388, 396ff., 400ff., 406f., 421, 523

SALIER (Salfranken), fränk. Volksstamm 227, 274f., 285, 289f., 299, 304, 307, 315, 317, 320, 322, 343

SALLUST, Gajus Sallustius Crispus, röm. Geschichtsschreiber 41

SALOMO, König von Israel u. Juda 141

SALONIUS, Sohn des Gallienus 231

SALVIANUS VON MARSEILLE, christl. Schriftsteller 311

SAMO, fränk. Kaufmann, später König von Böhmen u. Mähren 348

SARMATEN, iran. Nomadenvolk 222, 235

SASSANIDEN, pers. Dynastie 225, 231

SAVARICUS, Bischof von Orléans u. Auxerre 366, 368

SEGUIN, Erzbischof von Sens 508

SENECA, Lucius Annaeus, philos. Schriftsteller u. Dichter 203

SENONEN (Senones), kelt. Volksstamm 154, 156, 169, 198

SEQUANER, kelt. Volksstamm 159, 167, 169f., 184, 188, 198, 201f., 255

SERENA, Gemahlin des Stilicho 284

SEVERUS, Lucius Septimius, röm. Kaiser 222, 225, 242f.

SEVERUS, röm. Senator 353

SICHILDE, Gemahlin Chlothars II. 347

SIDONIUS APOLLINARIS, lat. Gelehrter u. Dichter, Bischof von Clermont 250, 296, 299, 310, 374

SIEYÈS, Emmanuel-Joseph, franz. Abt u. Politiker 50

SIGIBERT VON KÖLN, König der Franken 312, 316, 322, 326, 339, 359

SIGIBERT I., König von Austrien 342, 344, 346

SIGIBERT III., König der Franken, Sohn Dagoberts I. 349ff., 356

SIGIBERT DER LAHME 322

SIGISMER, Frankenkönig 312, 374

SIGOBRAND, Bischof von Paris 355

SILVANUS, fränk. Heermeister 271ff.

SKOTEN, kelt. Volk 242

SKYTHEN 134f., 150, 152

SLAWEN 334, 348f., 377, 397, 400, 402, 432

SPANIER 203

STEIN, Ernest 298

STEPHAN II., Papst 391f., 416

STEPHANUS VON BYZANZ, griech. Grammatiker 139

STILICHO, Flavius, röm. Feldherr u. Staatsmann 267, 281, 283f., 289, 311

STRABON, griech. Geograph 69, 149

SUEBEN, german. Volksstamm 73, 224, 282, 285, 288

SUEVI 166

SUGAMBRER, german. Volksstamm 46, 200, 227

SUGER, Abt von Saint-Denis, Biograph Ludwgs VI. 44

SUNNO, fränk. Heerführer 279, 311

SWANAHILD, Gemahlin Karl Martells 386

SYAGRIUS, letzter röm. Machthaber in Gallien, Sohn des Aegidius 301, 306, 313, 315ff., 321, 323

SYMMACHUS, Quintus Aurelius S. Eusebius, röm. Konsul u. Rhetor 280

SYRER 212, 239, 376f., 384

TACITUS, Cornelius, röm. Geschichtsschreiber 45, 48, 70, 199, 228

TASSILO III., letzter Herzog von Bayern 363, 389

TEDBALD, Graf von Blois u. Vizegraf von Tours 497f., 509, 515–520

TEOTOLO, Erzbischof von Tours 508

TETRICUS röm. Kaiser 226, 234

TEUDO, Graf von Paris 505f.

TEUTOMER, fränk. Offizier 277f.

TEUTONEN 160f., 222f.

THEODAEDUS, Sohn des Theotarius 364

THEODERICH DER GROSSE, König der Ostgoten 261, 294, 314, 321, 326ff., 333

THEODERICH I., König der Westgoten 288, 293f., 296

THEODERICH II., König der Westgoten 297ff.

THEODERICUS, Graf von Vermandois 446

THEODOSIUS I., der Große, Flavius, röm. Kaiser 33, 240, 245, 247, 265, 278–284, 287, 298, 329, 409, 426

THEODOSIUS II., der Jüngere, oström. Kaiser 260, 279

THEODULF, Bischof von Orléans, Abt von Fleury 405, 416, 418

THEOPHANU, byzant. Prinzessin, Gemahlin Ottos II. 523, 525

THEOTARIUS, fränk. Herzog 364

THEUDEBAD 311

THEUDEBALD, König der Franken 339, 341 f.

THEUDEBERT I., König der Franken 339 ff., 352, 377

THEUDEBERT II., Sohn Childeberts II. 344 f.

THEUDELINDE, Tochter des Herzogs v. Bayern Garibald 335

THEUDERICH I., Sohn Chlodwigs I., König der Franken 327, 333, 335, 338 ff.

THEUDERICH II., Sohn Childeberts II., König von Burgund 344, 357

THEUDERICH III., König der Franken 357 ff.

THEUDERICH IV., König der Franken 365, 370

THEUTOMER, Sohn Richomers 279, 311, 338

THIERRY, Augustin, franz. Geschichtsschreiber 50, 52, 322, 528

THIERRY, Amédée, franz. Geschichtsschreiber 52

THOMAS VON AQUIN, Heiliger, Philosoph u. Theologe 405

THOMSEN, Christian Jürgensen, dän. Prähistoriker u. Numismatiker 126

THORINGI, german. Stamm 320

THORISMUND, König der Westgoten 294, 297

THÜRINGER 333, 401

TIBERIUS, Claudius Nero, röm. Kaiser 174, 199 ff., 206

TIGURINER, kelt. Volksstamm 161

TILLET, Jean du, bedeut. Sammler alter Handschriften 45

TITUS, Flavius Vespasianus, röm. Kaiser 246

TRAJAN, Marcus Ulpius Traianus, röm. Kaiser 40, 180, 205

TREVERI (Treverer), kelt. Volksstamm 169, 172, 201, 214 f., 235

TRICASSES 167

TROGUS, Pompeius, röm. Historiker 149

TROJANER 39, 45 f.

TURONER (Turoni), gall. Volk 198, 201

UNELLER, gallischer Stamm 132

UNGARN 73, 463 f., 469, 477, 479, 500

VALENS, Flavius V., röm. Kaiser 31, 277, 279, 284, 287

VALENTINIAN I., Flavius V., röm. Kaiser 259, 270, 275, 277 f.

VALENTINIAN II., Flavius V., weström. Kaiser 280 f.

VALENTINIAN III., Flavius Placidus V., Kaiser des weström. Reichs 288 f., 293, 295, 302

VALERIAN, Publius Licinius V., röm. Kaiser 231

VALOIS, Adrien de, franz. Gelehrter 48

VANDALEN, german. Volk 73, 224, 282, 285, 288, 292 f., 300, 304

VARUS, Publius Quinctilius V., röm. Statthalter in Germanien 201

VEGETIUS 397
VELIOCASSES, gall. Volk 167
VENANTIUS FORTUNATUS, ital.
  Dichter 319, 334, 371
VENETER, versch. Völker im Altertum 186f.
VERCINGETORIX, Keltenfürst
  54, 187–190
VERGIL, eigentl. Publius Vergilius
  Maro, röm. Dichter 29f.
VESPASIAN, Titus Flavius Vespasianus, röm. Kaiser 247
VICO, Giambattista, ital. Philosoph
  57
VICTOR, Sohn des Maximus 280
VICTORINUS, Kaiser 234
VIDAL DE LA BLANCHE, Paul,
  franz. Geograph 80
VINDELIZIER, kelt. Volksstamm 161
VINDEX, Gaius Julius V., aus aquitan. Königsgeschlecht 205
VITRUV (Vitruvius Pollio), röm.
  Architekt u. Ingenieur 412
VOLKER, kelt. Stamm 167, 170
VOLTAIRE, François-Marie Arouet,
  franz. Schriftsteller 48

WAIFAR, Herzog von Aquitanien 363, 389, 393
WALA, Graf 423f., 426
WALDRADA, Gemahlin Lothars II.
  442
WALLIA, König der Westgoten
  287f., 297
WALTER, Erzbischof von Sens
  482, 508
WALTER, Bischof von Orléans 508
WARATTO, Hausmeier 358
WARIN, Graf von Paris 357
WARIN, Graf von Mâcon 430

WARNACHAR, Hausmeier 346
WELF, Graf 426
WELFEN 444
WENILO VON SENS, Erzbischof
  438, 441
WESTGOTEN 31f., 38, 52, 75, 281f.,
  286, 288ff., 293f., 296, 298–301,
  303ff., 307, 315, 317, 320–324,
  326ff., 333, 343, 424
WIDO, Abt von Saint Aubin von
  Angers 509
WIDO, Erzbischof von Rouen
  472f., 508
WIDO VON SPOLETO 448, 475
WIDUKIND, Führer der Sachsen
  228, 406f.
WILHELM I., der Fromme, Herzog
  von Aquitanien 468, 508
WILHELM II., Herzog von Aquitanien 468, 473, 488ff.
WILHELM DER EROBERER 458
WILHELM VON AQUITANIEN, Graf
  von Toulouse 370
WILHELM LANGSCHWERT, Herzog
  der Normandie 490, 495f., 516
WILHELM »WERGHAUPT«, Graf
  von Poitou u. Auvergne 493
WILLIBRORD, Heiliger, Apostel der
  Friesen 363, 365
WLADIMIR I., der Heilige, Großfürst von Kiew 325
WULFILA, Missionar der Westgoten
  287
WULFOALD, austr. Hausmeier 356ff.

ZACHARIAS, Papst 388, 391
ZENON, oström. Kaiser 306f., 315
ZOSIMOS, Historiograph 264
ZWENTIBOLD, König von Lotharingier 476f.

AACHEN 394, 411 f., 414 ff., 422 ff.,
430, 433, 442, 453, 476, 523
ABBEVILLE (Somme) 88, 91 f.
ACHENHEIM (Niederrhein) 91
ACTIUM 196
ADRIANOPEL 31, 279, 282
ADRIATISCHES MEER 109, 123, 144,
154, 156
AFRIKA 67, 85, 93, 103, 107, 141,
151, 202, 231, 243, 252, 300,
307, 384
AGDE (Hérault) 143
AGEN (Haute-Garonne) 161, 254
ÄGYPTEN 104 ff., 118 f., 124 f., 211,
222, 246, 259 f., 384
AHRENSBURG 101
AISNE 138, 185, 433, 499
AIX-EN-PROVENCE (Bouches-du-
Rhône) 153, 157, 161, 196 f., 255
AKKAD 121
AKROPOLIS 148
ALBA 196, 254
ALBI (Tarn) 254
ALEMANNIEN 271, 333, 349, 361,
368, 386, 391, 429, 446, 479
ALÉRIA (Haute-Corse) 143
ALESIA (Alise-Sainte-Reine, Côte-
d'Or) 169, 189, 192
ALLIER 72, 152, 340
ALPEN 45, 67, 69 ff., 73, 77 ff., 87,
115, 122 ff., 129, 131, 139, 144, 146,
148, 151, 153, 156–159, 161, 165 f.,

168, 171 ff., 202, 252, 269, 276, 333,
341, 389, 391, 403 f., 415, 454
ALTAMIRA 97 f.
ALZEY 272
AMBÉRIEU 309
AMBLÈVE (Belgien) 364
AMBOISE (Indre-et-Loire) 323
AMIENS (Somme) 159, 235, 254,
263, 269, 272, 285, 344, 445, 495,
498, 505
AMPURIAS (Spanien) 143
ANATOLIEN 106, 108, 118, 121
ANDALUSIEN 67
ANDENNES (Belgien) 363
ANDERNACH 442, 494
ANGERS (Maine-et-Loire) 167, 170,
205, 254, 314, 365, 443, 447, 474,
502 f., 505, 509, 517
ANGOULÊME (Charente) 254, 341
ANJOU 80, 167, 365, 461, 503, 505
ANNAPPES (Nord) 457
ANTIBES (Alpes-Maritimes) 143,
157, 196, 255
ANTIOCHIA 212
AOSTA 71, 202
APENNIN 67, 143
APT (Vaucluse) 196, 255
APULIEN 154
AQUILEIA (Italien) 222, 272,
281, 417
AQUITANIEN 72, 80, 123, 172, 198,
205 f., 253, 255, 293, 323, 340, 342,

360–363, 365, 368, 374, 386, 389,
393f., 401, 407f., 423, 425, 429,
433, 436, 440f., 445, 448, 464, 469,
475, 488, 490, 502, 517

AQUITANISCHES BECKEN 69, 138f.

ARABIEN 102

ARDENNEN 66f., 71, 313, 364, 432

AREZZO 156, 213

ARGENTAN (Orne) 132

ARGENTEUIL-SUR-ARMANÇON
(Yonne) 470

ARGENTON-SUR-CREUSE
(Indre) 263

ARGONNEN 213, 447

ARIÈGE 89

ARLES (Bouches-du-Rhône) 80, 143,
196f., 209, 236, 239f., 252, 254,
259, 263, 284, 289, 297, 299, 302f.,
306f., 335, 341, 376, 384

ÄRMELKANAL 67f., 122, 169f., 187,
198, 203, 214, 344

ARMENIEN 119, 222

ARMORICA 115, 131, 138, 169, 186,
215, 270, 290, 294, 304

ARRAS (Pas-de-Calais) 159, 254, 271,
285, 350, 459, 464

ARTOIS 159, 290

ASIEN 39, 73

ATHEN 43

ATHIES (Somme) 334, 375

ÄTHIOPIEN 85, 230

ATLANTISCHER OZEAN 78, 95,
112, 120, 122, 129, 131, 141, 199,
232, 398

ATTIGNY (Ardennen) 394, 407, 488,
494, 523

AUDE 69

AUNJETITZ, (Unětice, Tschecho-
slowakei) 122f.

AURIGNAC (Haute-Garonne) 89

AUSTRIEN 339f., 342–347, 349f.,
354, 356f., 359, 361, 363, 365f.,
384, 386, 388, 468, 530

AUTUN (Saône-et-Loire) 73, 169,
171, 181, 199, 208f., 218, 234, 240,
254, 263, 272, 274, 340, 368, 371,
393, 433

AUVERGNE 79, 138, 158, 173,
209, 213, 252, 296, 305, 316,
327, 339–342, 344, 347, 361, 440,
490, 509

AUVERNIER (Schweiz) 116

AUXERRE (Yonne) 254, 368, 371,
398, 416, 419, 430, 433, 444, 471

AVALLON (Yonne) 366

AVARICUM, s. Bourges

AVENCHES (Schweiz) 203, 231, 254

AVIGNON (Vaucluse) 109, 196, 254,
323, 376

AVRANCHES (Manche) 254, 385

AVRIEUX (Savoie) 443

BABYLON 106

BALEAREN 139, 141, 300

BALKAN 104, 110, 119, 124,
156, 282

BALLON (Sarthe) 437

BAMBERG 41, 455

BANASSAC (Lozère) 213

BARCELONA 231, 408

BARDOWIK 455

BASEL 254, 290, 308, 491

BAVAY 235, 387

BAYERN 122, 136, 161, 333, 341,
361f., 367f., 386–389, 391, 400,
402, 423, 425, 433, 475, 479

BAYEUX (Calvados) 167, 205, 254,
271, 385, 474, 496

BÉARN 75

BEAUCE 80

BEAUMONT-SUR-OISE
(Val-d'Oise) 505
BEAUVAIS (Oise) 159, 174, 235, 254,
344, 461, 505, 514
BELGIEN 114, 152, 216
BENEVENT (Italien) 403f.
BERGAMO 124
BERN 146
BERRY (Bouches-du-Rhône) 138,
340, 489, 517
BESANÇON 39, 71, 167, 169, 171,
198, 203, 235, 254f., 340
BESSIN 490
BÈZE (Côte-d'Or) 470
BÉZIERS 196, 255
BIBRACTE 169, 181, 198
BIRRA 369
BLAUBEUREN 95
BLOIS (Loir-et-Cher) 439, 503, 505,
509, 515ff.
BOBBIO 525
BODENSEE 116, 139, 169, 230, 271,
290, 308, 340
BÖHMEN 66, 68, 73, 109, 121f., 154,
159f., 194, 224, 341, 348f., 400
BOLOGNA 143, 153f., 159, 404
BONN 275
BORDEAUX (Gironde) 80, 160, 170,
179, 198, 218, 240, 254, 269f., 323,
361f., 375f.
BORNHOLM 224
BOULOGNE (Pas-de-Calais) 154,
199, 203, 254, 350, 492
BOURGES (Cher) 72, 169, 171, 188,
254, 342, 361f., 393, 471, 517
BRANDENBURG 152, 224
BRENNER 123
BRETAGNE 54, 62, 68f., 71, 76, 79,
111, 122, 124, 170, 215f., 333, 336,
341, 437, 441, 474, 490, 516

BRETEUIL 159
BRIE 80, 515
BRIOUDE (Haute-Loire) 490
BRISSARTHE (Maine-et-Loire) 444
BRITANNIEN 144, 193, 199, 203, 214,
222, 226, 236, 242, 252, 284
BRITISCHE INSELN 66ff., 70f., 76,
104f., 112, 120, 137f., 140, 147,
150, 162, 171f., 176, 180, 252, 291
BROTONNE 80, 357
BUGRAS 106
BULGARIEN 106
BURGUND 37, 70, 75, 130, 138f.,
145f., 152, 169, 300, 305, 308f.,
321, 333, 342–347, 349f., 354f.,
357, 364f., 368f., 423, 430, 433,
442f., 445, 447, 454, 467f., 472,
475, 483, 487f., 493, 496, 502,
512, 517
BURGUNDISCHE PFORTE 71, 73
BYBLOS 141
BYZANZ, s. Konstantinopel

CADIZ 141
CAHORS 170, 254, 353
CAMARGUE 69, 80
CAMBRAI 254, 314, 350, 364, 433
CAMONICA (Val Camonica) 124f.
CAMPIGNY (Seine-Maritime) 89, 100
CANNAE 157
CANNSTATT 388
CAPUA 398
CARCASSONNE 73, 196
CARNAC 111
CARPENTRAS (Vaucluse) 196, 254
CASTEL-ROUSSILLON 196
CAUNE 85
CAUX 80
CAVAILLON 196
CERNON-SUR-COLLE 159

CERNY 110

CÉVENNEN 79, 168, 170

CHAGNY (Saône-et-Loire) 89, 111

CHALON-SUR-SAÔNE 199, 340, 343, 372, 376, 393, 433

CHÂLONS-SUR-MARNE 254, 294, 339, 461, 514, 519

CHAMPAGNE 66, 69, 80, 114, 130, 136, 138f., 150, 152, 159, 171, 176, 180, 339, 347, 358, 373, 464, 515, 518

CHAPELLE-AUX-SAINTS 94

CHARAVINES 116ff.

CHARENTE 91

CHARTRES (Eure-et-Loir) 74, 171, 234, 254, 271, 310, 329, 385, 461f., 471f., 503f., 511, 515f., 518

CHASSENEUIL 407

CHASSEY (Saône-et-Loire) 89, 110

CHATEAUDUN (Eure-et-Loir) 503, 511, 515f.

CHÂTILLON-SUR-SEINE (Côte-d'Or) 70, 139, 145

CHAUSSÉE-TIRANCOURT 115

CHELLES (Seine-et-Marne) 356, 382, 415, 456, 482

CHIERS 488

CHILHAC (Haute-Loire) 90

CHINON (Indre-et-Loire) 314, 516

CHIRAGAN (Haute-Garonne) 250

CHRISTENBERG 367

CHUR 71, 349

CIMIEZ (Nizza) 196

CLACTON ON SEA 88

CLERMONT, spät. Clermont-Ferrand 169, 171, 254, 271, 315, 380

CLUNY (Saône-et-Loire) 212, 463, 508, 511

COLCHESTER 160

COLMAR 428

COMPIÈGNE 71, 364, 419, 433, 453, 493, 507, 523

COREEIL 75, 408, 505

CORBIE (Somme) 356, 378, 382, 415

CÓRDOBA 369

CORMEILLES-EN-VEXIN (Val-d'Oise) 456

CORNWALL 70, 119, 122, 124

CORSEUL 254

CORVEY 416, 458

COTENTIN 122, 132, 170, 490

COTTISCHE ALPEN 196

COUCY (Aisne) 520

COULAINES (Sarthe) 436f.

COURTHEZON (Vaucluse) 109

COUTANCES (Manche) 254, 271

CREMONA 156

CUISE 80

DAKIEN 234

DALMATIEN 67, 183, 299, 304f.

DÄNEMARK 63, 84, 112, 121

DELOS 144

DÉOLS (Indre) 304

DELPHI 155

DEUTSCHLAND 44, 51, 53, 77, 112, 120ff., 140, 166, 407, 420, 423, 447, 460, 475f.

DIEDENHOFEN 110, 441, 455

DINARISCHE ALPEN 67

DOMBES 80

DNJEPR 325

DONAU 39, 57, 73f., 83, 87, 89, 96, 109, 119, 123f., 129f., 138ff., 145, 152, 158f., 161f., 166, 171f., 176f., 180, 194, 222ff., 230ff., 266, 289, 326, 334, 397, 411, 455

DORDOGNE 86, 88f., 93, 98

DORESTAD 363, 384, 454

DORMELLES (Seine-et-Marne) 344
DORTMUND 363
DOUÉ-LA-FONTAINE (Maine-et-
   Loire) 511
DOUBS 71
DREUX (Eure-et-Loir) 167, 505
DUNES, bei Poitiers 372
DURANCE 307
DÜSSELDORF 85

EBLA 106
ECHTERNACH (Luxemburg) 477
EIFEL 71, 229, 387
EISMEER 151
ELAM 106
ELBA 142
ELBE 33, 123, 129, 200, 224, 266f.,
   333, 398, 407
ELNE 272
ELEUSIS 222
ELSASS 69, 80, 110, 114, 122,
   138f., 184, 216, 345, 391, 426,
   429, 454, 478
EMS 200
ENGLAND 48, 52f., 68, 76f., 111,
   122, 159f., 167, 187, 193, 278, 363,
   375, 384, 404, 455–458, 462, 471,
   473, 511
ENGERN 406
ENTREMONT (Bouches-du-Rhône)
   153, 157
EPERNAY (Marne) 150, 520
EPTE 472
ERFURT 455
ERMENTROUVILLE (Seine-
   Maritime) 518
ESSEX 87
ÉSTINNES (Belgien) 387
ÉTAMPES (Essonne) 505
ETANG DE BERRE 148

ETRURIEN 311
EU (Seine-Maritime) 490
EURE 471
EUROPA 55, 57, 63, 66ff., 79, 85,
   90f., 95, 103, 106, 108, 112, 120
   122, 124f., 133, 136f., 139, 146,
   148, 150, 152, 154, 162, 195f., 245,
   270, 390, 398, 420, 455, 457
ÉVREUX (Eure) 170, 209, 254, 496
EYZIES-DE-TAYAC (Dordogne)
   86, 88, 94

FAMARS (Nord) 271
FAUQUEMBERGUES (Pas-de-Calais) 487
FÉCAMP (Seine-Maritime) 357
FEDDERSEN-WIERDE 229
FELSINA, s. Bologna
FERRIÈRES (Loiret) 445
FINNLAND 66
FLANDERN 402, 440, 475, 517
FLEURY-SUR-LOIRE (Nièvre) 382,
   419, 437, 461, 467, 502, 508
FONTÉCHEVADE (Charente) 91, 101
FONTENELLE (heute: Saint-Wandrille,
   Seine-Maritime) 385, 455
FONTENOY-EN-PUISAYE
   (Yonne) 430
FOREZ 433
FOS-SUR-MER (Bouches-du-Rhône)
   376
FOURON (Belgien) 445
FRANCHE-COMTÉ 130, 138f.,
   159, 169
FRANKFURT/MAIN 35, 401, 404f.,
   426, 433, 453
FRANCIA, FRANCIEN 37, 44, 311,
   316, 341, 343f., 445, 469, 500, 502,
   511, 515, 517f.
FRANKEN 50, 75, 160, 367, 469, 477,
   479, 487

FRÉJUS (Var) 196, 255, 372
FRIESACK (DDR) 101
FRIAUL 398, 414
FRIESLAND 433, 477, 479
FULDA 415, 420
FÜRTH 455

GALATIEN 155, 172
GALICIEN 405
GALLIEN 28–34, 37ff., 41f., 44, 46,
    48f., 52ff., 63, 65, 69ff., 73ff., 77,
    103, 109, 114f., 128, 130, 136,
    139f., 144f., 147, 153f., 158–219,
    222–227, 229–234, 236–272,
    274–296, 298–313, 315f., 319f.,
    323, 325, 327ff., 332–335, 337,
    339f., 348, 350f., 360, 367, 369,
    372–384, 388, 390, 392f., 404, 411,
    414, 421, 424, 440, 442, 444, 448,
    450, 452f., 455ff., 460, 463f.,
    466f., 471–474, 476, 483, 485f.,
    497, 503, 529f.
GAP (Hautes-Alpes) 255, 273
GARDASEE 232
GARDE-FREINET (Var) 73
GARONNE 70, 122, 168, 170f., 205,
    327, 398
GASCOGNE 40, 75, 79, 139, 333, 393
GÂTINAIS 208
GELLEP 312
GENF 170, 184, 254, 290, 299, 403
GENFER SEE 170, 252, 290, 340
GERGOVIA 169, 187f.
GERMANIEN, Germania 44ff., 51,
    66ff., 70f., 74, 128, 162, 194,
    200–204, 206, 224, 226, 228, 255,
    266f., 285, 307, 334, 341, 349f.,
    360f., 375, 386ff., 411, 414, 425,
    429, 433, 452, 455, 460, 463, 476
GERMIGNY (Loiret) 416

GERONA 493
GÉVAUDAN 170
GEVREY (Côte-d Or) 372
GIGNY (Saône-et-Loire) 508
GIRONDE 69f., 72, 122, 169f.
GLANUM (bei Saint-Remy-de-Pro-
    vence, Bouches-du-Rhône) 196
GONDREVILLE (Meurthe-et-
    Moselle) 441
GÖNNERSDORF 99
GOTIEN 369, 469
GOURNAY-SUR-ARONDE (Oise)
    174
GRAJISCHE ALPEN 196
GRAND-PRESSIGNY (Indre-et-
    Loire) 115
GRAUFESENQUE (Aveyron) 212f.
GRENOBLE 116, 254
GRIECHENLAND 30, 67, 106, 134,
    144, 151, 260, 282
GRÖNLAND 78
GUADALQUIVIR 140
GUEUGNON (Saône-et-Loire) 213
GÜNZ 83f., 88
GUNZENHAUSEN 225

HAGENAU 122
HALLSTATT 136–139, 145, 152, 455
HANNOVER 228
HASBENGAU 110
HEIDELBERG 85
HÉRAULT 90
HÉROUVILLETTE (Calvados) 382
HERSFELD 477
HEUNEBURG 140, 146ff.
HOCHDORF 139
HOLLAND 172
HORBURG 278
HORGEN 116f.
HRADIŠTĚ 194

IBERISCHE HALBINSEL 67, 69, 71,
    95 f., 104, 112, 119 f., 137, 140,
    142, 288
ICTIS (Weight) 144
ÎLE-DE-FRANCE 66, 79
ILLYRIEN 222, 252, 260, 284
INDIEN 104
INGELHEIM 429, 433, 498
IRAK 94, 105
IRAN 105, 118
IRLAND 68, 76, 112, 122, 137, 160,
    356, 521
ISRAEL 35, 94, 105 f.
ISTRIEN 411
ITALIEN 67, 70 f., 76 f., 79, 90, 104,
    120, 123, 128, 134, 139, 142, 144,
    146 f., 150 f., 153–158, 161, 165,
    170 ff., 175 ff., 180, 195 f., 198,
    202 f., 206, 210, 212, 215 f., 222,
    224 f., 231 f., 244 f., 252, 257, 269,
    272, 275 f., 280 ff., 284, 286, 289,
    292, 294 f., 297–301, 304–308, 314,
    317, 319, 326, 332–336, 341, 348 f.,
    370, 373, 389, 391 f., 398 f., 403 f.,
    407, 411, 414, 417 f., 423, 425 f.,
    428 f., 433, 442 ff., 446 f., 454, 475,
    479, 485, 490, 513, 524 f., 527
IVOIS 271
IVRY-LA-BATAILLE (Eure) 472, 503

JERICHO 105
JERUSALEM 40, 243, 246
JOGASSES (Marne) 150
JORDANIEN 105
JUMIÈGES (Seine-Maritime)
    374, 385, 417, 461, 495
JURA 67, 71, 80, 116, 122, 139, 290
JÜTLAND 160

KAISERSWERTH 364
KARPATEN 67, 120, 129
KARTHAGO 141 f., 157, 212
KATALANIEN 198, 489, 493,
    526
KATALONIEN 75 f., 124, 137, 139,
    143, 408, 462
KAUKASUS 113, 137
KENT 159
KIEW 325
KLEINASIEN 67, 104, 119, 133, 142,
    154, 172
KOBLENZ 213, 432
KOLCHIS 118
KONSTANTINOPEL 32, 236, 243,
    245, 249, 260, 265, 279, 283 f.,
    289, 291 f., 297 f., 305 f., 308, 318,
    320, 325, 328, 332, 338, 341,
    369 f., 375, 391 f., 404, 406, 410 f.,
    418, 455
KONSTANZ 349
KÖLN 71, 199 f., 202, 213, 231, 235,
    240, 254, 260, 271, 273 f., 280,
    311 f., 316, 322, 338 f., 341, 359,
    364, 372, 375, 462, 512 f.
KÖNIGSPFALZEN 80
KORSIKA 108 f., 142 f.
KREFELD 312
KRETA 108, 134, 141
KRIM 94

LAIBACH 281
LANDES 68, 80
LANGEAIS (Indre-et-Loire) 511
LANGRES (Haute-Marne) 70 f., 73,
    139, 154, 169, 189, 198 f., 202 f.,
    235, 254, 285, 308, 314 f., 340, 358,
    433, 448, 514
LANGUEDOC 75, 112, 120, 139, 144,
    146 f., 197, 255, 333, 357

LAON (Aisne) 71, 172, 256, 341 f.,
  358, 387, 433, 462, 470, 488, 492 f.,
  497 ff., 514 f., 522, 524, 526
LASCAUX (Dordogne) 97 f.
LASSOIS (Côte-d'Or) 70, 139, 145
LECH 139
LEHRINGEN 100
LEIDEN (Niederlande) 172
LE MANS 37, 170, 233 f., 254, 271,
  344, 374, 389, 436 f.
LEÓN 172
LEVALLOIS-PERRET (Hauts-de-
  Seine) 88, 91
LEZOUX (Puy-de-Dôme) 213
LIBANON 105, 134
LIGUGÉ (Vienne) 240, 382
LILLEBONNE (Seine-Maritime)
  203, 209
LIMES 162, 223, 225, 230
LIMOGES 170, 254, 362, 440
LIMOUSIN 208
LIPPE 200, 227
LISIEUX (Calvados) 132, 170, 209,
  254, 385
LOIRE 37, 71 f., 78 f., 90, 95, 110,
  129, 152, 169 f., 187, 198 f., 205,
  208, 232, 252, 266, 293, 301, 307,
  313, 317, 323, 340, 351, 374, 380,
  383, 385, 428 f., 439, 444, 446 f.,
  467, 474, 488 ff., 501 f., 505 f.,
  509 ff., 515
LOMBARDEI 463
LONS-LE-SAULNIER (Jura) 172
LORCH 455
LORSCH 416
LOTHARINGIEN, Lotharingia,
  Lothringen 37, 70, 75 f., 79 f.,
  110, 130, 349, 354, 378, 419,
  426, 432, 442 f., 445, 448, 459,
  462, 469, 475–479, 481, 483 ff.,

487, 489, 494 f., 498, 512, 514,
  520 ff., 524 f., 530
LOUDUN (Vienne) 516
LÜNEBURG 455
LUNEL-VIEL (Hérault) 90
LURISTAN (Iran) 118, 121
LÜTTICH 37, 363 f., 387, 419, 433,
  462, 478, 494
LUXEMBURG 151
LUXEUIL (Haute-Saône) 352, 357,
  382
LYON 69, 73 f., 76, 116, 170, 172,
  187, 193, 198 f., 203, 209, 211–214,
  222 f., 234, 239, 254 f., 258, 263,
  276, 278, 299, 314, 372, 375 ff., 428,
  491, 494

MAAS 66, 77 f., 110, 138, 167, 170,
  187, 203, 266, 274 f., 341, 363,
  401, 414, 432 f., 445, 469, 483, 487,
  492, 500
MAASTRICHT 384, 441, 477
MÂCON (Saône-et-Loire) 263, 432 f.
MADELEINE (Dordogne) 89
MAGDEBURG 459
MÄHREN 109, 348
MAILAND 71, 153, 156, 231, 236,
  239, 243, 252, 263, 273, 280
MAIN 138, 168, 200, 222, 224 f., 227
MAINE 170, 387, 389, 489, 504 f.
MAINZ 200, 202, 231, 254, 260, 285,
  428, 430, 433, 497
MAKEDONIEN 149, 155
MALMEDY 356, 363
MALTA 111 f.
MANCHING 161
MANTAILLE (Drôme) 445
MARBURG 367
MARNE 89, 115, 138 f., 146, 150, 159,
  167, 173, 209, 266, 499

MAROKKO 105

MARSEILLE 75, 80, 126, 140, 142,
144–149, 153, 157f., 180, 195, 215,
239, 254, 306, 332, 341, 372, 376,
382, 384, 455

MARTIGNY 202, 254

MARZABOTTO 153

MAS-D'AZIL 89

MASSIF CENTRAL s. Zentralplateau

MASSALIA, s. Marseille

MAYEN 213, 229

MEAUX (Seine-et-Marne) 209, 254,
341, 352, 387, 456, 495, 519f.

MEERSSEN 441f.

MELUN (Seine-et-Marne) 456, 505,
508

METZ 47, 80, 169, 198, 254, 285,
293, 342, 346, 348f., 363, 373, 386,
391, 409, 415f., 418f., 438, 442,
461

MÉZIÈRES 78

MESOPOTAMIEN 102, 105f., 121,
125

MICHELSBERG 89, 114, 129

MICOQUE (Dordogne) 88

MILVISCHE BRÜCKE 243, 265

MINDEL 83f., 88

MITTELMEER 67, 70f., 87, 103,
108ff., 119, 122f., 126, 131, 133,
140f., 143f., 146f., 149, 151f., 155,
158, 162, 168f., 183, 192, 231, 327,
333, 369, 372, 382, 384, 393, 491

MOIREY 294

MOLDAU 123

MONTAIGU (Aisne) 498

MONTANS (Tarn) 213

MONT CENIS 71

MONTDIDIER (Somme) 505

MONTÉLIMAR 147

MONTFAUCON (Meuse) 447

MONTIÉRENDER (heute:
Montier-en-Der) 451

MONTIGNAC 98

MONTMAURIN (Haute-Garonne)
250

MONT-SAINT-MICHEL (Manche)
490

MORTAGNE (Orne) 505

MOSEL 66, 70f., 146, 160, 167, 171,
213, 236, 272, 313, 316

MOURS (Val-d'Oise) 456

MOUSSAIS (Vienne) 368

MOUSTIER (Dordogne) 88, 93

MOUZON (Ardennen) 498

MURSA (heute: Osijek, Jugo-
slawien) 273

NAMUR 358

NANTES 80, 170, 254, 371, 373, 389,
437, 439, 474, 516

NARBONENSIS 183, 189, 195f., 198,
201–204, 206–209, 213, 240, 255,
299

NARBONNE 73, 145, 158, 179, 196f.,
239, 255, 263, 286, 300, 369, 393

NEAPEL 141

NECKAR 138f., 224

NÉRY 365

NEUENBURGER SEE 135

NEUSS 275

NEUSTRIEN 343, 345, 347–350, 352,
354f., 357ff., 364, 366, 384ff., 388,
420, 429f., 436, 445, 448, 465–468,
472ff., 478, 488, 500ff., 504, 511,
516ff., 530

NEUWIED 99

NEVERS 366, 433

NICAEA (heute: Iznik, Türkei)
404f.

NIEDERLANDE 68

NIKOMEDIA (heute: Izmit, Türkei) 236
NÎMES 196, 208f., 255f., 393
NIMWEGEN 271, 476
NISCH 234
NIVELLES 356, 363, 387
NIZZA 76, 90, 143, 157
NOIRMOUTIER (Vendée) 424
NORDDEUTSCHE TIEFEBENE 68
NORDSEE 67, 84, 222, 230, 291, 341
NORMANDIE 76, 79, 131, 169, 213, 216, 344, 373, 462, 474, 490, 495f., 502, 504
NORWEGEN 66
NOYON (Oise) 254, 271, 353, 514
NUBIEN 118
NÜRNBERG 225
NYON 254

ODER 397
OISE 80, 174, 182, 209, 433, 471
ORANGE 79, 109, 158, 196f.
ORBE 71
ORLÉANS 72, 80, 171, 234, 254, 290, 293, 300, 314, 328, 339, 341ff., 348, 376, 438f., 447, 461, 467, 502f., 505ff., 514, 517, 526f.
ÖSTERREICH 120, 136
OSTSEE 84, 102, 105, 123, 224, 333, 397f.
OTRANTO 109

PADERBORN 406, 408, 425
PALADRU (Lac de, Isère) 116, 118
PALÄSTINA 104f., 112f.
PAMPLONA 406
PANNONIEN 161f., 222, 292
PARIS 43, 72–76, 80, 92, 172, 203, 208, 212, 254, 256, 265, 275–278, 313, 316, 339f., 342f., 345f., 350, 353, 359, 371ff., 376ff., 382, 384ff., 388, 390, 405, 419, 428, 433, 436, 447f., 456, 465f., 502f., 505f., 508, 510ff., 514, 517, 523f.
PARISER BECKER 66, 69–72, 79, 95, 110, 114, 131, 172, 339
PARMA 417
PAS-DE-CALAIS 114
PAVIA 232, 403, 433
PÈGUE (Drôme) (Le) 147
PERGAMON 210
PÉRIGORD 87, 89
PÉRIGUEUX (Dordogne) 170, 208, 254
PÉRONNE (Somme) 489
PERUGIA 404
PERPIGNAN 85
PETIT-MORIN 114
PFALZ 213, 358, 391, 475
PHOKAIA 125, 142f.
PIACENZA 136, 232, 297
PIKARDIE 80, 129, 213, 334
PIETRA 90
PINCEVENT (Seine-et-Marne) 95
PLAISIR (Yvelines) 456
PO 155, 165, 294
POIGNY (Seine-et-Marne) 159
POISSY (Yvelines) 503
POITIERS (Vienne) 170, 240, 254, 327, 334, 341, 344, 361, 368f., 372f., 375, 382, 407
POITOU 72, 138, 208, 215, 232, 317, 373, 437, 440, 461, 499, 523
POLEN 68, 121f.
POMPEJI 213
PONTHION (Marne) 391
PONTOISE (Val-d'Oise) 456
PORTUGAL 76, 112, 119
POTSDAM 101

PRAG 194

PREUSSEN 52, 123

PROVENCE 73, 75 f., 109, 112, 120,
122, 144, 147, 161, 173, 197, 255,
286, 305 f., 327 f., 333, 341 f., 347,
369 f., 372 f., 378, 382, 423, 442,
445 f., 475, 490

PRÜM 387, 420

PYRENÄEN 44, 67, 69 f., 75 f., 79 f.,
87, 139, 167, 171, 190, 205, 232,
285, 373, 393, 398, 401, 406, 408

QUENTOWIK (Pas-de-Calais) 454 f.

QUIERZY (Aisne) 433, 436, 443

RÄTIEN 71, 161, 222, 231, 289, 306,
314, 341, 429

RAVENNA 41, 236, 263, 286 f.,
289, 292, 298, 310, 370, 392, 404,
411, 527

REGENSBURG 223, 326, 368, 397,
419, 455

REIMS 36, 41, 71, 159, 185, 189, 199,
205, 254, 256, 259, 263, 271, 285,
293, 302, 316, 323, 325, 339, 341 ff.,
347, 365, 371, 387, 415, 419, 424,
438 f., 448 f., 462, 464, 473, 482,
487 f., 494 f., 497, 499, 514, 520 ff.,
525 f.

REMIREMONT (Vogesen) 348

RENNES (Ille-et-Vilaine) 68, 170,
254, 271, 389, 437, 439, 516

RHEINZABERN 213

RHEIN 39 f., 44, 67, 69, 73 f., 77, 112,
120 f., 123, 129 ff., 135, 140, 145 ff.,
150, 156, 159, 162, 166 f., 171,
183–187, 190, 198, 200–205, 213 f.,
222–227, 230 f., 239, 266, 269,
271–276, 279, 285 f., 290, 292, 308,
310–313, 320, 322, 333, 339 f., 349,
367, 374, 386, 421, 424, 429 f.,
432 f., 439, 476, 481, 524

RHEINPFALZ 256

RHODOS 143

RHÔNE 67, 70, 109, 112, 120, 122 f.,
130, 135, 143 ff., 153, 170, 190, 195,
199, 213, 232, 290, 307, 391, 433

RHÔNE-SAÔNE-GRABEN 146, 172,
202, 382

RIBEMONT (Aisne) 445

RIBEMONT-SUR-ANCRE (Somme)
174

RIEZ (Alpes de Haute-Provence)
196, 255

RISS 83 f., 88

RIVARENNES (Indre) 516

RIVIERA 76

ROCHE-DE-SOLUTRÉ 89

RODEZ (Aveyron) 170, 254

ROER 484

ROM 30, 33, 36, 43, 47, 54, 74, 149,
153, 155–158, 182 ff., 186 f., 190,
192 f., 199–205, 211 f., 218, 220 f.,
225 ff., 230, 232, 234–238, 240–244,
246 f., 249, 257, 260, 270, 272, 280,
285 f., 293, 295–298, 300, 303 ff.,
307, 317, 362, 369, 372, 386,
390 ff., 398 f., 404 f., 408–412,
414 ff., 430, 433

RONCESVALLES 73, 406

ROQUEBRUNE-CAP-MARTIN
(Alpes-Maritimes) 90

ROQUEPERTUSE (Bouches-du-
Rhône) 176

ROUEN (Seine-Maritime) 80, 203,
254 f., 269, 329, 344, 353, 357,
385 ff., 416, 472 ff., 485, 490, 495 ff.,
504, 517 f.

ROUFFIGNAC (Dordogne) 97

ROUSSILLON 138

Rouvray 364
Russland 121, 457

Saale 224
Saar 150, 171, 475
Saarbrücken 272
Saarland 177
Sabina 404
Sachsen 51, 349, 387, 389f., 394,
    397f., 400, 406ff., 416, 432, 455,
    488
Saint-Acheul (Somme) 88
Saint-Amand (Nord) 446f.
Saint-Blaise (Alpes-Maritimes)
    143
Saint-Calais (Sarthe) 389
Saint-Claude (Jura) 378
Saint-Cosme 372
Saint-Denis (Seine-Saint-Denis)
    35, 42, 80, 352, 356f., 359, 364,
    375, 382, 384f., 388, 391f., 413,
    415f., 428, 439, 444, 447, 456f.,
    467, 502, 507, 509
Saint-Estève-Janson (Bouches-
    du-Rhône) 90
Saint-Florentin (Yonne) 470
Saint-Germain-des-Prés 42,
    346, 371, 447, 456, 467, 502, 507
Saint-Jean-de-Cuise (Oise) 364
Saint-Maur-des-Fossés (Val-de-
    Marne) 508
Saint-Maurice d'Agaune 356
Saint-Mihiel (Meuse) 357
Saint-Omer (Pas-de-Calais) 391
Saintonge 168, 208
Saint-Pierre-les-Marti-
    ques 148
Saint-Quentin 358, 445, 489
Saint-Remy-de-Provence
    196, 499

Saint-Riquier (Somme) 415f., 418
Saint-Trond (Belgien) 368
Saint-Vivant (Jura) 470
Saint-Wandrille, s. Fontenelle
Saintes (Charente-Maritime) 72,
    168, 193, 199, 254, 269, 322
Saix (Vienne) 334
Salernes (Var) 101
Salz 407
Salzburg 120, 398, 402
Salzkammergut 136
Samoussy (Aisne) 433
Sankt Gallen 413, 416f.
Sankt Goar 476
Saône 67, 70, 112, 120, 123, 170,
    177, 199, 232, 285, 433, 461
Saragossa 405
Sardinien 120, 141f.
Saucourt (Somme) 446
Saumur (Maine-et-Loire) 511, 516
Sauveterre-la-Lémance
    (Lot-et-Garonne) 89
Savoyen 76, 147, 290, 443
Schelde 170, 274, 432f.
Schlesien 123, 150, 224, 285
Schwarzwald 67
Schottland 76, 112, 137, 160
Schwarzes Meer 104, 106,
    110, 112, 118, 121, 129, 134, 222,
    224, 292
Schweiz 114, 122, 130, 135, 139f.,
    146f., 168, 177, 345
Schweden 66, 84, 112f., 121
Seealpen 71, 73, 90, 196
Sées (Orne) 132, 254
Seine 72, 95, 110, 123, 138, 145f.,
    152, 159, 167, 172, 203, 208f., 212,
    232, 266, 276, 319ff., 328, 364, 373f.,
    379, 386, 429, 443, 445, 457, 467,
    469, 472ff., 483, 487, 492, 500f., 504

SENLIS (Oise) 233, 254, 271, 365,
    440, 456, 461, 497, 505
SENS (Yonne) 154, 169, 198 f.,
    254 f., 387, 433, 448, 461, 493, 503,
    524
SEPTIMANIEN 73, 124, 196, 300, 328,
    333, 369, 393, 408, 440, 469
SERBIEN 234
SIBIRIEN 93, 99
SIZILIEN 84, 120, 141, 143, 216,
    306
SIDON (heute: Saida) 141
SIERRA MORENA 119
SIGMARINGEN 140, 146
SINAI 119
SINIGAGLIA 156
SKANDINAVIEN 36, 123, 213, 224,
    375
SMYRNA (heute: Izmir, Türkei)
    239
SOISSONS (Aisne) 71, 254, 263, 315,
    318, 320, 322, 339, 341 f., 365,
    372 f., 386 f., 390, 415 f., 433, 440,
    483 f., 495, 499, 505
SOLEILHAC (Haute-Loire) 90
SOLOGNE 68, 80
SOLOTHURN 290
SOLUTRÉ (Saône-et-Loire) 88
SOMME 88, 91, 115, 174, 266, 290,
    446
SOUVIGNY (Allier) 509
SOYONS (Ardèche) 376
SPANIEN 31 f., 97, 119 f., 154, 157 f.,
    161, 170, 172, 183, 190, 202, 206,
    222 f., 226, 231, 236, 252, 285,
    287 f., 291, 296–300, 305, 307, 336,
    346, 362, 368, 377, 384, 398, 400 f.,
    405–408, 418, 456
SPEYER 203, 254, 285, 390, 433
SPINA 144

SPOLETO 398, 403 f.
STABLO 356
STONEHENGE 111
STRASSBURG 91, 202, 213, 225,
    231, 254, 260, 272, 274, 285, 430,
    454, 478
STRAUBING 122
STUTTGART 139, 177
SUSA 196
SUSSEX 159
SYRIEN 104–107, 230, 372

TARDENOIS 89
TARN 212
TARRAGONA 231
TARSOS (Türkei) 277
TARTESSOS 140 f.
TAYACIEN 91
TÈNE, La 135, 137, 146, 150
TERTRY (Somme) 358
THEMSE 67
THÉROUANNE (Pas-de-Calais) 203,
    254, 350
THESSALIEN 108
THIÉRACHE 213
THIONVILLE, s. Diedenhofen
THRAKIEN 262
THÜRINGEN 123, 159, 224, 349, 361,
    367, 387, 396, 477
TIEL (Niederlande) 363
TIFFAUGES (Vendée) 317
TONGERN (Belgien) 254, 271
TONNERRE (Yonne) 366, 470
TOSCANA 142 f.
TOUL (Meurthe-et-Moselle) 47, 169,
    198 f., 254, 399
TOULON (Var) 263, 376
TOULON-SUR-ALLIER (Allier)
    173
TOULOUSE (Haute-Garonne) 168,

170, 196f., 255, 288, 294, 296, 315,
327, 341, 348, 361f., 368, 371, 408,
428, 440, 469
TOURNAI (Belgien) 254, 263, 285,
300f., 303, 313f., 350, 436
TOURNUS (Saône-et-Loire)
461, 509
TOURS (Indre-et-Loire) 32, 72f.,
170, 240, 254f., 298, 324, 327f.,
334, 341, 344, 361, 368, 371, 383,
393, 415, 417, 419, 439, 444, 447f.,
455, 502f., 506–510, 515ff., 523
TRANSSYLVANIEN 120
TRIER 79, 169, 198f., 206, 213, 236,
240, 243, 252ff., 259, 263, 267,
269ff., 273, 275, 280, 283, 309ff.,
316, 329, 364f., 372, 377, 386f.,
399, 475ff., 497f.
TROJA 30, 39f., 50
TROSLY (Aisne) 479
TROYES (Aube) 73, 167, 205, 235,
254, 274, 294, 339, 366, 433, 444,
448, 461, 512, 520
TUNIS 141
TURBIE (Alpes-Maritimes) 196
TYROS 141

UNTERGROMBACH 89, 114
UNGARN 73, 90, 292, 341, 398
URACH 326
URAL 66, 95
USBEKISTAN 94
UTRECHT 363, 365, 462
UXELLODUNUM 192
UZÈS (Gard) 256

VAISON-LA-ROMAINE
(Vaucluse) 196
VALENCE (Drôme) 196, 199, 254,
290, 376

VALOIS 75, 505
VANNES (Morbihan) 170, 186,
254, 389
VEII 153
VÉLAY 170
VENDÉE 80
VERBERIE (Oise) 282, 433
VERDEN 397
VERCELLAE 161
VERDUN 47, 254, 363, 377, 429,
433, 436, 439, 441, 461, 494,
498, 525f.
VERMANDOIS 71, 350, 488,
495
VER-SUR-LAUNETTE (Oise)
433
VERRON 516
VERTESSZÖLÖS 90
VERZY (Marne) 527
VEXIN 72, 80, 167, 456
VIENNE (Isère) 170, 194, 196f.,
199, 206, 209, 211, 239, 252, 254,
259, 263, 280, 305, 308, 335, 376,
442, 445, 491, 494
VIEUX-POITIERS 209, 386
VILLESENEUX (Marne) 159
VINAY 364
VISÉ (Belgien) 454
VIVIERS 433
VIX (Côte-d'Or) 139f., 145, 147
VOGESEN 66ff., 71, 80
VOUILLÉ (Vienne) 327

WALES 68, 76, 490
WEICHSEL 194
WESER 159, 200, 229, 266f.
WESSEX 159
WESTFALEN 406
WETTERAU 225
WIGHT 144

WISSANT (Pas de Calais) 39
WOGASTISBURG 349
WORMS 254, 285f., 290, 396,
    416, 433
WÜRM 83f., 88f., 93, 103
WÜRTTEMBERG 139, 146, 326
WÜRZBURG 146, 391

XANTEN 39, 200, 275

YONNE 457
YORK 417
YORKSHIRE 159

ZENTRALPLATEAU 66, 69f., 79,
    109, 200
ZÜLPICH 322
ZÜRICHSEE 116f.
ZYPERN 106, 108, 119, 133, 141